정서중심 가족치료

Emotionally Focused Family Therapy

Restoring Connection and Promoting Resilience

James L. Furrow · Gail Palmer · Susan M. Johnson
George Faller · Lisa Palmer-Olsen 공저

박성덕 · 정혜정 · 정지연 공역

학지사

정서중심 가족치료

James L. Furrow · Gail Palmer · Susan M. Johnson
George Faller · Lisa Palmer-Olsen 공저

박성덕 · 정혜정 · 정지연 공역

Emotionally Focused Family Therapy

Restoring Connection and Promoting Resilience

학지사

Emotionally Focused Family Therapy
by James L. Furrow, Gail Palmer, Susan M. Johnson, George Faller, and Lisa Palmer-Olsen

역자 서문

오랫동안 정서중심 부부치료(Emotionally Focused Couples Therapy: EFT)를 한국 부부에게 접목하면서 역자는 상담과 인간에 대한 기본 이해가 깊어져 갔다. 이혼을 생각하면서 찾아왔던 부부가 서로를 끌어안으며 변화에 대한 희망을 갖고 회복되는 순간을 함께했다. 그 순간은 놀랍고 희열을 느끼게 한다. 대부분의 사람은 배우자가 변화될 수 없다는 좌절과 관계는 절대로 회복할 수 없다는 절망 속에서 상담을 신청한다. EFT를 통해 부부는 어느새 변화되어 서로를 위로하고, 좌절과 절망에 신음하던 차갑고 어두운 터널을 벗어나 밝고 따뜻한 양지에서 서로를 지지하고 있는 사실에 놀라곤 한다. 정서중심치료의 탄탄한 이론 배경, 지속적으로 발전해 온 접근 방식, 회복에 대한 따뜻한 시선, 수많은 연구 결과가 이러한 변화를 이끌고 있다. 그리고 정서중심 부부치료 모델을 만든 Susan Johnson 박사는 이 모델을 정서중심 개인치료(Emotionally Focused Individual Therapy: EFIT)로 발전시켰다. 우울과 불안 증상이 심하고 부정적인 내적 작동 모델을 가진 많은 개인이 상담을 하기 위해 찾아온다. 그들은 EFIT을 통하여 통합된 자신을 만나고 긍정적 자아상을 회복하며 안정감을 찾아간다. 치료사가 내담자와 깊은 정서 수준으로 머무르며, 애착 대상이 되어 변화를 이끄는 과정은 안전하게 상담을 이끌도록 해 준다.

마침내 정서중심치료는 오랫동안 가족에게 접목되고 발전하면서 정서중심 가족치료(Emotionally Focused Family Therapy: EFFT)로 거듭나게 되고, 이 책이 바로 정서중심 가족치료의 교과서이다. Susan Johnson 박사와 유능한 그의 동료들은 탁월한 인간에 대한 통찰을 통해서 가족치료 분야를 한 단계 높은 수준으로 끌어올렸고, 이 모델은 이제 많은 나라에서 교육되고 상담으로 적용되고 있다. 특히 EFFT는 정서 경험이 성장과 변화의 강력한 자원이라는 심리치료 연구를 기반으로 두고 있다. EFFT는 치료사를 통해서 정서적 대화가 필요한 가족에게 생생한 정서 경험을 하게 한다. 정서중심 가족치료의 이론과 접근 방식은 정서중심 부부치료와 유사하다. EFFT는 애착과 보살핌과 연관된 상황을 말하면서 갈등과 연관된 정서에 귀를 기울이며 시작한다. 가족은 접근, 반응, 정서 교감을 늘리면서 깨진 가족애착을 회복해 간다. 치료사는 가족이 부정적이던 기존의 경험과는 다른 '교정적 정서 경험'을 할 수 있게 도와준다.

이 책은 총 3부로 구성되었다. 제1부에서 가족치료 이론과 실제를 다루며, 제2부에서 정서중심 가족치료의 단계별 변화 과정을 설명하고, 제3부에서 임상 사례를 통해 실제 적용에 대한 이해를 높여 준다. 이 책은 5명의 저자가 참여했고, 이들은 정서중심 부부치료 모델이 시작된 초창기부터 풍부한 경험과 전문성을 갖고 지속적으로 EFT 연구와 임상을 함께해 온 뛰어난 전문가들이다.

번역은 정성과 집중을 요하는 과정이다. 한국어로 정확하게 의미를 전달하는 과정은 새로운 창작활동이라는 사실을 느끼며 늘 번역에 대한 책임감은 묵직하게 다가온다. 함께하면서 부담을 나누어 짊어지기로 작정하고 기꺼이 여정에 승선해 준 두 공동 번역자에게 우선 감사를 전하고 싶다. 정혜정 교수님은 오랜 기간 부부가족상담 분야에서 교육과 실제를 해 온 뛰어난 전문가인데, 이 정서중심치료를 통한 상담 분야의 발전을 위해서 번역을 함께해 주었다. 이 과정을 통해서 교수님의 오랜 연륜을 실감했고, 교육, 상담, 번역 작업 중에도 무척 어려운 정서중심 부부치료 국제공인 전문가 자격증 취득을 함께 축하할 수 있어서 좋았다. 연리지가족부부연구소와 한국정서중심치료센터에서 정서중심치료의 한국에의 접목과 발전에 함께해 왔던 정지연 실장님이 이번 번역 작업에 함께해서 무척 힘이 되었다. 특히 부부치료뿐 아니라 가족, 아동 · 청소년 상담을 해 왔던 정지연 실장님은 번역 과정이 본인에게 뜻깊다고 자주 말하곤 했다. 그리고 많은 시간을 번역에 뺏긴 역자들을 응원하고 기다려 준 가족들에게도 감사를 전한다. 연구소에서 교정과 배송 과정에 함께해 준 배금란 실장님과 구효진 님께도 감사드린다. 오랜 기간 기다려 준 학지사 김진환 사장님과 정성을 다해서 편집과 교정을 함께해 준 담당자 소민지, 조은별 님께도 감사를 전한다.

한국 사람들이 많이 쓰는 말 중에서 정서중심치료를 하는 역자로서 가슴 아픈 말이 있다. "사람은 변하지 않는다." 그렇지 않다.

"사람은 끊임없이 변한다."

누구를 만나고 어떤 경험을 하느냐에 따라서 절망에서 희망으로, 어둠에서 빛으로, 고통에서 자유로, 경직에서 유연함으로, 갇힌 데서 개방으로, 단절에서 연결로 변할 수 있다. 이는 일반 대중에게만 적용되는 것이 아니다. 상담 분야 전문가들도 그 변화를 경험할 수 있다. 정서중심치료는 이러한 변화를 이끌고 있고 전문가에게 그곳으로 가는 길을 제시해 주고 있다. 이미 세계의 많은 국가에서 그렇게 하듯이, 이 책은 특히 힘들어하는 한국 가정을 회복하고 있는 상담 전문가들에게 변화를 향한 올바른 길을 제시해 줄 것이다.

연리지가족부부연구소/한국정서중심치료센터에서
역자 대표 박성덕

서문

정서중심 가족치료(Emotionally Focused Family Therapy: EFFT)는 오랜 갈등과 관계 상처로 인한 정서적 거리와 불화의 패턴으로 정의되는 가족관계에서 애착 유대감의 발달과 회복을 적극적으로 촉진한다. EFT 치료사는 가족의 안전과 안녕을 약화시키는 문제의 패턴을 변화시키고자 노력한다. 경험적으로 지지된 상담을 통해 부모와 자녀의 관계는 신뢰와 취약성의 새로운 경험을 통해서 재정의되고, 가족은 건강한 정서적 유대감을 유지하는 데 필요한 유연한 연결감과 반응성을 회복한다. 이러한 유대감으로 가족은 발달적 요구와 예상치 못한 요구에 직면하여 회복탄력성을 강화할 수 있다.

EFFT 실천은 정서 경험의 공유가 성장과 치료적 변화의 강력한 촉매제임을 보여 주는 수십 년간의 심리치료 연구를 기반으로 한다. 정서중심 부부치료(Emotionally Focused Couple Therapy, Johnson, 2004)와 정서중심치료(Emotion-Focused Therapy, Greenberg, 2002)의 개척자들은 성인의 우울과 불안 및 부부불화에 대한 정서중심치료의 적용이 경험적으로 지지되었음을 반복적으로 보여 주었다. Susan Johnson은 자신의 저서인『정서중심 부부치료: 부부관계의 회복(The Practice of Emotionally Focused Therapy: Creating Connection)』(1996)에서 가족에 대한 EFT의 적용을 처음으로 시도했다. Johnson은 정서중심 부부치료의 이론과 개입 기법이 불화하는 가족관계에도 적용될 가능성을 보여 주었는데, 이는 폭식증이 있는 청소년과 그 부모를 대상으로 EFFT의 효과를 검증한 예비연구에서 입증되었다(Johnson, Maddeaux, & Blouin, 1998). 이 접근 방식에 대한 자세한 설명은 Johnson의『정서중심 부부치료: 부부관계의 회복(2판)』(2004)[1] 및『정서중심 부부치료 워크북(Becoming an Emotionally Focused Therapist: The Workbook)』(Johnson et al., 2005)에 자

1) 이 책의 국내 출판서: Johnson, S. (2006). **정서중심적 부부치료: 부부관계의 회복(2판)**. (박성덕 역). 학지사. 이 책의 3판은 2022년(박성덕 역) 학지사에서 출판됨.

세히 설명되어 있다.

이 책에서 설명하는 상담 과정은 『정서중심 부부치료: 부부관계의 회복(2판)』(2004)과 『정서중심부부치료 워크북』(Johnson et al., 2005) 및 『애착이론과 상담(Attachment Theory in Practice)』(Johnson, 2019)[2)]에서 주로 기술한 정서중심치료의 기본적인 실제에 바탕을 두고 있다. Johnson과 동료들은 부부와 가족 개입에 적용할 가능성을 보여 줌으로써 관계 변화 모델에 대한 애착이론의 기여를 설명하는 세 가지 원칙을 강조한다(Johnson, Lafintaine, & Dalgleish, 2015). 이러한 원칙들은 청소년 및 그 가족에 대한 임상가들의 작업을 안내해 줄 다양한 치료와 교육적 접근에 사용되는 애착기반치료(Attachment-Based Therapy: ABT)에 대한 최근의 개요(예: Kobak. Zajac, Herres, & Krauthamer Ewing, 2015; Steele & Steele, 2018)에 잘 나타나 있는데, 그것은 다음과 같다.

- 치료사는 애착 대상이 되고 탐색의 자원이 된다. 치료사의 정서적 현존(emotional presence)은 각 개인에게 반응과 접근 및 교감을 하는 것이며, 관계불화 상황에 처한 개인의 다양한 경험을 수용하고 인정하는 것이다. 애착 과정은 부부 및 가족구성원과 맺는 동맹의 초점과 특성을 알려 준다. EFT에서 치료사는 관계불화로 인해 부인되거나 무시된 기저의 정서와 욕구를 탐색할 수 있는 안전기지를 제공하는 과정 자문가이다. Kobak과 동료들(2015)은 애착기반치료에서 안정애착 행동에 대한 암묵적 모델링이 되는 치료사의 역할을 강조한다. 가족관계에서 발생하는 관계 상처와 공감의 실패를 추적하고 반영하며 탐색할 수 있는 치료사의 조율 능력은 각 구성원이 더욱 적응적인 정서 수준에서 자기와 타인에 대해 탐색할 수 있게 하는데, 이는 그들의 삶에서 이 관계의 중요성에 부합한다. EFFT에서 EFT 치료사의 역할은 안전한 유대감의 핵심 요소인 접근과 반응 및 정서적 교감으로 정의된다(Johnson, 2019).
- 애착과 정서는 변화의 촉매제이다. EFT 치료사는 관계 과정을 알아 가고 조직하기 위해서 애착렌즈를 사용한다. 정서는 부부와 가족구성원들의 행동, 귀인, 경험 그리고 그들이 추구하는 연결감에 대해 알려 주는 높은 수준의 정보체계로서, EFT에서는 정서에 우선적으로 초점을 둔다. 치료사는 불화를 겪는 다양한 관계에서의 경험을 정상화하고 인

2) 이 책의 국내 출판서: Johnson, S. (2021). **애착이론과 상담: 개인, 부부, 가족을 위한 정서중심치료.** (박성덕, 이지수 공역). 학지사.

정하면서 정서 경험의 조절을 위한 고유한 자원이 되는 이러한 경험들을 작업한다. 애착이론은 관계불화와 연관된 강한 정서 반응의 논리적이고 예측 가능한 지도를 제공한다. 관계 문제는 애착 관점에 의해 '이해되는' 반발 패턴이며, 분리고통에 대한 예측 가능한 반응은 조절되지 못한 정서 반응을 초래한다.

Kobak과 동료들(2015)은 청소년 자녀와 부모의 관계 변화를 위해 안전감을 높이는 데 있어서 정서 처리와 애착 이야기의 중요한 역할을 지적했다. '안전 각본(security script)'의 저작은 일차 정서를 다룸으로써 확립되는 부모의 가용성에 대해 청소년이 갖는 자신감을 정의한다. 이렇게 취약한 정서의 처리는 가족이 보다 안전한 패턴, 혹은 '안전한 고리'로 변화하기 위한 동기와 자원을 제공한다. EFT에서 정서는 변화의 목표이자 매개체이며(Johnson, 2004), EFFT에서 치료사는 관계 차단(relational block)에 내재된 심층 정서를 목표로 삼고, 자녀의 애착 관련 욕구를 재연하여 부모의 가용성에 대한 확신을 회복시킬 동기와 수단으로 정서를 사용한다. Johnson(2008, 2019)은 이러한 대화를 부부와 가족의 반응적인 정서적 교감을 통해 발견되는 안전감과 안도감을 회복시키는 『날 꼬옥 안아 줘요(Hold me Tight)』[3]로 설명했다.

- 교정적 정서 경험에 초점을 둔다. 애착이론은 관계 개선과 회복 및 성장을 정의하기 위한 근거를 알려 준다. 부부와 가족관계에서 정서적 유대감의 재구조화는 안도감과 연관된 관계 과정, 즉 접근과 반응 및 정서적 교감에 대한 명확한 이해를 바탕으로 한다. EFT에서 처리에 접근하고 애착 관련 정서와 욕구와 교감하여 경직된 태도의 재구조화에 초점을 두는 개입 기법의 실천은 개인의 경험을 변화시킬 뿐 아니라 성장을 위한 심리적 촉매제(Mikulincer & Shaver, 2016)와 회복탄력성의 자원(Wiebe & Johnson, 2017)을 제공하는 새로운 맥락을 만든다.

애착기반치료(ABT)의 반영적 대화는 애착기반 변화의 수단이 된다. 이러한 대화의 목표는 부모와 자녀가 서로를 바라볼 수 있는 능력에서 찾아볼 수 있는데, 여기서의 대화는 자

3) 이 책의 국내 출판서: Johnson, S. (2010). 날 꼬옥 안아 줘요: 평생 부부사랑을 지속하기 위한 프로젝트. (박성덕 역). 학지사.

녀의 욕구와 부모의 반응에 대한 이해에 잘 조율되고 정확해진다(Kobak et al., 2015). 부모자녀관계의 안전감과 안도감은 취약성의 수준을 높이며 암묵적인 반응이 명확하게 드러나고 관계적으로 공유된다. 이러한 대화는 정서적 균형의 특징을 보이며, 또 부모와 자녀가 공시적으로(in sync, 동조하여 조화롭게-역주), 공시적이지 않게(out of sync), 다시 공시적으로(back in the sync) 혼란스러운 발달의 순간을 거치면서 차이와 변화에 직면하여 그것들을 다룰 수 있는 능력을 갖게 한다(Tronick, 2007). 이 대화는 가족구성원들이 맺고 있는 관계의 중요성을 '보고' '보여 줄' 기회를 높인다.

요약하면, 애착기반 가족치료(Attachment-Based Family Therapy: ABFT)의 변화 과정은 논리적 전개를 따른다. Kobak과 동료들(2013)이 제안한 바와 같이, 치료의 초점은 애착 및 돌봄과 연관된 구체적 상황에 대해 이야기하고 또 이러한 관계에서의 불화와 연관된 정서에 주의를 기울이면서 시작된다. 이후 치료사는 정서 경험을 이용하여 관계불화의 원인이 되는 관계 상처와 공감 실패를 인식하고 이해하도록 한다. 이를 통해 가족은 반응적이고 접근 가능한 돌봄으로 애착 파열을 회복하고 손상을 교정함으로써 회복을 가능케 하는 새로운 애착/돌봄의 상호작용을 준비할 수 있다. 이는 EFT 치료사에게 익숙한 논리로, EFT 치료사는 인간의 번영을 위한 안전하고 건전한 기반이 되는 새로운 가족 패턴에 마중물을 붓고 또 그러한 패턴을 촉진하는 교정적인 정서 경험을 위한 기초로서 정서에 초점을 둔다.

Johnson(2019)이 제안한 것처럼 EFT는 애착기반치료(ABT)로서 치료사에게 정서의 힘을 활용하여 관계를 변화시키고 개인의 성장을 돕는 연구 과정을 제공한다. EFT 과정은 대인관계와 개인 내적 과정을 조직하는 애착과 관련된 역동에 접근과 반응이 익숙한 치료사가 진행한다. 치료사는 정서 조합과 심화를 통해 자기보호 반응에 내재된 정서를 조절하고 탐색한다. 치료사는 가족의 초점을 호소 문제에서 이러한 불안전한 패턴에 뿌리를 둔 정서 균형의 상실로 인한 가족의 경직된 태도를 포함한 부정적인 상호작용으로 전환한다. 이를 통해 EFT 치료사는 자녀의 취약성을 심화하고 자녀의 인정받지 못하고 충족되지 못한 욕구에 대한 부모의 수용과 가용성을 높임으로써 이러한 패턴을 변화시키기 위해 정서를 사용할 무대를 마련한다. 치료사가 연출하는 재연을 통하여 애착욕구의 효과적인 공유와 조율된 돌봄 반응이 나타난다. 이러한 회기의 순간에 부모, 부부, 자녀가 가족의 안도감에 새로운 확신을 갖는 교정적 정서 경험을 한다. 애착 과정은 가족생활의 가장 기본적인 수준에서 정서를 조절하고 탐색하고 교감하는 과정을 통해 회기 중에 생생하게 나타난다. EFT는 가족관계에서 사랑을 안내하는 애착 과정을 드러내고 생명을 불어넣으며 안전과 사랑이 넘치는 가족의 핵심인 정서적 결속을 회복하고 개선할 수 있는 새로운 기회를 가족에게 제공한다.

이 책의 목적

이 책 『정서중심 가족치료』는 EFFT의 발달과 실천에 관한 핵심 자원이다. 이 책은 EFT 원칙을 가족치료에 적용하기 위한 일종의 매뉴얼을 제공한다. EFFT는 정서 경험을 변화시키고 관계 패턴을 재구조화하는 데 사용되는 경험적으로 지지된 임상 실천을 바탕으로 가족치료사에게 고유한 프레임을 제공한다. EFFT는 안식처이자 안전기지로서의 가족을 회복하는 데 초점을 맞추며, 가족구성원이 보다 효과적으로 정서적인 반응을 하고 새로운 자신감과 응집력 및 소속감을 갖도록 회복할 수 있게 한다. 이 책의 주요 목적은 가족치료 분야에서 EFT 실천의 실질적인 근거와 실천 친화적인 자원 그리고 신뢰할 수 있는 지침을 제공하는 것이다.

이 책의 구성

이 책은 총 3부로 구성된다. 제1부에서는 가족치료에 적용된 EFT 이론과 실천을 다루었다. 제1장에서는 EFT와 가족체계이론 및 다른 애착 관련 가족치료 모델과 EFT의 관계에 초점을 맞추어 살펴보았다. 제2장에서는 가족 기능에 대한 애착과 정서조절 연구의 기여 및 EFT 치료에 대한 이 연구들의 시사점을 살펴보았다. EFT 변화 과정은 가족치료에 적용되는데, 제3장에서는 EFT 과정의 핵심 움직임을 요약하는 데 사용되는 EFT 탱고의 메타 프레임(Johnson, 2019)에 특별한 초점을 두었다. 제3장 전체에서 가족 환경 내 정서 과정에 대한 EFT 치료사의 개념화와 개입에서의 주요 차이점을 분명하게 다루었다.

제2부에서는 EFT 모델의 9단계를 따르는 EFFT 과정을 설명했다. 각 장에서 가족에 대한 EFT 접근의 구체적 단계와 연관된 과정과 실제를 살펴보았다. 또한 각 장은 특정 EFT 단계와 연관된 목표와 치료사의 접근 지점을 담았다. 이러한 접근 지점을 통해 치료사는 각 단계에서의 임상적 개입에 대한 특징을 알 수 있다. 또한 이러한 단계와 연관된 전형적인 EFT 개입 기법의 사용을 설명했고, 실제 사례를 들어서 EFT 과정을 설명했다. 제2부의 각 장에는 다음과 같은 내용을 담았다.

- 제4장 '1~2단계: 동맹과 가족 패턴 평가하기'에서는 가족 구성의 다양성 및 호소 문제에 근거한 이인이나 삼인 혹은 전체 가족 회기에서의 평가 관리와 동맹 형성을 위한 구체적인 단계를 살펴본다.
- 제5장 '3~4단계: 관계 차단에 대해 작업하기'에서는 애착과 돌봄의 반응이 깨진 가족관계에 구체적으로 초점을 맞출 것을 강조한다. 이 장에서는 치료사가 가족의 부정적 상호작용 패턴이라는 더 넓은 맥락에서 관계 차단을 다루는 과정을 설명한다.
- 제6장 '5~6단계: 가족 취약성에 개입하기'에서는 치료의 초점을 자녀의 충족받지 못한 애착 관련 정서와 욕구로 옮기고, 또 자녀가 공유한 이러한 우려를 부모의 접근과 반응에 대한 작업으로 옮긴다. 이 과정은 부모의 가용성과 애착 취약성에 대한 새로운 가능성을 인식하게 하므로, 부모와 자녀의 자기 및 타인에 대한 견해를 목표로 하는 더 깊은 정서에 대한 작업을 포함한다.
- 제7장 '7단계: 애착과 돌봄 반응을 재구조화하기'에서는 필수적인 재연에 초점을 맞추며, 이는 가족의 교정적 정서 경험을 향상시킨다. 명확하고 일관된 애착 관련 욕구에 대한 반응으로 가족의 적극적인 돌봄 참여를 통해 재연의 단계를 살펴보고 예를 들어서 설명한다.
- 제8장 '8~9단계: 가족체계의 안전감 강화하기'에서는 치료사가 새롭게 안전한 태도에서 과거의 가족 문제를 다시 논의하는 데 초점을 맞춘다. 또한 유대감과 지지를 향한 이러한 변화가 가족의 효능감과 정체성에 가져다준 의미를 강화한다.

이 장들 전체에서 일반적인 EFT 개입이 소개되고, 임상 축어록을 통해 EFFT 기(stage)와 단계(step) 과정별 개입이 가족에게 어떻게 적용되는지를 설명한다. 주요한 EFFT 변화 사건은 EFT 탱고의 다섯 가지 움직임을 강조하여 설명한다. 가족 내 하나의 관계에서의 교정적 변화가 다른 관계를 살펴보게 함으로써 다른 관계 차단을 처리하거나 가족 전체에서 느끼는 안도감을 강화할 수 있는 기회를 유발하는 방식에 특별한 주의를 기울인다.

제3부에서는 EFFT 치료의 임상 사례를 보여 준다. 4개의 장은 내면화 장애, 외현화 장애, 계부모 가족, 외상성 상실에 대한 EFFT 실천을 다루었다. 이 장들에서는 이러한 임상 문제에 EFFT를 적용할 수 있는 EFT의 주요 원칙과 실천을 서술했다. 그리고 자세한 사례를 들어 특정 가족에 대한 EFFT 치료의 성공을 설명하는 맥락에서 치료사가 사용한 EFT 개입 기법을 강조했다.

이 책에서는 부모, 양육자, 부모들이라는 용어를 상호교환적으로 사용했다. 우리는 하나의 용어로 모두 담을 수 없는 다양한 가족의 형태가 있음을 인정한다. 그러므로 예측 가능한 모든 가족 구성의 목록을 작성하거나 설명하려는 시도가 비현실적임을 알기에 이러한 용어들을 보다 포괄적으로 사용하기로 했다. 또한 우리는 어머니와 아버지 같은 부모에 관한 특정 용어가 젠더 및 성적 지향과 연관된 특정한 문화적 관습을 주창하는 전통적인 가족 형태를 나타낼 수 있음을 인식한다. 종종 이 용어들은 EFFT 치료를 설명하기 위해 사용한 사례를 반영하는데, 이 경우에는 이러한 가족 사례에만 해당된다. 양육의 기능은 가족 기능에서 분리고통에 대한 이해를 개념화하는 데 중요하며, 우리는 양육의 기능이 양육자의 생물학적 상태보다는 애착 대상의 역할을 통해 더 잘 정의된다고 인식한다. 주로 부모와 자녀 관계에서의 다양한 사례를 들어 EFFT 치료 과정을 설명한다. 임상 사례는 학령기부터 청년기 자녀가 있는 가족에 이르기까지 폭넓게 적용하여 설명한다. 하지만 애착 욕구와 돌봄 과정의 관계는 생애주기 전반에 걸쳐 적합한 주제이므로 EFFT가 세대 간 관계를 위한 자원이 될 것이라고 생각한다.

EFFT 실천에 대한 구체적인 설명을 제공하기 위해 우리는 EFFT 치료를 받았고, 또 전문가 훈련과 발표 및 문서화된 자료 사용을 허락한 다양한 내담 가족을 대표하는 임상 사례에 깊이 의존했다. 어떤 사례에는 축어록을 실었고, 어떤 사례는 비슷한 사례를 바탕으로 편집했다. 모든 개인정보는 자신의 경험을 너그럽게 공유한 가족의 비밀을 유지하기 위해 변경되었다.

우리는 더 나은 미래를 향해 용기와 헌신을 가지고 연구소에 찾아온 가족들과 사랑하는 사람의 삶을 위해 성장하고자 기울인 노력을 통해 배울 기회를 아낌없이 제공해 준 가족들에게 감사를 전한다. 우리는 연구와 임상 실천에 대한 열정적인 헌신으로 EFFT 실천을 발전시키고 이끌어 주고 있는 멘토와 동료 및 개척자들에게 깊은 은혜를 입었다. 마지막으로, 우리 각자가 속한 가족들과 이 일을 할 수 있는 열정과 마음을 심어 주고 격려해 준 그들의 사랑과 은총에 아주 깊은 감사를 드린다.

참고문헌

Greenberg, L. S. (2002). *Emotion-focused therapy: Coaching clients to work through their feelings.* Washington, DC: American Psychological Association.

Johnson, S. M. (1996). *The practice of emotionally focused marital therapy.* New York: Brunner/Mazel.

Johnson, S. M. (2004). *The practice of emotionally focused therapy: Creating connection*(2nd ed). New York, NY: Brunner/Routledge.

Johnson, S. M. (2019). *Attachment theory in practice: Emotionally focused therapy with individuals, couples, and families.* New York: Guilford Press.

Johnson, S. M., Bradley, B., Furrow, J., Lee, A., Palmer, G., Tilley, D., & Wooley, S. (2005). *Becoming an emotionally focused couple therapist: The workbook.* New York: Brunner-Routledge.

Johnson, S. M., Lafontaine, M.-F., & Dalgleish, T. L. (2015). Attachment: A guide to a new era of couple interventions. In J. A. Simpson & W. S. Rholes (Eds.), *Attachment theory and research: New directions and emerging themes* (pp. 393-421). New York: Guilford Press.

Johnson, S. M., Maddeaux, C., & Blouin, J. (1998). Emotionally focused family therapy for bulimia: Changing attachment patterns. *Psychotherapy, 25*, 238-247.

Kobak, R., Grassetti, S. N., & Yarger, H. A. (2013). Attachment based treatment for adolescents: Repairing attachment injuries and empathic failures. In K. H. Birsch (Ed.), *Attachment and adolescence* (pp. 93-111). Stuttgart, Germany: Klett-Cotta Verlag.

Kobak, R., Zajac, K., Herres, J., & Krauthamer Ewing, E. S. (2015). Attachment based treatments for adolescents: The secure cycle as a framework for assessment, treatment and evaluation. *Attachment & Human Development, 17*, 220-239.

Mikulincer, M., & Shaver, P. R. (2016). *Attachment in adulthood: Structure, dynamics, and change* (2nd ed). New York: Guilford Press.

Steele, H., & Steele, M. (2018). *Handbook of attachment-based interventions.* New York: Guilford Press.

Tronic, E. (2007). *The neurobehavioral and social-emotional development of infants and children.* New York: W. W. Norton.

Wiebe, S. A., & Johnson, S. M. (2017). Creating relationships that foster resilience in Emotionally Focused Therapy. *Current Opinion in Psychology, 13*, 65-69.

차례

제3부 EFFT 임상 사례

제1부

이론과 실제

제1장

정서중심 가족치료(EFFT)

제2장

가족과 정서와 애착

제3장

EFFT의 변화 과정 개요

제1장

정서중심 가족치료(EFFT)

정서는 가족관계 생활의 핵심이다. 가족의 구성 요소는 정서적 유대감이며, 안전한 유대감의 확신은 개인뿐 아니라 가족 전체를 위한 회복탄력성의 자원이다. 정서는 단순한 감상 이상의 것으로, 안녕의 위협에 대한 신속한 반응체계이자 의미와 중요성의 신호를 알려 주는 자원이 되는 가족의 복합적 신호체계이다. 정서는 소속과 가족이 된다는 것이 무엇을 의미하는지에 대한 정의를 내릴 때 우선적으로 고려된다. T.S. Eliot(1970)은 "가정은 인간의 출발점이다."라는 감동적인 말을 했다. 가정은 지리적 주소지 이상의 의미를 가지는데, 우리가 "집에 있다."라고 말할 때는 정서 상태와 소속감의 경험을 말하기 때문이다.

가정은 인간의 기본적인 소속감 욕구에서 비롯되는 시작점이자 지향점이며 일관된 갈망이다. 애착이론의 창시자 John Bowlby는 내적 욕구가 전 생애에 걸쳐 인간이 가진 안녕감의 근원이라고 인식했다. "모든 사람은 요람에서 무덤까지 애착 대상이 제공하는 안전기지로부터 길고 짧은 여행을 하는 삶을 살 때 가장 행복하다."(Bowlby, 1988, p. 62). 하지만 가정과 가정이 제공하는 정서적 안전감은 보장되어 있지 않다. 가족은 발달적 전환과 일상적인 어려움 및 예기치 못한 위기라는 변화 요구에 대처해야 하는 현실에 직면하는데, 이들 각각을 위해서 가족은 소속감과 존재감을 촉진하는 것이 무엇을 의미하는지를 좌우하는 정서적 균형과 일관성을 찾고 이것을 유지해야 한다.

부모와 자녀는 시간이 지남에 따라 이러한 관계가 변화하고 발전하더라도 서로가 공유한 유대감을 확신함으로써 회복탄력성을 갖게 된다. 이러한 변화와 삶의 여러 가지 도전에 직면하여 가족은 이러한 기본적인 가족의 결속을 확인하는 매우 중요한 유대감에 투자하고 참여하는 방법을 끊임없이 찾아야 한다. 이러한 연결감을 유지하는 데 어려움이 있거나 확보할 기회와 능력이 부족한 가족은 심리적 고통과 관계불화 상황에 빠지게 된다.

1. 정서중심 가족치료(EFFT) 개요

정서중심 가족치료(EFFT)는 분열과 불화를 겪는 시기에 가족이 가장 필요로 하는 관계 자원에 개입한다. EFFT는 가족구성원의 정서적 가용성과 관계적 유대감의 효과를 향상시킨다(Johnson, 2004). 가족은 교정적 정서 경험을 통하여 깊은 '안전감'을 느끼게 된다. 이 경험을 통해 부모와 자녀는 연결감과 회복탄력성을 구성하는 사랑의 결속에서 지지와 강점의 가용성에 더 큰 확신을 가질 수 있다. EFFT 과정을 통해 가족은 탐색을 촉진하고 성장을 격려하며 평생 동안 중요한 관계를 유지하는 이러한 정서적 유대감을 새롭게 하고 재구축할 수 있다.

Susan Johnson은 저서 『정서중심 부부치료: 부부관계의 회복(The Practice of Emotionally Focused Therapy: Creating Connection)』(1996, 2004)에서 가족에 대한 정서중심치료의 적용을 처음으로 제안했다. Jounson은 부부와 가족에 대한 EFT 접근의 핵심 과정과 목표가 원칙적으로 동일하다는 유사점을 강조한다. EFT 치료사는 전형적으로 IP(Identified Person)에 초점을 맞추어 문제의 상호작용 패턴을 알려 주는 정서 경험을 목표로 삼는다. 이러한 문제는 전형적으로 이인관계(예: 부모와 자녀)의 애착 역동에 내재된 갈등을 표현할 뿐 아니라 가족 전체의 안녕을 뒷받침하는 애착 관계망에 영향을 준다(Sroufe & Fleeson, 1988). 경직된 행동 패턴은 가족의 공동 관심사를 위해 함께할 수 있는 능력을 제한하는 부정적으로 몰입된 정서 상태로부터 발생한다. 이 패턴은 가족구성원이 애착 대상과의 안전한 유대감을 상실했을 때 전형적으로 나타나는 애착 관련 불화를 가리킨다(Bowlby, 1973). 이 불화의 예는 부모자녀관계에서 가장 명확하게 나타나지만 자녀들 관계에서도 발견된다.

EFFT는 이러한 부정적인 상호작용 고리의 변화에 초점을 두는데, 이를 위해 아동·청소년의 핵심적인 애착 욕구에 반응하려는 가족의 능력을 차단하기 위해 이러한 문제 패턴과 그 패턴이 담당하는 역할의 기저에 있는 정서적 현실에 개입한다. Johnson(2004)은 가족 패턴을 작업할 때 발생하는 핵심 변화를 다음과 같이 요약했다.

- 상호작용 태도에 내재된 인정받지 못했던 감정에 접근하기
- 내재된 감정과 상호작용 패턴으로 문제를 재구성하기
- 부인된 애착 욕구와 자기에 대한 인식을 높이고 그것들을 관계 상호작용에 통합하기
- 타인의 경험과 새로운 상호작용 반응을 더 많이 수용하기
- 욕구와 소망의 표현을 촉진하고 정서적 교류를 만들어 가기

EFFT의 결과는 IP와 가족 간의 관계 변화 및 새로운 반응에서 가장 분명하게 나타나며, 안전한 유대감의 중요한 측면인 정서적 반응성에 의해 개방적이고 유연한 상호작용을 향상시킨다. 가족은 IP의 애착 욕구에 반응하고 또 돌봄 자원을 강화하기 위해 재조직된다.

EFT 치료사는 과정자문가 역할을 하며, 부모와 자녀가 가족관계에서 경험한 어려움과 불화에 직면할 수 있도록 안전한 장소를 제공하는 데 목표를 둔다. 공감적 반영과 인정을 통하여 치료사는 전형적으로 한 가족구성원에게 초점을 두고 가족에게 부정적 상호작용 패턴을 변화시키기 위한 새로운 정서 경험에 참여할 기회를 제공한다. 치료사는 공감적 반영과 환기적 질문 및 강조 기법을 통한 정서 경험을 사용하여 애착 관련 정서를 이끌어 내고 이러한 새로운 경험을 새로운 관계 만남으로 전환한다. 이와 같이 EFT의 변화는 새로운 통찰과 지식 혹은 특정한 기술이나 양육 전략을 통해서 일어나는 것은 아니다. 대신에 EFT 치료사는 정서적 요구와 인식되지 못한 경험 및 충족하지 못한 애착 욕구에 더욱 효과적으로 직면하고 반응하며, 또 가족이 문제를 함께 풀어 가는 새로운 능력을 발견할 수 있는 자원을 가족에게 제공한다.

2. 정서중심치료의 원칙과 실제 개요

EFFT의 실제는 정서중심 부부치료(Emotionally Focused Couple Therapy: EFCT)에서 사용하는 원칙과 개입 기법을 기초로 한다. EFCT는 지난 30년에 걸친 효과성 실험연구와 과정연구에 의해 지지되었다. 이 연구에는 4개의 무작위 임상실험을 기반으로 관계불화로

부터 70~73% 회복률을 입증한 메타분석(Johnson, Hunsley, Greenberg, & Schindler, 1999)이 포함된다. 다른 임상실험에서는 EFT가 우울, 만성질환, 외상후 스트레스장애 치료에 효과적이라고 했다(Weibe & Johnson, 2016). 또한 일련의 연구들은 배우자에 대한 신뢰 배반과 외도를 포함한 부부의 애착 손상을 회복하는 데 EFT가 효과적이었음을 보여 주었다(Halchuk, Makinen, & Johnson, 2010; Makinen & Johnson, 2006; Zuccarinim, Johnson, Dagleish, & Makinen, 2013). 이 연구자들은 부부가 상처를 회복하고 배우자의 잘못을 용서하는 데 EFT가 효과적이었다고 했다. 이렇게 상처를 회복한 부부는 치료 후 3년 동안 지속적으로 관계 만족도가 향상되었다고 언급했다. 최근의 연구 결과들은 불안정애착의 지표를 감소시키고 안전기지 행동을 높이기 위한 지지와 치료 후에 EFT가 관계 만족에 지속적으로 긍정적인 영향을 미쳤음을 강조했다(Weibe, Johnson, Lafontaine, Burgess, Moser, Dalgleish, & Tascam, 2016). EFT 과정연구의 결과는 애착 관련 정서와 욕구 표현에 초점을 두고 이루어지는 부부 간의 성공적 재연과 심층 정서 경험의 중요성을 강조했다(Greenman & Johnson, 2013). 이 연구 결과들은 새로운 수준에서 정서적 교감을 할 수 있고 또 공감과 연민을 불러일으키는 방식으로 취약성을 공유하는 것이 중요함을 강조했다(Burgess, Moser, Dagleish, Johnson, Weibe, & Tasca, 2017; Johnson & Greenberg, 1988; Weibe et al., 2016).

1) EFT의 원칙

EFT의 다섯 가지 기본 원칙은 부부불화와 치료에 대한 체계이론과 경험주의 접근에서 애착이론의 핵심 역할을 강조한다. Johnson(2004)은 이 원칙을 사용하여 애착과 정서의 통합적 관계를 요약했고, 치료사가 관계적 유대감을 변화시키기 위해 이 두 접근을 활용하는 방법을 요약했다. 다음의 예는 부부관계에 대한 각 원칙을 묘사하고 있다.

(1) 정서적 유대

친밀한 부부관계는 각 배우자에게 애착의 의미를 갖는 정서적 유대로 이해될 수 있다. 친밀한 관계에 있는 부부는 자녀가 부모와의 애착관계에서 찾은 안전감과 동일한 방식으로 각 배우자가 서로에게 의지할 수 있는 안전감과 위안을 제공한다(Hazan & Shaver, 1987). 이러한 상호적인 유대감은 각 배우자가 공동으로 돌봄 역할을 하는 부부치료에서 상호 간에 영향을 미친다. 하지만 부모와 자녀 간의 유대에는 위계질서가 있다. 부모는 가족의 안전감을 만드는 건축가이기 때문에, 그들은 자녀에게 의존하지 않고 돌봄을 제공해야 하는 고유의 역할과 책임을 맡는다. 효과적인 의사소통 연습이나 긍정적인 신뢰 균형과 긍정적 경험을 하는 것 이상으로 EFT는 사랑하는 사람이 필요한 순간에 배우자에게 보살핌과 위안을 얻기 위해 의지하는 다양한 방법에 초점을 둔다(Johnson, 1986).

시에라와 스티브는 유산을 한 후 치료를 받았다. 두 사람은 관계가 몇 년간 "심각한 침묵" 상태에 있다고 했다. 시에라는 유산으로 인한 슬픔으로 얼어붙어 있었고 이 순간에 시에라에게 접근하려는 스티브의 시도는 외로움을 느끼게 할 뿐 별다른 효과가 없었다. 시에라는 "당신은 몇 해 동안 나와 함께 있어 주지 않았는데, 당신이 나를 진심으로 아낀다는 걸 내가 왜 믿어야 하는 거지?"라고 말했다.

(2) 정서 우선

애착이론에 따라 EFT 치료사는 부부불화의 기저에 있는 논리와 불안전한 순간에 정서가 우선적으로 통제되는 방식을 인식하고 있다. 애착 욕구가 위태로울 때 정서와 정서 표현은 부부의 행동과 상호작용을 조직한다. 부부가 지각된 위협에 방어적으로 반응하면서 표면 정서를 표출하는 상황이든 혹은 안전한 순간에 더 깊은 취약한 감정을 표현하는 상황이든 간에, 정서는 애착에 대한 신호체계이다. EFT 치료사는 안전한 관계 공간을 제공하여 행동을 조직하고, 자기, 타인, 관계 경험을 조직하는 정서를 탐색하도록 한다. EFT에서 정서는 변화의 목표이자 매개체이다. 치료사는 각 배우자의 정서에 초점을 두고, 정서 및 정서가 담고 있는 애착 메시지에 적극적으로 개입하고, 처리하고, 공유함으로써 정서를 경직되고 불안전한 패턴을 변화시키는 자원으로 삼는다.

스티브에 대한 시에라의 차가운 거리 두기는 둘의 관계에서 알게 된 고통과 상실에 대한 그녀의 보호적인 거리 두기로 정의되었다. 그녀는 비판의 날을 세워 말했고, 이해되지 않은 스티브의 행동을 강조했으며, 아주 무심한 태도로 그를 대했다. 그녀의 비판적 태도는 남편의 부재에 대한 일종의 항의 방식이었다. 강하고 부정적인 시에라의 모습은 남편의 무관심에 대해 내재되어 있던 그녀의 고통과 두려움의 신호였다. 스티브의 적극적이지 못하고 조심스러운 반응은 아내를 위로하려는 시도를 별 힘이 없고 싸늘하게 만들 뿐이었다. 그는 시에라를 잃을 수 있다는 두려움을 느꼈기에 그녀의 분노에 다가가지 못하고 머뭇거렸다. 스티브의 조심성 이면에는 시에라의 분노를 거절의 신호로 받아들여서 그녀를 잃을까 걱정하고 두려워하는 마음이 내재되어 있었다.

(3) 경직된 패턴

EFT의 세 번째 원칙은 불화관계에서 발견되는 경직되고 패턴화된 행동을 강조한다. 부정적 정서 상태에 몰입되어 부부관계에서의 불안전을 지배하고 강화하는 예측 가능한 패턴에 빠지게 된다. 부부불화는 반복적인 반발 반응에 의해 상호적으로 결정되고 강화되는데, 이러한 반발 반응은 표면 아래에 흐르는 내재된 애착 욕구와 정서에 직접 개입하지 않고 관계를 보살피고 위로하려는 방향으로 변화시키려는 노력에 의해 부채질된다. 부부불화에 대처하려는 시도는 부부관계가 부정적인 상태에 있도록 강화하는 두려움과 무력감을 낳을 뿐이다.

스티브의 조심성과 시에라의 방어는 중요하거나 예민한 주제를 말할 때 취하는 전형적 태도와 행동이다. 한 사람이 맞서면 상대방이 조심스럽게 반응하는 예측 가능한 상호작용 순서가 그들의 부부관계 역사 전반에 작용했지만, 현재 그것이 그들의 유대감 형성 능력에 미친 영향으로 인해 둘은 패배감만 겪고 있을 뿐이다. 비록 각자가 상대방의 행동과 반응에서 잘못을 발견할 수 있지만, EFT 치료사는 이러한 불화를 일으키는 순차적인 상호작용 안에서 각 배우자의 행동과 정서를 결부시킨다. 이를 통해 부부는 배우자를 문제라고 보는 것에서 벗어나 경직된 패턴을 문제로 인식하는 방향으로 변화한다.

(4) 애착 욕구

네 번째 원칙은 애착이론의 렌즈를 통해 부부의 반발 패턴을 바라봄으로써 치료사가 정서를 각 배우자의 애착 욕구와 관련 지을 수 있음을 강조한다. 경직된 태도는 각 배우자의 욕구가 중요함을 드러내며, 그 욕구는 그들의 부부관계에 자리 잡은 강력한 부정성을 통해 왜곡된다. EFT 치료사는 불화의 패턴으로 밝혀진 경직된 태도에서 부부가 벗어나도록 깊은 정서와 욕구를 사용한다. 부부는 정서를 교류할 수 있게 되면서 희망과 안전감에 대한 새로운 시각을 갖게 되어 배우자와 자신을 긍정적으로 볼 수 있다.

스티브는 시에라의 고통스러운 비판으로부터 스스로 거리를 두었다. 수년에 걸쳐 그의 행동은 자동적인 반사 반응이 되었다. 그는 대부분의 시간 동안 아무 생각 없이 위축되었고, 자신의 감정을 인식하지 못했다. 스티브는 문제해결사였으며, 시에라의 실망과 분노에 직면하기 이전에는 종종 문제를 해결하려고 했다. 결국 스티브의 위축은 실패에 대한 두려움과 그에 대한 시에라의 거절로 강화되었다. 그는 두려움을 나누지 않았고, 치료사의 도움을 받아 두려움을 느껴도 될 만큼 취약성을 드러내는 것이 자신에게는 어렵다는 것을 알게 되었다. 마찬가지로 시에라는 자신이 사랑했고 또 여전히 필요로 하는 사람에게서 겪었던 고통과 상처에 스티브가 들어올 수 있도록 위험을 감수했다. 그녀는 비판적인 분노에 대한 보호를 내려놓는 것이 두려웠지만, 동시에 그의 보살핌과 위안을 갈망했다.

(5) 경험의 변화

마지막 원칙은 부부의 경직된 패턴을 변화시키기 위한 정서의 기능을 강조한다. 애착 안전에 대한 차단은 각 배우자의 내재된 정서와 애착 욕구에 접근하고, 처리하고, 교류하면서 해결될 수 있다. EFT 치료사는 각 배우자가 원하는 사랑으로부터 정서적 수용과 가용성 및 확신이 있는 새로운 맥락에서 애착 관련 정서와 욕구를 이끌어내고 개입하면서 교정적 정서 경험을 안무하고(choreographs) 안내한다.

스티브와 시에라의 이러한 변화는 스티브가 자신의 실패와 단절을 깨닫는 한편, 시에라를 잃는 것에 대한 두려움을 인식하고 위안을 받고 싶은 욕구에 대한 위험을 무릅쓸 것을 요구했다. 치료사는 스티브가 취약한 태도로 깊은 정서와 욕구를 조화롭고 일관되게 표현할 수 있도록 정서 경험을 조합하는 것을 도왔다. 시에라는 거절에 대한 두려움과 스티브의 위로받고 싶은 욕구에 직면하는 위험을 감수했다. 비슷한 방식으로 치료사는 안전기지가 되어 그녀가 자신의 욕구를 탐색하고 스티브가 위로를 받기 위해 다가갈 위험을 감수하도록 했다. 치료사의 적극적이고 조율된 동맹과 신중한 지시를 통해 부부는 새로운 안전감을 경험함으로써 정서적 유대감을 탐색하고 그것에 개입하기 위한 자원을 갖게 된다.

2) EFT의 실제

단기의 체계론적 접근인 정서중심치료는 부정적 상호작용 패턴에 대한 대인관계적 초점을 개인의 애착 관련 경험에 대한 정신내적 초점과 통합한다. 이론적으로 EFT는 인본주의적 경험주의와 체계이론의 가정을 종합하여 부부가 새롭고 더욱 적응적인 관계 패턴에 개입하도록 하기 위해서(Minuchin & Fishman, 1981; Rogers, 1951) 정서를 역동적으로 사용한다. 처음부터 EFT는 접근과 반응을 통한 부부와 가족 간의 정서적 유대감 강화에 핵심적으로 초점을 두었다. EFT 치료는 안정화와 단계적 약화, 상호작용 태도의 재구조화, 강화로 이루어지는 변화의 3기로 전개되고 9단계의 변화 과정을 따른다.

(1) 1기: 안정화와 단계적 약화

1기에서 치료사는 부부의 부정적 상호작용 패턴의 안정화와 단계적 약화에 초점을 둔다. 호소문제는 문제 행동과 부정적 귀인 및 관계 상처를 중심으로 구조화한다. 이러한 우려 사항들을 인식하면서 EFT 치료사는 부정적 경험들이 각 배우자가 고조되는 불안전감을 관리하기 위해 개입하는 전략에 뿌리박혀 있는 양극화된 패턴을 초래하는 방식에 조율하여 개입한다. EFT에서 치료사의 동맹은 정신 내적 및 대인관계적인 면에서 부부불화에 대한 개인의 지각을 존중하면서 각자의 경험을 탐색할 수 있게 한다. 치료사는 상호작용 경험을 추적하고 각자의 개인적 및 관계적 경험에 대한 부인된 측면을 보여 주는 즉각적인 반응을 처리하면서 현재 순간을 탐색하도록 격려한다.

정서 경험은 반응을 촉발하는 사건, 그 순간에 일어나는 기본적인 자동 지각, 신체적 측면의 느낌을 상기시키는 감정 경험, 그 경험이 부여하는 의미, 정서 신호에 반응하여 취하는 행동에 초점을 두면서 조합(assembled)된다. 이 과정은 부부의 경험에 내포되어 있는 깊은 정서 현실을 강조하면서 부정적 상호작용 패턴을 체계적으로 조직한다. 회기가 전개되면서 부부 혹은 가족 및 치료사는 그들의 반발 패턴 및 종종 상대방에게 숨기거나 보호된 깊은 애착 정서와 소망을 명확하게 이해하고 경험한다. 이렇게 깊은 정서들은 적응적 의도와 동기를 강조한다. 이러한 애착 역동은 불화의 경직된 상호작용 패턴과 정서적 단절의 견지에서 호소문제를 재구성하는 토대를 제공한다. 단계적 약화를 통해서 부부와 가족은 그들의 관계 안에 있는 강점과 충족되지 못한 갈망을 존중할 수 있고, 동시에 유대감을 위협하는 부정적 경험을 더 잘 처리할 수 있다.

1기를 통해서 치료사는 관계의 가장 힘든 순간을 구성하는 정서와 행동 패턴을 추적한다. 1기에서 사용되는 전형적 개입은 안정적인 동맹 형성, 정서에 접근하기, 경험을 재구성하기에 초점을 둔다. 치료사는 공감적 반영과 인정을 사용하여 취약한 경험을 탐색할 수 있는 안전감과 토대를 만든다. EFT에서 가장 중요하게 초점을 두는 것이 정서이지만, 치료사는 감정을 명명하기보다는 현재 순간이나 '지금 여기'의 경험에 목표를 둔다. 치료사는 환기적 질문, 공감적 추측, 정서 경험의 강조 기법을 사용하여 개인의 태도(위축, 추적)를 경험 수준에서 탐색하고 이 경험을 각 개인이 보다 더 취약한 곳으로 다가가게 한다. 부부와 가족의 불화에 대한 새로운 이해를 제공하는 새로운 경험이 드러나면서, 치료사는 관계를 지배했던 고착된 패턴의 견지에서 한 사람의 행동과 경험의 지각을 재구성한다. 또한 치료사는 새로운 경험이 관계 안에서 경험된 충족받지 못한 애착 욕구에 대한 통찰을 제공함을 인식할 수도 있으며, 지속되는 관계 갈등의 영향을 재구성한다.

> 언쟁이 어느 지점에 다다르게 되었을 때, 서로를 반대 끝으로 몰아세워 결국 싸우게 만드는 것 같다. 두 사람은 소중한 사람에게 이해받고 자기 말을 들어주기를 바라는 마음으로 싸우는 동안에 결국 혼자가 되어 버린다.

Johnson(2019)은 EFT 회기의 핵심 요소를 다섯 가지 움직임의 탱고로 이해할 수 있다고 말한다. 'EFT 탱고'는 치료사가 부부와 가족구성원 간의 더 깊은 이해와 연결감을 알려 주고, 경험하고, 교류하고, 통합하기 위해서 어떻게 정서를 사용하는지를 보여 준다. 다섯 가지 움직임은 다음과 같다.

① **현재 과정 반영하기:** 첫 번째 움직임은 부부나 가족의 현재 경험에 초점을 둔다. 관계뿐 아니라 개인의 경험에 집중한다.
② **정서 조합과 심화하기:** 두 번째 움직임에서 치료사는 각각의 정서 상태에 대한 지각에 접근하고 이를 확대하면서 개인의 정서 경험을 조합한다. 이는 지각을 일으킨 신호, 신체적인 감정 경험, 의미, 행동화 경향에 초점을 두면서 특정 경험을 전체로 모으는 것을 포함한다. 정서를 확대하고 처리함으로써 더 깊은 정서가 밝겨되고 경험된다.
③ **교감적 만남을 안무하기:** 세 번째 움직임은 이런 새로운 경험을 공유하는 것이다. 중요하게 강조할 부분은 부부가 단순히 경험에 '관한(about)' 것보다는 경험에서 '나온(from)' 것을 나누게 하는 것이다.
④ **만남을 처리하기:** 네 번째 움직임은 치료사가 이러한 경험을 공유하도록 시작하고 또 들은 사람의 반응에 개입하면서 전개된다. 치료사는 가족구성원과 부부가 취약한 입장에서 공유한 경험의 영향을 탐색할 때 그 자리에서 안전감을 제공하고 그들의 경험을 인정해 준다.
⑤ **통합과 인정하기:** 다섯 번째 움직임은 이러한 경험의 의미를 통합하고 그 영향을 중시하는 데 초점을 둔다. 이 마지막 단계에서는 새롭게 공유한 경험을 적극 반영하고 부부와 가족구성원이 서로를 바라보고 관계적으로 자신을 이해하는 방식을 취하게 된 것에 초점을 둔다.

탱고는 새로운 수준의 교감을 촉진하고 이 수준으로 경험을 공유하면서 치료사가 애착 관련 정서를 어떻게 다루는지를 잘 보여 준다. 각 기와 단계는 치료 과정의 지도이며, 탱고는 그 과정이 어떻게 전개되는지를 보여 준다.

(2) 2기: 상호작용 태도의 재구조화

2기에서 치료사는 가족이나 부부가 부정적 패턴을 정의하고 형성하는 행동에서 취약성과 유대감에 대한 새로운 태도로 전환하는 데 많은 초점을 둔다. 덜 반발적인 관계의 맥락에서 치료사는 내담자의 깊은 애착 관련 정서에 개입하여 부정적 패턴의 특징이 있는 방어적 상호작용을 통해서 주로 회피되고 악용된 이면의 욕구에 접근한다. 부부와 가족구성원은 안정화와 단계적 약화를 통해서 이면의 정서 욕구를 깊이 인식하고, 치료사는 그들이 가장 의지하는 사람 앞에서 이러한 욕구를 표현하고 탐색할 수 있게 이끌어 간다. 자신과 배우자에 대한 견해, 부모 혹은 자녀에 대한 견해와 연관된 주제가 통렬하게 느껴지고, 위축자와 추적자는 이러한 애착 욕구에 효과적으로 반응하는 능력을 방해하는 두려움을 명확하게 인식할 수 있다.

부부와 함께하는 EFT 작업에서 이러한 두려움을 처리하면 각 배우자가 교감의 걸림돌을 다룰 수 있고, 치료사는 새롭게 명확히 밝혀진 욕구를 가지고 상대방에게 다가갈 위험을 감수하도록 부부를 초대한다. 먼저 위축자 재개입 이후에 추적자 순화를 하는데, 치료사는 서로 돌아보고 보살핌과 위로의 일차 욕구를 상대방에게 재연하게 하면서 정서 경험을 강조하기 위해 환기적 개입을 사용한다. 가족의 경우, 자녀의 취약성과 부인된 애착 욕구에 초점을 둔다. EFFT의 2기에서 일차 변화사건은 자녀와 부모 사이의 애착 돌봄의 상호작용을 회복하는 것이다. 이러한 변화사건을 통해 이렇게 표현된 욕구에 대한 부부와 가족구성원의 접근과 반응 및 정서적 교감으로 보이는 정서적 가용성에 기초한 새로운 유대감이 생겨난다. 이러한 변화는 회기 중에 발생하는 교정적 정서 경험을 통해서 발생한다. 부정적 상호작용에서 취약성과 깊은 수준의 정서 개입으로 전환됨으로써 부부와 가족구성원은 안도감의 경험을 확장하고 구축하는 새로운 긍정적 정서 고리를 만들게 된다.

(3) 3기: 강화

안전감에 대한 유대가 재형성되면 부부와 가족구성원은 의견 충돌을 유발하는 일상문제에 직면할 수 있다. 치료사는 부부와 가족구성원이 안전한 연결감으로 생긴 강점으로 차이나 어려움에 직면하도록 안내한다. 내담자는 흔히 불화의 순간에 과거 패턴의 재발을 발견하지만, 치료사는 이러한 순간을 이용하여 부부와 가족이 새로운 교류 패턴으로 향하도록 안내하고 서로에게 의지하며 회복탄력성을 찾을 수 있도록 힘을 실어 준다.

EFT의 마지막 기에서 치료사는 부부와 가족구성원들이 찾은 친밀감에 대한 공동 투자를 서로에게 알리는 의식과 관례를 통해 새로워진 안전감에 투자하도록 안내한다. 이러한 애착 의식은 함께 찾은 신뢰와 안전감을 심화하기 위해서 부부와 가족구성원이 의식적으로 하는 선택을 의미한다. 관계의 애착 역동과 EFT 치료를 통해 만들어진 변화를 계속 지지해 줄 연습 방법을 살펴보고자 하는 부부와 가족을 위한 다양한 자료가 있다. [예: 『정서중심치료 워크북: 우리 두 사람(Emotionally Focused Therapy Workbook: The Two of Us)』(Kallos-Lilly & Fitzerald, 2013), 『날 꼭 안아 줘요(Hold Me Tight)』(Johnson, 2008), 『날 꼭 안아 줘요/날 내버려 주세요(Hold Me Tight/Let Me Go)』(Aikin & Aikin, 2017)].

3. EFT 부부치료와 가족치료의 차이

이러한 기본 원칙과 실천은 치료사가 부부나 가족과 함께 작업할 때 EFT 변화 과정을 통해 그들을 인도한다. 사랑과 보살핌과 헌신이 관계의 본질인바, 치료사는 상호작용의 재구조화를 알려 주고 안내하는 애착이론을 사용하여 교착된 관계 패턴을 변화시키기 위해 정서를 사용한다. 부모자녀관계와 성인 파트너의 애착 역동은 기본적으로 이인관계로 이루어지고 이들 관계에서 경험되는 기본 욕구는 특히 불화가 있을 때 부부, 부모, 자녀를 서로에게 향하도록 한다. 애착과 돌봄은 치료사에게 부부와 가족관계의 안녕으로 이끄는 정서 역동에 대한 예측 가능한 지도를 제공한다. 하지만 가족치료에서는 부가적으로 고려해야 할 사항이 있다. 다음은 이러한 차이를 소개하고 치료에 대한 시사점을 설명한다.

1) 부모 책임

불화 가족의 상호작용 역동은 불화 부부와 비슷한 특성을 보인다. 거리를 두고 거절하는 부모와 분노에 차서 항의하는 청소년 자녀 간의 문제 패턴은 부부의 추적/요구-위축 패턴과 비슷하게 나타난다. 하지만 이 두 가지 형태의 관계가 갖는 목표는 근본적으로 다르다. 부부관계에서는 친밀감에 대한 상호 목표를 공유하며, 각 배우자는 관계 헌신에 동일한 책임이 있다. 부모자녀관계는 호혜적이지만 결국 위계가 있어서 돌봄의 책임이 부모에게만 있다. 가족치료 모델은 일관되게 구조(Minuchin, 1974)와 기능(Haley, 1991) 및 책임(Boszormenyi-Nagy & Krasner, 1986)에 대한 부모 역할의 중요성을 강조한다.

애착적인 면에서 이 책임은 아동의 애착 대상으로 '보다 강하고 지혜로운 타인'이 되는 부모의 돌봄을 통해 이해된다. 비록 부모자녀관계는 조율과 반영적 의사소통을 포함하는 호혜적인 과정이지만, 부모 자신이 양육받은 경험과 그에 기초한 애착 이야기는 중요한 요소이다. 부모자녀 상호작용에 영향을 미치는 부모의 애착력은 현재의 관계와 무관하게 작용한다(Kobak, Zajac, Herres, & Krauthamer Ewing, 2015). 그래서 가족관계의 고리와 패턴을 고려할 때, EFT 치료사는 이러한 문제 패턴이 애착 과정과 전략을 반영하는 고유한 방식임을 인식해야 한다. 애착 과정과 전략은 부모자녀관계뿐 아니라 부모의 돌봄 경험 내력이나 성인 표상에 따라 그 특성이 다르다. 낭만적 애착의 두 가지 연관된 체계를 다루는 부부치료와 달리, EFFT 치료사는 자녀의 애착 욕구를 부모의 양육 반응에 맞추어 작업한다.

(1) 발달적 차이

발달적으로 가족의 구성은 치료사가 가족관계의 맥락에서 정서를 작업하는 방식에 영향을 준다. 가족관계의 사회발달적 차이는 대인관계 기능을 알려 주고, 그 결과로 가족치료에 영향을 미친다. 인지적 및 사회적 발달의 역할은 정서 조절과 애착 기능의 측면에서 가족관계에서의 차이에 영향을 준다(Rutherford, Wallace, Laurent, & Mayes, 2015). 가족은 발달 과제의 변화에 직면하고, 필수적인 자원은 생애주기에 따라 다르며, 발달적 성취 및 사회화의 변화와 관련하여 관계에서의 요구와 역할이 변한다(Carter & McGoldrick, 2005). 아동의 발달 능력과 요구에 대한 평가는 이러한 차이를 중요하게 여기는 가족을 치료하는 EFT 치료사에게 방향을 제공한다.

▣ 아동

아동의 발달 능력과 한계가 고려되어야 한다. Willis와 동료들(2016)은 4~6세 아동의 EFFT 치료에서 놀이 기반 활동을 사용할 것을 제안했다. 수정된 치료법은 미취학 및 취학 아동의 재연과 정서 교류에 대한 특별한 주의를 포함하고 있다. 치료사는 아동이 정서를 상징적 · 직접적으로 표현하도록 돕는 전략과 매체를 사용할 수 있다. 발달적 차이의 수용은 안전감을 촉진하고 아동 및 가족 전체와 치료사 간의 동맹을 강화한다. 놀이치료 접근 방식을 통합하면 아동의 관계에 정서를 지지하고 통합하는 환경이 촉진되고(Schaefer & Drewes,

2011), 아동의 정서 경험에 대한 부모의 공동조절이 향상된다.

EFFT에서 치료사는 아동의 주의력 유지 능력과 정서 인식 능력보다 추상적인 개념으로 상호작용 능력을 평가한다(Willis et al., 2016). 아동을 대상으로 하는 EFFT에서 권장하는 수정사항에는 문제행동과 관계 맥락을 파악하기 위한 부모와의 초기회기와 가족 및 자녀(IP)와의 후속회기가 포함된다. 이를 통해 치료사는 가족 환경과 별도로 아동의 발달 능력을 깊이 평가할 수 있고 아동과 치료사의 동맹을 강화할 수 있다. EFT 치료사는 가족회기에서 비지시적 놀이와 준지시적 놀이를 조합하여 사용함으로써 정서와 가족의 관계적 역동 반응을 더 잘 관찰할 수 있다. 다양한 놀이치료 전략을 통해 치료사는 문제가 되는 가족 패턴을 파악하여 반영할 수 있는데, 이러한 전략으로 치료사는 아동의 애착 관련 욕구에 대한 부모의 인식을 강화하기 위해 필요한 정보를 더 많이 가진 위치에 있을 수 있다(Witterborn et al., 2006).

▣ 청소년

청소년은 성인기로 이행하면서 개별화 과정을 통해 자신과 관계를 정의하기 때문에, 청소년기는 가족에게 매우 중요한 변화의 시기이다. 청소년이 또래관계에서 새로운 패턴을 경험하고, 유대감과 자율성 욕구의 균형을 이루려고 함에 따라 가족은 협력적이어야 하고 청소년이 더 많이 탐색할 수 있도록 움직여야 한다. 이러한 발달적 변화는 또래관계에 더 많은 투자와 동시에 부모와의 관계에서 거리를 두는 것이며, 또한 이성교제나 성적 대상과의 교감을 향해 움직이는 것도 포함된다(Scharf & Mayseless, 2007). 청소년 애착에 관한 연구자들은 청소년 자녀에 대한 부모의 돌봄 목표가 애착 욕구 충족을 위해 청소년이 자율성을 획득하는 방향으로 변화되는 것이라고 제안한다(Kobak & Duemmler, 1994). 이런 변화는 청소년 자녀가 부모를 비이상화하고 정서 조절을 위해서 사회적 관계망에 의지하기 때문에 부모에게 큰 도전이 된다(Allen & Manning, 2007; Steinberg, 2005). 부모는 청소년 자녀가 주장하는 목표를 지지하는 것과 탐색과 안전 요구의 균형 간에 조화를 이루어야 한다(Kobak, Sudler, & Sudler, 1991; Kobak, Cole, Ferenz-Gillies, Fleming, & Gamble, 1993). 불안전한 가정에서 청소년은 부모의 돌봄에 대한 신뢰가 부족하고, 자기에 대한 부정적 견해가 증가하며, 또 자율적인 행동을 제한하는 경향이 있기 때문에 심리적 고통에 더 취약하다(Moretti & Holland, 2004).

EFFT에서 치료사는 안전한 동맹을 제공하여 부모와 청소년 자녀가 유대감과 자율성 사이에서 생기는 분명한 경쟁에 직면할 수 있게 한다. 부모가 성인기 초기의 청년 자녀에게도 중요한 애착 역할을 한다는 많은 연구 결과가 있지만(Rosenthal & Kobak, 2010), 변화하는 애착과 탐색의 욕구에서 균형을 찾을 수 있는 가족의 역량은 돌봄 반응과 애착 요청이 차단될 때 도전을 받는다. EFT 치료사는 부모의 돌봄 역할을 우선시하고, 그 역할의 효과적인 기능에 필요한 정서 자원을 소중히 여긴다. 이는 부모가 기본 목표(예: 자율성과 유대감)의 잠재적 불일치로 촉발되는 걸림돌을 다룰 수 있도록 돕는 것을 포함한다. 동시에 치료사는 청소년 자녀가 더욱 적응적인 부모의 돌봄이 있을 때 드러나는 자신의 욕구를 탐색하면서 지지를 요청할 수 있도록 청소년을 초대한다. 부모와 청소년 자녀는 청소년의 자율성 성장을 향한 상호 목표를 지지하는 정서 균형을 함께 찾을 수 있다.

▣ 성인관계

성인기의 세대 간 관계는 가족의 지속적인 성장과 치유를 약속한다. 성인 자녀와 부모 간의 관계 문제는 가족의 전환기(결혼, 이혼, 재혼, 노인 부양) 혹은 위기(만성 질병, 실직, 경제 위기)로 인해 촉발될 수 있다. 역사적으로 성인 자녀는 애착 대상으로서의 부모에 대한 의존도가 줄어든다(Weiss, 1982)고 말한 사람도 있으나, 성인기 전반에 걸쳐 이러한 애착 유대감의 중요성(Krause & Haverkamp, 1996)은 변화하지만 계속되며 노후의 부양관계에 미치는 그것의 영향(Crispi, Schaffino, & Berman, 1997)은 점점 더 지지되고 있다.

성인기에서 안정애착의 가용성은 신체적 근접성보다는 상징적이거나 추상적이다(Cicirelli, 1993; Koski & Shaver, 1997). 안전감의 경험은 현재의 일상적인 상호작용에 초점이 있기보다 지속적인 접촉에 의해서 강화된 부모에 대한 긍정적 기억과 더 많은 관련이 있다. 부모의 건강이 좋지 않은 상황은 성인 자녀의 '보호' 반응을 유발하며, 이는 현재 가족의 성인애착 역동에 의해 알 수 있다. 애착 역동은 아픈 부모에 대한 성인 자녀의 지지 가용성과 감소를 개념화하는 방향을 제공하는데, 현재의 요구는 과거 성인 자녀의 돌봄 내력의 맥락에서 발생한다.

성인 자녀의 부모 역할로의 이행은 자녀와 연관된 양가감정과 부정적 기대를 포함하여 자신의 양육에 도전이 된다. Byng-Hall(2002)은 애착 불안정이 자녀의 부모화 위험을 높이는 부부와 가족관계에 영향을 주는 세대 간의 패턴을 강조한다. 이러한 세대 간 관계를 바로잡는 것은 부모 자신의 애착력으로 인해 부모 혹은 배우자 역할 수행에 대한 양가감정이 생길 때 부부불화와 양육 고통에 대한 교정된 자원을 제공한다. 부모와 성인 자녀 모두 양육을 하는 시기이므로, 부모와 성인 자녀의 역사에 뿌리를 둔 불안전을 다룸으로써 가족 전체가 다음 세대 자녀의 역할을 잘 이해할 수 있다.

성인 자녀와 부모와 함께하는 EFT 치료사의 작업은 과거의 애착력이 반영된 현재의 애착 경험에 초점을 맞춘다. 관계불화는 현재 관계에서의 요구 변화(예: 아픈 부모에 대한 간호)나 간접적으로 배우자 혹은 부모 역할을 하는 자녀(예: 부모화)와의 갈등관계에 의해 촉발된다. 치료사가 양육 가용성과 돌봄을 조직하는 문제의 패턴을 파악함에 따라 평가와 치료의 초점은 세대 간 이인관계로 이동할 수 있다. 더 큰 안전감을 갖는 방향으로 애착관계의 재구조화는 안전감으로 생긴 자원을 통해 다음 세대에 새롭게 영향을 줄 새로운 자원이 된다.

2) 세대 간 영향

원가족관계의 영향은 부부의 애착력을 이해하는 데 중요하다. EFT 치료사는 흔히 배우자의 이차 애착전략(불안, 추적, 회피 위축)을 알고 이해하기 위해서 그들의 과거 애착 경험을 드러내고 평가한다. EFFT에서 세대 간 영향은 치료사가 부모의 돌봄 반응을 이해하는 데 중요하다. 양육하는 자신에 대한 부모의 견해는 자녀에게 받은 피드백보다 그들의 돌봄을 받은 역사에 더 많은 영향을 받는다. 이는 부모가 어릴 때 받은 양육 경험과 일치하게 행동하거나 그들이 받은 부정적 양육 경험을 교정할 때 볼 수 있다. 이러한 동기는 원가족에서 그들의 애착 경험에 의해 조직되며, 그 결과 자녀의 즉각적인 욕구에 맞추어 조율하기 더 어려워진다.

EFT 치료사는 이러한 세대 간 영향의 중요성을 인식하고, 부모가 어린 시절에 자녀로서 받지 못한 것으로 인해 부모에게 일어날 수 있고 동시에 자녀의 요구사항에 직면하면서 일어날 수 있는 과거의 기대치를 살펴본다. 돌봄에 대한 부모의 차단(parental blocks)을 이해하는 것은 각 부모의 애착력과 그것이 현재 양육에 미치는 영향에 대한 이해에서 시작된다.

3) 치료 과정

가족의 구성과 호소 문제의 차이로 말미암아 치료는 유연하게 접근되어야 한다. 부부치료를 하는 EFT 치료사는 주로 한 관계의 상호작용에 초점을 둔 이인회기를 진행한다. EFFT에서 치료사는 치료의 구체적인 논리(예: EFFT 결정 지침)를 따라서 흔히 특정한 이인 혹은 삼인에 초점을 둔 여러 관계를 조합하여 작업할 수 있다. 회기의 구성은 치료사가 전개되는 치료 과정과 목표에 우선순위를 두기 때문에 회기마다 다를 수 있다. 예를 들면, 치료사는 부모가 문제행동을 하는 10대 자녀에 대한 의견이 분분하여 악화되어 있다면 부모 두 사람과 만날 수 있다. 이 회기는 부모에게 양육 시 서로를 지지하는 능력을 저하시키는 반발 패턴과 정서 촉발요인을 탐색할 기회를 제공한다. 회기를 다양하게 구성하려면 치료사는 유연성이 있어야 하고 전체 치료 과정에서 명확성을 유지해야 한다.

전형적인 EFFT 치료는 회기의 횟수를 제한한다. 가족회기는 IP와의 가족문제를 중심으로 부모와 자녀의 상호작용을 개선하는 데 초점을 둔다. 따라서 부부치료보다 제한적이고, 부부와의 작업이 EFFT의 일면일 수 있지만 부모자녀 패턴의 변화가 EFFT에서 일차적인 치료 목표이다(Johnson, 2004). 부부치료와 달리 EFT 치료사는 가족이 한 번의 치료회기에서 한 단계 이상의 변화 단계로 진전될 수 있음을 알 수 있다. 부모의 개방성과 접근성의 변화는 자녀의 차단된 애착 의사소통을 빠르게 해결할 수 있으며, 그 결과 가족은 1기의 단계적 약화에서 2기의 부모와 자녀 교류의 재구조화로 빠르게 이동할 수 있다. 결과적으로 가족 상담은 EFFT 변화 단계를 통해 아주 빠르게 전개된다.

4. EFFT 모델의 발전

앞에서 언급했듯이 EFT는 부부불화의 효과적 치료에 강력한 경험적 지지를 받고 있다. 식이장애로 치료 중인 청소년 딸과 부모를 대상으로 EFFT의 효과성을 평가하는 예비연구(Johnson, Maddeaux, & Blouin, 1998)에서 EFFT가 폭식과 구토 행동뿐 아니라 청소년의 우울과 적개심의 감소에도 효과적임을 보여 주었다. 이 연구 결과는 청소년이 애착 욕구를 표현하고 관계에 대한 기대를 명확하게 밝히며 가족구성원들에게 자신에 대한 보다 긍정적인 견해를 표현하는 새로운 방식을 발견하게 되는 이점을 강조한다.

수많은 연구는 다양한 호소문제에 대한 EFFT의 실제를 서술한다. 여기에는 아동기의 기분 관련 장애(Johnson & Lee, 2000; Stravianopoulus, Faller, & Furrow, 2014)와 비자살적 자해(Schade, 2013)에 대한 EFFT 적용이 포함된다. 다른 임상연구들은 이혼(Hirschfield & Wittenborn, 2016; Palmer & Efron, 2007) 및 계부모 가족의 적응(Furrow & Palmer, 2007) 등 부부관계의 전환기에 직면한 가족을 대상으로 EFFT를 적용했다. EFFT 사례 적용은 아동에 대한 치료 방법을 설명하고, 또 EFFT가 발달 단계에 맞추어 잘 반응하고 적합하다는 것을 보장하도록 EFFT와 놀이치료 전략의 통합 가능성을 탐색했다(Hirschfield & Wittenborn, 2016; Willis et al., 2016; Wittenborn et al., 2006). 이러한 사례는 EFFT의 성공적인 예를 보여 주었지만 치료의 효과성을 체계적으로 평가하지 않았다. 따라서 가족치료에서 EFFT 접근의 효과성을 밝히기 위한 연구가 더 많이 필요하다.

1) EFFT의 주안점과 가정

EFFT가 지속적으로 발전하면서 가족 관련 불화에 대한 접근에 있어 이 모델의 독특한 접근 방식에 대해 몇 가지 중요한 측면을 강조해 왔다. 이러한 발전은 부부를 위한 EFT 모델의 발전에 내재되어 있지만, 가족 접근 방식에서 독특한 강조점을 설정하는 데도 특별한 주의가 필요하다. EFFT의 독특성은 회복탄력성의 자원이 되는 애착, 돌봄 차단과 가족불화, 현재 과정에 초점, 치료사의 과정 자문가 역할을 포함한다.

(1) 애착과 관계의 회복탄력성

가족의 애착관계는 가족 회복탄력성의 핵심 자원이 된다. 문제가 있어 보이는 행동이라도 대부분의 가족 행동은 유대감을 재확립하거나 타인의 행동을 교정하려는 것이다. 애착이론은 타인이 문제 행동으로 경험할 수 있는 것 이면의 긍정적 의도에 대한 건설적인 준거틀을 제공한다. EFFT는 강점 기반 관점을 취하는데, 이는 부모의 지속적인 비효과적 돌봄의 이면에 있는 긍정적 의도를 인식하고 인정하며, 부모가 자녀의 고통 혹은 문제 행동을 촉발하는 정서적인 교감 수준에 타당한 이유가 있을 수 있음을 인정하는 것이다. 부모의 조율되지 못한 행동은 흔히 자녀의 욕구에 대한 과소 혹은 과잉 반응에서 비롯된다. 반대로 자녀는 부모의 지지를 받고 싶은 자신의 욕구를 무시하거나 부인하며, 혹은 부모의 부재에 과잉 반응하는 행동을 보인다. 이러한 반응 행동은 점점 불안정해지는 관계체계에서 균형을 회복하기 위한 논리적이고 예측 가능한 노력을 표현하는 것이다. 이 체계를 이해하고 교정할 수단을 제공하면 핵심적인 관계를 통해 가족체계에 새로운 회복탄력성의 자원이 주입된다.

애착체계는 적응적으로 가족이 안전감을 회복할 수 있을 때 개인적·사회적으로 안녕감을 촉진하는 회복탄력성의 자원을 갖게 된다(Mikulincer & Shaver, 2015). 애착 안정은 친사회적 행동을 촉진하고 환경으로부터의 여러 도전을 당연하게 여기며 방어적인 자기보호의 욕구를 줄여 주기 때문에 도움이 필요한 사람에 대한 이타심과 연민을 통해 타인의 안녕감을 향상시키는 자원을 확보하게 한다. 가족생활의 요구는 발달상의 변화와 환경적인 도전을 일으키고, 안정애착을 형성한 개인은 자신이 의지하는 관계를 통하여 이러한 요구에 잘 반응할 수 있다(Sroufe, 2016). 이런 관계 자원은 역경에 직면했을 때 회복탄력성을 지원하고, 가족이 어려움을 성장으로 나아갈 가능성을 높인다(Walsh, 2003). Wiebe와 Johnson(2017)이 관찰한 바에 따르면, 안전 유대감 촉진 시 부부가 헌신적인 관계 맥락에서 정서를 보다 효과적으로 상호 조절하여 스트레스에 직면하고 건강을 유지할 수 있게 하는 회복탄력성의 공유가 촉진된다. EFFT는 지원과 성장을 도모하는 관계에서 안도감을 높여 가족의 회복탄력성을 적극 향상시킨다.

실비아는 최근 학력평가에서 성적이 크게 떨어진 열두 살 딸 앨리시아를 지지하기 위해 고전하고 있다. 학교에서 앨리시아의 학습 부진을 확인하고 그에 대해 지원도 했으나, 학습 부진은 그녀의 자존감과 사회 참여에 큰 타격을 주고 있었다. 실비아는 딸의 미래에 대한 두려움과 자신도 학창시절에 비슷한 문제를 겪었다는 책임감 사이에 사로잡혀 종종 정서 균형을 잃었다. 그녀는 자신의 삶에서 계속 애착 대상으로 남아 있는 어머니에게 의지함으로써 어머니 자신의 경험과 딸과 손녀에 대한 어머니의 배려심을 통해 지지와 자신감을 얻었다. 그들의 관계는 어머니로서의 두려움보다 실비아가 앨리시아와의 교감에 더 큰 자신감을 갖게 해 주었고, 앨리시아의 욕구에 초점을 맞추면서 앞으로의 학습에 대한 불확실성을 헤쳐나갈 수 있게 해 주었다.

(2) 돌봄 차단

자연 발생적인 체계로서 애착과 돌봄 반응은 가족관계의 본질이다. 문화적으로 분명한 체계를 표현하는 애착 행동은 다양하지만, 여전히 각 행동은 가족 안에서 생물행동적 보편성을 가질 수 있다. Bowlby(1969, 1988)는 돌봄을 자녀 애착체계에 대한 보완체계라고 인식했다. 부모자녀관계의 불화는 자녀가 부모의 돌봄 가용성에 의문을 갖고 또 부모의 가용성이 부족하다고 지각하여 나타나는 부정적 정서(두려움, 슬픔)에 부모가 과소 혹은 과잉 반응을 할 때 발생한다(Kobak & Mandelbaum, 2003). 방어 패턴이 자리 잡으면서 부모와 자녀는 자녀의 애착욕구에 성공적으로 반응하려는 시도가 실패할 때 자기보호적으로 반응할 가능성이 높다. 이러한 부정적인 패턴이 전개되고 불화로 인해 왜곡된 반응을 하게 되면서, 자녀는 부모의 접근과 반응에 대한 확신을 감소시키는 불안과 회피 돌봄에 노출되고, 또 이러한 부정적 반응에 대한 부모의 유연한 반응을 제한하는 부모의 공감 실패에 노출된다(Kobak et al., 2015).

실비아는 딸의 노력과 학업 수행에 방심하지 않음으로써 딸의 미래에 대한 자신의 두려움과 실패에 질책받을 가능성에 대처했다. 실비아는 앨리시아의 회피와 노력 부족을 견디기 어렵다는 것을 알았다. 또한 앨리시아는 자신의 노력에 대해 어머니가 위로와 위안보다는 항상 자신의 경험을 근거로 자기를 가르쳐서 학교에서 느꼈던 감정을 이야기하는 것을 조심스러워했다. 실비아의 불안한 모니터링과 앨리시아의 회피로 이루어진 부정적 패턴은 두 사람 모두 주제를 완전히 피하지 않는 한 그들의 상호작용을 지배했다. 이는 오직 어머니로서의 실패 및 딸과의 접촉 상실에 대한 실비아의 두려움을 강화할 뿐이었다.

애착이론에 따라서 EFT 치료사는 경직된 패턴을 개념화하는데, 이는 문제가 있는 부모자녀 상호작용을 차단된 애착과 돌봄 의사소통으로 인한 분리 고통의 측면에서 정의한다. 이러한 부정적 고리는 고조되는 불화의 패턴에 빠트려 가족관계의 정서 균형을 위태롭게 변화시키는 몰입 상태가 된다(Kobak, Duemmler, Burland, & Youngstrom, 1998). EFFT 과정은 가족의 돌봄과 애착 파열에 내재된 깊은 정서에 초점을 맞추면서 부정적 패턴을 안정화하고 반발 반응을 약화하는 것으로 시작된다. EFFT에서 치료사는 이러한 차단과 그것을 강화하는 부정적 정서를 다룬다. EFT 치료사는 차단을 돌봄에 대한 실패한 시도로 재구성하는 대신에, 부모가 차단을 탐색하고 반응하려는 부모의 노력을 인정하거나 정상화하는 데 고착된 지점을 따라 이동한다.

(3) 현재에 초점

EFT 치료사는 강력한 동맹을 제공하여 부모와 자녀가 '지금 여기'의 정서 경험을 탐색하고 교감할 수 있는 안전기지 역할을 한다. 이러한 정서 현실은 가족관계에서 의미와 동기부여의 소중한 자원이 된다. EFT 치료사는 마치 음악이 무용수의 춤을 유도하듯이 가족구성원의 행동을 조직하는 정서 경험을 추적하면서 회기 중에 나타나는 정서 패턴 혹은 춤을 추적한다. 치료사의 인식과 정서적 존재는 가족구성원들이 부정적 고리의 파괴적인 영향을 경험할 때 반응적이고 조율된 자원을 제공한다.

이러한 반발적 정서 반응을 다루면서 치료사는 부인되었거나 방어적인 반응의 기초가 되는 깊은 정서에 접근할 수 있다. 호기심을 갖고 부모나 자녀의 방어를 존중하는 것은 가족 내에서 인정받지 못했던 두려움과 상처에 직면하여 새로운 이해의 가능성을 열어 준다. 신호가 명확할 때 가족은 풍부한 자산을 갖게 되는 것이다. EFFT는 가족이 소속되어 서로를 보살펴야 하는 욕구에 대해 더욱 효과적으로 의사소통할 수 있도록 초대하고 또 그런 의사소통을 할 수 있게 한다. EFFT 과정은 가족의 공유된 취약성을 통해 애착 의사소통을 촉진하고, 또 조율과 정서 조절 및 접근과 반응의 공유 경험을 통해 더 높은 안도감으로 가는 경로가 된다.

(4) 과정 자문가

EFT 치료사는 가족구성원들이 관계적 상호작용의 경험을 공유할 때, 회기 중 가족구성원들의 정서 경험을 조율하는 과정 자문가이다. 치료사는 부모에게 구체적인 전략이나 기술을 가르치거나 코칭하기보다 가족구성원이 자신의 경험을 이해하고 가족 안에서 새로운 태도로 이러한 경험을 교류할 수 있게 도와준다. 또한 이러한 방식으로 치료사는 가족이 안전한 유대감과 효과적인 돌봄에 참여하도록 가족 안에서의 태도를 안무하고 재구조화한다. 과정 자문가로서 EFT 치료사는 가족구성원들과의 협력관계를 만들어 그들의 경험에 다른 구성원들이 들어가 보고, 또 그들의 경험을 통해 관계의 새로운 의미와 동기부여에 참여할 수 있도록 한다.

2) 가족치료에서 EFFT의 혁신

EFT 치료 원칙과 실제를 기반으로 EFFT 과정은 가족치료사에게 가족체계 내 정서와 애착에 초점을 둔 경험주의적 치료의 접근 방식을 제공한다. EFFT는 가족에 대한 체계론적 치료에 세 가지 혁신인 정서에 초점 맞추기, 분리 고통, 교정적 정서 경험을 제공한다.

(1) 정서에 초점 맞추기

EFT 치료사는 가족의 관계불화를 정의하는 상호작용 패턴을 형성할 때 정서의 역할에 초점을 둔다. 문제가 있는 양육은 불안전의 파괴적인 영향과 가족구성원 사이에 나타나는 부정적인 정서적 고리에 대한 반응으로 이해된다. 이는 의사소통 기술과 문제해결(Morries, Miklowitz, & Waxmonsky, 2007) 또는 정서 코칭과 자기조절 전략(Gottman, Katz, & Hooven, 1997)에 중점을 두는 프로그램들과는 다르다. EFFT의 경험주의적 초점은 정서 경험에 접근하고 이를 처리하는 데 초점을 두는데, 정서 조절은 정서 자체에 개입하기보다는 개입의 결과로 일어난다.

정서는 EFFT 회기의 방향을 이끌어 간다. 치료사는 가족관계에서 문제가 되는 상호작용을 조직하는 정서 경험을 이끌어 내고 정제해서 심화시킨다. 이런 부정적 경험은 더 깊은 인식과 이해 및 효과적인 반응의 기반을 구축하는 조직적·정서적으로 조절되는 경험에 들어가는 관문을 제공한다. 불화와 정서 차단에 대한 작업을 하면 애착과 돌봄관계가 접근과 반응 및 정서적 교감으로 특징되는 안전한 상호작용을 위한 새로운 길을 열 수 있다.

일반적으로 체계론적 가족치료 접근은 개인의 경험에 대한 가족 과정보다는 먼저 가족 패턴에 숨겨진 구조와 전략에 초점을 둔다(Merkel & Seawright, 1992). 한편, 행동주의와 의사소통이론의 영향으로 가족구성원의 행동과 상호작용을 중시하고, 행동을 이끌어 가는 내재된 정서적 역동에는 주의를 덜 기울인다. 가족치료에서 정서의 역할은 1970년대까지의 가족체계이론의 적용에 있어서 충분히 발전되지 못했다(Diamond & Siqueland, 1998; Madden-Derdich, 2002).

가족의 정서체계에 대한 Bowen의 강조점은 이러한 경향을 보여 준다. Bowen에 의하면, 가족체계는 가족구성원의 '기능적 위치'를 안내하고 알려 주는 정서적 분위기를 유지하는 것으로, 이는 마치 중력장이 태양계 행성의 움직임에 영향을 주는 것과 흡사하다. 분화(타인과 정서적으로 접촉을 하면서도 여전히 자신의 정서적 기능에서 자율적일 수 있는 능력, Kerr & Bowen, 1988, p. 145)에 대한 Bowen의 초점은 그의 치료가 개인보다 체계의 기능을 우선시하는 정도를 나타내며, 개인이 더욱 자율적인 선택을 찾을 수 있었던 것은 지적 기능을 통해 객관적으로 처리하는 개인의 능력을 통해서였음을 보여 준다.

Bowen은 정서를 가족체계에 통합된 것이라 인식했고, 정신병리 패턴에서 현저하게 나타나는 것이라 여겼다. 하지만 정서를 다루는 과정에서는 개인의 경험과 관계적 교류가 아닌 패턴과 과정에 초점을 두었다. 애착 관점에서 분화란 타인으로부터의 분리로 정의되기보다는 타인과의 관계로 정의되는 발달 과정이다. 개인의 분화는 부모와의 관계에서 자신의 고유성이 조율되고, 수용되고, 탐색하도록 격려를 받는 안전한 유대감을 경험한 아동에게 자연스럽게 나타난다(Johnson, 2019).

Salvador Minuchin의 이론과 치료는 역기능적 가족 패턴과 연관된 상호작용 과정과 패턴에 전적으로 초점을 맞춘다. Minuchin의 경우, 치료사의 역할은 가족 패턴을 관찰하고 이러한 상호작용의 '방식'을 변화 과정의 초점으로 만드는 데 중점을 두었다. 또한 가족체계에서 유지되었던 문제가 있는 상호작용에 대한 이러한 초점은 개인의 경험보다는 체계/과정/상호작용을 강조하는 것으로, 이는 Minuchin이 궁극적으로 가족을 조직으로 보는 관점을 취했음을 보여 준다. 가족 역기능은 적절한 수준의 분리를 포함하는 경계선의 부족이 더 많은 것으로 나타났는데, 이는 역기능과 조절장애가 단절의 표현이라는 애착 관련 가정과 대조된다. 아이러니하게도 Minuchin의 많은 기법(minuchin & Fishman, 1981)이 EFT 상담에 필수적인 것으로 입증되었으므로(Johnson, 2004), Minuchin은 자신의 치료에 대해 Susan Johnson과 나눈 대담에서 "정서를 무시하는 것은 가족치료 분야에서 우리가 범한 가장 큰 실수였다."라고 말했다(Johnson, 2019).

가족치료 분야에 입문하는 인본주의적·경험주의적인 치료사는 분명히 개인의 경험과 그것이 알려 주는 정서에 우선적으로 가치를 두고 호소하는 경향이 있다. Virginia Satir(1964)는 성장, 자기 발견, 진정성 있는 의사소통을 촉진하는 데 있어 공유된 정서 경험의 가치를 보여 주는 확실한 예를 제공했다. Satir에게 개방성과 양육은 건강한 가족의 특징이다. "기쁨과 성취와 같이 실망, 두려움, 상처, 분노, 비판 등 무엇이든 말할 수 있다." (Satir, 1972, p. 14). Kempler(1981)에 따르면, 가족 역기능은 소외 및 제한된 정서적 의사소통과 연관이 있다. 그는 아무도 상대방을 알지 못하는 동시에 자신도 상대방을 알지 못하는 세상에서 친밀감을 표현해야 하는 가족의 어려움을 언급했다. Carl Witaker(1975)는 가족 의사소통이 감정을 피함으로써 어떻게 친밀감을 피하는 수단이 되었는지 관찰했다. 그는 가족 내 돌봄과 연민을 회복하기 위한 자원으로서 개인 경험과 공유 경험의 역할을 강조했다. 자신의 경험을 확대할 수 있는 가족의 능력은 회복과 성장으로 이어질 것이다. 가족구성원은 자신의 행동에 앞서 정서에 직면하여 자신의 감정을 살펴보라는 도전을 받는다(Keith & Whitaker, 1982).

(2) 분리고통과 관계 단절에 초점

역사적으로 가족체계론적 접근은 가족 패턴을 권력과 통제의 관점에서 개념화했고, 이러한 관계적 연합에 도전하고 중단시키기 위한 기법을 발전시켰다(Minuchin & Fishman, 1981). EFFT는 문제가 되는 상호작용 패턴 및 시간이 지남에 따라 가족이 공유하는 안전감과 안도감을 손상시키는 영향에 초점을 둔다. 또한 EFFT는 취약한 정서를 서로 연결하는 순간으로 가족을 인도함으로써 가족의 관계 단절에 해독제를 제공한다. 가족구성원 간의 경계선과 부모의 권위는 연결감과 안도감을 위한 기초라기보다는 재확립된 안도감의 맥락 안에서 가족과 함께 다루어진다.

가족체계의 불안전은 분리 고통에서 비롯되며, 자녀의 증상으로 표현되는 문제 행동은 이러한 고통에 반응하려는 부모와 아동의 시도에 영향을 받는다. 안전감을 상실할 때 인간은 다음과 같은 예측된 경로로 반응한다. 첫째, 애착 대상과의 접촉 상실은 그런 대상이 존재하지 않는다는 데 대한 분노와 항의를 촉발한다. 이러한 신호에 적절한 정서적 반응이 없으면, 절망에 빠지고 부재하는 대상과 접촉하려는 시도를 하면서 통제하는 반응이 일어난다. 매달리고 통제하는 행동 이후에 광범위한 절망감이 따라온다(Johnson, 2004). 애착 유대감의 상실은 접촉을 원하는 사람에게 외상이 되고, 상실의 정도는 이러한 상실을 바로 잡으려는 시도의 강도에 나타나 있다.

(3) 정서 경험의 재연과 교류

정서의 재연은 EFT의 대표적인 특징이다. 정서 경험의 접근과 교감은 가족 내에서 문제가 되는 상호작용을 변화시키는 주요 자원이다. 정서는 일단 접근하고 조절되면 가족관계 내 친밀감과 신뢰감의 수준을 더 깊게 촉진하는 데 사용될 수 있는 적응 자원이 된다. 가족 내 부모와 자녀 및 부부의 정서적 유대를 가용성과 안도감의 패턴으로 재조직하는 것은 EFFT의 든든한 기반이다.

재연[1]은 변화의 메커니즘으로서 가족구성원 간의 관계를 개선한다(Davis & Butler, 2004). Minuchin은 가족구성원들이 가족 안에서 적응적인 위치로 전환하기 위해 가족 안에서 수행한 역할에 대한 인식을 높이고자 재연을 사용했다. 구조적 가족치료에서 재연은 가족 간의 의사소통이 새로운 방향으로 이루어지도록 하여 경계선을 설정하기 위한 기법으로 사용되었다(Minuchin, 1974). 재연은 관계 경험의 교류와 공유보다 상호작용을 촉진하는 수단으로서 가족 과정에 초점을 둔다. 재연은 가족 내 역할과 규칙 및 상호작용 조직 방식에 대한 설명을 제공하는 평가에 사용될 수 있다.

1) 역자 주: 재연(enactment)은 가족치료 분야에서 대개 '실연'으로 번역함.

5. 요약

이 장에서는 가족치료에 대한 EFT 접근 방식을 살펴보기 위한 단계를 설정했다.

EFFT는 부부불화치료에 효과적이라고 밝혀진 경험적으로 지지된 임상 실천에 바탕을 둔 가족불화의 실천적 접근을 치료사에게 제공한다. 원칙적으로 가족에 대한 EFT 치료는 개입의 중요한 초점이 생애주기 전반에 걸쳐 가족에게 정체성과 소속감 및 회복탄력성의 관계를 제공하는 애착 유대로 시작하고 끝을 맺음으로써 변화를 유도하는 동일한 경로를 따른다. 정서는 소속감과 존재감의 기초가 되는 관계를 형성하는 데 핵심이다.

참고문헌

Aiken, N., & Aiken, P. (2017). *The hold me tight let me go program: Facilitators guide*. Ottawa, Canada: International Centre for Excellence in Emotionally Focused Therapy.

Allen, J. P., & Manning, N. (2007). From safety to affect regulation: Attachment from the vantage point of adolescence. *New Directions for Child Development, 117*, 23-39.

Boszormenyi-Nagy, I., & Krasner, B. R. (1986). *Between give and take: A clinical guide to contextual therapy*. New York, NY: Brunner Mazel.

Bowlby, J. (1969). *Attachment and loss: Vol. 1. Attachment*. New York: Basic Books.

Bowlby, J. (1973). *Attachment and loss: Vol. 2. Separation*. New York: Basic Books.

Bowlby, J. (1988). *A secure base*. New York: Basic Books.

Byng-Hall, J. (2002). Relieving parentified children's burdens in families with insecure attachment patterns. *Family Process, 41*, 375-388.

Carter, B. A., & McGoldrick, M. (2010). *The expanded family life cycle: Individual, family and social perspectives* (4th ed.). New York: Allyn Bacon.

Cicirelli, V. G. (1993). Attachment and obligations and daughters' motives for caregiving behavior and subsequent effect on subjective burden. *Psychology and Aging, 8*, 144-155.

Crispi, E. L., Schiaffino, K., & Berman, W. H. (1997). The contribution of attachment to burden in adult children of institutionalized parents with dementia. *The Gerontologist, 37*, 52-60.

Davis, S. D., & Butler, M. H. (2004). Enacting relationships in marriage and family therapy: A conceptual and operational definition of an enactment. *Journal of Marital and Family Therapy, 30*, 319-333.

Diamond, G., & Siqueland, L. (1998). Emotions, attachment, and the relational reframe: The first session. *Journal of Systemic Therapies, 17*, 36-50.

Efron, D. (2004). The use of emotionally focused family therapy in a children's mental health center. *Journal of Systemic Therapies, 23*, 78-90.

Eliot, T. S. (1970). *T. S. Eliot reading Four Quartets*. New York: Cademon.

Furrow, J., & Palmer, G. (2007). EFFT and blended families: Building bonds from the inside out. *Journal of Systemic Therapies, 26*, 44-58.

Furrow, J. L., Bradley, B., & Johnson, S. M. (2004). Emotion focused family therapy with complex family systems. In V. Bengston, A. Acock, K. Allen, P. Dilworth Anderson, & D. Klien (Eds.), *Sourcebook of family theory and research* (pp. 220-222). Thousand Oaks, CA: Sage.

Gottman, J. M., Katz, L. F., & Hooven, C. (1996). Parental meta-emotion philosophy and the emotional life of families: Theoretical models and preliminary data. *Journal of Family Psychology, 10*, 243-268.

Greenman, P. S., & Johnson, S. M. (2013). Process research on emotionally focused therapy (EFT) for couples: Linking theory to practice. *Family Process, 52*, 46-61.

Haley, J. (1991). *Problem solving therapy* (2nd ed.). New York: John Wiley.

Hazan, C., & Shaver, P. (1987). Conceptualizing romantic love as an attachment process. *Journal of Personality and Social Psychology, 52*, 511-524.

Hirschfeld, M. R., & Wittenborn, A. K. (2016). Emotionally focused family therapy and play therapy with children whose parents are divorced. *Journal of Divorce and Remarriage, 57*, 133-150.

Johnson, S. (1986). Bonds or bargains: Relationship paradigms and their significance for marital therapy. *Journal of Marital and Family Therapy, 12*, 259-267.

Johnson, S. M. (1996). *The practice of emotionally focused therapy: Creating connection*. New York: Brunner/Routledge.

Johnson, S. M. (2004). *The practice of emotionally focused therapy: Creating connection* (2nd ed.). New York: Brunner/Routledge.

Johnson, S. (2008). *Hold me tight: Seven conversations for a lifetime of love*. New York: Little Brown.

Johnson, S. M. (2019). *Attachment theory in practice: Emotionally focused therapy with individuals, couples, and families.* New York: Guilford Press.

Johnson, S. M., & Greenberg, L. S. (1988). Relating process to outcome in marital therapy. *Journal of Marital and Family Therapy, 14,* 175-184.

Johnson, S. M., & Lee, A. (2000). Emotionally focused family therapy: Restructuring attachment. In C. E. Bailey (Ed.), *Children in therapy: Using the family as resource* (pp. 112-136). New York: Guilford Press.

Johnson, S. M., Maddeaux, C., & Blouin, J. (1998). Emotionally focused family therapy for bulimia: Changing attachment patterns. *Psychotherapy, 25*, 238-247.

Johnson, S. M., Hunsley, J., Greenberg L. S., & Schindler, D. (1999). Emotionally focused couples therapy: Status and challenges. *Clinical Psychology Science and Practice, 6,* 67-79.

Johnson, S. M., Bradley, B., Furrow, J., Lee, A., Palmer, G., Tilley, D., & Wooley, S. (2005). *Becoming an emotionally focused couple therapist: The workbook.* New York: Brunner-Routledge.

Kallos-Lilly, V., & Fitzgerald, J. (2014). *An emotionally focused workbook for couples: The two of us.* New York: Routledge.

Keith, D. V., & Whitaker, C. A. (1982). Experiential/symbolic family therapy. In A. M. Horne and M. M. Ohlsen (Eds.), *Family counseling and therapy* (pp. 43-74). Itasca, IL: F.E. Peacock.

Kempler, W. (1981). *Experiential psychotherapy with families.* New York: Brunner/Mazel.

Kerr, M. E., & Bowen, M. (1988). *Family evaluation.* New York: Norton.

Kobak, R., & Duemmler, S. (1994). Attachment and conversation: Toward a discourse analysis of adolescent and adult security. In K. Bartholomew & D. Perlman (Eds.), *Attachment processes in adulthood* (pp. 121-150). London, PA: Jessica Kingsley.

Kobak, R., & Mandelbaum, T. (2003). Caring for the caregiver: An attachment approach to assessment and treatment of child problems. In S. M. Johnson and V. E . Whiffen (Eds.), *Attachment processes in couple and family therapy* (pp. 144-164). New York: Guilford Press.

Kobak, R. R., Sudler, N., & Gamble, W. (1991). Attachment and depressive symptoms during adolescence: A developmental pathways analysis. *Development and Psychopathology, 3*, 461-474.

Kobak, R., Duemmler, S., Burland, A., & Youngstrom, E. (1998). Attachment and negative absorption states: Implications for treating distressed families. *Journal of Systemic Therapies, 17,* 80–92.

Kobak, R., Zajac, K., Herres, J., & Krauthamer Ewing, E. S. (2015). Attachment based treatments for adolescents: The secure cycle as a framework for assessment, treatment and evaluation. *Attachment & Human Development, 17*, 220–239.

Kobak, R. R., Cole, H. E., Ferenz-Gillies, R., Fleming, W. S., & Gamble, W. (1993). Attachment and emotion regulation during mother-een problem solving: A control theory analysis. *Child Development, 64,* 231–245.

Kosiki, L. R., & Shaver, P. R. (1997). Attachment and relationship satisfaction across the lifespan. In R. J. Sternberg & M. Hojjat (Eds.), *Satisfaction in close relationships* (pp. 26–55). New York: Guilford Press.

Krause, A. M., & Haverkamp, B. E. (1996). Attachment in adult child-lder parent relationships: Research, theory, and practice. *Journal of Counseling & Development, 75,* 83–92.

Madden-Derdich, D. A. (2002). The role of emotions in marriage and family therapy. *Marriage and Family Review, 34*, 165–179.

Makinen, J. A., & Johnson, S. M. (2006). Resolving attachment injuries in couples using emotionally focused therapy: Steps toward forgiveness and reconciliation. *Journal of Consulting and Clinical Psychology, 74,* 1055–1064.

Merkel, W. T., & Seawright, H. R. (1992). Why families are not like swamps, solar systems or thermostats: Some limits of systems theory applied to family therapy. *Contemporary Family Therapy, 14*, 33–50.

Minuchin, S. (1974). *Families and family therapy.* Cambridge, MA: Harvard University Press.

Minuchin, S., & Fishman, H. C. (1981). *Family therapy techniques.* Cambridge, MA: Harvard University Press.

Mikulincer, M., & Shaver, P. R. (2015). Boosting attachment security in adulthood. In J. Simpson & W. S. Rholes (Eds.), *Attachment theory and research* (pp. 124–144). New York: Guilford Press.

Moretti, M. M., & Holland, R. (2003). The journey of adolescence: Transitions in self within the context of attachment relationships. In S. M. Johnson and V. Whiffen (Eds.), *Attachment processes in couple and family therapy* (pp. 234–257). New York: Guilford Press.

Morris, C. D., Miklowitz, D. J., & Waxmonsky, J. A . (2007). Family-focused treatment for bipolar disorder in adults and youth. *Journal of Clinical Psychology, 63*, 433-445.

Palmer, G., & Efron, D. (2007). Emotionally focused family therapy: Developing the model. *Journal of Systemic Therapies, 26*, 17-24.

Rogers, C. (1951). *Client-centered therapy*. Boston, MA: Houghton-Mifflin.

Rosenthal, N. L., & Kobak, R. (2010). Assessing adolescents' attachment hierarchies: Differences across developmental periods and associations with individual adaptation. *Journal of Research on Adolescence, 20,* 678-706.

Rutherford, H. J., Wallace, N. S., Laurent, H. K., & Mayes, L. C . (2015). Emotion regulation in parenthood. *Developmental Review, 36,* 1-14.

Satir, V. M. (1964). *Conjoint family therapy*. Palo Alto, CA: Science and Behavior Books.

Satir, V. M. (1972). *Peoplemaking*. Palo Alto: Science and Behavior Books.

Schade, L. C. (2013). Non-suicidal self-injury (NSSI): A case for using emotionally focused family therapy. *Contemporary Family Therapy, 35,* 568-582.

Scharf, M., & Mayseless, O. (2007). Putting eggs in more than one basket: A new look at developmental processes of attachment in adolescence. *New Directions for Child and Adolescent Development, 117,* 1-22.

Schaefer, C. E., & Drewes, A. A. (2011). The therapeutic powers of play and play therapy. In C. E . Schaefer (Ed.), *Foundations of play therapy* (2nd ed., pp. 15-25). Hoboken, NJ: Wiley.

Sroufe, L. A. (2016). The place of attachment in development. In J. Cassidy and P. Shaver (Eds.) *Handbook on Attachment* (3rd ed., pp. 997-1011). New York: Guilford Press.

Sroufe, L. A., & Fleeson, J. (1988). The coherence of family relationships. In R. A . Hinde & J. Stevenson-Hinde (Eds.), *Relationships within families: Mutual influences* (pp. 27-47). Oxford: Oxford University Press.

Stavrianopoulos, K., Faller, G., & Furrow, J. L. (2014). Emotionally focused family therapy: Facilitating change within a family system. *Journal of Couple & Relationship Therapy, 13*, 25-43.

Steinberg, L. (2005). *Adolescence*. New York: McGraw-Hill.

Walsh, F. (2003). Family resilience: A framework for clinical practice. *Family Process, 42*, 1-18.

Weibe, S. A., & Johnson, S. M. (2017). Creating relationships that foster resilience in emotionally focused therapy. *Current Opinion in Psychology, 13,* 65-69.

Weibe, S. A., Johnson, S. M., Lafontaine, M., Burgess Moser, M., Dalgleish, T. L., & Tasca, G. A. (2016). Two-year follow-up outcomes in emotionally focused couple therapy: An investigation of relationship satisfaction and attachment trajectories. *Journal of Marital and Family Therapy, 43,* 227-244.

Weiss, R. S. (1982). Attachment in adult life. In C. M. Parkes and J. Stevenson-Hinde (Eds.), *The place of attachment in human behavior* (pp. 171-184). New York: Basic Books.

Whitaker, C. A. (1975). Psychotherapy of the absurd: With a special emphasis on the psychotherapy of aggression. *Family Process, 14*, 1-16.

Willis, A. B., Haslam, D. R., & Bermudez, J. M. (2016). Harnessing the power of play in emotionally focused family therapy with preschool children. *Journal of Marital and Family Therapy, 42*, 673-687.

Wittenborn, A., Faber, A. J., Harvey, A. M., & Thomas, V. K. (2006). Emotionally focused family therapy and play therapy techniques. *The American Journal of Family Therapy, 34*, 333-342.

Zuccarini, D., Johnson, S. M., Dalgleish, T. L., & Makinen, J. A . (2013). Forgiveness and reconciliation in emotionally focused therapy for couples: The client change process and therapist interventions. *Journal of Marital and Family Therapy, 39*, 148-162.

제2장
가족과 정서와 애착

가장 넓은 의미에서 볼 때 가족치료 분야는 치료의 초점이 바뀌면서 시작되었다. 가족치료에서 정신병리와 그 치료의 개념화는 개인의 문제보다 가족의 상호작용 패턴으로 초점을 이동하면서 시작되었다(Nichols & Schwartz, 2007). 가족치료는 사이버네틱스와 자기조절체계의 과학이라는 더 광범위한 논의가 이루어진 맥락에서 출현했다. 일반체계이론(Bertalanffy, 1968)은 생명체계의 더욱 보편적인 방향을 강조하면서 사이버네틱스의 기계 은유에 대해 더 폭넓은 개념화를 추구했다. 초기의 이러한 변화로부터 다양한 가족치료이론이 싹트게 되었고, 개인의 영향 이상으로 체계가 갖는 힘 그리고 개인의 영향과 대조되는 체계의 힘에 많은 관심이 집중되었으며, 그 결과 일종의 잘못된 이분법이 만들어졌다(Nichols, 1987). 가족치료 선구자 목록에 없었던 John Bowlby도 마찬가지로 가족생활 맥락에서 개인에서 관계로 초점을 이동했던 학자로서 가족치료 분야의 대체 유산으로 여길 수 있다.

이 장에서는 Bowlby의 애착이론과 가족체계이론의 핵심 원칙의 관계를 살펴보며, EFFT의 실제에 대한 두 이론의 관계에 초점을 둔다. 그다음 가족치료에 대한 Bowlby의 생각과 애착기반 가족치료의 최근 발전 및 EFFT에 대한 치료적 접근 방식에 그가 기여한 부분을 살펴본다. 애착이론의 핵심 내용을 살펴보고 EFFT의 실제에서 담당하는 애착이론의 역할을 밝힌다. 마지막으로, 가족의 정서적 유대감을 강화하여 회복탄력성을 복원하는 작업을 할 때 EFFT의 실제에서 정서의 역할을 간략히 살펴보고 마무리 지을 것이다.

1. 애착이론과 가족체계이론

가족체계이론은 대부분의 가족치료이론의 치료적 접근 방식을 발전시키는 데 중추적 역할을 했다. Bowlby의 애착이론은 일반체계이론과 통제이론 등의 영향을 받아서 발전했다(Marvin & Britner, 2008). 사실 애착은 하나의 체계이론으로서 친밀한 사람들 사이의 정서적 메시지와 반응의 피드백 고리가 갖는 힘 및 그러한 피드백 고리가 개인의 기능에 미치는 영향에 초점을 둔다(Johnson & Best, 2003; Marvin, 2003). 가족 평가와 치료에 대한 EFFT이론은 증상이 가족의 상호작용 구조 및 이 상호작용을 유지하는 예측 가능한 과정과 관련이 있음을 보여 주는 체계이론의 다양한 원칙을 따른다.

애착이론과 가족체계이론은 다음과 같은 지점에서 서로 만난다.

상호의존성. 두 이론 모두 가족을 개별적 개인과 그들 간의 의사소통 패턴으로 구성된 체계로서 보고 있다. 전체로서의 가족은 이러한 부분의 단순한 합과는 다르고, 가족에 대한 이해는 부분 간의 개별적인 패턴으로 축소해서 이해할 수 없다. 가족 내 어떤 고유한 한 쌍(예: 어머니와 자녀)의 역동을 이해할 수는 있지만, 가족의 기능을 이해하기 위해서는 더 폭넓은 범위에서 전체로서의 가족 기능을 고려해야 한다. 애착이론과 가족체계이론은 모두 대인관계 요인과 정신 내적 요인이 통합적으로 영향을 미쳐서 가족구성원 개인과 가족 공동의 경험을 형성한다고 인식한다. 전통적으로 가족체계 접근은 이인 간의 상호작용뿐만 아니라 삼인 간의(triadic) 상호작용도 강조하지만, 두 상호작용은 모두 가족체계 속의 관계가 개인 간의 특정 상호작용 이상을 나타낸다고 가정한다. EFFT에서 치료사는 두 사람 간의 관계 변화의 불안전한 반응 패턴을 밝힐 수 있다. 하지만 이러한 변화로 인한 긍정 정서와 안전감이 가족 내 다른 관계와 일반적인 가족 경험에 영향을 준다고 인식한다.

순환적 인과관계. 체계이론과 애착이론에서 볼 때, 원인과 결과에 대한 단순한 선형적인 가정은 문제가 있다. 가족체계 내 영향을 주고받는 과정은 일방적으로 결정되기보다는

(예: 부모에서 자녀로) 상호적인 순환적 패턴으로 결정되고 조직된다. 안정애착의 형성과 유지 과정은 필요한 시기에 애착 대상의 가용성에 기초한 지속적인 피드백체계를 필요로 한다. 피드백 고리는 대인관계체계의 본질이고, 타인의 행동에 영향을 주고받는 개인의 행동에 대해 알려 주며, 피드백 고리를 통해 체계 내의 변화와 안정이 형성된다(Watzlawick, Bavelas, & Jackson, 1967, 2011). EFT 치료사는 가족의 부적응 패턴을 결정하는 부정적 정서 상태가 가족의 위협과 불화를 해결하기 위한 가족구성원들의 일방적 시도에 의해 공동으로 형성되고 상호 강화시킨다고 인식한다. 가족의 부적응 패턴은 과도하게 참견하는 부모나 위축된 자녀의 문제 행동이 부모와 자녀 간의 지속적인 부정적 상호작용 패턴의 한 부분으로 이해될 수 있다는 인식이나 지식이 없을 때 가장 많이 발생한다.

역기능. 흔히 가족 내 존재하는 증상이 가족구성원 한 사람의 행동과 기능의 문제에서 비롯되었다고 그 책임을 돌리기도 하지만, 사실 그 증상은 관계체계인 가족의 맥락에서 가장 잘 이해될 수 있다. 부적응 행동은 거절과 유기의 위협을 높이는 지나치게 혼란하거나 경직된 경계선의 맥락에서 바라보고 경험될 때 논리적으로 이해될 수 있다. 역기능적 상호작용 패턴은 개인적 및 관계적으로 정서적 균형을 유지하기 위해 필요한 정보에 접근하고 처리하는 가족구성원들의 능력을 방해한다(John & Best, 2003). 이렇게 문제에서 패턴으로 전환한다는 것이 개인의 장애와 부적응을 반드시 가족을 비난하거나 가족에게 책임을 돌리고자 한다는 의미는 아니다. EFT 치료사는 문제 패턴과 그 결과로 발생하는 부정적 반응을 밝히고, 문제에 대한 초점을 이러한 부정적 반응을 일으키는 부적응 패턴으로 재구성한다. 이러한 부정적 상호작용을 애착 의사소통의 차단으로 보면 가족체계 내 증상이 갖는 기능을 더 깊이 이해할 수 있다.

적응 체계. 가족 과정은 근본적으로 가족체계 내 변화하는 요구와 욕구에 대한 적응 반응이다. 애착이론과 가족체계이론은 공히 가족 행동을 비병리적으로 이해하는 관점을 취한다. 두 이론 모두 가족체계 내 균형을 유지하고자 하고 또 그에 따라 행동을 조직하는 항상성 과정의 역할을 인정한다.

Bowlby(1973)는 발달경로 모델을 제안했다. 이 모델은 이러한 발달경로가 발달의 성과에 지속적으로 영향을 미치는 초기의 경험과 후기의 투입(inputs)에 영향을 받음을 강조한다. 애착체계의 적응 기능은 발달 과정 내내 안전한 연결감을 형성하고, 안녕감과 생존을 높이는 데 필요한 기술과 행동체계를 형성하는 것이다. EFFT는 애착 관련 정서라는 적응 자원에 초점을 두고, 이 정서를 사용하여 가족관계에서 양육과 애착 반응을 안내하는 자연체계가 확립되도록 한다.

가족을 상담할 때 EFT 치료사는 치료의 초점을 부모와 청소년 자녀의 갈등으로부터 더욱 적응적인 정서 반응을 방해하는 자기보호 반응의 영향으로 이동한다. 예를 들면, 치료사는 부모가 들어주기 바라는 청소년 자녀의 호소가 무시당한 것에 따른 자녀의 좌절을 반영한다. 치료사는 그의 항의에 합류하면서 부모자녀 간에 생겼던 뚫기 힘든 차이의 벽을 인정하고, 청소년 자녀가 원하던 지지를 받지 못한 것이 어떤지에 대해 탐색한다. 그의 목소리가 슬픔으로 서서히 변하면서 거절과 상처라는 주제가 나타나면, 치료사는 그 슬픔을 아들의 새롭게 생긴 욕구에 대한 신호일 뿐 아니라 부모 지지의 중요성에 대한 신호라고 강조한다. 깊은 슬픔의 정서는 지금 이 순간에 경험된 취약성에 부모가 관심과 호기심을 갖게 하는 마중물이 된다. 또한 치료사는 돌봄이나 지지가 필요한 시기에 부모와 배우자의 애착 관련 경험에 접근하면서, 부모와 배우자의 돌봄 반응을 어렵게 하는 걸림돌에 대한 작업을 한다. 이러한 자원과 교정적 경험을 통해서 EFT 치료사는 가족이 그들의 반응을 개선하고 탐색과 성장의 발달경로로 들어서게 하는 새로운 자원을 찾을 수 있도록 돕는다.

가족체계이론과 애착이론에는 중요한 공통의 토대가 있다. 두 이론 모두 Bertalanffy (1968)의 영향을 받아서 생명체계의 기능과 특성에 대한 그의 관점을 공유한다. 이 두 이론은 공히 개인의 특성을 관계의 맥락에서 이해하고, 또 개인과 관계의 역기능을 치료할 때 원인과 결과 간에 복잡한 관계가 있다고 이해한다. 가족체계이론과 애착이론은 발달적 변화가 적응적인 특성이 있다는 것과 가족이 적응과 번성을 촉진하기 위해 담당하는 역할을 강조한다.

2. 애착과 가족치료

John Bowlby(1979)는 의사소통, 행동의 상호작용, 다세대 가족구조에 초점을 두는 데 국한된 당시의 가족치료 분야의 성장에 애착이론이 미칠 영향을 상상했다. 사실 그는 최초의 가족치료 논문 중 하나(Bowlby, 1949)를 썼고, 아동과 청소년의 부정적 행동 이면에 있는 두려움, 외로움 같은 취약성과 고통을 인정하는 관점을 지지했다. Bowlby에게 가족치료는 가족이 어느 정도 알아차리기는 했지만 거의 언급하지 않았던 가족에 대한 구성원들의 경험을 이야기하는 맥락이 되었으며, 그 맥락에서 안전한 상황을 제공하여 가족의 새로운 요구와 변화에 적응하기 위한 자연스러운 능력을 방해하는 무언의 현실을 탐색했다.

Bowlby(1979)는 가족면담을 가족의 상호작용을 지배하는 방어 과정을 탐색하는 기회로 삼았다. 그는 자주 "한 사람을 망각하고, 왜곡하고, 억압하고, 조작하고, 책임을 면해 주려 하며, 다른 한편으로 상대방을 비난하려는 강한 압박감이 있다."(p. 177)라고 언급했다. 그래서 가족치료는 가족이 거의 말하지 않았던 경험에 초점을 두며, 적어도 매 순간 자신의 경험과 반응을 분명하게 드러내는 방식으로 접근한다. Bowlby는 개별 구성원이 자신과 타인을 개인적으로 이해할 수 있도록 지금 여기에서의 경험을 탐색할 안전기지를 가족치료사가 제공할 수 있다고 가정했다. 여기서 탐색은 특히 연결과 단절의 패턴이 드러나는 일상생활의 경험 현실에 초점을 둔다. 또한 치료사는 자기와 타인의 작동 모델을 반영하는 각 구성원의 관계 내력을 통해 보이는 전형적인 반응에 특히 주의를 기울여 듣는다. 분리에 대한 관계 수준의 반응 및 내담자가 분리라는 스트레스원에 어떻게 반응했는지에 특별한 주의를 기울인다. Bowlby는 가족평가와 치료에 관하여 다음과 같은 세 가지 주제를 제안했다.

- 지금 여기에서의 가족생활 상호작용 경험에 초점 두기
- 관계의 작동 모델을 보여 주는 예측 가능하거나 패턴화된 반응에 초점 두기
- 분리와 연관된 고통과 불확실성에 직면할 때 사랑과 돌봄을 우선순위로 여기는 데 초점 두기

Bowlby(1979)에게 돌봄에 대한 욕구는 인간의 내재된 본성이다.

> 나는 사랑과 돌봄 욕구가 어린 시절뿐 아니라 성인의 삶 전체를 통해 인간 본성의 필수적인 부분이라고 생각하며, 성인은 모두 병들거나 재난을 당했을 때 그런 소망을 표현할 수 있어야 한다고 생각한다(p. 184).

Bowlby와 동시대에 살았던 Jhon Byng-Hall(1999)은 애착이론의 가족치료 적용을 깊게 설명했다. 그는 애착이론의 이인관계 초점이 애착이론을 주류 가족치료 모델로의 통합을 제한하는 요소였다고 생각했다. 이에 대한 대처로 Byng-Hall은 가족 내 존재하는 애착관계망을 나타내기 위해 '안전한 가족기지(secure family base)'의 개념을 제안했고, 각 구성원

은 가족기지의 유지에 반응하고 또 유지할 책임을 갖는다고 했다(Byng-Hall, 1995). 양육자 간의 협력은 이러한 애착관계망의 발전에서 중요한 요소인데, 양육자 간에 애착관계 보호의 중요성과 필요성에 대한 공통된 인식이 있다고 했다. 양육동맹의 경계와 본질은 가족 구조와 문화에 따라 다르지만, 보편적으로 기대하는 바는 필요할 때 다른 구성원에게 돌봄을 제공한다는 것이다. 가족갈등, 부모화, 학대, 돌봄 경쟁은 안전한 가족기지를 파괴하는 가족 내 권력 혹은 거리감과 연관된 갈등을 일으킬 수 있다.

3. 가족치료에 대한 애착 접근 방식

최근 애착연구 및 가족기능에 대한 애착연구의 시사점이 발전함에 따라 가족치료에 대한 애착 관련 접근 방식 또한 발전되었다. 다음에서 EFFT와 연관된 두 가지 가족치료 접근 방식에 대해 살펴본다. 각 접근은 가족 개입에 대한 애착이론의 적용을 보여 준다. 또한 EFFT와 비슷한 원칙과 실천을 살펴보고 이 접근들의 중요한 차이점도 다룬다.

1) 애착중심 가족치료/관계 발달 심리치료

심리학자인 Daniel Hughes는 학대와 유기로 고통을 받으며 입양과 위탁시설에 보내졌던 아동과 청소년에 대한 자신의 임상치료에 기초해서 관계 발달 심리치료(dyadic developmental psychotherapy: DDP)를 개발했다(Hughes, 2004, 2007). 이런 아동은 복합적인 외상 경험으로 인해 분열된 자아감과 혼란 애착이라는 심각한 심리적 고통을 겪는다. Hughes(2004)는 치료사를 통해서 아동에게 안전 애착관계를 제공한다는 목적으로 DDP를 제안했다. 이 모델에서 치료사는 아동이 부인된 자기의 측면에 접근하도록 지지하고, 일련의 정서 경험을 확대하며, 자기와 타인에 대한 새로운 이해를 드러내고 통합할 수 있는 능력을 높여 줄 수 있다. 비록 DDP가 증거기반치료의 조건에 부합되지 않지만, 출판된 연구 결과에 따르면 DDP는 앞으로 충분히 유망하다고 여겨진다(Hughes, Golding, & Hudson, 2018).

애착중심 가족치료(attachment-focused family therapy: AFFT)에서 Hughes(2007)는 DDP 모델로 아동을 치료할 때 성공적으로 밝혀진 것과 동일한 원칙과 실천에 따라서 자신의

DDP 접근 방식을 일반적인 가족치료로 확장했다. AFFT에서 치료사는 PACE, 즉 놀이성(playfulness), 수용(acceptance), 호기심(curiosity), 공감(empathy)을 사용하여 아동과 강한 동맹을 맺고, AFFT의 핵심 과정인 정서 반영 대화의 발판을 마련한다(Hughes, 2011). AFFT 접근은 정서 조절과 반영 기능을 향상시키는 자원으로서 애착 안전감을 높이고, 아동과 양육자가 정서적으로 조율된 관계를 맺어 그들의 경험에 의미를 부여하도록 돕는다. 양육자와 자녀가 함께하는 이러한 과정을 통해 자녀의 경험에 대한 더 정확한 인식과 공유 및 반응이 가능해지고 부모의 더욱 조율되고 교감적인 반응이 가능해진다.

전반적으로 어린 아동에 대한 Hughes의 작업은 정서의 공동 조절 및 의미부여의 자원으로서 치료사가 담당하는 필수적인 역할을 강조한다. 정서의 대인관계 조절은 아동의 내적 자기지각을 포함한 내적 조절(internal regulations)을 발달시킨다. AFFT에서 Hughes의 작업은 긍정적 양육 반응이 리듬, 박자, 강도, 지속 시간, 형태에서 아동의 표현과 일치하는 방식에 따라 치료사가 어떻게 아동의 비언어적 신호에 어울리게 반응하는지 보여 준다. AFFT는 부모의 더욱 조절된 정서 상태를 아동이 '몰입'되고 아동의 내적 세계를 안내하고 아동의 경험에 의미를 부여하는 수단으로 사용되는 방식을 강조한다. AFFT의 핵심은 정서 조율이며, 이때 부모와 자녀 간의 상호주관적인 경험은 의도가 공유되고 정서가 일치하며 관심과 인식이 동일한 경험으로 향하게 되는, 말하자면 공시적(in synchrony) 관계를 통해 내적인 인식을 제공한다(Hughes, 2007). AFFT에서 애착과 상호주관성은 치료적 변화의 메커니즘을 공동으로 알려 주고 발달적 성장을 촉진한다.

2) 애착기반 가족치료

애착기반 가족치료(Attachment-Based Family Therapy: ABFT)는 임상가에게 경험적으로 지지된 가족기반 치료 방식을 제공하며, 양육에서의 애착 관련 불화에 따른 양육자와 자녀 관계의 재구축과 회복에 초점을 둔다. Guy Diamond와 Gary Diamond(Diamond, Diamond, & Levy, 2014)는 우울과 자살시도 청소년을 대상으로 한 일련의 임상적 시도를 통해서 ABFT의 효과를 개념화하고 평가했다(Diamond, Russon, & Levy, 2016). ABFT의 주요 목표는 양육자의 가용성에 대한 자녀의 확신을 회복하고, 반응이 풍부한 양육을 더 잘하게 하는 것이다. 교정적 애착 경험을 촉진하면서 ABFT 치료사는 높은 조망수용(perspective taking)과 효과적인 협력적 문제 해결로 특징되는 가족 내 정서 조절과 의사소통을 향상시킨다. 결과적으로 부모와 자녀는 정서 조절, 갈등 해결, 자살사고와 우울증 및 청소년 모험행동의 주요 완충 요인인 가족 응집 능력을 높인다.

ABFT는 목표 정의와 가족의 호소 문제 해결을 위한 단계에 대한 안내를 포함하는 다섯 가지 치료 과제로 이루어진다. 첫 번째 과제는 '관계 재구성'으로, 행동을 관리하기보다는 관계 재구축으로 의도를 이동함으로써 가족 내 비난과 적개심 감소에 초점을 둔다. 재구성은 가족 내 이미 존재하고 있는 관계 욕구와 해결에 주의를 돌리는 것이다. 두 번째 과제는 '청소년 자녀와의 동맹'으로, 이때 치료사는 애착 파열 및 그것이 자녀가 받은 양육과 지지에 미치는 영향을 이해하고 탐색하기 위해서 청소년 자녀와 만난다. 세 번째 과제는 '양육자와의 동맹'으로, 부모만 초대하여 양육하면서 경험한 압박감과 고통에 초점을 두고, 부모가 자녀의 욕구에 더 많이 주의를 기울이고 관심을 갖도록 한다. 이때 효과적인 양육 전략을 강조하고 부모 정서코칭을 포함하여 자녀의 욕구에 반응하는 부모의 투자를 강조한다. 지금까지의 과제는 네 번째 과제인 '애착 회복'에서 애착 파열을 다루기 위해 자녀와 부모를 준비시키는 것이다. 양육자와 자녀는 소중한 관계의 실패를 직접 다루고, 부모는 청소년 자녀의 불평에 대해 공감하고 개방적으로 반응하도록 격려를 받는다. 치료사는 자녀에 대한 부모의 인정과 사과를 당부한다. 마지막으로, 다섯 번째 과제인 '자율성 촉진'에서 청소년 자녀의 유능감과 자존감을 높이는 방향으로 초점을 이동한다. 치료사는 부모를 초대하여 자녀가 자기책임감 및 더 많은 자율성을 갖기 위한 단계를 밟아 갈 때 자녀의 성장을 북돋우고 지지하도록 한다. 그리고 청소년 자녀의 기분 관련 문제가 자녀의 사랑과 지지 욕구와 연관된 부모와 자녀의 애착 파열과 관련이 있는지 부모가 지각할 수 있게 특별히 주의를 기울인다.

3) EFFT 실제를 위한 고려사항

애착기반 개입인 이러한 접근 방식들은 부모와 자녀의 애착과 돌봄 경험을 교정한다는 공동의 목표를 갖는다. 이 모델들은 기본 자원으로 애착이론을 사용하여 자녀 문제와 가족불화를 개념화한다. 각 접근 방식은 애착기반 가족치료에 특별한 기여를 했고, 가족을 대상으로 하는 EFT 치료사에게 통찰력을 제공했다.

(1) EFFT와의 유사점

EFFT와 AFFT는 공히 가족의 안전감 향상이라는 변화를 촉진하는 자원으로서 애착 관련 정서에 초점을 맞춘다. 아동을 대상으로 한 Dan Hughes의 작업은 조율과 애착 관련 정서 상태에 집중하는 정서 반영 대화의 힘을 훌륭하게 보여 준다. EFFT와 마찬가지로 AFFT도 '지금 여기' 상호작용에서의 정서 처리에 초점을 두는데, 이때 통렬한 정서 경험에 주목하여 그 경험을 조절하고 이해한다. 두 모델 모두 정서를 다루는 작업을 할 때, 현재 경험에 대한 치료사의 조율 및 자녀와 부모를 새로운 경험으로 인도하는 애착 정서에 대한 치료사의 인식에 의지한다. 이러한 순간에 치료사는 애착 관련 정서와 욕구의 표현을 언급하면서 구체적인 정서 경험을 말하게 한다. AFFT와 EFFT에서 치료사는 자신과 타인에 대한 새로운 이해의 바탕이 되는 정서적 공명의 순간을 만드는 작업을 한다.

두 모델 모두 정서에 접근하고 정서를 확대하는 데 핵심이 되는 치료사의 동맹을 강조한다. 치료사는 애착 대상으로서 이인관계에서의 정서 조절 및 자녀들을 위한 의미 구성 작업을 할 때 중추적인 역할을 한다. Hughes(2007)는 아동과 가족의 상호작용에 있어 탐색과 교감의 자원이 되는 개방성과 호기심 어린 태도(PACE)를 촉진하는데, 이는 EFFT가 치료사의 호기심, 진실성, 공감적 태도를 강조하는 것과 유사하다. 각 모델의 치료사는 문제 행동과 부정 정서를 불안전 애착 경험의 맥락에서 바라보고, 가족이 유대감을 회복할 기회를 만든다.

개념적으로 EFFT와 ABFT(Diamond et al., 2013)는 가족치료와 애착 과정에 대해 여러 가지 공통적인 가정을 한다. ABFT와 EFT 모두 청소년기의 중심 과제가 가족관계에서 자율성에 다가가고 자율성을 협상해야 한다고 인식한다. 이를 위해서는 부모 간에 조화를 이루려는 노력이 있어야 하며, 또 관계성과 자율성이 균형을 이루어야 한다(Allen, 2008). 각 접근 방식은 발달적으로 탐색하는 단계이자 성인으로서의 정체성을 형성하기 시작하는 단계에서 청소년 자녀가 지지와 안전의 욕구를 다루기 위한 관계에 근거한 자원을 부모와 청소년에게 제공한다(Johnson, 2019). 분명히 ABFT는 애착 경험과 연관된 취약한 정서를 더 많이 공유하도록 한다는 EFT의 초점과 실천을 포함한다. ABFT의 네 번째 과제에서 치료사는 가족이 중요한 애착 주제와 연관된 취약한 대화를 할 수 있도록 이끄는데, 이때 소중한 애착 경험과 관련된 정서 경험의 공유가 치료적 변화의 핵심이다. EFFT와 ABFT는 양육자와 청소년 자녀의 교정적 경험을 조직하기 위해서 애착 관련 정서 사용을 촉진한다.

ABFT와 EFT는 가족의 초점을 호소 문제로부터 증상과 연관된 관계 갈등으로 이동하는 데 집중한다. 두 모델 모두 차단된 애착 의사소통의 맥락에서 부정적 상호작용을 재구성하고, 이렇게 차단된 관계를 상호작용적으로 교정하기 위한 과정을 적극적으로 제공한다.

이러한 관점으로 작업함으로써 EFFT와 ABFT 치료사는 자녀의 충족받지 못한 애착 욕구와 취약성에 대해 갖는 부모의 돌봄 의도와 인식을 강조한다. 두 접근 방식 모두 애착 관련 의사소통과 가족구성원 간의 접촉을 개선함으로써 이러한 관계 차단을 해결하기 위한 구체적인 과정을 밟는다.

(2) EFFT와의 차이점

이러한 애착기반 개입 방식들이 중요한 목표와 많은 실천 방식을 공유하지만, 중요한 차이는 EFFT의 실제에서 분명하게 나타난다. 이러한 차이들은 EFFT가 순간의 정서와 관계를 강조하여 다룬다는 점에 주목한다. 경험에 초점을 두는 EFFT는 더욱 안전한 상호작용을 높이기 위해 애착 관련 정서에 접근하고 공유하며, 이는 순간의 정서와 관계에 적극적으로 참여함으로써 일어난다. 이 두 가지 모델과 EFFT 간의 주된 차이는 EFFT가 체계에 초점을 둔다는 점과 경험에 초점을 두고 접근한다는 점에 가장 잘 나타나 있다.

체계에 초점 두기. AFFT와 EFFT는 동일하게 불안전을 변화시키는 핵심으로서 애착 관련 정서에 대한 접근과 처리에 초점을 둔다. 하지만 EFFT는 불안전이 체계 혹은 관계에 미치는 영향을 강조하고, ABFT와 유사하게 불안전한 가족 과정에서 드러나는 체계의 패턴 및 이 패턴이 애착 과정을 방해하는 방식에 목표를 둔다. 체계에 대한 EFFT의 이러한 강조로 인해 다음과 같은 세 가지 차이가 나타난다.

첫째, EFFT에서 애착 불안정은 자기와 체계 수준에서 교류된다. AFFT는 자녀에게 더 큰 초점을 두는데, 더욱 반응적인 부모의 참여에 기반이 되는 새로운 안전 경험을 높이기 위해 치료사와 자녀의 관계에 강하게 의지한다. EFFT는 가족체계 내 다중의 애착 과정뿐만 아니라 가족불화와 체계 수준에서의 불안전감이 하나 이상의 이인관계 및 자녀의 개인적 경험을 조직할 수 있는 방식도 강조한다.

둘째, EFFT는 부모의 교류를 방해하는 걸림돌을 적극적으로 해결하는 데 초점을 두며, 이러한 걸림돌은 자녀의 돌봄 요구를 방해하는 걸림돌과 상호작용하는 것과 같다. AFFT는 부모의 가용성을 가로막는 주제를 부모가 살펴보도록 안내하는 데 초점을 두어서, 부모는 더 큰 가용성과 반응성으로 자녀에게 반응할 수 있게 된다. 부모가 더욱 안전한 반응을 하도록 하는 체계적인 부모 코칭은 AFFT 변화 과정의 결정적 요소이다.

셋째, EFFT는 부모자녀관계가 높은 수준의 안전감으로 나아가기 위해서 공유된 정서 경험의 재연을 필요로 한다. 치료사는 부모 및 자녀와 함께 작업하여 조율과 잘못된 조율 및 회복의 순간을 추적하고 그 순간에 개입한다. AFFT에서 조율의 일차 초점은 가족관계에서 더 광범위하고 더 역동적으로 사용되는데, 여기서 EFT 치료사는 회기 중의 구체적 상호작용에 초점을 두어 애착 관련 정서와 욕구를 상호 조절할 때 부모와 자녀의 성공과 실패 시도를 파악한다.

경험에 초점 두기. EFFT와 ABFT는 개입의 초점으로 관계 차단과 애착 파열을 목표로 삼는다. 두 접근 방식은 주제와 관련하여 비슷한 궤도를 밟는데, 말하자면 문제 자체로부터 관계로 초점을 이동하기, 자녀의 애착 경험과 욕구에 접근하기, 부모의 반응을 촉진하기, 치유적 재연을 통해 회복에 개입하기라는 주제를 따른다. EFFT와 AFFT가 정서의 접근과 처리 및 교감에 비슷한 접근 방식을 공유하는 반면, EFFT와 ABFT 접근은 관계를 경험적으로 변화시키기 위한 정서의 사용에서 차이가 있다. 이 차이점은 다음과 같은 세 가지로 나타난다.

첫째, ABFT 과제의 초점은 개인별 동맹이라는 목표(청소년 혹은 부모 동맹)에 초점을 둔 회기를 요구하는 반면, EFFT에서 회기의 초점은 가족의 관계 과정에 따라 진행된다. ABFT와 EFFT는 모두 가족, 부모, 개인 회기를 사용하지만, EFFT에서는 치료의 과정과 가족의 독특한 요구에 기초하여 이 회기들을 더 유연하게 결정하여 진행한다. 초기 회기는 말할 것도 없고, EFT 치료사는 회기 중 자녀와 부모의 경험을 적극적으로 처리하면서 부모자녀 동맹의 발달과 강화에 역동적으로 개입한다. 이 과정의 초점은 EFFT 회기에서 발견되는 강렬한 경험과 관계의 강조에 역점을 둔다.

둘째, 이렇게 경험과 관계를 강조하는 치료 모델의 한 형태로서 EFT 치료사는 특정한 재연회기를 마련하기보다는 치료 과정 전반에 걸쳐 재연을 사용한다. EFFT에서 재연은 관계 차단을 해결하고 깊은 수준의 안전감을 교류하기 위해 사용되며, 이러한 방식에서 EFFT와 ABFT는 공동의 목표를 갖는다. 하지만 EFT에서 재연은 직접적인 대화에 대한 가족구성원들의 반응 평가하기, 새롭게 느낀 경험의 공유를 포함하여 현재의 경험을 강화하기, 관계 차단과 같이 고착된 상호작용 태도를 교류하기, 혹은 깊은 정서 경험을 새로운 관계적 유대감으로 바꾸기 위해 재연을 사용하기와 같은 다양한 기능을 제공한다(Tilley & Palmer, 2013). 재연은 관계 차단을 확인하고 이러한 차단을 처리하기 위해 매우 중요하다. 예를 들면, EFT 치료사는 딸이 자신의 위로를 거부한다는 것을 알게 된 아버지에게 돌봄반응을 딸과 나누라고 요청한다. 치료사는 부모의 돌봄에 대한 자녀의 방어적인 차단 경험을 처리하기 위한 진입 지점으로 회기 중에 드러난 관계 차단을 재연하도록 개입한다. 정서 처리와 교감은 EFFT의 변화 과정 내내 효과적인 재연 사용에 매우 중요하다.

EFFT와 ABFT의 마지막 차이는 정서를 다루는 방식에 있다. EFFT와 ABFT 모두 취약한 정서 접근을 촉진하고 자녀의 애착 욕구에 대한 부모의 공감 반응을 지지하지만, ABFT는 정서코칭을 사용하여 특히 정서와 관련된 부모의 양육 기술을 향상시키기 위해 부모를 지지한다. ABFT에서 치료사는 부모코칭을 위해 인정, 부정적 정서의 수용, 타협, 절충과 같은 다양한 정서 기술을 실천한다. EFFT에서 치료사는 지각, 이해, 행동의 촉매제로서 정서를 사용한다. EFT 치료사는 부모와 자녀가 자신의 정서 반응을 조합하도록 돕고, 또 안전한 관계의 맥락에서 부모의 돌봄 의도와 자녀의 애착 관련 욕구를 탐색하고 연결 짓는다. EFFT에서 불화하는 가족의 관계 차단을 변화시키기 위해 매우 중요한 것은 가장 소중한 욕구와 돌봄에 대해 부모와 자녀가 정서적 수준의 의사소통을 할 수 있는 능력을 발전시키는 것이다.

이런 접근 방식들의 유사성은 가족의 관계적 유대감을 변화시키기 위한 강력한 자원으로서 애착이론의 영향을 강조한다. 대체적으로 이 접근법들은 애착이론을 하나의 지침으로 사용하여 유사한 목표를 향해 작업한다. 잘 알려진 차이는 EFT 접근이 정서를 관계 변화의 목표이자 매개체로 강조하고, 성장을 촉진하고, 회복탄력성을 강화하는 가족 유대감을 높이기 위해 현재에서 애착 과정을 적극 사용할 것을 강조한다는 점이다.

4. 애착이론과 정서중심치료

정서중심 가족치료는 부적응적 가족 패턴의 개념화와 치료를 할 때 애착관계를 우선적으로 살펴본다. EFT 발달에서 Johnson(1986)은 부부관계를 이해하는 하나의 자원으로서 애착이론에 주목했고, 관계 문제에 대해 협상해야 할 교류 대신에 회복되어야 할 유대감으로 접근하는 방식 간의 차이를 강조했다. EFT는 그 당시에 부부치료에서 오랫동안 강조했던 갈등과 의사소통 대신에 친밀감과 사랑에 초점을 두는 방향을 추구했다. EFT가 발달하면서 Johnson은 EFT 치료의 개념화를 위해 애착이론의 역할을 계속해서 발전시켰고, 이는 그녀의 저서 『정서중심 부부치료 2판(The Practice of Emotionally Focused Therapy)』

(Johnson, 2004), 『부부와 가족치료의 애착 과정(Attachment Processes in Couple and Family Therapy)』(Johnson & Whiffen, 2003), 『우리는 사랑에 대해 얼마나 알고 있을까(Love Sense)』(Johnson, 2012) 그리고 그녀의 가장 최근의 EFT 실제에 대한 개요에서 잘 보여 준다. EFT 실제는 개인, 부부 혹은 가족 중 누구를 상담하든 간에 애착이론을 임상적으로 적용한 모델로 가장 잘 이해될 수 있다. 이전의 작업에서 Johnson(2004, 2019)은 애착이론의 핵심 원리 및 EFT 실제에 대한 그 원리의 관련성을 개략적으로 서술했다. 여기서는 가족치료에 대한 EFT 접근 방식의 핵심 가정과 가족치료와의 연관성을 살펴본다.

1) 애착은 인간관계에서 기본적인 동기부여 요소이다

인간의 번영이 기본적으로 가정하는 바에 따르면, 개인은 안전감과 안도감을 위해 의지할 수 있는 타인을 필요로 한다. '감각 기반 느낌(felt sense)'의 유대감을 향한 인간의 이러한 갈망은 인간의 목표와 욕구를 우선적으로 처리하는 데 근본이 된다. 이러한 기본적인 동기체계는 일생 동안 불확실하거나 안녕이 위협받는 순간에 특히 사회적 접촉의 요구로서 관계적 상호작용을 활성화하고 또 그 상호작용을 조직한다. 이러한 기본적인 인간의 본능은 그 자체가 보편적인 현상이며, 그러한 본능의 표현은 문화에 따라 차이가 있을 수 있다(Mesman, Ijzendoorn, & Sagi-Schwartz, 2016). 애착은 인간 행동의 핵심동기를 이해하기 위해 적용할 수 있는 모델이다.

그리하여 애착은 관계적인 체계 수준의 동기로서 가족 상호작용의 복잡성을 설명하기 위해 사용될 수 있다. 자녀의 고통과 불편의 비언어적 신호에 대한 부모의 돌봄 반응은 애착 요구의 본질적 논리가 돌봄 반응과 어떻게 연관되는지를 보여 준다. 이렇게 정상적이거나 기대되는 행동이 있을 때, 자녀의 욕구가 처리되고 또 일련의 상호작용을 통해 자녀는 자신이 속한 사회의 가치와 그 속에서 자신이 처한 위치를 알게 된다. 자녀가 울 때 기대되는 행동은 부모가 반응하는 것이다. 반대로 이 체계가 붕괴되고 자녀의 기대가 충족되지 못할 때 고통과 불화가 일어나며, 이는 부정적인 상호작용의 강화 패턴으로 자리 잡아 개인의 안녕 및 가치와 상반되는 메시지가 전달된다. 유사하지만 더 상호적인 돌봄 패턴은 부부관계에 영향을 미친다(Feeney & Collins, 2001). 이렇게 호혜적인 부부체계는 가족체계를 이루는 애착 자원의 네트워크를 지배하고(Sroufe, 1988), 치료사에게 가족체계 맥락 내 개인의 고통과 정신병리를 이해할 관계적 토대를 제공한다(Cowan & Cowan, 2005).

EFFT에서 치료사는 본래의 돌봄 요구와 돌봄 제공의 동기에 근거하여 자녀와 부모의 동기를 이해한다. EFT 치료사는 개인의 행동을 알려 주고 안전 혹은 불안전 관계 패턴을 조직하는 이면의 동기에 초점을 맞추어 개입한다.

2) 건설적 의존과 자율성은 상호 간에 영향을 주고 강화하지만 상호 배타적이지는 않다

개인의 안녕은 상호적으로 이익이 되는 관계에 참여하고 그 관계를 유지할 수 있는 능력을 전제로 한다. 개별화와 자율성 또는 분화라는 가정을 중심으로 조직되었던 인간의 발달은 모두 관계 맥락을 가정한다. 애착이론은 '의존성의 역설'을 함축하고 있는데, 말하자면 신뢰하는 타인에게 효과적으로 의존할 수 있는 개인의 능력은 더 높은 수준의 자율성과 관련이 있다(Feeney, 2007). 아동 또는 성인은 자신이 효과적으로 의지할 수 있는 타인이 있을 때, 그들은 이 관계에서 힘과 회복탄력성의 원천을 갖는다(Johnson, 2019). 타인의 가용성에 대한 감각 기반 느낌을 갖는 안정애착은 일관적이고 긍정적인 정체성과 관련이 있다(Mikulincer, 1998). 그래서 안정애착관계는 소속감의 기반을 제공하여 개인은 이를 통해 탐색하고 온전해 질 수 있다.

Bowlby(1975)에 따르면, 근접성 추구는 본질적으로 적응적인 반응이며 자아 상실이나 정서적 융합을 유발하지 않는다. 개인의 애착 유대감은 애착 대상인 특정인에게 국한한다. 정서적 결속인 애착 유대감은 부모, 형제, 친구, 연인 혹은 영적 대상(신)과 공유될 수 있다. Bowlby는 애착체계가 영유아기에 중요하며, 발달이 이루어지면서 애착체계의 활성이 약화된다고 인식했다. 그럼에도 애착 유대감 욕구는 시간이 지나도 지속되고 개인의 삶 전체에 나타난다. 애정적 유대인 이러한 애착 유대감의 활성화와 유지와 파괴는 정서적 경험의 특징을 가지며, 특히 위협을 받거나 회복될 때 분명하게 나타난다(Bowlby, 1979). 안정적인 애착을 형성한 개인은 친밀한 관계에서 더욱 효과적이고, 자신의 욕구를 더 잘 표현할 수 있으며, 타인의 욕구에 더 잘 반응할 수 있다. 안정애착은 조율되고 일치적인 상호작용을 통해서 스트레스를 완화하고 긍정적 대처를 지지함으로써 회복탄력성을 높여 준다.

가족치료사에게 애착이론은 안전감을 제공하고 두려움을 완화하며 탐색을 촉진하는 행동체계에 뿌리를 둔 상호 의존 모델을 제공한다. 목표지향체계이자 목표수정체계인 애착은 치료사에게 가족체계 안에서 정서적 경험을 하도록 안내하는 동기와 의미에 대한 지도를 제공하고, 또 안전감과 안도감뿐 아니라 성장과 발달을 위해 필수적인 자원도 제공한다. Bowlby는 양육에 대한 설명에서 이러한 균형을 다음과 같이 묘사했다.

> 양육의 개념에 대해 내가 생각하는 주요 특징은 부모가 안전기지를 제공한다는 것이다. 그곳에서 아동과 청소년은 외부 세계로 나아갈 수 있고, 자신이 환영을 받을 것이라는 확신으로 다시 돌아올 수 있으며, 육체적 · 정신적으로 필요한 자양분을 공급받을 수 있으며, 고통스러울 때 위안을 받을 수 있고, 놀랄 때 위로를 받을 수 있다. 본질적으로 이 역할은 격려와 도움의 요청을 받을 때 기꺼이 다가올 수 있게 하고, 그런 요청에 반응할 준비가 되어 있으나 분명한 필요가 있을 때만 개입하는 것이다(but to intervent only when clearly necessary). (Bowlby, 1988, p. 11)

이러한 균형을 유지하기 위해 부모와 자녀는 애착 관련 정서와 욕구의 신호와 연관된 의사소통을 조율해야 한다. EFFT의 변화 과정은 가족이 일생 동안에 걸쳐 변화하는 욕구와 새로운 요구에 마주하여 이를 다룰 때 정서적 균형을 찾을 수 있도록 개입한다. 치료사는 정서 경험의 조합과 교감을 통해 부모와 자녀와 부부가 더욱 취약한 정서에 접근하고 교류하도록 안내하는데, 이 정서는 가족 내 돌봄과 돌봄 추구에 대해 더 분명하고 직접적인 정보를 알려 준다.

3) 안전감은 애착체계의 일차 목표이다

안전감의 경험은 보호, 지지, 성장의 자원이 된다. 심리적 상태인 안전감은 안도감에 관한 신호이며, 위협에 직면하거나 지지가 필요할 때 근접성 추구가 정지되었다는 신호를 보낸다. 시간이 지남에 따라 보호 추구, 위로 확보, 안전감의 성공적 경험은 타인의 가용성에 대한 개인의 확신을 높여 주고, 그 결과 친밀한 관계에서 정서를 조절하고 효과적으로 교감할 수 있는 개인의 능력이 높아진다. 특히 성인애착에서 언급된 바와 같이, 이렇게 안전감의 효과는 사랑받고 가치있는 사람이라는 느낌과 마찬가지로 자신감으로 확대되고 쌓여 간다(Mikulincer & Shaver, 2015). 안전감의 존재는 안식처와 안전기지라는 안정애착의 두 가지 핵심적인 속성으로 분명하게 나타난다.

(1) 안식처

애착 대상은 필요시 위안과 확신의 원천을 제공한다. 고통의 시기에 잘 반응하는 애착 대상에 대한 접근은 불확실한 상황에서 위로와 행복감을 갖게 하는 '안식처'를 제공한다. 더불어 반응적인 부모나 파트너로부터 안전감 및 자신감을 반복하여 경험하는 것은 일상의 요구와 삶의 불확실성에 대한 완충장치가 된다(Mikulincer, Florian, & Weller, 1993). 궁극적으로 안전감의 제공은 애착 대상의 가용성과 애착 대상이 정서적 · 신체적 고통으로부터 안전하고자 하는 개인의 욕구에 효과적으로 반응할 것이라는 확신에 달려 있다.

(2) 안전기지

애착 대상은 필요할 때 지지와 가용성을 통해 탐색과 발달을 지원해 주는 원천이 된다. 이러한 방식으로 아동이나 성인은 필요 시 바로 거기에 있는 타인의 가용성과 반응을 확신하는 경험을 한다. 이런 확신은 필요할 때 그들 뒤를 받쳐 주는 견고한 기지가 되어서 탐색하는 사람이 자유롭게 관심과 활동에 참여하게 한다. 안전감의 존재는 자신과 자신의 행동에 더 많이 참여하고 이해할 수 있게 하며(Fonagy & Target, 1997) 자신의 세계에 대해 더 높은 인식과 개방성을 촉진한다(Mikulincer, 1997).

안전감은 가족의 일반적인 목표이고, Bowlby는 구체적으로 '가용성'을 애착체계의 '목표'라고 했다. 가용성 지각이란 의사소통 라인이 애착 대상에게 열려 있고, 애착 대상이 신체적 접근의 범위 안에 있고, 애착 대상이 욕구의 신호에 반응하리라는 것을 개인이 믿는다는 의미이다(Ainsworth, Blehar, Waters, & Wall, 1978). 그래서 양육자의 가용성에 대한 신뢰와 확신은 경험에 바탕을 둔다. 이런 인지적 믿음은 필요하거나 실제로 필요할 때에 가용할 수 있는 타인이 출현할 것이라는 경험적 현실을 의미한다. 더불어 안전감을 느끼는 경험은 상호작용적 현실이며, 애착 대상의 일상 행동을 중요하게 여기는 관계와 관련이 있는 요구와 관심에 대한 상호 간의 반응에 근거한 것이다(Kobak & Madsen, 2008).

EFFT 과정을 통하여 치료사는 접근하고 반응하며 정서적으로 교감하는 치료적 동맹을 맺어서 예측 가능하고 안전한 환경을 조성한다. EFT 치료사는 일종의 애착 대상으로서 부부, 부모, 자녀가 가족의 경험을 탐색하고 서로 함께 취약성의 위험을 감수할 수 있게 한다. 치료적 동맹은 가족불화의 폭풍 속에 갇혀 있는 개인에게 안식처를 제공하고 가족의 애정적 유대감과 연관된 심층 정서 속에서 발견되는 새로운 경험을 탐색하게 하는 안전기지가 된다. 치료사는 타인에 대한 가족 견해의 이해를 탐색하고 확장할 새로운 기회를 가족에게 제공하며, 각 구성원이 자신의 애착 관련 반응과 요구를 타당하고 충족될 수 있는 것으로 바라보도록 돕는다.

4) 지속적인 신뢰관계를 위해서는 정서적 가용성과 교감이 필요하다

자녀의 정서적 신호에 대한 부모의 가용성과 반응성은 안전감의 발달과 필수적인 관계적 유대에 중요하다. 적극적인 정서 조율은 애착 의사소통의 핵심이고, 핵심적인 관계적 유대에서 접근과 반응의 유지에 내재된 동기와 의미를 분화시키는 데 필수적이다. 결과적으로 개인의 취약성이 신랄하게 드러나는 순간에 정서 차단 또는 반응 행동의 부재는 근본적으로 파괴적이다. Bowlby(1980)는 특정한 정서 반응과 의사소통이 배제되었던 가족의 '방어적 배제'의 역할에 주목했다. '무표정 패러다임(still face paradigm)'[1]은 영유아 자녀와의 상호작용에서 부모의 철회가 미치는 부정적 효과를 보여 주었다(Tronick, Als, Adamson, Wise, & Brazelton, 1975). 부모와의 연결감을 잃어버린 상황을 바로 잡으려는 영아의 시도에 대한 부모의 정서적 교감과 가용성의 상실은 일차적 관계에서 교감과 가용성의 핵심 역할을 통렬하게 보여 준다.

부모자녀 간의 관계 차단은 무표정 패러다임에서 일어나는 변화보다는 덜 극적이다. 자녀의 행동을 "너무 예민하다." "중요하지 않다."라며 낙인을 찍어 자녀의 불평과 항의를 만성적으로 묵살하는 부모는 부모에 대한 자녀의 신뢰 및 부모의 눈에 비친 자녀 자신의 가치 혹은 두 가지 모두에 부정적인 영향을 끼치는 관계 차단을 만든다.

부모의 교감 부재 혹은 부모자녀 상호작용 시의 연결감 상실에 대한 지각은 이 관계에서 경험되는 안전감에 영향을 미친다. 자녀의 정서 반응은 분리고통과 연관된 고통의 신호이고, 이 신호에 대한 체계의 교정 실패는 자녀와 부모의 관계에 영향을 준다.

EFT 치료사는 욕구를 처리하기 위해 사용하는 정서 신호를 통해 가족의 상호작용 과정을 따라가서 관계 차단을 찾아본다. 치료사의 동맹은 가족구성원들의 다양하고 상충되는 정서를 조절하고 인정하는 중요한 원천으로서 기능한다. 치료사의 가용성과 가족의 정서적 교감을 통해 가족구성원들이 고통과 불화의 순간에 자신들의 행동과 경험을 이해함에 따라 새로운 정서와 경험이 탐색된다. 예를 들면, EFT 치료사는 부모가 자녀의 정서 신호를 무시하는 상호작용에 초점을 맞추고, 그 순간에 자녀와 부모의 내면 정서를 탐색한다. 자신의 소중함과 가치를 충분히 인식하지 못하는 것과 연관된 자녀의 두려움을 인정할 뿐만 아니라 이에 상응하여 자녀를 어떤 면에서 망치고 있는 데 대한 부모의 수치심과 무능

---

1) 역자 주: 이와 관련된 영상은 유튜브(예: https://www.youtube.com/watch?v=IeHcsFqK7So)에서 찾아볼 수 있음.

감도 인정한다. 치료사의 목표는 단순히 애착 관련 심층 정서를 인정하거나 이해하는 것뿐 아니라 이런 경험을 나누어 가족구성원 간에 신뢰감을 만드는 것이다.

5) 고립과 상실은 트라우마 경험이다

상실과 분리와 박탈 경험은 애착을 이해하는 데 중요하다. Bowlby는 이런 부정적 영향 요인이 아동의 발달 형성 및 삶의 도전에 대처하는 개인의 능력에 매우 중요하다고 밝혔다. 중요한 타인의 가용성에 확신이 없다면, 아동과 성인은 지각된 위협에 대한 반응으로 생기는 심각한 두려움에 더욱 취약해진다(Bowlby, 1973). 이와 같이 애착이론은 정서적 상처와 거부와 유기를 초래하는 행동의 중요성과 그 영향의 방향성을 치료사에게 제공한다. 가장 심한 상실과 고립은 특히 애착 욕구가 위태로울 때 관계 상호작용을 지배하는 기본 반응을 확연히 보여 주며, 결과적으로 성인과 아동이 이러한 포괄적인 트라우마 경험에 대처하기 위해 취하는 노력을 정상화한다.

가족의 불안전 패턴은 가족구성원 간 극도의 경계와 보호 반응을 촉진한다. 이런 극한 반응은 연결감과 돌봄을 제공해 줄 사람의 상실과 그 사람으로부터의 분리에 대한 두려움과 일치한다. EFFT에서 치료사는 부모와 자녀가 불화 시 사용하는 극한 행동을 상실과 고립과 절망에 대한 내면의 두려움으로 재구성한다. 이 두려움은 이들 관계의 중요성에 대한 정보를 제공하고, 어떻게 해서 두려워하는 것이 가장 필요로 하는 것인지에 대한 정보도 제공한다. EFT 치료사는 부모와 자녀가 이러한 두려움 및 이 두려움이 신호를 보내는 욕구에 접근하고 교감할 수 있게 해 준다.

6) 분리 고통의 패턴은 예측 가능하다

가족 상호작용 과정은 공시적으로(in sync, 동조하여 안정적이고 조화롭게-역자 주), 공시적이지 않게(out of sync), 다시 공시적으로(back in the sync) 이루어지는 패턴을 따른다. 모든 부모와 자녀의 관계가 완벽히 조화롭게 맺어지지는 않으며, 특히 자기와 자기조절 경험의 발달 과정에서는 본래적으로 '혼란스러움'이 있다(Tronick, 2007, p. 11). 애착체계는 피드백을 통해 부모자녀관계에서 정상적으로 일어나는 부조화를 교정하는 안내체계이다. 애착 대상으로부터 위안과 위로를 받는 데 실패할 경우에 예측 가능한 고통의 패턴(분노와 불안이 높아짐)이 발생된다. 그 이후에 분노의 항의, 매달리면서 요구, 우울한 위축 그리고 절망을 포함하는 예측 가능한 부정적 상호작용 반응이 일어난다(Bowlby, 1979). 소위 아동의 '과민함'은 무시를 받아서 생긴 부정적 정서의 고조를 교정하기 위한 신호가 될 수 있다.

이러한 부정적인 반응은 부모와 자녀 간에 관계 차단을 만들고 강화하는 부모의 방어 행동을 촉발한다. 이러한 차단과 그에 따르는 부정 정서가 증폭되면서 부모, 부부, 자녀 모두 정서적 균형을 유지하기가 어렵고, 특히 애착적으로 서로 연결감을 가지기 어려워진다(Kobak, Duemmler, Burland, & Youngstrom, 1998). 이런 애착 자원으로부터의 고립과 연결의 상실은 외상적 상처가 되고, 무력감과 두려움과 절망의 복잡한 감정을 갖게 한다(Mikulincer, Shaver, & Pereg, 2003). EFT 치료사는 정서 과정을 따라가는데, 부모자녀 간의 상호작용을 조직하는 분리고통에 대한 보호 반응에 의해서 자녀의 내면 욕구와 부모의 돌봄 반응의 신호가 종종 가려져 있기도 하다. 관계와 개인의 안녕에 대한 위협이 크면 클수록 비판적 공격이나 방어적 위축과 같은 극심한 고통 반응이 더 강해진다.

7) 경직된 상호작용 태도는 내면의 애착 전략을 가장 잘 반영한다

자녀의 경멸적 불평에 예상되는 부모의 지속적인 위축 패턴과 이러한 상호작용으로 빚어진 방어적인 부정성의 상승은 부정적 정서의 장(場)이 커지면서 나타나는 경직된 상호작용 태도를 강조하여 보여 준다. 가족불화의 패턴은 부모와 자녀가 애착적으로 소중한 관계에서 정서 균형과 정서 조절의 부족에 대처하기 위해 사용하는 내재된 태도나 전략을 드러낸다. 이러한 상호작용 태도는 가족이 애착 관련 욕구가 생길 때 예상되는 행동과 반복적인 정서 과정에 생생하게 나타난다. 자녀는 자신의 욕구가 소중하지 않고, 부모가 관심을 주지 않을 것이라 예상한다. 이와 유사하게 부모는 자녀의 부정적 행동을 예측하고, 자녀가 하는 걱정의 종류와 상관없이 부정성에 반응할 채비를 한다. 이러한 상호작용은 일상화되고 예상되기도 한다. 가족이 이런 걱정을 해결하기 위해 애쓸 때, 가족구성원들은 점점 더 비효과적인 전략을 사용하여 돌봄과 애착 의사소통에 대한 관계 차단에 뿌리를 둔 불안전이 더 높아진다.

안전한 가족의 상호작용에서 부모와 자녀는 고통스럽고 걱정되는 순간에 효과적인 지지와 돌봄을 가능하게 하는 일차적 애착과 돌봄 반응에 의지한다. 일차적 애착전략은 돌봄과 보호 혹은 지지에 대한 자녀의 요구에 부모가 적극적으로 교감하고 사려 깊게 반응하는 것이다. 이러한 상호작용은 안전감을 촉진하고, 가족구성원들은 타인의 반응 및 자신의 가치와 소중함에 확신을 가져 정서적 균형을 이룰 수 있다. 가족구성원 간의 상호작용이 가용성이나 지지의 부족으로 나타나는 성공적이지 않은 시도의 특징을 보일 때, 구성원 개인은 다양한 수준의 회피와 불안 반응을 보여서 애착체계의 비활성 또는 과활성을 통해 고통에 대처하는 이차적 애착 전략에 의지하는 경향이 크다(Fraley & Waller, 1998).

불안전한 상호작용에서 이차적 애착 전략은 불안전 패턴의 부모, 부부, 자녀 사이에서 발견되는 서로 보완적인 경직된 태도를 형성하게 한다. 성인애착에서 부부의 보완적 태도는 흔히 추적(불안 또는 과활성 전략)과 위축(회피 또는 비활성 전략)으로 묘사된다. 이러한 이차적 애착 전략은 부부불화 관계에서 흔히 있는 요구-위축 패턴의 기초가 된다. 부모와 자녀 상호작용에서의 이차적 애착 전략도 불안과 회피 반응으로 알 수 있는데, 이 역시 애착 의사소통의 붕괴를 바로잡으려는 비슷한 시도를 나타낸다. 부모자녀관계의 목표는 성인의 부부관계와는 다르기 때문에 부모자녀 상호작용 관련 태도는 돌봄 제공 및 돌봄 추구와 연관된 행동화 경향의 관점에서 형성된다. 이러한 이면의 전략과 연관된 행동에 맞출 때, 부모의 경직된 태도는 과잉 반응(불안) 혹은 과소 반응(회피)으로 볼 수 있고, 자녀의 전략은 애착 관련 신호를 확대(불안)하거나 축소(회피)하는 행동으로 나타날 수 있다.

(1) 불안 전략: 과활성

불안 전략은 가용적이지 않거나 지지적이지 않은 애착 대상과의 교감에 초점을 둔다. 반응은 과활성화되고 불화관계에서 흔히 보이는 행동을 포함하는데, 즉 요구나 지배 반응, 비판적 추적, 불안하게 매달리는 행동을 포함한다. 이러한 행동이 힘든 것은 애착 대상에게 지나치게 몰두하며 애착 관련 상처와 두려움을 다루기 위해 필사적이지만 그 시도가 성공적이지 못함을 확연히 보여 준다는 데 있다. 불안 전략을 행사하는 개인은 자신의 가치에 부정적 견해를 가지며, 자기의심의 경향이 크다(Mikulincer & Shaver, 2015). 자기에 대한 부정적 견해로 인해 나타나는 반발 반응은 비판적 불평, 강렬한 정서 교환, 타인에게 초점을 맞춘 정서적으로 거슬리는 행동을 통해 더 심한 부정적 정서의 가능성을 높인다.

(2) 회피 전략: 비활성

회피 전략은 애착체계를 비활성화하기 위한 행동과 시도를 강조한다. 애착 신호를 피하거나 그런 신호에서 거리를 두는 개인의 행동은 정서 신호와 반응을 무시하거나 억압하는 행동을 포함한다. 이 전략은 현재 문제의 정서적 측면에 적극적으로 관여하지 않고, 문제를 해결하고 교정하려는 도구적 시도를 포함한다. 이 전략을 사용하는 사람은 특히 상대방의 과활성화된 반응에 직면할 때 강한 정서적 강도에 대처하기 위해 신체적 거리 두기와 관계적 거리 두기를 사용할 수 있다. 회피 전략의 일차 목표는 자기 의존을 우선시하는 것이며, 한편 관계적으로 거리를 유지하고 또 관계적 욕구와 친밀함에 대한 욕구의 중요성을 경시한다(Mikulincer & Shaver, 2016). 이 전략은 취약성을 회피함으로써 부정적 경험을 효과적으로 다룰 수 있는 능력을 약화시키고, 부정적 정서를 효과적으로 조절할 수 있는 개인의 능력을 손상시킨다.

(3) 혼합 전략

세 번째 전략은 애착 의사소통에 대해 회피와 불안 반응의 혼합으로 나타난다. 이런 애착 유형은 성인애착관계에서 공포회피애착으로 묘사되고(Bartholemew & Horowitz, 1991), 아동에 초점을 둔 평가에서는 혼란애착(Main & Hesse, 1990)으로 묘사된다. 이 유형에서 개인은 불안한 추적을 할지, 아니면 회피적으로 위축할지의 여부를 결정하기 어렵고, 그 결과 더욱 혼란스럽거나 통합되지 않은 태도를 보인다(Simpson & Rholes, 2002). 이 유형의 선행사건에는 흔히 외상 경험이 있는데, 그 경험에 따르면 한 사람의 애착 지지 근원이 바로 위협이나 고통을 주는 근원이다. 이러한 상반된 경험은 이 전략의 일관성과 일치성의 부족을 초래하고, 애착과 돌봄의 상호작용에 영향을 미친다. 타인을 무시하고 거리를 두는 것과 타인의 사랑과 지지를 받고 싶은 소망 사이에 갇혀 있는 공포회피애착 전략에는 내면의 후회감이 동반된다(Mikulincer & Shaver, 2016).

이러한 여러 애착 전략은 대인관계에서 습관적 · 일상적으로 사용되어 '습관적인 교류 형태'라 불린다(Sroufe, 2016). 가족생활에서 이러한 이차 애착 전략은 배우자와 부모가 타인의 애착 요구에 얼마나 안전하게 반응하는지 그 효과성에 영향을 미친다. 성인관계에서의 불안 전략은 배우자의 요구에 동조하지 못하고, 더욱 극단적인 방식으로 통제하거나 정서적으로 거슬리는 돌봄을 초래한다. 마찬가지로 회피 전략은 효과적인 돌봄을 억제하여 무감각하고 충분하지 못한 정서적 유대감을 갖게 한다. 더불어 이차 애착 전략이 부모와 자녀의 상호작용을 지배할 때 부모의 돌봄은 비슷한 어려움을 보인다. 부모의 불안전은 자녀와의 상호작용 시 부모의 효과적인 정서 조절 능력을 방해하며(Mikulincer & Florian, 1998), 이는 결국 용서, 연민, 공감을 통해 관계불화를 회복할 수 있는 부모의 능력을 제한한다(Jones, Cassidy, & Shaver, 2015).

EFT 치료사는 문제가 되는 상호작용 패턴 이면의 행동을 추적함으로써 내재된 애착 전략을 드러낼 수 있는데, 이 전략은 고통이나 불화의 순간에 개인과 관계 경험을 조직한다고 예측할 수 있다. 이러한 패턴은 중요한 요구사항이 있을 때 서로를 지지하고 보살피는 가족의 효과성을 제한한다고 인식된다. 이러한 이차 전략은 가족불화를 극복하고 다루기 위한 가족의 최선의 시도를 보여 주며, 또한 가족의 정서적 균형을 무너뜨린 부정적 패턴과는 다른 내면의 동기를 가족구성원들이 가지고 있음을 지적한다.

8) 자기와 타인에 대한 내적 작동 모델

시간이 지남에 따라 애착 경험은 자기에 대한 정신 모델 및 자신의 관계 세계에 있는 타인에 대한 정신 모델을 제공한다. 애착력에 기반한 이러한 정신적 표상은 정서 조절, 친밀한 관계, 탐색 및 돌봄에서 중요한 역할을 한다. Bowlby(1973; 1980)는 이러한 정신적 표상이 상호작용 과정에 대한 개인 고유의 절차 각본(procedural script)을 어떻게 제공하는지 설명하기 위해 '내적 작동 모델'의 개념을 제안했는데, 이 각본에 따라 자기 및 타인과의 상호작용에 관한 기대를 갖게 되고 움직인다. 안정애착형은 자신의 관계 세계를 반응적이고 지지를 받을 수 있는 것으로 보는 경향이 크며, 동시에 자신을 사랑받을 만한 가치가 있고 소중하다고 여긴다. 이 모델은 타인의 행동과 그에 대한 자신의 반응을 예측할 수 있게 하며, 가족 안팎에서의 상호작용을 인도하고 만들어 가는 자신과 타인에 대한 견해를 발전시킨다.

내적 작동 모델은 일차적으로 타인에게 사랑받고 의지하는 데 대한 기대를 알려 준다. 이러한 내재적인 애착 관련 걱정을 요약하여 보여 주는 두 가지 질문이 있는데, 그것은 "내가 당신에게 기대도 되나요?"와 "내가 당신의 사랑을 받을 가치가 있나요?"이다. 개인이 애착관계에 가지고 오는 예측은 기대, 자동적인 지각 편향, 일화 기억,[2)] 신념과 태도, 친밀한 관계에 대한 절차적 지식(procedural knowledge)을 만든다(Collins & read, 1994). Bowlby(1980)는 다양한 애착관계가 과거 애착 경험의 의미를 반영하고 재검토할 수 있는 기초를 제공하기 때문에 이 모델은 일생 동안 검토되어야 한다고 인식했다. 부모자녀관계와 더불어 또래애착, 낭만적 관계와 결혼, 심리치료의 영향은 개인의 애착력에 의해서 알 수 있는 기대를 살펴볼 적절한 자원이다.

이렇게 정서적 색채가 농후한 '가장 인기 있는' 모델은 애착 성향을 수정하는 EFT 접근 방식의 일차적 초점이다. EFT는 애착 욕구와 두려움에 다가가서 조절하고, 파트너들이 애착 관련 욕구를 교감하는 새로운 방식을 만들고, 새롭게 수정된 작동 모델에 마중물을 붓고, 파트너의 가용성을 강조하고, 자신의 견해가 타인과의 관계에서 취약하지만 유능하고 또 효과적임을 분명히 함으로써 부부관계에서의 변화를 모색한다(Johnson, Lafontaine, & Dalgleish, 2015). 이와 같은 방식으로 EFT 접근은 애착 관련 욕구 및 그와 연관된 정서에 접근하는 데 초점을 두고, 또 고통에 빠진 가족관계에서 확실히 보이는 안전감의 걸림돌을 제거하기 위해 반응적으로 조율된 돌봄 반응을 촉진하는 데 초점을 둔다.

EFT 치료사는 애착 갈망 및 욕구와 연관된 심층 정서에 접근하고 이를 묘사하는 것에 초점을 둔다. 조율된 애착중심 상호작용을 통해 이러한 정서 경험을 함으로써 부모와 자녀는 불안전한 맥락에서 교감에 대한 기대를 명백히 할 수 있다. 이러한 내적 모델은 타인에게 기대하는 것뿐 아니라 자기 자신을 보는 방식을 예측하도록 도와준다. 아들의 냉담한 무관심에 가차 없이 반발하는 아버지는 자녀에 대한 거부감과 자신이 원하는 아버지가 되지 못한 것에 대한 수치심을 가지고 있다. 마찬가지로 아들은 자신의 거부를 두려워하고 아버지를 믿어서는 안 된다는 것을 확인하면서 멀어진 아버지의 분노로부터 자신을 방어한다.

9) 애착의 보완체계인 돌봄

돌봄에 대한 선천적인 동기체계는 피해받을 위협에 직면하든 성장과 발달의 기회를 지원하든 상관없이 부모가 자녀의 안녕에 우선적으로 초점을 둔다. 애착의 보완체계로서 돌봄 반응은 애착 관련 욕구와 조화롭게 작동한다(George & Solomon, 2008). Bowlby(1980)는 부모의 보호 반응이 안식처를 제공한다고 했으며, 이와 비슷하게 Ainsworth(1991)는 돌봄이 탐색과 성장을 촉진하면서 안전기지를 만드는 데 기여하는 방식을 확인했다. 선천적인 체계인 돌봄에 대한 신호는 위험 혹은 위협이 되는 환경 및 성장을 위한 기회가 있을 때 발생한다. 돌봄 행동은 타인의 문제에 적극적으로 호기심을 갖고, 이런 어려움을 극복하기 위한 성공적인 노력을 지지하거나 인정하는 것을 포함한다. 도구적 지지를 제공하고 방향과 충고를 제공하는 사랑과 애정 표현은 돌봄에서 흔히 나타난다(Collins, Ford, Guichard, Kane, & Feeney, 2010). 돌봄 행동은 부모가 자녀에게 보내는 보살핌, 지지, 보호와 성인 애착관계에서 공유되는 위안, 안전, 보살핌의 특성을 갖는다. 연인들이 서로 돌보는 반응을 하듯이 부모가 고통받는 자녀를 달래 줄 것이라고 기대된다. 돌봄은 소중한 애착관계에서 기대되는 반응이다.

반응체계로서 효과적인 돌봄은 상대방이 보내는 고통의 신호 혹은 지지받고 싶은 요구에 대한 공감적 관심과 민감성으로 나타난다. 이러한 신호에 대한 부모의 정확한 판독은 너그러운 의도, 관심과 욕구의 인정, 태도와 신념에 대한 존중의 특징을 보이는 반응을 촉진하여 한 사람이 보살핌, 이해, 사랑 받는 느낌을 갖도록 도와준다(Reis, 2014). 또한 효과적인 돌봄은 일반적으로 안전감을 지각하도록 도우며, 그 결과로 대처 능력을 높이는 데 기여한다(Collins et al., 2010). 상호적으로 양육자도 결국 타인의 안녕을 촉진하는 자신의 행동을 통해서 자기효능감, 도덕적 긍정, 강한 관계적 결속으로 더 높은 긍정적 감정을 갖게 된다는 이익이 있다.

EFFT에서 치료사는 부모의 돌봄 의도에 맞추어 부모와 자녀의 상호작용에서 접근과 반응 및 교감을 막는 걸림돌을 처리함으로써 더욱 효과적인 돌봄 반응을 촉진한다. EFT는 자녀에 대한 부모의 보살핌과 관심의 동기를 높이기 위해서 애착 관련 정서를 심화한다. 자녀가 치료사와 공유한 상처와 유기의 두려움을 알게 된 부모는 이런 정서 신호에 반응하여 자신의 돌봄 의도를 더 잘 인식하는 경향이 있다. 치료사는 환기적 기법을 사용하여 자녀의 애착 신호에 대한 부모의 인식과 이면의 정서 반응을 심화한다. 부모는 환기적 질문에 대한 반응으로 다음과 같이 말할 수 있다.

> "나는 딸의 두려움에 대해 들었고 위안과 위로를 주고 싶었지만(돌봄 동기와 조율된 인식), 적어도 예전처럼 내게서 그걸 원하는지 모르겠어요. 딸은 이 순간에 계속해서 나와 거리를 두고 있어요(관계 차단)."

치료사는 가족의 상호작용 속도를 늦추면서 부모자녀관계 갈등에 나타나는 애착과 돌봄의 정서적 신호를 살펴보기 위한 공간을 만든다.

10) 정서적 균형과 돌봄의 조절

효과적인 돌봄을 위해 양육자의 정서 조절이 필요하다. 양육 시 돌봄 반응은 부모의 기대와 가치 및 자녀를 바라보는 부모의 시각에 영향을 받는다(Solomon & George, 1997). 자녀에 대한 부모의 표상 모델 혹은 견해의 융통성은 자녀의 돌봄 추구 목표와 부모의 효과적인 반응 능력을 더욱 적절히 인식하게 하고, 또 이 둘을 적절히 분리할 수 있게 한다. 어머니의 노력을 무시하지 않지만 자신의 걱정거리만 호소하며 욕구를 주장하기 위해 조절되지 못한 신호를 보내고 따지는 청소년 딸을 생각해 보려고 잠시 한숨을 돌리고 있는 어머니를 떠올려 보자. 어머니의 이러한 융통성은 정서적 영역을 포함하여 딸과 어머니의 관계적 세계를 바라볼 수 있는 능력을 나타낸다.

융통성과 정서적 균형은 부모의 조율과 이해 및 반응 행동을 방해하는 방어 과정에 의해 부정적인 영향을 받는다. 방어적 돌봄은 단지 양육 기술의 부족 이상으로서, 조율 상실과 공감 실패를 나타낸다. 부모는 반응이나 보호를 제대로 하지 못함으로써 돌봄 역할을 포기할 수 있다. 또 다른 부정적인 돌봄 반응은 잘못 조절된 돌봄에서 비롯될 수 있는데, 양육자가 두려움에 압도되거나 반응 능력에 대한 자신감을 상실할 때 볼 수 있다. 부모의 수치심은 양육자가 애착 의사소통에 조율하고 주의를 기울일 수 있는 능력을 차단하고, 결국 가족 전체에 영향을 미치는 부모의 고통을 강화하여 자기강화적 고리를 만든다.

EFFT 과정은 불안전한 부정적 패턴으로 인해 돌봄 반응이 차단된 부모의 정서 조절과 생성을 촉진한다. 부모와 EFT 치료사의 동맹은 부모의 경험을 현재 순간에 두는 정서적 토대가 되고, 치료사는 부모의 정서 경험을 조합함으로써 부모가 돌봄 의도에 접근하여 처리하고 또 자녀의 애착 관련 욕구를 조율하도록 돕는다. 환기적 개입은 부모가 자신의 취약성을 인식하게 하는 데 초점을 두어야 하며, 부모는 자신의 두려움에 접근함으로써 자녀에게 더 잘 조율할 수 있다. 예를 들면, 치료사는 환기적 질문을 사용하여 거절에 대한 두려움을 표현한 딸의 이야기를 들은 어머니의 경험을 탐색할 수 있다.

딸: (눈물을 흘리며 고개를 돌린다) 저는 엄마가 이전처럼 저를 돌봐 주는지 잘 모르겠어요. 저기, 저의 모든 실수 이후에 저는 이전의 딸과 다르거든요. 이전의 딸은 엄마가 정말로 저한테 원했던 딸이에요.

치료사: 엄마가 진짜로 원하는 딸이 아닐 것이라고 말할 때 딸의 얼굴에서 드러난 고통을 보고 듣는 건 참 힘든 일이지요. 딸의 고통을 들을 때 어머니는 어떠셨어요?

치료사는 딸의 애착 관련 정서에 초점을 두면서 부모의 돌봄에 대한 인식을 끌어낸다.

어머니: 딸이 내가 자기를 원치 않는 것 같다고 할 때 심장이 미어지는 것 같아요. 얘는 언제나 제 딸이에요.

치료사는 어머니의 보살핌을 인정하고, 어머니가 딸의 고통에 공감하면서 자신의 가슴 아픔과 고통을 탐색할 수 있는 자원을 제공한다. 부모가 자신의 깊은 정서에 접근할 때, 부모는 자기(부모)와 타인(자녀)의 가치와 기대와 표상 모델을 더 잘 살펴볼 수 있다(Solomon & George, 1996). 치료사는 자녀에 대한 부모의 목표(예: 부모의 돌봄 의도)를 더 잘 인식하고 묘사하게 하며, 부모가 효과적으로 반응할 수 있도록 지지함으로써 자녀에 대한 부모의 견해가 유연할 수 있도록 돕는다. 부모의 향상된 정서 조절 능력은 자녀의 욕구에 정확히 조율하게 하고, 다양한 정서적 반응으로 부모는 자녀의 특정 정서와 욕구에 더 효과적으로 반응할 수 있다.

또한 EFT 치료사는 부모 간에 공유된 양육동맹을 이용해서 돌봄을 촉진할 수 있다. 부부의 양육동맹은 부부로서 공유하는 애착 유대 또는 양육자로서의 낭만적 애착과 그들 간 명백한 동맹을 나타낸다. Kobak과 Mandelbaum(2003)에 따르면, '협렵적 양육동맹'은 양육자로서 각 배우자의 역할에 대한 상호 헌신과 책임의 공유 그리고 자녀를 기르기 위한 각 배우자의 노력에서 개방된 의사소통과 피드백을 포함한다. 이러한 속성은 부부로서 더욱 안전한 애착을 형성한 부모로부터 생기는데, 그런 부부는 부부관계와 양육 시 접근과 반응과 정서적 교감을 잘하는 경향이 있기 때문이다.

부부와 부모는 양육 역할을 할 때 정서적 균형을 잃을 수 있다. 비효과적인 양육동맹은 여러 가지 이유로 발생한다(Kobak & Mandelbaum, 2003). 첫째, 양육 역할의 중요성을 고려해 볼 때 부모 간의 불일치, 양육 신념 및 신념 내력의 차이는 정서적으로 위협이 될 수 있다. 둘째, 양육 역할에 대한 부모의 불안정은 자녀의 경험과 욕구에 효과적으로 조율할 수 있는 부모의 능력을 제한한다. 부부간의 불안한 동맹은 자녀의 독특한 욕구에 주의를 기울이는 것을 방해할 수 있는데, 특히 자녀의 문제가 이해하기 어려운 것이거나 부모에게 부정적인 영향을 미칠 때 그렇다. 셋째, 부부관계 그 자체이다. 부부관계의 불안정 패턴이 부모로서의 걱정 및 부부의 불안정한 추적과 위축 패턴을 둘러싸고 조직될 수 있다. 이 패턴은 결국 자녀에 대한 부모로서의 참여와 관심의 균형을 깨뜨릴 수 있고, 양육자로서 부모가 반응할 때 부부의 회피와 불안 반응 패턴을 반복하게 할 수 있다.

부부로서 잘 적응한 부모는 자녀에게 '정서적 안전감'을 제공하고, 부부가 불화를 겪으면 자녀는 부적응에 취약해진다(Davies & Cummings, 1994). 이때 자녀는 가족 상호작용에서 철수하고 정서적으로 거리를 두거나 부부 갈등을 혼란하게 하거나 약화시키는 방식으로 반발적으로 교류하면서 부모의 관계불화에 반응한다. 또한 자녀는 부부관계에 직접 개입하거나 '부모화된' 역할을 하여 가족이 균형을 유지함으로써 부모의 관계불화를 안정화하려고 할 수 있다(Bying-Hall, 2008; Crittenden, 2008; Dallos & Vetere, 2012). 부모 간의 불화가 있는 가족 환경에 놓인 자녀는 부모불화와 갈등이 가족에게 미치는 부정적 영향에 능동적으로 대처하려고 노력함으로써 가족의 균형을 되찾고자 한다. 돌봄동맹의 질은 가족의 전반적인 정서적 분위기에 영향을 미치는 주요 요인이며, 양육 실천의 잠재적 위험 요인이 될 수 있다(Morris, Silk, Steinberg, Myers, & Robinson, 2007).

EFFT에서 치료사는 불화관계가 갖는 독특한 애착 관련 목표에 따라 이러한 반발 패턴을 개념화한다. 가족 상호작용은 여러 수준이 있기에 치료사는 부모와 자녀뿐 아니라 부부불화를 포함하는 가족 내 여러 수준의 불안전을 규명해야 한다. EFFT의 변화 과정은 치료사가 부모와 자녀, 부모동맹, 부부관계의 세 수준에 있을 수 있는 불안전의 관계 차단을 처리할 수 있게 한다. 가족불화에 개입함으로써 치료사는 각 회기의 초점 및 애착 관련 걸림돌과 이것이 가족 기능에 미치는 영향을 더 잘 평가하고 우선시할 수 있다. 이러한 애착이론의 원리는 가족이 치료사에게 공유하는 정서적 유대감을 통해서 가족관계를 이해하고 개선하기 위한 개념적 토대를 제공한다.

5. EFFT에서의 가족과 정서 작업

EFFT에서 정서는 가족의 불안전 패턴을 긍정적인 안전 고리로 변화시키는 데 가장 중요하다. EFT 회기의 일반적인 목표는 내담자들이 자신의 정서 경험에 참여하여 표현하는 방식을 통해서 변화를 찾아가는 것이다(Johnson, 2019). EFT 기법은 정서 조절을 촉진하는 과정에서 정서 경험에 접근하고, 확대하고, 이해하고, 교류하는 데 필요한 치료사의 능력을 향상시킨다. 정서를 더 잘 조절하는 상태를 통해서 치료사는 가족이 상호 간에 반발적으로 강화하는 상호작용 패턴을 바꾸도록 이끌고, 효과적 돌봄과 애착 의사소통을 막는 자기와 타인에 대한 부정적 기대와 표상을 재탐색하도록 안내한다. 교정적 정서 경험을 통해서 가족은 더욱 안전한 상호작용 패턴으로 변화된다. 다음에서는 애착과 정서 조절의 역할을 살펴보는데, 이는 가족을 적응과 성장 혹은 역기능과 불화로 이끄는 관계 과정을 형성하여 가족 발달에 결정적 영향을 미친다.

1) 정서 조절

정서 조절은 정서와 정서 표현에 영향을 주는 능력을 말한다(Gross, 1998). 정서 조절 과정은 다양한 정서에 접근하여 반응할 수 있고, 정서 경험을 파악하고 변화시킬 수 있으며, 이런 경험을 통해서 의미를 만들 수 있음을 포함한다. 이러한 능력의 발달은 개인의 삶 전체에 걸쳐 학습되고 발전되는 복잡한 기술이다. 이 과정이 개인의 인식과 목표와 전략에 영향을 받는다는 것을 고려하면, 정서 조절은 정서 반응을 유발하는 과정에 영향을 주는 개인의 능력을 포함한다(Gross & Thompson, 2007). 이런 전략 혹은 조절 과정은 상황을 피하는 것부터 정서 경험을 피하는 것, 상황을 변화시켜 정서 경험의 방향을 전환하는 것, 주의를 돌려 정서 경험의 방향을 전환하는 것, 경험의 의미를 전환하는 것, 정서에 대한 행동이나 생리적 반응을 변화시켜 정서 경험을 조절하는 것에 이르기까지 다양하다. 정서의 발생과 강도 및 표현에 영향을 미치는 명시적 및 암묵적 반응을 포함하는 이러한 전략을 사용하는 과정이 정서 조절의 본질이다(Morris et al., 2007).

정서 조절이 정신병리의 원인과 유지에 주요 역할을 한다는 점이 널리 받아들여지고 있다. 억압과 반추 및 회피와 같은 정서 통제의 모든 전략은 다양한 심리적 장애, 특히 불안 및 우울 문제와 연관되는 반면, 수용(경험적 회피를 줄여 준다)과 인지적 재평가 같은 더욱 적응적인 전략은 그렇지 않다(Mennin & Farach, 2007; Aldao, Nolen-hoeksema, & Schweiser, 2010). 아동의 정서 조절의 어려움은 성인기 행동 문제의 위험과 관련이 있고(Cicchetti, Ackerman, & Izard, 1995; Silk, Steinberg, & Morris, 2003), 더 일반적으로는 정신병리(Gross & Jazaireri, 2014)와 연관된다.

2) 가족과 정서 조절

가족은 자녀의 정서 조절 발달에 중요한 역할을 한다. 자녀의 정서 경험 조절 능력은 가족 상호작용에서 관찰한 내용, 부모와 양육자가 양육 과정에서 직접 했던 행동, 가정의 정서적 분위기를 포함하는 가족관계 질에 영향을 받는다(Morris et al., 2007). 이런 요인들이 직간접적인 영향을 미친다. 두려워하면서 지지를 받으려는 자녀의 시도를 부모가 무시하는 반응은 그런 두려움을 조절할 수 있는 자녀의 능력에 직접적인 영향을 미친다. 반면에 간접적인 영향은 심각하게 적대적인 부모의 갈등을 포함하는 가족의 상호작용을 회피하는 자녀에게서 볼 수 있다. 이렇게 눈에 띄지 않는 분노는 가족의 정서적 분위기에 부정적인 영향을 미치는데, 이는 표현된 정서에 대한 평가가 가족 의사소통에서의 적대감과 비판 및 정서적 과잉개입의 영향을 평가하는 데 사용되었던 방식과 유사하다(Leff & Vaughn, 1985). 애착이 중요한 역할을 하는 '정서체계'로 가족을 이해함으로써 개인의 능력(예: 정서 조절)에 영향을 미치는 맥락을 제공하는 가족의 역할에 관심이 높아지고 있다(Henry, Morris, & Harrist, 2015).

애착관계는 아동기 정서 경험의 상호 조절에 중요한 역할을 하고 정서의 자기조절 발달의 토대가 된다. 부모는 정서 조절을 해 나가는 데 결정적 역할을 한다. 상호 조절을 통해서 부모는 자녀에게 자신의 신체적 · 행동적 · 정서적 반응을 조절하기 위한 자원을 제공한다(Sroufe, 2016). 상호 조절 행위와 그 행위에서 비롯되는 경험은 자녀의 자기 조절 발달을 위한 발판이 된다(Kopp, 1982). 부모의 부재와 조절 자원의 부족은 자녀의 조절 능력 상실을 초래할 수 있다(Calkins & Leerkes, 2011). 상호 조절의 역할은 부모에게 흔한 도전이 되는데, 즉 고통을 받거나 조절하지 못하는 자녀에게 보살핌을 제공해야 하는 상황에 직면해서 부모가 자신의 조절 상태를 유지하고 동시에 자녀가 자신의 경험을 조절하도록 돕는 방법을 찾아야 한다는 것이다(Rutherford, Wallace, Heidemarie, & Mayes, 2015). 아동기 초기 단계에서 정서 조절 형성에 대한 부모 역할에 많은 관심이 집중되었으며, 한편 청소년기와 초기 성인기의 발달적 변화는 이러한 능력에 지속적인 영향을 미친다(Steinberg, 2005; Steinberg & Morris, 2001).

애착이론은 상호 조절의 가용성이 있는 가족 상호작용에서 느끼는 안전감에 대한 보상과 결과를 통찰할 수 있게 한다. 양육자의 가용성에 대한 확신은 회복탄력성의 자원이 되고, 또 사회적 적응과 심리적 안녕의 토대가 된다(Mikulincer & Shaver, 2016). 보다 안전한 부모는 곡해하지 않으면서 자신의 정서를 표현하고 자신의 감정을 의사소통하는 데 더욱 개방적이며, 타인과 더욱 분명하고 정확하게 의사소통하는 경향이 더 높다. 안전한 애착관계의 부모와 자녀는 정서적 균형을 찾고 유지하기가 더 쉽다. 가족구성원들은 갈등을 다룰 수 있으며, 혼자가 아니라고 느끼고 인식하기 때문에 상대방에게 쉽게 자극받지 않고 모호한 상호작용을 더 잘 견딜 수 있다. 안전감은 각 구성원이 자신의 정서 경험을 반영하고, 요컨대 정서 경험을 조절할 수 있도록 그 경험을 정리할 수 있게 한다. 정서적 균형을 이룬 안전한 구성원들은 자신의 정서 경험을 부인하거나 왜곡 혹은 과장하지 않는다(Shaver & Mikulincer, 2007). 이러한 자원을 가진 부모는 자신과 자녀의 정서를 기꺼이 수용하고 표현하며 소통할 수 있고, 정서를 효과적인 행동 지침으로 사용할 수 있다.

그에 반해서 불안전한 사람은 (이차적 애착 반응의 결과로 부정적 정서의 억압이나 반복적인 활성화를 통해서) 부정적 경험을 왜곡하기가 더 쉽다. 이러한 불안 전략이 자녀가 부모와 함께 상호 조절을 예상하는 순간에 작동될 때, 애착 의사소통에서 왜곡이 쉽게 발생한다. 대체로 이런 이차적 전략은 정서 경험을 파악하고, 묘사하고, 탐색하는 성인의 능력을 손상시킨다(Mikulincer & Shaver, 2019). 이러한 이인관계의 영향은 정서 조절의 상호기능을 정의하여, 부모의 조절 반응이 자녀의 정서 조절에 영향을 주고 자녀의 반응은 부모의 조절에 영향을 미친다(Rutherford et al., 2015). 결국 더욱 안전한 상호작용은 효과적인 정서 의사소통을 포함한 효과적인 정서 조절의 특징이 있는 적응적인 고리를 촉진하고, 불안전은 더 높은 수준의 정서 조절장애와 같은 부적응 패턴을 낳는다.

3) 가족불화의 부정적 패턴

가족관계에서 조절되지 않은 정서의 부적응 패턴이 미치는 영향은 정서적 분위기 자체가 부정적 정서에 의해 조직될 가능성을 높인다. 부정적 정서 패턴은 가족체계 내 삼각관계의 발생 가능성을 높이는데, 특히 부부가 불화하는 관계의 가족에서 경험되는 불안전감 때문에 그렇다(Byng-Hall, 2008; Crittensen, 2008; Dallos & Vetere, 2012). 불안전한 가족체계는 부정적인 정서를 증폭시키거나 억제하여, 왜곡된 정서적 반응이 반발 경로로 쉽게 빠져들어 의사소통 차단 및 접촉 상실의 적대감이 고조되는 결과를 초래할 가능성이 더 높다.

부부관계와 비슷하게 가족관계도 부정적인 정서에 몰입되는 상태에 빠지는 일반적인 위험에 직면한다(Gottman, 1994). 불안전한 가족 상호작용의 과정은 높은 수준의 불안이나 회피 반응에 의해 부모의 반응과 접근이 줄어들어 부정적인 정서가 교정되는 효과를 잃을 가능성을 높인다(Kobak et al., 1998). 시간이 지남에 따라 부모의 가용성 상실로 인해 분리 고통의 문제가 발생하며, 이러한 결손과 그에 따른 부정적 정서를 교정하려는 노력으로 인해 효과적으로 반응할 수 있는 가족의 능력에 대한 자신감이 약화되며, 가족구성원은 부정적인 가족 분위기의 영향에 대처하기 위해 점점 더 자기보호 전략에 의존한다. 가족 내 애착 의사소통은 여러 구성원이 불안감을 유발하는 애착 관련 고통을 해결하기보다는 관리하고자 하는 부정성과 고통에 반응하기 때문에 왜곡된다.

가족 패턴은 불화 가족에서 정서적 현실의 원형을 보여 준다. 상호작용 패턴을 통해 치료사는 가족 내 각 구성원의 욕구와 반응을 자연스럽게 나타내는 정서 경험에 대한 조절과 참여를 유도하는 이러한 정서적 현실에 접근하고 탐색할 수 있다. 안전한 가족관계에서 긍정적 상호작용을 추적하면 이와 비슷한 정서 기능을 볼 수 있다. 학교 과제에서 우수한 점수를 받은 아동이 기뻐서 어머니에게 다가갔는데 어머니가 이에 잘 맞춰 주고 심지어 과장된 반응으로 맞아 주었다면, 이 아동은 그 중요성을 확인받는 경험을 한 것이다. 그것은 우수한 점수를 받아서가 아니라 자신의 중요한 순간에 정서적으로 반응을 받았기 때문이다(Gable, Gonaza, & Strachmen, 2006). 그래서 긍정적인 정서 교류는 능력을 확장하고 균형감을 높여 주며 회복탄력성과 안녕감을 촉진한다(Fredickson, 2001). 부정적인 정서 상태 역시 주의력을 좁히고 위험을 피하는 행동을 촉진하여 생존에 중요한 기능을 한다. 시간이 지남에 따라 긍정적인 균형을 지속하고 유지하는 능력은 더욱 커진다(Fredrickson & Lasada, 2005).

EFFT는 가족 상호작용이 부정적 정서 상태로 정의될 때 지속되는 관계 차단의 변화에 초점을 둔다. 부정적 정서 상태는 가족체계 내 애착 관련 욕구를 읽고 반응하는 시도가 비효과적일 때 나타난다. 경직된 상호작용 패턴은 행동과 이해와 경험을 조직하는 예측 가능한 정서 현실을 설명한다. EFT 치료사는 이러한 정서 현실을 지침과 자원으로 사용하여 정서적 균형을 관계적 성장과 번영의 자기유지적이고 자기강화적인 패턴의 방향으로 변화시키는 교정적인 경험을 만든다. 정서는 EFT에서 변화의 목표이자 매개체이다(Johnson, 2004).

6. 요약

이 장에서는 EFFT 변화 과정의 이론적 배경을 살펴보았다. 애착이론은 가족체계이론과 일치하는데, 두 이론 모두 인간 발달과 기능의 측면을 자세히 설명하며 인간과 관계의 기능을 위한 자원을 제공한다. 애착이론과 가족체계이론이라는 두 가지의 뛰어난 모델에 대한 고찰은 가족 내 개인 내적 및 대인관계적 측면을 중시하는 가족치료의 새로운 개념화를 강조한다. EFFT 적용을 강조하면서 핵심적인 애착 관련 원리를 살펴보았고, EFFT 치료 과정 전반을 통해 새로운 정서로 이끄는 핵심 과정 중의 하나로서 정서 조절을 강조했다. 다음 장에서는 EFFT의 핵심 가정과 실천 단계를 설명한다.

참고문헌

Ainsworth, M. D. S. (1991). Attachment and other affectional bonds across the life cycle. In C. M. Parkes & J. Stevenson-Hinde (Eds.), *Attachment across the life cycle* (pp. 33-51). New York: Routledge.

Ainsworth, M. D. S., Blehar, M. C., Waters, E., & Wall, S. (1978). *Patterns of attachment: A psychological study of the strange situation.* Oxford: Lawrence Erlbaum.

Aldao, A., Nolen-Hoeksema, S., & Schweizer, S. (2010). Emotion-regulation strategies across psychopathology: A meta-analytic review. *Clinical Psychology Review, 30,* 217-237.

Allen, J. A. (2008). The attachment system in adolescence. In J. Cassidy & P. R. Shaver (Eds.), *Handbook of attachment theory research, and clinical applications* (2nd ed., pp. 419-435). New York: Guilford Press.

Bartholomew, K., & Horowitz, L. M. (1991). Attachment styles among young adults: A test of a four-category model. *Journal of Personality and Social Psychology, 61*, 226.

Bertalanffy, L. (1968). *General system theory*. New York: Braziller.

Bowlby, J. (1949). The study and reduction of group tensions in the family. *Human Relations, 2*(2), 123-128.

Bowlby, J. (1973). *Attachment and loss*. (Vol. 2). *Separation.* New York: Basic Books.

Bowlby, J. (1975). Attachment theory, separation anxiety, and mourning. *American Handbook of Psychiatry, 6,* 292-309.

Bowlby, J. (1979). *The making and breaking of affective bonds.* London: Tavistock Publications.

Bowlby, J. (1980). *Attachment and loss: Vol. 3. Loss, sadness and depression.* New York: Basic Books.

Bowlby, J. (1988). *A secure base*. New York: Basic Books.

Byng-Hall, J. (1995). Creating a secure family base: Some implications of attachment theory for family therapy. *Family Process, 34*, 45-58.

Byng-Hall, J. (1999). Family couple therapy: Toward greater security. In J. Cassidy & P. R. Shaver

(Eds.), *Handbook of attachment: Theory, research, and clinical applications* (pp. 625-645). New York: Guilford Press.

Byng-Hall, J. (2008). The significance of children fulfilling parental roles: Implications for family therapy. *Journal of Family Therapy, 30*, 147-162.

Calkins, S. D., & Leerkes, E. M. (2011). Early attachment processes and the development of emotional self-regulation. In K. D. Vohs & R. F. Baumeister (Eds.), *Handbook of self-regulation: Research, theory, and applications* (2nd ed., pp. 355-373). New York: Guilford Press.

Cicchetti, D., Ackerman, B. P., & Izard, C. E. (1995). Emotions and emotion regulation in developmental psychopathology. *Development and Psychopathology, 7*, 1-10.

Collins, N. L., & Read, S. J. (1994). Cognitive representations of attachment: The structure and function of working models. In K. Bartholomew & D. Perlman (Eds.), *Advances in personal relationships: Attachment processes in adulthood* (Vol. 5, pp. 53-92). London: Jessica Kingsley.

Collins, N. L., Ford, M. B., Guichard, A. C., Kane, H. S., & Feeney, B. C. (2010). Responding to need in intimate relationships: Social support and caregiving processes in couples. In M. Mikulincer & P. R. Shaver (Eds.), *Prosocial motives, emotions, and behavior: The better angels of our nature* (pp. 367-389). Washington, DC: American Psychological Association.

Cowan, C., P., & Cowan, P. A. (2005). Two central roles for couple relationships: Breaking negative intergenerational patterns and enhancing children's adaptation. *Sexual and Relationship Therapy, 20*, 275-288.

Crittenden, P. M. (2008). Why do inadequate parents do what they do? In O. Mayseless (Ed.), *Parenting representations* (pp. 388-433). Cambridge: Cambridge University Press.

Davies, P. T., & Cummings, E. M. (1994). Marital conflict and child adjustment: An emotional security hypothesis. *Psychological Bulletin, 116*, 387-411.

Dallos, R., & Vetere, A. (2012). Systems theory, family attachments and processes of triangulation: Does the concept of triangulation offer a useful bridge? *Journal of Family Therapy, 34*, 117-137.

Diamond, G. S., Diamond, G. M., & Levy, S. A. (2014). *Attachment-based family therapy for depressed adolescents*. Washington, DC: American Psychological Association.

Diamond, G., Russon, J., & Levy, S. (2016). Attachment-based family therapy: A review of the empirical support. *Family Process, 55*(3), 595-610.

Feeney, B. C. (2007). The dependency paradox in close relationships: Accepting dependence promotes independence. *Journal of Personality and Social Psychology, 92*(2), 268.

Feeney, B. C., & Collins, N. L. (2001). Predictors of caregiving in adult intimate relationships: An attachment theoretical perspective. *Journal of Personality and Social Psychology, 80*, 972-994.

Fonagy, P., & Target, M. (1997). Attachment and reflective function: Their role in self-organization. *Development and Psychopathology, 9*, 679-700.

Fraley, R. C., & Waller, N. G. (1998). Adult attachment patterns: A test of the typological model. In J. A. Simpson & W. S. Rholes (Eds.), *Attachment theory and close relationships* (pp. 77-114). New York: Guilford Press.

Fredrickson, B. L. (2001). The role of positive emotions in positive psychology: The broaden-and-build theory of positive emotions. *American Psychologist, 56*, 218-226.

Fredrickson, B. L., & Losada, M. F. (2005). Positive affect and the complex dynamics of human flourishing. *American Psychologist, 60*, 678-686.

Gable, S. L., Gonzaga, G. C., & Strachman, A. (2006). Will you be there for me when things go right? Supportive responses to positive event disclosures. *Journal of Personality and Social Psychology, 91*, 904-917.

George, C., & Solomon, J. (2008). The caregiving system: A behavioral systems approach to parenting. In J. Cassidy & P. R. Shaver (Eds.), *Handbook of attachment: Theory, research, and clinical applications* (2nd ed., pp. 833-856). New York: Guilford Press.

Gottman, J. M. (1994). *What predicts divorce? The relationship between marital processes and marital outcomes*. Hillsdale, NJ: Lawrence Erlbaum.

Gross, J. J. (1998). The emerging field of emotion regulation: An integrative review. *Review of General Psychology, 2*, 271.

Gross, J. J., & Jazaieri, H. (2014). Emotion, emotion regulation, and psychopathology: An affective science perspective. *Clinical Psychological Science, 2*, 387-401.

Gross, J. J., & Thompson, R. A. (2007). Emotion regulation: Conceptual foundations. In J. J. Gross (Ed.), *Handbook of emotion regulation* (pp. 3-24). New York: Guilford Press.

Henry, C. S., Morris, A., & Harrist, A. W. (2015). Family resilience: Moving into the third wave. *Family Relations, 64*, 22-43.

Hughes, D. (2004). An attachment-based treatment of maltreated children and young people. *Attachment & Human Development, 6*, 263-278.

Hughes, D. A. (2007). *Attachment-focused family therapy*. New York: W. W. Norton.

Hughes, D. A. (2011). *Attachment-focused family therapy: The workbook*. New York: W. W. Norton.

Hughes, D., Golding, K. S., & Hudson, J. (2015). Dyadic developmental psychotherapy (DDP): The development of the theory, practice and research base. *Adoption & Fostering, 39*, 356-365.

Johnson, S. M. (2004). *The practice of emotionally focused therapy: Creating connection* (2nd ed.). New York: Brunner/Routledge.

Johnson, S. (2008). *Hold me tight: Seven conversations for a lifetime of love.* New York: Little Brown.

Johnson, S. M. (2019). *Attachment theory in practice: Emotionally focused therapy with individuals, couples, and families.* New York: Guilford Press.

Johnson, S. M., & Best, M. (2003). A systemic approach to restructuring adult attachment: The EFT model of couples therapy. In P. Eerdman & T. Caffery (Eds.), *Attachment and family systems: Conceptual, empirical, and therapeutic relatedness* (pp. 165-189). New York: Brunner Routledge.

Johnson, S. M., & Whiffen, V. E. (Eds.). (2003). *Attachment processes in couple and family therapy.* New York: Guilford Press.

Johnson, S. M., Lafontaine, M.-F., & Dalgleish, T. L. (2015). Attachment: A guide to a new era of couple interventions. In J. A. Simpson & W. S. Rholes (Eds.), *Attachment theory and research: New directions and emerging themes* (pp. 393-421). New York: Guilford Press.

Jones, J. D., Cassidy, J., & Shaver, P. R. (2015). Parents' self-reported attachment styles: A review of links with parenting behaviors, emotions, and cognitions. *Personality and Social Psychology Review, 19,* 44-76.

Kobak, R., & Madsen, S. (2008). Disruptions in attachment bonds: Implications for theory, research, and clinical intervention. In J. Cassidy & P. R. Shaver (Eds.), *Handbook of attachment: Theory, research, and clinical applications* (pp. 23-47). New York: Guilford Press.

Kobak, R., & Mandelbaum, T. (2003). Caring for the caregiver: An attachment approach to assessment and treatment of child problems. In S. M. Johnson & V. E. Whiffen (Eds.), *Attachment processes in couple and family therapy* (pp. 144-164). New York: Guilford Press.

Kobak, R., Duemmler, S., Burland, A., & Youngstrom, E. (1998). Attachment and negative absorption states: Implications for treating distressed families. *Journal of Systemic Therapies, 17,* 80-92.

Kopp, C. B. (1982). Antecedents of self-regulation: A developmental perspective. *Developmental Psychology, 18,* 199-214.

Leff, J., & Vaughn, C. (1985). *Expressed emotion in families.* New York: Guilford Press.

Main, M., & Hesse, E. (1990). Parents' unresolved traumatic experiences are related to infant disorganized attachment status: Is frightened and/or frightening parental behavior the linking mechanism? In M. T. Greenberg, D. Cicchetti, & E. M. Cummings (Eds.), *The John D. and Catherine T. MacArthur Foundation series on mental health and development. Attachment in the preschool years: Theory, research, and intervention* (pp. 161-182). Chicago, IL: University of Chicago Press.

Marvin, R. S. (2003). Implications of attachment research for the field of family therapy. In P. Eerdman & T. Caffery (Eds.), *Attachment and family systems: Conceptual, empirical, and therapeutic relatedness* (pp. 3-27). New York: Brunner Routledge.

Marvin, R. S., & Britner, P. A. (2008). Normative development: The ontogeny of attachment. In J. Cassidy & P. R. Shaver (Eds.), *Handbook of Attachment* (2nd ed., pp 269-294). New York: Guilford Press.

Mennin, D., & Farach, F. (2007). Emotion and evolving treatments for adult psychopathology. *Clinical Psychology: Science and Practice, 14*, 329-352.

Mesman, J., Van Ijzendoorn, M. H., & Sagi-Schwartz, A. (2016). Cross-cultural patterns of attachment. *The handbook of attachment: Theory, research, and clinical applications* (pp. 852-877). New York: Guilford Press.

Mikulincer, M. (1997). Adult attachment style and information processing: Individual differences in curiosity and cognitive closure. *Journal of Personality and Social Psychology, 72*, 1217-1230.

Mikulincer, M. (1998). Adult attachment style and affect regulation: Strategic variations in self-appraisals. *Journal of Personality and Social Psychology, 75*, 420-435.

Mikulincer, M., & Florian, V. (1998). The relationship between adult attachment styles and emotional and cognitive reactions to stressful events. In J. A. Simpson & W. S. Rholes (Eds.), *Attachment theory and close relationships* (pp. 143-165). New York: Guilford Press.

Mikulincer, M., & Shaver, P. R. (2015). Boosting attachment security in adulthood: The "broaden-and-build" effects of security-enhancing mental representations and interpersonal contexts. In J. A. Simpson & W. S. Rholes (Eds.), *Attachment theory and research: New directions and emerging themes* (pp. 124-144). New York: Guilford Press Press.

Mikulincer, M., & Shaver, P. R. (2016). *Attachment in adulthood* (2nd ed.). New York: Guilford Press.

Mikulincer, M., & Shaver, P. R. (2019). Attachment orientation and emotion regulation. *Current Opinion in Psychology, 25*, 6-10.

Mikulincer, M., Florian, V., & Weller, A. (1993). Attachment styles, coping strategies, and posttraumatic psychological distress: The impact of the Gulf War in Israel. *Journal of Personality and Social Psychology, 64*, 817-826.

Mikulincer, M., Shaver, P. R., & Pereg, D. (2003). Attachment theory and affect regulation: The dynamics, development, and cognitive consequences of attachment-related strategies. *Motivation and Emotion, 27*, 77-102.

Morris, A. S., Silk, J. S., Steinberg, L., Myers, S. S., & Robinson, L. R. (2007). The role of the family context in the development of emotion regulation. *Social Development, 16*, 361-388.

Nichols, M. P. (1987). *The self in the system*. New York: Brunner/Mazel.

Nichols, M. P., & Schwartz, R. C. (1998). *Family therapy: Concepts and methods* (4th ed.). Boston: Allyn & Bacon.

Reis, H. T. (2014). Responsiveness: Affective interdependence in close relationships. In M. Mikulincer & P. R. Shaver (Eds.), *The Herzliya series on personality and social psychology. Mechanisms of social connection: From brain to group* (pp. 255-271). Washington, DC: American Psychological Association.

Rutherford, H. J. V., Wallace, N. S., Heidemarie, K. L., & Mayes, L. C. (2015). Emotion regulation in parenthood. *Developmental Review, 1*, 1-14.

Shaver, P. R., & Mikulincer, M. (2007). Adult attachment strategies and the regulation of emotion. In J. J. Gross (Ed.), *Handbook of emotion regulation* (pp. 446-465). New York: Guilford Press.

Silk, J. S., Steinberg, L., & Morris, A. S. (2003). Adolescents' emotion regulation in daily life: Links to depressive symptoms and problem behavior. *Child Development, 74,* 1869-1880.

Simpson, J. A., & Rholes, W. S. (2002). Fearful-avoidance, disorganization, and multiple working models: Some directions for future theory and research. *Attachment & Human Development, 4*, 223-229.

Solomon, J., & George, C. (1996). Defining the caregiving system: Toward a theory of caregiving. *Infant Mental Health Journal: Official Publication of The World Association for Infant Mental Health, 17*, 183-197.

Sroufe, L. A. (1988). The role of infant-aregiver attachment in development. In J. Belsky & T. Nezworski (Eds.), *Clinical implications of attachment* (pp. 18-38). Hillsdale, NJ: Erlbaum.

Sroufe, L. A. (2016). The place of attachment in development. In J. Cassidy and P. Shaver (Eds.), *Handbook on attachment* (3rd ed., pp. 997-1011). New York: Guilford Press.

Steinberg, L. (2005). Cognitive and affective development in adolescence. *Trends in Cognitive Science, 9*, 69-74.

Steinberg, L., & Morris, A. S. (2001). Adolescent development. *Annual Review of Psychology, 52*, 83-110.

Tilley, D., & Palmer, G. (2013). Enactments in emotionally focused couple therapy: Shaping moments of contact and change. *Journal of Marital and Family Therapy, 39*, 299-313.

Tronick, E. (2007). *The neurobehavioral and social-emotional development of infants and children*. New York: W. W. Norton.

Tronick, E., Als, H., Adamson, L., Wise, S., & Brazelton, T. B. (1978). The infant's response to entrapment between contradictory messages in face-toface interaction. *Journal of the American Academy of Child Psychiatry, 17,* 1-13.

Watzlawick, P., Bavelas, J. B., & Jackson, D. D. (1967, 2011). *Pragmatics of human communication: A study of interactional patterns, pathologies and paradoxes.* New York: Norton.

제3장
EFFT의 변화 과정 개요

정서중심 가족치료는 원칙적으로 EFT 부부치료의 치료적 접근에서 제시한 변화 과정을 따른다. 변화의 3기는 동일하며, 치료사는 먼저 가족불화를 만드는 부정적 패턴의 단계적 약화에 초점을 맞추고, 이어서 부모와 자녀의 상호작용을 재구조화하는 과정으로 이끌어 간다. 치료에서 이룬 가족의 변화를 강화하는 데 초점을 두고 안전감과 긍정적 정서에 의해 형성된 새로운 패턴을 촉진하면서 치료는 종결된다. 이 장에서는 EFFT의 변화 과정을 개관하며, 가족이 공유하는 가족 유대감에 대한 안전감과 자신감을 회복하는 과정을 치료사에게 안내하는 데 중점을 둔다. 그리고 부모자녀관계를 조직하는 위계적 · 상호적인 역동을 다루는 가족치료의 고유한 특성에 특별한 주의를 기울인다. 또한 사례를 들어서 EFFT 치료를 통한 가족의 진전 과정을 설명한다.

가족불화의 원인은 다양하고, 불화를 조직하는 패턴은 가족의 구성과 정서적 역동에 영향을 받는다. 단계적 약화에 대한 EFFT의 초점은 부정적인 정서 상태의 역할 및 부모와 자녀가 반응할 때 취하는 경직된 태도에 의해 지속되는 불화에 대한 부정적 정서 상태의 영향을 우선적으로 살펴보는 데 있다. 다수의 가족구성원이 부정적 상호작용 경험의 영향을 받을지라도, 이러한 문제 패턴은 부모자녀관계에서 분리고통에 의해 전형적으로 조직되는 이인관계 혹은 삼인관계의 상호작용으로 이루어진다.

EFT 치료사는 부정적 패턴에 의해 균형을 잃은 가족에게 지지와 안전감이라는 소중한 자원을 제공한다. 치료사는 가족불화의 수준을 확인하고 지지와 안전감을 제공한다. 이러한 고착된 패턴과 연관된 가족구성원들의 정서 경험에 접근하여 처리함으로써, 가족은 특정한 애착 관련 욕구에 접근하고 반응하는 능력을 막고 방해하는 걸림돌에 직면할 수 있다. 상호작용 패턴의 재구조화를 통해서 가족구성원들은 부모자녀관계에서 유대감의 상실을 나타내는 상처와 욕구를 표현하고 반응하기 위한 더욱 생산적인 방식에 참여하고 이를 경험한다. 새로운 패턴의 정서적 접근성과 반응성은 성숙한 가족의 변화하는 발달적 요구에 대응하여 안전감을 교류하고 격려하는 가족의 능력을 높인다.

EFFT에서는 애착과 돌봄 차단 그리고 자녀와 부모와 부부가 불안전과 반발적인 정서 반응을 일으키는 패턴에 갇히게 되는 방식에 초점을 둔다. 그 결과, 치료 과정과 가족의 참여는 이러한 부정적 패턴에 가장 많이 연루된 사람에 따라서 달라진다. 부부관계보다 더 복잡한 EFFT는 의사결정 프레임을 사용하여 각 회기에 누구를 참여시킬지를 포함하여 치료 회기를 조직하는 방식을 결정한다. 이 장에서는 의사결정 프레임을 소개하고 다양한 임상 사례를 들어 치료를 조직하기 위한 원칙을 설명한다. 이 장은 'EFT 탱고'와 EFFT 치료의 탱고를 요약하는 것으로 마무리한다. 탱고에 대한 설명은 EFT의 전형적인 매 회기 과정에 대한 간략한 설명으로 이루어지는데, 이는 애착관계 및 그 관계를 이루는 정서를 다루는 치료사 작업의 핵심적인 특징이다.

▣ 사례

산드라와 달린은 외동딸 에린(19)과 함께 가족치료를 받고자 했다. 어머니와 함께 사는 에린은 임신 중이고 2학기를 맞이했다. 가족의 긴장과 갈등은 에린의 출산에 집중되어 있었다. 산드라는 에린의 생모이고, 달린은 산드라와 함께 에린을 키웠다. 달린은 에린과 산드라 간의 관계 갈등에서 완충 역할을 했고, 최근 몇 년간 두 사람의 논쟁은 줄었지만 서로 거리를 두고 있다. 이러한 갈등 패턴은 에린이 아들을 출산한 후에 재점화되었다. 산드라는 에린에게 비판적이고 고압적인 모습으로 돌아갔고, 에린은 산드라의 지속되는 불평과 충고에 위축되었다. 달린과 산드라는 에린과 갓난아이에게 접근하는 가장 좋은 방법을 두고 싸웠다. 산드라가 손자를 보지 못하도록 에린이 이사를 하겠다고 위협할 정도로 갈등은 고조되었다.

1. EFFT 변화 단계

EFT의 기(stage)는 부부와 가족관계의 불안전 패턴이 변화되는 과정을 요약해서 보여 준다. EFFT 회기를 살펴보면, 관찰자는 치료사가 상호작용 과정과 이러한 반응적 움직임에 수반되는 정서 경험을 추적하고 반영한다는 것을 발견할 수 있으며, 이러한 순간을 통해 정신 내적 및 대인관계 수준에서 새로운 유대감을 형성하기 위한 새로운 기회를 만든다는 것을 볼 수 있다. Johnson(2004)이 애착 유대감에 다가가고, 처리하고, 재구조화하여 부부관계의 변화를 설명하는 과정은 가족에 대한 EFT 상담을 조직하는 유용한 프레임을 제공한다. EFT의 변화 과정과 치료 단계는 [그림 3-1]에 소개했으며, 주석이 달린 요약은 [부록 1]에 수록했다.

1기 단계적 약화	2기 재구조화
1단계: 동맹 형성과 가족평가	5단계: 자녀의 부인된 자기의 측면과 애착 욕구에 접근하고 심화하기
2단계: 불안전 애착을 지속시키는 부정적 상호작용 패턴을 파악하기	6단계: 자녀의 새로운 경험과 애착 관련 욕구의 수용을 지지하기
3단계: 상호작용 태도/관계 차단을 알려 주는 내재된 정서에 접근하기	7단계: 애착 욕구의 공유와 지지적 돌봄 반응에 초점을 둔 가족 상호작용을 재구조화하기
4단계: 관계 차단과 부정적 상호작용 패턴의 관점에서 문제를 재정의하기	**3기 강화**
	8단계: 안전한 태도로 과거 문제의 새로운 해결책을 탐색하기
	9단계: 새로운 태도와 긍정적 패턴을 강화하기

[그림 3-1] EFFT 변화 과정

1) 1기: 가족불화의 안정화와 단계적 약화

EFFT 초기 단계의 목표는 부정적 상호작용 패턴의 단계적 약화를 통해 가족불화를 안정화하는 것이다. EFT 치료사는 치료에 참여하는 가족구성원들과 치료적 동맹을 맺는다. 이 동맹은 부모의 우려에 특별한 주의를 기울이면서 가족의 목표에 따라 맺어진다. 개별 가족구성원에게 안전감의 원천이 되는 치료적 동맹은 변화를 위한 가족의 현재 시도를 조직하는 것으로부터 새로운 해결과 대안적 상호작용을 탐색하도록 가족을 지지한다. EFT 치료사의 진솔하고 공감적인 관심은 치료에 참여하는 가족구성원과 치료적 동맹을 맺도록 한다. 정서적 조율, 관계적 반응성, 가족의 투쟁에 연관된 사람의 주요한 우려에 대한 접근성을 통해 가족구성원들을 참여시키면 치료적 동맹의 안전감과 정서적 안도감이 더욱 강화된다.

치료사가 각 구성원의 다양한 지각과 경험을 인정해 주는 것은 가족이 가진 장점을 강조하는 것이다(Johnson, Maddeaux, & Blouin, 1998). 안전과 보호와 지지에 대한 가족의 요구는 모두 가족의 안녕을 위한 중요한 측면이고, 가족기능의 균형을 회복하는 것은 가족관계에서 발견되는 강점과 취약성을 인정하면서 시작된다. 호소 문제는 부모와 형제자매 및 가족 관심사의 초점인 자녀와의 별도 회기로 평가할 수 있다. 초기 가족회기는 가능하면 현재의 불평과 관련이 있는 모든 가족구성원과 함께 진행한다. 이러한 가족회기는 가족의 상호작용 패턴과 가족의 전반적인 정서적 분위기를 평가할 수 있는 고유한 기회가 된다.

이러한 회기들을 통해 치료사는 호소 문제와 관련된 행동에 대한 가족의 이해를 추적하고 조직한다. 가족체계(Bertlanffy, 1968; Minuchin & Fishman, 1981)의 원칙에 따라서 치료사는 가족구성원들의 일상 행동 및 그 행동이 문제를 중심으로 조직되는 방식을 탐색한다. 가족 문제는 종종 특정 관계나 자녀에게 초점을 두어 결국 거리 두기와 고통을 유발한다. 가족불화를 정의하는 문제 행동을 해결하려는 시도로 인해 발생하는 상호작용 패턴과 부정적인 감정을 추적하는 데 특별한 주의를 기울이고, 종종 가족불화를 유발하는 불안전의 주요 원인인 가장 고통받는 이인관계에 치료의 우선순위를 둔다.

애착이론은 가족의 정서 역동을 이해하는 데 유용한 시각을 제공한다. 부정적 정서 상태는 가족의 불안감이 높아지면서 발생하고, 개인은 일반적으로 가족 내 애착 대상의 접근과 반응을 차단하는 이차적 애착 및 돌봄 전략을 통해 반응한다. 욕구의 공유와 지지의 제공이 방해받게 되면, 두려움과 상실 및 분노의 정서 상태가 특징인 부정적인 몰입 상태가 조성된다(Johnson et al., 1998). 이러한 부정적 상호작용의 효과는 가족이 경험하는 부정성을 더욱 심화하고, 집단적인 무력감과 더 큰 절망감을 증가시킨다(Diamond & Siqueland, 1998). 이렇게 증가되고 심화되는 부정적 정서에 반응할 수 없는 가족의 무능력으로 인해 가족관계는 이러한 패턴에 취약해진다.

정서적 수준에서의 가족 경험은 변화되지 않을 것이라는 허무감과 절망감을 드러낼 수 있다. 부정적인 경험이 지속됨으로써 가족은 유대감을 상실하고 결국에는 유기에 대한 두려움을 더 깊이 느낄 수 있다. 위로와 안심을 받고 싶은 욕구가 종종 거부나 추가적인 상처에 대한 두려움으로 차단되기 때문에, 자녀들은 자신이 사랑받지 못하거나 소중하지 않다고 느끼며 어려움을 겪을 수 있다. 마찬가지로 부모도 종종 부모로서 자신의 기대에 못 미치고 자신의 수치심에 대응하기 위해 고군분투하는 것이 점점 더 비효율적이라고 느낄 수 있다. 부모는 불안한 통제로 과잉 반응하거나, 비판적인 거부로 철수하거나, 자신에 대한 부정적인 견해에 대처하려는 노력에 무관심해질 수 있다.

치료사의 동맹이 제공하는 안전감으로 가족구성원들은 가족 내에서 보살핌과 연결감에 대한 차단을 보여 주는 정서와 행동에 더 쉽게 접근하고 이를 탐색할 수 있다. 부모와 자녀의 상호작용을 방해하는 부정적인 정서에 초점을 맞추면 가족불화로 모호해진 적응적인 정서와 요구사항을 발견할 수 있다. 부모의 반발적인 우려는 자녀의 안녕에 대한 내면의 두려움이나 걱정을 드러낸다. 치료사가 표면정서와 내면정서를 인정하면서 이를 반영하는 과정은 부모와 자녀의 반발 반응을 약화시키고 고통스러운 반발적 상호작용 속도를 떨어뜨린다. 그 결과, 치료사는 이런 반발 반응의 영향과 가족구성원 각자의 경험을 탐색할 기회를 더 많이 갖게 된다. 일단 부모가 자신의 불안한 통제를 이해받으면, 자기 내면의 두려움과 후회에 조율할 여유를 갖게 된다. 이러한 경험을 통해 치료사는 부모가 느끼는 우려와 그 우려를 초래한 암묵적인 보살핌을 강조한다. 마찬가지로 자녀의 방어적 위축에 대한 탐색은 자녀가 가족에서 느끼는 혼란과 고립에 관심을 갖게 한다. 이러한 고립이 미치는 영향은 학교와 집에서 혼자라고 느끼거나 원치 않는다고 느끼는 것을 나누는 자녀의 슬픔에서 볼 수 있다.

치료 과정은 가족의 정서를 반영하고 각 구성원의 현재 경험을 인정하는 데 초점을 둔다. 부모와 자녀가 이러한 경험에 더욱 집중할 수 있게 됨에 따라, 가족구성원들은 애착 욕구 및 부모의 의도와 연관된 내재 정서에 접근하여 표현할 수 있다. 치료사는 가족불화의 변화를 촉진하기 위한 가장 강력한 자원으로 정서 경험을 작업할 때 가족의 경험과 관점을 조직하는 데 있어서 정서의 역할을 우선적으로 살펴본다(Johnson et al., 1998). 일반적으로 EFT는 더 적응적인 정서에 대한 접근과 경험이 교정적 정서 경험을 촉진하고, 이러한 경험이 더 조절되고 취약한 정서적 의사소통을 지속할 수 있는 가족의 능력을 지지한다고 가정한다(Davila, Karney, & Bradbury, 1999; Johnson, 2009).

치료사가 이러한 패턴을 구성하는 행동과 정서를 강조할 때 가족 내 특정 경험을 정의

하는 패턴의 역할에 더 많은 주의를 기울인다. 방어적이고 부적응적인 반응은 불화의 순간에 나타나는 패턴 혹은 고리의 맥락에서 이해한다. 그로 인해 부모와 자녀는 관련된 욕구에 접근하고 반응하는 능력에서 걸림돌이 되는 차단을 경험한다. 치료사는 이러한 차단의 강도와 중요성을 애착 관련 욕구의 교류 시도가 비효과적이고 불충분한 반응이나 주도권으로 충족되는 애착 투쟁으로 반영하고 재구성한다(Palmer & Efron, 2007). 부정적 패턴의 이러한 적극적인 집중과 인정을 통해 가족은 한 사람의 문제가 아니라 공유하는 경험의 문제로 전환하여 이해할 수 있다. 가족이 이러한 패턴을 인식하고 욕구와 기대에 대한 가족의 반응 능력을 약화할 수 있는 가능성을 인식할 때 가족은 더 큰 선택 의지를 찾기 시작한다.

마찬가지로 치료사는 부모의 좌절된 불안한 걱정을 필요시에 지지와 보살핌을 제공하려는 시도로 재구성한다. 치료사는 부모의 행동을 의도의 문제로 재평가하기보다 좌절감과 관련된 내면의 두려움과 우려에 접근하여 회기 중에 부모의 우려를 드러내도록 작업한다. 문제를 패턴으로 재구성하든 혹은 부모의 통제하려는 시도를 보살피려는 의도로 재구성하든, EFT 치료사는 부모나 자녀의 일차 정서에 접근하고 처리할 때 명확해지는 내면 정서 측면에서 작업한다. 부모가 자신의 소망과 의도를 더 명확하게 보고 자녀의 무언의 두려움과 걱정을 볼 수 있는 능력은 자녀에 대한 개방성과 관계를 다르게 탐구하려는 바람을 촉진한다.

EFFT에서 단계적 약화는 거리감과 불안정을 일으키는 부정적 상호작용 패턴에 대한 가족의 인식을 묘사하고 높이는 평가 과정이 포함된다. 이를 위해 치료사가 이러한 부정적인 상호작용에 내포된 애착 관련 정서를 불러일으킬 수 있도록 관련된 모든 가족구성원과의 안전하고 확실한 치료동맹이 필요하다. 치료사와의 동맹으로 인한 안전감을 통해 부모와 자녀는 이러한 패턴의 기저에 있는 정서를 탐색할 수 있고 이러한 관계 패턴에 의해 차단된 애착 관련 정서와 욕구를 더 잘 인식할 수 있다.

단계적 약화의 결과로 가족이 이러한 부정적 고리의 맥락에서 호소문제를 이해하게 되면 반발성이 줄어들고 반응성이 높아지는 방향으로 움직인다. 결국 부모는 자녀의 욕구에 대한 새로운 이해를 기반으로 자녀의 취약성에 열린 마음으로 반응하며, 자녀는 부모의 돌봄 의도를 명확히 보고 반발이 줄어든 부모를 경험한 후 반발을 덜하게 된다. 일부 부모가 자녀의 경험을 신뢰하기 위해 애를 쓸 것이라는 점을 감안할 때 변화에 대한 부모의 동기는 이 시점에서 '충분히 좋은' 것일 수 있으며(Diamond, Diamond, & Levy, 2014), EFFT에서 치료사는 자녀에게 위험을 감수하고 부모에게 애착 갈망과 욕구에 개입하도록 요청하기 전에 부모의 개방성을 계속 응원할 것이다(Palmer & Efron, 2007). 초기 단계를 통해 가족은 안전과 안정감을 더 크게 느끼고, 결국 가족의 다른 구성원들과 악화되는 상호작용은 줄어들고 공감은 더 잘하게 된다.

▣ 1기 사례

에린(19)은 달린의 요청으로 시작된 첫 번째 가족치료회기에 마지못해 참석했다. 에린의 파트너는 손자와의 관계에 대한 산드라와 달린의 우려에 초점을 맞춘 회기에 참석하기를 거절했다. 가족회기에서 치료사는 에린과 어머니에게 최근 갈등을 포함하여 가족에 대한 각자의 경험을 공유할 수 있는 공간을 마련해 주었다. 산드라는 에린이 어머니의 진술에 경멸하는 반응을 보인 것에 대해 에린에게 충고하려고 할 때 오해를 느꼈다고 했고, 달린은 가족이 함께 임박한 출산을 기대하는 것으로 이야기의 주제를 바꾸기 위해 끼어들었다. 치료사는 이 순간의 가족 경험을 따라갔고 가족 내 동일한 반발 과정을 보여 주는 이와 관련된 다른 갈등을 따라갔다.

진행 중인 갈등을 추적하면서 치료사는 다양한 가족구성원의 경험과 부정적 패턴에 갇히게 된 방식을 반영했다. 산드라는 지도와 조언을 하려 노력했으나 에린은 이를 무시하고 묵살했다. 산드라는 화를 내며 에린이 어머니로서 가진 경험과 신뢰에 도전하는 공격적인 질문을 했다. 산드라의 집요하고 공격적인 태도 이면에는 에린이 자신의 보살핌을 알아주기를 바랐고, 또 지지하고 돌보는 어머니로서 다시 자기 삶으로 돌아가도록 에린이 허용해 주기를 바라고 있었다. 결국 에린은 정서적 · 육체적으로 위축되었고 대화를 지속하려 하지 않았다. 에린은 자신의 상처와 자신이 산드라에게 실망을 안겼다는 오랜 믿음을 인정했다. 달린은 평화유지군으로서의 자신의 역할을 살펴보았고, 이때 종종 갈등을 회피하고 산드라와 에린의 격렬한 설전의 영향을 가볍게 만들었던 점에 초점을 맞추었다. 달린은 생모가 아니기에 에린의 삶과 가족 전체에서 역할이 별로 없는 것에 대한 자신의 두려움을 나누었다. 치료사는 각 가족구성원의 태도와 경험을 인정해 주었고, 산드라와 에린의 관계 차단과 모녀로서 각자 느꼈던 고통을 멈추기 위한 절박한 수단으로 둘의 관계를 장악한 반발적 패턴 방식을 강조했다.

1기를 통해 가족구성원들은 자신의 패턴과 그들의 상호작용 고리를 정의하는 방어 행동에 내재된 더욱 취약한 정서를 더욱 잘 이해할 수 있었다. 달린은 자신의 역할이 어떻게 평화를 유지하는지 명확히 알 수 있었지만, 사랑하는 사람 간의 고통에 대처하는 데는 도움을 주지 못 했음을 볼 수 있었다. 치료사와의 동맹과 회기 중에 안전감이 충분히 있었기에 산드라는 어머니로서 겪는 새로워진 어려움을 나누었다. "제가 에린을 가졌을 때, 아무도 곁에 없었어요. 어머니는 돌아가셨고, 자매는 내가 미쳤다고 생각했어요. 나는 의지할 사람이 아무도 없었어요." 산드라는 동성관계에서 어머니로서 느낀 고립감의 고통과 가족에서 고통과 기쁨이 공존하는 순간이 얼마나 힘든지 나누었다. 치료사는 산드라가 고립감에 대한 두려움과 고통이 에린을 보호하기 위한 욕구를 유발했던 방식을 바라보도록 했다. 산드라는 두려운 순간에 '과장된' 조언과 질문이 나타났음을 인정했고, 가장 원하는 것은 딸을 보호하는 것이라며 슬픔을 표현했다. 에린은 산드라가 자신의 행동을 극단적이고 강요적으로 볼 수 있음에 안도감을 표현했고, 다른 사람들이 원하거나 기대하지 않은 어머니로서 느낀 두려움과 고통에 대한 산드라의 이야기에 감동했다.

이 커플은 에린을 양육하면서 촉발된 자신들의 상호작용 패턴을 인식했다. 별도의 부모 회기에서 산드라는 에린이 위축되거나 위협할 때, 에린에게 맞서지 않은 달린을 어떻게 비난했는지 인정했다. 이로 인해 산드라는 외롭고 어머니로서 원치 않는 존재라는 느낌을 갖게 되었다. 달린은 자신이 산드라 편이 되면 둘 다 에린을 잃을까 봐 걱정했다. 에린이 자신을 덜 소중하게 여기고 덜 필요로 한다는 달린의 두려움은 산드라에게 놀라웠는데, 산드라는 달린과 에린이 얼마나 쉽게 상호작용했는지를 감안할 때 둘이 진정으로 특별한 유대감을 가지고 있다고 생각했기 때문이었다. 치료사는 가족과 부부가 가장 필요로 할 때 소속되지 못했다는 두려움을 만드는 방식에 초점을 두면서 두려움에 대한 부부의 반발 패턴을 구성했다. 부부의 더욱 취약한 대화는 양육동맹의 새로운 가능성을 열어 주었다. 달린은 산드라에게 에린과의 대화에 자신을 참여시켜 줄 것을 요청했고, 에린과 출산할 아이에게 둘이 한 팀이 될 수 있는지 물었다. 산드라는 에린에 대한 책임감이 얼마나 큰지와 열아홉 살에 미혼인 에린의 임신이 자신에게 안겨 준 실패감을 말할 수 있었다. 그녀는 딸이 자신을 필요로 하지 않거나 심지어 자신을 사랑하지 않는다는 두려움을 표현했고, 이로 인해 달린의 충성심을 바라는 그녀의 욕구를 악화시켰다. 달린이 산드라의 두려움을 보았을 때, 그녀는 "우리 둘 다 두려워하고 있었어."라고 말했다. 치료사는 이러한 두려움을 어머니가 되는 데 따른 댓가로 인정하고 정상화해 주었으며, 그들의 두려움을 서로 도와줄 수 있게 두 사람을 모두 초대했다. 이러한 새로운 인식으로 커플은 '한 팀의 할머니'가 되는 전략을 세울 수 있었다.

에린은 파트너인 스티브와 별도의 회기를 요청했다. 그는 초기의 가족회기에 참여하기를 거부했는데, 그 이유는 에린에게 간섭을 하는 어머니들과 엄격한 경계를 긋고 싶었고 새롭게 어머니가 되는 에린의 자신감에 미친 부정적 영향을 감안하여 에린을 보호하고 싶었기 때문이었다. 치료사는 에린이 부모가 되는 자신의 경험과 타인에게 무엇을 원하는지를 탐색할 수 있는 공간을 만들어 주었다. 에린은 자기도취적인 산드라의 접근 방식에 선뜻 분노를 표출했고 그녀의 기대에 결코 부응할 수 없을 것 같다고 했다. 이는 에린이 어머니의 실망, 특히 할머니가 되고 싶지 않았던 산드라에게 느꼈던 상처에 마음을 열게 했다. 에린은 "난 엄마가 나를 의심하기보다는 날 믿어 주고 자랑스럽게 생각하길 원했어."라며 어머니의 확신과 수용을 갈구하고 있었음을 확인했다. 이 시점에서 산드라와 달린은 에린에게, 그리고 부부로서 보였던 자신들의 반응 패턴을 인식했고 에린은 자신의 상처와 충족받지 못한 욕구를 말할 수 있었다. 딸의 깊은 교류 반응에 대한 부모의 열린 마음과 교감은 가족의 단계적 약화와 안정화를 명확히 나타낸다.

2) 2기: 가족 상호작용에서의 애착 재구조화하기

EFFT 2기에서 치료사는 가족구성원들이 안전감과 반응적 돌봄의 특성이 있는 긍정적 패턴에 참여하도록 전환한다. 2기의 목표는 부모와 자녀의 관계를 재조정해서 애착 욕구와 돌봄 반응이 효과적으로 교류되는 것이다. 이 변화는 체계 수준의 변화를 요구하는데, 가족이 돌봄 요구(애착 체계)와 돌봄(양육 체계) 과정을 중심으로 재구조화하는 것이다. 1기가 가족 내 작동하는 애착 관련 갈등의 광범위한 중첩적인 영향을 강조하는 반면, 2기는 애착과 돌봄 차단이 가장 두드러지게 나타나는 특정 이인관계나 삼인관계로 그 초점을 좁힌다. 부모와 자녀가 조율되고 반응하는 태도를 통해 의사소통을 효과적으로 하게 되면서 애착 관련 정서는 심화된다.

부모는 2기에서 드러난 자녀의 애착 관련 정서와 욕구에 성공적으로 반응하기 위해 더 강한 접근성, 반응성, 정서적 교감으로 정의된 새로운 태도로 전환해야 한다. 자녀는 자신의 애착 관련 욕구를 나누기 위해 부모에게 분명하고 자신 있게 접근할 수 있다. 이렇게 새로운 태도의 조합은 애착과 돌봄의 고리에 대한 관계 차단을 제거하고, 가족 전체의 안전한 패턴을 만드는 데 기초를 제공하거나 복구한다. 이 변화는 EFFT 과정 전반에 걸쳐 애착 관련 정서와 행동에 접근하고 조합하면서 발생한다.

애착 유대감의 재구조화는 자녀의 차단된 애착 반응과 연관된 애착 관련 정서와 욕구의 교류에 초점을 두면서 시작된다. 이때 1기에서 파악된 전형적인 경직 패턴을 알려 주는 것으로 초기에 대개 파악되는 자녀의 걱정과 욕구의 경험과 표현을 심화하는 데 초점을 둔다. 이를 위해서 치료사는 정리되어 있지 않거나 부인된 애착 관련 정서와 욕구에 개입하고 탐색해야 한다(Johnson et al., 1998). 부모의 새로운 보살핌과 개방성에 대한 자녀의 불신과 두려움을 처리하는 데 지속적으로 초점을 두는데, 이는 이러한 두려움으로 자녀가 애착 욕구를 제대로 충족하지 못하기 때문이다(Bowlby, 1988). 결과적으로, 치료사는 자녀 및 부모와 이러한 두려움을 적극적으로 다루며, 자녀의 내재된 갈망 및 부모의 종종 표현되지 않거나 때로 기대되지 않은 반응의 취약성에 초점을 맞춘다. 이러한 과정으로 부모와 자녀는 부모와 자녀 및 가족관계에 흔히 있는 취약한 정서를 더욱 효과적으로 표현하고 반응하는 방향으로 움직일 수 있다(Johnson, 2004).

치료사는 새롭게 드러난 자녀의 취약성에 대한 부모의 수용에도 초점을 유지해야 하며, 이는 자녀가 자신의 내재 경험과 충족받지 못한 애착 욕구를 탐색하는 것에 대한 자신감을 갖는 데 중요하다. 자녀의 취약성이 심화되면 부모의 돌봄이 중요해지고, 역설적으로 자녀의 상처와 두려움 혹은 욕구에 주의를 기울이는 능력을 방해하는 부모 차단이 드러날 수 있다. 회기 중에 이러한 차단에 접근함으로써 치료사는 이렇게 차단된 반응을 작업하기 위해 자신의 경험을 조율하고 주의를 기울일 수 있는 경험적 기회를 가질 수 있다. 부모의 두려움과 불안전을 인정해 주고, 이러한 차단을 통해서 부모의 돌봄 동기를 탐색한다. 많은 부모는 자녀의 상처와 두려움에 초점을 맞추는 순간 움츠러들고, 수치심으로 인해 자녀의 욕구를 조율하기가 어려워진다. EFT 치료사는 부모가 자신의 수치심을 파악할 수 있도록 하지만, 부모가 자신의 부정적인 자아상을 정리하게 하지는 않는다. 대신에 이 순간은 자녀에게 반응하기 위한 자원으로, 부모 자신의 내재 정서를 조율할 새로운 기회를 제공한다. 이 과정은 부모의 확신을 높여 주고 그 순간에 반응할 수 있는 부모의 능력을 지지한다. 이러한 차단을 처리하고 부모의 접근성과 반응성을 강조함으로써 자녀에 대한 돌봄 신호를 더 명확하게 보낼 수 있다.

2기의 정점은 자녀의 애착 관련 욕구와 부모의 접근과 교감 반응을 재연하는 것이다. 치료사는 부모와 자녀가 더욱 안전한 상호작용으로 이어지는 재연 방식을 안무하며 재연의 방향을 제시한다. 재연은 참여한 부모가 효과적으로 반응할 것이라는 희망과 확신을 가지고 자녀가 위험을 감수하며 부모에게 접근하는 것을 나타낸다. 자녀의 욕구는 종종 위안이나 지지가 필요한 상황에서 구체적인 경험에 따라 다르다. 이 욕구에는 다음과 같은 안전감에 대한 욕구가 포함된다. "부모님이 소리 칠 때 무서워요. 그때는 마치 부모님이 제정신이 아닌 사람 같고 제가 위협을 느껴요. 저는 숙제를 했는데 부모님은 저를 믿어 주질 않으시죠."

어떤 자녀들은 안전감과 일관성의 욕구에 대해 다음과 같이 말한다. "저는 부모님이 저를 위해 제 곁에 있어 주길 원해요. 부모님이 저를 데리러 오겠다고 말하지만 부모님이 그렇게 할지 잘 모르겠어요." "누가 제 경기를 보러 오겠어요? 누가 저를 위해서 올 수 있을까요?" 또는 자녀 자신의 중요성이나 의미에 확신이 필요하다는 호소도 있다. "부모님이 저를 소중한 자식으로 여기는지 알고 싶어요." "부모님은 저보다 수잔을 더 사랑하잖아요." "전 늘 부족해요." "아무 문제없어요. 제 걱정은 하지 마세요."(Kobak, Rosenthal, Zajac, & Madsen, 2007). 가족의 새로운 반응은 자신에 대한 더 명확한 정의, 가족구성원 간의 경계에 대한 더 단호한 정의, 가족에서 원하는 관계에 대한 더 명백한 기대를 반영하는 것 같다(Johnson, 2004). 변화 사건의 핵심은 자녀의 애착 요구와 부모의 조율된 돌봄 반응에 초점을 둔다.

▣ 2기 사례

다음의 가족회기에서 치료사는 에린의 경험을 이해하고, 가족 내에서 그녀의 욕구에 더 잘 반응하는 데 대한 산드라와 달린의 개방성을 구성했다. 에린은 가족에게 생긴 고립과 상처와 두려움을 강조하면서 부정적 패턴을 요약해 주는 치료사의 말을 주의 깊게 들었다. 치료사는 성장한 에린이 현재 삶의 단계에서 도움이 필요한지가 궁금하냐고 산드라와 달린에게 물었고, 부모들은 할 수만 있다면 이해하고 도와주고 싶다는 소망을 강조하여 답했다. 에린은 부모들과 직접 교류하기를 꺼렸고, 대신 아들의 출산에 초점을 맞추었다. 치료사는 방향을 돌려 젊은 여성이자 처음으로 어머니가 되는 에린의 경험에 다시 초점을 맞추었다. 에린은 자신의 존재가 부정당하고 소중하게 여겨지지 않은 데 대한 억눌린 분노를 나누면서 응답했다. 에린은 눈물을 흘리면서 어린아이가 아닌 단지 '말이나 하기' 위해 태어난 것처럼 느껴지는 게 어떤 것인지 알고 있는지를 그들에게 물었다. 그들은 어머니가 두 명인 어린 딸이 어떤 것 같은지 정말 알고 싶었는가? 산드라의 목소리가 딸의 슬픔에 맞추어서 가라앉았다. "얘야, 나는 정말 알고 싶어. 네 말이 맞아, 나는 몰랐어." 친구들이 "네 아빠는 어디 있어?"라고 물었던 구체적 기억을 말하면서 에린은 슬픔과 외로움을 느꼈다. 에린은 산드라를 향해서 "엄마는 동성애를 혐오하는 친구들이 문제라고 말했잖아요! 그 순간에 저는 너무 외로웠어요."라고 말했다. 달린과 산드라는 에린의 슬픔과 두려움을 받아들였다. 치료사가 에린과 함께 이 순간을 처리하자, 에린은 눈물을 흘리며 산드라에게 "내가 엄마에게 상처를 주고 있어서 무서웠어요."라고 말했다. 산드라는 에린의 손을 잡고 지금 대화하면서 느낀 점과 이것이 얼마나 힘들었을지 이해한다고 했으며 일종의 '슈퍼맘'이 되려는 그녀의 노력이 오히려 방해가 되었음을 침착하게 말했다. "정말 미안해, 나는 네가 상처 입기를 바라지 않았어." 산드라가 손을 뻗어 에린을 안아 주자 달린이 함께 끌어안았다. 이러한 순간이 펼쳐짐에 따라 치료사는 분노와 두려움이 이제 위안과 돌봄으로 바뀐 경험을 반영할 수 있도록 그들을 이끌었다. 에린은 "저는 이런 것이 많이 필요해요."라고 말했다.

EFT 치료사는 돌봄과 효과적인 애착 의사소통의 동기를 부여하는 내재 정서에 분명하게 초점을 둔다. 이 사례에서 딸의 상처와 욕구에 대한 부모의 개방은 생모와의 관계 및 자신을 바라보지도 않고 자신의 말을 들어주지도 않았다는 경험에 관한 취약한 대화를 나눌 무대를 마련해 준다. 어머니는 먼저 딸의 경험에 위로와 위안으로 반응했고, 그다음 딸의 과거의 두려움과 상처에 교감했다. 딸이 이해와 위안을 받고 싶다는 요구를 나누자 치료사는 부모가 조율되고 접근 가능한 반응을 할 수 있도록 지지했다. 이러한 재연을 통해 만들어진 새로운 경험은 교정적 정서 반응의 영향을 심화시킬 자원이 된다. 치료사는 이러한 통렬한 순간에 드러난 긍정적인 정서를 강조했으며, 회기에 참여한 다른 구성원들이 가족의 이러한 변화에 반응하도록 초대했다.

이러한 부모자녀 애착 차단 중 하나의 변화로 생긴 영향은 다른 가족관계의 또다른 불안전성을 드러낼 수 있다. 제시된 문제의 해결은 다른 부모자녀관계에서 해결되지 않은 갈등이나 부부의 돌봄동맹에서 지속되고 있는 갈등으로 초점을 돌리게 할 수 있다. 예를 들면, 에린과 산드라의 관계에서 발견된 개방성과 취약성은 달린이 산드라와의 관계 차단을 다시 논의하고자 하는 기대에 영향을 미칠 수 있다. EFT 치료사는 가족의 다른 관계 차단을 해결하기 위한 자원으로서 가족의 안전감을 높이기 위한 단계를 구성한다. 그다음 2기의 재구조화 과정은 취약성에 접근하고, 수용을 촉진하고, 애착 요구를 재연하는 과정이 초점이 되는 새로운 이인관계 혹은 삼인관계로 이동한다.

3) 3기: 안전한 유대감의 강화

EFFT의 3기는 앞서 가족이 이룬 새로운 안전 패턴을 강화하는 것이다. 가족은 함께 대화에 더 잘 참여할 수 있고 정서적 교감과 효과적 돌봄에 대한 과거의 차단을 작업함으로써 가족이 경험하는 안전감을 높이기 위한 의도된 단계를 더 잘 밟을 수 있다(Johnson, Breadley, Furrow, Lee, Palmer, Tilley, & Woolley, 2005). 또한 안전감과 안도감의 유대를 회복하는 데 대한 자신감을 되찾게 되고, 가족구성원들은 자신의 걱정과 보살핌을 직접 표현할 수 있으며, 자기 자신과 가족 전체에게 이러한 변화의 소중함을 표현할 수 있게 된다.

▣ 3기 사례

마지막 가족회기에서 세 사람은 에린의 파트너인 스티브 그리고 손자와 함께 참여했다. 치료사는 새롭게 참여한 사람을 축하하고 상담으로 함께 이룬 성장을 나누기 위해 가족에 합류했다. 이 가족은 최근에 이전의 패턴에 빠졌지만 그들이 찾아낸 발전적인 방법을 이야기했다. 에린이 이사한 후에 산드라는 딸의 아파트 수리를 제안했고, 에린은 그런 지원을 수용할지 갈등하고 있었다. 대신에 그녀는 산드라에게 원하는 것이 무엇인지 말했고 일부 작업은 자신이 스스로 해야 할 일이라고 느낀다고 말했다. 산드라는 거절당했다고 느끼지는 않았지만 달린과 함께 에린이 필요한 것을 알려 주는 것이 얼마나 도움이 되는지를 말했다. 또한 산드라와 달린은 스티브에 대한 지지를 명확하게 밝혔고, 그가 아들에게 좋은 아버지가 되기 위해 하고 있는 모든 노력에 감사를 표했다. 회기가 끝날 무렵에 에린은 자신이 느낀 자부심과 얻은 것에 감사를 표현했다. "나는 우리가 운이 좋다는 것을 알아요. 왜냐하면 제 아들에게는 할머니가 있을 뿐 아니라 할머니 팀이 있으니까요." 산드라와 달린은 복잡하고 변화무쌍한 가족에서도 모두가 소속될 곳이 있다는 사실을 알고 행복과 즐거움으로 상기되었다.

가족 내 더 큰 안전감의 영향은 가족관계에서의 개방성 및 반응성 증가와 연관이 있는데, 이런 변화의 효과가 긍정적 정서, 불화의 감소로 인한 안도감, 정서적 안전감의 상승을 촉진하는 상호작용에서 안전감을 '확대하고 구축하기' 때문이다(Mikulincer & Shaver, 2016). 그리하여 가족은 발달상의 요구에 유연하게 반응하고 효과적으로 문제를 해결한다(Johnson et al., 1998). 마지막으로, 치료사는 가족이 된다는 것의 의미를 새롭게 바라보고, 이를 이해하게 된 방식으로 가족을 안내한다. 여기에는 가족이 취약성과 긍정적인 정서를 더 공유하며 가족으로서 더 강한 유대감을 맺게 된 것에 감사를 공유할 기회를 높이는 연결 의식에 참여하도록 돕는 것을 포함할 수 있다(Stavrianopoulos, Faller, & Furrow, 2014).

2. EFFT 평가와 치료의 결정

가족치료회기의 구성은 제시된 문제에 가장 적절한 사람이 누구인가에 따라서 결정된다. 가족치료사들은 오랫동안 가족치료에 '누구를 참여시킬지'를 결정하는 데 이견이 있었다. EFFT에서 회기 구성의 초점은 다양한 요인의 수에 달려 있다. [그림 3-2]는 EFFT 평가와 치료를 구성하는 다양한 회기 형식을 설명한다.

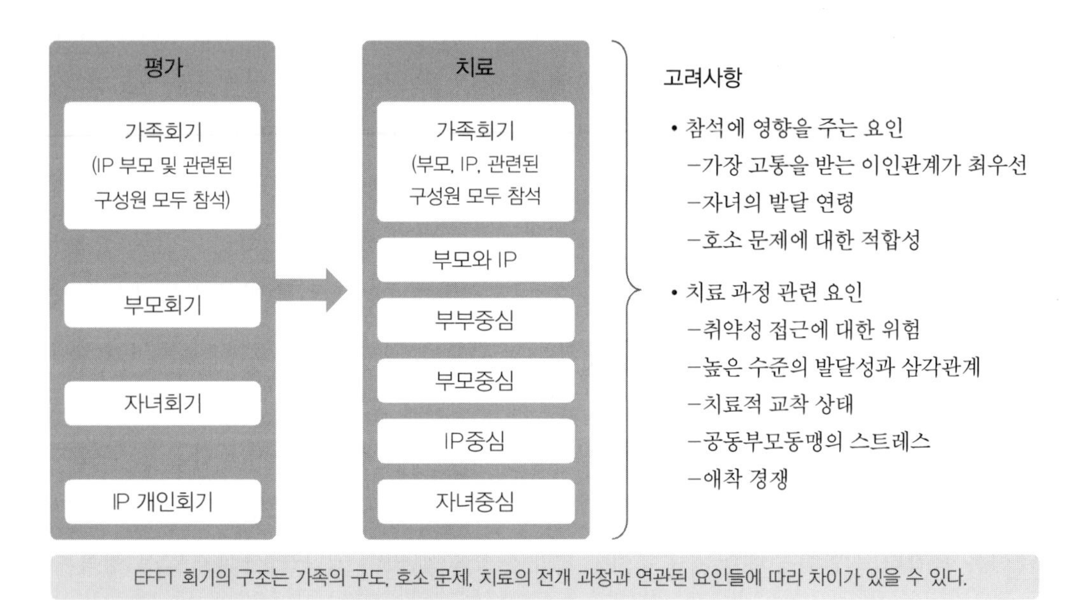

[그림 3-2] EFFT 의사결정 프레임

전형적으로 치료사는 적절한 가족구성원이 참여하는 가족평가회기로 EFFT 과정을 시작한다. 적절성은 집에 있는 사람들과 현재의 불평에 가장 많은 영향을 받은 사람에 의해서 결정된다. 이후 회기는 양육과 애착력에 초점을 둔 부모회기와 두 부모 가구의 부부관계 만족과 양육동맹에 대한 평가에 초점을 둔다. 또한 치료사는 자녀회기를 진행하고, 필요할 때 IP중심회기를 갖는다. 가족평가의 과정은 가족 전체와 동맹을 발전시키고, 가족회기에 대한 부모의 헌신을 강화하고, 가족의 강점을 파악하며, 가족치료의 금기사항을 탐색하는 데 초점을 둔다.

대안적으로 부모중심회기는 가족치료에 대한 부모의 관심과 헌신을 파악하기 위해 필요할 수 있다. 초기 회기는 EFT 치료사에게 부모의 우려를 처리하고, 특정 자녀와 관련된 문제의 가족치료에 대한 부모의 관심과 헌신을 강화할 수 있는 기회를 제공하며, 특히 부모가 자녀의 문제를 해결하는 대가로 가족치료가 부모를 비난한다고 우려할 때의 기대사항을 EFT 치료사에게 알려 준다. 부모회기는 가족치료의 방향을 제공하고, 부모가 가족치료 접근 방식에 갖는 기대와 경험을 알려 줌으로써 치료 목표에 대한 부모와의 동맹을 맺는 것을 지원한다.

마찬가지로 EFFT 치료 과정은 가족마다 달라서, 가족회기, 부부회기, 자녀회기, 개인회기 등 다양한 치료 방식을 사용한다. 치료사는 치료에 참석해야 할 사람과 치료 과정의 진행 방식과 연관된 요소에 근거해서 참석자를 결정한다([그림 3-2] 참조).

3. EFFT 의사결정 프레임

1) 불화가 가장 심한 관계

EFFT 과정은 불화가 가장 심한 가족관계를 우선적으로 살펴본다. 이는 부모 한 명과 자녀의 관계에서 가장 흔하게 나타난다. EFT 치료사는 가족불화를 분리고통으로 개념화하여 가족 내 애착과 돌봄체계에 대한 차단에 초점을 맞춘다. 이 차단은 이인관계(한 부모와 자녀) 혹은 삼인관계(두 부모와 자녀) 수준에서 흔하지만, 이러한 관계불화의 영향은 가족 전체에 미칠 수 있다. 가족의 정서적 역동과 구성은 회기 중에 초점을 맞출 사람과 참여할 가족구성원이 누구인지를 EFT 치료사에게 알려 준다.

가족의 참여는 초기의 안정화 단계 동안 가족 역동을 평가하는 데 중요하다. 비록 불화가 가장 심한 이인관계가 치료의 주요 초점이지만, 다른 가족구성원의 참여는 가족 내 안전감의 소중한 자원이 되고 전체 가족에 영향을 미치는 관계 차단을 해결하려는 가족의 노력을 지지하는 역할을 한다. 가능하다면 치료의 초점과 관련된 가족구성원이 가족불화의 해결에 지원하고 참여하는 게 좋다.

2) 발달 수준

EFT 치료사는 치료 과정을 조직하기 위해 치료에 참여하는 자녀의 발달 연령과 성숙도를 평가한다. 만일 치료가 나이 많은 가족구성원의 욕구에 초점을 맞춘다면, 어린 자녀는 가족 평가의 자원이지만 치료에 대한 기여는 크지 않을 것이다.

호소 문제가 어린 자녀(유치원과 학동기 자녀)에게 초점을 두었다면, 치료사는 아동의 발달 능력에 더 잘 접근하기 위해 놀이치료 기법을 병행할 수 있다(Efron, 2004; Hirschfeld & Wittenborn, 2016; Willis, Haslam, & Bermudez, 2016; Wittenborn, Faber, Haravey, & Thomas, 2006). 아동의 이해 수준에서 볼 때 회기의 초점이 부적절하거나 부모가 우려하는 어떤 특정 주제(예: 성 문제)를 포함한다면 자녀를 가족회기에서 배제한다.

3) 문제와의 관련성

가족의 구성은 가구에 따라 다르며, 치료사는 가장 적절한 치료를 결정하기 위해 가족과 협력한다. 초기의 평가 단계에서 더 많은 가족구성원의 참여는 문제에 대한 관점을 탐색하고 가족의 강점을 파악하는 데 도움이 된다. 치료 과정에서 EFT 치료사는 호소 문제 및 그것이 가족의 정서적 안전감에 미친 영향과 연관된 상호작용 역동에 더욱 전적으로 초점을 맞춘다. 치료에서 가족구성원들을 제외하면 가족의 불평을 둘러싼 패턴에 더 집중할 수 있고, 또 그 패턴이 초점일 때 회기 중 존재하는 정서적 역동에 더 쉽게 접근할 수 있다.

한 가지 호소 문제에서의 변화는 돌봄과 애착 차단이 존재했던 또 다른 가족관계로 진화할 수 있다. 결과적으로 치료사는 부모에 대한 안전감을 새롭게 경험할 수 있게 된 이러한 차단을 중심으로 치료 과정을 재구성할 수 있다. EFFT 과정은 유연하며 치료사에게 이러한 차단의 해결 과정에 대한 지도와 이러한 변화 과정에 개입하는 데 가장 관련이 있는 관계의 우선순위에 대한 애착 렌즈를 제공한다.

EFT 치료사는 가족회기의 구도를 조직할 때 치료 과정에 영향을 미치는 요소를 고려한다. 이 요소들은 원칙적으로 가족구성원이 특정 관계에서 돌봄과 애착의 차단을 탐색하고 극복할 때 가족구성원들에게 안전하고 안도하는 동맹을 제공하기 위한 치료사의 능력에 초점을 둔다. 치료의 초점을 특정 관계로 전환함으로써, 치료사는 정서 경험의 심화와 내재된 욕구에 접근할 때 필요한 안전감을 높일 수 있다. 더불어 치료사는 특정 관계에서의 구체적인 애착 역동에 더 많은 초점을 둘 수 있다. 치료사가 특정한 이인관계나 삼인관계에 초점을 두는 공통적인 이유로는 매우 반발적이고 파괴적인 패턴, 제한된 교감, 동맹의 균열, 공동 양육동맹의 갈등, 애착 경쟁이 있다.

4) 경직된 반발 패턴의 중단

부모 혹은 부부 하위체계에 대한 자녀의 과잉 개입은 가족 기능의 문제 요인으로 널리 인식되고 있다. 자녀가 부부체계에 불안하게 밀착되든 부모의 싸움에 적극적으로 개입하든 간에 이 패턴은 가족의 경계를 모호하게 하고 가족의 수행 기능을 떨어뜨리는 정서적 역동에 빠지게 한다(Minuchin & Fishman, 1981). 치료사는 특정 이인관계의 고유한 불안전 패턴을 더 잘 분리하기 위해서 이인관계 작업으로 초점을 옮긴다. 회기는 양육동맹 혹은 두 부모의 부부관계에 초점을 맞추도록 설계될 수 있으며, 또는 한 부모와 자녀와의 회기는 이러한 문제가 되는 위치를 조직하는 고유한 정서적 과정에 주의를 돌리게 하는 데 사용될 수 있다. 이인관계에 대한 초점은 치료사가 특정 가족구성원과 치료적 동맹을 강화하는 더 좋은 기회가 될 수 있지만, 가족의 반발적인 대처 시도에 의해 종종 모호해진 걱정과 충족되지 못한 욕구에 더 잘 반응할 수 있게 한다.

5) 제한된 교류

가족의 패턴으로 인해 한 부모 또는 자녀가 가족의 상호작용에 덜 참여할 수 있는데, 이 구성원을 참여시키려는 시도가 실패하면 치료사는 가족회기의 구성을 바꿀 수 있다. 가족회기의 구성을 바꾸거나 자녀와 부모 회기 사이를 바꾸면 초점과 주의가 단절(disengagement)로 이동하여 색다른 역동이 만들어질 뿐만 아니라 부모나 자녀의 단절을 탐색할 수 있는 보다 안전한 맥락을 제공할 수 있다.

부모가 자신의 경험을 탐색하는 데 개입하기를 꺼리는데, 이는 자신의 역할에서 취약함을 보여 주는 것이 자녀의 눈에는 부모의 권위가 떨어지는 것이라는 두려움에서 비롯될 수 있다. 자녀는 취약해지면 차후에 공격이나 상처를 받을 것이라는 두려움으로 자기 경험을 나누기를 피한다. EFFT는 이렇게 경계된 주저함이 회피 이상일 가능성을 탐색하고, 오히려 안전에 대한 우려는 합동회기의 구도를 바꾸어 단절된 가족구성원이 자신의 경험을 공유할 기회를 극대화함으로써 더 잘 충족된다.

6) 치료의 교착 상태

부모와 자녀의 관심과 경험의 균형을 유지하려는 치료사의 노력은 오해와 치료적 동맹에서 자신감의 상실을 불러올 수 있다. 치료사는 저항의 증가와 회기 중의 비참여(disengagement)를 포함하는 치료적 교착 상태에 초점을 두기 위해 개인회기나 이인회기로 전환할 수 있다. 이러한 차단은 행동 변화를 원하는 부모와 더 많은 자율성을 원하는 자녀 간 치료 목표에 대한 갈등을 나타낼 수 있다. 부모중심회기를 사용하여 치료사는 치료 과정에 대한 부모의 걱정을 처리할 수 있고 발달적 요구와 양육 실천을 부모에게 알려 줄 기회를 갖는다.

특정 가족구성원과의 치료적 동맹에 대한 차단을 해결하려는 노력이 실패할 때, 치료사는 이러한 차단에 주의를 집중하기 위해 개인회기로 바꿀 수 있다. 자녀 개인회기는 자녀가 가족 문제의 초점일 때 특히 치료사의 이해와 동맹을 강화할 기회가 된다.

7) 공동 양육동맹

돌봄에 대한 부모 차단을 처리하면 양육과 연관된 부부갈등이 드러날 수 있다. 부모를 갈라놓는 차이와 연관된 부정적 정서는 특히 자녀가 이러한 부정적 상호작용에 노출될 때 부모자녀관계에서 반발성을 증가시킨다. 양육에 대한 부부의 공유된 신뢰와 실천에 초점을 둔 부부회기에서 EFT 치료사는 부부불화로 생긴 돌봄 차단에 초점을 둘 수 있다. 이 회기는 부부가 이런 차이를 해결하고, 자녀와의 삼각관계 가능성을 줄이고, 자녀가 자신을 원인으로 보는 부모 간의 갈등과 관련하여 자녀들이 경험하는 이차적인 정서 갈등을 줄여서 부부를 추가적으로 지지하는 기회가 된다.

EFFT는 부부불화가 가족불화의 주요한 원인일 때 부부치료를 의뢰할 수 있다. 가족불화의 주요 원인이 부부관계의 관계적 역기능일 때 자녀 행동에 초점을 둔 호소 문제가 일반적으로 빨리 해결된다. 부부의 잦은 미해결 갈등은 자녀를 부정적인 감정에 지속적으로 노출시키고 가족 안정성에 대한 자녀의 불안을 고조시킬 수 있다. 부부불화로부터 자녀를 분리하고 부부를 부부치료에 의뢰하면 자녀의 고통과 가족치료의 필요성이 줄어든다.

8) 애착 경쟁

계부모 가족은 구성원들이 어떤 관계로 이루어지느냐에 따라 가족 내 차이에 주의를 기울여야 한다. 생물학적 유대는 일반적으로 부모자녀동맹, 특히 계부모 가족의 발달 초기 단계에서 우선한다(Papernow, 1993). 이렇게 생물학적 유대가 우선시되는 것은 특히 재혼부부와 계부모 및 계자녀 간의 애착관계에 대한 관심이 경쟁적일 수 있음을 알려 준다. 계부모 가족의 복잡하고 불안전한 패턴은 계부모관계와 별도로 생물학적 부모자녀관계에 특권을 부여해서 조직된 회기를 통해 단순화할 수 있다. 재혼부부에게 초점을 둔 부부회기는 새로운 부부가 경쟁적 관심 혹은 다른 경우에 위협으로 경험하는 기존 유대가 있는 상태에서 새로운 애착 형성에서 생길 긴장을 완화하고, 가족의 바람직한 역할을 찾는 데 중요하다고 밝혀졌다.

또한 생물학적 부모 및 자녀와의 이인회기는 충성심 갈등 및 부모의 죽음이나 이혼에 의한 미해결 상실을 처리할 기회를 제공한다. 새롭게 형성된 계부모 가족으로 '이동'하거나 그들을 끌어안아야 한다는 압박감은 이전 가족에서의 상실을 존중하고 그런 상실에 의미를 부여할 수 있는 가족의 능력을 방해할 수 있다. 다양한 가족관계의 고유성과 그것의 발전과 변화하는 의미를 존중하는 회기는 EFT 치료사에게 계부모 가족에서 자녀가 생물학적 부모에게 가질 수 있는 고유의 요구사항에 대한 정서적 차단을 처리할 수 있는 자원이 된다.

4. EFT 탱고: 회기 내 과정

전형적인 EFFT 회기는 EFT 관련 기법과 유사한 과정을 따르며, Johnson(2019)은 이를 'EFT 탱고'라고 불렀다. 탱고는 회기마다 치료사가 만드는 다섯 가지 움직임으로 구성되며, 변화 과정을 조직하고 안내한다. 탱고는 치료사가 '지금 여기'에서의 정서 작업을 이끄는 메타체계이며, 이는 가족 내 애착관계의 재구조화에 중요하다. 다섯 가지 특정 움직임이 탱고를 구성하며, 각 움직임은 관계 상호작용을 변화시키기 위해 정서에 개입하는 작업이다. 다음에서는 다섯 가지 움직임을 간략히 설명하고, 예를 통해 치료사가 어머니와 아들과 함께 이 과정을 밟으며 일어나는 변화를 요약한다.

1) 현재 과정 반영하기

EFT 치료사는 회기 중에 전개되는 가족 경험을 추적하고 반영한다. 언어 혹은 비언어적 표현의 변화를 따라가면서 가족이 지금 일어난 것과 과거 발생했던 것을 이해한 내용을 치료사와 다른 가족과 교류할 때, 치료사는 그들의 다양한 경험을 공감적으로 조율한다. 치료사는 현재 과정을 조율함으로써 가족구성원들이 공유한 경험의 개인 내적 및 대인관계 측면을 가족이 탐색하도록 돕는다. 치료사는 가족구성원들이 공유한 이야기와 가족관계 경험을 이리 저리 탐색할 때 펼쳐지는 행동과 정서의 순차성에 초점을 맞춘다. 이것은 가족의 패턴과 그 영향을 관리하려는 구성원들의 노력을 조직하는 돌봄과 돌봄 추구의 차단에서 가장 분명하게 나타난다.

> 제임스는 자신의 성적 낙제와 학습 의욕에 대한 어머니의 좌절과 불평에서 벗어나고자 한숨을 쉬면서 핸드폰을 집어 들었다. 제임스가 자신의 무관심을 보여 주기 위해 단호해지자 어머니의 목소리가 격앙된다. 제임스의 어머니는 이런 흔한 역동으로 화를 내면서 눈에 띄는 치료 효과가 없거나 전혀 효과가 없고 시간만 허비했다며 불평을 쏟았다. 제임스는 치료사의 반응을 흘끗 본 다음에 핸드폰을 보면서 거리를 두고 싶다는 신호를 보냈다.

익숙한 역동을 확인한 치료사는 어머니의 우려를 인정하고, 겉으로 보이는 아들의 단절에 대한 어머니의 심한 좌절감을 이해할 수 있다고 했다. 현재 과정을 사용하여 치료사는 어머니의 좌절과 분노 및 실망에 대한 아들의 체념을 강조하면서 이러한 전형적인 대인관계 과정을 되짚어 본다. 현재 순간으로 초점을 이동하면 가족과 치료사가 현재 펼쳐지는 정서 경험을 작업할 기회가 높아진다. 치료사는 소중한 시기에 아들에게 다가가지 못해서 느끼는 어머니의 좌절과 짜증을 수용해 주었고, 또한 어머니의 눈에는 전적으로 자신이 문제이고 실망을 주는 사람이라고 느꼈던 아들의 피로감과 거리감을 살펴보았다.

2) 정서 조합과 심화하기

회기가 진행되면서 EFT 치료사는 드러나기 시작하는 정서의 요소들을 중심에 두고 경험의 각 조각을 더욱 일관적이고 일치적인 전체로 종합한다. 이런 경험에 접근하고 이것을 처리하면서 가족구성원들은 이렇게 느낀 경험의 인식과 이해 및 자기와 타인에 대한 중요성을 심화한다.

> 제임스의 어머니는 아들의 잃어버린 잠재력과 그녀를 압도해 버린 좌절감으로 인해 생긴 두려움을 자세히 설명하면서 눈물을 흘렸다. 그녀는 필사적으로 지원하려고 노력하면서도 자신의 분노가 제임스와 멀어지게 하고 있음을 인정했다. 치료사는 간절히 아들을 돕고 싶으나 그럴 수 없다는 것에 대한 그녀의 새로운 고통을 반영해 주었다. 이 인정에 그녀의 어깨가 좀 내려갔고 목소리는 특히 이 순간 제임스에 대한 그녀의 희망이 사라진다는 것을 인정하면서 부드러워졌다. "나는 화가 나고, 가끔은 경멸스러워요. 제대로 되는 일이 아무것도 없고 아들에게 화만 났어요. 이건 내가 진정 원하는 것이 아니에요." 치료사는 그녀의 고통을 돌봄의 신호와 지지하고 싶은 바람으로 재구성하고, 제임스가 멀어질 때 그녀가 분노와 좌절과 두려움으로 길을 잃게 만든 것으로 보게 했다.

치료사는 제임스의 초기 반응으로 다시 돌아가 대화에서 멀어진 그의 변화를 확인했다. 주제와 어조가 너무나 익숙해졌고, 거의 모든 것이 어머니의 관심사인 것 같았으며, 그 순간에 그는 납득할 만한 생존 전략을 찾았다. 그는 방을 떠나지 않았지만 어머니의 좌절, 불평, 실망으로부터 거리를 두었다. 치료사는 그녀의 희망이 어떤 탈출구나 희망도 없는 큰 압박감처럼 느껴진다는 것을 반영해 주었다.

치료사: (현재 과정에 초점을 맞추며) 당신의 한숨이 모든 것을 말해 주고 있네요.

제임스: (경멸적으로 말하며) 네, 엄마는 절대 이해하지 못할 거예요.

치료사: 학교에서, 그리고 살아가면서 직면하고 있는 일들 말인가요?

제임스: (바닥을 응시하며) 근본적으로 엄마는 절대 몰라요.

치료사는 그의 풀이 죽은 표정에 내재된 정서 신호에 반응하며 부드러운 목소리로 그의 얼굴에서 나타난 슬픔을 자극한다.

치료사: (부드럽게) 그리고 그것이 당신을 외롭게 만들었네요, 맞나요?

제임스: 정확해요! (공감적으로, 고통을 말하지 않으며)

3) 교감적 만남을 안무하기

새롭게 찾게 된 경험을 사용하여 가족구성원들이 구조화된 상호작용으로 교감하게 하는데, 일단 공유된 이러한 새로운 경험은 새로운 교감 및 상호작용 방식이 된다. 더욱 취약한 정서 표현은 이 경험을 이해와 연결의 기회로 사용하기보다는 이러한 경험을 일반적으로 회피해 온 가족구성원 간의 새로운 관계 방식에 참여하는 데 사용된다.

치료사는 제임스가 얼마나 이 대화를 어려워하는지, 이것이 어떻게 그를 싸우거나 차단하게 만드는 상태에 놓이게 하는지, 그래서 그를 얼마나 외롭게 만드는지를 어머니가 진심으로 이해하는 것 같은지를 제임스와 함께 탐색했다. 그다음, 치료사는 "자신이 스스로 발견한 어두운 부분, 이런 외로운 부분에 대해 어머니가 무엇을 알아주기를 원하나요?"라고 물었다. 제임스는 망설였고, 그가 느끼는 고군분투를 어머니에게 질문하고 제안할 확신이 없었다. 치료사는 제임스와 함께 어머니를 참여시킬 새로운 기회를 안무하고 경험적으로만 이를 탐색하도록 그를 초대했다.

제임스가 기꺼이 대화해 보겠다고 한 후, 치료사는 제임스에게 자신의 불확실성과 그가 잘 알고 있는 이 어려움을 어머니에게 이야기해 달라고 요청했다. 여전히 바닥을 응시하던 제임스는 다음과 같이 말하기 시작했다. "싫어요. 엄마가 이해하지 못하는 것 같아요. 엄마가 생각하는 것보다 힘들고 그 모든 것에 대해 엄마가 제게 이야기하면 기분만 더 나빠질 뿐이에요." 치료사는 제임스의 나눔을 인정해 주면서 다음과 같이 물었다. "이 모든 일을 혼자서 감당하고 있는 것에 대해 엄마에게 말할 수 있겠어요?" 제임스는 "네, 가끔 그렇게 느꼈어요. 이런 식으로는 잘 되지 않는 것 같아요. 저 혼자 해결하려고 노력하는 것이 제일 좋아요."라고 답했다.

4) 만남을 처리하기

교감의 순간에 이어서 EFT 치료사는 참여한 사람들과 함께 경험을 탐색하고 통합한다. 이는 참여한 사람들 및 이런 새로운 경험을 받아들인 사람들이 이러한 만남과 경험을 공유하는 것이 자기 자신이나 특정 관계를 보는 방식에 어떤 영향을 미치는지를 이해할 수 있는 공간을 만든다.

제임스의 마지막 생각을 기반으로 치료사는 이 대화에서 제임스가 말한 측면을 어머니가 볼 수 있도록 도우려는 그의 노력과 그것이 얼마나 그를 외롭게 만들었고 자신과 상황에 얼마나 나쁜 감정을 갖게 했는지에 대해 어머니를 이해시키려는 노력을 인정했다. 또한 치료사는 어머니가 아들의 말을 들은 경험과 아들이 말한 측면을 공유한 신중함에 초점을 맞춤으로써 응답할 수 있는 공간을 만들었다. "도움이 되네요. 침묵보다는 나아요." 제임스의 어머니는 다가온 기회를 날려 버리고 싶지 않다고 천천히 조심스럽게 말했다.

> "저는 아들을 외롭게 만들고 싶지 않고, 이런 대화가 우리 사이에 침묵의 쐐기를 박는 게 너무 싫기 때문에 이것이 훨씬 좋네요. 나는 아들이 혼자라고 느끼기를 원하지 않으며 이 모든 것을 악화시키고 싶지 않아요."

치료사는 제임스의 경험을 이해하고자 하며 또 둘 간의 대화로 생긴 거리감을 인정하려는 어머니의 노력을 인정해 주었다. 제임스의 어머니는 아들의 학교 성적에 대한 두려움으로 돌아왔고, 치료사는 두려움을 인정해 주는 동시에 그녀가 관심과 보살핌을 표현한 것을 강조했다.

치료사: 이 순간의 제임스에게 보인 어머니의 반응에서 보살핌이 보였어요. 어머니는 아들의 불확실성을 들었고 그것이 어머니에게 중요했네요. 어머니는 또한 제임스의 성적을 알고 있지만 이 순간에는 다른 것을 본 것이지요. 지지와 도움을 필요로 하는 아들을 본 것이네요. 그것은 새로운 것이고, 어머니께서 간절히 해 주고 싶었던 것이었네요.

치료사는 어머니와 아들이 반응하려는 노력을 작지만 함께 내딛는 분명히 다른 걸음이라고 재구성해 주었다.

5) 통합과 인정하기

탱고 과정의 마지막 움직임은 이제까지의 만남에 대한 경험과 이 경험이 만든 새로운 이해에 초점을 맞춘다. 가족구성원 간의 새로운 통찰과 연결을 지원하고 가족구성원이 새로 발견한 경험이 앞으로의 교감을 위한 새로운 가능성을 제공하는 방식을 강조한다. 이러한 만남을 공유하는 과정을 통해서 각 구성원은 자기와 가족원들에 대한 새로운 통찰과 인식을 발견할 수 있다.

치료사는 제임스와 어머니에게 회기 중에 펼쳐졌던 것을 되짚어서 그들 사이에서 가장 중요한 것이 그들이 느꼈던 압박감과 거의 공유하지 않은 두려움과 걱정 때문에 쉽게 길을 잃었던 방식을 강조하여 말한다. 그 둘 간의 상호작용 속도를 늦추고 제임스의 고조되는 거부감과 어머니의 진심 어린 관심을 위한 공간을 찾는 과정을 통해서, 어머니는 아들을 더 명확하게 보고 공부를 하는 데 대한 그의 압박감과 어머니의 지지와 확신을 필요로 함을 이해할 새로운 기회를 갖는다. 치료사는 이러한 순간이 급속히 악화될 수 있는 방식에 다시 초점을 둔다. 압박감과 실패가 불가피해 보이는 순간, 바로 이 순간에 그들이 이러한 정서와 그 이면에서 일어나고 있는 일들을 듣는 것은 실제로 그들이 이러한 도전을 함께 직면하는 데 도움이 된다는 것을 좀 더 명확하게 볼 수 있다.

치료 초기 단계에서도 아들의 관심사를 인정하면, 탐색 시 지원받고 싶은 아들의 욕구를 수용하고 이해할 수 있다. 어머니의 의도와 보살핌을 인정함으로써 어머니의 자각을 강화할 수 있고, 이 순간 접근 가능한 방식으로 반응하는 어머니의 능력이 어떻게 아들에 대한 어머니의 관심을 높여 주는 다른 대화의 문을 여는지를 강조할 수 있다.

5. 요약

EFFT의 변화 과정은 EFT 부부치료와 개인치료에서 사용한 지침과 동일한 지침을 따른다. 부모의 독특한 역할 및 가족에게서 발견되는 애착과 돌봄체계의 보완적 역동에 특별한 주의를 기울인다. EFT 치료사는 환기적 기법과 과정 기법을 사용하여 가족구성원들이 가족의 특정 문제에 주의를 기울이는 것으로부터 관계 과정 및 패턴에 주의를 기울이도록 안내한다. 관계 과정과 패턴은 가족관계에서의 문제를 해결하거나 변화의 필요를 다루는 가족의 능력을 복잡하게 만든다. 치료사는 효과적 애착과 돌봄 반응을 파괴하는 관계 차단에 대한 정보를 알려 주는 내재된 정서로 가족을 안내한다. 또한 치료사는 EFT 탱고를 통해 정서 경험을 처리하고 공유하는 주요한 변화를 이룰 수 있으며, EFFT의 변화 단계를 통해 애착 관련 정서와 욕구에 대한 조율된 돌봄 반응을 연결함으로써 관계 패턴을 변화시킨다. EFFT 과정은 가족이 이러한 문제에 함께 직면함으로써 과거 문제에 대한 새로운 경험을 탐색할 수 있는 안전기지를 제공한다. EFFT 의사결정 프레임은 치료사에게 유연성과 더 명확한 애착 근거를 통해 복잡한 가족치료를 잘 조직할 수 있게 하는 신뢰 가능한 가이드를 제공한다. 이 장에서는 EFFT의 변화 3기에 대해 요약했고, 다음 장에서는 EFFT 변화 과정을 정의하는 EFT 실천의 구체적 단계를 살펴본다.

참고문헌

Bertlanffy, L. (1968). *General systems theory*. New York: George Braziller.

Bowlby, J. (1988). *A secure base*. New York: Basic Books.

Davila, J., Karney, B. R., & Bradbury, T. N. (1999). Attachment change processes in the early years of marriage. *Journal of Personality and Social Psychology, 76*, 783-802.

Diamond, G., & Siqueland, L. (1998). Emotions, attachment, and the relational reframe: The first session. *Journal of Systemic Therapies, 17*, 36-50.

Diamond, G. Diamond, G., & Levy, (2014). Attachment based family therapy for depressed adolescents.

Efron, D. (2004). The use of emotionally focused family therapy in a children's mental health center. *Journal of Systemic Therapies, 23*, 78-90.

Hirschfeld, M. R., & Wittenborn, A. K. (2016). Emotionally focused family therapy and play therapy with children whose parents are divorced. *Journal of Divorce and Remarriage, 57*, 133-150.

Johnson, S. M. (2004). *The practice of emotionally focused therapy: Creating connection* (2nd ed.). New York: Brunner Routledge.

Johnson, S. M. (2009). Attachment theory and emotionally focused therapy for individuals and couples. In J. H. Obegi & E. Berant (Eds.), *Attachment theory and research in clinical work with adults* (pp. 410-433). New York: Guilford Press.

Johnson, S. M. (2019). *Attachment theory in practice: Emotionally focused therapy with individuals, couples, and families*. New York: Guilford Press.

Johnson, S. M., Maddeaux, C., & Blouin, J. (1998). Emotionally focused family therapy for bulimia: Changing attachment patterns. *Psychotherapy, 25*, 238-247.

Johnson, S. M., Bradley, B., Furrow, J. L., Lee, A., Palmer, G., Tilley, D., & Woolley, S. (2005). *Becoming an emotionally focused therapist: The workbook*. New York: Routledge.

Kobak, R., Rosenthal, N. L., Zajac, K., & Madsen, S. D. (2007). Adolescent attachment hierarchies and the search for an adult pair-bond. *New Directions for Child and Adolescent Development, 2007*(117), 57-72.

Mikulincer, M., & Shaver, P. R. (2016). *Attachment in adulthood* (2nd ed.). New York: Guilford Press.

Minuchin, S., & Fishman, H. C. (1981). *Family therapy techniques*. Cambridge, MA: Harvard University.

Palmer, G., & Efron, D. (2007). Emotionally focused family therapy: Developing the model. *Journal of Systemic Therapies, 26*, 17-24.

Papernow, P. L. (1993). *Becoming a stepfamily: Patterns of development in remarried families.* San Francisco, CA: Jossey-Bass.

Stavrianopoulos, K., Faller, G., & Furrow, J. L. (2014). Emotionally focused family therapy: Facilitating change within a family system. *Journal of Couple & Relationship Therapy, 13*, 25-43.

Willis, A. B., Haslam, D. R., & Bermudez, J. M. (2016). Harnessing the power of play in emotionally focused family therapy with preschool children. *Journal of Marital and Family Therapy, 42*, 673-687.

Wittenborn, A., Faber, A. J., Harvey, A. M., & Thomas, V. K. (2006). Emotionally focused family therapy and play therapy techniques. *The American Journal of Family Therapy, 34*, 333-342.

제2부

EFFT의 단계별 변화 과정

제4장
1~2단계: 동맹과 가족 패턴 평가하기

1단계. 동맹 형성과 가족 평가하기

2단계. 불안전 애착을 지속시키는 부정적 상호작용 패턴을 규명하기

EFFT의 초기 단계 동안에 줄곧 치료사는 치료적 동맹을 형성해서 가족을 치료하기 위한 안전감과 안도감(security and safety)의 초석을 다진다. 치료적 동맹은 가족을 안전하게 하고 가족의 스트레스 패턴을 약화시킨다는 치료사의 목표에 기초가 된다. EFFT의 초기 단계들은 치료에 참여한 가족구성원들이 문제에 대한 각자의 이해를 공유하고 목표를 정의하는 데 초점을 둔다. 이를 위해 가족 내에서 문제가 되는 상호작용을 체계적으로 평가하고, 또 호소문제와 관련된 가족의 관계 차단(relational blocks)에 분명한 초점을 두어야 한다. 치료에 참여하는 구성원들의 구도가 회기마다 달라지기 때문에 EFFT 과정 전반에 걸쳐 치료사는 치료적 동맹에 대한 관심을 적극적·지속적으로 가져야 한다. 마찬가지로 특정한 관계 차단 문제가 해결되고 또 다른 문제가 등장하면서 다양한 변화가 일어나는 동안에도 지속적으로 가족을 평가해야 한다.

이 장에서는 EFFT 과정의 초기 단계와 치료사의 실천을 다룬다. 즉, 동맹 형성 및 가족의 호소 문제와 부정적 상호작용 패턴에 대한 평가를 안내하는 치료사의 실천을 다룬다.

여기서 초기의 가족치료 회기를 이끌어 주는 다중의 평가 수준을 고찰한다. 또한 사례를 들어서 EFFT 의사결정 프레임의 사용을 설명하고, 가족불화에 기여하는 관계 패턴을 조직하고 치료의 방향을 지시하는 데 사용되는 개입 기법을 소개한다.

1. 1단계와 2단계의 목표

EFFT의 초기 단계에는 네 가지 목표가 있다. 첫 번째 목표는 치료사가 가족구성원들을 보고 있고 또 가족에 대한 각 구성원의 관점을 인정함을 적극적으로 보장하는 것이다. 그래서 치료사는 회기 중에 명백하게 드러난 가족 문제에 대한 개별 구성원의 관점과 가족의 강점에 초점을 둔다. 치료사는 표출된 상호작용과 의도를 관찰하여 가족 문제를 둘러싼 초기의 대화에서 흔히 빠져 있는 강점을 반영해 준다. 두 번째 목표는 각 가족구성원에게 합류하여 가족 문제 및 그 원인에 대한 각 구성원의 이해를 인정하는 것이다. 치료사는 문제에 대한 각 구성원의 이해 및 개별 가족원과 전체 가족이 문제를 어떻게 이해하고 있는지에 주의를 기울여 이를 듣고 인정한다. 치료사는 상실, 거부, 유기, 관계의 상처 등 불안전의 주제와 관련된 문제에 대한 가족의 이야기를 주의 깊게 듣는다.

EFFT 평가의 세 번째 목표는 안전에 초점을 두고 치료 방향을 확립하는 것이다. EFFT 치료사는 가족이 합동치료에 얼마나 잘 준비되어 있는지 평가하고, 또 가족 초점의 작업에 부모가 투자하도록 안내한다. 가족 평가가 초기 EFFT 회기들의 주요 초점이지만, 지속적인 평가나 가족관계의 역동을 바탕으로 치료의 구도를 정해서 개인, 부부, 가족 회기를 적절히 활용한다. 네 번째 목표는 가족의 호소 문제와 관련된 상호작용 패턴을 파악할 때 치료사의 역할을 강조하는 것이다. 호소 문제와 관련된 상호작용을 순차적으로 정리함으로써, 치료사는 가족이 불화와 불편을 느꼈을 때 보이는 상호작용 패턴을 추적한다. EFFT는 이러한 관계 패턴에 분명한 초점을 두어 치료사가 그 패턴을 이해하고 예측할 수 있게 한다. 이는 호소 문제에 대한 가족의 이해를 재구성하고 가족으로서 회복의 희망을 높이는 데 필요한 단계이다.

2. 접근 지점

EFFT의 초기 회기에서 치료사의 개입을 안내하는 세 가지 접근 지점이 있다. EFT 치료사는 초기 회기들을 활용해서 가족원들과 동맹을 맺고 호소 문제가 EFFT 치료에 적합한지의 여부를 평가한다. 이것은 관계 패턴과 목표에 초점을 두기 위해 부모 및 가족과 함께 작업하는 것을 포함한다.

1) 가족의 대화를 촉진하기

먼저, 치료사는 가족이 호소 문제에 대해 대화하도록 촉진하는 데 중점을 둔다. 치료사는 가족의 대화를 소집하고 이를 가족에 대한 각 구성원의 경험과 호소 문제에 대한 각 구성원의 고유한 경험을 연결하기 위한 기초로 삼는다. 이 과정에서 문제를 정의할 때 사용되는 지배적인 표현이 드러나고, 가족의 불화로 인해 종종 가려졌던 대안적인 경험과 우려 사항도 드러난다. 여기에는 덜 명확하거나 간접적인 가족의 대처 방법(예: 위축, 도망)이 포함될 수 있다. Bowlby(1979)는 가족치료의 고유한 가치를 강조했다. 즉, 가족치료는 가족이 이러한 경험을 공유했지만 이야기하지 않았던 것을 말할 수 있는 기회를 제공한다고 강조했다. EFFT 과정 전반에 걸쳐 치료사는 부정적인 상호작용 패턴에 내재된 가족구성원의 암묵적인 정서적 현실을 겉으로 드러나게 만든다. 또한 일반적으로 치료사는 가족의 애착과 돌봄 체계에서 회복탄력성의 자원이 되기도 하는 내재된 경험이나 정서를 찾아본다.

2) 부모의 투자를 확보하기

두 번째 접근 지점은 가족치료 과정에서 부모의 투자를 확보하는 데 중점을 두는 것이다. 일반적으로 치료를 의뢰할 때는 자녀에 초점을 둔 불평이 흔하며, 가족기반치료 과정에서 양육자의 동의와 투자를 확보할 수 있는 치료사의 능력은 가족 전체와의 치료적 동맹을 확립하는 데 매우 중요하다. 부모가 개별 자녀의 문제에 관심을 두고 초점을 맞추려는 경향은 치료사가 관계 수준에 관심을 두고 치료의 초점을 맞추려는 태도와 균형을 이루어야 한다. 치료 계획 및 관계에 성공적으로 개입하는 데 필요한 적절한 자원을 결정하는 것에 두 수준 모두가 필요하다. 이는 애착불안이 정신병리에 미치는 영향에서 EFFT는 조절 역할을 하는 자원이 되고(Ein-Dor & Doron, 2015), 또 EFFT는 청소년기의 정신병리와 애착 불안의 상호연결성을 지지하기(예: Kobak et al., 2015) 때문이다.

치료사가 가족합동치료를 제안할 때 일부 부모는 비난으로 반응하거나 개인적으로 수치스럽게 여기기도 한다. 치료사는 치료적 동맹을 맺기 위해서 가족합동치료의 목표가 문제의 초점과 일치한다는 근거를 부모에게 알리려고 노력해야 한다. 부모회기를 가짐으로써 가족합동치료의 목표를 설정하고 문제에 잘못된 원인 부여를 한 것에 대한 부모의 우려를 완화할 필요가 있을 수도 있다. 애착 관련 가족접근 방식에서는 일반적으로 호소 문제를 애착 용어로 재구성한다(예: Byng-Hall, 1995; Dallos, 2006; Diamond, Diamond, & Levy, 2014; Hughes, 2007). EFFT에서는 치료의 논거인 재구성에 앞서 치료적 동맹과 가족 상호작용을 먼저 다룬다. EFT 치료사는 문제를 해결하고, 그 결과로서 가족 자원을 강화하기 위해 부모와 가족이 보다 효과적으로 협력할 수 있도록 지원하는 자원으로 EFFT를 제공한다.

3) 호소 문제와 관련된 관계 패턴을 추적하기

세 번째 접근 지점은 가족 상호작용을 추적하고 문제에 대한 가족의 경험을 반영하는 데 중점을 둔 치료사의 개입에 관한 것이다. 치료사는 일반적으로 가족의 현재 문제를 알려주는 관계 차단을 구성하고 있는 특정 경험에 대한 가족의 이야기를 이끌어 간다. 동시에 치료사는 합동치료에 대한 가족의 준비도를 포함하여 안전을 평가한다. 초기의 이러한 가족면담을 통해 치료사는 가족체계 내 관계불화를 유발하는 상호작용의 순차성을 중심으로 조직된 현재의 호소 문제를 가족과 함께 개념화하고 이해하기 시작한다.

3. EFFT 실천과 개입

Johnson(2004)은 EFFT의 초기 단계에서 가족과 작업할 때 치료사의 초점을 조직하는 핵심적인 실천 방식을 설명했다. 이 실천 방식은 가족과 치료적 동맹을 구축하고 치료 방향에 초점을 둔 핵심 요소를 보여 준다. EFFT는 부부치료 시 치료적 동맹을 촉진하고 관계 패턴을 추적하는 데 효과적으로 밝혀진 EFT의 개입 기법을 따른다. 핵심 개입에는 공감적 반영, 인정, 환기적 반응, 관계적 상호작용의 추적이 포함된다.

1) 가족의 이야기를 통해 합류하기

치료사는 호소 문제에 대한 가족구성원들의 공통된 관점과 다양한 관점을 제공하는 경험을 서로 공유하도록 구성원들을 초대한다. 가족 토론은 치료사에게 구성원들의 다양한 경험에 맞추어 진행할 기회를 제공하고 동일한 문제에 대해 가족이 거의 이해하지 못한 방식을 정상화할 수 있는 기회가 되기도 한다. 가족 경험의 자세한 정보를 수집하면 이러한 문제를 다루고 그 영향을 견디려는 가족의 노력과 연관된 가치와 강점을 파악할 기회도 생긴다. 구체적인 이해와 경험에 초점을 맞추면서 치료사는 개인의 경험에 합류할 수 있고, 또 가족구성원이 가족 문제를 해결하기 위해 모색했던 다양한 방법과 각 구성원의 노력과 관련된 강점을 강조할 수 있다. 치료사는 가족의 대화를 넓혀 가면서 가족의 가치와 역사 및 문화적 배경의 영향을 탐색한다. 이는 가족의 우려에 대한 더 깊은 의미가 때로 부모의 원가족 및 가족의 문화적 유사점과 차이점을 포함하는 더 넓은 맥락을 반영하기 때문이다.

피터와 준은 열 살 아들 제이(재영)에 대한 훈육 문제로 치료를 요청했다. 부부는 다인종 부부로서의 차이점을 자랑스럽게 여겼지만, 이러한 차이로 인해 제이를 양육하는 데 어려움이 있었다. 치료사가 문제에 대한 다양한 관점을 수집하자 피터와 준이 제이를 훈육하는 데 피터의 어머니가 관여하는 문제로 자주 싸웠음이 드러났다. 피터의 어머니인 은주는 최근 한국에서 남편과 사별한 후에 이 가족의 구성원이 되었다. 준은 피터가 가족의 세대 간에 명확한 경계를 유지할 수 있는 능력이 부족해서 힘들었고, 한편 피터는 준을 지지하고 동시에 자기 어머니의 관심을 존중해 드리는 일이 힘들었다. 피터는 제이의 행동 및 일관된 지지와 훈육의 부족에 계속해서 초점을 두었고, 준은 피터가 제이의 어머니로서 자신을 지지하고 싶지 않고 그 대신에 자기 어머니에게 제이를 맡기는 것이라고 생각하여 이에 분노했다. EFT 치료사는 문제에 대한 두 부모의 이해와 이러한 차이가 부모와 부부로서의 동맹에 어떻게 위협이 되고 있는지 그 방식에 합류한다.

(1) 가족과의 동맹 구축하기

치료의 초점을 정의하고 호소 문제에 대한 가족의 이해를 정의하는 과정을 통해 치료사는 각 구성원과 가족 전체의 목표를 탐색하고 명확하게 한다. 치료사의 목표는 가족의 각 구성원과 긴밀한 관계를 맺어서 구성원에게 치료사 자신의 수용을 전달하고 안전을 촉진하는 것이다. 이를 위해서는 가족의 경험 공유에 대한 구성원의 개방성에 영향을 미치는 발달적 및 상황적 요인에 주의를 기울여야 한다. 가족체계 내 다양한 요구에 접근하고 잘 반응하는 입장을 보여 주는 치료사의 능력은 치료 과정에서 구성원의 자신감을 높일 뿐 아니라 가족이 자주 피하거나 두려워하는 영역으로 가족을 더 잘 이끌 수 있다. 가족합동치료가 필요한 명확한 근거는 부모와 자녀의 개별적인 이익이 특히 경쟁하는 것 같을 때 가족에게 초점과 방향을 제공할 수 있다는 것이다.

EFT 치료사는 준과 피터 간의 갈등과 제이와의 상호작용으로 번진 최근의 다툼을 탐색한다. 두 부모는 양육 방식의 차이를 해결하지 못하는 것이 제이에게 부정적인 영향을 미치고 있고, 또 이것이 학교 성적에도 영향을 미치고 있다고 우려했다. 치료사는 부모 간의 차이를 확인하고 인정하며 동시에 제이에 대한 공통의 관심에도 주의를 기울였다. 이 가족을 위한 치료 목표를 달성하기 위해 학교와 집에서 제이의 경험에 초점을 두는 것을 포함하는 가족회기와 돌봄 팀으로서 준과 피터를 갈라 놓은 어려움을 더 많이 찾아보기 위한 몇 번의 부부회기를 갖기로 했다.

(2) 가족 내 가용성을 평가하기

애착 프레임에 따라 치료사는 타인의 애착 신호와 요구에 반응하는 양육자의 가용성(availability)을 평가한다. 초기 회기는 가족의 방어와 반응 수준에 대한 첫 인상을 제공하기도 한다. 가족의 안전은 구성원이 서로에게 도움을 요청할 수 있는 정도와 이러한 요구가 접근과 반응 및 교감을 충족하는지 여부에 나타나 있다. 양육자의 가용성에 대한 평가는 부부관계뿐만 아니라 부모와 자녀의 관계도 포함한다. 애착 역동은 특정한 이인관계(예: 어머니와 아들 대 남편과 아내)에 따라 다르지만 가족의 전반적인 접근성에 미치는 영향은 같다고 할 수 있다. 예를 들어, 자녀는 불안전한 부부불화의 고리에 빠진 부모로부터 위로를 받고 싶은 욕구를 철회할 수 있다. 한 관계에 대한 접근이 어려우면 이는 다른 관계로 비화된다.

효과적인 돌봄을 가로막는 것은 양육자의 애착력이 미치는 세대 간 영향을 포함한다. 공동양육관계에 있는 각 배우자의 애착력 탐색은 각 배우자가 부부관계에서의 접근성에 갖는 기대에 관한 중요한 맥락을 제공한다. 마찬가지로 부모가 어린 시절에 양육받은 경험을 평가하면 부모가 양육 역할에 가져올 수 있는 방향을 짐작할 수 있다. 양육자의 애착력 탐색을 통한 가용성을 평가함으로써, 치료사는 가족이 불화할 때 부모와 부부가 마주치는 자원과 어려움을 동시에 살펴볼 수 있다.

준은 피터가 자기 어머니를 존중한 나머지 자신이 양육 역할에서 '제외'되었다고 불평했지만, 그녀의 좌절은 어머니로서의 두려움으로 인해 유발되기도 했다. 치료사는 준의 좌절감을 나누었으며, 준은 감정적으로 엉겨 붙었고 신체적으로 다가갈 수도 없었던 친정아버지와 어머니에 대해 가졌던 관점들 사이에서 힘들었고 현재 부모로서 지속되고 있는 힘겨운 싸움을 나누었다. 준은 부모로서 '균형을 잃은' 느낌이었고, 시어머니의 간접적인 행동과 표현에 의해 비난을 받았으며, 그로 인해 아들의 문제를 헤쳐 나갈 자신감이 약화되었다. 그녀는 자신이 인생에서 가장 중요한 일에 실패하고 있다고 느꼈으나, 피터는 그런 아내의 힘겨운 싸움을 제대로 파악하지 못했다.

(3) 정서적 분위기에 조율하기

부정적인 정서의 영향은 특정 구성원이 직접 관련되어 있지 않더라도 가족의 경험을 통해 가족 전체에 확산될 수 있다. 치료사는 가족의 정서적 분위기에 조율하여 이러한 부정적인 상호작용의 이차적 영향을 인식하고 정리하며, 아울러 반발 정서가 반발 전략을 야기하고 또 부정적인 정서를 조절할 수 있는 가족의 능력에 영향을 미치는 방식을 인식하고 정리한다(Morris, Silk, Steinberg, Myers, & Robinson, 2007). 부정적인 정서의 전염 효과는 가족체계 내 높아지는 부정성과 불안전에 대응하는 데 필요한 가족의 유연성과 개방성을 약화시킨다.

제이와 준과 피터와 함께하는 가족회기는 부모가 모두 회기 중에 제이의 행동을 통제하려고 했기 때문에 긴장되었다. 그들은 모두 좌절과 역겨움과 절망 어린 표정으로 서로를 바라보곤 했다. 부모는 각자 제이에게 제안을 했고, 부모의 그런 노력이 더 많아지자 제이는 반응을 더 하지 않게 되었다. 긴장이 고조되고 제이의 행동이 악화되자, 피터는 자동차에서 제이의 게임기를 회수하러 간다고 자리에서 일어났고, 그가 상담실을 나가자 준은 노골적으로 불만을 드러냈다.

(4) 부정적인 패턴을 추적하기

초기 회기 동안 치료사는 줄곧 호소 문제에 대한 가족의 경험에 대해 알 수 있는 행동과 정서를 따라간다. 치료사는 가족의 정서적 분위기를 만드는 반복적인 상호작용 패턴을 조직하는 부정적인 행동과 정서를 추적한다. 회기 중에 치료사는 가족구성원에게 그들이 직면한 전형적인 문제의 특징을 보여 주는 최근의 꽉 막힌 대화나 상호작용으로 되돌아가 보라고 요청한다. 이렇게 악화되었던 상호작용을 추적하면서 치료사는 부정적인 행동의 반응 사슬을 중간중간 끊어서 살펴본다. 이를 통해 점점 극단적으로 치닫는 상호작용에 대처하기 위해 가족구성원들이 사용하는 예측 가능한 보호 반응을 분명하게 볼 수 있다.

피터가 상담실로 돌아오자 치료사는 가족이 '지금과 같은 순간'에 어떤 것 같은지에 대한 대화를 나눌 의향이 있는지 질문했다. 치료사는 부모에게 현재의 순간과 부모 간의 협력에 대한 어려움에 치료의 초점을 맞출 수 있도록 부모가 힘을 실어 달라고 요청했다. 치료사는 제이와 부모에게 이 순간을 설명하는 단어를 각각 생각해 보도록 요청했고, 이러한 반영을 사용하여 구성원들에게 가족 안에서 긴장이 고조되는 순간을 살펴보도록 했다. 가족의 반응을 추적하면서 치료사는 여러 구성원의 행동을 따라가기 시작했고 그 과정에서 그들의 경험을 탐색해 나갔다. 치료사는 공부에 관한 다툼 이후에 최근 집에서 악화된 상황으로 초점을 옮겼고, 각 구성원의 다양한 경험과 제이의 말처럼 '정말 기분이 나빴던' 상황에 대한 반응을 반영하고 인정했다.

2) EFT 개입 기법

치료사는 치료적 동맹의 형성 및 가족의 불화와 고통에 대한 평가를 위해서 다음과 같은 개입 기법을 사용한다. 공감적 반응의 초점은 치료사가 가족구성원을 보고, 듣고, 이해하고 있다는 느낌을 갖도록 반응하는 것이고, 이는 가족치료에서 강력한 치료적 동맹을 유지하는 데 중요하다.

(1) 반영

공감적 반영은 가족관계 내 정서 경험에 접근하고 이를 처리하는 데 초점을 두기 위해 사용된다. 이는 개별 구성원이 관계를 이야기하는 과정에서 공유하는 내용에 초점을 둔 반영을 포함한다. 반영은 치료사가 해당 순간에 한 구성원의 경험에 초점을 두는 것일 수도 있는데, 치료사가 회기 중에 일어나는 상호작용이나 경험에 주목하기 위해 반영을 사용하는 경우가 이에 해당한다. 반영을 적극적으로 사용하면 가족구성원들을 바라보고 그들의 말을 잘 들을 수 있는 공간이 생기며, 또 개별 구성원의 고유하지만 공동의 경험에 대한 가족의 인식을 높일 수 있다.

치료사는 딸의 무례함과 냉담을 비난한 후에 마음이 상한 아버지에게 다음과 같이 반응한다.

치료사: 그래서 아버님은 딸이 등을 돌리고 반응하지 않는 것을 보고 화가 쌓이신 거군요.

"어떻게 딸이 나를 그렇게 무시할 수 있고 자기 상황이 얼마나 엉망인지 모를 수 있어?" 그렇게 화를 내는 것이 아버님이 딸에게 다가갈 수 있는 유일한 방법인 것 같네요.

치료사: 그리고 네가 등을 돌리더구나. 아버지의 분노에 대해서 아무 할 말이 없고 상황을 악화시키지는 않은 거지. 그 밖에 무슨 할 말이 있었겠니? (치료사는 딸의 위축에 주목한다)

치료사는 아버지와 딸 사이의 상호작용 순서를 따라간다. 이것은 아버지와 딸의 반응과 반발이 예측 가능한 순서나 상호작용 패턴을 어떻게 만드는지 그 방법을 설명하는 일련의 진술로 요약할 수 있다. 치료사는 관계를 맺고 있는 각 구성원의 행동과 정서적 반응을 드러내는 상호작용 패턴을 추적하고, 이 패턴이 서로 친해지려는 가족의 노력을 반영하는 방식이라고 요약하여 말해 준다.

(2) 인정

인정은 주어진 상황에서 한 구성원의 반응을 이해할 수 있다는 것으로서, 다양한 가족구성원의 경험을 수용하는 데 도움이 된다. 인정은 구성원 개인의 지각이나 정서 경험을 특정 상황에서 그 사람이 할 수 있는 유일한 반응으로 정당화하는 것이다. 인정을 잘함으로써 치료사는 내담자의 경험을 더 깊고 심오한 수준에서 파악할 수 있다. 인정을 사용함으로써 치료사와 가족구성원 간의 치료적 동맹이 강화되고, 또 구성원 간의 상호작용이 악화되는 순간에 불화를 조절하기 위한 자원을 갖게 된다.

치료사: (아버지에게) 당신의 딸이고, 특히 경고 신호를 보실 때는 딸이 너무 걱정이 되는데도 딸에게 다가갈 수 없어 견디기가 어려우신 거군요. 딸이 아버님을 무시하는 것은 죽느냐 사느냐의 문제처럼 느껴지지만, 어떻게 해서든 딸을 보호해야 하신 거네요.

치료사: (딸에게) 그리고 아빠가 너에게 너무 화를 내는 것을 보면, 안전하지 않게 느껴지니까 그런 폭풍우를 견디기 위해 그 자리에서 벗어나서 떨어져 있는 거구나. 아빠가 널 알아주거나 믿어 주지 않는 것 같을 때 네가 아빠의 돌봄에 이의를 제기하는 것이 이해되는구나.

(3) 환기적 질문과 진술

EFFT 전반에 걸쳐 환기적 질문과 반응은 가족구성원 개인의 경험이 불분명하거나 불확실한 순간에 개입함으로써 개인의 경험을 탐색할 수 있게 한다. 환기적 반응을 사용하면 가족의 대화가 느려지고 치료사와 가족이 가족관계를 지배하는 부정적인 패턴과 관련된 정서 경험에 접근하고 그 경험을 확장할 수 있다. 치료사는 가족을 알아 가게 되는 초기 단계에서 환기적 질문을 잠정적인 방식으로 한다.

치료사는 딸이 감정적으로 움츠러들고 위축되면서 점점 고조되는 아버지의 분노를 목격하는 상황에서 어머니의 반응을 요청한다.

치료사: (어머니에게) 서로 밀어내는 남편과 딸의 관계에서 고통과 거리감을 보게 되는 이 순간에 어머니는 자기 자신에게 무슨 말을 하게 되시나요?

여기서 치료사는 가족관계의 힘들었던 순간에 대한 어머니의 지각에 초점을 둔다. 치료사는 이러한 초점과 관련된 질문을 할 때 이 순간 어머니의 감정에 대해 더 직접적으로 질문할 수도 있다. "남편과 딸 사이의 거리감으로 인해 어머니가 거의 배제되는 순간에 어머니는 어떠신가요? 왜냐하면 두 사람이 여기 있을 때 아무도 어머니를 쳐다보지 않기 때문입니다. 정말 힘드시겠어요." 치료사의 환기적 질문과 반응을 통해 가족은 그들의 부정적인 상호작용 패턴의 관계적 현실에 주의를 기울일 수 있고, 또 질문에 답을 할 때 다른 구성원을 바라보고 들을 수 있는 기회가 생긴다. 이러한 초점의 변화는 가족의 부정적인 패턴에서 드러나는 의미와 행동을 알려 주는 정서에 접근할 때 꼭 필요하다.

(4) 재구성

부정적 상호작용의 단계적 약화라는 제1기의 목표는 가족이 현재 문제를 이해하는 방식에서의 변화를 필요로 한다. 초기 단계 전반에 걸쳐 치료사는 문제를 관계 차단에 의해 고착된 부정적인 상호작용 패턴의 관점에서 재구성하기 위해 가족구성원들과 함께 작업한다. 치료사가 가족 상호작용 패턴의 행동과 경험을 추적하고 반영할 때, 재구성은 이 패턴을 강조하기 위해서 시험적으로 사용된다. 초기 EFFT 회기에서 재구성은 가족관계 내 문제와 관련된 패턴을 요약하고 명확하게 하는 데 사용된다.

치료사: 지금은 가족 모두가 잘 알고 있는 어떤 순간인 것 같네요. 식구들이 모두 싸움에 말

려 들어서 모두가 좌절하고 상황을 바꿀 힘이 없다고 느끼는 그런 순간이지요. 아버님, 딸의 상황을 조언하고 바로잡으려는 노력이 무시되거나 묵살되니 화가 끓어오르고, 그래서 바로 여기서 딸이 보인 냉담함의 벽을 뚫고 나가려고 하시네요. 하지만 티나야, 이 벽은 너를 보호하기 위해 존재하는 거구나. 아빠가 그것을 이해하지 못하기 때문에 너는 이 순간에 안전하지 않다고 느끼는 것이겠지. 아빠가 널 잘 이해하지 못하시니까. 그리고 어머니는 이 모든 일이 일어나는 것을 옆에서 지켜보고 있고, 때로 한쪽 편을 들지 않고서도 이 상황을 좋게 할 수 있는 방법이 있는지 궁금해하시네요. 이런 일이 여러 가지 이유로 언제든지 발생할 수 있지만 매번 같은 패턴으로 느껴지는 것이네요.

초기의 치료 단계 전반에 걸쳐 가족의 상호작용 패턴이 명확하게 드러남에 따라 치료사는 이와 같은 요약을 반복한다. 특정 패턴의 단계적 약화의 속도를 늦추는 것은 어려울 수 있지만, 치료사의 공감적 반영과 인정은 이렇듯 부정적인 상태에 있는 가족구성원의 경험을 부각하고 문제에만 회기의 초점을 맞추기보다는 가족이 문제에 직면하는 방식으로 이동하여 살펴보게 한다. 다음에서는 가족의 호소 문제와 관련된 부정적인 패턴을 파악하는 데 기초가 되는 치료적 동맹 구축 및 평가 과정에 더 분명한 초점을 둔다.

4. 동맹과 평가

EFFT 과정은 가족합동회기로 시작되며, 이 후의 회기는 부모와 여러 자녀 혹은 한 자녀와 함께하는 것으로 진행한다. 우리가 선호하는 것은 먼저 가족과 만나 호소 문제에 대한 가족의 대화를 평가하고 가족구성원과 동맹을 구축하는 과정을 시작하는 것인데, 이는 치료 과정에서 중요한 것으로 밝혀졌다. 초기 가족회기의 초점은 평가회기로 이루어진다. 이때 치료사는 호소 문제와 이 문제가 가족 내 자원과 관계에 미치는 영향을 더 잘 파악할 수 있다. 치료사는 호소 문제의 영향을 받거나 이 문제와 관련된 모든 구성원을 초기 회기에 초대하여 가족이 직면하고 있는 어려움에 대한 전반적인 이해를 알아내는 데 집중한다. 이후의 평가회기는 부모나 양육자 및 자녀들과 함께하여 가족이 특정 하위체계에서 갖고 있는 자원과 요구를 추가로 탐색한다. 일부 부모의 경우, 치료사의 가족합동회기 요청을 거부하거나 반대한다. 이 경우에 치료사는 부모와 만나서 예비회기를 갖고 특정 부모의 우려를 인정해 주고 가족 초점의 접근 방식에 부모가 헌신하겠다는 약속을 확보함으로써 동맹을 맺는 데 집중한다.

1) 초기의 가족회기

가족회기에서 치료사는 가족 내 다양한 경험 및 호소 문제와 구성원 간의 관계를 확인하기 위해 참석한 모든 구성원이 자신의 경험을 말하도록 요청한다. 이 회기를 통해서 치료사는 불화 가족의 상호작용에 영향을 미치는 부정적인 경험을 포함하는 관계 차단을 처음으로 볼 수 있다. 치료사의 직접적인 질문은 회기에 참석한 모든 구성원이 가족 경험을 공유할 수 있는 기회를 높인다. 치료사는 다음과 같이 질문할 수 있다. "가족 안에서 당신은 어떤 경험을 하는지, 가족이 당신에게 어떤 것 같은지 말씀해 주시겠어요? 당신은 당신의 가족을 설명하기 위해 어떤 단어를 사용할 수 있을까요? 여러분 각자의 의견을 듣고 싶어요." 이를 통해 치료사는 가족에 대한 다양한 관점을 얻을 수 있으며, 동시에 가족에 대한 각 개인의 기여와 이해의 가치를 확인할 기회를 가질 수 있다. 각 구성원이 가족에 대해 이야기할 때, 치료사는 이야기가 어떻게 전달되는지, 구성원이 서로 어떻게 상호작용하는지, 정서적 연결의 강도는 어떠하고, 또 가족 단위에서 정서가 일반적으로 어떻게 표현되는지 관찰한다.

현재 불화를 겪고 있는 가족은 이러한 질문에 답하기가 참으로 어렵다. 회기는 한 구성원을 강력하게 비난하는 부모 한 사람이나 두 사람 혹은 심지어 다른 자녀와 함께 문제 자녀로 그 초점이 매우 빠르게 전환될 수 있다. 이것은 가족 과정에 영향을 미치며 부정적인 상호작용 패턴의 힘을 보여 주며, 이 패턴으로 인해 가족이 좀 더 중립적이거나 긍정적인 상호작용을 할 수 있는 능력이 제한되었던 것이다. 치료사는 가족구성원의 긴급한 우려를 반영하고 인정해 줌으로써 부정적인 상호작용의 악화에 즉시 개입하고, 동시에 이러한 우려가 가족의 경험을 지배하는 방식이라는 것도 인정해 준다. 치료사는 다음과 같은 환기적 질문이나 반응을 할 수도 있다.

> "그런 일이 일어날 때 어떤가요? 이런 일이 일어나는 것을 볼 때 당신은 무엇을 하거나 자신에게 말하게 되나요? 이 일이 당신에게 정말 힘들다는 것을 알 수 있으며 당신이 이 점을 이야기할 때 당신의 목소리에서 절박함을 들을 수 있네요. 아들에게 이런 일이 일어나는 것을 볼 때 당신의 내면에서 무슨 일이 일어나고 있나요?"

또한 치료사는 가족회기 중에 안전감을 유지하기 위해서 비난과 비판이 있을 때 적극적으로 그 방향으로 바꾼다.

EFT 치료사는 각 가족구성원 및 가족에 대한 각 구성원의 이해와 경험에 공감적으로 조율함으로써 동맹이 깨질 가능성을 피할 수 있다. 치료사가 회기를 진행하는 가운데 적극적으로 존재하고 또 접근 가능하고 잘 반응하는 리더십을 발휘하면 부정적인 악화가 중단되고, 가족은 힘겨운 대화를 신속히 풀어 갈 수 있다. 회기 과정을 적극적으로 안내하면 치료사가 다른 데서는 듣지 못할 수도 있는 대안적인 관점과 색다른 목소리를 도입하는 데 도움이 된다. 안전한 상담실에서 모든 구성원이 말하고 자신의 관점을 표현할 수 있게 하는 것은 가족회기 작업에서 중요한 첫 번째 단계이며, 이를 통해 치료사는 가족체계가 이러한 개입에 얼마나 개방적이고, 접근 가능하며, 잘 반응하거나 경직되어 있는지를 평가할 수 있다. 회기는 가족에 대한 치료사의 이해와 가족을 치료에 오게 한 우려에 대한 요약으로 끝난다. 치료사는 평가의 과정을 설명하고, 치료 목표에 따라 향후 가족회기 일정을 잡는다. 치료사는 가족구성원의 피드백과 그들의 끊임없는 우려를 솔직하게 말하도록 이끌고, 구성원이 부모를 통해 또는 치료사에게 직접 우려되는 점을 전달하도록 제안한다.

2) 부모 평가회기

부모와의 별도 회기는 돌봄체계에 대한 지지를 강화하고, 돌봄동맹을 평가하고, 공동의 치료 목표를 세우기 위해 중요하다. 이 회기에서는 종종 양육 역할에서의 좌절과 어려움이 수면 위로 드러나면서 양육자의 우려에 분명한 초점을 두게 된다. 치료사는 가족치료에 대한 부모의 망설임과 호소 문제에 대한 치료사의 이해를 포함하여 이러한 우려를 당연한 것으로 인정해 줌으로써 강력한 지지기반을 마련한다. 일부 부모의 경우에 가족치료를 제안받았다는 것 자체를 수치스럽게 느끼고, 자녀의 불평을 치료사가 인정하여 반응하는 것을 보고서 자신의 부모 역할에 대한 치료사의 지지를 믿지 못할 수 있다. 또 어떤 경우에는 가족의 어려움과 관련된 자녀의 취약한 입장을 탐색하는 것만으로도 부모가 자신을 더 많이 보호하거나 방어하게 할 수 있다. 합동치료에 대한 부모의 약속을 받아 내고 자녀의 취약성에 초점을 둠으로써 목표 달성을 위한 동맹이 촉진된다. 치료 목표와 부모의 양육 목표 사이에 지지와 조정을 확실히 하는 것이 가족치료의 예후 지표가 될 수 있다.

부모회기는 가족치료를 말해 주는 네 가지 영역에 초점을 둔다. 첫째, 치료사는 합동치료를 지지하면서 부모와 치료적 동맹을 확립한다. 여기에는 가족회기에서 제기된 호소 문제와 질문에 관한 부모의 우려를 다시 한번 살펴보는 것을 포함한다. 둘째, 치료사는 부모의 접근성과 부모 역할에 영향을 미치는 요구와 자원을 평가하는 데 초점을 둔다. 치료사는 가족회기에서 확인된 우려사항, 호소 문제와 관련된 역할에 대한 부모의 이해, 자녀 및 자신의 양육과 관련하여 부모가 호소 문제를 바라보는 방식을 탐색한다. 셋째, 부모로서의 자신에 대한 관점을 살펴보며, 자녀에 대한 부모의 관점은 부모의 애착력 및 과거에 양육받은 내력이 부모로서의 자기 경험에서 담당하는 역할을 포함한다. 넷째, 한 명 이상의 부모나 양육자가 자녀 양육에 연관되어 있는 가족과 관련이 있다. 공동부모 역할동맹에 대한 평가는 부모가 양육에 어느 정도 합의하고 서로 얼마나 지지하는지 그 수준에 초점을 둔다. 치료사는 부부관계로 인해 지지나 파괴적인 갈등이 생길 수 있는 정도와 부모 역할과 기대 및 실행에서의 차이로 인해 반응의 차이가 생기는 상황을 구분하려고 노력한다.

(1) 부모동맹

부모가 가족합동회기에 집중하게 하는 것은 가족이 직면한 문제들을 교정하려는 부모의 노력을 존중하는 것과 함께 시작된다. 치료사는 부모가 직면한 어려움을 정상화하고, 가족을 더 좋은 상황으로 만들기 위해 노력을 기울였을 때 그들이 감수했던 힘든 일들을 정상화한다. 치료사는 자녀와 가족의 더 나은 미래를 위한 발걸음을 밟으려는 부모의 용기와 의욕을 인정함으로써 부모의 고유한 역할을 대체 불가능한 자원으로 인정하며, 치료의 초점을 자녀의 삶과 미래에 부모가 미치는 영향의 중요성에 두고 진행한다. 부모회기에서 치료사는 자녀의 경험을 편드는 것처럼 보일 수 있는 순간이 있을 것이라는 점을 미리 이야기하며, 서로 관계를 맺고 있는 각 구성원의 개방성과 이해를 높인다는 치료 목표를 강조한다. 이러한 순간을 미리 예측함으로써 치료사는 호소 문제에 대한 부모의 영향과 책임에 대한 부모의 걱정과 두려움을 예측할 기회를 갖게 할 수 있다.

반발 행동과 문제 행동을 이해할 수 있는 기회를 제공하기 위해서는 회기 중에 이러한 반발 반응을 확인하고 더욱 개방적이고 안전한 상호작용을 해서 그 여지를 마련해야 한다. 치료사의 역할은 부모가 자녀양육에서 담당하는 중요한 역할을 인정하고 동시에 가족 내 다양한 경험을 부각하는 것이다. 반발 정서를 인정하고 이해하면 부정적인 상호작용 패턴에서는 자주 표현되지 않는 더욱 취약한 욕구에 더 깊이 다가갈 장을 마련할 수 있다. 치료사는 이러한 정서적 역동이 효과적인 양육을 어떻게 저해할 수 있는지 그 방식을 파악하기 위해서 다양한 양육 형태[예: 권위주의적, 권위적, 허용적(Baumrind, 1978)]를 참조할 수 있다. EFFT는 부모의 행태에 중점을 두는 것 이상이며, 양육 전략에만 오로지 초점을 두기보다는 부모와 자녀가 서로 더 잘 반응하는 관계를 통해 이루어지는 접근과 정서적 균형을 유지하면서 양육을 할 수 있도록 하는 데 중점을 둔다.

(2) 부모의 가용성

이 회기에서는 치료사가 오직 양육에만 초점을 둠으로써 IP를 포함한 가족의 다른 구성원들에게 부모의 가용성(parental availability)이 어떠한지 더 잘 탐색할 수 있다. 치료사는 자녀에게 주의를 기울여 자녀가 보내는 신호를 읽을 수 있는 부모의 능력을 평가하고, 부모가 자녀의 행동을 색다른 관점에서 이해하는 데 얼마나 호기심을 갖고 개방적인지 평가한다. 치료사는 생각과 감정을 의사소통할 수 있는 부모의 능력을 고려하고, 부모가 자녀에게 발달적으로 적합한 기대를 하는지의 여부 그리고 부모가 어조, 몸의 자세, 얼굴 표정을 포함하여 감정을 어떻게 의사소통하는지 질문한다. 마지막으로, 부모가 문제를 얼마나 유연하게 해결하는지를 평가함으로써 양육에 대한 기대에 어느 정도의 균형을 유지하고 있고 또 양육에 대한 자신의 실패를 어느 정도 인식할 수 있는지를 통찰하게 할 수 있다(Kobak & Mandelbaum, 2003).

부모는 IP에 대한 좌절감과 가족회기에서 표출된 문제를 해결하려는 노력을 솔직하게 말하려는 경향이 크다. 치료사는 부모가 최선을 다해 자녀에게 반응하려는 노력을 적극적으로 들어보고, 돌봄 상황에서 부모가 기울인 노력을 인정해 준다. 이러한 부모의 우려를 다룸으로써 치료사는 자녀의 요구와 걱정을 부모가 더 잘 인식하고 더 민감하게 반응할 기회를 갖게 할 수 있다. 가족회기에서 치료사는 자녀의 정서와 경험에 초점을 두기 위해 반영 기법을 사용할 수 있고, 자녀의 경험과 그 경험이 부모에게 미치는 영향을 인정할 수 있다. 예를 들어, 치료사는 초기 가족회기에서 부모가 안심시키는 말에 자녀가 방어적으로 거부했던 상황을 상기시킨다. 이에 대한 부모의 거부감을 확인하면서 치료사는 자녀의 행동을 자신이 원치 않은 아이라는 두려움에서부터 나오는 자기보호 반응이라는 관점에서 바라보게 한다. 치료사는 현재 자녀를 보살피고 응원하려는 부모의 노력을 가로막는 이러한 불안전의 순간을 극복하는 것이 치료 목표라고 강조한다.

부모의 가용성 평가는 부모의 정서적 현존(presence)에 영향을 미치는 개인적 · 관계적 요인을 포함한다. Kobak과 Mandelbaum(2003)은 개인 내적 · 대인관계적 · 상황적 스트레스 요인에 기초하여 부모 가용성에 영향을 미칠 수 있는 세 가지 요인을 제시했다. 개인 내적으로 기분 관련 장애를 포함한 심리적 디스트레스는 자녀의 정서적 요구에 대한 부모의 관심과 인식을 감소시킬 수 있다. 대인관계적으로 부모의 적대감이나 거부는 부모를 안전한 지지와 돌봄의 대상으로 신뢰할 수 없다고 간주하는 애착파열이나 애착손상을 초래할 수 있다. 마지막으로, 빈곤, 실업, 만성질환을 포함하여 스트레스적인 생활 사건은 부모의 주의를 산만하게 하고 가족체계의 고통을 증가시켜 부모 가용성에 일관성을 떨어뜨린다. 이러한 각 요소는 가족의 정서적 분위기에도 영향을 미치며, 가족체계에 정서적 부담을 추가하여 정서적으로 반발하는 경향이 더 높고, 스트레스가 되는 정서를 효과적으로 공동 조절할 수 있는 능력을 감소시키는 경향이 있다(Morris et al., 2007).

그다음 훈육과 경계선 설정에 대한 부모의 책임을 인식하고 확인한다. 치료사는 부모를 초대하여 현재의 전략이 부모자녀관계에서 돌봄과 신뢰의 악화를 초래했기에 덜 효과적이었던 방법들을 살펴본다. 부모가 경계선을 관리하고 기대를 설정하는 데 있어서 성공했던 시간과 과거의 전략이 실패했던 또 다른 시간을 말해 달라고 부모에게 요청한다. 치료사의 평가는 특히 부정적인 상황이거나 반발적인 상호작용 상황에서 자녀의 요구에 과도하거나 과소하게 반응한 부모의 행동에 초점을 둔다.

부모의 행동은 자녀를 돌보려는 내재된 의도를 표현하지만, 자녀에 대한 혹은 부모로서의 자신에 대한 부정적인 기대에 반응하기 위한 노력으로 인해 왜곡되기도 한다. 특정 부모의 행동과 관련된 내재 정서를 충분히 이해하지 못하는 이 시점에서 모든 부모의 행동을 돌봄 행동으로 재구성하는 것은 시기상조이다. 하지만 부모의 행동 이면에 있는 일반적인 동기를 인식하고, 또 자녀의 더 나은 삶을 위한 부모의 노력을 반영하는 것만으로도 충분하다. 더욱이 부모의 행동이 모두 이러한 돌봄 의도를 반영하는 것은 아니며, 부모의 행동이 자녀 또는 부모 자신에 대한 부정적인 관점을 반영할 수 있으므로 치료사는 부모의 반응을 충분히 평가해야 한다. 적절한 시점에서 부모의 선한 의도를 강조하고 반영하면 더 강력한 치료적 동맹이 맺어질 여지가 마련된다.

(3) 부모의 애착력

부모의 애착력에 대한 치료사의 평가와 탐색은 치료 전반에 걸쳐 서서히 진행된다. 부모의 가용성을 가로막는 요인을 다루다 보면 종종 어린 시절에 양육받은 경험에 뿌리를 둔 자기 또는 자녀에 대한 부정적인 관점이 드러난다. 이와 같이 치료사가 부모의 애착력을 평가하면, 부모가 어린 시절에 알고 있던 것을 감안하여 부모 역할에 대한 경험을 알려주는 주제를 미리 이해할 수 있다. 치료사는 가족을 더 잘 이해하고 부모가 각자 양육 역할에 가져온 경험을 더 잘 이해하기 위한 자원의 관점에서 부모의 애착력에 대해 질문한다.

치료사는 부모에게 IP 자녀와 같은 나이였을 때의 경험을 나누어 달라고 요청할 수 있다. 그때 부모는 누구에게 돌봄과 지지를 요청했고 그 경험에서 무엇을 배웠는지에 중점을 둔다. 더 나아가 치료사는 부모가 어렸을 때 비슷한 어려움을 겪었는지, 그리고 그러한 어려움에 직면했을 때 자신의 부모가 어떻게 반응했는지를 질문할 수 있다.

(4) 돌봄동맹

부모회기에서 두 부모 가족의 공동 양육동맹과 부부관계를 평가할 수 있다. 부부관계의 질과 공동의 협력적인 양육은 종종 관련이 있지만, 치료사는 부부의 돌봄동맹을 부부관계 적응과는 별개로 평가해야 한다. Kobak과 Mandelbaum(2003)은 기능적인 돌봄동맹의 두 가지 필수 요소를 확인했다. 첫째, 각 배우자는 자녀 양육에 대한 책임을 분담한다. 둘째, 각 배우자는 상대방이 부모로서 기여한 바를 존중한다. 공동 책임과 존중은 돌봄동맹의 특징이며, 부모회기를 통해 치료사는 부부관계에서 양육이 담당하는 역할을 통찰할 수 있다.

돌봄동맹에 문제가 있는 부부는 양육할 때 어려움을 겪을 가능성이 더 크다. 양육 문제에 대한 논의는 종종 갈등과 인신공격의 원인이 된다. 양육에 대한 접근 방식의 차이를 문제가 있는 것으로 판단하여 돌봄을 조정하려는 배우자의 시도를 극단적으로 나누려 한다. 그에 반응하여 각 부모는 자녀양육을 위한 상대방의 노력을 방해하고, 그로 인해 자녀에 대한 지지를 협력하는 부부의 자신감이 약화될 수 있다. 양육 문제는 부부불화를 일으키고, 이는 결국 부부의 취약성을 높여서 양육에 협력할 때 더 큰 고통을 겪게 한다. 또 어떤 부부는 자녀의 부정적인 행동을 희생양으로 삼아 자녀에 대항해서 한 편이 되는 경우도 있다. 이러한 부부는 자녀에 대항하여 둘이 함께 협력하지만 자녀에게 정서적 접근성을 제공하지 못한다.

마찬가지로 양육과 무관한 부부관계 불화도 가족의 정서적 분위기에 영향을 미친다. 만성적인 부부갈등은 자녀가 가족 안에서 찾을 수 있는 정서적 안전감을 약화시키고 (Cummings & Davies, 1996), 그러한 부부갈등으로 인해 부부간 서로에 대한 지지가 서서히 약화된다. 이러한 불화의 영향은 부부가 양육에 보완적 접근을 취함으로써 부부불화에 대처할 때 더욱 복잡해진다. 예컨대, 한 배우자가 자녀의 삶에 지나치게 관여하고 다른 배우자는 양육에 덜 관여할 때이다. 양육과 부부갈등이 충돌할 때 자녀들은 특히 취약한 입장에 있게 된다.

> 부모자녀 돌봄동맹 및 부부 애착관계가 고통스러워지고 또 양육자로서 부모의 자신감과 부부 애착관계의 파트너로서 자신감이 약화될 때, 고통은 기하급수적으로 증가하여 자녀가 기본적으로 계속해서 이용할 수 있는 양육자의 능력이 위태로워질 수 있다. (Kobak & Mandelbaum, 2003, p. 155)

3) 자녀평가

부모회기가 끝나고 이루어지는 마지막 평가회기는 IP 자녀 및 형제자매와 함께하는 회기이다. 이 회기의 목표는 각 자녀와 치료사의 동맹을 강화하고 가족합동치료를 위한 안전감과 준비도를 평가하는 것이다. 이 회기는 자녀들에게 가족치료에 대한 걱정이나 질문을 나눌 기회가 되며, 치료사가 신뢰를 높이고 자녀의 가족 경험에 대한 이해를 깊게 할 수 있는 기회가 된다. 치료사는 가족회기와 부모회기에서 확인된 반발 패턴에 자녀가 어떻게 반응하는지에 대한 더 자세한 사항을 파악할 수 있다.

자녀회기는 부모의 의견과 평가가 없는 상황에서 자녀들이 가족 경험을 표현할 수 있는 공간이 된다. 종종 자녀들은 입 밖에 내지 않은 가족력이나 경험을 통찰할 수 있는 독특한 관점을 제공한다. 치료사는 자녀들이 서로 개입하고, 싸우고, 바로잡아 주고, 협상하고, 돌보고, 반응할 때 가족을 어떻게 바라보는지 탐색한다. 치료사는 가족이 감정을 공개적으로 나누는지 또는 분노나 슬픔 같은 감정에 대한 규칙을 가지고 있는지 질문할 수 있다.

자녀회기는 호소 문제에 맞추었던 초점을 가족에 대한 더 넓은 이해로 확장하고, 그리하여 치료사는 가족 안에서 자녀가 가지고 있는 고유한 목소리와 가족을 더 강하게 만들기 위해 자녀가 할 수 있는 역할을 강화한다. 자녀들이 부모와 자신 및 서로에게 가지고 있는 관점을 평가하면 가족의 전반적인 반응 능력에 대한 추가적인 강점과 장애 요소를 파악할 수 있다. 한 구성원은 다른 구성원에게 지원을 요청할 수 있는가? 부모에게 도움을 요청할 수 없다면 다른 형제자매에게 지원을 요청할 수 있는가? 아니면 혼자인가? 치료사는 자녀들이 가족에서 삶을 어떻게 경험하는지 그림을 그려 봄으로써 가족의 역동성에 대한 매우 자세한 사항을 파악할 수 있고, 또 통제나 부재하는 방식으로 자주 보이는 부모의 행태 이면에 있는 양육 의도를 집중적으로 살펴볼 기회를 가질 수 있다.

4) 자기보고식 평가

애착 관련 행동과 경험을 평가하기 위해 수많은 측정도구가 개발되었다. Johnson(2019)은 가족을 대상으로 일하는 EFT 치료사가 임상적으로 활용할 수 있는 두 가지 자기보고식 측정도구를 제안했다. 첫째, 부모와 또래애착 척도(Inventory of Parent and Peer Attachment: IPPA; Armsden & Greenberg, 1987)는 또래와 가족관계에 대한 청소년의 보고를 평가하는 척도로서, 의사소통과 소외감 및 신뢰의 하위 요소로 구성된다. IPPA의 하위 요소들에 관한 연구 결과에 따르면, 애착불안 및 소외감 점수와 관련이 있는 청소년의 의사소통 점수는 애착불안 및 회피와 관련이 있었다(Brennen, Clarke, & Shaver, 1998).

둘째, McMaster 모델은 애착관계에 대한 부모의 자신감 평가에 관한 자원이다(Dickstein, 1999). Epstein, Baldwin과 Bishop(1983)이 개발한 가족평가척도(Family Assessment Device: FAD)는 일반적인 가족 기능을 평가하는 척도이며 임상적인 준거 점수를 제시한다. 이 척도는 가족 평가에 관한 7개의 개별 척도, 즉 정서적 반응, 정서적 참여, 행동 통제, 문제해결, 역할, 의사소통, 일반적인 가족기능 척도로 구성된다. Johnson (2019)은 정서적 기능의 하위 척도가 EFFT 치료의 영향을 평가하는 데 특히 중요하다고 말한다.

5) 금기사항과 비밀 유지

EFFT 치료는 중대한 위험과 지속적인 폭력이나 학대행동의 위협이 있는 가족에게는 적합하지 않다. 치료사가 가족관계에 효과적으로 참여하고 경험적으로 작업하기 위해서는 부모 및 자녀와의 강력한 치료적 동맹이 필요하기 때문에 치료사에 대한 부모의 수용성과 개방성이 중요하다. 치료 과정에서는 표현과 취약성이 필수적이므로, 폭력이나 학대 가족을 대상으로 EFFT를 사용하면 개인이 더 큰 위험에 처할 수 있다(Johnson & Lee, 2000). 치료되지 않은 약물 관련 문제 및 기타 정신건강 장애가 있는 가족 상황은 가족치료를 지원할 만큼 적절한 돌봄이 이루어지고 있는지의 여부를 결정하기 위해 추가적인 평가가 필요하다. 단절한 부모나 적대적인 양육자는 구성원 간의 접촉을 높이는 데 대한 동기가 없기 때문에 가족치료 작업을 방해할 수 있다. EFT 치료사는 치료 과정 전반에 걸쳐 안전감을 지속적으로 모니터링하는데, 가족 안에서 취약성과 정서적 위험을 감수하고 표현하려면 모든 가족구성원이 이러한 단계를 밟는 데 있어 안전감을 느끼고 심각한 보복이나 처벌을 받지 않는다는 확신이 있어야 하기 때문이다.

EFFT 치료사는 개인회기와 가족합동회기의 조합으로 치료 과정이 이루어질 때 비밀 보장에 관한 윤리적 및 법적 기준을 따라야 한다. 최소한 치료사는 여러 양식으로 치료를 진행할 때 치료 전에 비밀 유지 및 사전 동의에 관한 치료사 자신의 정책 및 실천 관행을 치료에 참여하는 가족구성원들에게 알려야 한다. 가족구성원들에게 EFFT 치료에서 개인과 부부 및 가족 회기를 가질 수도 있다는 정보 그리고 치료사가 동일한 구성원을 포함할 수도 있고 그렇지 않을 수도 있지만 회기 사이에 연속성이 유지되는 방법에 대한 정보를 제공해야 한다. 또한 치료사는 회기 전에 가족구성원의 회기 참여나 비참여가 비밀 유지와 사생활 보호에 관한 기대에 미칠 수 있는 영향 등 이러한 실천 관행을 내담자에게 상기시켜 주어야 한다.

5. EFFT 의사결정 프레임과 치료 계획

평가 과정에 이어서 치료사는 가족 내 불화가 가장 심한 관계에 최대한 초점을 두기 위한 치료회기를 조직한다. 부정적 상호작용의 단계적 약화에 초점을 둔 초기 회기에서 치료사는 가족의 불화에 의해 가장 큰 영향을 받은 구성원과의 회기를 특히 중시한다. 치료사는 EFFT 의사결정 프레임([그림 3-2] 참조)에 따라 일반적으로 이인회기나 삼인회기 혹은 가족회기 사이에 회기 구성을 다양하게 바꾸어 가며 치료를 진행한다. 치료가 진행됨에 따라 치료사는 특정한 애착 역동에 초점을 점점 더 맞추고, 특정한 관계의 친밀감과 고유성을 존중함으로써 안전감을 고취하기 위해 이인 또는 삼인 회기를 가질 수 있다. 예를 들어, 치료사는 돌봄동맹과 관련된 갈등을 탐색하기 위해 부모회기를 요청할 수 있고, 혹은 친부모와 계부모 가족의 딸이 참여하는 회기를 요청할 수 있다.

EFFT 의사결정 프레임에 따라 치료사는 안전감을 높이고 치료의 초점을 좁혀 다른 구성원의 영향 없이 개인 구성원의 경험을 심화하기 위한 수단으로서 부모 및 IP와 함께 이인 또는 삼인 회기를 가질 수 있다. 안전감이 우려되는 상황에서 EFT 치료사는 한 부모가 자녀를 보호하는지를 장담할 수 있는지의 여부를 평가해야 한다. 필요한 경우에 치료사는 안전감을 보장하기 위한 조치를 취할 수 있도록 해당 부모와 특정 계약을 맺어야 할 수도 있다. 가족합동치료는 자녀의 안녕과 안전 문제를 보장하는 데 필요한 자원이 마련될 때까지 연기될 수도 있다.

발달적으로 볼 때 상담의 내용이 적절하지 않을 때는 어리고 취약한 입장에 있는 자녀를 전체 가족회기에서 제외함으로써 자녀의 안전이 보장되고 가족 단위에 적절한 경계선이 설정될 수 있다. 가족 구조와 역사는 가족치료의 구성에 영향을 미칠 수 있다. 계부모 가족에서는 생물학적 친부모와 계부모 간의 차이에 특히 주의를 기울인다. 계부모 가족은 종종 과도기에 있고 상실에 대처하고 있기 때문에, 자녀가 자신이 선택하지 않은 새로운 가족구성원과 관계를 맺도록 요청을 받기 전에 우선 생물학적 부모와 자녀 사이의 유대감에 초점을 맞추어 그것을 강화해야 한다. 친어머니와 자녀회기 및 부부회기를 결합하는 것이 이러한 가족을 위한 최적의 치료 계획이 될 수 있다.

1) 가족 패턴 추적하기

평가 과정을 통해 치료사는 가족과의 유대를 강화해야 하며, 가족회기와 부모회기 및 자녀회기를 따라가며 가족을 지배하는 부정적인 패턴에 초점을 맞추는 치료 과정을 조직한다. 이러한 마지막 목표는 회기의 초점을 평가에서부터 호소 문제와 관련된 부정적 패턴의 확인과 그에 대한 처리가 이루어지는 실제 치료로 이동하는 것이다. 치료사의 목표는 가족의 불화와 불안정을 유발하는 예측 가능한 상호작용 순서를 가족이 분명하게 이해하도록 돕는 것이다.

흔히 부부를 치료할 때 EFT 치료사는 각 배우자의 경직된 위치를 중심으로 조직된 부정적 상호작용에 초점을 둔다. 이러한 위치는 일반적으로 추적 또는 위축으로 설명되며, 이는 각 배우자가 관계 불안전에 대응하기 위해 사용하는 이차적인 애착 전략을 나타낸다. EFFT에서 가족 패턴은 더 복잡하고 둘 이상의 애착관계를 포함한다. 가족불화의 근원은 주로 한 관계에 있을 수 있지만, 가족불화의 영향은 가족체계 전체에 걸쳐서 느껴진다. 회기 중에 구성원들이 가족불화가 지배했던 구체적인 순간을 이야기할 때 치료사는 가족의 상호작용을 추적한다. 가족의 상호작용 순서를 그려 보는 것의 목표는 구성원이 부정적인 정서와 불안전한 시기에 하는 예측 가능한 행동을 명백하게 만드는 것이다.

아들 딜런의 치료사가 우울증과 대인관계 문제에 대한 딜런의 개인치료에 가족치료가 도움이 된다고 추천해서 가족치료를 찾은 로라와 톰 부부를 생각해 보자. 평가회기 후에 치료사는 딜런, 로라, 톰, 딜런의 두 자매 에이미와 엔젤이 포함된 가족회기를 소집했다. 회기는 로라가 에이미와 그녀의 친구들을 위한 가족 파티를 준비하기 위해 딜런에게 물건을 가져오라고 요청한 후에 딜런과 로라 사이의 최근 말다툼에 초점을 맞추었다. 로라가 딜런을 도와주려고 밖으로 나가 딜런에게 다가갔다. 딜런은 어머니의 도와주려는 노력을 격하게 비난하면서 방어적인 반응을 보였다. 에이미는 결국 눈물을 터뜨렸고 엔젤은 많은 가족원이 즐거워하는 기분 좋은 순간을 딜런이 항상 망치는 것 같다고 신랄하게 불평했다. 딜런은 자신의 소지품을 여동생의 발 앞에 던지고 자기 방에 들어가 문을 잠궜다. 로라가 엔젤의 태도를 꾸짖고 에이미를 위로하려고 하자 엔젤은 자기 방으로 갔다. 톰은 울고 있는 로라와 에이미를 찾으러 방으로 들어갔고 딜런의 방에서는 음악소리가 울려 퍼졌다. 혼란스러움과 감정 표출에 격분한 톰은 믿을 수 없다는 듯 "도대체 무슨 일이 일어난 거야?"라고 말했다. 로라는 톰이 더 많은 일을 도와주기 위해 자기 곁에 있었다면 이런 일은 일어나지 않았을 것이라고 격분하며 톰에게 반발했다. 에이미는 더 서럽게 울었고, 로라는 에이미에게 다시 초점을 돌렸으며, 톰은 역겨운 마음에 방을 나서 딜런이 가족에게 아무 도움이 되지 않는다고 훈계했다. 톰과 딜런의 대화는 딜런이 자기가 없어지면 이 가족이 더 나을 것이라고 말한 후에 긴 침묵 속에서 끝이 났다.

어떻게 보면 전형적인 가족 갈등일 수 있는 이런 상황에서 치료사는 가족의 유대감과 협동 능력을 저해하는 불안전의 엄청난 힘을 분명하게 볼 수 있다. 부정성이 가족 환경에 영향을 미칠 때, 가족구성원은 유연성을 잃고 점점 높아지는 부정적 정서를 규제할 수 있는 자원을 상실한다. 톰의 방어적인 비판적 태도는 딜런이 더 나은 행동을 하도록 코치할 수 없는 아버지로서의 좌절감과 딜런에 대한 로라의 지나치게 민감한 접근에 대한 그의 저항을 드러낸다. 로라는 딜런의 문제를 처리해야 하는 부담이 가중되면서 양육 상황에서 종종 혼자라고 느낀다. 톰과 로라 사이의 긴 다툼으로 인해 부부는 서로 더 멀어지고 덜 지지하게 되었다는 느낌을 받았다. 에이미는 가족의 긴장에 민감했고 다른 사람들이 싸우고 다툴 때 느끼는 상처를 종종 표현한다. 엔젤은 딜런이 때로 어머니를 조종하고 아버지를 무시한다고 생각하면서 딜런을 중심으로 이루어지는 가족 조직에 점점 더 좌절하고 있다.

EFFT에서 치료사는 가족의 경험과 행동을 조직하는 심층 정서를 드러내는 상호작용 순서를 통해 가족이 불화에 대해 더 큰 그림을 볼 수 있도록 돕는 것으로 시작한다. 치료의 초기 단계에서 가족 경험을 처리하고 상호작용을 정리해 보면 가족불화를 이해할 수 있고 다른 구성원의 행동을 더 잘 예측할 수 있다. 치료사는 가족구성원 간에 부정적인 상호작용 패턴이 일어날 때 각 구성원의 경험을 반영하고 인정하면서 특정 상호작용을 추적한다. 구성원 개인의 경험과 내재된 정서에 초점을 맞춤으로써 치료사는 가족구성원들이 불화를 유발한 불안전을 탐색할 수 있도록 안전기지를 제공한다. 치료사가 애착 추구와 돌봄 행동을 가로막는 요인들을 확인하고 그 요인들을 서로 관련 지을 때, 동일한 상호작용에서의 다양한 경험이 존중된다. 회기에서 가족구성원들을 이해할 수 있고, 또 그들의 말을 들을 수 있으며, 불화 시 사용되는 보호 전략이 밝혀지면서 가족이 전형적인 불화의 순간을 다른 방식으로 직면하기 시작할 수 있다.

6. 사례

이 사례는 최근 기분 관련 장애 진단을 받은 성인 딸의 가족에 대한 EFFT 치료의 초기 단계를 보여 준다. EFFT 과정의 초기 회기부터 가족 평가의 과정을 예를 들어서 설명한다.

1) 배경

킹스톤 씨 가족이 가족치료를 요청했는데, 이 가족은 최근 우울증 진단을 받은 막내딸 로라(22)와 함께 문제를 겪고 있었다. 케이트린(25)은 독립해서 남자친구와 함께 살았지만 가족치료 참석에 동의했다. 로라는 부모 셜리와 레스와 함께 가족 소유의 사업에 관여했는데, 케이트린도 의료적인 장애로 인해 집을 떠날 때까지 거기서 일했다. 가족은 가족 사업을 중심으로 유대감을 형성했지만 함께 공유하는 여가 시간은 부족했다.

2) 부모회기

접수면접 시 부모의 극심한 좌절과 안전에 대한 염려로 인해 초기 가족회기 이전에 부모회기 일정을 잡게 되었다. 셜리와 레스는 로라의 무뚝뚝하고 위축된 행동에 좌절감을 표현했고, 또 직업과 주거비용을 포함하여 그들이 제공했던 경제적 지원의 정도가 걱정이 된다고 했다. 부모는 자신들의 관대한 노력에 로라가 충분히 감사를 표현하지 않은 것을 분개했고, 이러한 현실을 보게 하자 로라가 보인 분노발작에 힘겨워했다. 로라는 최근에 오랜 만남의 관계를 끝내고 헤어진 후에 자기 방에서 대부분의 시간을 보냈으며, 또 직장에서도 시간을 제대로 못 지키면서 더욱 적대적이 되었다. 레스와 셜리는 로라를 '게으르고' '까다로운' 아이로 보았고, 또 로라와는 적대감과 비난으로 악화되지 않았던 대화를 거의 하지 못했다고 했다.

부모는 로라의 우울증 진단에 정신을 차렸고 딸을 도우려는 노력으로 압박감을 느꼈다. 치료사는 로라의 힘겨운 싸움에서 부모의 역할이 중요하다고 강조하면서 부모를 지지하였고, 접근과 반응 및 교감을 통해 부모 가용성을(부모가 딸에게 시간을 충분히 내 줄 수 있기를) 권고했다. 회기 중에 치료사는 딸과 함께 부정적인 패턴에 갇혀 있는 것이 부모로서의 부정적인 경험을 어떻게 강화하고 있는지, 또 로라가 인생의 중요한 이 시점에서 필요한 위로와 지지를 얼마나 받지 못하는지 그려 보았다. 그것은 레스와 셜리에게 새로운 관점이었는데, 그들은 로라가 더 강해지고 계속해서 삶을 살아 나가기만 하면 된다고 생각했기 때문이었다. 치료사가 부모에게 공감하고 딸을 도우려는 부모의 의도적인 노력을 강조하자 부모는 모두 로라에게 더 잘 다가갈 수 있는 방법을 배우는 데 마음을 더 많이 열면서 상담실을 떠났다.

3) 자녀회기

부모회기가 끝난 후에 치료사는 로라와 케이트린을 회기에 초대하여 가족 경험에 대한 이야기를 나누었다. 치료사는 딸들과 동맹을 맺은 후 가족에 대한 느낌을 말해 달라고 요청했다. 둘 다 가족이 레스와 로라 사이의 갈등을 중심으로 돌아간다는 데 동의했다. 또한 로라는 자기비판적인 발언을 한 후 도망을 가면서 '발뺌하는' 어머니와 싸웠다고 했다. 한편으로 아버지와는 대립하는 일이 더 많았고, 의견 불일치가 문자 그대로 '악을 쓰는 시합'으로 확대되었다고 말했다. 케이트린은 거리를 두고 정서적으로 이탈함으로써 가족 갈등을 피했다. 그녀는 어머니와 더 가깝다고 느꼈고, 로라는 자주 싸웠지만 아버지와 가장 가까운 관계라고 말했다. 로라는 자신을 가족의 문제아라고 여겼고 최근의 가족 휴가 중 딸 간에 신체적으로 실랑이를 벌인 후에 이런 점이 더 강조되었다고 말했다. 회기에서 딸들은 케이트린이 자신의 질병 문제에 대해 받았던 부모의 관심과 관련하여 계속되는 갈등을 자세히 이야기했다. 로라는 여동생의 고통을 받아들이고 인정하는 케이틀린에게 자신의 상처와 외로움을 솔직하게 털어놓았다. 그 결과, 두 딸은 더 친밀감을 느꼈고 로라는 케이트린을 가족의 동맹자로 보기 시작했다. 치료사는 자매로서 서로 의지하는 것이 중요하다고 강조했다. 자매는 가족 안에서 자신이 얼마나 자주 단절되고 외롭다고 느꼈는지를 인식했으며, 어느 누구도 부모의 눈에 자기가 '충분히 좋은' 사람이라고 느끼지 못했다는 사실을 듣고서 놀라워했다.

4) 가족회기

초기 가족회기의 목표는 각 구성원이 가족에 대한 자신의 걱정과 관점을 말할 기회를 가질 때 개방성과 이해를 촉진하는 것이다. 부모 및 자녀들과의 이전 회기에서 부모 모두 로라에 대한 부정적인 견해를 나누었지만 각각 다르게 반응했음을 알게 되었다. 셜리는 비판적인 회피로 대응했고 레스는 실제적인 직면을 통해 비판적인 통제로 대응했다. 어느 부모도 로라와 긍정적인 관계를 맺지 못했고 케이틀린은 모든 구성원과 정서적으로 거리를 두고 있었다.

치료사는 이면의 감정을 반영하고 인정하며 긍정적인 상호작용을 촉진함으로써 상호작용 패턴을 살펴보는 데 계속해서 초점을 두었다. 이 부분은 EFT 탱고의 처음 세 움직임을 보여 주며, 또 이 과정이 가족회기의 시작 부분에서 어떤 방향으로 가야 할지를 보여 준다. 초기 가족회기에서 발췌한 내용은 치료사가 이전의 평가회기를 현재 가족의 불화와 갈등 패턴에 대한 대화로 통합하는 방법을 보여 준다.

가족회기는 치료사가 부모회기와 자녀회기의 하이라이트를 요약하는 것으로 시작되었다. 치료사는 딸의 말을 더 잘 들어주려는 부모의 의도에 주목하고 부모 각자가 필요로 하는 것을 지원하고자 했다. 차이를 조정하려는 딸들의 노력은 가족이 이미 그들의 관계에서 긍정적인 변화를 만들기 위해 노력하고 있다는 신호로 여겨졌다. 치료사는 가족을 초대해서 지난주 동안의 의사소통과 대화를 언급하도록 했다.

케이틀린: 제가 그 상황에 없어서 드릴 말씀이 없는 것 같아요.

치료사: 그렇구나. 하지만 기분이 어떤지 궁금해. 세 사람에 대해 네가 관찰해 온 것이 무엇인지 궁금해.

케이틀린: 기분이 좋아요. 상황이 돌아가는 방식에 대해 기분이 더 좋아요. 저는 상황이 좋아지고 있다고 생각해요.

어머니: 점점 좋아지고 있어요. 로라와 저 그리고 케이트린과 저에게 점점 좋아지고 있지요.

치료사: 좋아요, 그래서 뭐가 더 좋아지고 있다고 생각하는 것이지요?

어머니: 저의 경우, 저는 인내심을 갖고 아이들에게 더 많은 공간을 주려고 노력해 왔습니다.

치료사: 그래서 어머니는 딸들에게 더 많은 공간을 주는 것을 의식하고 유념하고 있었네요.

그 말씀이신가요? 좋아요. 어머니가 노력하고 계시고, 로라, 너는 이에 대해 어떻게 생각하니?

로라: 엄마의 노력을 깎아내리고 싶지는 않아요. 하지만 엄마가 노력하고 있다고 생각하신다면, 저는 그 차이를 별로 느끼지 못해요. 그런데 부정적인 방향으로 그걸 의미하는 건 아니에요.

치료사: 로라, 너는 차이를 못 느끼고 있을 뿐이라는 거네. 그래, 그게 네가 엄마에게 바라는 일이겠지? 엄마가 너를 좀 더 참아 주기를 원하는 거?

로라: (어깨를 으쓱하며) 엄마가 참을성이 없는 것 같지는 않아요.

치료사: 그것이 너한테 문제가 되지 않았기 때문에 엄마가 인내심을 더 많이 보인다는 것을 네가 알아차리지는 못하는 것 같구나. (치료사가 가족에게 의견을 제시할 때 로라의 관심에 따라 속도를 맞춘다)

로라: 네, 맞아요! (눈을 굴린다)

치료사: (어머니에게) 하지만 이것은 바로 어머니께서 알고 있는 것이네요. 어머니는 노력하고 있었고, 아무튼 노력하고 계신 거죠.

어머니: 저는 인생의 다음 단계를 잘 받아들이려는 로라의 속도를 받아들이고 있는 중이에요.

치료사: 오, 좋아요. 어머니는 로라가 있는 바로 그곳을 받아들이기를 원하시는 거네요.

치료사: 그럼 아버님은 어떠세요? 이런 일들을 어떻게 경험하고 계시지요?

아버지: 제 생각에는 딸들과의 의사소통이 모든 게 곪아 터지기 이전으로 돌아간 것 같습니다. 제가 아마 아내보다 조금 더 공격적일 거예요. 아내는 뭔가 진전이 있다고 느끼며 격려하려고, 노력하고, 계속해서 뭔가 좀 나아지고 있는지 물어봅니다. 그런 상황이 어떤지 아시겠지요.

치료사: 그런데 로라에게 무슨 일이 일어나고 있는지 알고 싶으세요? 로라에게 무슨 일이 일어나고 있는지 아는 것이 정말 중요한 것처럼 들리는데, 그것이 아버님을 독촉하거나 재촉하게 만든 것인가요?

아버지: 재촉하는 거죠. 큰 문제로 만들지 않으려고 재촉하지만 일상의 질문을 던지면 로라는 매우 친절하게 "아빠, 어제 했어요."라고 잘 반응해 줍니다.

치료사: 그건 딸이 아버님에게 마음을 연 것일까요?

아버지: 그렇다고 생각합니다. 어떤 것은 많이 바뀌지 않았지만요. 딸은 많은 것을 하려고 하지 않는 경향이 있어서, 아마 많이 바뀌면 지레 겁에 질릴 수 있겠지요.

치료사: 그렇군요! 그래서 로라가 뭐 별로 하지 않는 것을 보면, 아버님을 불안하게 만드는 뭔가가 있는 건가요?

아버지: 예, 제가 좀 성급한 편인데 로라는 저를 그냥 무시하거나 어떤 식으로든 저를 밀어내거든요.

치료사: 뭔 말씀인지 알겠어요. 우리 모두는 자녀들의 나이에 관계없이 아이들에게 다가갈 수 있기를 원하지요. 아이들에게 말할 수 있고, 아이들이 우리의 말을 잘 들을 수 있기를요. 우리가 할 수 없을 때나 아무런 차이도 만들 수 없을 것 같을 때 불안해지지요.

아버지: 그렇지요. 그리고 그때 저는 뭔가를 놓치는 것 같아요.

치료사는 한 단어로만 제한된 반응을 계속하는 로라에게로 대화를 돌렸다. 그녀의 단정적이지 못하고 제한된 반응은 아버지의 에너지 및 노력과 대조되었다. 치료사는 가족 안에서 로라가 그저 조용하게 있음을 인식했고 또 부모의 새로운 노력에 대해 '미리 상황을 살필' 필요가 있다고 인식했다. 치료사는 로라가 회기에서 주저하고 조심스러워할 때 아버지의 불안한 우려에 합류했다. 치료사는 아버지의 현재 경험을 반영하고 그의 정서 경험을 조합하기 시작한다.

치료사: 그래서 아버님께서는 너무 과하게, 너무 반발적으로 나가지 않으려는 노력을 의식하고 있는 거네요. 지금 이 순간에도요. 지난번 상담에서 우리가 이야기 나누었던 것처럼 반응을 잘하는 것에 진짜로 집중하고 계시는 거네요.

아버지: 이 점에 대해 알고 있었지요. 그리고 집과 직장에서 모두 변하려고 노력하고 있어요. 저는 꽤 적극적인 사람이거든요.

치료사: 그래서 아버님께서 불안하거나 걱정이 될 때, 목소리가 더 커지고 더 많이 표현하게 되며 누군가를 짜증 나게 할 수 있는 거네요. 그런데 아버님은 그 점을 아주 잘 알고 있고, 가족에게 뭔가 다른 식으로 하고 싶으신 것이네요.

레스: 글쎄요. 로라와의 관계가 곪아서 터질 것 같을 뿐 아니라, 케이틀린도 내 목소리가, 또 내가 행동하는 방식이 위협적일 수 있다고 말하곤 했죠. 로라도 제가 말과 표정으로, 그리고 셜리까지도 함께 "아빠가 저를 밀쳐내잖아요."라고 말하곤 하지요. 그래서 이제 제가 한발 물러서자 그녀는 "집어치워요." "저에게 강요하지 마세요."라고 말하지요.

치료사: 로라는 더 많은 공간을 요청한 거였고, 아버님은 자신에 대해 반추하고 한발 물러나서 살펴보시는군요. 가족에 대해 어떤 생각이 드시나요?

아버지: 저는 로라와 함께 그렇게 하고 있고, 그런 일이 계속되고 있음을 감안하여 뒤로 물러섰습니다. 지금 정말 노력하고 있어요.

치료사: 그런 것 같아요. 이 말씀은 정말 중요하네요. 딸들이 당신에게 말할 수 있기를 바라며, 실제로 로라가 "아빠가 저를 밀쳐내잖아요."라고 말했을 때처럼 로라가 아버지에게 그렇게 말을 할 수 있었네요.

아버지: 하지만 로라가 나한테 먼저 말을 걸어야 하지요. 내가 밀어내지 않았다면 어떻게 될지 잘 모르겠다는 것 같아요. 아마 딸애가 저기 앉아 더 우울해해서, 딸애를 움직이도록 제가 뭘 하는지. 남자친구와 헤어지는 것이 세상의 끝은 아니죠.

치료사: 맞아요. 딸이 슬퍼하고 마음이 상한 것을 보는 것은 아빠로서 참 힘들지요.

아버지: 저는 그 점을 바로잡아 주고 싶고, 딸애가 다른 것을 생각하게 만들고 싶어요.

치료사: (부드럽게) 맞아요. 딸의 고통을 보는 것은 불안한 일이지요. 그러시죠? 아이들이 몸부림치는 것을 보는 것은 너무 고통스럽지요. 그래서 아버님의 경우에 자동적으로 바로잡아 주고 싶고, 더 애써 노력하고 더 많이 노력해서 딸애가 움직일 수 있기를 바라시는 거네요.

아버지: (벗어나며) 이 아이는 가능성이 많은 아이예요. 사무실에서 누군가 답을 원하면 모든 사람이 찾아가는 사람이 이 아이예요. (아버지의 돌봄 의도는 딸의 미래에 대한 아버지의 불안한 두려움과 섞여 있다)

치료사: 그래요. 로라는 재능이 많은 젊은 아가씨이죠. 하지만 바로 지금 따님의 여러 상황이 무척 힘들지요. 로라가 앞으로 나가지 않고 점점 더 우울해하는 것을 아버님이 보실 때, 아버님은 행동 모드로 들어가고, 로라 너는 점점 더 조용해지는 거네. 왜냐하면 아빠가 널 재촉하고 몰아세우는 것이 너한테 힘들기 때문이지.

아버지: 로라한테 아무 일도 일어나지 않기를 바랄 뿐이에요.

치료사: 그럼요. 그런 일이 가장 힘들지요, 그죠? 딸에게 뭔가 나쁜 일이 일어난다는 것? 아버지는 딸을 보호하고 싶은데 딸에게 다가갈 수 없을 때, 아버님은 딸이 내리막길을 가고 있다고 느끼시는 거네요. (치료사는 돌봄 의도를 강화한다)

아버지: 그건 너무 두려운 일이죠. 그리고 (점점 더 크게) 저를 화나게도 만들고요. 남자친구가 딸에 대해 이 만큼의 힘을 행사하면 안 되지요.

치료사: 맞아요. 힘들어지는 부분이 바로 이곳, 그 두려움, 그 두려움, 부모로서 우리 모두가 가지고 있는 것이지요. 재촉하는 것 아래에는 사실 두려움이 있는 거죠. (치료사가 두려움

을 인정해 줄 때 아버지는 동의하는 것으로 응답한다) 그래서 저는 로라가 이를 알고 있는지 궁금하네요. 아버님은 로라가 방에서 혼자 아무것도 안 하고 있는 것을 볼 때 바로 그런 것이 두렵다는 것을 딸에게 말할 수 있나요? 그것이 바로 분노의 이면에 있는 것인가요?

아버지: (부드럽게 로라를 바라보며) 그래, 그게 바로 겁이 난단다. 내가 아빠잖아. 너에게 어떤 나쁜 일도 일어나지 않기를 바라. 하지만 소리를 지르거나 질문을 퍼붓는 것이 네게 도움이 되는 방법은 아닌 것 같구나.

회기는 아버지가 로라에게 개방적이고 투명해지기 시작하는 단계에서 로라가 보인 반응에 계속해서 초점을 맞췄다. 이를 통해 로라는 남자친구가 자신을 버린 슬픔과 절망을 더 직접적으로 표현할 수 있었고 부모는 로라의 고통을 축소하거나 서둘러 해결하려고 하지 않고 잘 들을 수 있었다. 추후 회기는 로라와 어머니의 관계에 초점을 두었다. 표면적으로는 문제가 덜한 것처럼 보이지만 로라가 어머니에게 사랑하는 딸이라는 면에서 볼 때 로라가 더 불안전하게 보였다. 부모와 함께한 로라의 정서 작업은 케이트린이 정서적으로 더 취약한 감정을 나누어도 되는 관점을 갖게 하는 데 도움이 되었다. 특히 가족의 관심을 너무 많이 소모하는 데 대한 수치심, 낮은 자존감, 미래에 대한 두려움 같은 감정이 그 취약한 감정에 해당된다. 일반적으로 부모는 자녀와 서로에게 공감적으로 조율해 나가는 방법을 배운다. 부모는 공격과 회피의 양극단 행동을 하지 않고도 서로에게 다가갈 수 있는 새로운 방법을 함께 찾았다.

7. 요약

가족의 어려움에 대한 탐색은 치료사의 동맹이라는 기본적인 지지와 함께 시작한다. 이 동맹은 가족원들이 직면하고 있는 문제에 함께 협력할 때 의지할 수 있는 안전감의 원천이 된다. EFFT의 초기 단계는 가족이 잘 반응하고 접근 가능한 치료사에게 익숙해져서 호소문제와 관련하여 구성원이 공유하는 다양한 경험을 인식하고 이해할 수 있도록 안내한다. 치료사는 가족, 부모, 형제자매 또는 외동인 구성원 간의 상호작용을 살펴보고 가족 경험에 대한 정보도 수집한다. 이러한 다층적인 평가를 통해서 치료사는 각 구성원과 더 강한 동맹을 맺고 가족 내 역할과 책임으로 인해 존재하는 차이를 이해할 수 있다. 치료사의 평가는 부부가 공유하는 돌봄동맹뿐만 아니라 불화가 관계 전반에 파급되어 전체 가족의 고통을 가중시키는 방식도 고려한다. 평가 과정에서 치료사는 관찰하고 구성원들이 불안전 패턴을 부추기는 부정적인 정서와 불화에 대한 의견을 표명할 때 가족을 지지하는 과정 자문가로서의 역할을 담당한다. 치료사는 이러한 부정적인 경험이 가장 심각할 때 가족의 경험을 추적하고, 또 가족의 돌봄과 친밀 노력을 방해하는 예측 가능한 패턴에 대해 관계 수준에서 이해하기 시작한다.

▣ EFFT 1~2단계 과정의 요점

다음 EFFT 1단계와 2단계 과정의 요점은 동맹 형성과 가족 평가라는 치료사의 핵심 역할을 강조한다.

- 치료사는 다양한 가족구성원이 가족의 경험과 호소 문제를 이야기하도록 요청한다. 공감적 반영과 인정을 통해 치료사는 각 구성원의 경험을 지지하고 가족 전체와 동맹을 맺는다.
- 치료사는 구체적인 치료 목표를 설정하고, 자녀에 대한 부모의 우려에 동조하며, 가족 내 부모의 고유한 역할을 인정함으로써 치료 과정에 대한 부모의 투자를 확보하는 데 중점을 둔다.
- 치료사는 현재의 어려움에 대처하기 위한 가족의 회복탄력성과 투자 및 노력을 보여 주는 가족의 강점과 문제에 직면하려는 각 구성원의 노력 및 과거의 경험을 강조한다.
- 치료사는 개별 구성원의 관점을 요청하고 가족의 여러 하위체계에 걸쳐 두루 평가하여 안전감을 촉진한다.
- 치료사는 호소 문제에 대한 다양한 구성원의 경험에 초점을 둔다. 그리고 호소 문제에 대처하기 위한 가족의 시도에서 발견되는 상호작용 패턴과 반응 위치를 추적하기 시작하면서 호소 문제와 관련된 가족 과정에 주의를 기울인다.

참고문헌

Armsden, G. C., & Greenberg, M. T. (1987). The inventory of parent and peer attachment: Individual differences and their relationship to psychological well-being in adolescence. *Journal of Youth and Adolescence, 16*, 427-454.

Baumrind, D. (1978). Parental disciplinary patterns and social competence in children. *Youth and Society, 9*, 239-276.

Bowlby, J. (1979). *The making and breaking of affectional bonds.* London: Tavistock Publishers Ltd.

Brennan, K. A., Clark, C. L., & Shaver, P. R. (1998). Self-report measurement of adult attachment: An integrative overview. In J. A . Simpson & W. S. Rholes (Eds.), *Attachment theory and close relationships* (pp. 46-76). New York: Guilford Press.

Byng-Hall, J. (1995). Creating a secure family base: Some implications of attachment theory for family therapy. *Family Process, 34*, 45-58.

Cummings, E. M., & Davies, P. (1996). Emotional security as a regulatory process in normal development and the development of psychopathology. *Development and Psychopathology, 8*, 123-129.

Dallos, R. (2006). *Attachment narrative therapy.* Maidenhead: McGraw-Hill Education.

Diamond, G. S., Diamond, G. M., & Levy, S. A . (2014). *Attachment-based family therapy for depressed adolescents.* Washington, DC: American Psychological Association.

Dickstein, S. (1999). Confidence in protection: A developmental psychopathology. *Journal of Family Psychology, 13*, 484-487.

Ein-Dor, T., & Doron, G. (2015). Attachment and psychopathology. In J. A. Simpson & W. S. Rholes (Eds.), *Attachment theory and research: New directions and emerging themes* (pp. 346-373). New York: Guilford Press.

Epstein, N. B., Baldwin, L. M., & Bishop, D. S. (1983). The McMaster family assessment device. *Journal of Marital and Family Therapy, 9*, 171-180.

Hughes, D. A. (2007). *Attachment-focused family therapy*. New York: Norton.

Johnson, S. M. (2004). *The practice of emotionally focused therapy: Creating connection* (2nd ed.). New York: Routledge.

Johnson, S. M. (2019). *Attachment theory in practice: Emotionally focused therapy with individuals, couples, and families.* New York: Guilford Press.

Johnson, S. M., & Lee, A. C. (2000). Emotionally focused family therapy: Restructuring attachment.

In C. E . Bailey (Ed.), *Children in therapy: Using the family as a resource* (pp. 112-136). New York: Norton.

Kobak, R., & Mandelbaum, T. (2003). Caring for the caregiver: An attachment approach to assessment and treatment of child problems. In S. M. Johnson & V. E . Whiffen (Eds.), *Attachment Processes in Couple and Family Therapy* (pp. 144-164). New York: Guilford Press.

Morris, A. S., Silk, J. S., Steinberg, L., Myers, S. S., & Robinson, L. R. (2007). The role of family context in emotion regulation. *Social Development, 16*, 361-388.

제5장

3~4단계: 관계 차단에 대해 작업하기

3단계. 가족 상호작용에서의 태도와 관계 차단을 알려주는 내재된 정서에 접근하기

4단계. 관계 차단과 부정적인 상호작용 패턴으로 문제를 재정의하기

가족의 부정적인 상호작용 패턴이 변화되는 과정에서 이 패턴을 점점 더 많이 인식하게 되는 치료사와 가족 간에는 일정 수준의 안전감이 필요하다. EFFT에서는 정서를 통해 가족 경험과 그 의미 및 행동을 변화시킨다. EFT(Johnson, 2004)에서 정서는 변화의 목표이자 매개체이며 치료사가 부적응적인 관계 패턴에 대한 작업을 할 때의 핵심적인 초점이다. 치료사는 새로운 정서 경험에 접근하고 처리하며 공유함으로써 반응 패턴의 안정화와 단계적 약화로 가족을 이끌어 간다. 가족구성원은 정서를 조합하고 정서에 개입함으로써 가족의 부정적 고리의 핵심에 있는 관계 차단(relational blocks)을 파악하고 가족구성원 간의 애착 과정을 조직하는 심층 정서를 탐색한다.

이 장에서는 가족을 안정화와 단계적 약화로 변화시키기 위해 사용되는 EFFT의 단계를 살펴본다. 단계적 약화는 EFFT 치료의 첫 번째 변화 사건이다. 관계 차단이 가족의 애착과 돌봄 과정을 어떻게 방해하는지 살펴보고, 관계 차단에 접근하고 탐색하기 위해 치료사가 EFT 개입을 활용하는 방법을 설명한다. 사례를 들어서 두 가지 전형적인 관계 차단과 부

정적인 상호작용 패턴을 부채질하는 관계 차단의 역할을 설명한다. 관계 차단 작업을 위한 EFFT의 실천 방법을 강조하여 설명하며, 여기에 차단된 애착 욕구 및 돌봄 의도와 관련된 내재된 감정에 접근하고 개입하는 데 사용되는 EFT 개입을 포함한다. 그리고 사례를 들어 이 단계의 EFFT 과정에서 이러한 개입 방법을 사용하는 방식을 보여 준다.

1. 3단계와 4단계 목표

EFFT의 3단계와 4단계에서 치료사는 두 가지 목표에 초점을 둔다. 첫째, 치료사는 가족의 부정적인 상호작용 패턴을 추적하는 것에서부터 이제는 그 패턴에 대한 개별 구성원의 경험과 관련된 더 깊은 정서에 초점을 두는 것으로 확장한다. 3단계와 4단계 회기는 가족 구성원의 내재된 정서를 끌어내고 확장하는 데 초점을 두며, 이러한 새로운 경험을 사용하여 애착 관련 정서와 욕구를 더 잘 인식하도록 돕는 데 초점을 둔다. 치료사는 가족의 관계 차단을 확인하고 탐색함으로써 가족 안에서 더 취약하고 잘 반응하는 교감 수준에서 제대로 반응하지 못하는 데 대한 좋은 이유에 더 잘 조율하여 접근할 수 있다. 가족의 취약성이 확대되려면 치료사가 가족구성원과 안전한 동맹을 맺어야 하고, 현재 과정을 반영하며, 상담 중에 발생하는 가족 상호작용에서의 정서 조합에 더 많은 초점을 두어야 한다. 이것은 EFT 탱고 과정의 처음 두 가지 움직임에 해당한다(Johnson, 2019).

둘째, 가족 문제를 재구성하여 가족의 초점을 가족의 부정적인 패턴과 관계 차단의 파괴적인 영향으로 바꾼다. 가족구성원의 정서 경험에 접근하고 처리하면 가족은 부모 돌봄의 긍정적인 의도와 관계 차단의 부정적인 영향을 더 잘 경험할 수 있다. 1단계의 시작 부분에서 처음으로 추적된 고리가 이 단계에서 더 명확하게 드러나는데, 이는 더 깊은 정서 경험에 특별한 주의를 기울여서 가족이 이 고리 패턴을 극복하려는 더 많은 희망과 이유를 갖게 되기에 가능하다. 이제 적응적인 정서에 더 많은 관심이 집중되면서 가족의 분위기는 부정적인 정서와 자기보호 전략의 제한적인 영향에서 벗어나 더욱 잘 반응하는 상호작용 방향으로 이동하기 시작한다. 이렇게 하여 애착과 돌봄 반응을 방해하는 관계 차단을 탐색하고 이해할 수 있는 가족의 능력이 높아진다.

2. 접근 지점

치료가 안정화와 단계적 약화로 이동해 감에 따라, 치료사는 다음의 네 가지 접근 지점에 근거해서 가족에 대한 개입을 조직한다. EFT 치료사는 이러한 패턴과 연관된 기저 정서에 접근하고 조합함으로써 가족을 관계불화로 몰아간 관계 차단을 탐색한다. 치료사는 부모를 탐색함으로써 이러한 관계 차단에 비추어 호소 문제를 더욱 개방적으로 살펴볼 수 있다.

1) 관계 차단 탐색하기

가족구성원들이 상호작용을 할 때 애착 의사소통을 방해하고 불안을 조장하는 핵심적인 관계 차단을 인식하기 시작하면서, 치료사는 이러한 관계 차단을 둘러싼 구성원들의 경험을 살펴보는 데 집중한다. 이를 통해 가족은 가족의 기능을 형성하고 알려 주는 상호작용 패턴과 정서적 현실을 인식할 수 있다.

2) 내재 정서에 접근하고 조합하기

가족구성원들이 참여하는 상호작용 패턴과 자기보호 반응을 처리할 때 치료사는 관계 차단 밑에 있는 더 깊은 정서에 접근하여 이것을 조합한다. 그리고 구성원들을 초대하여 이러한 관계 차단이 가족 경험에 미치는 영향을 탐색하고 나눈다. 그리하여 안전감이 더 높아져서 취약성을 더 드러낼 수 있게 되어 가족의 대화는 더 잘 조직되고 덜 반발적이게 된다.

3) 돌봄 의도를 명확히 하기

애착 관련 정서와 욕구가 명확해짐에 따라 치료사는 이 욕구에 반응하여 돌봄 의도를 명확히 하는 데 초점을 둔다. 취약성의 경험을 나눔으로써 가족 전반의 충족되지 못한 애착 욕구 그리고 특히 관계 차단과 연관된 애착 욕구에 초점을 둘 수 있다.

4) 부모의 개방성을 촉진하기

네 번째 접근 지점은 부모가 자녀에게 더 많이 개방하고 의도적으로 관여하는 방향으로 전환하는 것이다. 여기서 치료사는 부모의 변화하는 관심과 자녀에게 잘 반응하려는 동기를 강조하고 그러한 관점을 갖게 한다. 부모는 자녀에 대한 접근을 다시 해 보겠다는 의도를 공유하며, 특히 부모자녀 간 관계 차단과 관련이 있을 때 더욱 그렇게 한다. 치료사는 부모의 이러한 새로운 반응을 강화한다. 비록 이 시점에서 부모가 아직 완전히 이해한다거나 자녀가 잘 반응하도록 초대하지 못하기 때문에 부모 자신의 의도대로 하는 것이 시기상조일지라도 말이다.

3. 관계 차단과 가족 패턴

3단계와 4단계에서 치료사는 가족이 부정적 상호작용 패턴을 하게 되었던 핵심 요인인 특정 관계 차단에 회기의 초점을 둔다. 가족의 부정적 상호작용 패턴은 특정 관계 차단에 의해 형성되는데, 이는 이인관계(예: 부모자녀 간, 부모 간, 부부간)에서 가장 분명하게 드러난다. 이 절에서는 이러한 관계 차단에 특히 초점을 두며, 치료사가 가족의 반발 패턴을 약화시키기 위해 이러한 관계 차단과 어떻게 작업하는지에도 초점을 둔다.

EFFT에서 치료사는 애착 렌즈를 통해 가족 문제를 개념화하는데, 애착 의사소통의 차단은 분리 고통을 초래한다. 이 고통에 대한 가족의 반응은 애착 욕구를 해결하려는 데 실패한 시도를 극복하고 그에 대처하려는 반발 전략으로 이어진다. 이러한 반발 행동은 개별 구성원의 행동이 점점 부정적으로 바뀌고 그 영향이 증폭되는 측면에서 명백하게 드러난다. 그러한 개별 구성원의 행동은 접촉과 위로와 지지에 대한 요구를 공유하고 또 가족 내 애착 대상에게서 이러한 요구에 대한 효과적인 응답을 받지 못하는 데 뿌리를 둔 특정 관계 차단을 구성하고 있다. 점점 확산되는 부정성은 가족의 상호작용을 왜곡하고, 가족의 불안전 패턴이 상호 간에 강화되면서 정서 경험을 조절하려는 개별 구성원의 노력이 제대로 이루어지지 못한다.

3단계와 4단계에서 치료는 반발적인 가족패턴을 부채질하는 특정 관계 차단에 초점을 두는 것으로 범위를 좁힌다. 이러한 관계 차단은 자녀의 애착 관련 우려에 효과적으로 대응할 수 있는 양육자의 능력에 대한 자녀의 확신을 약화시켜 불안을 조장한다. 그 결과 이러한 요구에 대한 반응으로 자녀는 자기보호 전략을 더 많이 사용함으로써 애착 관련 의사소통이 왜곡된다. 우리는 이렇게 상호적으로 발생하고 강화하는 애착과 돌봄의 붕괴를 관계 차단이라고 부른다. 관계 차단은 이인관계이지만, 가족의 더 폭넓은 요구에 대한 반응으로 가족의 유연성을 감소시키는 부정적인 상호작용을 통해 가족체계 전체에 영향을 미친다. 가족 전반에 걸쳐 안전기지를 구축할 수 없는 것은 특정 애착 관계의 분리 고통에 뿌리를 두고 있다.

1) 가족의 불안전과 정서의 정체

역동적 체계로서의 가족은 관계망과 피드백 과정에 의해 지배된다. 애착이론은 관계의 상호작용을 좌우하는 데 있어서 통제의 역할에 주목하는데, 이 관계에서는 반응해 줄 수 있는 사람 간에 안전과 지지가 필요하다는 신호를 보낸다(Bowlby, 1969; 1980). 가족의 관계 패턴은 자녀와 부모가 개인 내적 · 대인관계적 · 환경적 요구에 주의를 기울이게 하는 애착관계의 망에 의해 조직된다. 정서는 이러한 요구를 모니터링하고 반응하기 위한 신호체계이며, 정서 신호를 효과적으로 조절하고 효과적인 의사소통을 촉진하는 능력으로 인해 안전감을 느끼고, 이러한 안전감으로 가족의 관계망은 새로운 행복감과 충만감을 갖게 된다(Mikulincer & Shaver, 2015).

하지만 이 체계가 차단될 때 그 영향은 특정 관계와 가족 전체에서 느껴진다. 애착관계는 특정 관계(부모자녀 간, 파트너/배우자 간)에서 지지가 가능할 것이라는 기대에 의해 이루어지며, 애착 대상이 없거나 반응하지 않을 때 애착 욕구와 연관된 신호를 확대하거나 비활성화하려는 이차 애착 전략이 사용된다. 이 체계가 잘 작동하지 않고 부정적인 정서가 우선할 때, 이러한 특정 관계와 가족체계 내 다른 관계들은 분리와 관련된 고통 및 확산되는 부정적 정서의 전염에 영향을 받는다. 예를 들어, 아버지와 아들 간의 불화는 어머니와 아버지가 아들의 말썽 행동에 효과적으로 대응하기 위한 방법을 둘러싸고 언쟁을 할 때 부부관계에 불화를 초래한다. 부부불화는 가족환경에서 경험되는 부정성을 가중시켜서, 가족을 엉망으로 만든 데 대해 딸이 오빠를 비난하면서 남매관계 문제도 더 심해진다. 역동적인 체계로서 가족의 부정적인 정서는 가족 전반에 흡수되어 정서적 정체 상태를 초래하고 부정적 반응을 증가시킨다.

1단계와 2단계에서 치료사는 가족체계에 합류하고 안전감과 안전기지를 제공하여 가족의 더 폭넓은 문제 패턴과 관련된 부정적인 정서를 탐색한다. 치료사는 부정적인 패턴을 사용하여 가족구성원의 정서 경험에 접근하고 그 경험을 심화한다. 이러한 변화로 인해 문제행동에 관심을 두는 데서 벗어나 스트레스가 되는 정서와 분열 행동을 일으키는 특정한 관계 차단에 주목할 수 있다. 3단계와 4단계에서 치료사는 자주 가족의 고통과 불화가 가장 신랄하게 드러나는 특정 상호작용으로 초점을 좁힌다. 치료가 진행되면서 이러한 관계 차단은 개입의 핵심 지점을 제공하고, 효과적인 애착과 돌봄 반응의 회복을 목표로 한다.

EFFT 과정을 진행하는 동안에 줄곧 치료사는 순간순간의 경험에 주의를 기울이며 가족구성원들이 경험을 공유하면서 나타나는 정서를 활용한다. 치료사는 주로 특정한 관계 차단에 초점을 둔 합동회기에 의지하여 그러한 관계 차단에 대해 작업함으로써 돌봄의 가용성을 높이고 자녀의 애착 욕구에 대한 인식을 강조한다. 그리고 부부관계에서의 관계 차단과 돌봄동맹을 다루기 위해 부부 합동회기를 갖는다. 부부회기는 가족 내 특정 이인관계 안에서 작업할 필요성과 동시에 부부관계가 가족체계 전체에 미치는 영향을 설명하는 것 간에 균형을 이루기 위해 필수적이다. 그리고 치료사와 특정 구성원 간의 동맹을 강화하거나 가족 내 안전감에 대한 우려를 다루기 위해서 개인회기를 가질 수 있다. 가족의 부정적인 패턴을 해결하기 위한 전략으로써 부부관계에도 적정 수준의 돌봄이 필요함을 구분해야 한다.

2) 관계 차단 파악하기

관계 차단은 3단계와 4단계의 주요 초점이다. 관계 차단은 가족구성원들이 중요한 관계에서의 불화에 대처하려 할 때 가족의 부정적 패턴을 더 강화하는 불안전의 주요 원천이다. 예를 들면, 어머니와 아들이 오래된 갈등에 갇혀 있음을 모두가 알고 있을 때 가족이 함께 상호작용하는 방식에서 부정적인 패턴을 볼 수 있다. 그들의 경직되고 갈등적인 상호작용이 바로 관계 차단이다. [그림 5-1]은 이러한 관계 차단이 부모자녀 상호작용에 미치는 영향을 보여 주며, 아울러 부모와 자녀가 이러한 관계 차단 중 하나에 반응할 때 취할 수 있는 여러 반응을 보여 준다. 관계 차단은 애착 의사소통이 필요하거나 요구되는 고통과 위기와 필요의 순간에 분명하게 드러난다. 이 그림은 Kobak과 동료들의 '안전 고리'(Kobak, Zajac, Herres, & Krauthamer Ewing, 2015)에서 인용한 것이다.

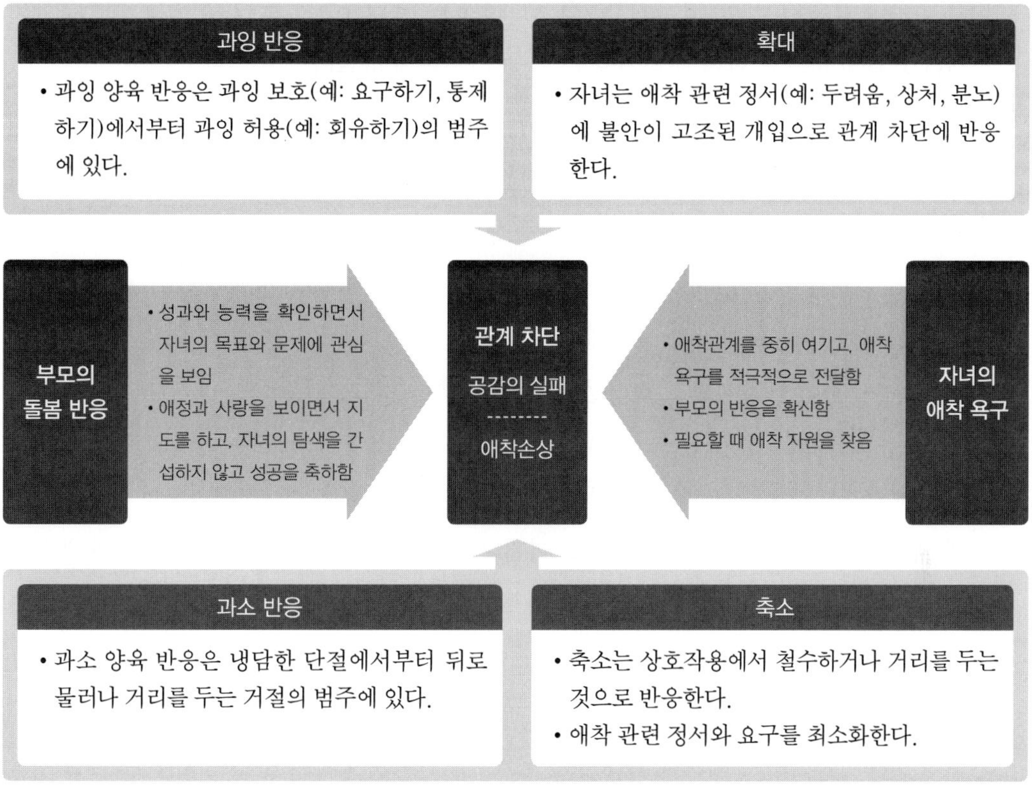

과잉 반응

• 과잉 양육 반응은 과잉 보호(예: 요구하기, 통제하기)에서부터 과잉 허용(예: 회유하기)의 범주에 있다.

확대

• 자녀는 애착 관련 정서(예: 두려움, 상처, 분노)에 불안이 고조된 개입으로 관계 차단에 반응한다.

부모의 돌봄 반응

• 성과와 능력을 확인하면서 자녀의 목표와 문제에 관심을 보임
• 애정과 사랑을 보이면서 지도를 하고, 자녀의 탐색을 간섭하지 않고 성공을 축하함

관계 차단

공감의 실패

애착손상

• 애착관계를 중히 여기고, 애착 욕구를 적극적으로 전달함
• 부모의 반응을 확신함
• 필요할 때 애착 자원을 찾음

자녀의 애착 욕구

과소 반응

• 과소 양육 반응은 냉담한 단절에서부터 뒤로 물러나 거리를 두는 거절의 범주에 있다.

축소

• 축소는 상호작용에서 철수하거나 거리를 두는 것으로 반응한다.
• 애착 관련 정서와 요구를 최소화한다.

[그림 5-1] 돌봄과 애착 반응에서의 관계 차단

EFFT에서 관계 차단의 개념은 부모자녀 간의 불화가 상호적으로 영향을 미친다는 점을 기초로 한다. [그림 5-1] 중앙의 관계 차단은 가족 내 주요한 애착과 돌봄 기능의 붕괴를 나타낸다. 여기서 정서의 상호 조절과 애착 욕구에 대한 양육자의 반응은 공감과 정확한 반응으로 정서 신호와 애착 관련 욕구에 조율할 수 있는 능력의 왜곡으로 인해 어려움을 겪는다. 중앙으로 향한 화살표는 가족 상호작용이 안전하게 조직되어 있을 때 애착과 돌봄 요구에 대한 부모와 자녀의 전형적인 반응을 나타낸다. 위아래로 향하고 있는 네모들과 화살표들은 특정 관계 차단에 대한 애착과 돌봄의 이차 반응을 나타낸다. 부모와 자녀는 차단된 애착관계에 반응하기 위해 서로 상이한 전략을 사용한다.

가족불화의 부정적인 패턴은 애착과 돌봄체계를 둘러싼 관계불화에 뿌리를 둔다. 이러한 관계 차단은 자녀의 애착 관련 욕구에 적극적이고 정확하게 맞추어 반응할 수 있는 부모의 능력이 무너졌음을 나타낸다. 이 체계가 붕괴될 때 분리고통이 증가하고 이를 관리하기 위해 사용하는 불안과 회피 전략에 의해 애착 의사소통과 돌봄 반응이 왜곡된다. 이

러한 전략과 관련된 부정적인 정서는 구성원들을 더 불화하게 만들고 이 관계 차단에 대한 자녀나 부모의 반응과 관련된 위협을 더 크게 인식하게 만든다.

안전한 연결감 속에서 보호와 지지를 구하려는 자녀의 노력은 부모가 자녀의 그러한 탐색과 관련된 위협이나 요구에 반응하여 자녀의 당초 욕구를 정확하게 반영하여 반응할 때 충족된다. 이 체계가 부모의 가용성과 반응성의 부족에 의해 차단될 때, 부모자녀관계에서 공감의 실패와 관계 상처가 더 많이 발생하는 것 같다(Kobak, Grassetti, & Yarger, 2013). 이러한 균열에 대한 자녀의 반응은 분리고통과 관련된 애착을 확대하거나 축소하는 결과를 초래하여, 자녀는 자기보호 전략을 사용하여 양육자에게 너무 과도하거나 혹은 충분하지 않은 정보를 주는 정서 신호를 보내게 된다. 부모의 돌봄 반응도 마찬가지로 부모가 자녀의 반발을 달래거나 통제하기 위해 불안하고 반발적인 시도를 통해 과도하게 대응함으로써 왜곡된다. 대안적으로 압박감을 느끼거나 단절한 부모는 증가하는 긴장과 관계 불화에 대처하기 위한 시도로 무시나 분리 반응으로 대응할 수 있다.

[그림 5-1]은 부모와 자녀 간의 관계 차단이 일어나는 많은 방법을 단순하게 보여 주며, 효과적인 애착 의사소통을 통해서 정서적 균형을 회복하기 위한 부모와 자녀 양측 모두의 전략을 강조하고, 또 이 체계의 무능력에 의해 이러한 관계 차단이 일어날 수 있음을 강조하기 위해 다양한 반응 전략을 혼합해서 보여 주었다. 가족의 불안전 과정은 가족의 부정적인 상호작용 패턴에서 분명히 볼 수 있는 부정적인 정서 상태를 중심으로 가족의 상호작용을 조직하는 새로운 정서적 속성을 갖게 된다.

관계 차단은 정서적 균형이 부족하여 애착 신호에 과민하게 반응하는 빈약한 정서 조절로 인해 발생한다. 일반적으로 관계 차단은 중요한 순간(예: 자녀의 지지 및 보호 요구)에 나타나는데, 이때 애착 욕구는 정서 조절의 어려움을 추가로 촉발시키고 이는 결국 취약성과 상대방의 내재된 욕구에 대한 접근을 차단한다. 이러한 상호작용이 진행됨에 따라, 적절하지 못한 조율과 효과적이지 못한 돌봄 반응의 가능성이 더 커진다. 부모가 반응할 때 접근과 반응 및 교감이 점점 부족해져서 결국 부모의 가용성이 줄어든다. 이는 더 심한 부정 정서와 더욱 제대로 발휘되지 못한 정서 조절을 통해 더 큰 고통을 초래한다.

일정 수준의 고통과 불화에서는 부모가 더 많은 가용성으로 이동할 수 있을지 몰라도, 자녀는 부모의 수정된 반응을 거부할 수 있고 부모의 수정된 태도에 반발할 수 있으며, 이는 결국 가족의 역기능적 정서 조절에 더 많이 기여할 수 있다. 부모의 과도 혹은 과소 조절된 신호에 의해 구성되는 예측 가능한 반응은 부모와 자녀 간에 잘 조율된 정서적 의사소통을 복잡하게 만드는 격앙된 정서 상태나 서로 입을 다문 상태에서 발생한다. 이러한 상호작용이 부모자녀 상호작용의 특징이 되어 감에 따라 가족구성원들은 불화를 함께 헤쳐 나갈 수 없게 만드는 경직된 정서적 고립의 위치에 놓이게 되며, 그에 따른 가족의 정서적 자원은 불안하고 강압적인 요구와 서로 입을 다물고 위축하는 것이 특징인 경직된 패턴에 의해 차단된다(Kobak, Duemmler, Burland, & Youngstrom, 1998).

3) 관계 차단의 사례

과잉 반응 대 과소 반응 돌봄을 포함하는 관계 차단 및 그로 인한 부정적인 가족 패턴의 차이를 비교 설명하기 위해 여기서 두 가지 사례를 제시한다. 첫 번째 사례는 이혼 후에 친어머니가 양육을 포기하고 주요 양육 책임을 맡게 된 아버지가 자녀와 가깝지 않고 자녀를 거부하는 사례이다. 청소년 딸의 저항하는 문제행동은 심하게 거부하는 아버지의 접근 방식과 합쳐져서 두 사람 사이의 관계 차단이 더 심화되고 있다. 두 번째 사례는 점점 회피하는 아들에게 과잉 반응하는 아버지와 부모 간의 복잡한 관계 차단 사이에 갇혀 있는 가족을 보여 준다.

(1) 사례 1

▣ 가족 배경

파샤(19)는 아버지 카림과 두 오빠와 함께 살 수가 없어서 지역의 쉼터에 입소했다. 아버지는 상업용 항공기 조종사로서 상당 기간 동안 집에 없었다. 아버지는 딸이 자신이 정한 규칙을 따르지 않았고, 자신의 항공기 조종사 책임으로 인해 적절한 지도를 할 수가 없기 때문에 딸을 더 이상 다룰 수 없다고 했다. 파샤는 밤이 늦도록 집에 들어오지 않고, 자주 친구들과 약물을 했으며, 일을 하지 않고, 학교에도 가지 않았다. 3년 전에 파샤의 부모가 이혼했고 어머니는 새 파트너와 살기 위해 외국으로 갔다. 부부의 이혼은 카림에게 충격이었다. 왜냐하면 그는 아내가 만족해했고 또 부부가 한 팀으로서 가족의 역할을 잘 수용하며 수행했다고 생각했기 때문이다. 부모의 이혼 이후에 파샤는 많은 시간을 혼자 보냈고 자기 방에서 자주 울었다. 직장 때문에 카림은 집에 없었고 집안일을 관리할 도우미를 고용했다. 아버지는 가정의 엄격한 규칙을 공표했고, 파샤와의 주요 상호작용은 이러한 규칙 및 학업 수행의 준수 여부를 중심으로 이루어졌다.

▣ 부정적인 상호작용 패턴

파샤는 아버지가 없을 때 집에 찾아온 오빠들을 통해서 약물을 하기 시작했다. 그녀는 파티 문화와 약물 사용을 통해 자신의 고통스럽고 외로운 삶으로부터 안도감을 찾았다. 딸이 약을 한다는 것을 아버지가 알았을 때, 그는 딸의 핸드폰을 빼앗고 활동을 제한함으로써 벌을 주었으며, 파샤는 오빠들의 약물 사용과 폭력 행동은 무시하면서 자기를 벌하는 아버지의 훈육 방식에 항의했다. 아버지는 조용한 입장을 취했지만 더 이상 상의할 것이 없다고 엄하게 말했으며, 파샤는 이에 더 심하게 저항했다. 아버지는 거칠고 거부하는 목소리로 "네가 그래봐야 아무 소용없으며 결국 넌 거리에서 살게 될 거야. 넌 우리 가족의 수치고 불명예야."라고 말했다. 아버지가 이런 식으로 파샤를 받아들이지 않자 파샤는 참을 수가 없었고 더 많은 시간을 집 밖에서 보내기 시작했으며 학교를 무단결석하게 되었다. 파티에 참석하느라 밖에서 밤을 지새고 드디어 집에 돌아온 딸은 출장을 마치고 귀가한 아버지와 마주쳤다. 아버지는 폭발하여 "짐 싸서 나가. 더 이상 너를 집에서 받아 줄 수가 없어."라고 말했다.

쉼터는 파샤에게 개인치료와 가족치료를 제공했다. 그녀는 자신의 치료 목표와 관련하여 계속해서 거리를 두고 무시했으며, 집에서 언제 그녀를 받아 줄지에 대해서만 주로 관심이 있었다. 아버지는 주기적으로 쉼터와 연락을 했고, 직원들에게 규칙을 깬 딸을 훈육하도록 요구했으며, 가족치료에 그를 개입시키려는 노력은 딸이 약속을 지키지 못했기 때문에 실패했다. 시간이 흐르면서 가족치료를 시도하려는 치료사의 노력이 성공했는데, 그 이유는 딸에 대한 부모 역할의 두려움 그리고 딸 인생의 방향을 변화시키기 위해 아버지가 취했던 급박한 노력에 초점을 두고 아버지와 동맹관계를 잘 맺었기 때문이었다.

▣ 관계 차단

딸에 대한 아버지의 두려움과 부모로서의 자신감 부족에 대한 수치심은 이후에 발생할 결과에 대한 아버지의 융통성 없는 접근과 정서적 거리를 초래했다. 아버지는 파샤의 잘못된 선택을 '수정'하고 또래의 부정적인 영향으로부터 보호하며 위험한 행동을 중단시키는 수단으로 자신의 권위를 사용했다. 겉으로 보이는 엄격한 양육 태도의 이면에는 딸을 구하려는 노력이 실패할 것이라는 절박한 두려움과 아버지로서 느끼는 수치심과 실패에서 벗어날 수 없을 것이라는 무력감이 있었다. 카림의 거부와 통제를 통해 과잉 대응하는 가족의 부정적 고리는 파샤의 방어적인 위축과 고립을 고조시켰다. 카림의 권위적인 태도와 가족에서의 지속적인 부재로 인해 파샤는 고통과 외로움 속에서도 아버지에게 다가가지 못했다. 결국 딸에 대한 카림의 두려움과 부모됨에 대한 자신감 부족으로 그는 결국 엄하고 인정 없는 부모 역할을 하게 되었다. 그는 성인이 된 아들들과의 관계가 이미 실패했다고 느꼈고 자신의 영향력이 거의 없다고 생각한 딸을 구하기 위해 필사적이었다.

이 사례에서 아버지의 권위적이고 통제적인 반응은 딸의 무시하며 거부하는 태도를 강화하는 데 기여했다. 아버지와 딸 간의 관계 차단은 가족 내 취약한 역할에 대해 각자가 가지고 있던 방어를 강화했다.

(2) 사례 2

▣ 가족 배경

리치는 자수성가한 매우 지적이고 성공한 사업가이다. 아들 엘리엇(15)은 ADHD와 거짓말, 무단결석, 분노 폭발과 같은 외현화 행동을 보이는 가여운 학생이다. 엘리엇은 비디오 게임과 비디오 채널 서핑에 많은 시간을 할애한다. 리치는 엘리엇의 학업 윤리와 성과에 끊임없는 불만을 갖고 있다. 게다가 리치는 엘리엇에게 동기를 부여하는 자원으로 그의 실수에 대한 비판을 활용하고 있고, 엘리엇의 나쁜 행동에 조언이나 처벌로 대응하고 있다. 리치가 어렸을 때 부모는 매우 엄격했고 규칙을 따르게 하는 데 집중했다. 엘리엇의 어머니인 샤론은 엘리엇에 대한 리치의 부정적인 접근에 화가 났다. 수년에 걸친 리치의 독단적인 행태로 인해 샤론의 저항은 약화되었다. 그녀는 아들이 인생에서 잘못된 길로 가고 있음을 두려워하고 아들의 기운을 북돋우기 위해 축하해 줄 수 있는 작은 성공을 끊임없이 찾고 있다. 샤론은 엘리엇의 나쁜 행동과 낮은 자존감을 리치의 부정적이고 엄한 접근 방식 탓으로 돌렸고 엘리엇의 계속되는 몸부림에 엄청 화가 났다. 샤론은 부모로서 평화를 만들고자 했으며, 아내로서는 거리감을 유지하여 자신을 보호했다. 그녀는 종종 리치가 엘리엇을 더 잘 대하려는 동기를 갖기를 바라면서 항의의 표시로 리치에 대한 사랑과 애정을 철회하기도 했다. 부부는 양육 방식에서의 차이를 두고 자주 다투었다. 리치의 화를 내는 비판과 샤론의 달래면서 철회하는 행동 패턴의 조합은 부부와 가족관계 전체에서 발견되는 불화와 불신을 잘 보여 준다.

▣ 부정적인 상호작용 패턴

가족은 샤론이 엘리엇의 숙제와 비디오 게임에 대한 제한을 설정하는 데 실패했을 때 발생했던 최근의 논쟁을 이야기하면서 그들의 부정적인 패턴을 설명했다. 리치는 전형적인 권위적 태도로 가족회기를 시작했다.

> "부모가 지나치게 엄하고 시대에 뒤떨어지고 비현실적이라고 생각하는 열다섯 살 난 아들을 안아 주는 일을 우리는 이제 그만두어야 해요. 지금껏 아들은 원하는 것은 무엇이든 다 가졌고 우리 중에 한 사람만 그 선을 지키려고 하지요."

엘리엇은 "저한테 소리 지르고 이름 부르고 전화기를 뺏고 부수는 것 등등 그게 가혹하지 않다고요, 그래요!"라고 경멸 투의 반응을 보였다. 샤론은 두 사람 사이의 팽팽한 긴장감을 제어하기 위해 대화에 뛰어들었다. 샤론은 엘리엇이 숙제에서 벗어나 비디오 게임을 하도록 어떻게 시간을 주었는지, 그리고 정해진 시간이 지나면 숙제를 하러 돌아가라고 어떻게 요청했는지 회상하며 불안하게 눈물을 흘리면서 말했다. 엘리엇은 가족의 부정적인 패턴을 촉발했던 바로 그 반응으로 폭발했다.

엘리엇: 그런 잔소리는 그만하세요, 준비되면 제가 할 거라고 말했잖아요. 저는 엄마가 항상 제가 하는 걸 지켜보는 것이 지긋지긋해요. 저 좀 내버려 두세요.

샤론: 진정해. 우리는 서로 합의했고, 네가 약속을 지키지 않으면 그에 따른 결과가 있을 거야. 전화기를 뺏고 싶지는 않지만 무례한 행동을 하면 그건 네 탓이지.

엘리엇: 그렇죠, 항상 제 잘못이죠. 1900년대에 사는 엄한 부모님과 함께 집에서 사는 것과 아무 상관이 없죠. 엄마, 제발 정신 차리고 금세기에 살아 보세요.

리치는 두 사람의 말싸움을 엿 듣고서 방으로 들어가 끼어들었다.

> "우리가 너무 엄격하다고? 넌 사람을 죽여 놓고 도망쳤어, 이 버릇없는 자식아. 엄마가 음식을 해 주고 너 쉬라고 휴식시간도 주는데, 감사는커녕 건방지게 구는구나. 네가 입을 열 때마다 분란이 생겨. 그러니 입 닥치고 시키는 대로 하는 게 어때?"

엘리엇은 "아빠가 일을 망쳐요. 왜 거기서 한 치도 벗어나지 못하죠?"라고 대답했다. 격분한 리치는 엘리엇에게 달려가 엘리엇의 손에서 전화기를 빼어서 "일주일 동안 전화기 없는 줄 알아. 방에 가서 계속되는 너의 나쁜 행동이 우리 가족을 어떻게 망치고 있는지 생각해 봐."라고 말했다. 샤론은 상황을 진정시키고자 "엘리엇, 네가 우리 가족을 망치는 것은 아니야. 아빠가 답답해서 그러시지, 꼭 그런 뜻은 아니란다."라고 반응했다. 엘리엇은 어머니의 위로를 거부하며 "두 분 다 상황을 엉망으로 만들어요. 다른 집에서 살고 싶다고요. 두 분은 저를 정말 나쁘게 생각하지만 두 분 다 엿 같은 부모거든요."라고 말했다. 엘리엇은 집을 나가 친구 집으로 갔다.

샤론은 리치에게 냉소적으로 "잘했어요! 왜 당신은 이 상황에서 좀 물러날 수 없는 거죠? 당신이 하는 것은 전부 모든 것을 악화시킬 뿐이야. 우리가 다툴 때, 당신은 아무 말도 하지 않기로 지난번에 합의했잖아. 당신이 엘리엇을 싫어하는 것이 아이의 영혼을 얼마나 짓누르는지 안 보여?"라고 반응했다. 그녀는 울면서 돌아서 나가 버렸다. 이제 리치는 고함을 지르며 다음과 같이 말했다.

> "이런 엄청난 실패에 대해 어떻게 감히 나를 비난하지? 당신이 그렇게 봐주니까 아이가 저렇게 무례한 거야. 우리는 엘리엇의 방식대로 부모에게 말하지는 않지. 항상 아들을 옹호하면 상황이 악화될 뿐이라고요. 당신 말이 맞아. 아들이 형편없는 녀석이기 때문에 내가 늘 부정적인 거지. 지금도 아들 때문에 우리가 싸우고 있잖아. 아이가 우리 가족을 망치고 있다고요."

샤론은 침실 문 가까이 가서 차갑게 말했다. "더 이상 당신 곁에 못 있겠어. 당신이 아기처럼 행동하는 어른인 것이 참 한심해. 아버지가 그렇게 나쁜 역할 모델인데 엘리엇이 어떻게 그걸 알아챌 수 있겠어?" 그녀는 문을 쾅 닫았다. 이제 복도에 혼자 남게 된 리치는 두 손으로 머리를 잡고 "이제 못 참겠어. 당신이 아들 편을 들고 나를 비난하는 게 지긋지긋해. 내가 그렇게 나쁘다면 나 없이 둘이 그냥 사는 게 좋을지도 몰라." 리치는 걸어 나가 사무실로 들어가서 문을 쾅 닫았다.

▣ 관계 차단

이 사례는 가족의 정서적 과잉 참여 및 적대감과 비판에서 분명하게 드러나는 높은 수준의 감정 표현의 특징을 보이는 극단적인 가족 패턴을 특히 잘 보여 준다. 세 관계 모두에서 갈등으로 인해 거리감과 고립이 생겼다. 갈등 패턴에는 부모-자녀와 부부 쌍방에 걸친 불안한 공격과 방어적인 위축이 포함된다. 아버지와 아들 간의 관계 차단을 중심으로, 아들에 대한 아버지의 부정적인 시선과 통제 행동은 아들의 반항적인 항의와 위축 반응으로 고조되었다. 또한 어머니가 가족 상호작용에서 더 불안한 입장을 취하며, 다른 사람의 우려를 달래야 하는 경우에도 자신을 접어두고 평화를 유지하기 위해 경계를 늦추지 않고 반응하고 있다.

4. 관계 차단에 대해 작업하기

3단계와 4단계에서 관계 차단에 대한 작업 과정은 이러한 차단을 형성하는 이차 애착 전략의 기초가 되는 정서 경험에 접근하고 조합하는 것을 포함한다. 이러한 관계 차단을 처리할 때 치료사는 가족의 부정적인 패턴의 관점에서 가족의 문제를 재정의하고 이 패턴으로 몰아가는 관계 차단의 역할을 강조한다. 가족구성원이 관계 차단 기저의 더 깊은 정서에 접근하고 탐색함에 따라 돌봄 및 애착 관련 정서와 요구에 대한 부모의 의도가 명확해지면서 새로운 이해가 가능하고 변화에 대한 동기가 부여된다. 이제 관계 차단 작업에 사용되는 EFT 개입을 살펴보고 1기에서 사용하는 EFT 탱고의 다섯 가지 움직임을 다시 살펴본다.

1) EFT 개입

3단계와 4단계에서 주로 사용되는 EFT 개입은 정서를 이끌어 내고 탐색하는 데 초점을 둔다. 치료사는 관계 차단으로 초점을 더 많이 이동하면서 부모와 자녀가 가족에서 경험하는 관계 차단을 보여 주는 회기 중의 상호작용에 집중한다. 이 경험을 통해 치료사는 새로운 정서 경험을 이끌어 내고 탐색하며 그 경험에 개입할 수 있다. 이 경험은 자녀의 요구와 부모의 돌봄 반응과 관련된 애착 정서에 대한 더 큰 취약성과 접근을 촉진한다. 또한 치료사는 부부관계에 존재하는 부부의 돌봄동맹과 관계 차단에 초점을 맞출 수 있다. 이러한 정서적 차단을 처리하기 위해 일반적으로 사용되는 EFT 개입은 정서 경험의 심화와 조절을 강조한다.

(1) 상호작용의 추적과 반영

EFT가 과정에 초점을 둔다는 것은 정서 경험의 접근과 확장을 위한 원천으로서 현재 경험의 사용을 강조하는 것이다. 가족의 상호작용은 가족의 부정적인 패턴과 관련된 경험을 이끌어 낼 수 있는 풍부한 자원이며, 가족의 힘겨운 상황에 대한 대화를 통해서 구성원이 경직된 태도를 갖게 되는 데 있어서 정서의 역할을 파악할 수 있다. 3단계에서는 이러한 고통스러운 스트레스 순간이 가족의 주요 관계 차단을 나타내는 경우가 많기 때문에 가족에서 가장 불화 상태인 두 사람 간의 상호작용에 더 중점을 둔다. 치료사는 가족이 호소문제와 관련된 사건을 이야기하고 그 순간에서 발견되는 행동과 지각 및 정서의 전개 순서를 추적하면서 가족구성원의 경험을 반영한다. 상담 중에 이러한 순간을 추적할 때 대개 가족 패턴이 드러난다.

치료사: (어머니에게) 그래서 문이 쾅 닫히고 어머니는 다시 바깥에 있게 되는군요.

어머니: 네, 다시요. 그렇게 콱 막히다니 끔찍합니다. (눈물을 흘리며) 아들이 문을 걸어 잠근다는 것이요.

치료사: 그래서 어머니는 그 감정을 지금 느끼고 있는 거네요. 눈에서 흐르는 눈물은…… 이 느낌에 대한 것인가요?

어머니: 거기에 서 있기가 너무 힘듭니다. 제가 할 수 있는 방법이 없다는 걸 알면…… 제가 할 수 있는 건 아무 것도 없어요.

치료사: (아들을 돌아보며) 그런데 그 순간에 도망칠 공간이 좀 필요한 것 같구나. 상황을 더 나쁘게는 만들지 않으려고 엄마를 찾지는 않는 거구나.

아들: 맞아요. 엄마는 그걸 이해하지 못해요. 그건 엄마 문제예요. 엄마가 저에게 바라는 거요.

치료사는 가족의 부정적인 패턴에서 드러나는 고통스러운 순간을 추적한다. 여기서 어머니와 아들의 행동은 둘의 관계에서 위협이 되는 순간을 뚫고 나가려는 노력임을 보여 준다. 치료사는 일련의 행동을 따라가면서 어머니와 아들이 고통스러운 상호작용을 회상하여 말할 때 그들의 경험을 반영한다.

(2) 환기적 반영과 질문

EFT의 환기적 반영과 질문은 가족구성원이 정서 경험에 접근하여 그 경험을 확장하도록 돕는다. 이것은 경험이 일어나고 있는 순간에 초점을 두는 데 자주 사용되는 기법이다(Johnson, 2004). 경험에 대한 질문과 반영의 사용은 종종 감정에 대한 직접적인 질문보다 경험을 이끌어 내는 데 더 효과적이다. 특정한 행동이나 말에 반응하여 치료사는 가족구성원들에게 그들의 경험을 더 탐구하도록 초대하는 진술이나 질문을 한다. 치료사가 가족의 상호작용을 추적할 때 현재 순간의 경험을 유도하기 위해 환기적 질문을 사용할 수 있다.

치료사: 문 앞에 서 있는데 들어갈 수는 없고 상황을 더 좋게 만들 수 없을 때 어떤가요?

치료사: 문을 닫고 갈 수 있는 유일한 곳인 방에 앉아 있을 때, 기분이 어떠신가요?

치료사: 그래서 문이 닫히면 다시 밖에 버려진 느낌이 드네요. 정말 힘든 상황이네요. 바로 거기서 부모로서, 아들의 엄마로서 길을 잃은 느낌이네요. 맞나요?

(3) 공감적 추측

종종 3단계에서 치료사는 가족구성원이 새로운 정서 경험의 순간에 자신의 경험으로 한 걸음 더 다가가도록 요청한다. 공감적 추측은 구성원 개인이 현재 경험을 인식하게 하고 그 직후에는 애착과 관련된 더 깊은 경험에 대한 추론을 연이어서 하는 것이다. 이러한 애착 추론은 종종 부모의 돌봄 의도를 함축하고 또 자녀가 경험할 수 있지만 자신이나 가족 내 다른 구성원에게 요청하기는 어렵다고 여기는 요구에 관한 것이다. 효과적인 추측은 가족구성원의 입장에서 그의 경험을 애착 관점에서 추측할 수 있는 치료사의 공감 능력을 기반으로 한다. 말 그대로 추측함으로써 치료사는 시험적인 방식으로 공감적 추측을 하고, 구성원의 경험을 담아내지 못하는 치료사의 추측을 구성원이 교정하도록 초대한다.

치료사: 그래서 엄마가 원하는 네가 아니라고 말할 때, 내가 틀릴 수도 있지만, 엄마가 정말로 있는 그대로의 너를 보고 싶어 할 것이라고 생각하기 시작하는 것조차 이 순간에는 힘든 것 같구나? 그게 사실일까 하는 거, 너의 있는 그대로가 되는 게 괜찮을까 하는 거?

아들: 네, 그런 것 같아요. 이 집에서 저한테 만족하는 사람은 아무도 없어요.

치료사: 여기가 너의 집이기 때문에 힘든 거지. 네가 있어야 할 곳, 너를 원한다고 느끼는 곳, 그냥 네가 되는 것만으로도 소중한 곳. 이런 게 아닐까?

아들: 아무도 저의 좋은 점을 보지 않아요. 아무도 제 편이 아니에요.

3단계에서 공감적 추측은 기본적인 애착과 돌봄 반응을 인식하도록 촉진한다. 치료사는 분리고통과 이차 애착 전략에 대한 자신의 이해를 활용하여 특정 경험의 기저에 있는 소중함을 추측한다. 예를 들어, 치료사는 자녀의 거부 반응에 대응하는 부모에게 다음과 같이 말할 수 있다.

> "이것은 당신이 예상했던 것이네요. 당신이 손을 내미는데 딸은 당신의 제안을 거부하는 것이요. 당신의 한 부분은 '뭣하러 애써, 그냥 딸이 혼자 배우게 나둬.'라고 하는 것 같아요. 하지만 당신의 다른 부분은 딸의 약함을 보고 이 상황이 딸을 얼

마나 아프게 할지, 그리고 당신이 딸을 얼마나 아끼는지, 딸이 얼마나 소중한 사람 인지, 마음속 깊이 느끼시는 거네요. 그런가요?"

(4) 인정

치료사의 인정은 구성원들이 새로운 정서 경험에 접근하고 표현하는 3단계에서 중요하다. 특히 정서가 새로운 수준의 취약성을 생성할 때 중요하다. 경험을 인정하고 정상화함으로써 개별 구성원은 그 정서에 더 잘 적응하고 자신의 경험을 더 잘 표현할 수 있다(Johnson, 2004). 또한 인정을 통해 가족 내 동일한 사건에 대해 다양한 경험을 할 수 있는 여지가 더 커진다. 인정을 통해 정서는 정당한 경험으로 이해되고 받아들여질 수 있다. 이는 다양한 경험으로 인해 가족 내 모든 구성원이 동일한 이해나 경험을 공유할 것이라는 기대에 위협을 받는 가족에서 특히 중요하다. 인정은 가족의 유대감과 안전의 자원으로서 개인의 경험을 존중하고 받아 주기 때문에 정서적 탐색을 더 많이 할 수 있게 한다.

치료사: 그래, 가족이 정말 널 선택하고 원하고 아끼는지 궁금해하는 것이 이해가 되네. 특히 네가 다른 사람이 되어야 한다는 메시지를 받았을 때 그런 거지.

치료사: 물론, 어떤 부모라도 그 순간에는 막막함을 느낄 거예요. 아들이 방문을 잠그고 못 들어가게 할 때, 마치 부모로서 실패한 것 같네요.

부모의 노력과 자녀의 불신에 대한 인정은 부모가 자녀의 경험을 더 잘 이해할 때 취할 수 있는 새로운 단계를 다루어 나가는 데 중요하다. 부모의 새로운 노력에 대한 자녀의 불신을 인정하기 위해서 부모의 긍정적인 의도와 노력을 인식해야 한다. 부모의 행동이 자녀의 요구와 맞지 않을 수 있어서, 관계 차단에 대한 작업은 부모와 자녀가 둘의 관계를 정의하는 교착 상태에 맞서 함께 일하는 것을 포함한다. 인정은 치료사가 가족구성원을 갈라놓는 예측 가능한 차이를 받아들이고 이해하는 것이며, 각 구성원이 동일한 상황에서 경험할 수 있는 각자의 방식을 정상화하는 것이다.

(5) 강조

치료사가 정서 경험의 탐색과 확장으로 초점을 이동할 때 구성원들의 기본 정서에 주의를 기울이고 초점을 두기 위해 강조 기법을 사용한다. 치료사는 경험에 더 온전히 참여하기 위해 반응들을 조합한다. 그 순간에 생생한 정서의 교감을 통해 그 경험의 중요성을 강조한다(Johnson, 2004). 치료사는 현재 정서를 구체화하고 집중하는 데 도움이 되는 내담자의 말이나 이미지를 반복함으로써 강조할 수 있다. 이러한 정서를 반영하는 어조와 속도를 다양하게 하는 것도 그 경험을 강화하고 심화할 수 있다.

치료사: (아들에게) 때로 혼자 이렇게 말하는 거네. "나는 부모님이 원하는 아들이 아냐. 사실 난 이 집에 속해 있지 않아, 나는 혼자야, 외로워."

아들: 가끔요. (얼굴을 돌리며 낙담한 듯)

치료사: 맞아. 혼자가 되는 건 정말 힘들지. 흔들리는 것도 힘들고 그 느낌에서 헤어나기도 힘들어. 지금 여기에서 느끼는 바로 그 느낌?

아들: 네, 너무 싫어요. (눈물을 닦기 위해 잠시 멈춤) 아무도 신경 쓰지 않아요.

치료사: 그거 너무 고통스러운 거네. 학교에서도 엄청 힘든데 집에 와서 더 외롭다고 느끼는 것, 아무도 신경 쓰지 않는다는 것, 아무도 내가 겪고 있는 일을 보지 못한다는 것, 만일 부모님이 아신다면 내가 상처받고 있다는 것을 아실 텐데 말이야.

가족구성원의 새로운 경험에 속도를 맞추어 그 경험에 더 깊이 들어가서 그 구성원을 그 경험에 더 많이 초대한다. 환기적 반응과 공감적 추측은 정서 경험에 초점을 맞추지만 치료사가 분명하게 핵심 정서의 경험을 강화하는 것은 강조 기법을 통해서이다(Johnson, 2004). 비언어적 단서를 통해 새로 표출된 정서 경험을 엿볼 수 있고 그러한 단서에 집중하기 위해 상호작용을 늦추면 그 정서를 경험하기 위한 공간이 생긴다. 치료사는 공감적 추측을 사용하여 그 경험에 접근하고, 그 정서에 대한 경험과 반영을 더 깊게 하기 위해서 강조 기법을 사용한다. 이와 같은 정서중심의 강조 개입은 치료사가 치료의 초점을 관계 차단을 형성하는 경직된 태도의 기저에 깔린 정서적 현실로 이동하기 때문에 3단계에서 중요하다.

(6) 문제의 재구성

4단계의 주요 목표는 가족이 부정적 상호작용 패턴과 관계 차단의 맥락에서 현재의 문제와 그로 인한 고통을 바라보는 것으로 이동하는 것이다. 부정적인 상호작용 고리를 보여 주는 반발 반응은 가족구성원의 자기보호적인 방어 반응을 중심으로 구성된다. 3단계에서 치료사는 줄곧 이러한 반발적 상호작용의 일부이기도 한 기저의 경험에 접근함으로써 부정적 패턴에 대한 가족의 경험을 확장한다. 이렇게 더 깊은 정서로 초점을 이동하면, 가족은 더 안전한 애착 의사소통을 알려 주는 취약한 정서에 더 많이 접근할 수 있다.

1기 전반에 걸쳐 재구성을 사용함으로써 특정 문제에 대한 가족의 효과적인 대처와 해결 능력을 방해하는 경직된 패턴의 맥락에서 가족의 불화를 바라볼 수 있다. 치료사는 특정 상호작용과 경험을 추적함으로써 관계 차단을 둘러싸고 조직된 행동과 정서를 강조하는 요약으로 이러한 반응들을 정리한다. 이러한 요약을 통해 치료사는 고리가 가족 전체에 미친 영향으로 초점을 확장한다. 재구성을 사용하여 치료사는 가족의 관계 패턴 및 그 패턴이 불화에 효과적으로 대응할 수 있는 가족의 능력을 방해하고 파괴하는 방식으로 초점을 이동한다. 이러한 요약은 종종 더 깊은 정서 경험을 처리해 가면서 이루어지는데, 이때 이 경험들을 애착과 돌봄 시도의 실패 관점에서 살펴보고 이해할 수 있는 맥락이 만들어진다.

치료사: (어머니와 아들에게) 이 시점에서 이 패턴이 여러분을 어디에 있게 하는 건지 정말로 잘 알 수 있겠네요. 둘 다 서로 다른 이유로 좌절하기도 하고 아프기도 하네요. 존, 엄마는 너에게 문제가 있다고 걱정하며 너한테 다가가는데 너는 사실 엄마의 실망과 걱정만 듣는 거구나. 넌 약간의 공간을 확보해서 엄마의 속도를 늦추기 위해 방어벽을 치는 거구나. 그리고 어머니, 존이 뒷걸음질치는 걸 보면서 필요한 도움을 막고 있다는 어머니의 두려움을 확인할 수 있게 되는 거네요. 한쪽은 고함을 치기 시작하고 다른 쪽은 문을 쾅 닫는 고리가 완벽하게 시작되는 것이지요. 지금 이 순간에 제대로 들어줄 방법을 찾거나 제대로 효과가 있는 방식으로 보살필 곳이 없기에 힘든 것이지요. 고리가 다시 승리한 거네요.

아버지: (거부하며) 하지만 학교 문제와 성적 낙제 문제도 있어요. 그것들은 존의 문제이지요. 존이 자신의 책임을 직시해야 해요.

치료사: 예, 우려가 현실이 된 거네요. 존의 상황이 바뀌지 않으면 어떤 결과가 나올지 알고 계시네요. 여기서 우리가 잠시 멈추어 보면 이 고리가 시작되어 고함 지르고 문을 세게 쾅쾅 닫는 소리로 뒤덮이고 이 모든 부정성이 집안을 가득 채우는 것을 볼 수 있을 거예요. 숙제도 안 하고 응원도 안 하는 거지요. 그것이 고리가 승리하는 방법이네요. 이해가 되시나요?

아버지: 으음, 그건 알겠어요. 하지만 우리가 책임을 면할 수는 없는 것 같아요.

치료사: 맞아요. 숙제와 학교 상황에 대처할 수 있는 사람은 한 사람뿐이며 아버님과 아내는 도와주러 여기에 온 것이에요. 존과 함께 가는 것이지요, 그렇지요? 그렇다면 이 부

정적인 패턴이 자리 잡은 이 순간에 당신에게 무슨 일이 일어나는지요?

이 사례에서 아버지는 가족 갈등에 초점을 맞추는 치료사의 태도에 도전한다. 치료사는 아버지의 걱정을 확인하고 돌봄에 대한 아버지의 관심(예: 책임)의 중요성을 인정한다. 동시에 치료사는 부정적인 가족 분위기의 영향과 그것이 최선을 다해 존을 지지하려는 부모의 노력을 방해하는 역할에 중점을 둔다. 이런 식으로 치료사는 아버지의 걱정을 돌봄 의도의 관점에서 재구성한다.

2) 관계 차단과 부모의 개방성

EFFT에서 치료사는 애착과 돌봄 상호작용에서 형성되는 관계 차단에 특별한 주의를 기울인다. 치료사는 경험적 접근 방식으로 이러한 관계 차단을 변화시키고, 가족 내 안전한 연결감을 다시 확립하는 과정을 시작하기 위해 이 차단에 대한 정보를 제공하고 이 차단에서 비롯되는 정서 경험을 사용하여 작업한다. 치료 과정에서의 안전감과 안도감은 반발하는 가족 과정에 대한 작업에서 가장 중요하다. 개별 가족구성원과의 협력과 안전에 대한 치료사의 평가는 가족치료의 합동 및 개별 회기 사용 여부에 대한 지침을 제공한다. EFFT 의사결정 프레임은 특정 치료회기 구성을 다양하게 하기 위해 치료사가 할 수 있는 가능한 선택지를 보여 준다. 부모의 반응과 반발에 대한 평가는 합동회기의 준비도를 결정하는 데 반드시 필요하며, 여기서는 관계 차단이 초점이고 세 가지 상황에 따라 치료사는 개인회기 혹은 합동회기 사용 여부를 결정한다. 그 상황에는 부모의 잘못 조율된 개방성, 부모의 양가감정과 방어, 부모의 방어와 적대감이 포함된다.

(1) 부모의 잘못 조율된 개방성

부모는 자녀를 지지하고 자녀에게 반응하기 위해 노력하지만 자녀의 경험과 필요에 맞게 조율하여 반응하는 데 어려움을 겪는다. 부모의 반응은 자녀의 부정적인 감정을 무시하거나 자녀의 애착 관련 우려를 축소하는 것일 수 있다. 자녀의 경험에 대한 부모의 인식과 반응에 초점을 둔 합동회기는 자녀에 대한 부모의 관심을 높일 수 있는 기회를 증가시킨다. 부모가 적극 참여하는 입장에서 벗어나 지지를 철회하거나 자녀의 요구에 어긋나는 반응을 하는 경우에 치료사는 두 번째 조건인 부모의 양가감정과 방어로 초점을 이동한다.

(2) 부모의 양가감정과 방어

두 번째 상황인 부모의 양가감정과 방어는 부모가 자녀의 불신과 분노의 항의에 반발할 때 더 잘 나타난다. 이때 치료사는 부모의 그러한 반응을 정상화하고 부모의 의도를 인정해 준다. 치료사는 부모의 가용성 부족에 대한 자녀의 부정적인 반응도 인정한다. 이러한 상호작용을 추적하면서 치료사는 반발 반응의 순간이 느리게 진행되도록 하여, 이러한 반발 전략을 수반하는 내재된 정서를 통해 부모가 자신과 자녀를 더 잘 바라볼 수 있는 공간을 만들도록 개입한다. 자녀의 분노가 부모에 대한 무례함의 표시라는 부모의 두려움은 부모에게 돌봄의 중요성을 인식하는 원천이 되고, 이 순간 부모가 자녀에게 자원이 될 여지가 줄어든다는 두려움을 확인하는 근원이 된다. 동시에 자녀의 항의에 대한 치료사의 접근과 처리는 더욱 자발적이 되려는 자녀의 노력을 부모가 소중하게 여기지 않는 것 같은 두려움을 알려 준다. 자녀의 두려움은 부모로부터 확신을 얻고 싶은 시도를 방해하며, 자녀의 분노는 부모의 방어적인 태도에 위장된 방식으로 반응한 결과이다. 치료사의 동맹은 부모와 자녀가 이 순간을 통해 더 깊은 정서에 접근하여 작업할 수 있는 자원을 제공한다. 부모나 자녀가 방어 반응을 높이고 적대감으로 항의하거나 완전히 위축될 때, 치료사는 합동회기에서 가족이 관계 차단을 작업할 준비도를 고려해야 한다. 이 상황은 더 많은 상처를 유발할 위험이 있는 안전하지 못한 상호작용의 상태라고 볼 수 있다.

(3) 부모의 방어와 적대감

관계 차단을 처리할 때 치료사의 주요 관심사는 안전과 준비도이다. 정서의 강렬한 표현(예: 과도한 정서 개입, 적대감, 비판)은 치료사에게 EFFT의 이 단계에서 합동회기 준비를 결정짓게 하는 지표가 된다. EFFT 의사결정 모델에 따라 치료사는 높은 수준의 방어와 반발성에 대해 작업하기 위해서 별도의 부모회기와 개별 자녀 중심의 회기를 가질 수 있다. 부모나 자녀의 반발 반응이 합동회기에서 분출되는 상황에서 치료사는 그 순간에 전개되는 상처를 다루어야 한다. EFT에서 치료사는 부부간의 반발 상호작용에서 '총알받이' 개입기법을 사용하는데, 이 개입은 가족과 상담할 때도 적용된다(Johnson, 2004).

부모가 자녀의 취약성에 대한 반응으로 방어와 적대적 반응을 하는 반발 순간에 치료사는 취약한 위험에 대해 이러한 부정적인 반응의 위협과 부정적인 영향을 다루는 개입을 해야 한다. 치료사는 공유되고 있는 취약한 경험을 확인하고 그 경험을 감수할 위험에 대해 지지와 돌봄을 보여 준다. 이는 자녀의 취약성 위험이 거부될 때 특히 중요하다. 예를 들면, 딸이 외로움을 표현하면서 눈물을 흘리는데 어머니가 거칠게 "네가 외로운 건 네 일이지. 네가 다른 사람들, 특히 가족을 얼마나 힘들게 대하는지에 책임을 져야지!"라고 말할 때이다. 이때 치료사는 신속히 다음과 같이 응답할 수 있다.

> "그렇군요. 이 지점이 바로 힘든 곳이네요. (딸을 돌아보며) 네가 울어서 엄마가 화가 난 것 같고, 엄마에게 무슨 일이 일어나고 있는지 모르겠지만 엄마가 화를 내 버려서 너의 눈물을 보기 힘든 것 같구나. 특히 이 순간에 너에게 외로움이 얼마나 힘든지 말하는 위험을 감수하고 있는 것이지. 누구에게나 그렇겠지? (어머니에게 초점을 이동하며) 그래서 딸의 눈물을 보거나 딸이 외로움을 이런 식으로 이야기하는 것을 듣기가 어려우시네요. 그래서 지금 숨을 한 번 들이 쉬고 이 순간을 이해하려고 노력할 수 있는지 궁금해요. 딸의 고통을 보는 것이 얼마나 힘든지, 따님이 어머니와 다른 식구들을 밀어내는 것을 자주 볼 때, 특히 따님이 고통받는 것을 볼 때 따님이 뭘 하고 있는지 어머니가 보고 싶어 하는 것 같네요."

치료사는 자녀의 취약성과 부모의 거부 반응을 확인하고 인정하며, 동시에 자신의 반응에 대한 돌봄 의도를 추측하면서 부모의 방어 반응을 인정한다.

5. EFFT의 1기 과정

EFFT 1기의 여러 단계와 치료적 동맹의 구축, 가족 패턴의 추적과 관계 차단에 대한 작업을 위해 사용되는 EFT의 기법들을 고찰한 다음에 EFFT 1기 과정을 개관한다. 먼저, EFFT 1기 전반에 걸친 EFT 과정의 요약으로서 EFT 탱고라는 메타 프레임(Johnson, 2019)을 고찰한다. 그다음 사례를 통해 이 과정의 실제를 설명하면서 이 절을 마무리한다.

1) EFT 탱고와 1기

EFT 치료사는 엄밀하게 선형적인 방식으로 여러 단계를 구성하지 않으며, 대신에 치료적 동맹을 구축하기, 가족의 패턴을 확인하기, 내재된 정서에 접근하기, 문제를 패턴으로 재정의하기 과정으로 펼쳐지는 EFFT의 변화 모델을 유연하게 따른다. 다음에서는 EFFT 회기를 설명하기 위해 EFT 탱고 프레임의 사용을 강조하여 서술한다.

(1) 현재 과정 반영하기

1기에서 치료사는 호소 문제와 관련된 가족의 반응 과정에 개입한다. 호소 문제를 둘러싼 가족의 상호작용을 추적함으로써 치료사는 깊은 수준의 부정성과 관계불화를 초래하는 예측 가능한 연쇄 과정을 정리한다. 동시에 치료사는 이러한 경직된 패턴의 가운데 있는 여러 가족구성원의 경험을 반영한다. 현재 과정을 반영함으로써 치료사는 이렇게 펼쳐진 패턴과 연관된 행동과 지각 및 감정에 구체적으로 초점을 둔다. 동맹 구축과 상호작용 추적에 초점을 둔 EFT 개입은 가족의 전형적인 경험을 탐색할 때 가족을 개입시키기 위해 필요하다. 치료사는 회기 중에 가족의 부정적인 패턴이 촉발될 때 나타나는 현재 순간의 경험을 사용한다.

(2) 정서 조합과 심화하기

치료사는 현재 순간의 경험에 초점을 둠으로써 부정적인 가족 상호작용과 관련된 정서 경험을 이끌어 내고 확장한다. 정서를 조합하고 심화함으로써 치료사는 애착 및 돌봄과 관련하여 더 깊은 적응 정서에 초점을 둔 정서 경험을 발굴하기 위해 현재의 순간을 이용하는 것으로 이동한다. 치료사는 가족구성원들을 반발적인 방어적 위치로부터 더욱 적응적이고 취약한 경험으로 이끌어 간다. EFT의 환기적 개입은 가족의 갈등과 거리감이 있을 때 작동하는 내재 정서 및 애착 드라마에 대한 관심을 높이고 각 구성원의 경험과 이해를 심화하기 위해 자주 사용된다. 이 개입은 환기적 반응과 공감적 추측 및 강조를 포함한다. 현재의 경험에 대한 치료사의 반영과 인정을 통해서 구성원들은 자주 가족의 상호작용 고리와 관계 차단에서 발견되는 자기보호적 행동의 기초가 되는 새로운 정서 경험을 의도적으로 탐색할 수 있다.

(3) 교감적 만남 안무하기

치료사가 구성원들의 정서 경험에 접근하여 조합하기 위해 가족을 이끌어 갈 때, 치료사는 구성원들이 더욱 잘 조절되고 정리된 상태에서 이 경험을 다른 구성원들과 공유하도록 안내한다. 재연은 현재 경험을 공유함으로써 가족 반발 패턴의 부정적인 영향에 대한 소유권과 인식을 높이기 위해 사용된다. 이러한 교감적 만남은 개별 구성원의 더 깊은 정서 경험과 이해에 자주 초점을 둔다. 치료사는 구성원이 이러한 경험을 할 수 있도록 적극적으로 지지하고, 또 그럴 자격을 부여하며, 회기 중에 다른 구성원들과 공유함으로써 이러한 경험을 교류하도록 작업한다. 치료사는 경험되고 있는 더욱 취약한 정서에 계속해서 초점을 맞추고, 그다음 이를 나누기 위해서 환기적 개입을 사용한다. 이러한 정서 경험을 교류하기 위한 재연의 사용은 EFFT 3단계 변화 과정의 전형적인 초점이다.

(4) 교감적 만남 처리하기

치료사는 이러한 정서적 만남을 다른 구성원과 공유하는 것의 영향을 따라간다. 1기에서 취약한 정서의 공유는 다른 구성원들이 그러한 취약성을 받아들이고 거기에 참여하거나 그 취약성에 반응하도록 초대하는 것일 수 있다. 예를 들면, 한 부모가 자신의 엄격한 양육 전략이 자녀와 가족에게 미친 부정적인 영향을 깨닫는 것에 반응하여 슬픔에 접촉할 수 있다. 아버지의 슬픔이 연약하고 일치적인 감정이기는 하지만, 그의 분노 때문에 고통을 받는 자녀들은 믿기가 어렵다. 아버지의 더욱 부드러운 정서적인 자세는 그 정서의 진정성에 대한 자녀들의 불신과 확신 부족을 촉발하기도 한다. 이때 치료사는 반영과 인정 기법을 사용하여 구성원들이 이러한 새로운 만남을 이해할 수 있도록 돕는다. 취약성의 표현이 어떤 구성원을 건드렸을 때, 엄격 혹은 거부 반응을 재구성해야 할 수도 있다. 치료사는 구성원들이 현재에 머물 수 있도록 지지하고 또 이러한 만남에 반응하도록 이끌어 가기 위해 치료적 동맹을 모니터링한다.

(5) 통합과 인정하기

1기에서 치료사의 전반적인 목표는 가족의 반응 고리를 안정화하고 단계적으로 약화시키는 것이다. 이 고리는 애착 의사소통과 효과적인 돌봄 반응을 방해하는 관계 차단으로 이루어져 있다. 1기 전반에 걸쳐 치료사는 가족이 치료의 초점을 특정 자녀와 관련된 문제로부터 증상행동을 악화시키거나 그 자체가 가족의 실제적 고통인 부정적인 상호작용 패턴으로 점차 이동하도록 돕는다. 탱고의 마지막 움직임은 정서 조합과 공유에 대한 반응으로, 의미와 이해를 촉진하는 것이다. 인정과 반영 및 재구성을 포함하는 이러한 과정 개입은 가족구성원들이 가족의 정서 경험을 탐색하고 이해하는 데 필요한 자원을 제공한다.

치료사는 일관성과 이해를 공유하도록 촉진하는데, 이는 현재의 경험에 초점을 두고 또 분리고통에 대한 대처가 대개 가족을 개인과 관계의 단절로 어떻게 이어질 수 있는지 그 방식에 초점을 둠으로써 이루어진다.

6. 사례

다음의 1기 사례는 3단계와 4단계에서 어머니와 아들 간의 주요 관계 차단을 작업하는 방식을 보여 주는 치료 과정을 개관한다. 치료의 요약으로 가족의 1기 과정을 살펴보고, 또 가족이 함께 특정 관계 차단에 직면할 때 일어나는 변화를 보여 주기 위해 치료회기의 발췌문을 사용한다. 회기에는 아들, 어머니, 아버지가 참석했다.

1) 가족 배경

카알(16)은 학업 수행과 출석의 현조한 저조로 인해 학교상담사로부터 치료에 의뢰되었다. 그는 대부분의 과목에서 낙제했는데, 이는 그 밖의 점에서는 잘하는 학생에게 극적인 변화였다. 카알은 여동생인 13세 안젤라, 어머니 사라, 아버지 조지와 함께 집에서 살았다. 안젤라는 발달장애 진단을 받았고 집에 살면서 특수학교 프로그램에 다니고 있다. 아버지 조지는 직업상 일주일 중 며칠 동안 출장을 가야 했기 때문에 일차 양육 책임은 어머니 사라가 맡았다. 사라는 5년 전에 만성질환 진단을 받았는데, 증상이 악화될 때도 있었지만 증상을 잘 관리해 왔다. 질병이 시작된 초기에 조지가 없었기 때문에 사라는 안젤라에 대한 돌봄과 일반적인 가족의 지원을 주로 카알에게 의지했다. 사라와 조지는 힘든 가족 상황에서 도망을 쳐서 각각 16세와 18세에 결혼했다. 부모는 안젤라의 한계 상황을 감안해서 가족, 특히 카알이 더 나은 삶을 살아가기를 바랐다.

가족 내 학대 패턴은 사라의 건강이 약화된 직후에 시작되었다. 아버지의 부재 때문에 카알이 어머니와 여동생에 대한 돌봄의 책임을 맡아야 했던 가족의 압박에 저항하자 카알과 부모 간에 잦은 싸움이 일어났다. 보호기관 서비스의 개입 이후에 사라는 더 많은 지지와 양육 기술에 대한 도움을 받았으며, 조지는 가족과 함께 더 많이 있을 수 있도록 직장의 일정을 바꾸었다. 학대는 줄어들었지만 가족 내 감정 싸움은 계속되었다. 카알의 학교 문제는 사라의 두려움을 촉발시켰는데, 사라는 이전의 학대 패턴을 피하기 위해 조심하면서 카알의 노력과 시간을 주의 깊게 모니터링함으로써 그 두려움을 관리했다.

2) 부정적인 상호작용 패턴

사라는 카알이 학업에 주의와 관심을 갖도록 하는 것이 어려움을 알았다. 사라는 가족의 저녁식사 시간의 대화를 이용하여 카알에게 그의 미래와 학교의 우선순위를 질문했다. 이러한 일방적인 대화는 사라가 카알의 오만함과 수동적 태도에 대한 좌절감을 억제하면서 긴장되었다. 점점 더 불안해하는 사라의 교류 좀 하자는 호소를 카알이 물리치자, 사라는 "얘기 좀 해. 네가 아무 말 안하면 널 도와줄 수가 없어."라고 요구했다. 조지는 상황이 폭발하지 않게 하기 위해 뭘 어찌해야 할지 모른 채 침묵을 지켰다. 더욱 외로움을 느낀 사라는 침묵에 반발했고, 이제 식탁을 떠난 카알의 응답을 간청하는 점점 더 불안한 일련의 잔소리를 늘어놓았다. 사라는 눈물을 흘리며 "죄송합니다. 대화를 해야겠어요! 제가 뭘 바꿔야죠?"라고 말하는 카알을 따라갔다. 사라의 눈물에 카알은 겁을 먹었고, 어머니가 느낀 감정에 카알이 수치심을 느꼈기에 어머니에게서 멀어져야 했다. 카알은 침대로 들어가 방문을 잠그고 "혼자 좀 있게 해 주세요."라고 소리쳤다. 사라의 간청은 더욱 절박해졌다. 목소리가 착 가라앉으며 훌쩍이기 시작했다. 카알은 이제 어머니의 고갈된 감정 상태에 전적인 책임을 느껴 분노했다. 그는 분노에 차서 "나 좀 내버려 두라고요!"라고 크게 소리쳤다. 그러자 조지가 끼어들어 아내를 문에서 끌어내고 카알에게 사라를 공격하지 말라고 소리쳤다. 카알은 침대에 쓰러져 속으로 "엄마 싫어, 내 인생이 싫어, 나는 모든 일에 대해 비난을 받는다고."라고 말했다. 사라와 조지는 집안의 다른 장소로 물러났고, 시간이 흐르자 사라는 카알과 재연결을 시도했지만 사라가 시도하고 카알이 거부하는 고리만 되풀이되었다. 가족이 이러한 패턴을 바꾸기 위해 느꼈던 부정성과 무력감은 반복할 때마다 증가했다.

3) 관계 차단

사라의 좋은 의도와 스스로 배우려는 여러 가지 노력에도 불구하고, 그녀는 아들과 똑같이 부정적이고 불안한 상호작용에 빠져들었다. 자신에 대한 부정적인 모델(나는 나쁜 엄마야)과 타인에 대한 부정적인 모델(나를 위해 주는 사람은 아무도 없어)은 아들과 아들이 필요했던 것을 분명하게 볼 수 있는 능력을 차단했다. 그녀는 카알에게 접근하고자 하는 내면의 욕구 그리고 자신이 좋은 부모이며 아들이 자신을 필요로 한다는 확신을 얻고자 하는 내적 욕구에 따라 움직였다. 카알은 어머니의 불안에 압박감을 느꼈고, 그리하여 점점 더 멀어져서 외로움과 좌절감과 의기소침함을 느끼게 되었다. 조지는 아내와 아들을 보호하고 싶은 소망을 느꼈으나, 모자간의 상호작용을 통제하기 어려운 위기의 순간에만 개입하려고 했다. 그는 아내를 어떻게 달래고 위로해야 할지 막막함을 느꼈고, 돌봄을 회피로 대처했기에 그 자신도 돌봄을 차단했다. 그는 아내를 지지하는 것이 최선의 방법이라고 생각했고, 아들에 대한 자신의 무대책과 결합된 그의 행동으로 인해 결국 카알은 자신과 가족에게 안타까움을 느끼면서 혼자 남겨졌다.

4) 평가와 동맹 구축

초기의 가족회기는 카알의 개인적인 어려움에 초점을 두었던 2회기의 개인회기 이후에 이루어졌다. 카알은 위축되었고 다소 우울해했다. 그는 학교에 친구가 없다고 했고, 인생에서 뭘 하고 싶은지 아무 생각이 없다고 말했다. 카알은 천천히 말했고, 치료사의 말을 수정하면서 치료사의 질문에 신중하고 조심스럽게 반응했다. 그는 가족의 상황에 대해서 말했고 또 부모를 얼마나 증오하는지, 그리고 얼마나 가능한 빨리 집을 떠나고 싶은지에 대해 말할 때는 더욱 생기가 있었다. 카알은 가족의 갈등을 지겨워했다. "우리가 하는 짓이라곤 싸움밖에 없어요." 그리고 "엄마는 절 그냥 내버려 두질 않으세요."라고 말하며 어머니의 간섭에 분노했다. 카알은 가족회기 제안을 거부했는데, 가족회기는 잘 되지 않을 것이라며 확신하기 어려워했다. 카알은 부모를 물러서게 하기 위해 물리적으로 부모를 밀어내야 했던 방법을 떠올리며 말했다. 치료사는 카알이 집에서 오로지 혼자였고 보호받지 못할 때 그것이 얼마나 힘들었을지 인정해 주었고, 그러자 카알은 겉으로 슬픔을 표현했다. 치료사는 카알이 얼마나 힘들었는지, 그의 입장에 있는 사람은 누구나 마찬가지일 테지만 카알이 여전히 부모를 사랑하고 미래에는 뭔가 달라지기를 원하는지 궁금하다고 했다. 카알이 그렇다고 말하자, 치료사는 개인회기와 가족치료를 연결지어 보자고 제안했다. 치료사는 카알이 가족과의 대화에서 안전할 것임을 보장해 주었고, 이러한 확신에 힘입어 가족합동회기가 시작되었다.

부모평가회기 동안에 사라는 대화를 장악했으며, 카알이 학교에서 낙제하고 있고 대부분의 낮 시간 동안 자기 방문을 잠그고 있는 방식을 빠르고 급하게 설명했다. 치료사가 사라의 이야기를 진정으로 잘 듣고 싶은 마음에 사라가 천천히 말하도록 했고, 사라는 아들을 돕기 위해 자기가 얼마나 많이 노력했는지 말했다. 예컨대, 학교 숙제를 돕기 위해 가정교사를 고용하고, 카알을 대신하여 교사들을 중재하기 위해서 학교를 여러 번 방문했으며, 또 여러 가지 과외활동에 카알이 참여하도록 등록을 해 주었다는 이야기였다.

이러한 행동과 관련된 사라의 좌절과 분노를 탐색할 때, 사라는 자신이 도와주고 싶은 모든 방법에 참여하기와 집안일을 도와주기를 거부하는 '멀쩡하게 다 큰 아들'이 집에 있다는 데 화가 난다고 말했다. 그녀는 일을 쉬는 것이 얼마나 힘들었는지 이야기했고, 또 카알이 학교에 가지 않을 뿐 아니라 자신의 질환에 아무 도움도 주지 않았다는 것을 이해할 수 없다고 말했다. 이 시점에서 조지가 뛰어들어 아내를 지지하면서 자신이 집을 비울 때 아들이 '집안의 남자'가 되어 주기를 기대했고, 자신이 가족을 먹여 살리기 위해 열심히 일한 이점을 카알이 낭비한 것을 유감스럽다고 표명했다. 치료사는 가족 패턴에서 각 부모의 위치를 명확하게 하기 시작하면서 각 부모의 경험을 반영하고 인정해 주었다.

조지와 사라는 강력한 돌봄동맹에 대한 약속을 확실히 했지만, 조지의 물리적 부재와 사라에 대한 그의 불안한 지지는 돌봄동맹에 지속적인 평가가 필요함을 시사했다. 두 사람 모두 아들을 훈육할 때 '같은 팀'이라는 데 동의했다. 물론 둘 모두 아들을 최고로 잘 지지하는 방식을 아는 데 있어서 무력감을 느꼈지만 말이다. 조지는 상황이 악화되었을 때 사라와 카알 사이의 '유엔(UN)'이 되라는 부름을 받았다고 느꼈고, 집에 있을 때 아내와 아들의 싸움을 중재하고자 노력했다. 치료사는 가족 내 잠재적인 신체적 · 언어적 폭력의 위험을 평가했고, 사라는 카알에 대한 이전의 학대 사건과 그로 인한 보호서비스 기관의 개입에 대한 이야기를 털어놓았다. 치료사는 개인회기를 통해 이러한 이슈들에 직면하는 사라의 강점과 용기를 인정해 주었고, 사라는 자신의 학대행동이 카알에게 미친 영향에 대해 아직까지 갖고 있던 수치심과 죄책감을 시인했다. 다른 한편, 조지는 이러한 우려를 '오래전에 있었던 것'으로 일축했고, 이제는 모두가 아주 다른 입장에 있으며, 또 카알은 조지 자신이 아이였을 때 갖지 못했던 모든 혜택을 가졌다고 말했다. 치료사는 카알과 사라 사이에서 상황을 더 좋게 만들려는 조지의 노력을 반영하여 말했고, 그러자 조지는 "이것 보세요, 제가 다시 유엔이죠!"라고 웃으며 말했다. 부모 모두 웃었고 가벼운 유대감의 순간을 나누었다.

부모회기는 각 부모의 애착력에 초점을 두는 것으로 마무리했다. 사라는 자신의 부모를 "최고의 조종자"로 묘사했고, 현재는 부모 중 누구와도 연락을 하지 않는다고 말했다. 그녀의 두려움은 카알이 자기와 비슷하게 단절할 것이라는 점이었고, 그로 인해 카알과의 관계 상실을 막기 위해 무엇이든 하는 방식으로 행동했다. 조지는 아주 어린 나이부터 혼자였다고 말했는데, 어머니는 동생들을 돌보느라고 바빴고 아버지는 집에 없었다고 했다. 그는 열여섯 살에 집을 떠나 아주 어린 나이에 전일제 일을 시작하면서 혼자 살아가는 방식을 배웠다고 했다. 부모회기는 각 부모가 현재 비효과적으로 밝혀진 양육 방식을 넘어서 카알과 더 강력한 관계를 발전시키도록 돕는 것을 포함하여 치료의 공동목표를 확인하는 것으로 마무리 지었다. 사라와 조지 둘 다 사랑하는 아들과 대화하는 더 좋은 방식을 찾을 필요가 있음을 시인했다. 치료사는 이렇게 긍정적인 부모의 의도를 확대했는데, 카알이 원하는 바로 그곳에 그들이 얼마나 있기를 원하는지를 강화했고, 특히 아이가 힘들어하는데도 부모가 그 아이에게 다가갈 수 없을 때 얼마나 힘든지를 인정해 주고 정상화했다. 부모의 개방성과 의도를 명확히 밝힘으로써 돌봄동맹에 대한 그들의 약속을 강조했고, 또 부모로서 그들 자신이 겪었던 것보다 더 나은 성인기의 시작을 아들에게 제공할 수 있다는 희망을 강화할 기회를 갖게 되었다.

5) 초기의 가족회기

카알은 집에서 '스트레스'를 느끼며 자기 방에서 기타를 치는 것을 위안으로 삼는다고 불평하면서 가족회기를 시작했다. 치료사는 카알의 불평을 듣고서 스트레스가 되는 순간의 가족 상호작용 패턴으로 초점을 이동하면서 카알이 자기 방으로 들어갈 때 어떤 일이 있는지 가족에게 질문했다. 사라는 그 순간에 카알을 따라가 그가 방에서 나와 함께 대화를 나누는 것을 요구한다고 말했다. 사라의 경험에 초점을 맞추면서 치료사는 사라가 그 순간 자신에게 무슨 말을 하는지 질문했다. "세 가지예요. 첫째, 아들이 나랑 함께 있고 싶지 않다. 둘째, 내가 분명히 뭔가 잘못을 했다. 그리고 셋째, 내가 이 상황을 바로 잡아야 한다." 카알은 그 순간에 "숨이 막힐 것 같은" 느낌이라고 반응했고, 이 모든 것은 자기가 어머니에게서 필요로 하는 것보다 어머니 자신이 원하는 것을 얻는 게 더 크게 여겨지는 것 같다고 말했다. 사라는 카알에게 대화 좀 하자고 간청할 때 그 상황이 어떻게 악화되는지 설명하려 들었는데, 그녀의 목소리에서 스트레스가 더 심해지고 있음을 알 수 있었다. 빠른 속도로 점점 높아지는 어머니의 목소리를 들으며 카알은 침묵하거나 어머니에게 자기가 떠나겠다고 맹세함으로써 반응했다. 조지가 이 지점에 끼어들어 그렇게 맹세하는 아들을 나무랐고 아내와 아들이 서로 다른 길을 가고 있다고 말했다.

일단 치료사가 관계 차단에 대해 감을 더 잘 잡게 되자, 카알이 반응하지 않거나 공격적으로 반응했던 때를 질문함으로써 가족의 더욱 고통스러운 이인관계에 개입했다. 사라는 카알과의 문제를 해결하는 데 자신이 뭐가 더 필요한지 파악했다. 카알의 부정적인 정서는 어머니를 피하고 싶으며 어머니와 함께 있고 싶지 않음을 의미했고, 또 사라에게 자신이 어머니로서 실패했음을 의미했다. 사라는 카알이 어렸을 때 "내가 카알을 때렸고, 그건 잘못했고 심했다."라고 시인했으며, 그다음 곧 "하지만 그건 오래전 일이고 카알이 그 일을 털어 버려야 한다."라고 재빨리 말했다. 치료사는 이렇게 사라가 후회하는 순간에 집중했고 그 어려운 시기를 말하는 그녀의 강점을 인정했다. 다음에서는 내재된 정서에 접근하고 조합하는 데 초점을 둔 3단계 상호작용을 보여 준다.

치료사: 자, 한 번에 한 걸음씩 천천히 가기로 하죠. 여러분은 지금 아파하고 있어요, 아프다는 거예요. 저에게는 그렇게 들리거든요. 우리는 지금 깊은 곳으로 빠져 들어가고 있어요. 우리가 모두 함께 수영할 수 있는지 확인하고 싶어요. 우리 모두가 일어나고 있다고 인정하는 그런, 천천히 끓어오르는 (아버지의 이미지) 그런 곳에서 수영할 거예요. (치료사가 사라에게 직접 돌아서며) "내가 한 일을 알고 있어요. 이유도 다 알고 있어요."라는 말씀을 들었어요. 마치 어머니 자신의 정신건강에 대해서 말씀하신 것처럼요.

어머니: 그리고 저의 가정교육에 대해서도요.

치료사: 맞아요. 어머니의 가정교육 때문에 취약하게 되었고, (카알을 가리키며) 이렇게 소중한 어린아이를 마음 아프게 했네요. (사라가 고개를 끄덕이며 아래를 내려다본다)

치료사: 그걸 지금 생각해 보면 어때요?

어머니: 속이 울렁거려요.

치료사: 그게 나를 울렁거리게 하는 거네요. 깊은 곳을 건드리고 어머니를 진짜로 슬프게 만드는 거네요. (잠시 멈춤) 제 말이 맞나요? (치료사는 그녀의 얼굴에 비춰진 고통을 반영한다)

어머니: 그렇게 자라는 아픔을 알기 때문에 그 기분을 설명할 수조차 없어요.

치료사: 그렇군요. 이게 얼마나 힘든 느낌인지 아시는 거네요.

어머니: 하지만 그런 일이 일상이 되기 전에 제 때 알게 해 주신 하느님께 감사하다는 생각이 들어요.

치료사: 맞아요. 어머니의 일부는 자신을 관찰하고 있었고 그것이 어머니를 뒤로 물러나게 할 수 있었네요. 하지만 아들이 겪었던 상처를 생각할 때 어머니 안에서 이러한 아픔도 떠오르는 거네요. (치료사는 사라의 근본적인 고통에 다시 집중한다)

어머니: 그렇게 하고 싶었던 적이 결코 없어요. 결코. (카알을 만지려고 움직인다)

치료사: 그래서 지금 아들을 만지려 하고 아들의 어깨를 쓰다듬으며 무슨 말씀을 하시는 건가요? (치료사는 비언어적인 과정을 반영한다)

어머니: 저는 늘 아들을 쓰다듬고 싶었어요. 늘 아들과 친하고 싶어요.

치료사: 어머니에게 무슨 일이 일어났는지, 그 점에 대해 아드님에게 어떤 말을 하고 있는 건가요? (치료사는 사라가 현재 순간을 향하도록 한다)

어머니: (눈물을 흘리며 카알을 바라보고) 너무 미안하구나.

치료사: 미안하다고 말씀하시네요. 내가 어떻게 했는지 알아. (치료사는 부모의 의도를 강화하고, 대리 목소리를 통해서 부모의 반응을 심화한다)

어머니: (수치심에 잠기며) 그리고 그 모든 것에 대해 내가 싫어요.

치료사: 너무 힘드시겠네요. "나를 미워하게 만들기" 때문이지요. 맞나요? (사라는 치료사가 사용한 단어를 떠올리기를 힘들어하며 고개를 끄덕인다)

치료사: 하지만 지금 말씀하시는 것은 엄청난 용기를 필요로 하는 것이에요. 남편분이 어머니 바로 옆에 계시며 어머니의 팔을 감싸고 계시는군요. (치료사는 돌봄 지지를 강화한다)

어머니: (흐느끼며) 제가 자라면서 겪은 일을 남편은 알고 있어요.

치료사: 그렇군요. 남편이 바로 지금 아내를 응원하고 있네요. (치료사는 현재의 순간에 다시 초점을 맞춘다)

어머니: 그렇게 하면 안 되었어요.

치료사: 괜찮아요, 괜찮아요. (치료사는 사라를 안심시키고 인정한다)

어머니: (남편을 바라보며) 하지만 전 그 무엇보다 이 사람을 사랑해요.

치료사: 그래요. 이해합니다. 저도 엄마니까 그걸 잘 알지요.

어머니: (안절부절하며) 아들은 멋진 사람이에요. 제가 아이에게 그렇게 한 거였어요. (흐느낀다)

치료사: (더 가까이 다가가 몸을 기울이며) 좋아요. 조금 천천히 진행해 보기로 해요. 천천히요. 알았지요? 어머니가 지금 엄청난 용기를 보여 주고 있기 때문이에요. 이건 아주 큰 단계입니다. 어머니는 카알에게 "내가 너의 마음을 아프게 했어. 네가 견뎠던 상처와 고통에 대해 미안해."라고 말하고 있네요. 카알은 아직 어리고 외롭고 또 겁을 먹고 있어

요. (치료사는 사라의 용기를 인정하고 그녀의 돌봄에 대한 후회를 강조한다)

어머니: 저런 괴물을 보리라고는 상상조차 못했어요. 하지만 그럴 수 있어요. 그게 문제예요.

치료사: 그래서 더 힘드신 거죠? 그래요. 하지만 당신이 아들의 고통을 보고 있다는 것을 그가 알기를 원하는지요? 이것은 어머니에게 큰 용기와 힘을 필요로 하는 거지요. 어머니는 지금 옆에 앉아 있는 카알에게 큰 소리로, 큰 소리로 말하는 데 엄청난 힘을 보여 주고 있어요.

어머니: (뒤로 제쳐 앉으며) 그리고 아들이 제게 언제 화를 내냐고요?

치료사: (손을 들어 사라를 중단시킴) 좋아요. 그냥……. (사라가 끼어든다) 현재에 머물러 보세요.

치료사: 그래요. 어머니께서 이렇게 큰일을 하고 계시니 이 순간에 머물러 보기로 해요. (어머니가 고개를 끄덕이며 잠시 멈춤) 그리고 잠시 숨을 고르기로 해요. (치료사가 대회를 늦추고 천천히 의도적으로 어머니가 호흡을 조절하도록 한다) 어머니는 사실 아주 고통스러운 곳을 건드리고 계신 거예요. 어머니가 가고 싶지 않은 곳이죠. 어머니의 목소리 톤과 빠른 말, 카알이 떠날 때 그와 연결되려고 노력하게 만드는 극심한 두려움의 일부인 곳이지요.

어머니: 맞아요. 저는 그저 조용히 해결하고 싶어요.

치료사: 그래요. 더 좋아지게 만들고 싶은 거. 하지만 바로 지금 어머니는 어머니가 카알에게 상처를 주었다는 사실을 알고 있다고, 카알을 마음 아프게 했다는 것을 알고 있다고 말씀하고 계시는 거네요?

어머니: 맞습니다. (카알을 바라보며) 그게 얼마나 힘든지, 나를 용서하는 게 얼마나 힘든지 알아.

치료사: 조금 천천히 갈까요. 어머니는 "카알, 내가 널 보고 있어. 어린아이인 널 보고 있다고."라고 말씀하시네요. 어머니는 아들이 자라는 모습에 대해 말씀하셨고, 아버님은 팔에 이 아이를 안고 다니곤 했던 때에 대해 말씀하셨지요. (카알을 바라보며) 이 아이는 어린아이였죠. (치료사는 카알의 이미지를 연약한 어린 소년의 이미지로 불러온다)

어머니: 얘야, 너 정말 귀여운 꼬마였어.

치료사: 어머니는 이 시간들을 기억하고 계시네요. 그래요. 오늘은 모두 함께 가족이 되는 것에 관한 사안으로 하나의 가족으로 오신 거고요. 오늘 어머니가 오늘의 카알과 어제의 귀여운 꼬마에게 그 아들의 고통을 보고 있다고 알려 주는 것이지요. (치료사가 카알을 바라보며) 지금 엄마가 마음속에 있는 것을 나누고 있구나. 엄마가 너에게 상처를 주었다는 것을 아신다고 말하는 것을 듣는 기분이 어떠니?

카알: 마음이 편안해지면서 동시에 슬퍼서 그 느낌을 말로 표현할 수가 없어요.

치료사: 지금 마음이 편안해지면서 또 널 슬프게 만든다고 말하다니 정말 좋구나. 한편으로는 엄마가 널 바라볼 수 있고 너에게 일어났던 일을 볼 수 있다는 것에 안심이 되는 거구나. 그건 안도감의 일부니?

카알: 네, 안도감이요.

치료사: 그럼 슬픔 부분은 어떤 거야?

카알: 엄마를 그렇게 보는 거요.

어머니: 카알, 난 괜찮아. (어머니가 걱정스럽게 끼어든다)

치료사: 좋아요. 아들이 어머니를 걱정하네요. 카알을 슬프게 하는 것은 어머니가 슬프기 때문인 거네요. 그렇죠? 하지만 어머니도 아들에게 말하고 있어요. (치료사가 팔을 벌리고 똑바로 앉는 몸짓을 한다) "난 엄마야. 참을 수 있어. 카알, 너보다 훨씬 더 오래 살았고, 살면서 많은 것을 탐색했고, 여기 두 발로 땅을 밟고 있어. 난 괜찮아."라고 말씀하시는 건가요?

어머니: 맞아요. 전 이런 걸 다룰 수 있어요. 이 감정을 다룰 수 있어요. 지금은 훨씬 더 잘할 수 있어요. 제가 열여섯 살이었을 때보다, 그리고 (카알을 돌아보며) 네가 열여섯 살이었을 때보다 훨씬 더. 열여섯 살에 혼자서 모든 걸 헤쳐 나가기는 어렵지요. 무엇보다 이 모든 정서적 트라우마 없이 열여섯 살이 되는 건 어렵지요. (사라는 단호하게 정돈된 어조로 말한다)

치료사: 사라 씨, 지금 카알을 보고 계시는군요. 지금은 어머니가 카알을 압박하고 카알이 물러서거나 공격하는 전형적인 패턴과는 너무 다르네요. 그 패턴은 너무 빨리 움직이고 또 너무 많은 감정이 들어 있기 때문에 힘들지요. 하지만 우리가 속도를 좀 늦추어 이제는 두 분이 다른 방식으로 이야기하고 있네요. 카알은 자신의 감정에 대해 아주 분명하게 말하고 있어요.

어머니: 그래서 어떤 심한 두려움이 좀 없어지는 것 같아요.

치료사: 이런 식으로 말하는 것이 심한 두려움을 좀 없애는군요. 어머니는 이 두려움을 보실 수 있으신가요? (사라가 고개를 끄덕함) 어머니는 두려움을 보셨고, 그 속으로 들어가셨고, 그 두려움 아래에 있는 고통을 느끼셨고, 또 실제로 두려움에 대해 뭔가를 하셨네요. (사라는 절제된 어조로 "예"라고 말함) 어머니는 카알에게 "내가 너를 가슴 아프게 했다는 걸 알아, 내가 너에게 상처를 준 것을 안다고."라고 말할 수 있었네요. 하지만 어머니는 또한

카알이 자신의 경험과 고통을 가지고 있음을 알고 있다고도 말씀하시네요. 그건 다른 것이죠. 그것이 어머니가 보고 싶고 이해하고 싶은 부분인가요? 그런가요?

6) 회기 요약

치료사는 카알의 미래에 대한 가족의 우려와 관련된 가족의 부정적인 상호작용 패턴에 초점을 맞추어 회기를 시작했다. 치료사는 사라와 아들 간의 관계 차단에 집중했다. 비록 조지가 이러한 반응 패턴에서 중재 역할을 하고 있지만, 치료사는 가슴 아픈 가족불화의 원천으로서 더 고통스러운 이인관계에 주의를 좁혀 집중했다. 치료사는 현재의 순간에 어머니의 내재된 정서를 탐색하도록 안전감과 공간을 만듦으로써 어머니의 경험을 평가했다. 불안한 공포를 극복한 사라는 자신이 그에게 가졌던 '괴물'에 대해 깊은 수치심과 후회가 유발되어 카알이 위축되었음을 알게 되었다. 사라는 카알을 바로 잡으려고 하거나 자신의 학대 행동이 그에게 미친 가슴 아픈 영향을 거부하거나 축소함으로써 이러한 고통스런 감정에 반응했다. 사라의 자기보호 반응으로 인해 카알은 책임감을 느끼게 되었고 그가 견뎌야 했던 고통 속에 홀로 남게 되었다. 그는 자신의 고통이 어머니에게 보이지 않을 것이라고 생각했고, 어머니가 그를 위해 바로 그 자리에 있을 것이라는 믿음을 중단했으며, 어머니는 오로지 어머니의 욕구에만 집중했다고 생각했다. 회기에서 치료사는 관계 차단을 처리함으로써 부모의 더 큰 개방성과 참여를 확실하게 보여 주고 재연하는 방법도 보여 주었다. 하지만 이것으로 관계 회복이 이루어지는 것은 아니며, 돌봄에 대한 어머니의 불안한 관계 차단을 처리함으로써 어머니와 아들 사이에서 돌봄이 경험되는 방식을 바꾸기 시작할 수 있을 뿐이다.

치료사는 EFT 탱고의 다섯 움직임을 따라갔다. 첫째, 치료사는 '현재 과정 반영하기'에 초점을 두었고, 사라가 카알과의 관계 차단 위치에서 자신의 경험을 탐색하도록 개입했다. 어머니의 경험이 탐색되고 교류됨에 따라, 치료사는 카알이 사라의 돌봄을 차단하고 거부한 것에 대한 경험을 공유하면서 드러난 사라의 내재된 정서에 집중하기 위해 속도를 늦추어 이 과정을 진행했다. 치료사는 카알이 '기피한' 정서 경험에 초점을 맞춤으로써 사라의 경험에 대한 '정서 조합과 심화하기'로 이동했다. 사라가 수치심의 고통에 접촉하기 시작했을 때, 그녀는 자신의 경험을 즉시 거부하고 축소했으며 카알에게로 초점을 돌렸다. 치료사는 사라가 수치심에 압도되지 않고 직면할 수 있는 더 강한 위치에 있도록 하기 위해 그녀의 긍정적인 돌봄 의도를 인정하고 지지함으로써 그녀의 고통에 다시 집중하고 재개입했다. 사라가 이 경험에 머물게 함으로써 치료사는 사라가 보고 싶지 않았던 자신의 그 부분에 집중할 수 있는 능력을 높이도록 촉진했다. 그 부분은 아들에게 상처를 준 '괴물'이자 자신의 어릴 적 학대 경험으로 인해 알게 되었던 괴물 부분이었다.

치료사의 지지와 존재 그리고 남편의 지지를 확인한 사라는 후회스럽다고 했고 카알에 대한 걱정을 더 부드럽게 표현했다. 이러한 '교감적 만남'은 더욱 자연스럽게 일어났으며 치료사는 사라의 반응에 들어 있는 돌봄의 주제를 강화하고 그녀의 초점을 수치심에서 죄책감과 슬픔으로 옮김으로써 재연 작업을 이어 갔다. 사라는 아들에게 미안함과 안타까움을 직접 전하면서 회복을 시작할 수 있었다. 치료사는 카알이 안도감과 슬픔을 나눌 수 있도록 카알과의 '재연을 처리하기'로 이동했다. 사라는 카알의 슬픔에 응할 수 있었고, 이것은 카알이 예상했던 불안한 공포와는 다른 반응이었다. 치료사는 '통합과 인정하기'를 통해 가족의 대화에서 경험한 차이를 확고히 했다. 사라는 상호작용 고리에서 자신의 공포심이 수치심과 연결되어 있었고, 또 카알과 더욱 잘 반응하는 대화를 성공적으로 해서 결국 그도 응답했다는 것을 알 수 있었다.

7. 요약

1기에서 치료사는 돌봄과 애착의 관계 차단이 있을 때 확대되는 불화의 부정적 패턴의 맥락에서 가족의 호소 문제를 재정의한다. 관계 차단을 처리하는 3단계와 4단계에서 치료사는 애착 및 돌봄의 단절과 연관된 새로운 수준의 취약성에 개입한다. 이러한 내재된 정서에 접근하고 처리함으로써 차단된 관계 사이에서 새로운 만남이 가능해지고, 가족의 애착 관련 불화에 대해 더 큰 개방성과 탐색이 촉진된다. 치료사가 부정적인 패턴과 관계 차단에 초점을 두면, 부모와 자녀는 분리고통의 영향 및 부정적인 정서가 구성원들의 주요한 요구에 효과적으로 반응하는 가족의 능력에 미치는 영향을 볼 수 있다.

▣ EFFT 3~4단계 과정의 요점

다음의 EFFT 3단계와 4단계 과정의 요점은 초기 단계에서 동맹 형성과 가족평가의 핵심적인 역할을 강조한다.

- 치료사는 가족의 부정적인 상호작용을 파악함으로써 애착과 돌봄을 둘러싸고 형성된 관계 차단의 패턴으로 치료의 초점을 좁힐 수 있다.
- 치료사는 관계 차단을 탐색하고 이러한 어려움을 극복하기 위해 가족의 성공적이지 못한 시도 아래 있는 정서를 탐색한다. 부정적인 정서와 증상 행동은 효과적이지 못한 애착과 돌봄 과정에서 비롯될 수 있는 분리고통의 견지에서 이해된다.
- 치료사가 관계 차단에 개입할 때 EFT 탱고의 단계를 따라가면서 관계 차단에서의 경직된 위치와 관련된 내재 정서에 접근하고 개입한다. 내재된 정서에 대한 치료사의 탐색은 가족구성원 간의 적응적인 반응 및 반발적인 상호작용의 단계적 약화를 촉진한다.
- 부모의 긍정적인 양육 의도를 강조하고 인정함으로써 부모의 개방성은 더 높아지고 돌봄과 관련된 부모의 주요 정서가 더 많이 드러난다. 치료사는 관계 차단에 대한 자기보호 반응 아래 있는 자녀의 깊은 정서를 끌어낸다.
- 가족의 불화는 예측 가능한 정서적 고통의 패턴을 확인하고 더욱 효과적인 애착과 돌봄 반응을 촉진하는 취약한 정서에 접근함으로써 감소된다.

참고문헌

Bowlby, J. (1969). *Attachment and loss: Vol 1. Attachment*. New York: Basic Books.

Bowlby, J. (1980). *Attachment and loss: Vol 3. Loss*. New York: Basic Books.

Johnson, S. M. (2004). *The practice of emotionally focused therapy: Creating connection* (2nd ed.). New York: Brunner/Routledge.

Johnson, S. M. (2019). *Attachment theory in practice: Emotionally focused therapy with individuals, couples, and families*. New York: Guilford Press.

Kobak, R., Grassetti, S. N., & Yarger, H. A. (2013). Attachment based treatment for adolescents: Repairing attachment injuries and empathic failures. In K. H. Birsch (Ed.), *Attachment and adolescence* (pp. 93-111). Stuttgart: Klett-Cotta Verlag.

Kobak, R., Duemmler, S., Burland, A., & Youngstrom, E. (1998). Attachment and negative absorption states: Implications for treating distressed families. *Journal of Systemic Therapies, 17*, 80-92.

Kobak, R., Zajac, K., Herres, J., & Krauthamer Ewing, E. S. (2015). Attachment based treatments for adolescents: The secure cycle as a framework for assessment, treatment and evaluation. *Attachment & Human Development, 17*, 220-239.

Mikulincer, M., & Shaver, P. R. (2015). Boosting attachment security in adulthood: The "broaden-and-build" effects of security-enhancing mental representations and interpersonal contexts. In J. A. Simpson & W. S. Rholes (Eds.), *Attachment theory and research: New directions and emerging themes* (pp. 124-144). New York: Guilford Press.

제6장

5~6단계: 가족의 취약성에 개입하기

5단계. 자녀의 부인된 자기의 측면과 애착 욕구에 접근하여 심화하기

6단계. 자녀의 새로운 경험과 애착 관련 욕구를 수용하도록 촉진하기

EFFT의 변화 과정에서 가족의 안정화와 단계적 약화는 가족의 회복과 성장을 향한 새로운 기회의 문턱이 된다. 1기 전반에 걸쳐 가족구성원들은 가족불화를 지배하는 예측 가능한 갈등 패턴을 더 많이 인식하고 안전감과 정서적 균형을 유지할 수 있는 가족의 능력을 방해하는 특정한 관계 차단에 주의를 집중한다. 그러한 관계 차단을 알려 주는 내재된 정서에 대한 부모의 개방과 인식을 통해 가족은 EFFT의 2기 과정을 준비한다.

이 장에서는 자녀의 애착 관련 정서와 욕구를 탐색하도록 촉진하는 EFFT의 실천을 살펴본다. 부모의 수용과 교감의 촉진에 초점을 두는 2기 과정을 사례로 들어서 공감 실패 및 관계 손상이 애착과 돌봄 과정을 어떻게 방해하는지 보여 준다. 또한 가족이 취약성과 수용의 새로운 단계를 밟는 데 도움이 되는 EFT 개입 기법을 보여 준다.

1. 5단계와 6단계의 목표

EFFT 2기의 주요 목표는 자녀의 취약성과 부모의 가용성에 개입함으로써 부모자녀 간에 긍정적인 유대감을 촉진하는 것이다. 치료사가 5단계와 6단계 전반에 걸쳐 초점을 두는 다음의 네 가지 목표는 애착과 돌봄 유대감의 재구조화에 필수적이다.

첫 번째 목표는 자녀의 인식되지 않은 애착 관련 욕구를 파악하는 것으로, 자기와 타인(양육자)에 대한 자녀의 관점을 파악하는 것을 포함한다. 관계 차단과 관련된 자녀의 불안과 분노가 탐색되며, 자녀의 표현되지 않은 욕구와 관련된 더 취약한 정서를 명확히 밝힌다.

두 번째 목표는 부모의 가용성이 더 많이 있는 상태에서 자기와 타인(예: 부모)에 대한 자녀의 모델을 명확히 밝히고 재정의하는 것이다. 예를 들면, 자신이 부모의 삶에서 중요한지의 여부가 궁금한 자녀는 이제 부모의 관심과 주목에 대한 자신의 두려움과 열망을 밝힐 수 있다. 자녀가 이러한 경험을 주장하여 말하고 이를 부모와 공유할 수 있을 때 자신이 원치 않는 아이라는 감정과 거부에 대한 두려움을 더 깊게 표현할 수 있다. 이 경험을 통해 자녀는 돌봄과 안도감의 욕구를 더 잘 밝힐 수 있다. 부모의 가용성에 대한 자녀의 더 높은 확신은 부모가 자녀의 새로운 경험을 수용하고 자녀가 자신의 취약성을 부모와 더 많이 공유하려고 노력할 때 더 높아진다. 이후 7단계에서 초점은 재연으로 이동하는데, 여기서 자녀는 자신의 욕구를 부모와 더 적극적으로 나누며, 부모의 적절한 반응으로 자신이 응원을 받을 뿐 아니라 자신이 이것을 요구할 가치가 있는 사람(자신에 대한 관점)이로, 아울러 부모를 자신의 가장 취약한 걱정에 접근할 수 있는 사람(타인에 대한 관점)으로 바라볼 수 있다. 5단계와 6단계에서 치료사 작업은 새로운 교정적 경험을 준비하기 위해 중요하다.

세 번째 목표는 부모가 적극적으로 자녀의 취약성 표현에 대해 수용을 표현하는 것이다. 부모가 자녀에게 맞추어 관심을 보이는 것은 부모의 가용성에 대한 자녀의 경험을 변화시키는 데 필수적이다. 예를 들어, 치료사는 자녀가 그동안 부모의 주목을 받지 못했으나 이제 새로운 경험을 하고 또 자신이 소중하다는 것을 확신하고 싶은 갈망을 부모가 지지하고 관심을 표현하도록 부모를 격려한다. 치료사는 부모와 함께 작업하여 부모의 수용 신호를 분명하고 일관적이며 정서적으로 접근 가능한 것으로 만든다.

네 번째 목표는 자녀의 새로운 취약성 경험이 부모가 자녀나 자기 자신에게 부정적 관점을 촉발할 수 있는 방식을 예측해 보는 것이다. 따라서 네 번째 목표는 지속되고 있거나 예전으로 되돌아가는 부모의 수용 차단에 대한 작업을 포함한다. 이러한 차단은 3단계에서 밝혀진 부모 차단으로 되돌아가 보는 것과 자녀 및 자신에 대한 부모의 관점에 미치는 영향을 탐색하는 것을 포함한다. 이러한 관계 차단은 부모의 애착력 및 과거 경험에서 해결되지 않은 욕구를 둘러싸고 부모 자신이 힘겨운 싸움을 하고 있음을 나타낼 수 있다. 이 목표를 위해 치료사는 자녀의 더 강력하고 더 지혜로운 타인으로서 부모의 존재를 강화하여 애착 대상의 역할을 수행하려는 부모의 노력과 필요를 더 많이 지원해야 한다.

2. 접근 지점

5단계와 6단계 개입을 위한 치료사의 접근 지점은 자녀의 애착 관련 정서와 욕구에 접근하고 자녀의 새로운 경험을 부모가 지지하도록 촉진하는 것이 우선이다. EFFT 과정은 회기 중에 EFT 탱고 프레임을 더욱 확실하게 따르는데, 정서 조합과 심화하기, 더 취약한 경험에 대한 새로운 만남에 개입하기, 더 깊은 정서적 순간의 영향을 처리하기에 더 많은 주의를 기울인다. 다음의 네 가지 접근 지점은 치료사가 이전에 차단된 애착과 돌봄 반응에 대해 작업할 때 이룬 특정 변화를 강조한다.

1) 관계 차단과 관련된 자녀의 내재된 정서에 접근하기

치료사는 1기에서 확인된 관계 차단에 대한 자녀의 경험을 이끌어 낸다. 특히 치료사는 과거의 부모 차단 상황에서 부모의 개방에 대한 자녀의 정서적 반응과 관련된 언어적 및 비언어적 단서에 대한 현재의 과정을 모니터링한다. 자녀의 새로운 경험은 부모의 개방에 대한 자녀의 확신에 부정적인 영향을 미쳤던 과거의 공감 실패 또는 애착 관련 손상과 관련하여 남아 있는 분노와 상처를 드러낼 수 있다. 치료사는 정서 조합과 심화하기에 개입하여 이전에 인식되지 않은 자녀의 정서를 더 탐색하고 밝힘으로써 자녀가 고통과 두려움을 토로하게 한다. 또한 치료사는 이러한 감정 및 그에 따른 행동(즉, 관계 차단에 대한 자녀의 반응)에 대한 자녀의 일반적인 반응을 인정해 준다. 예를 들어, 치료사는 돌봄과 위로를 제공하려는 아버지의 노력에 대한 딸의 경멸적인 반응을 따라갈 수 있고, 또 아버지의 거부에 대한 딸의 두려움을 둘러싼 접근 지점으로 딸의 강한 반발 반응에 개입할 수 있다.

2) 자신과 부모에 대한 자녀의 관점 작업하기

더 깊은 정서에 접근하고 탐색함으로써 자신과 부모에 대한 자녀의 관점과 관련된 주제들이 선명하게 드러난다. 대표적으로 2기에서 경험되는 가장 강렬하고 극적인 정서는 이러한 주제들과 관련이 있다. 치료사는 이러한 정서를 인정하고, 자녀에게 그 두려움과 그것이 시사하는 열망을 표현할 권리가 있음을 강조한다. 이 경험에 대한 작업을 통해 치료사는 일반적으로 애착 욕구의 확인으로 이어지는 자녀의 경험을 조합한다. 이 욕구는 1기의 초기 단계에서 밝혀질 수 있지만, 2기의 정서 심화에 초점을 둘 때 통렬한 감각 기반 느낌(felt sense)을 경험하게 된다. 치료사가 이러한 새로운 욕구를 인정함으로써 그 욕구의 중요성이 존중을 받게 되어 자녀는 부모와의 관계에서 새로운 입장을 취할 수 있게 된다. 이 작업을 통해 자녀는 7단계에서 이 욕구를 재연하는 과정을 준비할 수 있다.

동시에 자녀의 경험에 대한 초점은 부모의 엄격한 태도 및 거절과 관련된 자녀의 두려움과 상처를 포함할 수 있다. 자녀는 부모에 대한 부정적인 관점으로 인해 경험하는 두려움을 더욱 취약한 위치에서 밝히기를 꺼릴 수 있다. 치료사는 인정, 반영, 공감적 추측 기법을 사용하여 자녀가 부모의 엄격한 태도로 인해 생긴 상처의 영향을 명확히 밝히고 표현할 수 있도록 한다. 이러한 관계의 단절로 인해 자녀들은 과거를 바로 잡으려는 부모의 긍정적인 의도와 노력을 확신하지 못한다. 그리하여 자녀는 더 많은 구성원으로부터 돌봄을 받는 데 어려움을 겪는다. 치료사는 자녀의 불신 및 안전에 대한 욕구와 관련된 두려움과 상처를 밝히고 상기시킴으로써 관계 손상에 대한 욕구를 확인하는 방향으로 점차 나아갈 수 있는 토대를 마련할 수 있다. 일반적으로 자녀의 더욱 취약한 정서는 부모의 더 부드러운 돌봄 반응과 안타까움을 자극하지만, 이런 취약한 순간을 비난으로 간주하여 방어적으로 반응하는 부모도 있을 수 있다. 치료사는 부모와의 동맹을 이용하여 부모가 힘들다는 것을 이해하고, 총알받이 기법을 사용하여 부모의 방어 반응의 방향을 바꿀 수 있다. 부모와의 개인회기에서 부모의 손상을 더 많이 처리해야 할 수 있으며, 자녀의 불평에 대한 부모의 가용성을 높이는 방향으로 작업할 수 있다. 또한 2기 과정을 지속하기 위해 부모의 목표와 지지에 추가적인 지원이 필요할 수도 있다.

3) 부모의 수용 촉진 및 부모 차단 재고하기

1기에서 부모의 가용성 차단이 확인되고 탐색되었다고 하더라도, 2기에서 자녀의 취약성을 탐색하는 과정은 부모의 차단을 촉발할 수 있다. 치료사의 핵심 역할은 자녀가 애착 관련 정서와 욕구를 어렵게 공유하는 것을 힘들게 수용하는 부모를 확인하고 인정하는 것이다. 부모 차단은 1기에서 그 차단을 촉발한 자기방어 반응과 다를 수 있으며, 자녀의 취약성과 애착 욕구에 대한 반응임을 인식해야 한다. 부모는 자녀의 관계 차단 경험과 관련된 두려움, 상처, 슬픔의 분명한 신호에 어떻게 반응해야 할지 모른 채 두려워하는 반응으로 얼어붙을 수 있다. 무능력에 대한 부모의 두려움은 자녀의 경험과 욕구에 조율된 부모의 반응과 공감을 차단할 수 있다. 마찬가지로, 부모의 수치심은 거부 반응으로 이어질 수 있는데, 이는 자녀가 제기하는 걱정을 부모가 축소함으로써 체면을 차리고자 하기 때문이다. 부모는 자녀가 요구할 때 자녀의 욕구에 효과적으로 반응하기 위해 기꺼이 존재할 수 있다는 자신감이 부족할 수 있다.

부모의 힘겨운 투쟁에 대한 치료사의 지지와 인정은 부모가 정서적 균형을 되찾고 내재된 정서 경험에 초점을 맞출 수 있게 한다. 부모의 취약성에 접근함으로써 부모의 돌봄 의도에 초점을 둘 때 부모는 자녀의 경험에 더 잘 맞출 수 있다. 예를 들어, 어머니의 부재에 대한 아들의 상처와 분노 항의에 반응하여 어머니가 얼어붙어 있을 때, 치료사는 부모의 두려움을 인정하고 부모의 돌봄 의도로 주의를 확장한다. 치료사는 공감적 추측을 사용하여 어머니의 두려움에 머물러 어머니의 돌봄 의도를 소중히 여긴다.

> "아들의 분노를 들어주는 것은 참 힘든 일이지요. 어머니는 그 순간에 어떻게 반응해야 할지 몰라서 꼼짝을 못하시네요. 특히 아들이 어머니를 찾고 있다는 것을 알고 있고, 또 어머니가 어떻게 반응하는지가 정말 중요하다는 것을 알고 있을 때 그러시네요. 마치 아들이 당신에게 정말 소중하고 이 순간이 정말 중요하다는 것을 아실 때, 특히 아들의 분노를 감안할 때 그것을 어떻게 헤쳐 나가야 할지 모르시는 것 같네요. 그래서 어머니께서 정말로 걱정하는 부분, 마음에서 우러나오는 부분을 들어 보니, 그건 이 아이가 바로 아들이기 때문에 이 일이 정말로 중요하다고 말하는 그런 소리네요. 어떠신가요?"

치료사는 부모의 이차 반응을 인정하고 그 순간에 작동하는 기본적인 돌봄 의도에 집중함으로써 부모의 차단을 처리한다. 부모 자신의 취약한 순간에 대해 작업하면서 치료사는 부모의 두려움과 상처에 주의를 기울이지만, 그 정서를 자녀에게 재연시키지는 않는다. 그렇게 한다면 부모의 돌봄 책임을 혼란하게 할 것이고 자녀가 부모화될 여지도 있기 때문이다. 대신에 치료사는 부모를 위한 안전기지와 안식처로서 동맹을 맺고, 부모가 돌봄을 차단하는 정서에 직면하도록 지원한다. 이러한 차단에 대해 작업함으로써 부모는 자녀에게 맞추어 반응할 수 있는 중요한 자원을 갖게 된다. 부모 자신의 취약성은 자녀의 경험에 대한 공감적 이해를 촉진하며, 또 부모가 자신의 정서 경험을 조절할 수 있을 때 부모는 이러한 인식과 경험을 자녀에게 정서적으로 더욱 유용하게 활용할 수 있다. 자녀가 있는 상태에서 부모가 관계 차단에 대한 작업을 할 수 없는 경우, 치료사는 자녀가 없는 상태에서 이 차단에 대한 작업을 하기 위해 부모회기를 가질 수 있다.

4) 부모의 반응성에 대한 자신감 높이기

네 번째 접근 지점은 특히 정서적 수준에서 자녀에게 유용한 자원을 풍부하게 가지고 있다는 부모의 자신감을 강화하는 것이다. 앞의 예에서 치료사는 부모가 정서적 균형을 회복하고, 아들의 걱정에 공감하고 조율하는 방식으로 반응할 수 있도록 부모를 지원하는 방법을 보여 준다. Kobak과 Mandelbaum(2003)은 특히 분리고통에 처한 가족의 변화가 다른 성인의 지지를 통한 양육자의 자신감 증가와 가장 관련이 있다고 말한다. 또한 이 연구자들은 치료사가 어떻게 자녀를 위한 동맹에서 부모와 연합할 수 있는지 그 방식에 주목한다. 치료사는 부모에게 자녀의 중요성이 갖는 의미를 강조하고, 자녀의 걱정을 좀 더 분명하게 보도록 부모를 초대하여 부모가 그 순간에 좀 더 효과적으로 반응할 수 있는 방법을 적극적으로 탐색하게 한다.

두 부모 가족에서 치료사는 배우자 지지에 초점을 두는 순간에 다른 쪽 부모의 지지를 요청할 수 있다. 돌봄동맹은 힘겨운 싸움을 하는 부모에게 공감과 지지를 제공할 수 있고, 상대 배우자의 지지를 통해 자녀에 대한 더 큰 조율과 공감을 촉진할 수 있다. 하지만 한 배우자의 부모 차단이 계기가 되어 다른 쪽 부모가 비판적이거나 거부하는 반응으로 대응하면, 치료사는 싸우는 부모와의 치료적 동맹으로 다시 주의를 돌리고, 별도의 부부회기를 가져 부부의 차단된 돌봄동맹을 재논의한다.

3. 자녀의 취약성 탐색과 부모의 수용 촉진하기

이 절에서는 치료사가 부모와의 상호작용에서 차단된 자녀의 애착 관련 정서를 심화하는 데 초점을 둔다. 가족이 2기로 이동해 감에 따라 치료사가 애착과 돌봄의 효과적인 상호작용을 차단했던 관계 문제에 대한 부모의 새로운 반응을 탐색해 가면서 부모의 개방성을 강조한다. 이렇게 하여 치료사는 자녀의 더 깊은 정서와 애착 관련 욕구를 조합하고 심화할 수 있는 단계를 마련한다. 자녀의 취약성이 EFFT의 초점이 되면서 치료사는 자녀의 새롭게 표현된 경험과 더욱 구체화된 욕구를 부모가 수용하고 개입하도록 촉진한다. 이 절에서는 5단계와 6단계에서 관계 차단 작업 시의 치료사 역할을 살펴보는데, 2기에서 일반적으로 사용하는 개입도 고찰한다. 또한 두 가지 사례를 들어서 치료사가 공감 실패와 애착 손상에 기반한 관계 차단에 접근하는 방법을 보여 준다.

1) 2기로 이동하기

EFFT 2기로의 이동은 가족의 부정적 패턴의 단계적 약화가 분명하게 입증된 이후에 이루어진다. 이것은 특정 가족관계를 파괴하고 애착 욕구에 효과적으로 반응할 수 있는 가족의 유연성을 손상시키는 관계 차단을 확인하고 처리함으로써 일어난다. 이러한 관계 차단 기저에는 더 깊은 정서가 있는데, 이 정서를 통해 부모의 돌봄 의도와 이 차단이 자녀에게 미치는 정서적 영향에 대한 부모의 인식을 더욱 명확하게 포착할 수 있다. 결과적으로, 부모는 특히 자녀의 기저 욕구와 관련된 접근 방식에서 개방성과 관심을 보인다. 따라서 부모의 개방과 단계적 약화는 EFFT의 1기에서 2기로 이동하는 표지가 된다.

정서 변화의 과정이 선형적으로 진행되는 경우는 거의 없으며, 대신에 부모와 자녀는 더 큰 취약성에 개입하기 위해 위험을 감수하고 가족의 여러 구성원이 동일한 수준에서 반응할 수 없음을 알게 될 것이다. 치료사는 자신의 지지와 부모의 증가하는 가용성에 대해 자녀가 갖게 되는 새로운 자신감에 맞추어 가족이 더 깊은 수준의 단계를 밟아 가도록 속도를 조절한다. 따라서 부모의 개방은 치료사가 5단계에서 자녀의 애착 정서와 욕구로 이동하고, 자녀의 심화된 취약성 및 그와 관련된 욕구에 대한 부모의 가용성을 촉진하는 데 중요하다. EFFT의 5단계와 6단계는 함께 이루어지는데, 부모와 자녀가 이전에 가족 안에서 차단되었던 애착과 돌봄 위치에 재개입하도록 준비시킨다. 이를 위해 대인관계 및 개인 내적 변화를 가져오는 더 깊은 정서 경험에 개입하고 그 경험을 서로 교환해야 한다.

2기의 회기들은 애착 욕구와 돌봄 반응을 명확하게 드러내는 정서에 더 깊이 접근하도록 촉진한다. 커플을 대상으로 하는 EFT 치료와 유사하게, 가족구성원들은 이러한 애착 관련 정서와 욕구에 개입함으로써 취약성과 반응성의 새로운 위치로 이동해야 한다. Johnson(2019)은 2기에서 가족회기와 부부회기 간의 두 가지 주요 차이점에 주목한다. 첫 번째 차이는 부모와 자녀 간의 애착 역동이 부부간의 낭만적 관계에서 경험되는 것보다 덜 상호적이라는 것이다. EFFT 치료사는 '더 강하고 더 지혜로운 타인'이자 가족관계에서 안전감과 안도감의 선도자로서의 부모 역할을 적극 격려한다. EFFT 치료사는 위축자와 추적자의 상호 관련된 위치로 이동하는 데 초점을 두는 대신, 자녀가 취약한 입장에 있도록 이동시키고 또 자녀의 애착 관련 정서와 욕구의 새로운 표현에 대한 부모의 가용성과 반응성을 촉진하는 데 초점을 둔다. 또한 Johnson은 가족과 작업하는 2기의 정서적 강도가 흔히 낭만적 파트너와 작업하는 EFT의 2기보다 더 약하다고 제안한다. 이 두 번째 차이는 정서 처리에 대한 청소년 자녀의 능력과 내성에 잘 접근하기 위해 인지적 반영과 함께 환기적 전략이 균형을 이루어서, 어린 자녀와 청소년 자녀가 표현하는 수준의 강도에 잘 적응하고 조율하는 치료사의 능력이 중요함을 나타낸다.

2기에서 가족의 부정적 상호작용 패턴이 더 심하게 반발적으로 되는 경향은 더 낮다. 부모의 더 큰 개방성과 가족 내 높아진 정서적 안전감을 기반으로 치료사는 분리고통에 대한 자녀의 이차 반응을 통해서 이전에 왜곡된 애착 관련 정서와 욕구에 더 잘 접근할 수 있다. 위협적 · 공격적이고 위험한 행동을 포함하는 가족의 불화 패턴에서는 애착 메시지를 알아차리기가 어렵다(Moretti & Craig, 2013). 치료사는 악영향을 미치는 상호작용의 악화와 고통스러운 결과를 가족구성원들이 관리하기 위해 애쓴 필사적인 방식들을 인정해 준다. 치료사는 자녀의 충족되지 않은 애착 욕구의 관점에서 바라보고, 이 욕구를 정상화함으로써 청소년 자녀를 초대할 기회를 가지며, 부정적인 상호작용 패턴의 영향으로 인해 종종 발생하는 상처와 두려움 및 슬픔의 기저 경험을 공유하도록 한다. 종종 치료사는 3단계에서 밝혀진 자녀의 더욱 취약한 정서로 되돌아가서 이제 자녀의 자신에 대한 관점 그리고 타인, 일반적으로 부모에 대한 관점에 초점을 두고 자녀의 경험을 심화한다.

2) 부모의 개방성 촉진하기

2기의 가족회기는 부모의 돌봄 의도와 더 큰 가용성에 대한 부모의 개방성을 강조한다. 치료사는 부모 돌봄 의도의 주제를 탐색하여 이전에 부모자녀 상호작용을 괴롭혔던 관계 차단에서 벗어나기를 바란다. 돌봄 의도를 확인하고 인정함으로써 1단계에서 처음으로 언급된 자녀의 경험에서 더 많은 것을 배울 수 있도록 부모의 입장과 준비도를 살펴본다. 치료사는 자녀의 경험에 대해 알지 못하거나 이해하지 못하는 부분에 대한 부모의 호기심이나 우려를 언급할 수 있다. 다음의 발췌문에서 치료사는 아들에 대한 아버지의 높아지는 공감적 관심을 인정하고 구성하기 위해 공감적 추측을 사용한다.

치료사: (반영, 재구성) 아드님에 대한 걱정은 처음부터 명확했지요. 그리고 아들의 행동으로 인해 겪었던 갈등이 아버님을 꼼짝 못하게 만들었네요.

아버지: 지금 그런 점을 더 확실하게 보고 있어요. 상황이 더 나빠질수록 더 좋게 만들려고 힘들게 노력했어요. 이런 일이 우리 모두에게 일어나고 있는 게 너무 싫습니다.

치료사: (반영, 공감적 추측) 맞아요. 여러 가지 방식으로 두 분 모두에게 고통을 주었네요. 아버님이 이제 그걸 볼 수 있다는 점이 다른 거네요, 맞나요? 몇 달 동안 아버님은 경고음을 울려서 아들의 주의를 끌기 위해 노력하셨고 아들의 방식을 바꾸려고 했던 것 같네요. 왜냐하면 위험이 눈앞에 있었고 그것이 당신이 볼 수 있는 전부였기 때문이지요. 그리고 이제 아버님의 또 다른 부분은 "나는 아들을 보호하고 싶어. 내 아들이야, 그게 중요해. 내가 보는 위험뿐만 아니라 이 아이는 내 아들이고 나는 얘가 필요로 하는 방식으로 거기에 다가가고 싶어. 나는 이 일에 아들을 혼자 놔두고 싶지 않아."라고 말하고 있네요.

치료사는 부모의 돌봄 의도를 인정하고, 아들의 행동에 대한 두려움뿐 아니라 관심과 이해를 받고 싶은 아들의 욕구에 아버지가 조율하는 데 다시 초점을 둔다. 어떤 부모는 자녀의 행동에 대한 현재의 걱정으로 인해 더욱 방어적인 입장을 취할 수도 있다. 이 경우에 치료사는 부모의 방어적인 자세에 대해 작업하고 동시에 부모의 의도를 인정하고 확인한다. 이렇게 하면 자녀가 회기 중에 부모의 변화를 경험하기 때문에 부모의 개방에 대한 자녀의 확신이 높아진다. 이러한 공감적 추측을 할 때조차 치료사는 보호의 요구(애착)와 지지의 요구(탐색) 측면에서 작업한다. 애착과 자율성 욕구의 균형에 대한 부모의 인식을 높이고 존중하려면 안전감을 높이고 자녀의 욕구도 탐색해야 한다(Moretti & Obsuth, 2009). 청소년기 동안 유대감과 자율성이라는 상충되는 목표에 대해 작업하는 과정은 안전감을 지속시키는 길로 향하는 것이다(Allen, 2008).

3) 자녀의 취약성으로 초점을 이동하기

부모의 개방을 촉진하거나 부모의 돌봄에 대한 자녀의 항의에 합류하는 경우에 치료사는 현재 과정을 반영하고 자녀의 애착 관련 정서를 끌어내기 위해 환기적 개입을 사용한다. 치료사는 부모의 공감 실패와 부모에게서 상처를 받은 데 대한 반응으로 자기보호 행동을 하게 되었다는 점을 납득시키려는 자녀의 방어적 태도를 인정해 준다. 환기적 전략을 사용함으로써 자녀의 애착 정서와 욕구를 더 잘 인식할 수 있도록 촉진하여 이러한 감정을 더 명확하게 드러내고 회기 중에 느낄 수 있도록 한다(Kobak, Duemmler, Burland, & Youngstrom, 1998). EFT에서 환기적 전략은 공감적 추측과 강조 및 환기적 반응을 포함한다. Johnson(2019)이 언급한 바와 같이, 반영과 인정을 통해서 자녀는 경험을 조직하는 데 도움이 되는 인지적 성찰을 할 수 있다.

앞의 사례에 이어서 치료사는 아버지의 더욱 적극적인 반응에 대한 아들의 경험을 이끌어 낸다.

아버지: (치료사의 추측에 반응하며) 맞습니다. 그건 안 될 것 같아요. 사실 아들이 제가 신경을 쓴다고 생각하는 것 같지가 않아요……. 자기 때문에 생긴 문제 이상으로 제가 신경을 쓴다는 것을. 그저 제가 자기 편에 있는 사람이 아니라 자기에게 반대하는 또 한 사람으로 여기는 것 같아요. 그게 힘든 거죠.

치료사: (공감적 추측) 아버님이 원하는 그런 아버지가 아니라는 말씀이시네요. 아버님의 마음 속에 있는 그런 아버지가 아니신 거죠.

아버지: 맞습니다.

치료사: (아들에게) (환기적 반응) 아버지가 하는 말을 들으니 어떠니? 너를 어떻게 제대로 보지 못했는지 아버지 마음으로 알 수 있다고 하시는 말씀을…….

아들: (방어적으로) 좀 늦은 것 같은…….

치료사: 이제 그래봤자 달라지기 어려울 거라고 생각하는 거구나.

아들: 그런 것 같아요. 암튼 아버지는 선생님이 말씀하시는 걸 그냥 말하고 있는 것 같아요.

치료사: (반영, 공감적 추측) 아버지가 내 말을 따라 말씀하시는 것이 믿기가 힘든 거구나. 너의 일부는 "모든 일이 일어난 후에 아버지가 나를 정말로 이해할 수 있다는 걸 어떻게 믿을 수 있어?"라고 말하는 것 같구나. 하지만 여전히 아버지가 어떻게든 더 잘 이해하고 있고 그게 너한테 어떤 것 같은지 이해할 수 있기를 바라는 부분이 너에게 있는지 궁금하구나. 실제로 아버지의 마음으로 보는 거?

아들: 어쩌면요.

치료사: (인정, 환기적 질문) 아빠가 지금, 특히 이런 방식으로 보여 주는 것이 믿기 어렵다는 게 이해가 되는구나. 네가 경계심을 좀 늦춰야 했는데, 그때는 예전에 네가 상처를 입었던 때였지. 하지만 아버지가 바로 지금 여기에 앉아서 널 바라보고 있고, 그걸 이해하지 못했고 또 네 사정을 살피지 못했다고 말씀하실 때, 너를 여기 이렇게 혼자 내버려 둔 데 대한 아버지의 슬픔을 듣고 있는 거잖니. 이것이 너한테 어떤 것 같은지 아버지가 알고 싶다고 말씀하시는 걸 들으니 어떠니?

아들: 어려워요. 잘 모르겠어요. 저도 아버지를 실망시킨 것 같아요.

치료사: (인정, 재구성, 환기적 질문) 그렇지. 이것 역시 네가 바랐던 방식이 아니었던 거구나. 너도 아빠도, 그치? 네가 갇혀 있는 이 힘겨운 몸부림이 이 모든 거리감을 만들었던 것 같아. 뭐가 진짜로 소중한지 말하기 어렵게 만들었지……. 이 모든 것이 너한테 얼마나 힘들었니?

이러한 순서로 대화를 펼쳐 나가면서 치료사는 아들의 새로운 취약성에 계속해서 초점을 맞춘다. 치료사는 아들의 힘겨운 싸움과 외로움을 강조하기 위해 환기적 개입을 사용하여 이 경험을 말로 표현하도록 돕는다. 치료사가 새로운 경험을 반영하고 인정해 주면 자녀는 자신이 느꼈던 상처와 거부감에 더 잘 접촉할 수 있다.

아들: (풀이 죽어서) 거울을 보고 있는데 마치 거기 아무 것도 없는 것 같아요. 그냥 아무것도요. 아무도 상관하지 않는 것 같은. 아무도 봐 주지 않아요. 너는 문제이고 실패 투성이이니 누구도 너를 원하지 않아 하는 것 같은.

치료사: (반영, 인정, 재연) 그 말을 하는 너의 얼굴에서 고통을 볼 수 있구나. 누구든지 외롭고 투명인간 같고 원치 않는 존재라고 느낄 수 있지. 원치 않는 존재라는 것이 얼마나 힘든 것인지 아빠에게 말해 줄 수 있겠니?

치료사는 아들이 문제행동을 했을 때 부정적인 고리에서 경험한 고립감에서 비롯된 애착 관련 주제와 내재된 정서를 구체화하도록 돕는다. 치료사는 아들에게 도움이 되겠다는 의도를 단언했던 아버지의 면전에서 아들이 느낀 고립감의 고통이 명확하게 드러나고 이해될 수 있도록 개입했다. 치료사는 재연을 통해 아들이 자신의 경험을 아버지와 나누고 또 아버지와 아들 간의 관계 차단을 점진적으로 재작업하는 과정을 시작하도록 두 사람을 초대한다. 이 과정은 아들의 내재된 정서에 대한 아버지의 반응과 수용을 필요로 한다.

4) 부모의 수용을 촉진하기

EFFT에서 자녀의 취약성을 수용하기 위해서 부모는 더욱 접근 가능하고 반응적인 돌봄의 접근 방식으로 이동해야 한다. 치료사가 자녀의 취약성을 심화하는 데 초점을 두기 위한 전제 조건이 부모의 개방성이라면, 자녀의 취약성을 부모가 수용하는 것은 7단계의 목표인 부모와 자녀 간의 새로운 관계적 유대감을 촉진하기 위해 요구되는 필수적인 결과이다. 애착 관련 정서가 부모의 더 잘 조율된 돌봄 반응을 이끌어 내기도 하지만, 자녀의 통렬한 두려움이나 상처는 부모의 수용을 가로막는 원인이 될 수도 있다. 6단계에서는 부모 차단에만 초점을 두고, 그러한 차단의 기능을 확인하고 더 잘 조율되고 이용 가능한 돌봄 반응을 회복하는 데 도움이 되는 더 깊은 정서를 탐색한다. 치료사는 자녀의 기저 경험과 애착 관련 욕구의 공유에 대해 부모의 돌봄 반응을 촉진하고 명확하게 하기 위해서 환기적 개입과 과정 개입을 사용한다. 환기적 반응과 공감적 추측은 자녀가 공유한 가장 신랄한 애착 관련 주제로 부모를 안내하는 데 도움이 된다. 예를 들어, 치료사는 딸이 느낀 거부감을 부모가 듣는 것의 영향에 대해 부모에게 다음과 같이 질문할 수 있다. "지금 부모님이 이 말을 듣고, 따님이 거부와 배척을 당했다고 느꼈던 시간에 대해 말하면서 나누었던 두려움을 느낀 적이 있다면, 지금 따님의 두려움을 듣는 기분이 어떠신가요?"

6단계에서 치료사는 이 순간에 대한 부모의 반응을 확장하고 조직하는 데 초점을 둔다. 치료사와 양육자의 동맹과 돌봄동맹을 통해서 치료사는 부모가 돌봄 역할에서 느끼는 자신의 취약성을 탐색하도록 지지한다. 부모의 취약성은 그 순간의 정서적 신호에 적극 반응함으로써 자녀에게 조율하기 위한 자원이 될 수 있다. 하지만 이는 상호 간의 접근과 반응 및 교감이 가능한 부부를 대상으로 하는 EFT에서와는 완전히 다르다. 부모 취약성의 초점은 부모의 수용과 돌봄 반응을 강화하는 데 있다.

과정 개입은 부모의 자각과 수용을 확장한다. 치료사는 인정과 재구성 기법을 사용하여 자녀가 공유한 애착 관련 주제와 정서에 부모가 집중하도록 한다. 예를 들어, 치료사는 딸의 두려움에 대한 반응으로 부모가 느끼는 후회에 초점을 맞춰서 부모의 좌절감을 인정한다.

> "딸의 두려움을 보고서 당신의 속마음에도 두려움이 있네요. 딸이 '부모님이 나를 다시 믿을까?'라며 뒤로 물러서는 것을 볼 때 그런 두려움을 느낀다는 것이 이해가 되어요. 예전에는 이런 두려움으로 인해 딸을 되찾기 위해서 뭐든지 했지만, 지금 당신의 두려움을 들어보니 당신이 딸을 얼마나 아끼고 걱정하는지 알 것 같아요. 왜냐하면 딸은 당신에게 정말 소중하니까요."

치료사는 양육자로서 부모의 취약성을 인정하고 더 강하고 현명한 타인으로서 부모가 자신감을 찾도록 부모와 함께 적극적으로 작업한다. 또한 치료사는 부모가 이 순간의 두려움에 대한 지지를 배우자에게 요청하라고 격려할 수 있다. 부모의 수용과 지지가 확인됨에 따라, 만일 부모가 아직 이를 자발적으로 자녀에게 말하지 않았다면 치료사는 부모를 초대하여 자녀와 직접 이야기를 나누도록 한다.

(1) 부모의 수용 차단을 처리하기

5단계에서 자녀가 더욱 취약한 위치로 이동하는 것도 부모의 수용 차단을 유발할 수 있다. 이러한 차단은 부모의 두려움이나 수치심에 기반한 부모의 불안전에서 비롯될 수 있다. 부모의 차단은 3단계에서 탐색된 상호작용 차단보다 부모가 부모역할에서 발견하는 내적인 싸움에 더 많은 초점을 둔다. 결과적으로 개별 부모회기는 부모의 자신에 대한 부정적 관점 및 부모의 왜곡된 조율과 가용성에 대한 작업을 하는 데 도움이 될 수 있다. 부모합동회기는 돌봄동맹을 강화하고 부모 차단에 대한 작업을 하는 데 도움이 된다.

(2) 부모의 두려움과 부적절감

자녀의 애착 관련 정서와 욕구는 부모의 불안전을 유발할 수 있는데, 아버지가 딸의 욕구에 효과적으로 반응할 수 있는 자신의 능력에 회의적이거나 어머니가 실수를 할 경우에 불화 패턴으로 다시 돌아가는 것을 두려워할 때 그렇다. 부모의 부정적인 자기상은 부모가 자녀의 욕구에 반응하기 위한 지식이나 능력이 없다는 두려움을 부채질한다. 부모의 이러한 내적 차단은 부모가 두려움에 대처하기 위해 사용하는 자기보호 전략에 의해 강화된다. 이런 부모는 지지와 원조를 제공할 수 있는 다른 성인에게 의지하는 대신, 스스로 정서적 균형을 잃어버리고 자녀의 욕구에 불안하게 과잉 반응하거나 묵살한다.

EFFT 치료사는 이러한 차단이 발생하는 현재 순간에 초점을 맞추고, 부모가 두려움을 극복하도록 돕기 위해 부모에게 개입한다. 치료사는 안전기지를 제공하여 부모가 자신의 걱정을 탐색하고 자녀의 욕구에 맞추기 위한 자원으로 자신의 정서 경험을 정리하도록 한다. 이 두려움에 접근하고, 처리하고, 이를 치료사와 나눔으로써, 혹은 다른 성인과 함께 작업함으로써 부모는 자녀에게 잘 반응하는 태도에 자신감을 가지고 돌아갈 가능성이 더 커진다. 부모의 자신감은 치료사와 부모가 자녀의 취약성에 효과적으로 반응하기 위해 함께 작업할 때 증가한다.

(3) 부모의 수치심

어머니: 제가 잘 못했죠. 제가 딸을 너무 심하게 몰아붙였으니 이제 나를 두려워하는 거죠. 딸이 그저 나를 존중하기를 바랐는데, 오히려 나를 미워하더군요.

치료사: 따님의 두려움은 어머니에게 아주 힘든 메시지네요. 따님이 이렇게 힘들어한다는 것을 듣는 일은 참 힘들지요. 어머니는 자신이 딸을 망쳐 놓았다고 말하네요. 딸이 이 순간에 나를 원하지 않는다. 그런 건가요?

어머니: (격앙되어) 딸을 되찾기 위해서 제가 할 수 있는 일이 없어요.

치료사: 그래서 따님을 잃은 것처럼 지금 이 순간에 어머님도 길을 잃은 거네요. 정말 너무 무섭고 두렵지요. 여기서 잠시 좀 멈출 수 있을까요? 이 순간에 잠시 머물러 보시지요. 따님의 두려움을 들으면, 어머님은 공황상태에 빠지고 또 엄마로서 달갑지 않고 무능하다고 쉽게 느끼게 되는 그런 곳으로 가게 된다는 말씀이 이해가 되네요. 하지만 여기 이 순간에 잠시 머물러 보면 따님에게 다른 메시지를 주고 싶어서, 따님 눈에 띄고 싶어서 여기 상담에 참여하신 어머님을 볼 수가 있네요. 맞나요?

어머니: 네. 하지만 딸이 내 말을 듣고 싶어 하는 것 같지가 않아요.

치료사: 바로 이곳을 장악한 그 두려움인 거네요. 그래서 여기서 잠시 그 두려움에 머무를 수 있을까요? 우리가 어머니의 그 부분에 귀를 기울일 수 있을지 궁금해요. 외롭고 두려워하는 따님을 보는 그 부분이요. 내가 신경 쓰고 있어, 내가 여기에 있어, 내가 네 엄마야라고 말하는 그 부분이요. 딸의 두려움에 대해 어떤 말씀을 좀 하고 싶으신가요?

치료사는 어머니의 수치심에 대한 촉발 요인을 확인하고, 그녀의 반발 반응을 인정하고, 현재에 머무름으로써 어머니가 정서적 균형을 회복할 수 있도록 부모 자원을 제공한다. 치료사는 어머니의 두려움 및 수치심과 그것의 기능을 정상적인 것으로 인정하고, 그 다음 부모로서 딸의 두려움에 다시 집중하게 한다. 치료사는 어머니의 근본적인 두려움을 딸에게 조율하기 위한 자원의 관점에서 보게 하고 회기의 초점을 다시 딸에게로 돌린다. 어머니가 딸에게 계속 잘 반응하도록 어머니의 두려움에 대해 작업함으로써 치료사는 어머니가 자신의 정서를 다르게 사용하도록 도울 수 있다. 부모의 광범위한 차단은 부모의 두려움과 수치심에 초점을 둔 개인회기를 필요로 할 수 있다. 이 개인회기의 초점은 부모의 양육 역할에서 고통의 감정을 조절하도록 촉진한다는 목표 그리고 자기에 대한 부정적인 관점 및 부모가 현재 상태를 유지할 수 있고 또 자녀의 욕구에 주의를 기울일 수 있는 능력을 가로막는 방식에 대해 작업한다는 목표에 있다.

4. EFFT의 5단계와 6단계 개입

2기 전반을 통해 가족의 관계 차단 기저에 있는 정서 경험을 탐색하면 애착 관련 정서와 돌봄 의도가 명확하게 드러난다. 이렇게 더 깊은 경험에 접근하고 확장함으로써 효과적이지 못하거나 해로운 돌봄 반응에 대한 자녀의 자기보호 반응을 암시적으로 알려 주는 애착 관련 욕구를 명확히 알 수 있다. 치료사의 공감적 반영과 인정과 동맹에 대한 모니터링은 가족이 상처와 관련된 더욱 취약한 경험과 실패한 애착 반응을 나눌 때 반드시 필요하다.

관계 차단이 탐색되고 양육자의 공감 실패나 상처의 부정적인 영향이 드러남에 따라 부모의 개방성을 유지하는 데 치료사와 양육자의 동맹이 중요하다. 자녀의 애착 정서와 욕구의 탐색은 부모의 수용에 대한 작업이 적극적으로 이루어지는 맥락에서 더 많이 일어난다. 이러한 새로운 애착 만남으로 7단계에서 자녀의 애착 욕구의 재연에 필요한 부모 가용성에 대한 확신이 회복된다. 정서 경험을 촉진하는 EFT 개입은 자녀와 부모의 자각을 촉진하고 자기 및 부모/자녀에 대한 관점을 처리하는 데 필수적이다. 부모의 가용성과 수용에 대한 구체적인 반응을 촉진하기 위한 부모와 자녀 간의 재연을 통해서 더 깊은 정서가 교감된다.

1) 환기적 개입

치료 과정에서 안전감이 더 커지면 환기적 개입을 사용하여 더 많이 탐색할 수 있게 되므로, 치료사는 가족구성원들을 초대하고 새로운 경험에 초점을 둔다. 환기적 개입은 환기적 반응과 강조 및 공감적 추측을 포함한다.

환기적 진술과 질문은 현재 과정에 대한 치료사의 반영 및 인정 기법과 결합하여 사용된다. 환기적 질문은 현재 순간의 경험을 강조한다. 환기적 반응은 가족의 특정 상호작용을 정의하는 관계 차단 이면의 행동과 의도를 더 깊이 이해할 때 나오는 가족구성원의 경험을 탐색하고 확장하도록 한다. 환기적 질문은 가족구성원이 가족불화와 서먹함 아래 있는 정서적 현실을 더 많이 노출함에 따라 다른 구성원이 느끼는 경험을 더 많이 인식하고 이해하도록 촉진한다. 이러한 새로운 경험은 강조 기법을 사용하여 그 경험을 강화함으로써 더 깊어진다.

강조는 현재 느끼는 경험의 본질을 포착하고, 정서에 주의를 집중하고 강화하기 위해 사용하는 치료사의 진술과 공감적 반영을 포함한다. 치료사는 느낀 경험을 가장 잘 포착하기 위해 가족구성원의 말이나 이미지를 사용하며, 그 단어와 경험에 구체적으로 나타난 감정 상태를 전달하기 위해 반영의 속도를 늦추고 어조를 부드럽게 한다. 상호작용 경험이 갖는 애착 중요성을 분명하게 보여 주면서 애착 관련 주제를 반복적으로 강조할 수도 있다. “이 절망적인 곳에 아이를 혼자 내버려 두고 싶지 않은 거네요. 당신 안의 모든 것이 ‘그건 안 돼, 아이를 혼자 두고 싶지 않아.’라고 말하는 거네요.”

공감적 추측은 내담자가 가장 최근의 정서 경험 혹은 새로운 정서 경험을 탐색하고 교감하도록 격려한다. 애착을 이해하고자 할 때 치료사는 애착이나 돌봄 관련 반응을 잠정적으로 추측한다. 치료사는 회기의 현재 순간에 나타나는 잠재적인 반응이나 경험을 예측하여 내담자를 이끌어 간다.

> “너의 일부분이 마치 ‘이거 믿지 마, 부모님의 돌봄을 믿어서는 안 돼.’라고 말하는 것 같구나. 하지만 너에게는 이것이 진짜이기를 바라는 부분도 있는지, 부모님이 너를 정말로 사랑하기를 바라는 또 다른 부분이 있는지 궁금하구나.”

2) 과정 개입

2기에서는 새로운 경험이 EFFT 회기의 주요 초점이고, 과정 개입은 가족구성원들이 이러한 새로운 이해와 수용을 이해할 수 있게 한다. 공감적 반영이 공유된 취약성의 영향에 대한 치료사의 정서적 접근과 반응을 전달하듯이, 치료사의 반영은 현재 순간에 치료사가 의도적으로 조율함으로써 내담자가 드러내는 경험에 보조를 맞추는 수단이 될 수 있다. 예를 들어, 치료사는 다음과 같이 반영하여 부모의 더욱 반발적인 대응 속도를 늦출 수 있다. "지금 하신 말씀을 잘 이해했는지 확인해 보고 싶군요. 돌봄을 보여 주려는 부모님의 노력이 아무 소용이 없다는 말을 들으니 실망스럽다는 거네요." 이 반영은 부모의 방어적인 반응을 이해할 수 있겠다는 태도로 그 반응에 더 큰 주의를 기울이게 한다.

인정 기법을 사용해서 치료사는 가족구성원 자신뿐 아니라 다른 구성원의 경험을 수용하도록 촉진하는 반응을 할 수 있다. 2기에서는 내재된 정서에 더 큰 초점을 두며, 따라서 인정은 가족구성원의 독특한 경험을 존중하고 종종 표현되지 않거나 인식되지 않은 경험에 특별한 관심을 두는 데 필수적이다. 인정은 가족 안에서 늘 공유되지 않더라도 공통적인 정서를 알아차림으로써 경험을 정상화하는 데도 사용될 수 있다. 인정 기법을 사용하면 가족구성원이 경험을 일반적인 것으로 인식하여 수치심을 느낄 수 있는 순간에 '체면을 유지'하고, 자기연민을 지킬 수 있게 된다. 예를 들어, 치료사는 부모의 수치심에 다음과 같이 반응할 수 있다.

> "정말로 원했지만, 실제로 돌아오는 것이 아이가 피하려고 했던 것임을 확실하게 보게 되는 경우는 부모로서 참 힘든 순간이지요. 부모로서 올바르게 행동하는 것은 마치 움직이는 목표물을 맞추는 것과 같은 것이지요. 우리가 흔히 그리워하는 바로 그런 것이지요."

치료사는 2기에서 여러 가지 방식으로 재구성 기법을 사용한다. 첫째, 치료사는 관계 차단이나 부정적인 가족 패턴의 맥락에서 현재 경험을 재구성할 수 있다. 이것은 가족이 서로 영향을 미치고 의사소통하려는 노력이 잘못된 방향으로 갈 수 있는 관계적 현실에 구성원들이 관심을 갖게 한다. 예를 들어, 치료사는 어머니를 초대하여 어머니가 딸의 분노를 모녀간 관계 차단을 극복하려는 필사적인 시도로 볼 수 있게 한다. "특히 어머니가 이루신 모든 진전 이후에 딸의 분노를 들으니 정말 낙담이 되네요. 특히 고리가 딸의 분노와 어머니의 두려움을 통해서 두 사람 모두를 휘어잡을 수 있는 바로 그 지점에서요." 2기에서 재구성은 애착 관련 주제에 더 자주 초점을 두는데, 여기서는 내재된 정서를 애착의 관점에서 재구성한다. 예를 들어, 치료사는 딸의 항의에 찬 분노를 다음과 같이 재구성한다.

> "어머니는 딸의 분노를 듣고 있는데 예전에는 딸이 화가 나면 어머니와 거리를 두었지요. 하지만 지금 따님은 어머니가 자기를 알아주지 않는다는 것에 화를 내는군요. 지금은 어머니가 따님을 소중하게 대하는 때이고, 어머니에게 따님이 중요한 때이지요."

EFFT에서 애착 재구성은 부모의 원가족관계도 포함한다. 치료사는 부모의 원가족에서 돌봄을 받은 과거 경험의 관점에서 부모의 현재 경험을 재구성할 수 있다. "따님의 외로움을 듣고, 당신의 일부는 딸의 고통을 보고 마음이 아프시군요. 하지만 이 고통은 당신에게 익숙한 고통이기도 해요. 당신이 어린아이였을 때 당신 역시 오직 혼자였으니까요."

과정 개입을 통해 새로운 경험으로부터 의미를 만들 수 있다. EFFT 변화 사건의 핵심인 새로운 관계적 만남을 촉진하기 위해 새로운 이해와 새로운 정서 경험은 함께 작동한다. 2기 전반에 걸쳐 치료사는 재연을 사용하여 새로운 정서 경험을 공유하는 데 개입하고, 자녀의 애착 관련 정서와 부모의 돌봄 반응을 적극적으로 교환하도록 촉진한다. EFT에서 재연은 회기 중에 정서적 및 관계적 수준에서 상대방을 향하라는 지시이다. 2기 전반에 걸쳐 부모와 자녀는 더욱 조율된 애착 의사소통과 더욱 효과적인 돌봄 반응을 향해 작업한다.

5. 사례

다음의 두 사례는 관계 차단에 대한 자녀의 경험과 관련된 작업을 할 때 환기적 개입과 과정 개입을 사용한 EFT 치료사에 대해 설명한다. 한 사례는 부모의 공감이 실패한 결과로서의 자녀 차단에 초점을 두고, 다른 사례는 치료사가 특정한 관계적 상처에 직면한 가족을 지지하는 방식을 보여 준다. 각 사례는 EFT 탱고의 다섯 움직임을 사용한 EFT 과정을 강조하여 보여 준다.

1) 부모의 공감 실패 사례에 대해 작업하기

다음의 사례는 치료사가 청소년 자녀의 투쟁과 실패에 대한 공유 능력을 차단하는 부모와 조부모의 공감 실패에 대해 작업한 것이다. 사례는 치료사가 EFT 탱고의 다섯 움직임(Johnson, 2019)을 통해서 자녀의 취약성에 초점을 두고 부모의 수용을 처리하는 것을 보여 준다. 회기는 자녀의 더 깊은 애착 관련 정서에 접근하여 탐색하고 교감함에 따라 일어나는 변화를 강조한다. 그다음, 자녀의 애착 대상인 부모가 자신의 가용성 차단에 대해 작업하고 가족의 정서적 균형을 높이는 작업을 시작할 수 있게 한다.

잭은 밝고 지능이 높은 17세 소년으로 지난 3년간 고등학교에 다니지 않았다. 아들인 그는 어머니 소냐와 아버지 그레그와 함께 살고 있다. 소냐는 교육전문가이고 그레그는 수년간 실업 상태이다. 소냐와 그레그는 수년간의 소원한 관계를 해결하지 못하고 최근에 별거했다. 잭의 할아버지 시드는 근처에 살고 있는데, 잭의 학교 문제나 잭 부모의 결혼생활 실패와 관련된 이슈에 개입하지 않고 있으며, 한편 잭은 집을 떠나 할아버지와 많은 시간을 함께 보냈다. 부모는 잭의 학교 결석에 끊임없이 초점을 두었고, 잭이 학교로 돌아가 공교육을 받게 하는 계획을 세우기 위해 학교 관계자를 만났다. 그레그는 잭의 만성적인 스트레스와 공황발작이 학교환경의 결과라고 주장하면서 그러한 노력에 저항했고, 학교 밖에서 관심거리를 찾아보라고 잭을 격려했다. 소냐는 잭의 삶에 자신이 거의 영향을 미치지 못했다고 느꼈고, 잭이 학교로 돌아가도록 동기를 부여했으나 거듭 실패했다. 몇 번의 행동적 개입에도 잭을 학교로 돌려보내는 데 실패하자 이 가족은 가족치료에 의뢰되었다. 치료는 잭과 어머니가 참여하는 합동회기를 진행하는 데 초점을 두었다. 그레그는 가족회기 참석을 거부했다. 어머니로서 소냐의 수치심과 부적절감은 종종 잭과 관계를 맺으려는 그녀의 노력을 마비시켰다. 대신에 소냐는 자신의 직업에 많은 시간을 투자하고 잭이 거의 혼자 자신의 관심사를 마음대로 하게 함으로써 이러한 불안에 대처했다.

EFFT의 1기 전반에 걸쳐 소냐는 잭에게 더욱 의도적으로 재개입하기 시작했다. 여기에는 잭에게 그의 꿈과 두려움을 묻는 것을 포함했다. 잭은 학교와 관련된 일을 더 많이 주도하기 시작했고 아버지의 미래를 걱정했다. 성공과 실패에 대한 가족의 대화는 종종 가족의 부정적 패턴을 유발했다. 잭을 학교에 재출석시키려는 소냐의 불안한 노력으로 인해 잭은 압박감을 느꼈고, 그래서 자신의 방이나 할아버지의 아파트로 도망을 갔던 것 같다. 소냐는 잭에게 그의 가능성과 과거의 성공을 확신시키기 위해 더 많이 노력했고, 잭의 복학을 돕기 위해 더 많은 일을 할 수 없었던 것을 사과했다. 결국 잭의 학교교육이라는 주제는 학교가 가족에게 연락을 하고 가족의 상호작용 패턴으로 다시 돌아갈 때까지 다루어지지 않았다. 다음 회기에서 잭과 소냐와 시드가 최근의 복학 계획을 상의하기 위해 참석했고, 소냐의 적극적인 접근은 또다시 아들과의 관계 차단을 유발했다. 다음에서 EFT 탱고를 사용하여 2기에서 펼쳐지는 EFT 과정을 강조하면서 회기의 주요 순간을 설명한다.

(1) 현재 과정 반영하기

치료사는 소냐가 잭이 성공할 것이라 희망과 확신을 표현한 후에 잭의 학교 복귀라는 미리 제안된 계획에 대한 상의로부터 초점을 바꾼다. 소냐의 불안한 두려움은 잭의 성공 가능성에 대한 그녀의 긍정적인 언급을 채색한다. 잭은 대화에서 물러났고 치료사는 잭에게 주의를 돌린다.

치료사: 자, 잭은 어머니가 "나는 네가 자랑스러워."라고 하는 말을 들을 때 기분이 어떠니? 네가 이런 자세(의자에서 몸을 움추림)를 취하는 걸 봤거든.

잭: 저는 칭찬을 좋아하지 않아요.

치료사: 나 좀 도와줄 수 있니? "네가 자랑스럽다."라고 엄마가 말할 때 너는 어떻다는 거지?

잭: 불편해져요. …… 제가 정말 그럴 자격이 없다고 느끼거든요.

치료사: 그럴 자격이 없다고?

잭: 저는 뭐 특별한 거를 하는 게 아니거든요. 그래서 사람들이 나는 "네가 자랑스러워."라거나 "너 그 일 잘한다."라고 말할 때…… 그냥 뭐든지요.

치료사: 좋아. 그 말을 진지하게 받아들이지 않는다는 거야?

잭: 칭찬을 받아들이지 못하겠어요. 별거 아니거든요.

치료사: 그래서 넌 뭔가 이렇게 말하는 것 같구나. "나는 그럴 자격이 없어. 이럴 자격이 없는 거야. 내가 한 일은 특별한 게 아니야. 그냥 그런 말을 하는 거겠지?" 거의 현실이 아닌 것처럼, 그냥 기분 좋게 해 주려고 하는 것 같은?

잭: 네, 사람들이 친절하기 위해서 그냥 그렇게 말하는 것 같아요. 할아버지가 항상 "너는 참 밝아."라고 말씀하시는 것처럼, 어떻게 그런 말씀을 하시는지 모르겠는 것처럼요.

할아버지: 그래. 하지만 우린 우리가 누구인지 인정해야 한단다.

잭: 글쎄요. 할아버지, 저는 아직 그런 말들이 믿기지가 않아요. 저는 할아버지가 말씀하신 그런 부류의 사람이 아니라고 생각하거든요. 제가 만일 그런 사람이라면, 이렇게 엉망

진창이 되진 않았을 테니까요. (한숨)

할아버지: 너는 늘 그렇게 말하지.

잭: (방어적으로) 제가 그렇게 생각하니까 늘 그렇게 말하는 거예요.

치료사: 그래, 그렇구나. 칭찬을 받아들이거나 누군가 너를 얼마나 좋게 보는지 받아들일 수 있는 마땅한 방법이 없는 거구나. 왜냐면 바로 지금 현실은, 네가 너 자신을 바라보는 방법이…….

잭: 6~7년간 계속해서 실패했거든요.

(2) 정서 조합과 심화하기

회기의 초점은 부정적인 메시지를 무시하고 동시에 긍정적인 메시지를 받아들이게 하려는 가족의 경향에 도전하는 잭에게로 이동한다. 잭에게 부정적인 것이란 학업 진도 실패에 반응하여 그가 느낀 고통과 두려움이다. 잭의 능력에 대한 어머니와 할아버지의 신뢰는 가족을 실망시킨 데 대한 잭 자신의 수치심을 고조시킬 뿐이고, 이는 유급 직업이 없는 아버지에 대해 말하지 못한 경멸감으로 더 심화된다. 다음의 발췌문에서 치료사는 잭의 좌절감을 인정하고, 이 순간에 잭이 종종 물러서서 가족이 거의 보지 못한 잭의 새로운 슬픔과 실망에 초점을 맞춘다. 부모의 개방은 잭의 내재된 슬픔과 수치심 및 공포에 더 깊이 개입하는 데 필요한 안전감을 위해 중요하다.

치료사: (부드러운 목소리로 잭을 향해 몸을 기울이며) 그거 정말 힘들지. 실패를 거듭하는 거 말이야.

잭: 저는 오랫동안 가치 있는 어떤 것도 하지 못했어요. 올해 대학교 1학년이어야 하는데 그렇지 못했어요. 고등학교에 2년 더 다니고 있는데, 이 모든 칭찬, "나는 이걸 잘하고, 너는 저것에 재능이 있어."라는 이 모든 것이 이해가 되지 않아요. (당황하며 눈물을 참는다)

치료사: 어머니가 너를 자랑스러워한다는 말이 정말로 믿기지 않는 거구나. 대신에 "나는 실패했어. 내 눈에 나는 실패자야. 내가 해야 하는 일을 못하고 있잖아. 실패한 거지."라고 말하고 있는 거네.

잭: 네. (아래를 내려다보며)

치료사: 그리고 바로 오늘, 네가 있는 바로 이 자리에서 어떻게 느끼는지에 대해 뭐라도 말하려고 노력하고 있는 거네.

잭: (어머니와 할아버지를 바라보며) 그게 두 분의 감정이라는 것을 받아들일 수 있고, 그리고 저

에 대해 그렇게 느끼신다니 좋아요. 하지만 정말로 저는 그렇게 생각하지 않거든요.

치료사: (대리 목소리로) 마치 "하지만 난 그걸 믿을 수가 없어. 아니지. 진짜로. 그걸 받아들이기 시작하는 게 나한테는 너무 어려워."라고 말하는 것 같구나. 그렇니?

잭: 맞아요. 엄마가 저를 자랑스럽다고 하고 할아버지는 제가 재능이 많다고 하시니 좋아요. 하지만 그게 저한테는 아무 의미도 없어요. 저는 실패자고 늘 실망만 시키거든요.

치료사: 너는 그렇게 느끼는구나. …… 어머니의 눈에는, 할아버지의 눈에는…… 아버지의 눈에는…… 너는 실패자라고 느끼는구나. 그리고 지난 몇 년 동안 너의 감정을 억제해야 했기 때문에, 지난 6년 넘게 그렇게 해 왔기 때문에 혼자라고 느끼는구나.

잭: 화를 꾹 참았고 실패감도 거기 있어요. 저는 어른들을 실망시키고 싶지 않아요. 실패자가 되어, 제가 실패자라고 말하여 어른들을 실망시키고 싶지 않아요. 왜냐하면 지금 이 상황에서 이 분들에게 이게 어떤 영향을 미치는지 보세요. 제가 말하고 있을 때요. (어머니가 눈물을 흘림)

치료사: 맞아, 맞아. 지금 여기에서 이게 결국 내가 느끼는 감정이라는 것을 말할 기회를 갖고 있는 거지. 속으로 나는 실패자처럼 느끼기 때문에 어른들의 칭찬을 받아들일 수 없구나.

잭: 그걸 꽉 붙들고 있는 것 같아요. 둑에 손가락을 대고 둑이 터지는 걸 막고 있는 아이의 이야기처럼요.

치료사: 그걸 꽉 붙들고 있다는 말이지. 둑이 터지는 걸 막는 것은 모두 너한테 달려 있다고. 그리고 만일 네가 여기를 열면, 그땐……. (치료사는 내담자의 단어와 이미지를 사용하여 잭이 느낀 경험을 강조한다)

잭: 저의 감정, 저의 실패, 모두를 놓아줄 거예요. 무슨 일이 일어날지 두려워요. 그 아래로 내려가면…… 너무 엄청나요.

치료사: 나는 두렵다고…… 물에 휩쓸려 익사해서 죽을 것이라고. (심각한 두려움을 반영한다)

잭: 저는 익사할거고, 이분들을 익사시킬 거예요. 주변 분들을 더 많이 걱정하지, 저는 별 신경 쓰지 않아요.

치료사: 너의 감정에 엄마가 압도되어 엄마를 실망시켜서 결국 익사시킬까 봐 두려운 거구나. 엄마가 그걸 잘 처리하지 못할 수도 있지. (치료사는 부모의 가용성과 관련된 잭의 두려움과 연관된 두려움, 즉 자신감의 상실을 강조한다)

잭: 맞아요. 저 자신은 별로 신경 쓰지 않아요. (자기에 대한 부정적 관점)

치료사: (부드럽게) 힘들겠구나. 바로 지금 우리는 그런 너에 대해 이야기하고 있기 때문에 말야.

잭: 그건 제가 하기 싫은 거거든요.

(3) 교감적 만남을 안무하기

자신에 대한 잭의 부정적 관점과 실패감이 명확하게 드러났다. 불안감에 초점을 둔 그의 자각은 그가 자신의 슬픔과 두려움을 인정하고 동시에 부정적인 감정으로부터 타인을 보호하려고 애쓸 때 자명하게 드러난다. 치료사는 그의 이러한 감정을 어머니 및 할아버지와 나누기 위해 그의 심화된 정서 경험을 사용한다. 치료사는 잭이 그렇지 않으면 자신의 실패를 혼자 간직하면서 침묵하고 있을 것임을 나누도록 안내한다.

치료사: 하지만 지금 기회를 잡아서 어머니를 바라보고 너의 마음속에 있는 "저는 실패자 같아요."라고 말할 수 있는지 궁금하구나.

잭: (어머니에게) 제 속마음에, 엄마가 저를 칭찬할 때도 저는 여전히 실패자 같아요. (할아버지를 돌아보며) 할아버지께도 마찬가지예요. 두 분 모두 저를 격려하려고 하시고, 때로 그게 기분이 좋아요. 하지만 대부분 저는 실패자 같아요. 이 모든 긍정적인 점에도 불구하고, 전 여전히 실패자 같아요…….

치료사: 그거 정말 힘들겠구나. 그게 네가 제일 하고 싶지 않은 일, 말하자면 이분들을 실망시키는 것이지, 그렇니? (치료사는 잭의 위축이라는 행동화 경향의 의도를 반영한다)

잭: 이게 저한테 힘든 이유는 제가 이분들을 실망시키기 때문이에요. 이분들의 마음을 상하게 하고 싶지 않아요. 어른들을 아프게 하고 싶지 않아요. 이분들에게 상처를 주고 싶지 않아요. 그건 가장 하기 싫은 일이죠. 이분들을 실망시키느니 차라리 트럭 앞에 뛰어 들겠어요.

치료사: 그렇구나. 그게 지금 네가 하고 있는 것이기 때문이지…… 지금 이런 말만 해도 이분들을 실망시킬 것 같다는 거니?

잭: 그게 제가 지금 하고 있는 일이죠. 뒤로 물러서서 트럭 앞에 뛰어들지 못하고 있어요.

(4) 교감적 만남을 처리하기

치료사는 초점을 소냐에게로 이동해서 잭이 실패자로 보이는 데 대한 두려움을 공유할 때 보인 위험에 참여하도록 초대한다. 어른들을 실망시키고 또 실패자로 보이는 것에 대한 잭의 두려움을 기반으로 어머니와 할아버지는 잭의 새로운 취약성을 수용할 준비를 할 수 있다. 치료사는 잭이 두려움을 재연하여 소냐가 아들에 대한 돌봄 반응을 조율할 기회를 갖게 한다. 이때 어머니가 공감적으로 존재하면 어머니의 안심시키는 말과 돌봄에 대한 잭의 불신감이 사라진다.

치료사: 그런데 잭, 바로 지금 네가 트럭 앞에 뛰어드는 것 같구나. 네가 기회를 잡고 있는 거야. (어머니를 돌아보며) 지금 잭이 이런 말을 할 때, 잭은 속으로 실패자 같다고 말하는데, 그게 어떤 느낌인지 상상이 되시나요?

어머니: (깊은 한숨) 어쩌면요. 그게 어떤 느낌일지 알 것 같아요. 저도 실패를 잘 못 견뎌요.

치료사: 그렇군요. 왜냐면 어떻게 노력하셨든 결혼생활이 순탄하지 않았고, 또 부모로서 잭의 학교 문제 역시…….

어머니: (끼어들며) 맞아요, 맞습니다. 이해해요…… 하지만 제가 진짜로 이해하는 것 같지는 않아요. 잭을 이해하고 싶어요.

치료사: 이해를 하고 싶지만, 모든 것을 이해하기는 어려우신 거네요……. 확실한 건 어머니는 자신의 경험을 통해서만 이야기할 수 있다는 거지요. 하지만 잭에게 그게 어떤 건지 이해할 수 있기를 바라시는 거네요.

어머니: 네. 1학년부터 잭은 늘 잘하려고, 일을 완벽하게 하려고 노력했다는 걸 알아요. 때론 최선을 다한다고 느끼는 것만으로는 충분하지 않지요.

치료사: 어머니는 잭이 그런 것과 씨름하는 것을 보셨어요?

어머니: 네. 하지만 잭이 감정을 자제하고 있다고 말할 때 마음이 무너지네요. 이런 말을 들으니 마음이 아파요. 공부가 어렵다는 것은 알지만 아들이 실패자로 느끼지 않으면 좋겠어요.

치료사: 마치 잭이 자신을 제대로 보지 못하는 것 같네요.

어머니: 잭이 마치 우리 어머니 같아요. 어머니는 너무나 다정하셨고 집에서 모두를 안아주셨어요. 어머니는 늘 우리 곁에 있으셨어요. 그리고 잭(그를 바라보며), 이게 꼭 그거 같아. "엄마, 저를 안아 주세요." 잭은 자기가 받지 못한 것을 주고 있어요. 그가 필요로 하는 것을요.

치료사: 잭은 그런 일을 아주 잘하는군요. 그래서 잭이 자신의 그 부분을 소중히 혹은 중요하게 여기지 않는 거고요. 그게 너무 잭답고 이 집에서 꼭 필요할 때 어머니를 움직이

는 거네요.

어머니: (이제 눈물을 흘리며) 잭이 그걸 저한테 가르쳐 주고 있는데, 그걸 인정해 주지 못하고 있어요.

치료사: 그래요. 그게 바로 잭의 특별한 부분이네요. (어머니가 고개를 끄덕임) 그 부분의 '잭다움'이요.

어머니: 그리고 제가 (가슴을 쥐며) 마음이 아픈 부분은 포옹과 분노가 모두 정당하다는 것이고, (울면서) 이전에는 제가 그걸 전혀 깨닫지 못했다는 거예요. (잭이 이제 어머니를 열심히 바라본다)

치료사: (대리 목소리로) 난 이걸 몰랐어. (잭이 어머니에게 휴지를 건네 준다)

어머니: (잭을 바라보고) 난 그걸 몰랐어. 네가 너무 사랑스럽고 표현을 잘하면…… 뭐든 표현을 잘해야 해. 나는 네가 무엇을 억제하고 있는지 잘 몰랐어. (잭이 고개를 끄덕이며 답한다)

치료사: 그의 모든 부분이죠.

어머니: 모든 부분이죠. 좋은 부분과 나쁜 부분이요. 강점과 실패 모두요.

치료사: 거의 어머니가 이렇게 말하는 것 같네요. (대리 목소리로 바꾼다) 이런 점들을 제대로 바라보기가 힘들어. 내가 이걸 제대로 바라보지 못했다는 것이 슬퍼. 잭이 겪고 있는 것을 실제로 잘 보지 못했어. 잭이 어머니의 어린 시절을 떠올리게 하고, 내면의 무언가를 열어 주고, 어머니 내면을 개방하는 것이 어머니에게 어떤 느낌인가요?

어머니: 정말로, 진짜로 좋아요. 선물 같아요.

치료사: 그렇군요. 왜냐하면 어머니도 속을 꽉 채우고 달걀 껍질 위를 걸어서 자신이 관리하던 것을 모두 잃어버렸기 때문이네요.

어머니: 그런데 아기를 데리고 있을 때는 재미있잖아요. 그냥 그런 일이 벌어지게 놔두고 웃고 울고, 그러다가 어디쯤에선가 그게 바뀌기 시작해서 더 이상 그런 일을 하고 싶지 않잖아요.

잭: 저는 이 모든 일에 지쳤어요. 모든 걸 무너뜨리는 것도요.

할아버지: (치료사에게) 잭이 이 모든 것을 털어놓을 수 있다면 그가 두려워한다는 것은 알지만, 이게 자유로운 경험이 될 것이라고 생각합니다. 이 비좁은 공간, 이 모든 압박감이 있는 그런 곳에서 사는 것보다 더 나을 것 같아요. 그냥 다 털어놓고, 작은 조각들을 최대한 다 쏟아내는 거죠.

잭: 하지만 제가 모든 걸 망치면 어떡해요?

할아버지: 그럴 리가 없지. 잭, 우리 가족에서 그건 가능하지가 않단다.

치료사: 그럼요. 그게 바로 잭의 두려움이 말하는 거지요. 아주 중요한 걸 말하고 있어요. "내가 이미 실패자처럼 느끼고 있다면, 이분들을 실망시키고 마음 아프게 하고 있다면, 내가 왜 모든 걸 쏟아내야죠?"

잭: 왜 제가 그걸 여기서 쏟아내서 누군가의 동의를 받아야 하나요?

치료사: 네가 이분들의 눈에서 너의 실망을 보게 된다면 그렇겠지.

잭: 결국 넌 실패자잖아!

치료사: 그렇다고 그게 널 보호하고 다른 분들을 보호한다고 말하는 건 아니지. 그리고 넌 배를 흔들지 않으면서도 평화를 지키기 위해 너 자신을 채우거나 떠나야 했어. 네가 아버지에게 그랬던 것처럼.

잭: 그리고 오늘까지 엄마에게도요. (웃는다)

(5) 통합과 인정하기

치료사는 위험을 요약하고 구성원들이 잭의 두려움에 참여하고 처리하는 과정을 밟도록 이동한다. 이 새로운 경험에 의미가 부여되고, 치료사는 가족구성원이 직면하기 위해 감수한 용기와 위험을 인정하고, 관계 차단에 대해 작업하기 시작하며 긍정적인 말과 좋은 의도에 의해 종종 가려졌던 정서를 존중하는 더욱 개방된 자세를 취한다. 다음의 발췌문은 가족구성원이 밟아 간 변화의 취약성을 보여 주는데, 그 이유는 오래된 패턴이 끌어당기는 힘은 불확실한 순간에 상당하기 때문이다.

치료사: 그런데 더 많은 공간이 있는 곳에서 상황이 바뀌고 변화하기 시작하지요. 큰 변화가 있을 것이고, 모든 사람이 영향을 받을 것이며, 여러분은 이 모든 것을 함께 겪을 거예요. 그리고 방금 어머니는 잭이 이런 갇힌 곳에 있는 것을 원치 않는다고 말씀하셨지요. 어머니는 살아오며 이런 것을 이미 알고 있으며 이제 잭에게 다가가 "나는 이런 것에 너무 지쳤어."라고 말씀하셨네요.

잭: 너무 지쳤어요. (그가 문제라고 말하기 시작한다)

치료사: 그래서 조금 천천히 진행하기로 해요. 잭, 네가 어머니를 볼 때, 그리고 할아버지를 볼 때, 너를 뒤에서 응원하는 이 놀라운 팀이 있을 때, 너는 속에서 그럴 자격이 없다고 느끼기 때문에 힘든 거지. (치료사는 현재 순간에 다시 집중한다)

잭: 도움을 받아들이기가 진짜 힘들어요. 그걸 필요로 해도 그럴 만한 자격이 없기 때문이

에요. 이분들의 시간을 낭비하고 싶지 않은 거죠.

치료사: 그렇구나. 그러면 결국 그렇게 해서 방에 혼자 있게 되는구나. 하지만 오늘 넌 방에서 나왔잖니. 그리고 네가 바로 여기에서 한 일은 너 자신을 부수는 것이었지. 너는 큰 걸음을 내디뎠고 어머니와 할아버지에게 네가 속으로 어떻게 느끼는지 정확히 알려 주었어. 이분들이 네가 자랑스럽다고 말할 때 네가 실패자처럼 느끼기 때문에 속으로 들어가는 것이 아니고, 이분들을 실망시키고 싶지 않기 때문에 이분들에게 네가 어떻게 느끼는지 알리기가 어려운 거였어. 두 분을 실망시키는 것은 엄청난 일인데 알리고 있구나. 어머니는 잭이 당신에게 모든 감정을 가르치고 있고 그런 것이 괜찮으며, 그러면 자유로워진다고 말씀하셨어. 할아버지는 "잭, 기회를 잡아."라고 말씀하시니, 잭 네가 이 가족에서 뭔가를 망칠 수는 없는 거야. 우리는 무슨 일이 있어도 널 사랑한단다. 그래서 잭, 너는 많은 어른이 가지 않은 또 다른 한 걸음을 내디뎠어. 너의 실패를 믿는 것은 일종의 너를 보호하는 거라고 말했을 때, 네가 먼저 말했기 때문에 이분들이 한 말을 듣지 못하게 된 거지. (잭이 웃기 시작한다)

치료사: 너의 웃음이 뭔지 물어봐도 될까?

잭: 사실 전 실패자처럼 느끼지 않아요. (어머니가 웃으며 환호하고 잭을 안아 준다)

2) 애착 손상 사례에 대해 작업하기

EFT에서 애착 손상은 부부관계의 신뢰감을 근본적으로 위반한 것으로서, 상호작용하는 부부관계의 유대감을 재구성을 하는 데 필요한 취약성에 대해 부부가 작업할 수 있는 능력을 방해한다(Johnson, Makinen, & Millikin, 2001; Makinen & Johnson, 2006). EFFT에서 부모와 자녀 간의 애착 손상도 취약성에 대한 중요한 차단을 나타낸다. 이 손상은 그것을 구체적으로 언급하지 않은 채로 애착 욕구의 위험을 감수할 수 있는 자녀의 능력에 상당한 영향을 미칠 수 있다. 부모의 더 많은 돌봄 실패는 종종 부모의 수치심을 유발하여 자녀에게 정서적으로 존재할 수 있는 부모의 능력을 왜곡한다. 치료사는 부모의 실패나 수치심을 극복하려는 부모 자신의 힘겨운 싸움에 대해 부모의 가용성을 잃지 않으면서 손상에 초점을 두도록 균형을 맞추어야 한다. 다음의 사례는 치료사가 부모의 가용성을 촉진하는 동안 애착 손상에 대해 작업하는 과정을 보여 준다. 다음 회기의 예는 카알과 그의 가족과 함께 제5장에서 서술한 작업을 계속 진행한 것이다.

카알은 16세 소년으로 자기 가족을 "적대적이고 편안하지 않은 곳"이라고 말했고, 집에서 잘못된 일의 대부분에 대해 자기가 비난을 받았기 때문에 온갖 압력이 자기에게 가해졌다고 말했다. 1기의 회기들 전반에 걸쳐 치료사는 카알이 가족의 문제라고 단정했던 가족 패턴을 추적했고, 가족불화의 초점을 카알의 고립과 가족으로부터의 위축을 막으려는 어머니의 과잉반응과 통제 노력을 포함한 예측 가능한 상호작용 패턴으로 이동했다. 다음의 회기 예에서 카알의 부모는 카알을 신체적으로 학대하게 만들었던 과거의 관계 악화에 대해 후회를 표현했다. 카알이 "자신의 삶을 위해 싸워야" 했던 방식을 떠올렸을 때, 이런 손상의 영향이 다시 수면 위로 떠올랐다.

(1) 현재 과정 반영하기

이것이 어머니를 건드렸고, 어머니는 카알의 경험을 축소하기 시작했고 대신에 그때 어머니가 어떻게 대처했는지에 초점을 두기 시작했다. EFT 탱고(Johnson, 2019)를 따라가면서, 치료사는 그 과정을 현재 순간으로 다시 돌렸고 가족이 속도를 좀 늦추고 카알의 경험 및 가족 내 이러한 힘들었던 순간에 대한 기억에 더 많은 여지를 주도록 격려했다. 치료사는 카알이 이전에는 피했던 점을 말하려고 위험을 무릅쓰는 것을 인정해 주었다. 치료사는 자신의 경험을 더 많이 공유하기 위해 카알을 초대한 아버지에게 합류하여 지지했다.

치료사: 아버님은 무슨 말을 해도 충분히 안전하다는 것을 카알이 알기를 원하시는 거네요. 좋은 말, 나쁜 말, 심지어 추한 말? (아버지가 공감하며 고개를 끄덕인다) 그리고 또 다른 것은 카알도 이 모든 것이 결국 자기 잘못이라고 느끼게 된다는 것이네요. (아버지는 미안해하는 어조로 "네"라고 답한다. 치료사는 시선을 돌리고 있는 카알을 돌아본다) 너는 때때로 비난을 받고 스트레스를 받고 있지. 이 끔찍한 감정에서 벗어날 수 있는 유일한 방법은 네 방으로 가는 거네. (카알이 고개를 끄덕이며, 여전히 아래를 내려다보고, 시선을 피한다) 네 방에서 무슨 일이 있기 때문이지? (부드럽게) 말해 줄래?

카알: 그냥 컴퓨터 화면을 봐요. 그냥 거기에 있어요. 가끔은 몇 시간씩이나요.

치료사: 네 방에서 어떤 기분이니? 알고 있어?

카알: 끔찍한 기분이죠.

(2) 정서 조합과 심화하기

회기는 카알의 위축 아래 있는 더 깊은 정서를 탐색하는 것으로 이동한다. 치료사는 환기적 개입과 인정 기법을 사용하여 카알의 회피로 인해 너무 자주 숨겨진 그의 경험을 심화한다.

치료사: (부드러운 목소리로 천천히) 그거 너무 힘들겠네. (잠시 쉰다) 끔찍한 기분이라는 게 뭐지?

카알: (침묵) 떠나고 싶어요. (더 침묵, 치료사가 부드럽게 "당연하지."라고 대답한다) 그리고 다시는 돌아오지 않는 거요. (이제 카알의 얼굴에 눈물이 흘러내리고 아버지가 카알에게 휴지를 건네준다)

치료사: 그게 모든 사람이 진짜로 원하는 것이라고 생각하니?

카알: 네. (감정에 겨워 갈라지는 목소리로)

치료사: 참 힘들겠구나. (상담실에서의 고통을 인정하기 위해 잠시 멈춤) 그래서 부모님의 눈물을 보고, 널 얼마나 사랑하시는지, 그리고 너에게 상처를 줘서 일을 그르친 점에 대해 얼마나 마음 아팠는지를 들을 때 말이야. 이 모든 것을 어떻게 이해하고 있니?

카알: 그걸 어떻게 이해해야 할지 모르겠어요. 너무 버거워요.

치료사: 그렇지, 너무 버겁지. 너무 버겁기 때문에 네가 잘 들을 수 있도록 돕고 싶구나. 그건 정말 버거운 거지. 내가 이분들의 감정을 이해하는 방식은 (카알이 이제 치료사와 시선을 마주한다) 네가 이분들에게 얼마나 소중한가 하는 것이야. (어조를 낮추고 거의 속삭여서 말한다). 너는 이분들께 가장 특별한 사람인 거야. (잠시 멈춤) 그래서 엄마가 눈물을 흘리고, 아빠도 눈물을 흘리는 거야. 괜찮니? (카알은 동의하며 고개를 끄덕인다) 하지만 네가 두려울 때도 있었고, 놀랄 때도 있었고, 외로울 때도 있었네. 바로 거기에 널 위해 아무도 없었던 거네. (카알이 깊게 한숨을 쉰다) 그런데 부모님은 그때에 대해 진짜로 잘 모르고 계셔. 네가 두려웠고 너 자신을 돌봐야 한다는 것을 모르시는 거야. 아까 말했잖아, 오늘. 이 상황을 크게 말한 기분이 어떠니? (치료사는 카알 옆으로 의자를 옮긴다) 지금 너의 기분이 어떠니? (치료사는 카알이 자신의 경험을 공유하고 불화를 둘러싼 그의 외로움과 고립 속으로 부모를 초대하는 데 초점을 둔다. 치료사는 강조, 인정, 공감적 반응을 사용하여 카알의 애착 관련 두려움과 새로운 욕구에 주의를 집중한다)

카알: 그런 말을 해서 기분이 안 좋아요.

어머니: (부드럽게 카알을 안심시키며) 괜찮아. 네가 그런 식으로 느끼는 거잖아.

치료사: (어머니에게) 카알이 그렇게 느껴도 괜찮은 거지요?

어머니: 카알이 느끼는 대로 말해도 괜찮지요. 그러니까 우리가 도울 수 있지요. 카알, 괜찮아. 우린 알고 싶어.

치료사: 그래서 어머니는 카알이 느끼는 방식대로 느낄 수 있는 여지를 주고 있는 것이네요?

어머니: (거리를 두고 냉정하게 말하며) 아이가 어떻게 느끼든, 아이를 안심시키는 것이 제 일이에요.

치료사: 맞아요. 지금 카알에게 좀 여지를 주기로 해요. (카알에게 다시 주의를 돌리며) 그래서 이것을 공유해서 기분이 안 좋다는 거니?

카알: 네, 기분이 안 좋아요. 이분들을 슬프게 하고 싶지 않거든요.

치료사: (부모를 돌아보며) 카알이 두 분을 슬프게 하고 있나요?

아버지: (카알을 바라보며) 네가 아니라 나의 후회가 나를 슬프게 만들고 있는 거야. (치료사에게) 카알이 슬프다니 저도 슬프네요.

치료사: 가족이기 때문에 바로 그렇게 힘든 거지요. 우린 모두 서로에게 영향을 주지요. 우리의 감정은 중요하고, 아버님이 아들에게 하시는 말씀은 아버님의 후회와 슬픔은 카알의 잘못이 아니라는 거네요. (치료사는 아버지를 인정하고, 그다음 아버지가 아들에게 다시 향하게 한다)

아버지: 아들 잘못이 전혀 아니죠.

치료사: (카알에게) 들었니? (카알은 인정하며 고개를 끄덕인다) 그렇구나, 좋아. 지금 여기서 그 말을 듣고서 너의 기분이 어떠니?

카알: 안심이 돼요. 하지만 제가 이 모든 후회를 하게 해서 여전히 기분이 안 좋아요.

어머니: (카알의 주의를 끌기 위해 몸을 돌려 자신 있게 말한다) 하지만 네가 이 말을 들어주면 좋겠어. 이 말을 들어주는 게 나한테 도움이 돼. 그리고 나 자신을 바라보는 데도 도움이 되거든. 나보다는 너에 대해 더 많이 말하는 방식으로 응답하고 싶어. (어머니가 자발적으로 안심을 시킨다)

치료사: 그래서 어머니는 카알이 이건 어머니지 카알이 아니라는 것을 알려 주고 있네요. 그리고 여러분의 집에서 악순환이 일어나고 있다고요. (카알을 바라보며) 그런데 넌 반대 메시지를 받은 거야. 네가 문제라는 메시지 말이야. 모두 네 잘못이라고. 그리고 엄마가 극도로 화가 날 때 이 일이 모두 엄마 자신의 문제라고 말하고, 아빠가 좌절하여 사라지면 이 일이 모두 아빠 자신의 문제라고 하는데, 지금 너에게는 그렇게 느껴지지 않는구나. 이 모든 것이 너에게 어떤 기분인지 말할 공간을 주는 것이야. 넌 용기를 내서

바로 말할 수 있었지. 모두 내 잘못처럼 느낀다고. 스스로 일어서야 하는 것 같은 느낌이라고 했어. 그런 말을 하다니 믿을 수가 없어. (어머니 쪽으로 몸을 돌려서) 카알이 그런 말을 할 수 있었죠. 이건 이 가족에 대해 많은 것을 말해 주는 거네요. (카알 쪽으로 몸을 돌려서) 하지만 이분들이 잘 이해한다고 생각하니? (치료사는 가족의 새로운 취약성과 반응성을 반영하고 인정하며 재연을 처리한다)

카알: 모르겠어요. (부모를 바라보며) 이해하고 계세요?

어머니: (급하게) 너를 도와주려고 해. 이건 네 잘못이 아니라고 내가 늘 말했잖아…….

치료사: (끼어들며) 조금 천천히 진행하고 싶군요. (카알을 돌아보고) 부모님이 너를 위한 방법을 진짜로 알고 있다는 것을 어떻게 알 수 있을까? (카알의 애착 욕구에 다시 집중하며)

어머니: 좋은 질문이네요.

치료사: 카알, "모든 것이 내 잘못인 것 같아서 나 자신이 고집을 부려야 했던 것 같아요."라고 말할 때 부모님이 네 말을 잘 듣고 있다고 생각하니? 그 말을 실제로 부모님에게 할 수 있다고 생각해? 부모님을 바라보고 그 말을 할 수 있을까? (치료사는 카알의 새로운 애착 두려움에 대한 재연을 준비한다)

카알: (치료사에게) 모두 제 잘못인 것 같이 느낀다는 것 말인가요?

치료사: 힘든 부분이지. 끔찍하다고 느끼게 하는 부분이고 너무 기분 나쁘고 너무 외로워서 영원히 떠나고 싶게 만든 부분이지. 너의 눈물은 지금도 네가 그렇게 느끼고 있는지 궁금하게 하는구나. 부모님을 바라볼 수 있겠니? 지금?

카알: (부모를 돌아보며) 모든 것이 제 잘못인 것만 같아요. (침묵)

어머니: (카알에게 손을 뻗어 그의 팔을 잡고 부드럽게 말한다) 네 잘못은 오직 우리가 가족이라는 것뿐이야. 다른 모든 것은 네 잘못이 아냐. 너를 낳기 전까지 우린 가족이 아니었잖니.

(3) 교감적 만남을 처리하기

치료사는 가족구성원들이 이러한 교감적 만남을 처리할 때 가족을 지지한다. 치료사는 부모가 카알의 두려움과 수치심을 직접 마주할 때 부모의 색다른 경험을 반영하고 인정한다. 아들의 재연을 처리하면서 치료사는 카알과 아버지와의 관계로 초점을 이동하며 이러한 만남을 계속해서 확장한다.

치료사: 와, 그거 정말 특별하네요. 이것이 너의 잘못이 아닐 뿐더러 카알이 바로 이 가족을 이룬 거네요? 들으니 어떠니?

카알: 기분 좋아요.

치료사: 엄마에게 "이건 네 잘못이 아니야."라는 말을 들으니 기분이 좋구나. 사실 넌 가족에게 매우 소중하고 너에게 여기가 특별한 곳이지. 맞니?

어머니: 그리고 카알, 우린 널 갖기를 정말로 원했어. 아빠와 내가 진짜로 널 원했단다.

치료사: 그래서요, 아버님. 이것이 모두 자기 잘못인 것 같다고 아들이 아버님에게 직접 말하는 것을 들으니 기분이 어떠세요?

아버지: (눈물을 흘리며) 기분이 너무 안 좋아요.

치료사: 아들의 말을 들을 수 있나요? 아드님의 말이 들리나요?

아버지: 그럼요. 내가 그걸 해결하기 위해 무엇을 할 수 있을까요? (치료사는 아버지에게 아들을 돌아보라는 몸짓을 보낸다)

아버지: 내가 뭘 좀 하면 좋겠니?

카알: 모르겠어요.

치료사: 그건 아주 큰 질문, 큰 질문이네요. 그래서 "이건 모두 내 잘못이야."라고 말하고, 어머니가 너의 유일한 잘못은 네가 가족을 이루게 했다는 점이라는 것을 들을 때, 기분이 좋아지고…… 그게 기분 좋은 부분이라는 거지? (치료사는 어머니의 안심이라는 말에 카알이 다시 집중하게 하고, 카알의 경험을 명확하게 하기 위해 환기적 질문을 사용한다)

카알: 저를 원했던 것 같은 기분이 들어요.

치료사: 맞아. 너를 원하셨던 것 같아. 네가 이 가족의 일원인 것 같이 말이야. 이곳이 바로 네가 몸 담고 있는 곳이지. 그러니 기분이 어떠니?

카알: 안심이 되고 자유로운 느낌이요.

치료사: 안심이 되고 자유로운 느낌이라고. 와~ 그 느낌을 몸에서도 느끼니? 어디지?

카알: 가슴에 있던 긴장감이 사라진 것 같아요.

치료사: 그래서 네가 원했던 아이이고, 부모님이 너를 원했다는 것을 알고 나니 그 긴장감이 일부 줄어들었다는 거구나. 그런 점들은 너한테 중요한 거니까, 맞니? 부모님이 널 어떻게 바라보는지는 너한테 중요한 거지? 부모님이 너를 선택하는 거 말이야, 그렇니?

카알: 부모님이 저를 원하시고 제가 몸담고 있는 것은 저한테 중요하죠.

치료사: 부모님이 뭘 봐 주시면 좋겠니?

카알: 부모님이 저에게 희망을 갖고 포기하지 않으시면 좋겠어요.

어머니: (불안하게 반응하며) 우리는 카알을, 우리가 보는 것은…….

치료사: 좋아요. 여기서 조금 천천히 가기로 해요. 카알이 정말 큰 것을 말하고 있으니 이걸 좀 더 잘 살펴보기 위해서죠. 카알이 그 질문에 답하고 있는데요, 카알은 자기가 필요로 하는 것에 대한 질문에 답하고 있네요. (카알에게) 그래서 너는 "부모님이 저에게 희망을 갖고 포기하지 않으시면 좋겠어요."라고 말했잖아. "부모님이 저에게 희망을 갖고, 저를 바라보고 희망을 갖기를 바란다."라는 말이 무슨 뜻인지 좀 자세히 살펴보자.

어머니: (조용히) 카알, 희망적이라는 게 무엇이라 생각해?

카알: 제가 성공할 수 있다고 부모님이 생각하면 좋겠어요. 제가 성공하기를 바란다고요. 제가 할 수 있는 한 열심히 최선을 다하고 있다고요. 저의 최선이 두 분이 원하는 것이 아닐 수는 있으니 노력하고 있고, 제가 할 수 있는 한 열심히 더 나은 저 자신이 되려고 노력하고 있어요.

치료사: 부모님이 그걸 믿어 주기를, 그걸 신뢰해 주기를 바라는 거지? 너를 믿어 주기를?

카알: 저는 훌륭한 학생이 되려고 노력하고 있고요, 또 미래가 좋아지기를 바라고 있어요.

치료사: 그런 것들을 바라는구나. 네 속에 있는 것을 부모님이 알아주기를 바라는 거네?

카알: 맞아요!

치료사: 좋아, 잘했어, 카알. 나도 그렇게 느껴. 정말 잘했어.

카알: 감사합니다.

(4) 통합과 인정하기

치료사는 카알의 취약성에 대한 가족의 경험을 통합하고 인정하는 과정으로 이동한다. 이 마지막 예에서 가족은 카알이 가족불화에 대해 맡았던 책임감을 포함하여 내적 경험을 공유한 그의 모험을 이해한다. 치료사는 카알의 경험에 대한 어머니의 과잉반응 경향에 대해 작업하고 카알의 애착 욕구를 인정하며, 또 아들을 바라보려고 어머니가 주의를 기울이는 모습 및 긍정적인 미래를 위해 카알 자신의 소망과 잠재력에 다시 집중하면서 계속 작업한다.

치료사: (부모를 돌아보며) 놀랍네요. 카알은 부모님이 들여다보게 하고, 자기 방을 들여다보게 하는 거요. 또 그 자신의 내면을 들여다보게 하다니요. (아버지는 동의하듯 고개를 끄덕인다)

어머니: 제가 본 모든 좋은 것을 아들에게 말해 주는 게 저의 타고난 소질이에요. 저는 아들이 알아주기를 원해요.

치료사: (어머니에게) 무슨 말씀인지 알겠어요. 하지만 바로 여기서 너무 열심히 노력하실 필

요는 없어요. 들어 보세요. 아들이 어머니에게 말해 주고 있고, 자기에 대해 알려 주고 있어요. 아들이 무슨 생각을 하는지, 기분이 어떤지, 속마음은 어떤지에 대해서요. 그걸 그냥 받아들이는 기분이 어떠신가요? 아드님은 두 분에게 그냥 보여 주고 있어요. 아들이 들여다보게 하고 있는 거지요. 자기가 어떤 기분인지, 그것을 받아들일 때 어떠신가요?

어머니: 충분히 잘하지 못해서 마음이 아파요.

치료사: 그렇군요. 그래서 지금 제가 좀 도와드릴까요? (어머니가 눈물을 흘리며 고개를 끄덕인다) 아드님이 속으로 어떤 생각을 하는지에 대해 하는 말을 보세요. 부모님에게서 뭘 원하는지 말하고 있어요. 아드님이 그걸 할 수 있다니요, 와우~ 저도 아이가 있지만, 우리 아이들이 이렇게 분명하게 할 수 있는지 잘 모르겠어요.

어머니: 아이가 저를 충분히 믿고 또 자기가 매우 용감하다고 하니 좋아요.

치료사: 그래요. 이 말은 아드님에 대해 많은 것을, 그리고 부모님 두 분에 대해 많은 것을 말하는 것이네요.

어머니: 제가 보는 모든 빛나는 것을 아이에게 말해 주고 싶어요.

치료사: 그런데 카알은 "엄마, 저 그거 알아요. 엄마, 저 그렇게 느껴요. 엄마, 그걸 믿어 주면 좋겠어요. 엄마가 제 속마음을 믿어 주면 좋겠어요. 엄마가 이 상황을 더 좋게 만들 필요는 없어요. 엄마가 그러실 필요는 없어요. 그냥 저를 바라봐 주시기면 하면 돼요." 라고 어머니에게 말하고 있네요. (치료사는 대리 목소리로 공감적 추측을 사용한다)

어머니: 그렇네요.

치료사: 그러시다고요? 정말요?

어머니: 그럼요. 노력할게요.

치료사: 이 순간에 잠시 머물러 보시지요. 이 순간은 너무 중요하니까요. 아드님은 이미 해봤는데, 어머니가 내면에 머물러야 할 부분이죠. 아버님, 듣고 계시나요?

아버지: 그렇습니다.

치료사: 바로 여기, 바로 지금 우리는 여러분의 고리, 여러분의 악순환 고리와는 매우 다른 일을 하고 있어요. 여러분의 악순환 고리는 이러한 순간이 일어나지 않도록 방해했고 우리는 그것으로부터 벗어나는 일을 했지요. (부모에게) 두 분 모두 아들이 속마음에 있었다는 것을 보여 주셨고, 두 분 편에서 보낸 것이 무엇인지, 그리고 두 분이 아주 분명하게 말할 수 있었던 것, 네, 맞아요. 두 분이 그에게 상처를 준다는 것을 보여 주었네

요. (카알 쪽으로 몸을 돌리며) 거기 너무 많은 감정이 있어서, 그리고 그것이 모두 내 잘못인 것 같아서 너무 힘들었지? 어머니는 너의 유일한 잘못은 우리가 가족을 이루도록 했다는 것이라고 말씀하셨는데, 그거 참 아름다운 일이지? 그래서 너에게 조금 더 마음을 열 수 있었고, 부모님에게 "모든 게 제 잘못인 것 같아서 사라지고 싶었어요."라는 말을 할 수 있었어. 고통스럽고 상처가 되는 부분이지. 부모님은 너의 상처를 듣고 어떻게 도움이 될 수 있을지 알고 싶어 하셨어. 그리고 넌 "두 분이 희망을 갖기를 원해요. 믿어 주면 좋겠어요. 제가 성공하기를 원하고 제가 할 수 있는 만큼 최선을 다하고 있음을 두 분이 바라봐 주시면 좋겠어요."라고 말했어. 부모님이 너를 믿어 주고 이것이 바로 나라는 것을 신뢰하기를, 네 안에 이런 힘을 가지고 있음을 믿어 주기를 바란다고 말했어, 맞니? (카알이 미소 짓고 동의하며 고개를 끄덕인다)

이 발췌문에서 카알은 부모와의 상호작용에서 촉발되었던 수치심에 접근하고 탐색할 수 있었다. 카알의 수치심은 어린아이였을 때 당했던 신체적 학대에 뿌리를 두었는데, 그로 인해 그는 자기가 나쁜 사람이며, 가족의 잘못된 일은 모두 자기 책임이라고 믿게 되었다. 과거에 일어났던 상처를 놓고 볼 때, 부모는 자기들이 아들을 망쳤다는 점이 두려웠고, 자신들의 실수에 대한 불안 때문에 과도한 돌봄으로 반응하게 되었다. 부모의 과잉반응으로 인해 카알은 자신이 바로 해결되어야 하는 문제라는 메시지를 받았다. 부모의 염려와 관심에서 도망치는 수단으로 카알이 택한 위축 전략은 부정적인 상호작용 고리를 악화시켰고, 그가 결점이 있고(자기 모델) 모든 사람은 그가 없으면 더 좋을 것이라는 느낌(타인 모델)을 강화시켰다.

이 회기에서 카알은 위축자 위치에서 빠져나와 가족 안에서 잘못되었던 모든 것에 대한 깊은 절망과 책임감을 기초로 얼마나 압박감을 느꼈는지를 직접적이고 명료하게 말하는 위치로 이동했다. 사라와 조지가 아들의 감정적인 고통을 들을 수 있었을 때, 둘은 정서적으로 균형 잡힌 위치에서 아들을 위로하고 안심시킬 수 있었다. 카알은 부모의 안심시키는 말을 받아들일 수 있었고, 착하고 사랑스럽게 느낀 자기 모습에서 부모에게 자신을 신뢰하고 믿어 달라고 요청할 수 있었다. 신체적 학대의 손상은 모든 가족구성원이 참여하는 작업으로 이루어졌는데, 부모가 카알에게 후회를 인정하고 표현하는 것에서 시작하여 카알이 현재에 머물러 학대가 자신의 가치감과 가족 내 소속감 및 사랑에 미치는 영향을 공유함으로써 마무리되었다. 회기는 카알이 고개를 숙이고 바닥을 쳐다보며 앉아 있는 자세로 시작하여 의자에 똑바로 앉아서 얼굴에는 만면의 미소를 띠고 어깨를 뒤로 젖힌 자세로 종료되었다.

6. 요약

EFFT 과정의 전반에 걸쳐 치료사의 동맹은 가족구성원들에게 안전기지를 제공하여 가족의 불화 패턴으로 막혔던 정서 경험을 탐색할 수 있게 한다. 2기에서 치료사는 1기에서 일반적으로 확인된 자녀의 내재된 정서와 욕구를 끌어내고 확장하기 위해 이 플랫폼에서 작업한다. 치료사는 자녀의 취약성 경험을 심화하고 자녀를 지지하며, 애착 관련 정서를 자녀가 부모와 탐색하고 공유하게 한다. 5단계와 6단계를 통해 치료사는 부모가 이러한 애착 관련 신호에 주의를 기울이게 하고, 자녀의 새로운 경험을 인정하고 지지하려는 부모의 노력을 촉진한다. 새로운 수준의 취약성을 통해 부모와 자녀는 가족 내 관계 차단으로 인해 갖고 있었던 부정적 기대를 더 잘 살펴볼 수 있다. 이 장의 사례들은 취약성의 새로운 단계가 부모의 수용 차단과 부모 자신의 취약성에 대한 더 깊은 인식을 어떻게 촉진할 수 있는지 그 방식을 보여 준다. 가족이 애착과 돌봄 반응을 나타내는 정서를 공유하고 그 정서에 반응하는 새로운 모험을 하게 됨에 따라, 부모와 자녀는 안전감을 느끼고 탐색을 더 많이 하는 새로운 위치를 중심으로 관계를 재구조화하는 단계에 더 가까워진다.

▣ EFFT 5~6단계 과정의 요점

다음 EFFT 과정의 요점은 정서 심화 및 자녀의 애착 관련 정서와 욕구의 수용 촉진을 위한 EFT 치료사의 초점을 강조하여 보여 준다.

- 가족의 부정적인 상호작용 패턴의 단계적 약화와 부모의 수용은 치료사가 자녀의 취약성을 심화시키고 부모의 수용을 촉진하는 방향으로 이동하는 신호가 된다.
- 치료사는 부모의 개방성을 높이고 자녀의 내재된 정서 및 애착 관련 욕구에 대해 부모가 새로운 반응을 모색할 준비를 하도록 돕는다.
- 치료사는 자녀의 애착 관련 정서와 욕구에 대한 접근과 탐색을 심화한다. 이런 새로운 경험은 부모가 접근과 반응 및 교감을 더 많이 표현하게 하면서 새로운 돌봄을 위한 동

기를 갖게 할 수 있다.

- 자녀의 더 깊은 정서 경험은 종종 부모의 수치심과 두려움을 포함하여 부모의 수용을 차단한다. 치료사는 부모가 이러한 차단(예: 자기 및 타인에 대한 관점)에 대해 작업하도록 안내하고, 또 자녀의 새롭게 표현된 취약성에 더 잘 반응하고 수용하는 방향으로 움직이도록 안내한다.
- 5단계와 6단계에서는 가족이 애착과 돌봄 반응으로 구성되는 교감을 할 때 새로운 위치에 있도록 재구조화할 준비를 한다. 더 깊은 수준의 교감으로 가족의 관계 차단에 대해 작업함으로써 부모의 가용성에 대한 확신이 높아지고 유대감과 지지에 대한 자녀의 욕구를 더 세심하게 인식할 수 있다.

참고문헌

Allen, J. A. (2008). The attachment system in adolescence. In J. Cassidy & P. R. Shaver (Eds.), *Handbook of attachment theory: Research, and clinical applications* (2nd ed.). (pp. 419-435). New York: Guilford Press.

Johnson, S. M. (2019). *Attachment theory in practice: Emotionally focused therapy with individuals, couples, and families*. New York: Guilford Press.

Johnson, S. M., Makinen, J. A., & Millikin, J. W. (2001). Attachment injuries in couple relationships: A new perspective on impasses in couples therapy. *Journal of Marital and Family Therapy, 27*, 145-155.

Kobak, R., & Mandelbaum, T. (2003). Caring for the caregiver: An attachment approach to assessment and treatment of child problems. In S. M. Johnson & V. E. Whiffen (Eds.), *Attachment Processes in Couple and Family Therapy* (pp. 144-164). New York: Guilford Press.

Kobak, R., Duemmler, S., Burland, A., & Youngstrom, E. (1998). Attachment and negative absorption states: Implications for treating distressed families. *Journal of Systemic Therapies, 17*, 80-92.

Kobak, R., Zajac, K., Herres, J., & Krauthamer Ewing, E. S. (2015). Attachment based treatments for adolescents: The secure cycle as a framework for assessment, treatment and evaluation. *Attachment & Human Development, 17*, 220-239.

Makinen, J. A., & Johnson, S. M. (2006). Resolving attachment injuries in couples using emotionally focused therapy: Steps toward forgiveness and reconciliation. *Journal of Consulting and Clinical Psychology, 74*, 1055-064.

Moretti, M. M., & Craig, S. (2013). Maternal versus paternal physical and emotional abuse, affect regulation and risk for depression from adolescence to early adulthood. *Child Abuse and Neglect, 37*, 4-13.

Moretti, M. M., & Obsuth, I. (2009). Effectiveness of an attachment-focused manualized intervention for parents of teens at risk for aggressive behaviour: The Connect Program. *Journal of Adolescence, 32,* 1347-1357.

제7장
7단계: 애착과 돌봄 반응을 재구조화하기

7단계. 애착 욕구와 돌봄 반응의 공유에 초점을 두고 가족 상호작용을 재구조화하기

2기의 정점에서는 부모와 자녀 간 상호작용의 재구조화가 이루어지는데, 이때 자녀의 애착 욕구가 표현되며 부모의 가용성이 접근 가능하고 잘 반응하는 돌봄을 통해 보장된다 (Johnson & Lee, 2000). 이와 같이 7단계는 성공적인 EFFT 치료의 핵심적인 변화 사건이다. 애착 욕구의 표현에 대한 부모의 돌봄을 재연함으로써 교정적인 정서 경험을 할 수 있게 된다. 이 경험은 부모자녀관계에 영향을 미치는 기대를 재조정하며, 이러한 변화는 가족의 정서적 분위기에도 영향을 미친다. 가족의 긍정적인 정서와 표현 수준의 변화로 인해 가족 내 다른 관계도 관계 차단의 재구조화에 의해 유사한 영향을 받을 가능성이 커진다.

이 장에서는 자녀의 애착 욕구가 양육자에게 표현되고 그러한 욕구에 양육자가 효과적으로 반응하는 교정적인 정서 경험을 가족구성원들이 하도록 안내하는 치료사의 역할을 살펴본다. 이러한 성공을 바탕으로 가족은 치료 내내 눈에 별로 띄지 않았던 관계 차단에 더 잘 대처할 수 있고, 이러한 성공이 가족 내 안전한 유대감 회복에 미치는 긍정적인 영향을 더 잘 탐색할 수 있다.

사례를 들어서 가족 전체와 함께하는 애착 욕구의 재연과 이러한 새로운 경험의 처리를

촉진하기 위해 2기에서 사용되는 EFT 개입 기법을 설명한다. 마지막 7단계는 가족의 부정적인 패턴을 유발하는 불화를 효과적으로 해결하고 가족관계 전반에 걸쳐 안전감을 확장하는 데 매우 중요하다.

1. 7단계의 목표

7단계에서 치료사의 방향을 안내하는 네 가지 목표가 있다. 첫째, 자녀의 애착 욕구를 명확히 밝혀서 반응적인 양육자와 공유한다. 자녀의 공유 이후에는 종종 부모의 가용성에 대한 직접적인 진술이나 초대가 이루어진다. 둘째, 부모는 자녀가 표현하는 애착 욕구에 조율하여 효과적인 돌봄을 제공한다. 치료사는 부모가 자녀의 애착 욕구를 명확히 이해하도록 지지하며, 또 부모가 교감하고 처리하고 공유할 때 지지한다. 셋째, 치료사는 자녀가 부모의 반응을 받아들일 수 있도록 함께 작업하며, 부모의 더 잘 조율된 돌봄 반응의 영향을 처리한다. 넷째, 재구조화 재연의 긍정적인 영향을 다른 가족구성원들에게로 확장한다.

많은 경우에 가족관계 안에서 안전감이 높아지면 더 큰 취약성을 공유할 수 있게 된다. 이러한 파급효과로 인해 가족 내 여타의 불안전한 유대관계를 파악할 수 있다. 일단 그 관계가 파악이 되면, 치료사는 부가적인 관계 차단에 대해 작업하는 2기의 단계들을 동일하게 진행한다. 이러한 차단을 작업하면서 가족의 성공을 다루고 취약성과 가용성에 대한 새로운 태도를 재연함으로써, 치료사는 이러한 새로운 고리를 가족의 원래 부정적인 상호작용 패턴에 대한 해독제의 관점에서 바라보게 한다. 치료사는 새로운 의사소통 패턴과 돌봄 가용성으로 인한 긍정적인 정서를 강조한다.

2. 접근 지점

7단계에서 치료사는 가족이 애착과 돌봄 상호작용에서 새로운 태도를 취하도록 좀 더 지시적으로 안내한다. 치료사는 다음의 각 주요한 접근 지점을 따라가면서 회기에 개입한다.

첫째, 충족되지 않은 애착 욕구의 일관된 신호에 개입한다. 5단계와 6단계를 통해 자녀의 특정 애착 욕구가 신랄하게 표현된다. 부모가 더 많이 참여하고 수용하는 입장을 취하게 될 때, 치료사는 자녀의 애착 욕구 재연을 지시한다. 광범위하게 해석하면 자녀의 애착 욕구는 지지(예: 안전기반) 및 안전(예: 안식처)과 관련된다. 이러한 욕구와 욕구의 표현 방식은 발달 단계에 따라 다를 수 있는데, 특히 청소년의 경우에 지지와 안전 사이의 균형을 알아채기 위해 부모의 민감성과 반응성이 필요하다. 예를 들어, 청소년 자녀는 주체성과 자율성의 표현으로 분노를 표출할 수 있다. 부모가 이러한 갈등을 원치 않거나 수용할 수 없는 반응으로 지각하면 부모와 자녀는 서로 잘 조율하지 못하고, 시간이 지나면서 이를 바로잡지 못할 시 관계 차단이 발생할 수 있다. 치료사는 환기적 전략을 사용하여 자녀의 내재된 경험에 '맞추어' 반응하고 자녀의 애착 욕구를 분명하게 하도록 돕는다. 이것은 흔히 당면한 질문이 "이 순간에 넌 아버지/어머니에게서 무엇을 원하니?"라는 한층 높아진 취약성의 상태에서 가장 분명하게 볼 수 있다.

둘째, 부모의 반응성과 교감을 재연한다. 7단계에서 치료사는 더 깊고 일관된 반응을 촉진하기 위해 인정, 환기적 반응, 강조 기법을 사용하여 자녀의 접근과 부모의 돌봄 반응을 인도한다. 재연의 속도를 조절함으로써 치료사는 자녀의 욕구 표현에 부모가 맞추어 반응을 천천히 진행하게 하고, 거기에 집중함으로써 부모와 자녀 간의 반응 신호가 명확할 수 있도록 촉진한다. 치료사는 자녀의 욕구 표현과 이러한 정서 신호에 대한 부모 반응의 주체성과 민감성에 적극적으로 재집중하여 상호작용하게 한다.

셋째, 자녀는 돌봄 반응에 교감한다. 치료사는 부모의 돌봄 반응을 자녀가 수용하도록 작업한다. 처음에 자녀는 부모의 지지를 즉각 받아들이거나 그렇지 않으면 불신과 두려움으로 반응할 수 있다. 치료사는 긍정적인 변화를 확대하고 부모의 돌봄에 대한 자녀의 교감을 심화한다. 반대로 자녀가 확신하지 못하거나 믿지 못할 때, 치료사는 부모의 특정한 돌봄 시도에 의해 촉발된 즉각적인 불신에 초점을 둠으로써 자녀의 관계 차단에 대한 작업으로 되돌아간다. 치료사는 부모의 지지와 돌봄의 영향을 처리함으로써 이러한 새로운 연결의 순간이 자녀가 자신 및 부모에 대한 관점을 재고할 기회를 제공하는 방식을 탐색한다.

넷째, 부모자녀관계에 미치는 영향을 탐색한다. 재연에 이어서 치료사는 부모와 자녀의 정서적 만남이 미친 영향을 탐색한다. 자녀의 자신 및 부모에 대한 관점과 관련된 구체적인 경험을 자세히 파악하며, 자녀에 대한 부모의 관점 및 양육자로서의 자신에 대한 관점도 살펴본다. 다른 부모나 양육자가 회기에 포함될 때, 치료사는 재연이 돌봄동맹에 미친 영향을 처리하고 자녀에 대한 두 양육자의 반영도 지지한다. 성공적인 재연을 통해 부모와 자녀가 부모의 가용성을 더 크게 확신하고 자녀의 요구를 더 깊이 이해할 수 있는 기반이 마련된다.

다섯째, 다른 구성원에게 미친 영향을 확장한다. 치유적인 재연은 가족 자체에 대한 이해로 그 영향이 확산된다. 치료사는 가족 가치에 미치는 영향을 탐색하고, 이러한 새로운 만남을 통해 가족이 안전감과 안도감이라는 목표에 더 잘 도달할 수 있는 방법을 확인한다. 이러한 새로운 상호작용에 초점을 둠으로써, 치료사는 이전의 관계 차단을 대체하는 새로운 상호작용에 초점을 두고 가족의 변화와 경험을 관찰할 때 다른 구성원을 포함시켜 재구조화된 관계 패턴의 긍정적인 영향을 강조한다. 가족 내에서 좀 더 안전한 반응과 관련된 긍정적인 정서(예: 자부심, 기쁨, 사랑)와 긍정적인 상호작용 고리가 초기에 보였던 가족의 부정적인 상호작용 패턴에 대한 해독제라는 데 중점을 둔다.

여섯째, 추가적인 관계 차단을 파악한다. 가족 변화의 영향을 처리하면 추가적인 관계 차단이 파악될 수 있다. 가장 고통스러운 가족관계가 회복되고 치료사가 가족불화의 또 다른 원인을 파악하면서 충족되지 않은 가족 요구가 수면 위로 떠오를 수 있다. 일반적으로 초기의 관계 차단을 해결하는 과정에서 치료사는 부모가 이러한 추가적인 관계 차단에 더 잘 반응할 수 있도록 준비시킨다. 치료사는 초점을 새로운 관계 차단으로 이동하고 추가적인 차단을 처리하기 위해 2기에서 사용한 것과 동일한 단계를 따른다.

3. 상호작용의 재구조화

여기서는 자녀의 애착 욕구와 부모의 돌봄 반응의 성공적인 재연을 중심으로 이루어지는 상호작용을 재구조화하는 데 있어 치료사 역할을 살펴본다. EFT의 재연을 사용하여 부모와 자녀가 가족에서 새로운 입장을 취하여 더 큰 안전감을 느끼도록 돕는 치료사의 역할에 특별한 주의를 기울인다. 또한 가족구성원의 태도를 재구조화하는 과정에서 사용되는 EFT 개입 기법을 살펴보고, 사례를 들어서 재연 단계에 초점을 맞추어 EFT 탱고의 움직임에 따른 재구조화 과정을 보여 준다.

Minuchin(1974)은 가족치료에서 가족구성원이 치료사의 지시에 따라 대화에 참여하도록 재연 사용을 발전시킨 선구자였다. 가족치료에서 재연의 사용은 가족 상호작용의 특정 교착 상태에 초점을 둘 때 더 큰 영향이 있다(Friedlander, Heatherington, Johnson, & Skowron, 1994). EFFT뿐 아니라 다른 애착기반 가족치료에서 가족 내 상처와 공감의 실패는 부모가 적극적으로 반응하고 자녀의 내재된 욕구에 직접 관여함으로써 회복된다(Kobak, Grassetti, & Yarger, 2018).

Johnson(2019)에 따르면, 이러한 형태의 만남은 유대감 형성 사건으로 가장 잘 이해될 수 있는데, 여기서 애착 대상과의 안전한 애착 행동의 교감이 결국에는 상호작용의 변화로 이어진다.

> 이러한 부류의 사건은 인간의 두뇌에 매우 중요한 것으로 암호화되어서, 가족구성원 간의 유대감이 건강한 발달에 아주 중요한 것처럼 이 사건의 영향은 가족관계의 질에 크나큰 영향을 미친다. 이렇게 핵심적이라 할 수 있는 애착 상호작용을 표적으로 한 체계적인 조각하기나 안무하기는 가족치료의 실천에서 이룬 중요한 발전이다. (pp. 193-194).

EFFT 치료사는 양육자에 대한 자녀의 관계 차단에서 발견되는 기저의 고통과 두려움을 이끌어 낸다. 치료사는 자녀의 이러한 경험을 이끌어 내어 인정함으로써 애착 욕구에 대한 자녀의 가슴 아픈 취약성을 강조하고, 그다음 일련의 재연을 통해 이러한 욕구에 부모가 적극 반응하도록 개입한다. 이렇게 하여 안전감을 심어 주는 상호작용의 변화 과정이 시작되는데, 이 과정에서 자녀는 자신의 가치와 부모의 가용성에 갖고 있던 기대를 완전히 바꾸고, 동시에 부모는 자녀의 가치와 양육자로서 부모 자신의 중요성에 대한 기대를 완전히 바꾸게 된다. 취약성과 그것에 대한 안전한 반응이라는 긍정적인 고리를 재연하면 가족 내 안전감이 확장되고 구축되어 결국 부모자녀 상호 간의 유대와 탐색의 요구를 지지할 수 있게 된다.

EFT 재연의 목표는 정서적 교류와 공감 반응을 구체적으로 경험함으로써 구성원의 안전감 경험을 촉진하는 것이다. 재연은 현재 안전감을 느끼지 못하게 하는 관계 차단을 드러내는 상호작용도 보여 준다. EFCT에서 사용되는 재연과 유사하게 EFFT에서 재연의 순서는 세 단계를 포함한다(Tilley & Palmer, 2018).

첫째, 재연의 무대를 설정한다. 7단계 재연은 취약한 입장에서 자신의 애착 욕구를 공유하는 자녀에게 초점을 둔다. 5단계와 6단계에서는 잘 반응하고 접근 가능한 부모와 이러한 욕구를 공유할 맥락을 만든다. 흔히 자녀의 표현된 욕구에 대해 아직 해결되지 않고 남아 있는 차단에 대해 작업하면서, 치료사는 부모의 돌봄 의도를 명확히 밝히고 자녀의 경험을 부모가 명확히 인식하고 그것에 적응하게 하는 데 초점을 둔다. 치료사는 강조와 공감적 추측 기법을 사용하여 자녀가 언급한 열망과 자녀가 느끼는 욕구를 명백하게 밝힌다.

다음의 사례에서 치료사는 눈물을 흘리는 카리사에게 가족 안에서 자신이 원치 않는 아이라고 느끼며 아버지에게 실망감을 느낀다는 점을 공유하라고 말함으로써 재연을 안무한다.

> "지금 여기서 아빠에게 눈물을 흘리며 네가 필요로 하는 게 뭔지 알려 주는 것이 너무 힘든 거구나. 아빠의 위로와 확신이 너에게 중요하고 필요하다고, 네가 아빠에게 소중한 사람이라는 점이 너한테는 중요하다고 아빠에게 말씀드리기가 어려운 거구나?"

치료사는 아버지 면전에서 카리사가 가진 애착 열망의 씨를 심는다. 아버지는 방금 딸과의 거리감을 매우 아쉬워하고 반성했으며, 또 회기에서 그가 분명하게 보았던 힘들어하는 딸을 위로하고 싶어 했다. 치료사는 아버지가 잘 반응하는 태도를 취한 것으로 보고 그 점을 강조하고 딸의 애착 열망을 심어 줌으로써 재연의 무대를 마련한다.

둘째, 재연을 지시한다. 재연 과정의 중요한 단계는 치료사가 자녀나 부모에게 지시하는 것이다. 치료사가 재연을 구성할 때 나타나는 정서 신호를 부모나 자녀가 따름으로써 재연이 자발적으로 일어나는 가족도 있다. 자발적인 재연에서도 치료사는 부모와 자녀가 서로 다가가고 반응하려는 그들의 노력을 안내하고 그것에 재집중하도록 도움을 주어야 한다. 치료사는 특히 재연이 정서적으로 그 중요성을 잃기 시작하는 경우에 재연의 영향을 강조하고 강화하기 위해 부모나 자녀에게 양육 반응이나 애착 욕구를 반복해서 말하도록 요청할 수 있다. 자발적인 재연의 경우에 치료사는 자녀가 일관되게 공유하는 애착 욕구와 부모의 돌봄 반응을 재연하기 위한 기회를 더 많이 가질 수 있다. 자녀의 애착 욕구를 의도적으로 공유하고 그에 반응하는 것은 안정애착을 향한 변화의 분명한 지표가 된다.

또 다른 상황에서는 치료사가 부모와 함께 지시를 사용하여 자녀가 자신의 욕구를 공유하도록 초대할 수 있다. 이 상황은 부모가 돌봄에 대한 특정한 걸림돌을 잘 헤쳐 나갔고 자녀의 애착 욕구가 더 분명하게 표현되었을 때 더 많이 발생할 수 있다. 또 다른 경우에 치료사는 자녀의 취약성이 고조되는 순간에 자녀가 부모를 돌아보도록 요청할 수 있다. 이 상황이 더 많이 발생하는 때는 부모의 가용성이 이미 확인되었으나 그 이후에 충분히 수용적인 부모의 존재에 대한 자녀의 두려움이나 확신의 부족을 처리할 필요가 있을 때이다. 어떤 상황에서든 치료사는 부모나 자녀가 주도적으로 감수하는 위험을 확인하고 자녀나 부모가 재연에 잘 반응하기 위해 어려움을 겪는 경우에 그들을 잘 지지하여 반응할 태세를 갖추고 있어야 한다.

7단계에서 재연은 애착과 돌봄 체계의 교류에 초점을 두는데, 이 체계에서는 정서적 유대감을 확립하기 위해 정서를 조율하고 공감하면서 존재하는 것이 필요하다. 따라서 치료사는 부모와 자녀 간의 공유를 안내하고 그것에 재집중하여 각 구성원의 경험, 특히 위험을 감수하고, 각자 애착 욕구와 돌봄 지원을 분명하게 표현하고, 다가가고, 반응할 때 각 개인의 경험을 최우선으로 삼아 지속적으로 주의를 기울인다.

셋째, 개별 가족구성원의 경험을 처리한다. 재연의 마지막 단계는 재연의 정서적 영향에 구체적으로 초점을 두는 것을 포함하여 재연에 대한 각 구성원의 경험을 살펴보는 것이다. 치료사는 환기적 질문과 인정 기법을 결합하여 각 구성원이 현재 경험을 탐색할 수 있도록 지지하고, 이때 종종 애착 관련 주제(예: 돌봄, 위로, 확신)와 돌봄 의도(예: 바라보기, 소중하게 여기기, 지지하기) 및 이러한 주제가 자기에 대한 관점과 타인에 대한 관점을 드러내는 방식에 주목한다. 이러한 반영적인 의사소통은 상호작용에 애착 의미를 부여하고 자기에 대한 부정적인 관점(예: 자존감 부족) 혹은 상대방에 대한 부정적인 관점(예: 무관심, 거부)과 연관된 과거의 기대를 살펴볼 기회를 제공한다. 또한 치료사는 이러한 상호작용이 이렇게 더욱 직접적이고 서로 영향을 미치는 수준으로 의사소통할 수 있는 부모와 자녀의 능력을 방해하는 관계 차단과는 얼마나 다른지 비교해서 말할 수 있다.

앞의 예에서 치료사는 환기적 질문을 사용하여 카리사의 아버지가 돌봄 반응을 요청받은 경험을 살펴본다. “카리사가 아버지의 말을 받아들인다고 하고 안아 달라고 했을 때 아버님은 기분이 어떠셨어요?” 아버지는 딸이 원하는 아버지가 될 수 있다고 어떻게 느꼈는지 스스로 돌아보게 되었다고 말했다. “제가 딸을 위해 바로 이 자리에 있다는 것을 딸이 알면 좋겠어요. 저의 응원이나 포옹이 필요할 때면 제가 언제나 그럴 준비가 되어 있다는 것을 알아 주면 좋겠어요.” 치료사는 아버지의 돌봄 의도를 반영하여 말하고 딸이 원하면 언제든 준비되어 있다는 아버지 자신의 가용성을 강조했다. 이에 대한 응답으로 아버지는 자신의 의도를 더욱 입증해 주었다. “이제 더 잘 이해했습니다. 안아 주는 것은 항상 가능하지만 카리사에게 맞추어야 하는 거네요. 이게 카리사의 요구에 관한 것이니 그렇게 하는 것이 항상 카리사가 원하는 게 아닐 수 있겠네요.” 자신의 경험을 처리함으로써 아버지는 자신의 의도에만 기대기보다는 딸의 요구에 더 정확하게 맞추려고 할 수 있다. 치료사는 이 시점에서 재연을 통해 딸이 가장 필요로 하는 방식으로 딸을 지지하려는 아버지의 의도에 다시 초점을 맞추어 재연 과정의 움직임을 채워 나간다.

요약하면 7단계는 EFFT 변화 과정의 핵심이다. 가족구성원들은 애착과 돌봄을 둘러싼 관계 차단에 직면해야 하고 취약성을 공유함으로써 안전감을 함께 찾아야 하기에 변화 과정의 핵심이라 할 수 있다. 이렇게 취약한 순간은 가족 상호작용에서 자기보호와 반발 행동을 강화하는 부정적 고리와 대조되는 새로운 관계 패턴으로 이어진다. 7단계의 교정적 정서 경험을 통해 가족은 안전감과 안도감의 방향으로 이동한다. 이때 가족이 정서적 균형을 되찾으면서 명확하게 드러난 더 깊은 정서는 가족의 요구와 가족이 사용하는 자원을 알려 주는 데 사용된다. 대체로 이러한 상호작용으로 안전감과 안도감 및 소중함의 주제를 둘러싸고 이루어지는 접촉을 통해 더 깊은 정서 경험에 처음으로 접하게 된다. 애착 의사소통과 돌봄 반응을 촉진하는 성공적인 재연은 가족의 안전감을 확장하고 구축한다. 이렇게 하여 가족은 다음의 사례에서와 같이 역경에 처할 때 회복탄력적으로 남아있을 수 있는 능력이 강화된다.

4. EFFT의 7단계 개입

환기적 개입과 과정 개입은 EFT 변화 사건에서 꼭 필요하다. 환기적 반응, 공감적 추측, 강조 기법의 사용은 EFFT 변화 과정의 핵심인 정서적 교류를 촉진한다. 애착이론의 원리(제2장)에 따라 EFT 치료사는 정서를 관계적 변화의 목표이자 매개체, 연결의 언어로 사용한다. 과정 개입은 새로운 가족 경험에 대한 의미를 공유하게 하는 데 초점을 둔다. 치료사는 환기적 전략과 반영 및 인정 기법을 균형 있게 사용하여 2기에서 일어나는 변화를 새롭게 이해하도록 강화한다. 재구성 개입을 통해 치료사는 가족의 새로운 교정적 정서 경험을 가족의 유대와 적응을 지배했던 이전의 부정적인 불화 패턴과 대조시킨다. 2기에서 치료사의 재연은 부모자녀관계에서의 위치를 재구조화하는 데 중요하며, 다음에서는 재구조화를 위한 재연 과정에 초점을 둔다.

1) 환기적 개입

환기적 전략은 7단계와 8단계에서 현재 순간의 정서 경험에 초점을 두기 위해 중요하다. 환기적 질문은 애착 및 돌봄 주제와 특히 관련된 가족구성원의 새로운 경험을 파악하는 데 사용된다. 예를 들어, 치료사는 청소년 자녀에게 "어머니가 눈물을 흘리고, 네가 필요로 하는 곳에 없었다는 데 대해 후회가 된다는 말씀을 듣고서 지금 어떤 기분이니?"라고 질문할 수 있다. 치료사는 표현되고 있는 기저의 애착 정서에 초점을 더 많이 두기 위해 환기적 질문 사이에 강조 기법을 배치한다. 예를 들면, 부모의 가용성에 반응하여 눈물을 흘리는 내담자에게 반응하여 치료사는 "이런 상황이 너에게는 아주 낯설지. 그렇지? 엄마가 네 편이라는 것, 너에게 손을 내밀고, 엄마에게 네가 얼마나 소중한 존재인지 확신하는 것, 이 순간에 마침내 엄마의 보살핌을 느낄 때 너의 속마음은 어떠니?"라고 말할 수 있다. 또한 공감적 추측은 내담자에게 자신의 경험으로 한 걸음 더 나아가도록 시험적으로 요청함으로써 현재 순간에 더욱 집중할 수 있도록 한다. 공감적 추측을 통해 경험을 심화시키기 위해서는 애착과 돌봄 주제에 대한 치료사의 인식과 조율이 큰 도움이 된다.

종종 7단계에서 공감적 추측은 애착 관련 두려움과 재연에 초점을 둔다. 치료사는 부모에게 자신의 요구를 더듬거리면서 표현하는 청소년 자녀에게 다음과 같이 공감적 추측을 할 수 있다.

> "맞아. 엄마가 널 이해하고 널 있는 그대로 보고 싶어 하는 지점까지 왔지만, 실제로 엄마에게 다가가서 사실 이것이 어떤 건지를 나누는 것은 완전히 다른 일일 거야. 너의 일부는 엄마에게 다가가지 말고, 질문하지 말고, 나누지 말라고 하는 것 같을 거야. 그거 참 힘들겠지만, 너의 다른 부분은 엄마의 위로와 보살핌을 정말로 갈망하는 거네. 맞니? 내가 이 말을 하고 있는 지금 네 기분이 어떤지 이해할 수 있도록 도와주겠니?"

부모 자신의 돌봄 의도에 대한 부모의 인식을 심화시키는 데도 똑같은 개입을 사용한다. 가령, 치료사는 "어머니로서 지금 따님이 다른 사람들을 실망시킬까 봐, 어머니를 실망시킬까 봐 얼마나 두려운지 말하는 것을 듣는 기분이 어떤가요?"라고 물을 수 있다. 치료사는 부모의 돌봄 반응에 초점을 맞춘다.

이러한 동일한 개입은 가족이 구성원 간의 유대감 있는 상호작용의 긍정적인 영향을 촉진하는 데 도움이 된다. 치료사는 공감적 추측을 사용하여 부모가 배우자와 자녀 간 관계 회복의 영향을 더 잘 인식하도록 돕는다.

> "당신의 일부는 가족 간에 점점 깊어지는 분열로 인해서 두 사람이 회복되는 모습을 보면 안도감을 느끼고, 당신의 또 다른 일부는 이 순간에 아내의 관심과 힘과 사랑을 볼 수 있는지 궁금하네요. 아내의 보살핌과 연민을 보니 어떤가요?"

공감적 추측은 가족이 더 긍정적인 정서로 나아가고 현재 더 충분히 안전해지는 방법을 숙고하도록 초대한다.

2) 과정 개입

7단계에서는 관계 차단이 친밀한 상호작용으로 대체되므로, 과정 개입은 새로운 경험을 기반으로 새로운 이해를 촉진한다. 이러한 새로운 경험은 부모의 돌봄과 가용성 또는 자녀의 지지 요구 및 취약성에 가질 수 있는 기대를 살펴볼 이유를 제공하기 때문에, 치료사는 반영과 인정 기법을 사용하여 이 과정을 천천히 진행하고 가족구성원이 새롭게 드러나는 경험을 이해할 수 있도록 한다. 치료사는 과거에 냉담했던 부모와 친밀한 상호작용을 하게 된 이후에 자녀에게 다음과 같이 질문할 수 있다. "엄마가 지금 너의 어깨를 두드리면서 바로 옆에 계시다는 것을 느낄 때 어떤 단어가 떠오르니?" 치료사는 자녀가 자신의 경험에 맞추어 현재 받고 있는 돌봄을 말로 표현할 수 있도록 돕는다.

재구성은 가족이 취약함을 무릅쓰고 취약함에 다가갈 때 직면할 수 있는 힘겨운 싸움의 맥락을 설정하는 데 도움이 된다. 치료사는 가족의 부정적인 고리의 역사와 지속적인 낙담 패턴에 비추어서 현재 새로운 단계를 밟는 것과 관련된 두려움을 재구성한다. 치료사는 재구성을 사용하여 재연 시 부모가 표면화되는 자녀의 두려움을 더 잘 조율하도록 돕는다.

> "맞아요. 지금 어머니가 제공하는 보살핌을 따님이 어떻게 믿지 않을 수 있는지 이해하기가 참 어렵지요. 마치 당신 가족 패턴의 역사, 거리를 두고 상처를 주고받은 역사가 어머니의 말이나 안도의 말보다 더 크게 말하고 있는 것 같네요. 여기에 조금 머물러 볼까요?"

애착 욕구에 접근하여 위험을 무릅쓰는 데 대한 딸의 두려움을 볼 수 있는 능력은 딸의 그런 두려움이 과거의 가족 패턴에 비추어 볼 때 이해되므로, 과거의 관점에서 그 어려움을 재구성하면 그 두려움을 정상으로 받아들이면서 딸의 두려움을 인정하고 이해할 여지가 생긴다.

다음의 사례는 상호작용 재구조화 과정에서 사용되는 EFT 개입의 실제 예를 보여 준다. 다음에서는 가족의 관계 차단에서의 태도를 바꾸기 위한 재연의 역할에 특별한 주의를 기울인다.

5. 사례

다음의 사례에서 7단계의 변화 사건을 볼 수 있는데, 딸이 아버지에게 도움을 요청할 수 있는지 알기를 원하고 아버지에게 의지할 수 있게 된 7단계의 변화 사건을 보여 준다. 이전에 딸은 아버지가 사라지거나 자기의 걱정을 어머니에게 위임할 것이 두려워 아버지에게서 거리를 두었다. 그렇게 해서 소원해진 부모의 결혼생활은 더욱 틈이 벌어지고, 다투는 부모 사이에 끼어 있는 딸의 입장은 더욱 악화되었던 것 같다. 이 사례는 치료사가 EFFT를 사용하여 아버지의 참여와 지지를 강화하고 딸의 애착 욕구를 명확히 하며 딸의 요구와 아버지의 돌봄 반응을 재연하는 방법을 보여 준다. 또한 치료사가 이 변화 사건을 통해 EFT 탱고 과정을 계속 따라가는 방법도 보여 준다.

로라(16)는 어머니 셸리와의 별거가 미친 영향을 걱정하는 아버지 레이의 요청에 따라 치료에 참석했다. 로라는 부모 사이에 "끼어 있다."라고 말했는데, 특히 최근 어머니가 아버지와의 싸움 후에 속마음을 털어놨을 때 더 그랬다고 했다. 레이는 로라가 부정적인 영향을 받을까 걱정했는데, 로라는 상담을 받는 데 관심이 있지만 부모 사이에는 관여하고 싶지 않다고 했다. 치료에 대한 확신이 커짐에 따라 로라는 부모와 공동회기를 갖는 데 동의했으나, 부모는 커플로서 이 회기에 참석하기를 거부했다. 치료는 각 부모자녀관계에 초점을 맞춰 진행되었고, 다음의 회기 발췌문은 아버지 레이와 로라의 회기에서 이루어진 것이다.

치료사는 조언을 하고 딸의 행동에 마음대로 간섭하고 모니터링하면서 딸을 관리하려는 레이의 노력을 중심으로 돌아가는 아버지와 딸의 관계 차단을 확인했다. 로라는 일반적으로 아버지가 듣고 싶어 한다고 생각하는 말을 하여 아버지의 걱정을 달래 주었고, 그렇지 않으면 아버지의 걱정에 침묵했다. 1기를 통해 치료사는 딸에 대한 레이의 관심과 돌봄을 확인했고, 그러자 레이는 로라에게 약물남용과 의존 위험이 있을지 모른다는 두려움을 드러냈다. 레이의 걱정은 최근 재활 프로그램에 실패한 후 약물남용 문제로 계속해서 고통을 겪고 있는 로라의 언니인 조디와의 과거 경험에 뿌리를 두고 있었다. 특히 로라의 조심스러운 행동과 회유하는 반응은 레이가 이런 두려움을 갖게 된 도화선이었는데, 이런 행동은 로라의 언니에게서 레이가 관찰했던 것과 똑같았기 때문이었다. 다음의 예는 아버지 레이의 압력이 자신에게 미친 부정적 영향을 로라가 공유한 후에 로라의 두려움에 대한 레이의 두려움에 치료사가 개입한 것을 보여 준다. 치료사는 재연의 세 단계를 EFT 탱고 과정을 사용하여 강조해서 보여 준다.

1) 재연의 무대 설정하기

이 예에서는 치료사가 아버지를 더 많이 신뢰하고 의지하려는 딸의 소망에 대한 아버지의 반응에 초점을 맞추어 현재 과정을 반영하는 것을 볼 수 있다. 치료사는 현재 순간을 이용하여 아버지가 새로운 정서 수준으로 딸과 관계를 맺게 하는 데 초점을 두고, 그들의 정서 경험을 새로운 가능성에 대한 자원과 초점으로 사용한다. 다음의 발췌문에서 치료사가 정서 조합과 심화하기를 통해 재연의 무대를 설정하는 것을 볼 수 있다. 치료사는 레이의 더 깊은 감정에 집중하여, 조디와의 관계에서 있었던 과거의 힘겨운 싸움을 반영하고 인정함으로써 그의 두려움을 바라보게 한다. 치료사는 레이가 자신의 두려움에 압도되는 과정에서 로라와의 접촉을 끊을 수 있음을 알고 있다. 치료사는 로라와 현재 그녀에 대한 레이의 걱정에 초점을 맞추면서 레이의 더 깊은 정서적 반응을 사용하여 그의 돌봄을 강조하고 그의 의도를 명확히 밝힌다. 이렇게 하여 로라의 재연이 아버지에게 접근할 수 있게 하는 무대가 되고, 이러한 정서적 신호가 명확해짐에 따라 로라는 아버지의 취약한 가용성에 반응하여 아버지의 건강에 대한 두려움을 표현한다.

치료사: 로라가 막내 딸이니 아버지가 로라를 걱정하는 것은 당연하지요. 로라가 조디를 생각나게 하는 신호를 보낼 때 특히 더 그렇죠. 아버님은 두려워서 로라를 통제하려고 하시네요. 그래서 아버님의 두려움 때문에 로라가 "저를 좀 더 믿어 주세요."라고 말하는 것을 듣기가 정말 힘드시군요?

레이: (단호하게) 그렇습니다. 하지만 로라를 '신뢰'하는 것만으로는 충분하지 않아요. 로라

는 겨우 열여섯 살이거든요.

치료사: (부드럽고 느리게) 그거 정말 어렵지요. 로라는 막내이고 어떤 일이 일어날 수 있는지, 아버님의 최악의 두려움이 현실화되어 딸에게 정말 나쁜 일이 일어날 수 있다는 것을 직접 피부로 느낄 수 있지요. (레이는 눈물을 흘리며 치료사를 바라본다) 이럴 수는 없는 거네요. 아버님은 이런 일이 일어나지 않도록 아주 열심히 하고 있는데, 이 모든 노력을 하고도 여전히 딸을 잃는다면 어떠실까요?

레이: (눈물을 글썽이며) 받아들일 수가 없었어요. 다시는 아니에요. 로라와 함께가 아니라면요.

치료사: 오~ 아버지가 속상해하는 모습을 보는 것이 겁나지? 그래서 두렵니? 네가 아버지를 돌봐야 하니까, 그러니? 네가 아버지에게 너무 스트레스를 주어 아버지가 아프시면?

로라: 아빠가 저 때문에 스트레스를 받기를 원하지 않아요. 더 잘할게요. 여기 오기 전에 숙제를 하고 있었어요. (아버지를 안심시키고자 하는 대응적인 반응)

레이: 그래. 딸애는 정말 잘했고요, 선생님들과 이야기해 보니 이 애가 정말 좋은 학생이라고 모두 말씀하시더군요. (딸을 안심시키려는 시도 이후에 아버지는 두려움에서 빠져나간다)

치료사: (다시 초점을 맞추며) 맞아요. 로라, 네가 아버지를 기쁘게 하고 싶어 하는 것은 알지만, 조금 전에 아버지가 눈물을 흘려서 네가 죄책감을 느낀 것은 아니니?

레이: 얘가 나를 걱정할 필요는 없어요.

치료사: 맞아요. 아버님은 딸이 당신의 건강에 대해 걱정하는 것을 원하지 않지만, 따님은 아버지를 사랑하고 아버지에게 관심이 있으니 따님이 걱정하는 것은 당연하지요. (치료사는 딸의 반응을 정상화한다) 하지만 로라, 아버지가 겁을 먹고 너에게 나쁜 일이 일어나지 않기를 바란다고 말하는 건 아버지가 너를 사랑하기 때문이야. 너에게 실망해서가 아니라 너를 돌보려고 노력하기 때문이야. (치료사는 아버지의 정서적 반응을 돌봄 의도의 표현으로 재구성한다)

레이: 그래서 항상 최선의 방법은 아닐 수 있지만, 잔소리를 달고 다닐 수도 있어.

치료사: 하지만 따님에게 잔소리를 할 때, 그건 따님이 너무 걱정이 되어 아버님이 겁이 난다는 행동이며 딸이 당신에게 소중하기 때문에 이 모든 것이 중요하다고 말씀하시는 거네요. 당신에게 따님은 소중하지요. 이 점이 아버님께서 따님이 알아주기를 바라는 것인가요? (치료사는 아버지의 불안한 잔소리를 아버지의 돌봄 의도의 맥락에서 재구성한다)

레이: 물론입니다! (로라에게 다가가 손을 뻗으며) 그거 알아? 너는 내 딸이야. 나는 널 위해 바로 네가 원하는 곳에 있고 싶어.

치료사: 그래서 아버님은 지금 로라에게 딸을 위해 딸이 원하는 바로 거기에 있고 싶다고 아주 분명하게 말씀하고 있는 거네요?

레이: (로라를 바라보며) 네가 필요로 하는 것을 위해 내가 여기 있는 거야. (로라는 몸을 움츠리며 시선을 돌린다)

치료사는 딸에 대한 아버지의 돌봄과 관심을 조합한다. 과정 개입은 아버지가 이면에 갖고 있는 돌봄에 대한 염려에 초점을 맞추어 아버지의 불안한 두려움을 인정하고 재구성하기 위해 사용된다. 치료사는 아버지가 자신의 가용성과 지지 및 돌봄에 대한 명확하고 일관된 메시지를 보낼 수 있도록 아버지의 정서 경험을 심화하고 명확하게 한다. 치료사는 계속해서 로라의 두려움을 다루고 아버지의 취약성에 대한 딸의 분명한 염려에 초점을 두면서 계속 재연의 무대를 마련한다.

2) 재연을 지시하기

다음의 발췌문에서 치료사는 EFT 탱고의 세 번째 움직임을 사용하여 교감적 만남을 안무한다. 치료사는 로라가 아버지의 관심을 필요로 한다는 것을 나누도록 적극적으로 안내하고, 지지하고, 지시하여 궁극적으로 아버지의 신뢰와 돌봄을 구하려고 한다.

치료사: 로라, 이 점에 대해 어때? 아버지가 너를 위해 바로 그 자리에 있기를 원하신다는 점에 대해 기분이 어때? 그거 새로운 거니? 너는 너 자신을 돌보기에 바빴고, 이곳에서 많은 일이 진행되어 돌봐야 할 일이 많았지. 그리고 너는 혼자이고, 언니는 여기 없고, 오빠는 결혼하여 자기 가족과 함께 살고, 여기서 오로지 너 혼자서 이 모든 것을 처리하고 있네. 부모님의 결혼생활, 아버지의 건강, 아버지의 걱정…… (로라는 여전히 눈을 마주치지 않지만 동의하며 고개를 끄덕인다) 그리고 전처럼 마음을 여는 것이 정말 어려운 거네. 아버지가 널 믿어야 한다는 것을 아버지에게 알리는 게. 하지만 너도 아버지가 걱정하는 것을 원하지 않고 부담을 드리고 싶지 않기 때문에 어려운 거지. 아버지의 스트레스를 보고도 돌아서게 되는 거야. 네가 필요한 것을 아버지에게 진정으로 말씀드릴 방법은 없는 거니?

로라: (속삭이듯) 못하겠어요.

치료사: (몸을 기울이며) 못하겠다고? 너무 어렵지? 어떻게 될 것 같은지 내가 알 수 있게 좀 도

와줄래? 아버지에게 말씀을 드리면 어떻게 될까? (치료사는 로라가 경험하고 있는 관계 차단을 강조하며, 그녀의 애착 갈망의 씨를 심는다)

로라: (여전히 아래를 바라보며) 아빠가 떠나 버릴 거예요.

치료사: 아~ 만일 네가 마음을 열면 아버지가 떠날 거라고? 아버지가 네게 실망해서 떠날 거라고? 그러면 넌 정말로 온전히 혼자가 되는 거구나.

로라: 예전에도 아빠가 그렇게 하셨거든요. (도전적인 어조로 화를 내고 올려다보며) 아빠, 맞지? 상황이 마음에 안 들면 그냥 떠나 버리잖아요.

레이: (갑자기) 그건 다른 상황이었어. 그때는 엄마와 나 그리고 네 언니였지. 그때 언니가 바닥까지 내려갔었다는 걸 너도 알잖니.

치료사: (방향을 되돌리며) 잠깐만요, 레이 씨. 여기서 좀 천천히 진행해도 될까요? 아버지가 로라의 말을 잘 듣기를 바란다는 것을 알기 때문에 여기서 아버지가 로라의 말을 듣고 있는지 확인하고 싶군요. 아버님은 로라를 위해 바로 그 자리에 있기 원하셨죠. 여기 새로운 방법이 있는 것 같네요. 지금 로라가 말을 하고 아버님이 로라의 말을 들을 수 있는 곳이죠? 바로 지금, 로라는 아버지에게 말하고 있어요. 로라는 아버지가 떠날까 봐 두려워서 말할 수는 없다고 이야기하고 있네요. (치료사는 레이와 눈 맞춤을 계속한다) 딸이 정말로 마음을 열었는지, 그걸 아버지가 보는 것을 어쩌면 좋아하지 않을 수도 있어요. 로라는 지금 기회를 잡고 있네요. 로라가 온전히 혼자가 될까 두려워하고 있는 것이 보이시나요? (치료사는 현재 순간에 분명히 나타나는 딸의 애착 관련 정서에 아버지가 다시 초점을 맞추도록 한다)

레이: (부드럽게) 네, 알겠어요. (로라에게) 정말 미안하구나.

치료사: 지금 딸의 말을 듣고 있는데, 이런 상황이 딸에게 얼마나 힘들었는지 알 수 있을까요?

레이: 딸이 많은 일을 겪었어요. 그런 식으로 되어서는 안 되는데 말이죠.

치료사: 따님에게 말씀해 주실 수 있을까요?

레이: 네가 나한테 다가올 수 있으면 좋겠어. 네가 왜 두려워하는지 알겠어. 하지만 지금은 내가 너와 함께 있잖아. 우린 함께이고 가족이야. (돌봄 의도를 명확히 하고 초대한다)

치료사: 그리고 가족은 함께 붙어 있는 거죠, 맞지요? (레이가 "확실히 그렇죠."라고 반응하는 데 대한 공감적 추측) 로라, 아빠가 "우린 함께이고 가족이야."라고 하신 말씀을 들으니 어떠니?

치료사: (웃으며) 좋아요.

치료사: 그렇구나. 네가 어디에 속해 있는지, 그리고 가족이 함께 있다는 사실을 알게 되어

기분이 좋구나. 너는 열여섯 살이고, 자라면서 해야 할 일이 많고, 그 과정에서 기복이 있을 거야. 그렇지?

레이: (로라에게) 무슨 일이든 나한테 전화할 수 있다는 걸 알아주면 좋겠어.

로라: 아빠에게 전화하기가 겁나요.

치료사: 아빠에게 전화하는 게 어렵다고? 그런 일이 생긴다는 건 어떤거지? 무슨 일이 잘못되면 어떻게 되지?

로라: 저기, 싸움을 일으키고 싶지 않아요.

치료사: 부모님 사이에? 그게 힘든 이유는 엄마 집에서 문제가 될 수 있는 일이 일어날 수 있고, 그런데 그게 너한테 힘든 일이니까? 그렇니? 부모님이 싸우기를 원하지 않는 거네? 그렇게 되면 그 중간에 갇혀 있는 거니까. 힘든 일이지. 아버지가 너를 어떻게 도와줄 수 있을까? 아버지가 여기 지금 계시는데, 바로 여기에 너를 위해 있기를 원하셔.

로라: 제 말을 들어주셔야 해요. 저는 아빠가 엄마에 대한 분통을 저한테 터뜨리지 않으실 거라는 점을 알아야 해요.

치료사: 그렇구나. 엄마 아빠랑 있는 상황이 복잡하구나. 너는 안전하게 갈 곳이 필요한 거네. 여기서 아버지에게 큰 소리로 이것을 말하는 넌 정말 용감한 거야. 아버지께 네가 정말로 필요로 하는 것이 무엇인지 말해 줄 수 있다고 생각하니?

로라: (부드럽게 미소 짓고 머뭇거리며) 제가 아빠에게 말해도 아빠가 엄마에 대한 이야기를 저한테 하지 않으셔야 돼요.

치료사: 아버지가 네 말을 들어주기를 원하는구나? 너에게 중요한 것을 들어주시기를?

로라: (아버지에게) 제가 엄마에게는 의지할 수 없다는 것을 아시죠. 엄마는 자기 자신의 문제가 너무 많아요.

레이: 하지만 내가 널 위해 어떻게 네가 원하는 바로 그 자리에서 널 도울 수 있는지 알고 싶어.

로라: 그냥 제 말을 들어주세요. 엄마가 아니라 저에 대한 생각만 하시고요. 저를 진지하게 받아들이려면 제 말을 들으셔야 하거든요. 저는 아빠가 저를 걱정하고 있다는 것을 알아야 해요. (애착 욕구에 대한 일관된 진술)

3) 만남을 처리하기

로라와 아버지가 취약성과 지지의 새로운 위치에 있게 되고 잘 반응하기 위한 성공적인 변화가 일어난 이후, 치료사는 딸과 아버지가 애착 욕구와 돌봄 반응을 차단했던 두려움에 직면하여 표현된 취약성과 욕구를 시험해 보기 위해 취한 행동과 반응에 초점을 둔 이러한 새로운 경험을 탐색한다. 치료사는 그들의 경험에 존재하는 자신과 상대방에 대한 관점을 드러내는 경험을 다시 돌아보게 한다.

치료사: 로라, 너는 지금처럼 이렇게 큰 기회를 잡아서 아버지한테 이야기한 거야. 아버지가 너의 말, 네가 필요로 하는 것, 아빠가 도울 수 있는 방법에 대해 잘 듣는 것이 아주 중요하거든. 그게 바로 가족이 되는 것 같은 기분일거야, 그렇지? (치료사는 부모의 가용성을 우선시하고 애착 관련 욕구를 강조한다. 레이는 딸에게 손을 뻗어 안아 준다)

치료사: 레이 씨, 지금 딸을 안아 주면서 딸에게 어떤 말을 하고 계시는 거네요. (치료사는 아버지의 돌봄 반응을 명확히 드러내고 그 행동의 중요성을 드러낸다)

레이: (웃으며) 딸이 자랑스럽다는 것, 딸이 말을 했다는 것 그리고 나에게 손을 내밀었다는 것이죠.

치료사: 그리고 로라, 너는? 너는 어떠니? 네가 필요한 것을 아빠에게 말했는데. 아빠가 지금은 너의 말을 듣고 있다고 생각하니? (로라가 고개를 끄덕이며 부드럽게 "네."라고 말한다) 그리고 아빠가 널 자랑스럽다고 말하며 팔로 감싸 안아 주는 느낌이 어떠니?

로라: 음~ 좋은가?

치료사: 좋아. 이런 걸 정말로 믿기가 어렵지. 그런 모든 일이 있는 다음에 이런 행동은 아주 새로운 거지, 그렇지? 대개는 아버지가 말을 하고 로라는 들었어. 하지만 로라, 넌 여기서 아주 큰일을 했어. 로라, 네가 아빠에게 실망할 만한 일을 하면 아빠가 떠날까 봐 두렵다고 말했고, 아빠는 딸에게 딸을 위해 모든 것을 다하고 물불을 가리지 않고 바로 그 자리에 있고 싶다고 말했어. (치료사는 애착과 돌봄 행동 및 그와 관련된 정서를 반영한다)

레이: 물론입니다.

치료사: 그리고 로라는 또 다른 큰 걸음을 내디뎠구나. 아빠가 엄마에 대해 이야기하는 것을 듣고 싶지 않고, 네 이야기를 들어주시기를, 너에게 일어나는 일에 귀를 기울여 주시기를 바란다고 아빠에게 말했지. 아버지를 믿고 너에게 정말로 필요한 것을 말할 수 있었어. 아버지가 너에게 제안한 것을 받아들인 거지. 아버지는 너에게 필요한 것이 무엇인지 알고 싶어 했어. 잘했어. 넌 오늘 정말 용감했구나. (치료사는 아버지에 대한 딸의 관점을 강조함)

로라: (웃으며) 전 제가 못 할 줄 알았어요.

치료사: 그렇구나. 그렇게 들리는구나. 그렇게 추측했거든, 응? (로라가 동의하며 미소 짓는다) 자, 이 일은 두 분 모두에게 정말 큰일이지요. 둘 다와 가족을 위해 정말 중요한 일을 하셨어요. 레이 씨, 당신은 겁이 났다는 것을 로라에게 알렸어요. 아버님이 로라에게 잔소리를 하고 또 엄하게 대할 때, 뭔가 나쁜 일이 딸에게 일어날까 봐 두려워서라고요. 그리고 로라, 네가 가장 안 하고 싶은 일은 아빠에게 스트레스를 주는 것이었어. 하지만 너에게도 뭔가가 일어나고 있었어. 아빠가 떠나거나 혹은 또 다른 싸움이 시작될까 두려워서 마음을 열기가 겁이 난다는 것을 아빠에게 말씀드렸어. 물론 넌 조용히 있었지만 여기서 진짜로 뭔가 다른 일을 한 거야. 가만히 있지 않았던 거지. 아빠가 너의 말을 잘 들어주면 좋겠다는 말을 아빠에게 했어. 그리고 아버지가 진짜로 그렇게 하셨고. (웃음) 두 분 덕분에 너무 행복하네요.

아버지: (미소를 지으며) 감사합니다. 로라가 너무 자랑스러워요.

치료사: 그러시지요. 로라가 정말로 용기를 냈고 진심에서 우러나온 말을 했네요. 자기가 할 수 있다고 느낀 것이 아니고요. 지금 여기서 따님이 얼마나 자랑스러운지 말씀하실 수 있을까요? 이 순간에 로라가 어떻게 보이는지에 대해서요. (치료사는 아버지를 초대하여 딸에 대한 아버지의 관점을 강조하며 긍정적 정서를 재연시킨다)

아버지: (딸의 손을 잡기 위해 손을 내밀며) 로라, 넌 정말 훌륭해. 네가 자랑스러워. 너는 나한테 소중하니까 이런 것들은 너한테서 직접 들어야 하거든.

로라: (장난스럽게) 그게 실망 같은 감정보다는 나아요.

치료사: 맞아. 네가 느낄 수 있는 것과 너무 다르지. 네가 두려워했던 것과 너무 다르기 때문에 재미있는 거지. 아버지가 딸의 말을 들었다는 것 그리고 아버지가 이 순간에 바로 널 위해 여기에 있다는 것을 아는 것은 안심이 되기도 하고 또 너무 좋은 거지.

이러한 반영을 천천히 진행함으로써 치료사는 로라와 아버지가 그들의 경험에 더 큰 의미를 부여하고, 중요한 요구가 있는 시점에서 아버지와 딸의 관계에 재연을 더 많이 통합할 기회를 촉진한다. 성공적인 재연을 통해 치료사는 두 사람 모두 관계 회복의 영향으로 경험한 긍정적인 정서에 적극 개입한다.

4) 긍정적인 영향 촉진하기

관계 차단 작업에서의 변화는 가족에게 가장 큰 고통을 야기하는 관계로부터 새로운 경로에 따라 안전감과 안도감에 도달하게 하기 때문에 가족의 분위기에 긍정적인 영향을 미친다. 치료사는 긍정적인 정서를 동원하여 활용하는데, 긍정적인 정서는 부모와 자녀 관계 변화의 영향을 처리할 때 안전감과 안도감의 재개입 행동에서 특히 발견되는 새로운 신뢰와 확신의 순간에서 비롯된다. 자신과 타인에 대한 이러한 긍정적인 정서와 일치하는 반응을 통해 치료사는 애착 유대감의 회복과 개선을 향한 과정이 순조롭게 진행되고 있음을 볼 수 있다. 긍정적인 정서의 접촉과 공유를 촉진하기 위해 EFT의 환기적 개입을 사용하면, 이러한 변화에서 얻는 가족구성원의 만족감이 높아질 뿐 아니라 사랑받고 돌봄을 받는다는 느낌도 높아질 수 있다. 부부 대상의 EFT 원칙과 마찬가지로, 긍정적인 정서와 경험을 공유하면 관계 수준에서도 그러한 정서와 의미가 미치는 긍정적인 영향이 더 커진다(Gable, Gonzaga, & Strachman, 2006).

가족구성원들은 긍정적 경험을 함께 공유함으로써 이러한 변화뿐 아니라 일반적인 관계에서도 더 큰 만족을 경험할 가능성이 높아진다. 긍정적 정서가 갖는 이점 이상으로(예: Frederickson, 2001), 회복과 관련된 긍정적 정서는 다른 구성원의 신뢰와 반응에 대한 긍정적인 기대를 증가시키고, 개별 구성원이 자신감과 효율성을 더 크게 느낄 가능성으로 이어진다(Fosha, 2000). 이러한 방식으로 가족 안에서 이러한 경험을 공유함으로써 직접적으로 경험되고 강화되는 긍정적인 정서를 통해 관계 회복이 갖는 힘을 경험할 수 있다.

교정적인 정서 경험을 통해 생성되는 긍정적 정서는 돌봄과 지지에 대한 새로운 기대를 포함하여 더 많은 것을 탐색하게 한다. 이러한 변화는 자부심, 사랑, 안도감, 자신감과 관련된 긍정적인 정서가 제공하는 안전감의 '확대와 구축'의 고리를 촉진한다(Mikulincer & Shaver, 2016). 이러한 정서적 고리는 정서적 참여를 증가시키고, 성장 활동을 지원하며, 자신과 타인에 대한 긍정적인 관점을 강화한다. 이러한 자원은 개인과 사회 발전을 지지하는 가족의 능력을 강화하고 가족의 안전감을 통해 '성장을 강화하는 심리적 촉매'(p. 67)로 작용한다.

6. 가족에 대한 영향력 확대하기

7단계를 정의하는 재구조화 사건의 통합과 인정하기 이후에, 치료사는 초점을 특정 관계 차단으로부터 다른 구성원을 포함한 가족 전체로 확장한다. 한 번의 교정 경험은 가족의 여러 관계에 파급효과를 미칠 수 있고, 다른 구성원들로 하여금 가족이 갖고 있는 유대감을 살펴보고 바꿀 수 있는 새로운 기회를 열어 줄 수 있다. 특정 가족관계가 변화하면 추가적인 관계 차단이 드러나면서 또 다른 관계의 균형이 무너질 수 있다. 애착관계의 네트워크인 가족은 한 관계의 변화가 다른 관계에 영향을 미쳐 그 관계에서도 고통이 유발될 수 있다. 7단계에서 치료사는 특정 교정 경험의 긍정적인 영향을 촉진하고, 동시에 추가적인 관계 차단의 출현을 평가하기 위해 가족 반응을 모니터링한다.

미구엘의 사례에서 부모는 그가 학교 무단결석과 싸움을 바로잡지 않으면 재택치료를 하거나 기숙학교에 보내겠다고 협박했다. 부모는 미구엘의 고집과 폭력 행동에 실망하고 패배감을 느꼈다. 가족, 특히 부모는 모두 미구엘의 학교가 있는 지역에 직장이 있다는 사실을 감안하여 이 갈등이 공개적으로 노출되는 것이 당혹스러웠다. 평가회기와 1기의 회기들에 다섯 명의 가족구성원이 참석했으며, 미구엘과 아버지 사이의 관계 차단을 중심으로 이 가족에게 부정적인 패턴이 있음을 확인했다. 미구엘에 대한 아버지의 비판적이고 요구적인 태도로 인해 미구엘은 말문을 닫고 위축되었다. 그는 갈등을 피하기 위해 노력했지만 학교생활을 잘 못했고 때로는 다른 학생들에게 따돌림을 당하기도 했다. 2기 전에 미구엘은 부모와만 추가 회기를 함께 갖고 싶다고 요청했다. 그는 형들 앞에서 자신의 두려움과 걱정을 이야기하기가 어려웠다. 왜냐하면 그가 보여 주는 약점을 형들이 놀릴 것이라고 생각했기 때문이다. 미구엘이 아버지의 지지가 필요하다는 점을 공유한 후에 부모는 팀으로서 미구엘의 학교 문제에 대처할 수 있는 가족의 능력에 충분히 자신 있다고 응답했다. 미구엘이 부모, 특히 아버지를 두려움에 빠뜨리는 위험을 무릅쓰자 부모 둘 다 이전에 무례하다고 해석했던 아들의 행동 이면에 있는 취약성을 보기 시작했다. 두려움에 맞서는 미구엘의 용기는 아버지에게 영향을 주었고 아들을 더욱 직접적으로 응원하려는 아버지의 노력에 동기를 부여했다.

치료사는 미구엘과 부모가 만든 변화의 영향을 확장하기 위해 미구엘의 형들을 포함하는 가족회기를 소집했다. 미구엘의 어머니는 가족 전체, 특히 남편과 미구엘 사이에서 자신이 목격했던 진전을 공유했다. 형들은 미구엘이 '아기 같다'고 놀리기 시작했다. 미구엘은 직면을 피하려 하지 않고 형들에게 맞서 "나 아기 아니거든. 어떻게 해야 할지 모를 뿐이야. 이제 숨고 물러서는 걸 그만할 거야. 두려워해도 되는 거야."라고 말했다. 아들의 말을 거들면서 아버지는 미구엘의 형들에게 다음과 같이 응답했다.

> "미구엘이 맞아. 나는 미구엘이 보여 주는 용기를 잘 보여 주지 못했어. 내가 너희들에게 감정을 숨기는 법을 가르친 것이지. (감정에 복받쳐서) 진정한 용기란 두려움에서 도망치지 않는 것임을 미구엘이 생각나게 했어. 나는 미구엘이 자랑스러워."

미구엘이 웃음을 숨기려고 애쓰는 동안 두 형은 놀라고 당황한 표정을 지었다. 치료사는 미구엘이 실망 대신에 아버지가 하는 긍정의 말을 들을 때 기쁨과 만족의 감정을 표현하도록 도왔다. 아버지가 미구엘을 안으려고 손을 뻗자 두 형은 미소 짓기 시작했고, 치료사는 아버지의 말과 동생의 용기에 대한 형들의 반응을 끌어들이는 방향으로 이동했다.

치료사는 가족이 미구엘과 아버지가 변화를 이룬 결과로 가족 전반에 어떤 차이가 있는지 말해 보도록 가족을 초대했다. 환기적 개입을 통해 치료사는 부모와 형들이 미구엘에게 보여 준 긍정적인 정서와 학교생활을 더 잘 하려는 미구엘의 노력을 이끌어내고 확장하는 데 집중했다. 치료사는 회기 중 가족의 경험을 사용하여 초기의 가족회기에서 널리 퍼졌던 부정적 고리와 대조해서 말했다. 치료사는 가족에게 "과거의 부정적 패턴에 빠졌을 때와 비교해 보면, 오늘 우리의 대화에서 가장 눈에 띄는 점은 무엇인가요? 지금 뭐가 좀 다르지요?"라고 질문했다. 초기의 평가와 마찬가지로 치료사는 의도적으로 각 구성원에게 가족에 대한 경험과 가족의 이러한 변화가 자신에게 의미하는 바를 성찰하도록 초대했다. 마지막으로, 치료사는 반영 질문을 사용하여 아버지와 아들이 관계를 지속해 온 문제 패턴을 해결하고 변화시킨 결과로서 자신을 어떻게 다르게 보는지 강조했다. EFFT에서 치료사는 가족이 안전 지향의 변화와 관련된 긍정적인 정서에 적극 참여하고 자신과 타인에 대한 각 구성원의 관점을 반영적으로 대화하도록 촉진한다.

1) 추가적인 관계 차단에 대해 작업하기

치료사는 관계 차단의 해결에 대한 탐색을 더 넓은 가족체계의 맥락으로 확장한다. 일반적으로 부모의 지지를 받은 치료사는 이전 회기에 참여한 가족구성원을 다시 소집하고 회기 중에 관계 차단에 대해 작업하면서 발생한 새로운 경험과 변화를 살펴본다. 변화와 그 영향의 초점을 확장하면 다른 가족구성원이 자신의 경험을 공유할 수 있어서 변화를 강화하고 아직 해결되지 못한 다른 관계 차단을 지적할 수도 있다. 치료사는 회기를 이용하여 다른 가족구성원에게 취약성이 미친 영향을 탐색한다. 그 결과 가족의 다른 관계 차단이 드러날 수 있다.

알리샤(24)는 최근 오래 지속되었던 관계가 끝난 후에 기분 관련 증상과 자신감의 상실 때문에 개인치료를 찾았다. 그녀는 파트너와 헤어진 이후에 가족과 함께 살기 위해 돌아왔다. 치료사는 최근 알리샤가 부모와 갈등을 겪은 후에 가족회기를 제안했다. 가족회기는 어머니의 불안한 과잉 개입에 대한 알리샤의 방어적인 반응을 작업하는 데 집중했다. 어머니는 가장 최근에 알리샤의 우울증 에피소드 후에 알리샤의 안녕을 걱정했고, 20대 때에 일어났던 여동생의 자살에 대한 두려움을 갖고 있었다. EFFT 회기에는 아버지와 남동생 션(14)도 참석했다. 알리샤는 초기의 개인치료 과정이 그녀의 상실감과 절망감을 해결하는 데 도움이 된다고 받아들였지만, 어머니의 두려움을 달랠 수는 없었다. 1기를 통해 치료사는 부모 간의 돌봄동맹을 강화하고, 아버지가 이전에 모녀간의 싸움에 거리를 두었고 가끔 출장을 가서 집에 없었으므로 아버지의 지지를 촉진하는 데 초점을 두었다. 어머니와 딸의 관계 차단은 두 사람 모두에 대한 아버지의 이성적인 접근과 알리샤의 '성장통'을 아내가 과잉 반응하는 것으로 인식했던 아버지의 암묵적인 비판으로 인해 더 악화되었다.

2기에서 알리샤는 성인 세계에서의 성공에 대한 두려움과 최근에 오래 지속되었던 관계의 상실로 자신감을 잃었던 경험을 표현했다. 부모는 알리샤를 이해하며 알리샤를 굳게 믿는다고 응답했다. 치료사는 이 시기에 알리샤가 부모의 지지와 신뢰가 필요하고 알리샤의 개인적인 문제에 부모가 덜 관여하는 것과 관련한 재연을 하도록 이끌었다. 알리샤는 혼자 이사할 준비를 하고 있으므로 가족에게 좋은 일이 있을 때는 서로 연락을 해서 만나고 자기 혼자 독립해야 할 경우에는 혼자 헤쳐 나가도록 여지를 달라고 요청했다. 회기 중에 가족에게 일어난 이러한 변화의 영향을 처리하는 과정에서 션은 위축되었다.

션의 무언의 항의는 가족의 성공을 따라야 한다는 압박에 부딪혔고, 이로 인해 션은 더욱 위축되었다. 치료사는 션과 부모와 함께 점점 높아지는 긴장을 처리했다. 부모는 알리샤와 함께 표현했던 부드러운 시간 이후 션의 우려에 대한 응답으로 마음의 문을 열었다. 하지만 이 경우에는 알리샤의 '문제'로 인한 가족의 걱정 때문에 가족 내 아버지의 부재에 대한 션의 걱정이 드러나지는 못했다. 치료사는 2기의 단계들로 돌아가서 션의 내재된 정서와 애착 욕구를 끌어내기 시작했다. 처음에 션의 화난 항의는 아버지에 대한 직접적인 도전으로 나타났는데, 아버지는 그의 염려를 관심을 요구하는 것으로 일축했다. 이러한 차단에 대해 작업하면서 치료사는 아버지가 운동 관련 행사에 참석하지 못한 데 대한 션의 아픔에 다시 초점을 맞추었다. 치료사는 션이 상을 받은 최근의 학교 시상식에 아버지가 참석하지 못했을 때 겪었던 아픔을 재연하도록 초대하면서 션을 지지했다. 션은 아버지가 가족의 중요한 이런 저런 순간을 놓치는 것이 얼마나 안타까운지 표현했다. 그는 "아빠가 나타나는" 모습을 보고 싶다고 말했고, 아버지의 일이 가족보다 더 중요한 것 같아서 두렵다고 표현했다. 션의 아버지는 그에게 사과하고 그를 껴안으며, 아들의 요구와 아버지 자신의 가용성에 대한 가족의 더 큰 걱정을 잘 들었다는 확신을 주었다. 그다음, 구성원들은 가족이 변화하고 있는 지금 더 의도적으로 가족을 경험할 수 있는 방법을 논의했다. 아버지는 매달 가족 나들이를 하고 가족과 션에게 특히 중요한 행사를 위해 업무 약속을 조정하겠다고 약속했다.

이 가족은 가장 문제가 많은 관계 차단을 성공적으로 해결했다. 취약성 및 애착/돌봄 반응을 성공적으로 재연하면 유연성이 향상되고 애착 관련 정서에 더 잘 접근할 수 있다. 이 사례에서 치료사는 가족이 이미 이룬 진전이 있었기에 두 번째 관계 차단에 대해 빠르게 작업할 수 있었다. 초기 재연의 영향을 처리할 때 치료사의 주의집중과 인식은 가족이 다른 관계 차단에 다시 적응하고 가족 내 충족되지 못한 애착 욕구를 다룰 수 있는 두 번째 기회를 가족에게 제공했다.

7. 요약

2기의 마지막 단계에서 치료사는 애착 의사소통과 효과적인 돌봄 반응을 방해하는 관계 차단에 근거한 반발적인 태도를 재구조화하도록 가족을 안내한다. 관계 차단은 치료사가 안내하는 과정을 따라서 교정적인 정서 경험의 재연을 통해 해결된다. 여기서 자녀의 애착 욕구가 명확해지고, 공유되며, 또 반응적인 부모가 공감적으로 참여한다. EFFT 과정은 취약성을 공유하는 맥락에서 더 깊은 정서에 접근하는데, 이를 통해 가족구성원들은 새로운 기반에서 가족의 부정적인 상호작용 패턴 및 특정 관계 차단에 의해 이전에 조직되었던 애착과 돌봄에 대한 관점(자기와 타인에 대한 관점)을 살펴볼 수 있다. 치료사는 이러한 교정적 정서 경험을 사용하여 특정 관계에서 발생한 안전감의 변화를 확장하여 더 넓은 가족관계 네트워크로 연결하고, 가족의 애정적 유대를 강화하며 긍정적인 정서 경험을 통해 새로운 의미를 갖게 한다. 안전감이 미치는 긍정적 영향에 개입하면, 2기 과정을 진행하면서 다시 살펴볼 수 있는 다른 관계 차단도 드러날 수 있다. 갈등의 회복과 공감 실패가 교정되는 경험을 한 가족은 이전에 부정적인 정서의 반발 패턴에 의해 복잡해진 실제의 양육 관련 결정과 실천을 더 잘 다룰 수 있다. 이러한 관계 차단에 대해 작업하고 취약성을 교감함으로써 가족의 건강한 발달을 위한 자원을 확장하고 구축하는 안전한 가족체계가 구축될 수 있다.

▣ EFFT 7단계 과정의 요점

다음의 과정은 EFFT 2기의 주요 변화 사건을 안내하는 치료사의 핵심 실천을 강조한다. 부모와 자녀의 태도가 재구조화되면, 자녀는 자신의 애착 욕구를 일관되고 분명하게 진술함으로써 부모에게 다가갈 수 있다.

- 치료사는 재구조화 사건을 안무하여 부모와 자녀가 돌봄과 애착 반응에서의 관계 차단을 해결할 수 있도록 한다.
- 치료사는 부모의 가용성 촉진과 강조를 통해 자녀가 취약한 입장에서 접근할 수 있는 무대를 마련함으로써 재연을 이끌어 간다.
- 치료사는 재연을 지시하고 애착과 돌봄 정서 및 주제에 대한 부모와 자녀의 반응에 재집중할 때 적극적인 역할을 한다.
- 치료사는 재연이 애착과 관련하여 부모와 자녀의 관계 및 타인과 자기에 대한 관점에 미친 영향을 처리한다. 또한 부모의 가용성을 자녀가 더 많이 확신할 수 있도록 하며, 자녀에 대한 부모의 경험 및 부모로서의 자기 이해에 더 큰 가치를 부여하도록 촉진한다.
- 치료사는 여러 구성원과 함께 해결된 관계 차단의 긍정적인 영향을 살펴본다. 그 영향은 가족의 안전과 부모의 가용성에 대해 새로운 단계를 밟도록 촉진하는 방식의 측면, 혹은 추가적인 관계 차단을 발견할 수 있는 방식의 측면에서 공유될 수 있다. 이러한 추가적인 관계 차단이 해결됨으로써 치료사는 가족체계의 안전감이 강화됨에 따라 새로운 차단이 드러날 때 5단계와 6단계로 다시 돌아간다.

참고문헌

Fosha, D. (2000). *The transforming power of affect*. New York: Basic Books.

Frederickson, B. L. (2001). The role of positive emotions in positive psychology: The broaden and build theory of positive emotions. *American Psychologist, 56,* 218-226.

Friedlander, M. L., Heatherington, L., Johnson, B., & Skowron, E. A. (1994). Sustaining engagement: A change event in family therapy. *Journal of Counseling, 41*, 438-448.

Gable, S. L., Gonzaga, G., & Strachman, A. (2006). Will you be there for me when things go right? Social Support for Positive Events. *Journal of Personality and Social Psychology, 91*, 904-917.

Johnson, S. M. (2019). *Attachment theory in practice: Emotionally focused therapy with individuals, couples, and families*. New York: Guilford Press.

Johnson, S., & Lee, A. C. (2000). Emotionally focused family therapy: Restructuring attachment. In C. E. Bailey (Ed.), *Children in therapy: Using the family as a resource* (pp. 112-136). New York: Norton Press.

Kobak, R., Grassetti, S. N., & Yarger, H. A. (2013). Attachment based treatment for adolescents: Repairing attachment injuries and empathic failures. In K. H. Birsch (Ed.), *Attachment and Adolescence* (pp. 93-111). Stuttgart, Germany: Klett-Cotta Verlag.

Mikulincer, M., & Shaver, P. R. (2016). *Attachment in adulthood* (2nd ed.). New York: Guilford Press.

Minuchin, S. (1974). *Families and family therapy*. Cambridge, MA: Harvard University Press.

Tilley, D., & Palmer, G. (2013). Enactments in emotionally focused couple therapy: Shaping moments of contact and change. *Journal of Marital and Family Therapy, 39*, 299-313.

제8장
8~9단계: 가족체계의 안전감 강화하기

8단계. 더욱 안전한 태도로 과거의 문제에 대한 새로운 해결책 탐색하기
9단계. 새로운 태도를 통합하고 긍정적 패턴을 강화하기

EFFT의 마지막 과정은 가족이 이룬 주요 변화를 두 가지 중요한 방식으로 강화하고 통합하는 데 초점을 둔다. 첫째, 가족은 새로운 관계 자원을 갖게 되어 과거의 문제에 더 잘 직면할 수 있다. EFFT를 통해 호소 문제나 증상에 대한 가족의 관계는 변했다. 반면, 과거의 요구는 때로 가족구성원들을 분열시키고 부정적인 패턴으로 인해 이러한 분열이 심화되지만, 보다 안전한 방식으로 관계를 맺는 새로운 변화는 오래된 문제를 새로운 방식으로 함께 직면할 수 있는 가족의 능력을 강화한다. 둘째, 치료사는 가족이 이룬 변화를 통합하는 과정에서 가족을 안내하며, 가족이 가족으로서의 경험을 새롭게 이해할 수 있는 기회를 더 많이 갖게 한다. 이는 가족이 과거의 부정적인 패턴으로부터 현재의 신뢰와 안전 패턴으로 전환하기 위해 이룬 변화를 능동적으로 해석하여 의미를 부여할 수 있을 때 발생한다. 치료에 참여한 결과로서 가족이 변화함에 따라, 치료사의 궁극적인 목표는 가족이 더 많은 탐색과 성장을 향한 새로운 여정을 밟도록 지원하는 것이다. 이때 새로운 패턴의 부모 가용성과 안전감은 더 큰 회복탄력성을 촉진한다.

이 장에서는 EFT 치료사가 가족이 획득한 안전감에 더 큰 자신감을 불어넣는 고유한 방법에 초점을 둔다. 이러한 마지막 EFFT 단계에서 치료사는 통합의 촉진이라는 구체적인 목표와 개입의 지표를 인식한다. 그리고 간략한 사례를 들어서 가족이 이러한 문제 또는 스트레스 요인에 새로운 방식으로 협력하게 함으로써 여전히 남아 있는 문제를 다시 살펴보도록 돕는 EFT 치료사의 작업을 설명한다. 치료가 끝날 때, 치료사는 이러한 새로운 경험이 가족의 새로운 정체성을 반영하는 방식을 포함하여 가족이 만든 변화의 의미와 중요성을 심화하도록 가족을 안내한다. 애착 의례 및 심리교육과 관련된 자원의 사용에 대해서도 몇 가지를 제안한다.

1. 8단계와 9단계의 목표

EFFT 치료의 마지막 단계에서 회기는 두 가지 주요 목표를 중심으로 이루어진다.

첫째, 현재의 관심사로 아직 남아 있는 과거의 문제를 가족이 다루도록 돕는 것이다. 치료사는 가족을 초대하고 치료를 통해 얻은 새로운 관계 자산을 이용하여 과거에 부정적인 상호작용 패턴을 촉발했던 문제에 직면하도록 한다. 이 단계에서 치료사는 특정 문제에 대해 더욱 취약하고 반응적인 논의를 할 수 있도록 가족을 안내한다. 이를 위해서 치료사는 가족구성원이 오래 지속된 문제를 해결하기 위해 노력할 때 구성원들에게 더 잘 반응하고 접근 가능하며 정서적으로 교감하는 태도로 방향을 바꾸도록 요청할 수 있다. 과거의 문제로 들어가서 해결하는 과정은 가족이 함께 이러한 도전에 직면하기에 가족의 안전감에 대한 더 큰 확신을 심어 준다.

둘째, 가족의 관계와 정체성을 새롭게 이해함으로써 가족이 치료에서 얻은 혜택을 통합하는 데 중점을 두는 것이다. EFT 치료사는 가족이 애착관계에 대한 새로운 자신감을 분명히 표현하도록 돕고 이렇게 안전감을 높이는 단계를 밟는 데 집중한다. 이 마지막 목표는 가족이 더욱 안전한 교류 패턴으로 변화했음을 나타낸다. 치료사는 이러한 변화에 의미를 부여하고, 가족구성원이 자신과 가족과 미래를 바라보는 방식에서의 차이에 의미를 부여하도록 그들을 초대한다.

2. 접근 지점

3기에서 치료사는 새로운 관계 자원을 사용하여 가족에 아직 남아 있는 특정 문제를 해결하고, 새로운 경험을 활용하여 가족의 일원이 된다는 것이 무엇을 의미하는지를 새롭게 이해할 수 있도록 안내한다. 마지막 회기들을 진행하는 동안에 치료사는 특정 접근 지점에 따라서 가족이 이룬 성장에 참여하고, 반영하고, 투자할 수 있는 가족의 능력에 개입하고 지지한다.

- 현재의 중요한 걱정 혹은 과거의 걱정거리로 돌아간다. 치료사는 가족이 과거의 걱정을 재언급하거나 특정 문제에 대한 이야기를 시작할 때 가족의 대화를 따라간다. 그리고 과거의 관계 차단에 대해 작업하면서 확립한 더욱 안전한 패턴으로 가족을 안내한다. 또한 치료사는 가족 상호작용을 추적하고 환기적 개입과 과정 개입을 사용하여 가족이 접근과 반응 및 공유된 취약성을 추적할 수 있도록 한다.
- 더욱 안전한 태도를 보여 주는 가족 상호작용를 강조한다. 치료사는 가족구성원이 접근과 반응 및 정서적 교감을 보여 주는 긍정적인 안전 고리를 강조한다. 가족 유대의 주요 순간을 가족 단위에 초점을 두고 강조하며 반영한다. 치료사는 가족을 안식처이자 안전기지(Byng-Hall, 1995; Dallos, 2008)로 강조하는 새로운 이야기를 공동으로 구성하도록 돕는다. 그리하여 구성원들은 가족의 상호 지지와 돌봄 능력으로부터 발생한 성장 이야기를 일관적으로 다시 할 수 있게 된다.
- 가족이 치료의 종결로 이동하게 한다. 가족구성원이 치료의 중단을 꺼리거나 치료 효과 및 유지와 관련된 우려를 표할 때, 치료사는 이 문제를 확인하고 인정하여 새로운 안전 패턴에서 발견했던 가치에 비추어 이러한 우려를 재구성할 여지를 만든다.

3. EFFT의 8단계와 9단계

1) 8단계: 새로운 해결책 찾기

가족 상호작용 태도의 재구조화 및 돌봄과 애착 의사소통을 방해하는 가족의 관계 차단이 해결됨에 따라, 가족은 문제를 더 쉽게 해결하고 부정적인 정서 상태와 불화 패턴에 의해 더 이상 영향을 받지 않도록 훈육을 조정하여 실천한다. 긍정적인 안전 고리를 다시 확립한 부모는 보다 더 정확하고 조율된 의사소통을 통해 연결감과 지지에 대한 여러 요구 간 균형을 더 잘 맞출 수 있다. 예를 들어, 청소년 자녀를 둔 부모는 비효율적인 애착 반응 및 충족되지 않은 욕구에 대한 반응으로 좌절하는 자녀에게 더 큰 부정적인 감정을 경험할 수 있다. 결국 부모는 지지를 구하는 자녀의 정서 신호를 과도 혹은 과소하게 잘못 읽는 것으로 반응할 가능성이 높다(Kobak, Grassetti, & Yarger, 2013). 보다 안전한 가족관계에서는 갈등을 포함하는 정서적 교류가 덜 위협적이며, 가족구성원들은 한계 설정, 부모의 모니터링, 개인의 책임과 선택을 다루는 데 있어서 서로 상충되는 정서적 긴장 간에 균형을 더 잘 조율할 수 있다. 사실 청소년 자녀가 있는 가족의 경우에서는 자율성과 관련된 목표의 차이를 해결하는 과정이 안전한 유대감을 맺고 있는 부모와 자녀에게 매우 중요하다(Allen, 2008).

8단계에서 치료사는 가족 과정을 정의하는 불안전한 패턴과 관계 차단으로 인해 과거에 해결할 수 없었던 문제나 관심 영역을 다루도록 가족을 안내한다. 특히 과거에 두려움과 불확실 상황에서 자기보호 반응을 하게 했던 실책과 촉발 요인을 정상화하는 데 주의를 기울인다. 치료사는 관계 차단과 가족이 이러한 차단을 함께 해결할 때 가졌던 새로운 자원을 경험적으로 확인함으로써 가족이 이 상황들을 살펴보도록 안내한다. 가족 역할극이나 재연을 사용하여 치료사가 가족원들의 두려움에 대한 작업을 할 때 가족을 참여시키면 과거의 관계 차단을 어림잡을 수 있다. 마지막으로, 치료사는 가족이 성장을 최우선으로 하는 관점에서 작업할 수 있고 과거의 촉발 요인이 일어날 가능성을 정상화하는데, 이러한 불일치의 순간을 볼 수 있는 가족의 능력은 정서적 균형을 찾아서 이전의 패턴에 대항하여 함께 참여하는 데 더 도움이 될 수 있다. 양육이 더 유연하게 실천되고 가족의 정서적 균형감이 더 높아졌기에 돌봄과 지지 요구를 찾으려는 가족의 능력은 더 높아진다. 치료사는 부모 공동의 동맹을 강화하고, 가족의 더 높은 안전감을 위한 가족의 헌신을 유지하고 심화하는 데 투자하는 가족의 노력을 강화하는 작업을 한다.

로라와 아버지 레이의 사례에서(제7장), 치료사가 아버지와 딸이 새로운 신뢰의 유대를 바탕으로 치료를 계속하자 로라는 아버지의 가용성에 더 큰 확신을 갖게 되었다. 회기에서 로라는 최근의 마리화나 실험을 아버지에게 털어놓았다. 로라는 친구들과 그들의 기대에 부응해야 하는 또래의 상당한 압력에 어떻게 직면했는지 이야기했다. 그다음, 로라는 어머니의 집에서는 대마초가 허용된다는 것을 알고서 어머니의 아파트에서 대마초를 어떻게 시도하게 되었는지 이야기했다. 이는 로라에게 약물남용으로 인해 계속해서 힘겨운 싸움을 하고 있는 언니를 상기시켜 주었기 때문에, 로라는 이런 행동이 너무 나가 버린 단계라고 두려워했다. 그녀는 죄책감을 느꼈고 어머니가 앞으로 갈등이 있을 때 이 사실을 아버지와 공유하지 않을까 걱정했다. 그다음, 아버지와 딸은 로라가 이 상황에서 벗어날 수 있는 방법을 논의했고, 레이는 어머니가 원하는 시간에 어머니의 아파트로 로라를 데리러 가겠다고 제안했다. 그들은 로라가 받고 있는 압박감을 서로 확인해 보자는 계획에 합의했다. 또한 로라는 친구관계망을 넓히기 위해 방과 후 프로그램을 찾아보는 데 동의했다. 레이는 로라의 정직함에 안도감을 느꼈고, 그에게 도움을 구하는 로라의 용기와 신뢰를 인정했다. 로라는 아버지가 떠나거나 거슬리고 비판적인 태도로 반응하지 않으면서 그와 대화할 수 있다는 것에 안도감을 느꼈다.

부모의 훈육과 지도에 대한 가족의 적응은 경직된 패턴과 차단된 상호작용의 부정적인 정서적 분위기에서 가족이 벗어난 후에 많이 발생한다. 접근과 반응 및 정서적 교감에 초점을 둔 가족의 새로운 상호작용은 부모가 특정 상황에 반응하는 방법과 그 양육 상황에서 사용하는 전략을 다시 논의하도록 요구할 수 있다. 예를 들어, 제임스와 카밀은 딸의 양육에 자유방임적이고 거리를 두는 제임스의 양육 방식을 고수하는 태도를 취했다. 카밀과 딸들 사이에 갈등이 발생했을 때, 제임스는 갈등에 연루된 구성원들에게 가혹하고 요구가 많은 비판을 하면서 참견한 후 뒤로 물러섰다. 안젤라(13)는 제임스의 비판에 정면으로 맞섰고 사회적 활동과 학교 활동에 방해가 되는 기분 관련 증상을 보였다. EFFT의 1기에서 가족은 안전하지 않고 예측할 수 없는 환경을 만드는 부정적 고리를 확인했다. 안젤라와 제임스 및 부부 사이의 관계 차단이 확인되었고, 돌봄동맹에 초점을 둔 부부회기를 통해 카밀과 제임스는 안젤라에게 더 잘 적응하는 데 집중할 수 있었다. 2기를 통해 안젤라는 아버지에게 쌓인 상처와 두려움 그리고 더 이상 아버지에게 위로나 도움을 구하는 것이 안전하지 않다고 느꼈기 때문에 두 부모, 특히 제임스의 지지가 필요하다는 점을 탐색했다. 치료사는 제임스와 안젤라가 과소 반응하고 축소한 그들 사이의 관계 차단을 공유하는 것에서부터 안젤라가 두려움을 공유하고 제임스가 위로와 확신을 주는 것으로 반응하는 새로운 패턴으로 이동하도록 안내했다. 돌봄동맹을 강화하고 제임스와 안젤라 간의 관계 차단을 해결함으로써 가족은 정서적 균형을 되찾았다.

카밀에게는 여전히 자유방임적인 양육 방식을 선호하는 제임스가 스트레스였고, 이로 인해 카밀은 가끔 혼란스러웠으며 과도한 양육을 하게 되었다. 안젤라의 증상이 해결되면서 양육 문제가 초점이 되었고, 가족 일정이 더 복잡해지자 이러한 혼란이 특히 더 힘들다는 데 가족이 동의했다. 딸들은 종종 아버지의 '착한 남자' 접근 방식을 이용했다. 제임스는 더 확고한 존재감을 드러낼 필요가 있다고 인식했지만, 그렇게 하면 딸들이 오히려 두려워할까 봐 겁이 났다. 카밀은 제임스가 자기 통제하에 있는 다른 구성원들을 보호해야 한다고 인식했던 순간에 안도감과 지지를 제공했다. 가족회기에서 카밀과 제임스는 부모가 이제 딸에게 한 팀으로 어떻게 일하는지에 대한 방식을 이야기했고, 아버지가 "안 돼."라고 더 많이 말할 것이며 혼란을 관리하는 데 도움이 되는 규칙에 더 엄격할 것이라고 이야기했다. 가족을 관리하는 것이 그저 '어머니의 일'이라고 여기지 않고, 고민이 있을 때 함께 이야기하는 것에 대한 이야기도 나누었다. 딸들은 회기에서 '새 아버지'가 어머니만큼 힘들지 않을까 하고 농담했고, 제임스는 "그거 해 볼 만한 거 같은데, 조심하는 게 좋을 거야, 이 동네에 신참 경찰이 왔어."라고 말하며 웃었다.

2) 9단계: 안전한 고리를 강화하기

EFFT를 통해 가족은 정서적 균형을 회복하고 새로운 정서적 자원을 찾을 수 있다. 보다 안전한 관계 맺음의 특징을 보이는 가족 상호작용은 정서적 교감을 더 많이 하고 부모 가용성이 증가하며 자녀는 더 쉽게 취약성을 보일 것이다. 이러한 과정을 거쳐 가는 가족은 가족의 정서적 분위기가 만성적인 방어나 거리 두기에서 새로운 수준의 긍정적인 교류와 따듯한 분위기로 바뀌고 있다고 할 수 있다. 가족 안에서 부정적인 상호작용이 일어날 가능성이 줄어들고 이러한 경험이 발생할 때, 가족은 부정적인 사건에 의해 상호작용할 가능성이 더 낮아진다. 대신에 가족은 긍정적인 상호작용을 중심으로 돌아갈 가능성이 더 높으며, 새로운 수준의 안전감으로 인해 더 많은 탐색과 더 효과적인 문제해결이 더 가능해진다. 9단계에서 치료사는 가족의 정서적 분위기의 변화, 가족 정체성의 변화, 애착행동을 의도적으로 촉진하는 행동을 살펴보면서 가족 내 새로운 의미에 주의를 기울인다.

(1) 가족의 정서적 분위기의 변화

가족이 안전하게 변화하면 가족의 정서적 분위기가 보다 긍정적으로 조성된다. 치료사는 정서적 균형과 유대감을 더 잘 촉진하는 긍정적인 정서의 고리를 강화한다(Johnson, 2019). 예를 들어, 서로를 지지하고 더 안전해진 양육자는 민감하고 반응적인 방식으로 자녀를 돌볼 가능성이 더 크다(Cowan, Cohn, Cowan, & Pearson, 1992). 부모의 지지와 따뜻함은 자녀의 감정 조절을 위한 자원이며, 친밀감과 따뜻함을 경험한 자녀는 자신의 정서를 더 잘 표현하고, 이는 결국 자녀의 사회정서적 발달을 촉진한다(Morris, Silk, Steinberg, Myers, & Robinson, 2007). EFFT를 통해서 치료사는 변화를 촉진하고 가족의 궁극적인 안녕에 기여하기 위한 자원으로 정서 경험에 목표를 둔다. 9단계에서 치료사는 가족이 현재 실현한 변화 및 안전과 관련된 긍정적인 정서를 이끌어 내고 확장한다.

(2) 가족 정체성의 변화

John Byng-Hall(1995)이 말했듯이, 가족구성원은 경험하는 안전감이 높을수록 가족환경이 안전하다고 더 많이 지각한다. 가족치료 시 사용되는 애착기반치료는 애착 이야기가 안정애착의 예후 지표를 어떻게 제공하는지를 강조한다(Kobak et al., 2013). 예를 들어, 청소년 자녀가 도움이 필요한 시기에 부모에게 의지하고, 지지를 받고, 안전하다고 느낄 수 있는 방식으로 지원받을 수 있을 때, 그 자녀는 안정애착 이야기를 가지고 있다고 할 수 있다. EFFT 3기의 강화 단계를 통해서 치료사는 가족에 대한 새로운 '안전 각본'을 이야기하도록 가족을 이끌어 간다.

EFT(Johnson, 2004) 치료사는 부부가 일관된 이야기를 만들도록 돕는데, 그 이야기는 치료에 대한 경험과 그들의 관계에서 새롭게 알게 된 이해를 포함한다. 자신의 애착 경험에 대한 일관된 이야기를 공유하는 능력은 안전감의 신호이며, 다른 사람의 경험에 잘 적응할 수 있는 능력의 잠재적 지표이다(Hesse, 1999). Dickstein(2004)은 기혼 부모 간 애착관계의 질이 전반적인 가족 기능의 중심 지표가 된다는 것을 발견했다. 특히 그는 강한 애착관계의 부부는 시간이 지남에 따라 그들 관계의 성장과 발전에 관한 일관된 이야기인 애착 내러티브를 말했음에 주목했다. 또한 안전한 커플은 두 사람 관계의 맥락에서 개인의 성장이 일어나는 방법을 성찰했으며, 부정적인 경험이 없지는 않았지만 그런 경험에 의해 관계가 형성되는 경우는 거의 없었다.

이러한 연구 결과들에 따라 EFT 치료사는 한 가족으로서 새로운 안전 경험의 내러티브를 이야기하도록 가족을 안내하는 작업을 한다. 치료사는 가족구성원들의 요구 충족을 가로막았던 경직되고 부정적인 패턴을 성공적으로 극복했다는 측면에서 가족의 성장을 바라보도록 작업한다. 접근과 반응 및 정서적 교감에 초점을 둔 안전 각본을 추가로 심어 주기 위해 과거의 부정적인 패턴과 대조되는 긍정적인 고리를 강조하고, 그러한 고리 측면에서 바라보도록 작업한다. 마지막으로, 치료사는 가족이 정서적 차단을 작업할 때 일어났던 변화와 성장을 부부와 가족과 함께 확인한다. 그러한 변화와 성장으로 인해 부모, 부부, 자녀는 자신과 가족의 다른 구성원들을 바라보는 방식을 바꾼 것이다. 가족이 성장해 가면서 "내가 당신을 가장 필요로 할 때 당신은 나를 위해 바로 거기에 있나요?"라는 EFT의 기본 질문을 하고 그에 답하는 것이다.

(3) 애착 의식

관계 의식은 의미를 실행하기 위한 원천으로서, 이를 통해 소속감과 가치감이 제공된다. EFT에서 애착 의식은 부부가 그들 관계에 대한 안전감을 유지하고 심화하는 데 투자한다는 것을 상징적으로 나타낸다(Johnson, 2004; Johnson, Bradley, Furrow, Lee, Palmer, Tilley, & Wooley, 2005). 의식의 실천은 부부가 공유하는 안전감의 가치를 기념하는 예측 가능한 활동이 된다. 의식에 부여하는 의미는 의식의 실천 활동이나 시기의 특성 그 이상으로 의식의 가치를 결정한다. 의식의 실천은 가족에게 애착 유대감을 유지하고 그것에 투자하기 위한 의도적인 수단을 제공한다.

가족 의식은 전 생애에 걸쳐 건강한 발달을 촉진하는 자원이 된다. Wolin과 Bennett(1984)은 의식이 경계선을 명확하게 하고, 역할을 알려 주고, 가족규칙을 분명하게 함으로써 가족 정체성을 정의하는 데 중요한 역할을 한다고 했다. 의식은 소속감과 정체감을 공유하게 하고 시간이 지남에 따라 유대감을 유지하는 수단을 지원하는 데 중요한 역할을 한다(Crespo, Davide, Costa, & Fletcher, 2008; Eakers & Walters, 2002; Fiese, 1992, 2006; Fiese, Tomcho, Douglas, Josephs, Poltrock, & Baker, 2002). Crespo와 동료들은 가족 의식이 청소년 자녀의 자존감과 소속감 및 안녕감을 증진했음을 발견했다(Crespo, Kielpikowski, Pryor, & Jose, 2011). 그래서 가족 의식은 가족 자신의 이야기에 내재된 의미를 실천하기 위한 적극적인 수단을 제공한다(Crespo, 2012). 의식은 EFFT에서 풍부한 자원이 될 수 있으며, 애착관계에서 찾아볼 수 있는 가치를 실제로 나타내기 위해 활용될 수 있다.

EFFT에서 치료사는 가족과 협력하여 유대감과 관련된 활동을 파악한다. 여기에는 이동 시간(예: 인사, 출근 등), 인정과 존중, 지지와 돌봄이 포함될 수 있다. 의식의 목적이나 의미는 의식을 일상적인 활동과 구별하기 때문에 명확해야 한다(Fiese et al., 2002). 의식의 힘은 가족에 대한 고유한 의미의 기능으로, 가족이 공유 활동을 자유롭게 이야기하도록 돕기 위해 구성원들은 가치를 파악하고 가족 내 차이를 인정해야 한다(Johnson et al., 2005). EFT 치료사가 애착 관련 의미를 상징으로 나타내는 데 초점을 두는 것은 자기와 가족체계의 고유한 영향을 이해하는 작업을 할 때 EFT 탱고의 주요한 구성 요소이다(Johnson, 2019).

4. EFT의 8단계와 9단계 개입 및 강화

강화 단계에서 사용되는 EFT 개입은 치료회기 중에 내담자의 경험을 처리하고 가족의 대화를 안내하는 데 초점을 둔다. 치료사는 가족구성원들이 과거의 문제에 직면할 때 성장을 탐색할 기회를 더 많이 갖게 하고, 한 가족으로서 겪은 새로운 경험에 대한 새로운 의미부여에 참여할 수 있는 기회를 촉진한다. 현재의 경험을 강조하고 긍정적인 정서와 그 정서가 전달하는 의미에 대한 가족의 인식에 초점을 맞추기 위해 환기적 개입이 필요하다. 많은 경우에 이것들은 가족구성원들이 더 안전한 위치에서 강점과 가치를 발견함에 따라 긍정적인 교류 패턴에 초점을 둔다.

1) 환기적 개입

이 단계에서 치료사의 역할이 가족의 새로운 상호작용 패턴을 처리하고 그 의미를 부여하는 데 초점을 두기 때문에 환기적 개입은 자주 사용되지 않는다. 치료사는 환기적 반응을 사용하여 새로운 경험을 강조하고 더 안전한 상호작용에서 비롯되는 긍정적인 정서를 확장한다. 예를 들어, 치료사는 자녀의 더 취약한 반응에 초점을 두기 위해 가족 대화를 천천히 진행할 수 있다.

치료사: 딸이 자신의 두려움을 아버지와 나누었을 때 어떠셨어요? 따님이 과거에 지니고 있었던 것, 아버지에게 숨겨야 했다고 느꼈던 것을 나누었는데요.

아버지: 솔직히 말해서 기분이 좋았어요. 당연히 선생님이 뭔가 말씀하시기 전까지는 제가 거의 눈치를 못 챘던 것 같아요.

치료사: 그래서 따님은 이렇게 취약한 순간을 아버지와 나눌 수 있었던 거네요. 아버지의 위로를 바라는 것이지요. 특히 아버지로서 따님이 이런 일을 하는 것을 보니 어떠세요?

아버지: 자랑스러워요. 제가 딸의 아빠인 것 같은, 저는 그런 느낌이 좋습니다. 적어도 지금 이 순간에는 딸의 인생에서 변화를 만들 수 있으니까요. 저는 딸이 자랑스럽고 딸의 아빠라는 점이 자랑스러워요.

치료사는 딸의 애착 욕구의 영향을 탐색하고 이 새로운 반응을 과거에 딸의 자기보호 반응과 대조한다. 또한 치료사는 환기적 반응을 사용하여 아버지가 자기와 딸에 대한 관점을 포함하여 자기의 경험을 더 깊게 인식하도록 돕는다. 치료사는 아버지가 재연에 참여하도록 하고, 이 경험을 딸과 나누도록 초대하여 딸을 바라볼 수 있는 아버지의 능력을 강화하며, 또한 딸이 아버지의 가용성에 더 큰 자신감을 갖도록 함으로써 지금 이 순간을 더 강화할 수 있다. 이 새로운 경험을 통해 치료사는 이러한 상호작용과 관련된 긍정적인 정서를 강조하고 자기와 타인에 대한 관점 모두에 대한 반영 대화를 더 많이 할 수 있는 기회를 늘릴 수 있다.

2) 과정 기법

강화의 주요 초점은 가족이 달성한 변화에 대해 메타관점을 갖게 하는 것이다. 과정 개입을 통해 치료사는 가족구성원이 신뢰와 돌봄과 적절한 지지에 대한 가족 경험의 차이를 파악하도록 초대할 수 있다. 치료사는 반영과 인정을 사용하여 새로운 경험에 더 많은 주의를 기울이게 하고 가족에 대한 새로운 경험의 중요성을 강조할 수 있다. 예를 들어, 치료사는 가족이 이룬 성장을 바라보는 데 대한 자부심을 반영할 수 있다. “여러분이 이룬 일들을 그대로 바라볼 수 있는 것은 매우 중요합니다. 여러분의 더 나은 관계를 위해 함께 싸웠고, 또 이제 여러분이 성취한 것을 자랑스러워하기 위해서는 용기와 헌신이 필요하네요.” 치료사는 가족의 성공에 대한 반영과 인정을 통해 긍정적인 정서를 심어 준다. 마찬가지로, 치료사는 재구성 개입을 사용하여 애착 관련 정서와 욕구에 직면하여 가족이 이루어 낸 변화를 강조한다.

치료사: 그처럼 과거에는 대화가 없었고 고함을 지르거나 침묵만 있었지요. 하지만 오늘 말씀하시는 것은 아주 다르네요. 오늘 회기에서도 신호가 있었지만 고리가 다시 시작되지는 않았네요.

어머니: 네, 그 신호가 다가오는 걸 볼 수 있었고 딸의 방어적인 태도를 느낄 수 있었어요. 그때 저는 그것이 두려움일 수 있음을 기억했습니다. 딸이 두려워할 수 있다, 딸의 두려움을 보라…… 그게 제가 저 자신에게 했던 말입니다. 그래서 저는 조용히 있었고, 딸의 분노는 눈물로 바뀌었지요.

치료사: 맞아요. 이번에는 뭔가 달랐어요. 왜냐면 예전에는 오래된 패턴으로 인해 어머니는 딸의 요구를 문제 삼았고 딸을 무례하다고 했기 때문이지요. 하지만 이번에는 뭔가 다른 것을 보셨네요. 뭔가 새로운 거네요. 그게 분노에 찬 두려움일지라도 딸의 두려움을 볼 수 있었네요. 오래된 패턴에 굴복하지 않았고 어머니는 딸을 위해 바로 그 자리에 계셨어요. 어머니는 딸이 필요로 하는 방식으로, 색다른 방식으로 강하셨어요.

치료사는 어머니의 새로운 반응을 구성하고 고리에서 딸의 더욱 방어적인 입장과 어머니의 가용성을 대조함으로써 어머니의 새로운 태도와 그 영향을 강조한다. 또한 치료사는 어머니를 초대해서 그 순간에 어머니가 돌봄을 수행하는 자신을 바라보는 방식을 추측함으로써 어머니가 더 깊이 성찰할 수 있게 한다.

> "마치 어머니의 일부는 딸의 분노에 맞서 강해지는 법을 알고 있었지만 어머니가 되는 또 다른 부분을 찾았네요. 그것은 딸이 분노할 때, 더 나아가 딸이 두려워할 때 더 강해질 수 있는 부분이네요. 이것은 어머니로서의 자신에 대해 무엇을 말해 주나요?"

치료사는 이러한 관점을 관계 질문으로 전환하여 딸과 어머니에게 다음과 같이 질문할 수 있다. "이제 이 두려움에 함께 직면할 수 있다는 것이 두 사람에 대해 무엇을 말해 주나요?" 이 예에서 치료사는 신호가 다시 나타날 수 있고 자기보호 반응이 일반적임을 인정한다. 그러나 가족은 이러한 촉발 순간을 덜 위협적인 방식으로 바라볼 수 있고, 실제로 이 순간에 더 깊은 수준에서 일어날 수 있는 일을 확인할 더 많은 자원을 가지고 있을 때 정서적 균형을 상실할 가능성은 더 낮아진다. 다음 사례에서는 EFT 치료사가 의미에 초점을 두고, 치료 과정을 종결하면서 가족에 대해 새로운 관점을 갖게 하기 위해 환기적 기법과 과정 기법을 사용하여 가족구성원의 적극적인 교류에 초점을 두는 것을 볼 수 있다.

5. 사례

박 씨 가족은 큰 딸 에밀리(16)가 집에서 자해 행동과 절망감 및 공격적인 행동으로 어려움을 겪고 있음을 알게 된 후에 가족치료를 요청했다. 가족은 부모, 에밀리 그리고 세 동생(13세 케빈, 11세 앨리스, 7세 데이비드)과 함께한 회기를 포함한 7회기의 EFFT 치료에 참석했다. 부모는 처음에 에밀리의 개인치료를 원했지만, 가정과 관련된 불화를 이야기한 후에 가족은 가족합동치료를 갖는 데 합의했다. 가족의 행동은 유난히 정형화되어 있었고, 한 가족으로서 질서와 충성심을 높이기 위해 규칙에 의존하는 것처럼 보였다.

EFFT 평가회기에서는 어머니의 간섭이나 통제 행동에 에밀리가 분노하는 정황을 중심으로 한 부정적인 상호작용이 두드러졌으며, 잇따라 아버지가 관여하여 평화와 질서를 되찾고자 했다. 가족 내 긴장은 이러한 변화에 같은 방향과 반대 방향으로 대처했던 엘리스와 케빈의 학교교육 변화와 관련된 스트레스원의 변화와 관련이 있었다. 에밀리는 부모의 결정과 태도에 항의하고 이의를 제기했지만, 케빈은 감정적이지 않으면서 논리적인 논쟁에 초점을 둔 이성적인 접근 방식을 선호했다. 결과적으로, 어느 자녀도 자신의 두려움이나 취약함을 직접적으로 명확하게 표현하지 못했고, 부정적인 상호작용 패턴으로 인해 가족불화와 만성적으로 긴장된 가족환경이 조성되었다.

중간 정도의 고통을 겪는 이 가족의 치료는 빠르게 진행되었다. 에밀리의 어머니는 에밀리에게 다가가고 그녀의 판단을 믿는 것이 두렵다고 했다. 또한 어머니는 그녀의 기본적인 의도인 에밀리의 요구에 효과적으로 반응하지 못한 데 대한 안타까움을 나누었다. 이에 에밀리는 어머니의 신뢰가 필요하고 자신이 필요할 때 도움을 요청할 자신감이 필요하다고 주장했다. 결국 부모의 관심은 가족 내 케빈의 고립으로 옮겨 갔고, 그의 다가오는 학교 진급에 대한 지지가 제대로 이루어지지 못하자 케빈에게 다가가려는 노력이 실패했다. 아들과의 회기를 통해 부모는 사회적 어려움과 진급에 대해 그가 표현한 두려움에 반응했다. 예를 들어, 아버지는 자기 인생의 비슷한 시기에 겪었던 자신의 어려움을 공유했는데, 이로 인해 자주 상호작용했지만 더 깊은 수준에서는 거의 연결감이 없었던 아버지와 아들 사이에는 더욱 취약한 유대감만 깊어졌다. 치료 시 부부는 공동회기를 갖고 부모로서의 어려움과 가족의 어려움으로 인해 때로 서로 단절되었던 방식을 이야기했다. 이 회기에서 부부는 양육, 학교교육, 직장 일의 파급효과로 인한 요구에서 비롯되는 개인적인 어려움으로 인해 부부가 서로 거리감을 느끼고 위로를 받지 못하게 되었는데, 사실 누구도 이 점을 인정하지 않았다. EFT 탱고의 움직임을 따라가면서 부부는 서로와 자녀에 대한 헌신을 공유하며 다시 가까워졌다.

마지막 회기에는 부모와 에밀리와 케빈이 모두 참석했다. 부모가 각자 에밀리와 케빈 옆의 소파에 앉자 초기의 가족면담에서 뚜렷하게 보였던 긴장은 놀라울 정도로 사라졌다. 상담실에서 어머니와 아버지가 가족에서 일어났다고 관찰한 몇 가지 점을 이야기하면서 자리를 잡고 앉자 남매 사이에는 장난스러운 분위기가 형성되었다. 에밀리는 자신이 "어머니를 더 신뢰"했으며 자신이 더 약해질 수도 있다고 느꼈다고 말했다. 에밀리의 말에 의하면, 남동생 케빈이 치료사가 듣고 싶어 하는 대답을 한 데 대해 그녀를 놀렸다고 하면서 "가족이 많이 좋아졌다."라고 했다. 어머니가 끼어들어서 에밀리가 마음을 더 많이 여는 것을 보게 되었고, 그들이 나눈 대화가 딸을 더 잘 이해하는 데 도움이 되었으며, 그래서 안도감을 느끼게 되었다고 공유했다.

치료사는 이러한 변화를 강조했고, 어머니와 딸이 함께 더 큰 신뢰를 찾아가는 방식과 에밀리가 어머니의 관심과 지지를 통해 의지할 수 있는 것을 찾아가는 방식에 초점을 두었다. 에밀리는 놀리듯이 어머니의 어깨를 두드리며 "제가 기대도 되는 곳이 있는 것 같아요…… 저한테 지원군이 있거든요."라고 말했다. 딸의 안도감에 대한 어머니의 반응을 더 환기시킨 후에 치료사는 어머니에게 이것을 딸과 나누도록 초대했다. "에밀리, 사랑해. 그리고 널 기꺼이 받아들이고, 네가 이런 식으로 느끼지 않을 때라도 너에 대한 나의 사랑에 기댈 수 있기를 바라." 치료사는 이러한 어머니의 지지를 에밀리가 어머니의 눈에 원치 않고 무가치하다고 느꼈던 점과 대조하도록 했다. 그때 아버지가 끼어들어서, 가족에서 필요한 것이 무엇인지를 이해하는 데 케빈이 도와준 것이 감사하다고 말했다. 치료사는 아버지의 이러한 감사를 앞으로 더 취약한 대화를 하도록 초대하는 것으로 구성했으며, 가족이 아들의 학교 진급 상황을 다루었던 매우 '사무적인' 방식과 대조했다. 회기가 끝날 무렵에 어머니는 가족이 자신에게 가르친 교훈이라고 느꼈던 점을 나누며 눈물을 흘렸다.

> "우리는 가족이 되는 방법을 다시 배워야 해요. …… 우리는 더 이상 무리 지어 여행할 수가 없어요. 각자 다른 방식으로 움직이기 시작해야 하죠. …… 그리고 그게 저한테는 참 어렵습니다. 왜냐하면 저는 우리 모두가 함께 있을 수 있을 때를 사랑했기 때문이에요."

청소년 중기가 가족에게 가져왔던 변화를 둘러싼 어머니의 슬픔을 사랑과 친밀감의 표현으로 구성했다. 어머니는 이 모든 변화가 왠지 친밀한 가족이라고 여겼던 부분을 잃게 될까 봐 두렵다고 했다. 그에 대한 응답으로 남편은 자녀가 자신의 여정을 시작하더라도 부모로서 함께 가까워질 수 있는 방법을 찾을 수 있음을 상기시켜 주면서 아내를 안심시키고 포옹하며 위로했다. 치료사는 가족이 더 큰 취약성과 더 강한 가용성 그리고 결과적으로 미래의 안전한 기반을 향해 이루었던 변화에 초점을 두면서 치료를 마무리했다.

6. 종결

EFFT는 일반적으로 10회기 미만으로 끝나는 단기치료 과정이다. 결과적으로 종결 과정이 덜 복잡하다. 그래도 가족들은 EFFT 과정의 지지와 구조를 떠나는 것을 걱정한다. 치료사는 치료를 떠나는 것을 가족이 이야기하도록 초대한다. 환기적 전략은 가족구성원의 두려움을 명명하고 가족이 이러한 질문을 함께 처리할 공간을 마련하는 데 도움이 된다. 치료사는 가족이 두려움을 함께 부여잡고 더 많은 지지가 필요한 상황을 분명히 말하도록 격려한다.

가족 과정의 종결은 부부관계의 문제가 가족문제의 해결 이상으로 확장될 때 부부치료로 전환될 수 있다. 여러 면에서 EFFT는 당연히 활기를 잃은 부부를 EFCT로 전환할 수 있기 때문에, 치료사가 가족치료와 무관하게 독립적인 부부치료로 전환할 때 치료계약과 향후 과정을 명확히 하는 것이 중요하다. EFFT에서 부모는 두 사람의 낭만적인 부부관계에도 영향을 미치는 애착 반응의 걸림돌도 작업하게 된다. 이러한 방식으로 EFFT 과정은 EFCT 과정의 재구조화 단계로 부부를 더욱 빠르게 이동시킬 수 있다. 부모는 더 안전한 유대감 구축을 위해 이룩한 진전을 계속해서 강화하고 투자하기 위한 자원을 찾을 수 있다. 치료사는 애착과 관련된 부모 자원에 초점을 둔 여타의 자원을 부모에게 추천할 수 있다 (e.g., Neufeld & Mate, 2004; Siegel, 2014; Siegel & Hartzell, 2003).

1) EFT 관련 관계 향상 프로그램

또한 부부와 가족은 부부와 가족의 애착 유대감을 강화하기 위해 고안된 EFT 관련 관계 향상 프로그램의 도움을 받을 수 있다. '날 꼬옥 안아 줘요(Hold Me Tight, Johnson: HMT; 2008)'는 EFT 과정을 반영하는 실제 대화와 연습을 포함하는 프로그램으로서 부부를 위한 실용적인 교육 자원으로 개발되었다. HMT 집단 워크숍은 부부관계 만족도 향상에 효과성이 입증된 지역사회 기반 심리교육 프로그램 차원에서 개발되었다(Conradi, Dingemanse, Noordhof, Finkenauer, & Kamphuis, 2017; Wong, Greenman, & Beaudoin, 2018).

'날 꼬옥 안아 줘요: 날 놓아줘요(HMT/Let me go: LMG; Aiken & Aiken, 2017)' 프로그램은 Johnson의 HMT 프로그램을 기반으로 하여 청소년 자녀의 가족에게 EFFT의 목표를 반영하는 일련의 강의와 토론 및 대화 연습으로 안내하는 구조화된 프로그램이다. HMT/LMG 프로그램의 첫 번째 목표는 가족관계의 조직 원리로서 애착의 가장 중요한 역할을 더 깊이 이해하도록 촉진하는 것이다. 두 번째 목표는 서로의 정서적 반응 및 가족 경험에 대한 구성원의 이해를 높이는 것이다. 세 번째 목표는 가족의 부정적인 상호작용 패턴을 강조하는 것이다. 네 번째 목표는 접근과 반응 및 정서적 교감을 통해 안전감을 촉진하는 경험에 부모와 청소년 자녀를 적극 참여시키는 것이다. 다음 사례는 Paul과 Nancy Aiken이 제공한 것이다.

2) HMT/LMG 사례

제시카의 어머니 클레어는 제시카의 학업과 우선순위에 대한 대화로 인해 해결되지 못한 갈등이 생겼다는 점을 알게 된 후 HMT/LMG 워크숍에 함께 참석할 것을 제안했다. 제시카(18)는 언제나 어머니가 자신의 삶을 이해하지 못하고 또래에 비해 자신에게 비현실적인 요구와 기대를 한다고 단정했다. 전반적으로 제시카는 일련의 형편없는 성적이 나오기 이전까지는 학업과 운동을 곧잘 즐겼다. 제시카의 아버지 드류는 클레어와 제시카와 함께 이 워크숍에 합류했다.

이 프로그램은 부모 돌봄과 부부의 돌봄동맹에 초점을 둔 부모회기로 시작했다. 클레어는 토론과 연습을 통해 자신과 제시카가 부정적인 패턴에 빠져 있음을 인식했고, 최근의 예를 들어서 드류에게 설명했다.

클레어: 학교에서 이메일을 받았는데, 몇 과목에서 제시카의 성적이 떨어진다고 걱정을 했어요. 너무 당황한 나머지 제시카가 학교에서 돌아오자 이 문제에 대해 딸에게 대놓고 따져서 딸을 화나게 했어요. 제시카는 몇 시간 동안 자기 방문을 걸어 잠그고 있었

어요. 내가 끔찍한 엄마가 된 것 같아서 계속 바로 잡으려고 노력했지만 제시카가 나를 멀리하고 있네요.

부모회기를 통해 클레어와 드류는 어떻게 제시카에게 더 잘 반응하고 지원하고 싶은지, 그리고 클레어가 양육에 대해 스스로 회의감에 시달렸을 때 드류가 그녀에게 어떻게 도움이 될 수 있을지 논의했다. 클레어와 드류는 돌봄의 상호 지지에 초점을 둔 대화를 연습했다. 양육 팀으로서 그들은 클레어와 제시카에게 발생한 일반적인 패턴을 파악했다. 클레어는 자신의 두려움이 제시카에 대한 반발 반응을 어떻게 부추겼고 제시카가 위축되었을 때 분노가 어떻게 비판으로 바뀌었는지, 그리고 클레어의 자기회의와 수치심으로 인해 제시카가 혼자 있고 싶을 때 어떻게 제시카에게 간섭하게 되었는지 확실히 파악하게 되었다.

다음 회기에는 청소년 자녀와 함께 부모가 참석했고, 일련의 합류 연습을 한 다음에 청소년 자녀가 최근의 가족 갈등에 초점을 둔 대화를 시작하도록 초대되었다. 제시카는 자신의 성적에 대해 '엄마가 난리를 친 순간'을 단독으로 거론했다. 구조화된 토론을 통해서 제시카는 자신의 촉발 요인과 자기가 떠난 이유를 인정했다.

제시카: 제가 집에 갔을 때 엄마가 화가 나 있는 것을 보았고 제가 한 마디도 하기 전에 엄마는 마치 "도대체 무슨 일이야." "왜 학교가 전화를 하게 해." "네가 우리에게 말했어야지." "뭘 또 숨기고 있는 거니." 같은 말을 하는 것 같았어요.

제시카와 부모는 그들 사이에서 일어났던 행동과 지각 및 정서를 이해하려는 경험에 대한 작업을 했다. 제시카는 어머니가 자신을 보살펴 주신다는 사실을 알고 있었지만 그 순간의 비판과 판단이 자신을 어린아이처럼 위축시켜 물러서게 했다고 했다. 제시카는 "제가 생각하는 상황에 대해 저한테 상의하고 물어보고 말해 주세요. 저 이제 열여덟 살이에요. 좀 더 어른 대 어른 같은 대화를 나눌 수 있을까요?"라고 말했다. 클레어는 이를 주의 깊게 듣고 자신이 과잉 반응했으며 제시카를 앞서 판단했음을 인정했다. 클레어는 미안하다고 하면서 다른 종류의 대화를 하고 싶다는 소망을 나누었다. 드류는 시간을 내어 이런 힘든 점을 이야기해 준 것에 감사하다고 했고, 세 사람은 모두 갈등을 이야기 한 후에 안도감과 더 많은 연결감을 느꼈다.

HMT/LMG의 마지막 연습은 가족구성원들이 취약성을 더 크게 느끼는 위치에서 이전의 대화를 다시 살펴보도록 초대하는 데 사용된다. 이 연습에서 제시카는 두려움이나 상처를 느꼈던 순간을 다시 살펴보라는 요청을 받았고, 그 순간에 "엄마는 저를 신경 쓰지 않아요."라고 말했다. 안내된 연습에 따라 제시카는 어머니가 자신을 제대로 보지 못했을 때 느꼈던 고통스러운 감정을 확인하고, 그 순간의 더 깊은 영향을 함께 나누라는 초대를 받았다. 그런 다음에 그녀는 구체적이고 명확하며 애착과 관련된 자신의 요구를 말했다.

제시카: (부드럽지만 자신 있게) 다음에는 저에게 무슨 일이 일어나고 있는지 제발 추측하지 말아 주세요. 비판하거나 판단하지 말고 그냥 궁금히 여겨 주세요. 제가 인식하고 있는 것이 뭔지 물어봐 주시고, 저한테 무슨 일이 있는지 직접 물어봐 주시고, 제가 엄마에게 정직할 것이라고 믿어 주세요.

클레어는 제시카의 이런 요청을 인정하고 판단하는 말과 두려움으로 제시카에게 상처를 준 점이 미안하다고 했다. 제시카는 관계 단절을 취약한 상태에서 직면함으로써 이제 더욱 명확해진 그들 사이의 유대감에 대한 확신을 가지고 부모에게 다가갔다.

HMT/LMG는 자율성과 안전감의 목표를 관계적으로 탐색해야 하는 부모와 청소년 자녀의 관계에서 흔히 발생하는 관계 문제를 가족이 다시 살펴볼 기회를 제공한다. EFFT 모델에 따라 이 프로그램은 가족이 애착 의사소통을 방해하는 부정적 패턴과 관계 차단을 파악할 수 있게 하고, 그다음 돌봄 자원과 애착 관련 정서에 초점을 두어 돌봄과 연결 및 지지를 제공하기 위해 차단된 관계를 다시 살펴본다. 돌봄과 애착 자원에 초점을 둠으로써 가족은 회복 및 더욱 안전한 관계 패턴을 모색하는 방향으로 안내된다.

7. 요약

EFFT의 통합 단계는 가족이 나눈 연결감을 강화하여 이미 이룬 성장에 의도적으로 초점을 두는 기회를 갖게 한다. 치료사는 긍정적인 경험을 더욱 적극적으로 처리하여 가족이 달성한 새로운 안전 패턴의 영향과 중요성을 더욱 명료하게 한다. 가족구성원은 이 과정에 함께 참여하여, 가족이 어떻게 변화했는지 이해하고 그들이 느낀 안전감을 유지하고 심화하는 데 더 의도적으로 투자하기 위해 밟을 수 있는 단계를 파악해 나간다. EFFT 과정은 결국 관계 차단과 부정적인 가족패턴의 해결에 초점을 둠으로써 특히 발달적 차원에서 가족의 궤도가 미래를 향하도록 방향을 조정한다. 이와 같이 EFFT 과정은 가족이 새로운 경로를 밟도록 안내하고, 통합 단계에서 EFT 치료사는 가족과 함께 작업하여 그들이 어디까지 왔는지뿐만 아니라 미래의 어디로 함께 나아갈 것인지를 파악하는 작업을 한다.

▣ EFFT 8~9단계 과정의 요점

다음의 요점은 EFFT 변화 과정의 마지막인 8단계와 9단계에 초점을 둔다. 치료사는 더욱 안전하고 새로운 위치에서 과거의 문제를 해결하고 가족이 현재 공유한 안전감을 달성하기 위해 이룬 변화를 통합함으로써 가족이 만들어 낸 유대감을 강화한다.

- 치료사는 가족을 초대하여 과거 문제에 직면할 때 일어날 수 있는 관계 차단에 대해 작업할 때 계속해서 남아 있는 문제를 다룬다.
- 치료사는 부모의 신뢰에 대한 자녀의 취약성을 둘러싼 새로운 인식과 새로운 확신을 사용하여 새로운 해결책을 모색한다.
- 치료사는 새로운 수준의 안전감에 더 많이 투자하고 모색하는 가족 활동을 장려한다. 또한 재연과 애착 의식을 사용해서 EFFT를 통해 강화된 애착 유대감을 더욱 강화하려는 가족의 노력을 장려한다.
- 치료사는 가족이 치료를 통해 어떻게 변화했는지 대조함으로써 가족이 성취한 변화에 의미를 부여하도록 안내하고, 가족의 요구와 자원에 대한 더 큰 유연성과 더 깊은 이해를 할 수 있도록 한다.
- 치료사는 가족의 유대관계와 성장 자원을 계속해서 강화하려는 가족의 노력을 장려하기 위해 심리교육 자원을 추천할 수 있다.

참고문헌

Aiken, N., & Aiken, P. (2017). *Hold me Tight/Let me Go program: Facilitators' guide.* Ottawa: International Centre for Excellence in Emotionally Focused Therapy.

Allen, J. P. (2008). The attachment system in adolescence. In J. Cassidy & P. R. Shaver (Eds.), *Handbook of attachment: Theory, research, and clinical applications* (pp. 419-435). New York: Guilford Press.

Byng-Hall, J. (1995). Creating a secure family base: Some implications of attachment theory for family therapy. *Family Process, 34,* 45-58.

Conradi, H. J., Dingemanse, P., Noordhof, A., Finkenauer, C., & Kamphuis, J. H. (2017). Effectiveness of the "Hold me Tight" relationship enhancement program in a self-referred and a clinician-referred sample: An emotionally focused couples therapy-based approach. *Family Process, 57,* 613-628.

Cowan, P. A., Cohn, D. A., Cowan, C. P., & Pearson, J. L. (1996). Parents' attachment histories and children's externalizing and internalizing behaviors: Exploring family systems models of linkage. *Journal of Consulting and Clinical Psychology, 64,* 53-63.

Crespo, C. (2012). Families as contexts for attachment: Reflections on theory, research, and the role of family rituals. *Journal of Family Theory Review, 4,* 290-298.

Crespo, C., Davide, I. N., Costa, M. E., & Fletcher, J. O. (2008). Family rituals in married couples: Links with attachment, relationship quality, and closeness. *Journal of Personal Relationships, 15,* 191-203.

Crespo, C., Kielpikowski, M., Pryor, J., & Jose, P. E. (2011). Family rituals in New Zealand families: Links to family cohesion and adolescents' well-being. *Journal of Family Psychology, 25,* 184-193.

Dallos, R. (2006). *Attachment narrative therapy.* Maidenhead: McGraw-Hill Education.

Dickstein, S. (2004). Marital attachment and family functioning: Use of narrative methodology. In M. Pratt & B. Fiese (Eds.), *Family Stories and the Life Course.* (pp. 213-234). Mahwah, NJ: Lawrence Erlbaum.

Eakers, D. G., & Walters, L. H. (2002). Adolescent satisfaction in family rituals and psychosocial development: A developmental systems theory perspective. *Journal of Family Psychology, 16,* 406-414.

Fiese, B. H. (1992). Dimensions of family rituals across two generations: Relation to adolescent identity. *Family Process, 31,* 151-162.

Fiese, B. H., Tomcho, T. J., Douglas, M., Josephs, K., Poltrock, S., & Baker, T. (2002). A review of 50 years of research on naturally occurring family routines and rituals: Cause for celebration? *Journal of Family Psychology, 16*, 381-390.

Fiese, B. H. (2006). *Family routines and rituals*. New Haven, CT: Yale University Press.

Hesse, E. (1999). The adult attachment interview. In J. Cassidy & P. R. Shaver (Eds.), *Handbook of attachment* (pp. 395-433). New York: Guilford Press.

Johnson, S. M. (2004). *The practice of emotionally focused therapy: Creating connection* (2nd ed.). New York: Brunner/Routledge.

Johnson, S. M., Bradley, B., Furrow, J., Lee, A., Palmer, G., Tilley, D., & Wooley, S. (2005). *Becoming an emotionally focused couple therapist: The workbook*. New York: Brunner-Routledge.

Johnson, S. (2008). *Hold me tight: Seven conversations for a lifetime of love*. London: Hachette.

Kobak, R., Grassetti, S. N., & Yarger, H. A. (2013). Attachment based treatment for adolescents: Repairing attachment injuries and empathic failures. In K. H. Birsch (Ed.), *Attachment and adolescence* (pp. 93-111). Stuttgart: Klett-Cotta Verlag.

Morris, A. S., Silk, J. S., Steinberg, L., Myers, S. S., & Robinson, L. R. (2007). The role of the family context in the development of emotion regulation. *Social Development, 16*, 361-388.

Neufeld, G., & Mate, G. (2004). *Hold on to your kids: Why parents need to matter more than peers*. New York: Ballentine Books.

Siegel, D. J. (2014). *Brainstorm: The power and purpose of the teenage brain*. New York: Penguin.

Siegel, D. J., & Hartzell, M. (2003). *Parenting from the inside out: How a deeper self-understanding can help you raise children who thrive*. New York: Penguin Books.

Wolin, S. J., & Bennett, L. A. (1984). Family rituals. *Family Process, 23*, 401-420.

Wong, T. Y., Greenman, P. S., & Beaudoin, V. (2018). "Hold Me Tight": The generalizability of an attachment-based group intervention to Chinese Canadian couples. *Journal of Couple & Relationship Therapy, 17*, 42-60.

제3부

EFFT 임상 사례

제9장
내면화 장애에 대한 EFFT 사례

아동 · 청소년의 내면화 문제(internalizing problems)는 치료되기 어려운 불안과 우울장애로 진행되어 끔찍한 결과를 초래할 수 있기에 심각한 정신건강 문제에 해당한다. 사람들은 이런 내면화 문제를 잘 보지 못할 수도 있다. 그러나 고통받는 아동 · 청소년은 지나친 죄책감과 자신에 대한 부정적 핵심 신념을 가지고 있으며, 종종 자신이 실패했다거나 사랑스럽지 못하다고 생각한다(Reinecks, Dattilo, & Freeman, 2003). 적절한 반응이 없을 때, 이러한 불안과 우울의 경험은 부정적 성향으로 체계화되어 내면의 자기지각으로 자리 잡는다. 이 부정적 성향은 일반적으로 타인과의 관계 및 학교와 직장에서 적응하고 성공할 수 있는 청소년의 능력 그리고 가장 심각한 수준에서 아동 삶의 의지에 영향을 미친다.

아동의 가족관계는 부정적 정서의 역할과 아동의 대처능력을 이해하는 데 필수적이다. 내면화 문제는 부정적 정서를 조절하는 어려움으로 야기되는 정서나 기분의 문제라고 정의된다(Graber, 2004). 가족관계는 아동의 발달과 정서 조절에 있어서 필수적인 자원이다. 정서 조절은 부모자녀관계 맥락에서 발달하므로, 이러한 내면화 문제의 치료에 가족을 포함하는 것이 합리적이다(Southam-Gerow, 2007). Cartywright-Hatton과 Murray(2008)는 현재까지의 치료 방식은 일관되지 못한 결과를 보였으며, "심지어 자원이 잘 갖춰진 치료 실험에서도 거의 모든 사례의 절반에서만 차도가 있었다."라고 보고했다. 일반적으로, 치료

지침서에는 부모의 어떤 직접적인 개입이 없는 상황에서 아동 · 청소년을 대상으로 하는 인지행동치료가 포함되었다(Vompton et al., 2014). EFFT는 아동과 그 가족에게 가장 필수적인 자원에 초점을 두고, 가장 중요한 사람들과 함께 직면하고 있는 아동의 문제를 명백하고 뚜렷하게 잘 해결해 갈 수 있도록 돕는다. 애착 결합을 강화하고 돌봄체계를 개방함으로써 자녀는 덜 고립되고, 증상을 일으키는 가족 갈등은 줄어들게 되고, 부모의 사랑과 돌봄을 통해 문제를 해결할 수 있게 된다.

EFFT는 청소년들이 가족구성원, 특히 주양육자와의 관계가 더 안전할수록 자신감을 가지고 독립적으로 자신의 외부 환경을 탐험할 수 있다고 제안한다(Johnson, Maddeaux, & Blouin, 1998; Johnson, 2004). 연구에 따르면, 불안정애착이 그 자체로 반드시 불안이나 우울증을 초래하지는 않지만, EFFT와 같은 관계중심치료가 불안정애착이 청소년의 관계 환경에 미치는 영향을 중재하는 요인이라고 보고하고 있다(Brumariu & Kerns, 2010; Siegel, 2013). EFT 치료사는 투명하고 명확하게 잘 조절된 정서적 대화를 안전하게 시작할 수 있는 치료 환경을 만들기 위해 작업한다. EFT 치료사는 부모자녀 간의 고통스러운 상호작용에 존재하는 관계 차단을 처리함으로써 돌봄체계를 개방하고, 어려움을 겪고 있는 청소년을 위한 중요한 회복의 기회를 제공한다. 다음은 Gail Palmer가 제공한 사례이다.

1. 티나와 백스터 씨 가족의 사례

"우리는 같은 편이 아니에요."

열일곱 살인 티나는 심각한 자살시도 끝에 부모인 마이크와 뎁 백스터의 요청으로 치료를 받게 되었다. 마이크와 뎁은 결혼한 지 25년이 넘었다. 마이크와 뎁은 집에서 통학하고 있는 대학생 티나를 위해 치료를 요청했다. 첫째 자녀 조쉬는 대학을 졸업했지만, 아직 취업하지는 못했고 가족 일에는 관여하지 않았다. 티나는 고등학교에서 대학교로 이제 막 진학했고 대학에서 아버지와 같은 직업의 전공을 선택했다.

1) 평가

첫 회기에 티나 부모는 치료사에게 딸의 개인력과 자살시도로 인한 외상을 설명하기 위해 자신들만 참여했다. 아버지인 마이크와 어머니인 뎁은 약물 과다복용으로 딸을 잃을 뻔했기에 많이 두려워하고 있었다. 병원에서 하룻밤을 보낸 후, 티나는 그 사건에 관해 이야기하는 것을 거부했고 부모가 '앞으로 나아가 주길' 원했다. 치료사는 이 위기와 관련된 두려움과 죄책감을 느끼고 있음에도 불구하고 서로를 지지하고 있는 부모의 용기와 능력을 인정하면서, 재차 이야기하는 그들을 지지했다. 뎁과 마이크는 부모 역할에 부족함을 느끼고 있었고, 티나와 조쉬 둘 다 잘못 키웠다고 느꼈다.

티나가 병원에서 퇴원한 후, 마이크와 뎁은 이 사건으로 인해 제정신이 아니었고 정신적인 충격에 빠졌으며 티나가 약물 과다복용으로 인한 개인치료를 거절하여 많은 걱정을 하고 있었다. 또한 부모는 티나가 여덟 살 때 친척에게 성희롱을 당했다고 말했다. 마이크와 뎁은 그 당시 공식적으로 고소를 하긴 했지만 자세히 무슨 일이 일어났는지는 확실하게 알고 있지 않았다. 그들은 "티나가 이 일을 겪은 후 달라졌어요. 그녀는 모든 남자가 싫어졌기 때문에 아빠와 멀어진 거예요."라고 말했다. 티나는 열두 살 때 심각한 섭식장애를 치료하기 위해 병원에 입원했었다.

뎁은 현재 개인치료를 받고 있으며 치료사가 가족치료를 받도록 의뢰했다. 마이크와 뎁은 가족치료에 마음이 열려 있었고 청소년 자녀와 대화하는 방법에서도 도움을 받길 원했다. 그들은 조쉬가 가족치료에 참석할 것에 확신할 수 없었는데, 왜냐하면 티나가 섭식장애에서 회복하고 있을 때 조쉬가 가족치료에 참여해서 "다시는 참여하지 않겠다."라고 말했기 때문이다. 마이크와 뎁 사이의 돌봄동맹은 잘 이루어지지 않았고 부부는 티나가 여덟 살 때부터 같은 편이 아니었다고 말했다. 그 당시 마이크는 딸보다 자신의 가족들을 더 챙겼고 뎁은 혼자 남겨져 딸을 돌봐야 했다. 그녀는 이런 위기 상황에서 마이크와 대화하려고 했지만, 그는 그녀와 대화하는 것을 거절했다. 당시 부부는 많이 다투었고 뎁은 자신이 남편의 성격을 공격하면서 "비명을 지르고 소리쳤다."라고 말했다. 마이크는 침묵하면서 아내에게 냉담했다. 뎁은 더이상 마이크에게 화내지 않았고 티나가 성폭행을 당했을 때 둘이 싸운 것에 죄책감을 느낀다고 말했다. 마이크도 그 당시 자신이 했던 행동에 대해 후회했고 티나에게 지난 일을 말할 수 있는 방법을 찾고 싶어 했다.

조쉬는 자녀회기에 참석하는 것을 거부했고, 결국 평가회기에는 티나 혼자만 참여했다.

이 회기에서 티나는 자신에 대해 말하고 싶지 않고 부모가 가라고 했기 때문에 회기에 참석한 거라고 했다. 그녀는 정신건강 전문가와 치료를 종결했으며 자신의 삶을 살아가는 데 초점을 맞췄다고 표현했다. 그녀는 자살시도 이후 더 편해졌고 아마도 그 발작이 자신의 마음을 맑게 해 준 것 같다고 했다. 그녀는 자살할 의도는 없었고, 부모가 자신의 말을 들어주었으면 하는 절박한 심정으로 인한 충동적 행동이었다고 했다. 티나는 부모가 자신의 이야기를 듣지 않았고, 자신이 부모에게 바라는 것이 있었는데도 불구하고 부모는 자신들이 원하는 대로 했다고 말했다. 그녀는 회기 내내 이제는 화를 내고 싶지도 않고 정말로 자신에게 집중하고 싶다고 하면서 조심스럽고 침착하게 이야기했다.

치료사는 내키지 않았음에도 불구하고 치료에 기꺼이 참여한 것을 포함하여 부모와의 관계를 인정해 주고 그녀의 강점을 강조하면서 티나의 외부 세계를 수용하고 이해하는 데 초점을 맞추었다. 치료사는 티나를 부드럽게 초대하여 가족 내에서 일어나는 문제와 의사소통의 어려움을 더 탐색해 나갔다. 티나는 다음 주로 예정된 가족회기에 참석하기로 동의했다. 티나의 자살시도 심각성, 개인치료 거부, 부모의 고통 등을 고려해 볼 때 가족치료는 최적의 치료계획이라고 생각되었다.

2) 초기 가족회기

EFT 치료사는 지난 사건과 과거력에 대해 개별적으로 만나 나누었지만, 함께 이야기할 수 있는 때가 되었으므로 지금 어떻게 되어 가고 있는지 이야기를 함께 나누기 위해 가족을 초대함으로써 이 회기를 시작했다. 치료사는 어머니 뎁이 가족에 대해 직접 이야기할 수 있도록 도왔다. 치료사는 남편 및 딸과 '같은 편이 되기'를 바라는 어머니의 욕구를 인정함으로써, 마이크와 티나 사이에 끼어 있는 어머니의 물리적 위치를 반영하면서 어떻게 항상 같은 편이 되지 못했는지 강조할 수 있었다. 그때 뎁은 "딸이 우리가 형편없는 부모가 아니라고 생각해 줬으면 좋겠어요."라고 말했다. 마이크는 자신과 뎁이 딸을 위해 함께 있다는 것을 티나가 잘 알고 있을 거라고 주장했고, 티나와의 관계를 이야기하면서 "우리 관계는 서먹했고, 비록 제가 대화하는 걸 좋아하진 않지만 티나와 대화가 없었다는 것을 알고 있어요."라고 말했다. 치료사는 자녀를 돌보려는 부모의 의도를 끌어내고 강화하면서 마이크의 '마음의 소망'과 희망은 부모가 딸을 위해 함께 있음을 티나가 아는 것이라고 강조했다. 그 후 치료사는 티나가 이야기할 수 있게 자리를 만들어 주었고 그녀는 "이렇게 가족 같은 단어는 거의 존재하지 않았어요."라고 말하기 시작했다.

치료사는 가족을 고통에 빠뜨리는 상호작용 패턴을 추적하면서 가족에 대한 각 구성원의 관점을 이해하려고 했다. 마이크, 뎁, 티나 사이에는 몇 년 동안 부정적인 고리가 단단하게 자리 잡고 있었다. 아버지가 티나에게 가까이 다가가면 그녀는 자기 방에서 나가 버렸기에 마이크와 티나는 서로 거의 접촉할 수 없었다. 티나는 아버지의 시선을 피하며 모든 걱정을 어머니에게 직접 털어놓았다. 뎁은 티나와 마이크의 중재자 겸 통역사였다. 만약 마이크가 딸에게 하고 싶은 말이 있으면, 아내에게 전달해 달라고 부탁했다. 뎁은 딸에게 무슨 일이 있는지 마이크에게 계속 알려 주려고 했지만, 마이크가 듣고 싶어 하지 않을 때도 있었다. 뎁은 티나가 해결해야 할 문제를 가지고 있다고 주장했고 남편과 딸 사이에 끼어 있다는 것에 분노했다. 마이크는 뎁이 티나를 과잉 보호하며 자신과 티나 사이를 방해하고 있다고 느꼈다. 부모 둘 다 압도되고 괴로워하는 모습을 보였으며, 마이크는 빠르고 격렬하게 말했고 뎁은 가족 이야기를 하면서 더 조용해지고 눈에 띄게 슬퍼했다. EFT 탱고의 처음 두 움직임을 사용하여 부정적 고리에서 나타나는 티나의 태도를 더 자세히 탐색했다(Johnson, 2019).

치료사: 부모님이 뭔가 계획이 있는 것 같아. 아니면 나는 잘 모르겠지만, 너는 어떻게 생각하니? 부모님은 너에게 어떻게 다가갈 수 있을까에 대해 함께 이야기하고 있고, 너는 "하실 말씀 있으면 말씀하세요."라고 말하고 있어. 만약 부모님이 직접 말하지 못하면, 그것은 너에게 무엇을 의미하는 거니? (탱고 움직임 1, 현재 과정 반영하기: 아버지는 대화를 방해하려고 하고 치료사는 아버지의 방해를 막고 있다) 조그만 기다려 주세요. (티나에게) 그것은 너에게 무엇을 말해 주는 거니?

티나: 네, 심각한 사건을 모두 다루고 싶지는 않아요. 저한테 하고 싶은 말이 있으면 하세요. 그래야 넘어갈 수 있어요.

치료사: (천천히, 부드럽게) 그래, 나는 티나에 대해 잘 모르지만, 너에 관한 어떤 심각한 사건이 있을 때 너에게 무슨 문제가 있는 것처럼 느껴져서 그런 상황에 대해 이야기하고 싶지 않다고 말하는 거니? (티나는 눈에 띄게 슬퍼했고 고개를 숙였다) 그래, 티나 나를 좀 도와주겠니. 결국 네가 그렇게 느끼는 거구나? (치료사의 눈과 마주치기 위해 고개를 들면서) 그게 사실이구나. (EFT 탱고의 움직임 2, 정서 조합과 심화하기)

치료사: (더 적극적으로) 부모님이 말을 안 해서 그런 거니? 나에게 무슨 문제가 있다고 하는

것 같아 그런 거니? (일차 정서를 강조하기)

티나: 부모님은 가끔 저에게 심각한 문제가 있고 제가 좀 철이 들어야 한대요. 때론 못마땅한 말도 듣지만, 아무 말도 하지 않죠.

치료사: (현재 순간에 초점을 맞추면서 공감적 추측하기) 그렇구나, 그런 이야기를 듣는 것이 지금 너에게 영향을 주고 있다는 거구나.

티나: 네, 하지만 동시에 저는 성장하고 있고 제가 가려고 하는 분야도 있어서 신경 쓰이지 않아요. 더는 예전처럼 반응하지 않아요.

치료사: 물론이지. 네 방식대로 대처하며, 그래, 그렇게 앞으로 나아가는구나. 하지만 내심 너에 대해 기분 나쁜 말을 들으면 마음이 상하는구나. 물론 당연히 나아가고 싶은 거지.

티나: 화를 내지는 않아요.

치료사: 그래. 상황이 더 악화되는 것을 원하지 않기 때문에 더는 화내지 않는다고 말했듯이, 너는 화를 내고 싶지 않구나. 하지만 보통 우리는 화가 날 때는 마음속에 상처가 있는데 지금 너는 아무 말도 하고 싶지 않구나.

이번 회기에서 부모의 반응으로 인한 차단이 밝혀지고 다루어졌다. 치료사는 뎁이 마이크와 티나 사이에서 중재자의 역할이 아닌 가족 안에서 자신의 정서 경험에 관해 이야기하도록 요청했다. 그녀는 남편과 딸의 관점에서 벗어나 자신의 슬픔에 다가가기 시작했다.

어머니: (울면서) 네, 관계가 깨진 것처럼 마이크는 티나에게 말도 안 하고, 티나와 조쉬도 서로 말을 안 해요. 저는 무슨 일이 일어났는지 알 수 없었어요. 우리는 그런 가족이 아니었어요. 항상 함께였죠. (치료사는 뎁의 슬픔을 인정했고 뎁이 중재자이자 통역사 역할을 하며 슬픔을 느끼지 못하도록 어떻게 자신을 보호했는지와 연결했다)

치료사: 이해가 되네요. 남편과 딸 사이에서 가족의 문제를 해결하려고 애쓰는 게 이런 상실감을 느끼는 것보다 훨씬 나았겠네요? 여러분이 한때 가졌던 단란함을 상실하는 것보다요?

가족 내에서 마이크는 기분이 좋지 않을 때 폭발하거나 회피했다. 그는 아이들과 아내에게 좌절감을 느꼈고 '끔찍한' 죄책감과 수치심을 피하기 위해 모든 문제를 해결하려고 노력했다. 치료사는 EFT 탱고의 움직임에 따라 딸과 대화하는 데 방해가 되는 장애물을 확인하기 위해 마이크가 느끼는 취약한 수치심과 죄책감을 탐색해 나갔다.

아버지: 매일 아침 아이들을 떠올리면서 그것을 어떻게 해결할 수 있을까 생각하죠. 온종일 그 생각을 해요.

치료사: 서로 대화가 없어서 그 끔찍한 심정은 딸을 잃어버린 느낌이었겠네요. 이 끔찍한 감정이 방해해서 딸에게 이야기할 수 없었네요.

아버지: 네, 서로 말 안 한 게 제일 나쁜 거죠.

치료사: 그렇죠, 그러고 나서 이런 일이 일어났네요. 갑자기 일어난 일은 아니었네요. 티나의 마음이 어땠는지 궁금했겠네요. (부모의 접근을 촉진하기)

아버지: 항상 궁금하죠.

치료사: 네, 그렇지만 여러분이 갇혀 있는 부정적인 고리 때문에 따님을 항상 생각하고 있고 아빠와 딸과의 관계가 그립다고 말할 수 없었겠네요? 그렇죠? 회복하려고 노력해서 만약 좋아진다면 어떻게 될까요? (현재 과정 반영하기)

아버지: 딸이 더 행복하겠지요.

치료사: 그리고 만약 따님이 더 행복해진다면, 그 끔찍한 감정은 어떻게 될까요? 아마 아버님도 아빠로서 기분이 좋으시겠죠? (공감적 추측하기, 정서 조합과 심화하기)

아버지: (눈물로 가득 찬 눈으로) 딸을 위해 지금 여기 함께 있고, 딸 곁에 있고 싶어요.

치료사: 감동적이네요, 얼마나 따님을 위해 함께 있고 싶은지 지금 그 심정을 티나에게 말해 줄 수 있나요? (재연을 통한 교감적 만남 안무하기)

아버지: (티나에게) 아빠가 널 생각하고 있는 거 알고 있지, 네 곁에 있을 거야. 너도 알잖니. (티나는 눈을 굴리며 시선을 피한다)

치료사: 티나야, 이렇게 직접 이야기하기가 쉽지 않단다. (재연의 영향 처리하기) 아버님이 몇 년 동안 하지 못했던 일을 요청했을 뿐인데, 왜 이런 일이 일어났는지 분명한 이유가 있는 것 같아요. 그게 우리가 여기 있는 이유이기도 하지요. 우리는 이 문제를 함께 해결해야 해요. 많이 고통스럽다는 거 알아요. 당연히 그럴 수 있어요. 어머니, 어머니는 가족의 단란함을 상실하는 것이 어떤 건지 느끼고 있고, 아버님은 딸과의 대화가 단절되었고 그로 인한 '끔찍한 감정'을 느끼고 있네요. 그리고 티나, 어떤 심각한 사건이 있기도 하고 너에 대해 못마땅한 말을 듣게 되니까 말하고 싶지 않을 거 같아. 물론, 넌 그 일에서 벗어나고 싶을 거야. (EFT 탱고 움직임 5, 통합과 인정하기)

가족의 역동과 그것이 어떻게 발전되는지 더 탐색한 결과, 티나의 성학대는 가족의 안전이 재정의되는 분수령이었기 때문에 가족에 대한 애착 손상으로 드러났다. 마이크와 뎁은 그들이 마이크의 원가족과 자신들의 가족 중 누구를 지지하느냐에 대해 서로 의견이 달랐다. 부부 갈등으로 인해 티나는 혼자 남겨졌고 자신이 당한 성학대에 대해 부모로부터 엇갈린 메시지를 받았다. 부모는 티나에게 꼬치꼬치 캐물었고, 의사에게 데려갔다. 의사는 어린 딸에게 무슨 일이 일어났는지 이해하는 데 거의 도움을 주지 못했고 그 일이 잘못되었다는 분명한 메시지도 주지 않았다. 오늘도 그들은 이 사건을 함께 이야기하지 못했다. 티나는 과거에 일어난 일을 부모에게 이야기했으나 부모가 자기 말을 듣지 않았다고 했다. 부모는 딸을 치료한 의사에게든 티나에게든 전혀 들은 적이 없다고 말했다. 이 역동으로 가족은 꼼짝 못하게 되었고, 단절되었으며, 앞으로 나아갈 수 없었다. 부모는 자신들의 수치심과 죄책감에 갇히게 되었고 티나는 고립감, 외로움, 결핍을 느꼈다.

3) 부모회기

다음 회기에서 EFT 치료사는 부모만 만나 어린 티나에게 일어났던 일을 직접적으로 이야기할 수 있도록 도왔고 그 사건을 받아들이기 어렵게 하는 부모 자신의 차단에 직면할 수 있도록 상담을 진행했다. 이 회기에서 마이크는 어렸을 때 학대를 당했고, 뎁에게 최근까지도 이 경험을 말한 적이 없다고 눈물을 흘리며 이야기했다. 뎁은 남편을 위로했고 남편이 자신의 학대 사실을 받아들일 수 없었기 때문에 딸을 돌보면서 얼마나 마비되었을지 이해했다. 치료사는 부부가 과거를 개방하고 함께 외상에 직면하면서 보여 준 강점과 용기를 인정해 주었다. 치료사는 부모가 딸에게 일어난 일을 직접 마주하기 위해 부부로서 새로 찾은 안전에 의지하도록 격려했다. 부모의 방어적인 반응은 외상을 축소시켰고, 부인하게 했고, 혼란스럽게 했다. 치료사는 부모의 이러한 방어 수단이 딸이 학대받았다는 가혹한 현실에 직면하지 못하도록 어떻게 그들을 보호했는지 인정해 주었고 그들 자신을 보호한 것이 티나를 소외시켰음을 확인했다. 부모는 티나가 질문이나 조사 없이 부모에게 이해받고 인정받기를 절실히 원했다는 것을 알게 되었다. 치료사는 부모가 방어적인 반응을 제쳐 두고 수용과 이해를 통해 티나에게 정서적으로 반응할 수 있도록 용기를 주었다. 이 회기가 끝날 무렵, 마이크와 뎁은 치료사의 지지를 받으며 새로운 방식으로 티나에게 접근하는 개방성을 보여 주었고, 다음 회기에서는 딸과 색다른 대화를 나누기 위해 솔선수범하기로 했다.

4) 두 번째 가족회기

다음 가족회기에서 치료사는 가족이 상호작용 패턴에 갇혔을 때 느끼는 감정을 요약하며 회기를 시작했고 개인회기에서 표현한 부모의 긍정적인 돌봄 의도에 집중했다. 지난 회기가 많이 어려웠기에, 티나는 이번 회기에 참석할 수 있는 용기와 강점을 칭찬받았고 부모는 딸과 과거를 직접 이야기하도록 초청되었다. 치료사는 가족들을 꼼짝 못하게 만들고 안전함과 연결감을 느낄 수 없게 하는 애착 손상이라는 주제를 소개했다.

아버지: 많은 일이 일어났고 티나는 돌아가고 싶지 않다고 말하지만 우리는 앞으로 더 나아가려고 노력해 온 게 많아요. 그중 하나가 티나가 어렸을 때 친척들과 있던 상황에서 일어난 일인데요. 저는 그것을 적절하게 다루지 못했고, 티나와 그 일에 대해 한 번도 이야기하지 못했죠. 티나는 상처를 받았고 좀 더 그 마음을 알아줬어야 했는데, 제가 티나에게 얼마나 큰 상처를 주었는지 몰랐어요……. (티나를 바라보며 부드럽게 말하면서) 지난번에 일어난 일에 대해 미안하구나. 옳지 않았어. 내가 잘못 생각했어.

치료사: 아버님은 지금 그것이 잘못되었다는 것과 따님을 도와주지 못했다는 것을 티나에게 말하지 못해서 미안하군요.

아버지: 그때보다 지금 더 그것에 대해 생각해요. 그 일을 생각할 시간이 많았어요. 돌아갈 수는 없지만 딸을 위해 거기에 함께 더 있었어야 했어요. 하지만 저는 피가 날 정도가 아니면 고통을 보지 못해요. 볼 수 없었어요.

치료사: 그 당시에 아버님은 정확하게 볼 수가 없었네요. 티나에게 어떤 일이 일어나고 있는지 볼 수 없었네요.

아버지: 제 자신과 학대에 대해 잘 알아차리지 못했어요.

치료사: 자신을 볼 수 없었기에 티나를 볼 수 없었네요. 그리고 아버님이 겪은 학대의 고통에서 벗어나려고 했네요.

아버지: 없는 척하고, 잊어버리려 하고, 그냥 계속 넘어가려고 하고, 사라지기를 바랐던 거 같아요. 그러나 그렇게 되지 않았죠. 없어지지 않았어요.

치료사: 맞아요. 학대의 고통으로부터 아버님을 보호하려는 방식은 딸의 고통을 보지 못하게 했죠. 아버님은 자신을 보지 못할수록 티나를 더 볼 수 없었겠네요.

아버지: 잘못했던 거죠. 거기 머물렀어야 했어요.

치료사: 맞아요. 그 심정 이해가 돼요. 바로 지금, 아버님은 자신에게 무슨 일이 일어났는지,

그리고 그것이 어떻게 딸을 볼 수 없게 했는지 딸과 나누고 있네요. 딸에게 직접 이야기해 볼 수 있나요?

아버지: (눈물을 흘리며 티나를 보면서) 아빠가 널 위해 거기 있었으면 좋았을 텐데. 아빠는 네가 지옥을 겪었을 거라는 걸 알기에 만회해 보려고 해. 아빠는 그 순간에 너를 위해 거기에 있지 못했어. 넌 완전히 피해자였지. 난 네가 자랑스러워.

치료사: (티나에게 몸을 숙이면서) 티나야, 지금 바로 아빠를 볼 수 있겠니?

티나: (고개를 젓는다)

치료사: (부드럽게) 그건 너무 어렵지. 그러나 아빠는 중요한 것을 이야기하고 있어. 아빠는 너를 위해 거기에 있지 않았다고 말하고 있어. 그리고 아버님은 (아버지를 보면서) 티나가 정말 소중하기 때문에 슬픔과 서글픔을 느끼고 있네요. 어린 딸을 실망시켰다는 서글픔이군요. (티나에게) 네가 아빠의 슬픔을 보기 위해 그의 얼굴을 봤다면 너는 아빠의 눈물을 봤을 거야. 그건 아빠가 너를 많이 아끼기 때문이지. (돌봄 의도의 관점에서 말하고 숨겨진 내면 정서를 끌어낸다)

아버지: (울면서) 정말 미안해. (티나는 웃으며 눈길을 돌린다)

치료사: 이건 너에 대한 거고 너의 고통에 대한 거야.

티나: (어머니를 보면서) 왜 다 울어요? 저는 이런 거 싫어요…… 아……. (자신을 억누르면서)

치료사는 티나의 차단을 수용하면서 어떻게 아버지의 슬픔을 지금 당장 받아들일 수 없는지 이해하도록 도왔고, 마이크가 자신의 수치심을 견뎌 내도록 지지해 주었다. 마이크는 회피하거나 상황을 바로 잡으려고 하지 않고, 딸이 자신을 가장 필요로 할 때 딸과 함께 있어 주지 못한 것을 인정했다. 티나의 고통을 보지 못한 마이크의 슬픔이 드러났고 그 슬픔과 후회를 직접적으로 표현하면서 티나와 회복을 시작할 수 있었다.

어머니: 그저 남편의 슬픔이 느껴지네요.

티나: 저 때문인 것 같아요.

치료사: 이 모든 감정은 네 잘못이 아니야. 네 탓이 아니란다. 네 아빠는 널 아끼기 때문에 슬프신 거야. 우리는 사랑하는 사람들에게 상처를 주었을 때 슬픔을 느껴. 너도 신경이 쓰이는구나. 아빠가 고통스러워하는 모습을 보는 것이 어렵구나. 그러나 아버지는 여기서 눈물을 흘릴 만큼 강하단다.

어머니: 그건 남편에게 매우 힘든 거였죠. 남편은 그것을 말하고 싶었을 거예요.

치료사: (티나에게) 그리고 너는 그 당시 어떤 것도 느끼지 못했어. 혼자 어려움을 겪어야 했고, 혼자 힘으로 강해져야만 했잖아. (티나의 차단을 인정하고 이해한다)

비록 티나는 아버지의 슬픔으로 혼란스러웠지만, 뎁은 남편의 고통을 인정함으로써 그를 지지했고, 티나와 더 취약한 경험을 터놓고 나누고 싶어 하는 남편의 소망을 확인했다. 부모회기에서 티나가 여덟 살 때 일어났던 일에 대해 부모의 의견 차이가 있었으나 잘 정리되었다. 마이크는 어렸을 때 자신의 학대뿐만 아니라 딸의 고통을 보지 못하게 방해했던 것을 직접적으로 아내와 더 나눌 수 있었다. 그제야 뎁은 마이크에게 버림받았다는 자신의 분노를 이 순간에 순화시킬 수 있었고, 자신의 분노가 어떻게 가족에게 더 많은 갈등과 분열을 가져왔는지 나눌 수 있었다. 마이크와 뎁의 부모동맹이 회복되고 강화되면서 둘은 가족회기에 참여했다. 그 후 치료사는 아버지의 메시지를 받아들이기 어렵게 하는 티나의 차단을 더 직접적으로 다루기 시작했다.

치료사: 그러게, 아빠가 이렇게 손을 내밀다니, 이게 정말인가? 이걸 어떻게 생각해야 할지 모르겠나 봐?

티나: 네.

치료사: 그것을 어떻게 생각해야 할지 잘 모르겠다는 거지. 왜냐하면 너는 혼자서 그 일을 겪었고, 그 일을 다루는 너만의 방식을 찾아야만 했으니까. 아무것도 느끼지 말고 한 발짝만 앞으로 내딛고 강해져야 해, 그게 네가 한 거잖아? 그렇지? 계속 앞으로 나아가야 했으니까, 다른 방법으로는 이겨 내지 못했을 거야, 아빠를 바라보는 게 얼마나 힘든지 알지만, 그의 슬픔을 들었잖니? 날 도와줄 수 있겠니? 아빠가 널 돌보려고 하는 게 어때?

티나: (침묵) 좀 늦었다고 말하고 싶어요.

치료사: 그렇구나, 네가 이렇게 느끼는 것은 당연하지. 그리고 어쩌면 (대리의 목소리를 사용하면서) "저는 그를 아프게 하고 싶지 않기 때문에 그런 말을 하고 싶지 않아요."라고 말하고 있는 것 같아.

티나: 지금 상황이 제대로 파악된 거 같아서 좋지만, 그건 제가 해결한 거죠.

치료사: 그래, 그래서 너는 나아갔는데, 그때 아빠는 대체 어디 있었죠라고 말하는 거지? 맞니?

티나: 네, 네.

치료사: 지금 너는 아빠의 심정은 알겠는데 아빠는 제가 어떤 일을 겪었는지 아세요? 하고 말하는 거 같아. 그렇게 말하면 아빠가 듣지 못할 것 같니?

티나: (머리를 흔들며) 아니요, 말도 안 돼요. 이미 너무 늦었어요.

치료사: 아빠가 그때 함께 있어 주지 못해 미안하다고 말하면서 슬픔을 느끼면 너 또한 그 슬픔이 느껴지기 때문이구나. 하지만 그렇다고 해결될 일이 아니지? 그렇지? 너는 이 일에 대해 너만의 경험이 있고, 혼자서 많은 일을 겪었기 때문이지. 내가 혼자였던 그 때를 어떻게 오늘 아빠가 이해할 수 있죠라고 말하고 있어. 그리고 문을 닫은 채로 "난 돌아가고 싶지 않아요."라고 말하고 있어. (치료사는 대리 목소리를 사용하고 티나의 차단을 정리하고 이해한다)

티나: 저는 앞으로 나아가고 싶어요.

이 시점에서, 치료사는 티나가 아버지의 돌봄 반응을 수용하기 위해 그녀의 차단을 처리하도록 돕는 작업을 한다. 치료사는 티나 자신의 독립적인 방어를 정당화한다. 이는 티나가 성장하는 과정에서 겪은 경험과 그 순간에 보이는 정서 반응을 인정하는 것이기 때문이다. 또한 이 시점에서 아버지가 딸의 정서 상태를 이해하도록 돕는 일이기도 하다. 티나의 정서 세계에 초점을 맞추는 것이 중요하다. 그렇지 않으면, 그 개방은 아버지에 관한 것이 되고, 다시 딸을 놓치게 되며, 그녀의 존재는 보이지 않게 되고 그녀의 말을 듣는 사람도 없게 된다.

치료사: (아버지에게) 티나가 그 상황에서 그냥 나아가고 싶다는 말을 들으니까 어떤가요?

아버지: 알 것 같아요. 이해가 돼요.

치료사: 아버님 자신을 보호하기 위해 그냥 나아가는 게 어떤 건지 이해한다는 건가요? 아니면 티나가 아빠를 보호하고 싶어 한다는 건가요?

아버지: 아니죠, 아니죠, 티나는 나아가길 원하고 자신의 성장에 전념하고 있어요. 맞아요. 하지만 티나가 제 말을 듣고 있다고 느껴요. 제가 이 힘든 문제를 너무 오랫동안 간직하고 있었어요.

치료사: 그렇군요, 그런 힘든 문제가 당신의 목을 조르고 있었기 때문에 티나를 볼 수 없었고 그녀가 원하는 것도 볼 수 없었네요. 그리고 지금 아버님은 책임을 지고 티나에게 미안하다고 말했지만, 그녀가 이렇게 반응할 줄 몰랐네요.

아버지: 완벽한 세상이라면 우리가 꼭 안아 줄 수 있으면 좋겠지만, 현실은 티나가 이것을

심사숙고하고 제거해서 자신의 경험을 처리해야 한다는 거죠.

치료사: 티나는 자립심이 강하고 어떻게 자신을 돌봐야 하는지 그 방법을 배우는 것에 의존해야만 했어요.

아버지: 완전히요.

치료사: 그리고 그것이 티나가 살아남은 방법이기도 하구요, 이해가 되나요?

아버지: 아빠가 오늘부터 정말로 진심으로 너를 위해 100만 마일을 건너서라도 너와 함께 있을거야.

치료사: (티나에게) 어떻게 된 거죠?

티나: 왜 이것이 우리만의 이야기인지 모르겠어요. 엄마도 저를 위해 그곳에 있지 않았어요. 엄마도 분명히 아빠와 같은 곳에 있었어요.

그 후 치료사는 어머니가 자신의 후회와 자책을 인정하기 전에 어머니의 방어와 이유를 다루어 볼 필요가 있어서 어머니에게 초점을 맞췄다. 이 과정을 통해 그녀는 큰 슬픔을 느끼며 딸을 위해 함께 있지 않았다는 것을 사과할 수 있었다. 세 사람은 부모의 수치심에 막혀서 일상적인 돌봄 패턴에서 멀어져 갔고, 티나는 자신의 말을 듣거나 자신을 바라본다는 느낌을 가질 수 없었다. 이로 인해 그들은 갇히게 되었고 티나에게 일어난 일을 함께 처리할 수 없었으며 그들의 상처와 후회를 인정할 수 없었다. 마이크가 티나를 위해 거기에 함께 있어 주지 못한 것을 인식하고, 후회를 표현하고, 자립하고자 하는 티나의 욕구를 수용하게 되면서, 티나는 어머니에게 직접 자신을 주장하는 다음 단계로 갈 수 있게 되었다. 그러고 나서 치료사는 자신들의 슬픔을 확인하고 나누려는 부모의 노력에 티나가 어떤 반응을 했는지 탐색해 보고자 티나에게로 주의를 돌렸다.

티나: 그것이 슬펐지만 지금은 그렇지 않아요. 만약 그 경험을 하지 않았다면 지금의 저는 없었을 거예요. 저한테 일어난 모든 것이 곧 저예요. 그 일은 끔찍했고, 누구도 그런 일을 당해서는 안 되지만, 동시에 저는 후회하지 않고 제 인생이 다른 방향으로 흘러가는 걸 원하지 않아요.

치료사: 그것은 네가 누구이고 어떻게 성장해 왔는지의 일부이며, 네가 겪은 일 때문에 이렇게 강해졌다는 거구나.

티나: 맞아요, 정말 그래요.

치료사: 맞아, 맞아, 그래, 정말 그렇지, 그건 아주 성숙한 거야. 그리고 너의 또 다른 부분은

혼자 하지 않아도 되고 위안을 얻을 수 있다는 거지. 우리는 혼자일 때 모든 게 더 어렵고 더 힘드니까. 그때가 가장 어두울 때잖아.

어머니: 그리고 우리가 과거를 다루는 것이 어려웠기에 네가 우리 말을 들어주길 바랐던 거 같아. 우리는 너의 이야기를 듣고 싶어.

치료사: 하지만 그것이 여러분을 힘들게 하고 있죠. (티나에게) 네가 짊어진 짐이었고, 네가 감당했기에 살아남았잖아. 넌 혼자였으니까. 너는 그 과정에서 성장하고 힘을 얻었는데, 전에는 보지 못했던 부모님의 모습을 목격하고 있어. 지금 너는 부모님이 솔직하게 인정하며 미안하다고 말하는 것을 보고 있어. 부모님은 당신들이 거기 없었다고 말하고 있고, 너를 그 당시의 여덟 살짜리 아이나 열두 살짜리 아이로 보지 않고 계셔. 부모님은 너를 그 시기를 지나온 젊은 여성으로 보고 계셔. 열일곱 살인 너 자신의 일부는 강하고 회복력탄력성이 있구나.

치료사는 티나가 자신이 성장하고 있다는 것을 부모가 알아주기를 바라기 때문에 티나와 함께 과거와 현재를 탐색해 나갔다. 티나가 부모에게 하는 질문은 변함이 없다. 그녀는 오늘도 "엄마, 아빠는 제가 보이나요?" "제가 성장한 것을 아시나요? 저는 강해졌고요. 과거에 대한 슬픔과 후회가 아니라 제가 원하는 방식으로 오늘 저를 위해 함께해 줄 수 있나요?"라고 묻고 있다. 부모 모두 과거와 현재의 티나 이야기를 듣고 티나를 볼 수 있게 되면서 그들은 진심으로 접근과 반응 및 정서적 교감을 하고 있다.

부모가 티나의 학대에 대한 책임을 인정하는 것은 가족의 치유를 돕는 중요한 첫 단계였다. 부모는 과잉 반응(어머니)과 과소 반응(아버지) 전략에 의존하기보다는 죄책감을 터놓음으로써 현재의 티나와 조율하기 시작했고, 티나가 17세 젊은 여성으로서 자신의 경험을 이야기할 수 있도록 해 주었다. 이 회기는 부모가 이제 정서적으로 접근하고 반응하며 양육체계의 차단을 확인하고 처리할 수 있게 되었기 때문에 1기가 종결되었음을 보여 준다. 부모와의 관계에서 일어나는 티나의 관계 차단은 티나가 부모와의 사이에 무슨 일이 일어나고 있는지 이해하도록 도와주었고, 또한 현재 순간에 자신의 정서적 반응에 목소리를 냄으로써 처리되었다. 티나의 전형적인 전략은 부모를 무시하고 자신에게 더 의존하는 것이었다. 치료사는 티나가 젊은 여성으로서 부모에게 필요한 것을 요청할 수 있게 도와준 그녀의 전략을 인정하고 반영해 주었다.

5) 2기: 상호작용 재구조화

(1) 애착 욕구와 돌봄 반응에 참여하기

2기는 어머니와 티나, 아버지와 티나 간의 애착 결합에 초점을 두었다. 이는 각각의 관계를 더 깊이 작업하여 티나가 자신의 이야기를 부모가 듣고 이해한다고 느낄 수 있도록 도와주기 위함이다. 뎁은 티나를 과잉 보호하고 걱정스러워하면서 티나의 어린 시절 경험을 교정하기 위해 지나치게 개입했다. 아버지는 티나와의 접촉을 피하는 경향이 있었고, 아내를 통해 딸과 이야기를 나누고, 티나를 위해 일을 하면서 그녀를 기쁘게 해 주려고 노력했다. 이 부부의 소원한 관계는 서로 지지하는 양육동맹을 어렵게 만들었다. 치료사는 각 부모가 티나의 욕구를 들을 수 있도록 다음 치료를 2인회기로 구성했다. 2인회기를 통해 남편과 티나 사이에서 대화를 중재하는 뎁과 마이크와 직접 대화하는 것을 피하는 티나의 일상적인 패턴이 중단되었다. 다음은 어머니와 티나의 회기에서 발췌한 것이다.

치료사:(중단시키면서) 천천히 할게요. 어머님은 지금 자신의 반응에 대해 이야기하고 있고 티나는 자신에 대해 이야기하고 있으니 서로의 이야기를 들을 수 있도록 천천히 갈게요. 따님의 이야기를 듣고 싶으신 거죠? 잘하고 계세요. 뎁, 제가 그것을 볼 수 있다는 것을 알아줬으면 좋겠어요.

어머니: (불안해하면서) 네, 걱정이 좀 되네요.

치료사: 어렵죠. 가끔씩 아이들은 함께 있는 방법을 가르쳐 주곤 하죠. 아이들이 성장하면 어른들은 그에 적응하려고 하고 어떻게 반응해야 하는지 알려고 애쓰죠. 때로는 우리가 아이들과 함께할 수 있는 유일한 방법은 아이들의 필요를 잘 듣는 것이죠. 왜냐하면 아이들은 더 성장하고 성숙해지면서 잘 들을 수 있으니까요.

어머니: 티나는 저의 첫 번째이죠.

치료사: 네, 마치 실험 같아요. 우리는 배우는 중이에요. 그렇죠? 어머니는 티나가 얼마나 성장했는지 알 수 있다고 말하고 있어요. 맞아요. 티나에게 안 좋은 일이 일어났지만, 그녀가 강하다고 말하고 있어요.

어머니: 물론이죠. 티나는 더 강한 사람이에요. 저도 알아요. (치료사는 뎁이 티나에게 마음을 열고, 돌봄 본능을 중심으로 자신의 반응을 정리하고, 과거 실패에 대한 죄책감의 반응을 완화하도록 돕고 있다. 그리고 치료사는 뎁이 완벽한 부모가 되기보다는 자녀가 겪는 변화에 열린 마음으로 임하는 학습 과정으로 부모됨을 정상화함으로써 현재의 순간에 딸에게 잘 조율하도록 돕는다)

치료사: 티나는 겪었던 일을 털어놓으면서 "비록 문제가 있어도 제가 겪었던 일들을 겪지 않고는 지금의 제가 될 수 없었을 거예요."라고 말하고 있어. 그렇게 좋지 않은 경험을 강점으로 바꿀 수 있다는 것이 놀라워. 너는 피해자가 아니라 생존자야. 너는 이렇게 말할 수 있지. "저기요, 전 지금 여기 있어요. 제가 있던 곳에 있어요. 그리고 당신이 걱정하는 것을 들을 때마다 당신에게 영향을 주는 무언가로부터 저를 구하려고 노력해요." 맞지? (티나가 대답하며 고개를 끄덕인다) 엄마가 널 봐 줬으면 하는 것을 엄마는 알지 못하기 때문에?

티나: 기본적으로 제가 알아서 할 수 있다는 거죠.

치료사: 내가 알아서 할 수 있지, 그렇지? (티나는 동의하면서 고개를 다시 끄덕인다) 엄마가 너를 믿었으면 좋겠구나?

티나: 네.

치료사: 만약 엄마가 필요하면, 엄마에게 갈 수 있다는 걸 알기 때문이구나. 내가 뭔가를 추측하고 있지? 넌 엄마에게 갈 수 있다는 거구나? (티나는 고개를 끄덕인다) 그러니까 너 스스로 목소리를 낼 수 없는 것이 아니라 그렇게 할 수 있다는 거네.

티나: 네, 문제가 생기면 엄마한테 갈 거예요. 그래서 제게 말할 필요는 없어요.

치료사: 그렇구나. 나에게 올 필요는 없어요. 날 믿고 봐 줬으면 하는 거니까요. 나는 더 이상 여덟 살 아이나 열두 살 소녀가 아니에요. 그렇지? 내가 말한 게 맞니? (티나가 고개를 끄덕인다) 만약 엄마가 너를 보고 너의 말을 들을 수 있다면 어떨까? (EFT 탱고 움직임 1, 현재 과정 반영하기)

티나: 훨씬 쉬울 거예요. 등에 무언가를 메고 있지 않겠죠.

치료사: 좀 가벼워지는 거구나? 너의 등에 그렇게 많은 무게가 실리지 않는 거구나? 그건 네가 짊어지고 있는 무거운 책임감이었구나? (티나가 끄덕인다) 이런 느낌이 맞니?

티나: 네. 제 말은 (자신의 뒷 어깨를 문지르면서) 모든 사람의 걱정을 떠안고 있는 것 같다는 거예요.

치료사: 모든 사람이 너를 걱정하고 있다고 느끼는구나. 그 걱정이 앞을 가로막고 있고, 사람들은 자신의 걱정만 보고 있기 때문에 그들이 너를 볼 수 없었다는 거네. 항상 저를 걱정하고 보호하려고만 한다면, 엄마, 아빠는 저의 강점을 볼 수 없을 거예요. (티나가 침묵한다) (대리 목소리로) 만약 부모님이 이런 걱정을 안고 있다면 너는 어때? (EFT 탱고 움직임 2, 정서 조합과 심화하기)

티나: (더 침묵하면서) 가끔씩 저 스스로를 의심해요. 저는 지금 잘 살고 있다는 생각을 하는데(울면서), 사람들은 좋지 않은 것만 보는 것 같아요.

치료사: 아, 그렇구나. 엄마가 너의 좋지 않은 것만 볼 때 상처가 되는구나?

티나: 맞아요, 엄마는 제가 최고로 행복해야 할 때 제 삶이 어디로 가는지에 대해 이야기하면서 약간 의기소침하게 만들어요. (눈물을 글썽거리며)

치료사: (부드럽게) 정말 슬펐겠네. (대리 목소리로) 네가 말한 것처럼 "저는 그런 걱정들을 등에 업고 있고, 그것이 속으로 파고들기 시작하죠. 비록 제가 강하다고 해도, 저를 짓누르기 시작하고 그러면 저는 저 자신을 의심하고 안 좋게 느끼기 시작해요. 그리고 겁이 나요." 맞니?

티나: 네.

치료사: 엄마에게 말해 볼 수 있겠니? 돌아서서 엄마를 보고 말해 보렴, 이건 매우 중요하단다. 네가 어떻게 이렇게 잘 표현할 수 있는지 정말 놀랐어. 그리고 네가 엄마와 직접 나누는 것은 매우 중요하단다. (EFT 탱고 움직임 3, 교감적 만남을 안무하기)

티나: 할 수 있지만 그건 단지 말하는 것뿐이고, 예전에도 정확히 똑같은 말을 했었어요. (티나의 차단은 여기서 분명하게 나타났고 처리되지 않은 취약점이 드러나고 있다)

치료사: 엄마가 듣지 않았구나. (티나는 동의하며 끄덕인다)

치료사: 그래서 이렇게 실제로 마음을 열어도 똑같을 거라는 생각에 힘들고 소용이 없다고 하는 거구나. (치료사가 티나의 차단을 확인한다)

티나: 가끔씩 우리가 말다툼할 때, 제가 무언가를 말했는데 엄마는 아무도 나한테 이렇게 말하지 않는다고 했어요. 저는 혼자 TV만 보게 되는 거죠.

치료사: 이것이 고통스러운 부분이구나. (엄마의 거절에 대한 고통을 인정하면서) 그러니까 내가 말을 해서 엄마에게 상처를 줄 수도 있고, 그러면 그녀는 "너와 함께 있고 싶지 않아."라고 말한다는 거구나.

티나: 저는 말하지 않죠. 엄마가 계속 말하겠죠.

치료사: 그러니까 너는 화도 안내고 아무 말도 하지 않으려고 노력하는데 그게 잘 안 된다는 거네. 그렇지만 너는 엄마와 함께 새로운 춤을 추려고 하고 있어. 엄마가 상담을 시작하면서 한 걸음 물러나려고 한다고 말할 때, "아, 모르겠어요. 이 부분은 변하지 않을 거 같아요. 정말로 그게 나를 위한 것이라고 이해하시나요?"라고 말했어. 그리고 그런 일이 너무나 많이 일어났기 때문에 엄마에게 직접적으로 어떤 이야기를 한다는 게 어려

웠을 거야. 네가 말하고 나면 엄마는 떠날 것이고, 그러면 너는 다시 혼자가 되는 거잖아. 티나가 이해가 돼. 엄마에게 위험을 감수하면서 마음 터놓고 너의 상처에 대해 이야기하는 게 정말 어려울 거야. 그러면 그녀는 상처를 받을 것이고 너는 다시 혼자가 되는 거니까. (뎁에게) 티나의 말을 들으면서 어땠나요? (EFT 탱고 움직임 4, 만남을 처리하기)

치료사는 티나가 뭔가 다른 것을 하도록 강요받기보다는 치료사가 바라보고 있다고 느끼도록 티나의 보호 전략을 요약하고 정상화시키면서 티나의 차단을 이해하기 위해 작업했다. 티나는 어머니와 대화하려는 자신의 지난 노력을 인정받았고 어머니가 자신의 말에 상처를 받아 결국 자신을 거절할 것이라는 두려움과 연결되었다. 또한 치료사는 뎁이 딸의 정서적 반응을 이해하고 딸에게 조율할 수 있도록 도왔다.

어머니: 딸의 이야기를 들으니까 기분이 좋지 않아요.

치료사: 어머님이 들은 건 어떤 건가요?

어머니: 음, 티나가 이렇게 말할 때 저는 소파에 앉아 있는 상상을 하고 있어요. 가끔 딸의 말투가 저를 자극하죠.

치료사: 두 분이 어떻게 춤을 추게 되는지 볼 수 있네요. 하지만 지금 티나가 말하는 방식은 어머님을 밀어내거나 반응하지 않는 게 아니라, 실제로 티나는 어머님에게 지금 마음 문을 열고 있어요.

어머니: 그래서인지 더 많이 와 닿는 것 같아요. 저에게 소리를 지르지 않죠. 지금 실제로 여기 앉아서 이해하려고 노력하고 있다는 걸 알지만, 제가 정말 할 수 있는 것은 시도해 보고 걸음마를 떼는 것뿐이죠.

치료사: 그렇군요. 그런데 어머님 자신을 고치려고 하기 전에 그냥 티나의 말을 들어 봤으면 좋겠어요. 어머님은 "너는 그냥 함께 이야기하고 있고, 엄마는 방어하고 있지 않게 때문에 사실은 너의 말을 다른 방식으로 듣고 있어."라고 말하고 있네요.

어머니: 네, 그건 드문 일이에요.

치료사: 그렇죠. 그건 어려운 일이죠. 왜냐하면 어머님은 매우 헌신적이기에 엄마 역할을 하면서 죄책감이 들 수 있지요. 꼬투리 안에 있는 두 개의 완두콩처럼 헌신과 죄책감은 함께 가는 것 같아요. 그런데 티나는 정말 놀라운 방식으로 마음의 문을 열고 어머니에게 자신의 반응을 설명할 수 있네요. 그녀는 정말 성숙해요. 매우 성숙해요.

어머니: 티나의 말을 들으면서 아직도 자책을 하고 있고 뒤돌아보고 "오, 맙소사."라고 말해

요. (어머니의 불안 차단이 나타난다)

치료사: 어머님은 내면의 걱정에 따라 움직이고 있고, 그건 사랑하는 딸을 보호하려는 욕구 때문인 거네요.

어머니: 여기 오는 길에 한 거라서…….

치료사: (어머니의 조율을 촉진하면서) 티나가 여기에서 하는 말에 집중해 봤으면 좋겠어요. 어머니는 자신을 다그치는 것 같아요. 제가 듣기에는 티나가 이제 막 마음 문을 열면서 자신의 기분이 어떤지 어머님에게 알려 주고 있는 거 같아요. 티나가 등에 이 무게를 짊어지고 있다고 느낄 때, 그녀는 어머님뿐만 아니라 모든 사람의 짐을 지고 있다고 느끼네요. 그리고 티나는 자신을 의심하기 시작하죠. (어머니가 "예."라고 한다) 그리고 어머님은 걱정이 되고 그 걱정이 자신을 덮친다고 말하고 있고, 긴장을 풀고 "티나는 괜찮아. 티나는 괜찮아. 괜찮아."라고 말하기가 어렵네요.

어머니: 긍정적이려고 노력해요.

치료사: (부드럽게) 뎁, 저와 함께 머물러 줄 수 있나요? 그럼 제가 "어머님도 괜찮고 티나도 괜찮고 딸은 잘 성장하고 있어요."라고 말한다면 이건 어떤가요?

어머니: 티나가 자랑스럽겠죠. 제가 그녀의 성공과 어떤 관련이 있다는 걸 알아요.

치료사: 네, 어머니는 티나를 믿고 격려하고 지지하고 있군요.

어머니: 물론이죠.

치료사: 그래서 다른 부분이 촉발되면 이런 걱정이 드는군요. 어머님은 걱정에 사로잡혀 있고 따님을 보호해야 하죠. 엄마 곰은 돌격해서 딸을 보호하죠. 어머님은 열성적으로 보호하려고 하는데 티나가 이미 다 지난 일이고 그때 겪었던 일로 인해 더 강해졌다고 말할 때, 어머님은 힘들다는 말씀이군요. 나는 계속 뒤로 돌아가서 어떻게 티나를 보호하는지에 대해 여전히 적극적이어야 한다는 거네요.

어머니: 늘 그렇죠. 티나는 젊고 아름다운 아가씨예요.

치료사: 그러면 지난 시간에 말했던 것처럼 어머님은 티나를 보호하지 못했을 때 죄책감을 느끼고 티나와 함께 있지 않았던 시간을 보상하려고 한다는 거네요. 그리고 티나가 말했던 것처럼 어머님은 열일곱 살의 티나를 보지 못하게 되는 거구요. 어머님이 과거에서 돌아오고 그 죄책감에서 풀려난다면 그것은 큰 진전이 되는 거네요. 어머님은 오늘 열일곱 살 티나와 열일곱 살 아이의 엄마로서 균형을 찾을 수 있는 방법을 찾기 위해 이야기하고 있죠. 티나는 힘든 일을 겪었지만 견뎌 냈고 제가 보기엔 여러분은 소원한 관

계가 아니라 사실은 가까운 관계라는 거죠. 어머님은 어떻게 하면 도를 넘지 않을까 고민하고 있고 티나는 "엄마, 가끔 엄마도 지나치게 상처 주는 말을 하시는데, 저는 엄마가 저를 믿어 주고 요즘 제가 어떤지 봐 줬으면 좋겠어요."라고 말하고 있네요. (치료사는 어머니와 딸이 애착/돌봄 패턴에 참여하는 새로운 춤의 일환으로 뎁의 애타는 노력과 티나의 피드백을 재구성한다. 티나는 뎁에게 신호를 보내고 뎁은 딸의 요구에 반응한다)

치료사: (티나에게) 내가 들은 게 맞니? 내가 잘 요약한 게 맞니? (티나는 고개를 끄덕인다)

치료사: (어머니에게) 티나는 어머님이 자신의 이야기를 듣지 않을까 봐 두려웠기 때문에 그것을 요구할 수 없었어요. 따님에게 정말로 필요한 것은 지금의 자신을 보는 거예요.

치료사: 어머님이 따님을 유능한 사람으로 보는 게 어때요?

어머니: 티나가 그렇다는 거 알아요. 제 책임인 거 같아요. 티나에게 그런 말을 하는 게 어려워요.

치료사: 나의 걱정은 티나가 아니라 나네요. (어머니는 동의하면서 반응한다) 티나에 그렇게 이야기해 볼 수 있겠어요?

어머니: (몸을 돌려서) 엄마가 너의 소셜미디어에 말려들 필요가 없다는 거 알아. 그리고 엄마가 그렇게 한다는 것도 알아. 난 보호하려고 하는 것 같아. 난 엄마 곰이잖아. 아무도 너에게 상처 주지 않기를 바랐는데 엄마가 도를 넘었어. (뎁은 이제 자신을 더 명확하게 볼 수 있고 자신의 과잉 보호가 딸에게 어떤 영향을 미치는지 인정할 수 있다. 뎁의 솔직함과 투명함은 티나가 어머니를 볼 수 있도록 도와준다)

치료사: 어머님은 따님이 아니라 어머님 이야기를 하고 있네요.

어머니: 저는 솔직히 더 열심히 노력할 것이고, 한 발 물러서서 속상하지 않게 할 거라고 말하고 싶어요. 엄마는 네가 매우 자랑스러워. 뒤로 물러설게.

치료사: 그리고 어머님은 티나가 자랑스럽다고 말하고 있고, 걱정이 될 때 그건 티나 때문이 아니라는 거네요. "엄마는 나 자신을 진정시킬 방법을 찾을 거야, 그리고 그걸 너한테 떠넘기지 않을 거야."라는 거네요. (치료사는 어머니에게 다시 초점을 맞추고 어머니가 자신의 정서적인 반응을 더 명확하게 할 수 있도록 돕고 있다)

어머니: 그리고 꼬치꼬치 캐묻는 부모가 되려고 한 적은 없어요. 투명인간처럼 느껴지곤 했거든요.

치료사: 어머님을 걱정하거나 마음에 걸려 하는 사람이 아무도 없었나 봐요?

어머니: (목소리가 끊기면서) 제가 참가한 운동시합에 아무도 나타나지 않았고, 3일 동안 집을

비워도 아무도 눈치채지 못했죠. 열여섯 살에 집을 떠났을 때 아무도 없었죠.

치료사: 그래서 어머님은 티나에게 그렇게 말했네요. 이것은 네가 아니라 내가 받지 못한 걸 네게 주려고 한 거라고 말이죠. (뎁은 운다)

티나: 기분이 안 좋아요.

치료사: 그래, 그럴 수 있어. 우리 모두는 우리가 얻지 못한 것, 필요한 것, 보이지 않는 슬픈 마음을 말할 수 있어야 해요. 여러분이 스스로 느낄 수 있도록 말이죠. 정말 좋아요, 좋아요. (치료사는 티나가 자신과 관련이 없는 어머니의 고통을 보며 정서적인 균형을 유지하도록 돕는다. 티나는 어머니를 바라보며 사랑의 미소를 짓는다)

치료사: 엄마의 얘기를 들으면서 어땠어?

티나: 이제 더 많이 보이네요.

치료사: 더 많이 이해할 수 있게 되었구나? 엄마의 걱정은 네 안에 없는 무언가에 대한 것이 아니라 엄마 자신의 두려움과 엄마가 받지 못한 것을 네게 주고 싶었던 거였네.

티나: 네. (엄마를 보고 웃으면서)

치료사: 잘했어요. 두 사람은 정말 특별한 사이네요.

회기의 이 부분에서, 치료사는 뎁이 과거에 얽매여 있는 과잉 보호와 티나를 실망시킨 것에 대한 자신의 부정적인 감정을 이해함으로써 뎁의 불안한 장애물을 헤쳐나가도록 함께 작업한다. 뎁은 티나가 스스로를 돌볼 능력이 없고 세상은 위험한 곳이라고 티나에게 말하는 데서 볼 수 있듯이 딸과 관련된 위험한 신호에 매우 민감하다. 어머니가 딸의 욕구를 볼 수 있도록 도와줄 때, 어머니는 자신의 반응이 티나보다 자신에 대한 것이라고 인식할 수 있다. 그녀는 어렸을 때 부모로부터 받지 못했던 것을 티나에게 주고 싶은 소망에 의해 동기가 부여되었음을 인정한다. 티나가 어머니의 과잉 보호를 자신이 아니라 어머니에 대한 것으로 보게 될 때, 그녀는 더 탄력적으로 어머니를 이해할 수 있고 어머니에게 더 개방적이고 사랑스러워지면서 어머니의 행동 뒤에 있는 돌봄 의도를 볼 수 있게 되었다. 뎁이 딸과 함께 취약성을 더 많이 나눔으로써 티나는 어머니를 더 명확하게 볼 수 있고 자신의 취약성을 어머니에게 수용받으면서 더 안전감을 느낄 수 있게 되었다.

다음 회기에서는 티나와 마이크가 참석했으며 마이크의 애착력을 집중적으로 탐색했다. 마이크는 원가족에서 돌보는 역할을 하며 모든 사람의 문제를 해결하려고 하면서 자신의 고통은 무시해 왔다. 현재 가족에서 그는 다른 사람을 위해 자신의 욕구를 희생하고 자신의 희생이 효과가 없을 때는 화를 내고 우울해지며, 결국 며칠씩 가족으로부터 멀어졌다. 첫 번째 가족회기에서 마이크는 가족 내에서 소외된 자신의 위치, 아내가 티나를 자신으로부터 가로막고 자신이 하는 노력을 아무도 봐 주지 않을 때 어떤지 이야기하기 시작했다. 마이크는 자신의 경험을 더 많이 표현할수록 딸과 딸의 욕구를 더 잘 알 수 있게 되었다. 다음은 티나와 아버지가 함께했던 상담에서 발췌한 것이다. 이 회기에서 티나는 아버지를 무시하고 회피하던 입장에서 벗어나 그의 비판이 자신에게 어떤 상처를 주었는지 직접 표현했다. 치료사는 티나의 눈물에 집중함으로써 그녀의 분노 이면에 있는 상처를 보고 느낄 수 있도록 아버지에게 주의를 기울인다. 마이크는 티나에게 그녀를 어떻게 도울 수 있는지 도움을 요청하며 자신의 분노를 후회하면서 사과하고, 티나가 자신을 필요로 하는 방식으로 함께하기 위해 더 많이 개방한다. 아버지와 딸로서, 그들은 각자가 아버지와 딸이 되는 방법을 함께 고민하는 새로운 상호작용 패턴을 시작했다.

티나: 전 그저 같은 말을 반복해서 들을 뿐이죠.

치료사: 같은 메시지를 듣는구나. 아빠가 실제로 너에 대해 어떻게 느끼고 있는지 알고 있니?

티나: 네. 전 매일 항상 계속해서 그 소리를 들어요. 난 아무데도 갈 데가 없어요. (아버지가 놀란 듯하다) 그래서 아빠 말을 잘 들어야 해요. 안 그러면 안 돼요.

치료사: 그러니까 네가 들은 것은 아빠가 너를 위해 그곳에 있다는 것이 아니라, 네가 아빠의 말대로 하지 않으면 너는 어떤 것도 성공할 수 없다는 거네.

티나: 그게 아빠의 의도는 아니겠지만, 그런 생각이 들어요. (티나는 아버지의 노력을 알지만, 아버지의 좌절감을 자신에 대한 거절로 경험하고 있다)

치료사: 그렇지, 왜냐하면 너는 특히 성공하려고 그렇게 열심히 노력하고 있는데, 그럴 때 성공하지 못한다는 소리는 듣고 싶지 않잖아.

티나: 저 스스로 성공해야죠. 학교 공부는 혼자 하죠. 그게 제 인생인걸요.

아버지: (화내면서) 어떻게 그렇게 생각해?

치료사: 맞아요. 그게 부모가 불안하고 걱정되는 부분이지만, 그것은 티나의 삶이에요. 티나가 성공하든 실패하든 그건 그녀의 삶이죠. 아시겠지만 아버님의 격려와 지지가 큰 차이를 만든다는 거예요. 의심할 여지도 없이 아버님은 딸을 위해 뭐든 할 거잖아요. (치료사는 마이크가 딸을 위해 그곳에 있으려는 의지를 강화함으로써 딸의 일축해 버리는 태도에 대처할 수 있도록 돕는다)

아버지: 티나는 내게 물어본 적 없어요. 그리고 내가 얼마나 신경쓰는지 궁금해하지도 않죠.

치료사: 그래서 아버님은 마음속으로 티나가 아버님과 편하게 대화할 수 있길 바라는 거죠. 그것을 방해하는 건 아무것도 없고 두 분 사이를 가로막는 것도 없잖아요.

아버지: 물론이죠, 전 절대 거절하지 않아요. 티나를 돕기 위해 함께 있고 싶어요.

치료사: 그리고 티나가 지금 여기에서 무슨 말을 하는지 들리세요? 티나는 결국 해내지 못할 거라는 메시지를 듣게 되고 (티나에게) 그게 너를 화나게 하는 거였구나? (티나가 고개를 끄덕인다) 맞아, 너는 두려울 때가 있었을 거 같아. (티나는 동의하면서 울기 시작한다) 그리고 너는 해내지 못할 거라는 아버지의 이야기를 들으면서 더 힘들게 되었지? 그렇지? 성공하고 싶고, 아버지가 널 자랑스러워하고 신뢰하길 바라잖아. 그가 널 믿지 않는데 누가 널 믿겠니?

티나: (고개를 저으면서 운다) 전 열심히 하려고 했는데 아빠는 그걸 보지 못해요.

치료사: 맞아, 아빠가 널 믿지 않는다는 말을 들을 때 마음이 아프구나.

아버지: (티나를 보면서 부드러운 목소리로) 티나, 네가 맞아, 아빠가 너무 세게 굴었어. 아빠가 너무했어, 너무했어, 미안하다.

치료사: 자, 여기서 좀 천천히 하죠. 티나는 단지 그녀의 더 연약한 면을 보여 주고 있을 뿐이에요. 이건 정말 정말 중요한 일이고요, 따님은 지쳤어요.

아버지: (부드럽고 편안하게) 네, 네.

치료사: (티나에게) 그리고 아빠에게 네가 어떤지 알려 준 건 정말 잘한 일이야. 왜냐하면 우리는 주변 사람들과 마찬가지로 강하기 때문이지. 자신의 마음을 알려 주는 건 혼자 할 수 없어. 아무도 혼자 할 수 없어, 그렇지? (티나가 동의하면서 고개를 끄덕인다) 하지만 너는 아빠가 네 말을 들을 수 있고, 너를 볼 수 있고, 이해할 수 있다는 걸 느끼고 싶다는 거잖아. 그렇지 않으면 네가 원하는 지지를 받지 못한다고 느끼게 되니까. 아빠는 너를 돕고 싶은 마음이 간절하다 보니 불안해서 네가 원하는 것을 말할 수 있는 틈도 줄 수 없었던 것 같아. 티나가 "지금 당장은 말하기 힘들어요. 지쳤어요."라고 해도 말이야.

아버지: 타이밍이 좋지 않았죠.

치료사: 티나는 어떻게 생각해? 아빠가 너의 이야기를 듣는 거 같아? 너에게 무슨 일이 일어났니?

티나: 아마 지금 이 순간 우리가 여기 오지 않았다면 저는 그냥 집에 갔을 거고, 괴롭힘을 당했을 거예요. 단지 "망가져 버릴거야."라는 소리가 들리겠죠. 그냥 그게 들려요. 그렇

게 되는 거죠.

치료사: (인정하고 현재의 순간에 다시 초점을 맞추면서) 그래, 결국 그렇게 되고, 지금 네가 아빠한테 하는 말은 네가 화가 났을 때 뭔가 다른 일이 벌어지고 있다는 거잖아, 그렇지? 전 아빠가 제가 해낼 수 없을 거라고 생각할까 봐 무서워요, 아니면 제가 어떻게든 망칠까 봐요, 그렇지?

티나: 아빠 말을 믿지 못하겠어요. 그런 말을 많이 들었어요.

치료사: 그래서 못이 박혔고, 너무 많이 들어서 아빠가 하는 말을 믿지 못했구나. 당연히 그렇지. 근데 그 아픈 부분, 상처받은 부분에 대해서 말해 줄 수 있니?

티나: (조용해지면서) 잘 모르겠어요.

치료사: 맞아, 왜냐하면 우리가 아까 이야기했을 때, "네가 해낼 수 없을 거라고 아빠가 생각할까 봐 두려웠구나."라고 내가 말했을 때 눈물이 났잖아. (티나는 인정하며 고개를 끄덕인다) 그런 다음 아빠가 너를 이해하지 못하고 너의 진정한 모습을 보지 못한다고 네가 결국 느끼면, 정말 아빠가 네가 성공하기를 바라는 것인지 더 의문이 드는구나.

티나: 네, 아빠가 "아마 넌 해내지 못할거야."라고 말할 때, 전 조금 두려울 수 있지만, 아빠가 저를 아프게 할 수는 없어요. 그냥 그렇게 되지 않았으면 좋겠어요! 아빠가 이렇게 생각하는 것이 저를 화나게 하지만, 그것이 저를 막진 못할 거예요.

치료사: 너의 마음을 아빠에게 알려 줄 수 있다는 것은 너무 좋은데, 아빠의 지지를 받지 못하는 것이 너를 화나게 하는 거구나. 당연하지, 왜냐하면 넌 아빠의 도움이 필요한데 그가 널 믿지 않으면 두려우니까. 우리 모두는 부모님이 우리를 믿어 주길 바라잖아. (애착과 관련된 정서를 강화하고, 돌봄의 필요성을 정상화한다) 너는 자신을 믿어야 했지만, 동시에 너의 일부에서는 이렇게 되지 않길 바라는 부분도 있는 거네. (치료사는 탐색을 통한 티나의 욕구를 인정하는 동시에 다른 반응을 원하는 그녀의 열망을 반영한다) 그리고 너는 항상 자신을 돌보지 않아도 되고, 단지 살기 위해 모든 것을 차단하지 않았으면 좋겠잖아. 아마도 그건 아빠가 너를 한 번이라도 믿어 주는 모습을 상상하는 거네. (티나는 울기 시작한다) 티나가 울고 있는 모습을 보니 어떤가요?

아버지: (티나를 부드럽게 바라보면서) 아프네요.

치료사: 그렇군요. 따님의 아픔을 보니 아버님도 아프네요.

아버지: (몸을 기울이고 머뭇거리며 부드럽게 딸에게 다가가면서) 네, 그렇죠. 그냥 티나를 어떻게 하면 도와줄 수 있는지 물어보고 싶네요.

치료사: 티나는 자신의 고통을 아버님에게 보여 주고 있어요. 그리고 티나는 고통받고 싶지 않죠.

아버지: (딸을 바라보면서) 음, 티나에게 배우고 싶고 아빠도 변하고 싶어. 그리고 아빠는 네가 안전하고 행복했으면 좋겠어. 널 위해 아빠가 있다는 것을 알았으면 좋겠어.

치료사: 따님의 눈물을 볼 때 어떤 느낌이었나요?

아버지: 너무 슬프죠. (낮은 목소리와 부드러운 어조로) 티나가 제게 보여 줘서 너무 좋아요. 그건 용기가 필요한 거잖아요. 전 아무도 절 돕게 할 수 없었어요. 저는 티나가 지금 알고 있는 것을 배우는 데 매우 오랜 시간이 걸렸죠.

티나는 아버지가 먼저 다가와서 편안해졌고 자신을 믿는다는 말을 듣는 것이 자신에게 큰 영향을 미쳤음을 아버지에게 말할 수 있었다. 치료사는 티나의 비언어적 표현(몸이 편안해지고 웃기 시작함)이 달라졌음을 강조했고, 티나가 마이크의 말이 자신에게 어떤 영향을 미치는지 알려 주었을 때 마이크가 티나에게 얼마나 빠르고 개방적으로 반응하는지 알아챘다. 이러한 대화가 몇 년 동안 마이크와 티나를 갇히게 한 부정적인 패턴과 어떻게 다른지 요약하면서 회기가 끝났다. 티나는 이 회기에서 자신이 취한 거대한 정서적 걸음으로 인해 지쳐 있었다. 치료사는 티나의 몸이 어떻게 반응했는지를 인정하고 이해했고, 그녀가 아버지에게 자신의 감정이 어떤지 직접 알리기 위해 위험을 감수하는 용기를 발휘한 것을 축하해 주었다. 마이크는 딸의 삶에 자신이 미친 영향과 티나의 인생에 자신의 역할이 얼마나 중요하고 결정적인지 볼 수 있도록 도움을 받았다. 치료사는 마이크가 티나의 상처를 실제로 보고 느낄 수 있을 때 대화가 어떻게 바뀌었는지 기록했다. 아버지가 티나의 고통을 느끼고 그것을 그녀에게 말했을 때, 티나는 아버지가 자신을 보고 듣고 있다는 것을 느꼈다. 이는 티나의 고통이 티나 혼자만의 것이 아니라는 것, 티나가 동정과 공감을 받을 수 있다는 것을 의미했다. 그들은 몇 년 동안 직접 대화를 나누지 않았는데, 이 회기에서 치료사의 도움으로 과거의 상처를 이야기할 수 있었고, 아버지에 대한 티나의 지속적인 욕구, 과거에 대한 분노 그리고 미래에 대해 지원을 바라는 그녀의 열망을 인정할 수 있었기에 아버지와 딸에게 중요한 단계였다.

가족 내에서 이 관계가 가장 고통스러운 관계였기 때문에 이 회기는 마이크와 티나뿐만 아니라 가족 모두에게 중요한 회기였다. 마이크는 자신이 티나에게 해로운 영향을 준다고 생각했기 때문에 수년 동안 티나를 멀리해야 한다고 느꼈다. 그리고 양육을 뎁에게 맡기고 물러나 있으면서 가장 좋은 부모가 될 수 있다고 생각했다. 그러나 마이크는 딸에게 영향력을 행사하지 못하는 것에 좌절감을 느끼며 억울해했고, 이러한 좌절감이 비판적인 발언으로 새어나가 다시금 회피하고 거리를 둘 수밖에 없었다는 것을 강화했다. 마이크는 자신의 말이 티나에게 중요하고 그의 지지와 격려가 필요하다는 티나의 말을 듣고 자신에 대한 관점을 변화시키기 시작했다. 정서적인 유대감이 티나에게 긍정적인 영향을 미치는 것을 보았을 때, 그는 자신이 좋은 아버지이고 딸이 아버지를 필요로 한다는 것을 느끼기 시작했다. 티나는 마음 문을 열고 아버지가 자신에게 실망하는 모습이 아프고 슬펐음을 인정하게 되었고, 아버지가 자신의 감정을 부정하거나 무시하는 모습 대신 자신의 고통을 보고 아파하는 것을 보았다. 티나는 수치스러워 하지 않고 아버지의 뉘우침과 공감을 경험하면서 자신이 소중하다고 느끼기 시작했다. 티나는 부모의 정서적 접근과 반응을 신뢰하기 시작했다.

치료사는 뎁과 마이크와 함께 마지막 회기를 진행했다. 티나는 아버지와의 관계가 소원하고 어머니가 둘 사이를 중재하는 부정적인 패턴이 약화되었으며 가족 모두가 그 역동이 둘러싸고 있는 긴장감에서 풀려나고 있다고 밝혔다. 마이크는 티나에게 직접 이야기할 수 있었고 티나는 아버지에게 자신의 욕구를 털어놓을 수 있었다. 뎁은 티나에게 더 많이 허용해 주었고, 딸 주변을 서성이는 대신 적극적으로 그녀의 욕구를 돌보았다. 부부는 그들의 관계에 더 많은 시간을 할애할 수 있었다. 티나는 자신의 세계를 탐험하고 필요할 때 부모에게 다가가는 것이 더 자유로워졌다고 보고했다. 티나는 학교 공부에 대한 불안감과 낙제할까 봐 두렵다는 이야기를 나누었다.

마이크와 뎁은 티나의 두려움을 무시하거나 서둘러 해결하지 않고 들으면서 정서적 균형을 유지할 수 있었고, 어떻게 도와줄 수 있는지 그녀에게 물었다. 티나는 자신의 불안에 대해 이야기할 수 있어서 안도감을 느꼈다고 했고, 부모가 자신이 원하는 방식으로 반응해 줄 거라는 확신을 갖게 되었다고 말했다. 비록 조쉬는 치료를 받은 적은 없었지만, 부모는 그가 회피하고 있었던 지하실에서 나와 가족 생활에 직접 참여했으며 적극적으로 일자리를 찾고 있다고 보고했다. 결정적으로, 뎁의 어머니가 병이 났을 때 가족의 자원이 동원되어 함께 모여 서로를 지지할 수 있었다. 치료사는 새로운 긍정적인 고리를 강조하고 축하했으며 부정적인 고리와 새로운 상호작용 방식 간의 차이를 요약했다. 이제 가족은 과거가 아닌 현재에 초점을 맞춘 새로운 가족 이야기를 갖게 되었으며, 함께 문제의 해결책을 창의적으로 찾고 갈등이 불거질 때 이를 고칠 수 있게 되었다.

2. 결론

1년 후 가족들과의 추후 연락을 통해 티나는 집에서 생활하면서 계속해서 성장하고 교육을 받고 있음이 드러났다. 부모 모두 직장에 복귀하여 부부관계를 개선하기 위해 최선을 다하고 있었다. 가족은 용감하게 학대라는 용에 함께 직면했고, 그렇게 함으로써 가족의 부정적인 상호작용 고리가 재구성되었다. 죄책감과 수치심으로 인한 양육 차단이 인정되고, 처리되고, 공유됨으로써, 티나는 보이지 않거나 수용되지 않던 자신의 고립감을 깨트릴 수 있었다. 부모 모두 티나에게 자신들의 후회를 직접 인정하고 자신들의 정서 세계를 더 잘 인식하게 되었다. 그들은 자각할수록 자신의 두려움과 수치심이 어떻게 딸을 진정으로 보지 못하게 했는지 알게 되었다. 회기에서 치료사는 부모가 걱정스럽게 과잉 보호(어머니)하거나 해결하거나 피하려고 하기(아버지)보다는 딸에게 직접적으로 슬픔과 유감을 표현할 수 있도록 지지했다. 부모가 티나를 위해 취약성을 먼저 보여 주었기에, 티나는 부모의 행동 뒤에 숨겨진 양육 의도를 더 명확하게 알 수 있었다. 치료사는 티나의 자립적인 행동을 인정하고 이해했으며, 티나가 현재 어떤 사람인지 부모가 보고 들을 필요가 있다고 알려 주었다. 부모가 지금 이 순간 티나를 수용한 것은 티나가 자신의 상처와 고통을 좀 더 솔직하게 말하는 데 도움이 되었다. 티나는 자신의 두려움을 내면화하고 자기파괴적인 행동을 하지 않으면서 자신의 감정을 직접 표현하는 학습 과정을 시작했다.

EFFT 과정을 통해 가족들은 말할 수 없는 것, 학대, 자살시도를 함께 이야기하는 방법을 경험했다. 이 새로운 교정적 경험은 그들에게 고통과 슬픔을 함께 직면할 수 있는 기회를 제공했으며, 말하지 않고, 듣지 못하고, 느끼지 못하는 고립을 깨뜨렸다. 뎁와 마이크는 자녀들을 보호하지 못하고 부모로서 실패했다는 근본적인 두려움에 직면함으로써, 결핍되고 버림받는 것에 대한 끔찍한 두려움을 표현할 수 있는 안전한 피난처를 티나에게 제공할 수 있었다. 이러한 안전한 연결을 위한 새로운 길이 만들어지면서 티나는 부모에 대해 더 많은 것을 볼 수 있었고, 그럴수록 그녀 자신에 대해 더 많은 것을 볼 수 있게 되었다. 티나 자신의 부정적인 자기지각은 표현되지 못한 채 방치되었고, 성장과 성공의 능력을 약화시켰고, 불안과 우울증에 걸리기 쉽게 만들었다. EFT 치료사는 모든 가족구성원 간의 공감반응과 정서적으로 조율된 의사소통을 격려하여 서로 바라볼 수 있고 느낄 수 있는 경험을 제공했다. EFT 치료사는 티나의 삶에서 가장 중요한 가족과 함께함으로써 우울과 외상성 스트레스의 내면화 문제에 효과적이고 긍정적으로 개입할 수 있었다.

참고문헌

Brumariu L. E., & Kerns K. A. (2010). Parent-child attachment and internalizing symptoms in childhood and adolescence: A review of empirical findings and future directions. *Developmental Psychopathology, 22,* 177-203.

Cartwright-Hatton, S., & Murray, J. (2008). Cognitive therapy with children and families: Treating internalizing disorders. *Behavioural and Cognitive Psychotherapy, 36*, 749-756.

Compton, S. N ., Peris, T. S ., Almirall, D., Birmaher, B., Sherrill, J., Kendall, P. C., …… Albano, A. M. (2014). Predictors and moderators of treatment response in childhood anxiety disorders: Results from the CAMS trial. *Journal of Consulting and Clinical Psychology, 82*, 212-224.

Graber, J. A. (2004). Internalizing problems during adolescence. In R. M. Lerner & L. Steinberg (Eds.), *Handbook of adolescent psychology* (pp. 587-619). New York: John Wiley.

Johnson, S. M. (2004). *The practice of emotionally focused couple therapy: Creating Connection.* (2nd ed.). New York: Brunner-Routledge.

Johnson, S. M. (2019). *Attachment theory in practice: Emotionally focused therapy with individuals, couples, and families.* New York: Guilford Press.

Johnson, S. M. Maddeaux, C., & Blouin, J. (1998). Emotionally focused family therapy for bulimia: Changing attachment patterns. *Psychotherapy, 35,* 238-247.

Reinecke, M. A., Dattilo, F. M., & Freeman, A. (Ed.). (2003). *Cognitive therapy with children and adolescents: A casebook for clinical practice* (2nd ed.). New York: Guilford Press.

Siegel, D. J. (2013). *Brainstorm: The power and purpose of the teenage brain.* New York: Penguin.

Southam-Gerow, M. A., & Kendall, P. C. (1997). Parent-focused and cognitive-behavorial treatments of anti-social youth. In D. Stoff, J. Breiling, & J. D. Maser (Eds.), *Handbook of antisocial behavior* (pp. 384-394). New York: Wiley.

제10장
외현화 장애에 대한 EFFT 사례

아동 · 청소년기의 행동 문제는 가족에게 스트레스와 긴장의 원천이며, 이러한 문제를 효과적으로 해결할 수 있는 능력을 요구한다. 파괴적 행동장애라고도 하는 아동기 외현화 장애(externalizing disorders)는 타인이나 자신의 환경에 대한 부적응적 행동으로, 가해자 자신의 안녕에도 부정적인 영향을 미친다(Reef, Diamantopoulou, van Meurs, Verhulst, & van der Ende, 2011). 이러한 행동 문제에는 경청하지 않는 것, 규칙 위반, 무례한 태도, 거짓말, 따돌림, 신체적 공격, 절도, 재산 파괴 같은 다양한 부정적 행동이 포함된다. 외현화 장애 진단을 받은 아동은 감정과 충동성을 조절하기가 어렵다. 외현화 장애는 정신건강 서비스에 의뢰된 전체 아동의 절반 이상을 차지할 정도로 흔하다(De Los Reyes & Lee, 2017). 흔히 외현화 장애라고 하는 정신장애에는 주의력결핍 과잉행동장애(attention-deficit/hyperactivity disorders: ADHD), 적대적 반항장애(oppositional defiant disorders: ODD), 품행장애(conduct disorders: CD), 반사회적 인격장애(antisocial personality disorders: ASPD), 방화벽(pyromania), 도벽(kleptomania), 간헐적 폭발장애(intermittent explosive disorders: IED) 및 물질 관련 장애(substance-related disorders)가 포함된다.

안타깝게도 많은 가족에서 아동기 외현화 행동의 부정적인 영향이 성인기까지도 지속된다는 사실을 발견할 수 있다. 아동기 외현화 장애는 학교 및 직장에서 성공할 가능성이 낮다고 예측되고(Hann, 2002), 기분 관련 장애 및 약물 남용을 포함한 성인 정신병리의 위험을 증가시킨다(Scott, Knapp, Henderson, & Maughan, 2001). 연구에 따르면, 외현화 장애 진단을 받은 아동이 성인이 될 때 그들을 돕기 위해 요구되는 자원이 기하급수적으로 증가한다(Edwards, Ceilleachair, Bywater, Hughes, & Hutchings, 2007). 파괴적 행동장애 진단을 받은 아동과 그들을 양육하는 가족의 경우 안녕을 향한 궤도가 잘못된 방향으로 흐른다.

가족은 외현화 장애의 증상과 그 개인적 · 사회적 결과에 서로 영향을 주고받는다. Carr(2013)은 가족 기반 개입이 외현화 문제 행동치료에 도움이 될 가능성이 있다고 보고했다. 불안정애착 연구는 외현화 장애에 대한 가족 개입을 이해하고 영향을 주는 자원을 가족관계가 어떻게 제공하는지 보여 준다(예: Allen, Porter, McFarland, McElhaney, & Marsh, 2007; Kielly, 2002). Bowlby(1946)는 초기 연구에서 비행 청소년에게 발견되는 애정과 따뜻함의 주요 결핍에 대한 모성 분리의 역할 및 그 영향에 의문을 제기했다. 그는 청소년의 연민과 공감의 부족이 부모와의 관계에 뿌리를 둔 깊은 적개심과 불신에 기초하여 더 넓은 세상으로 일반화되는 것 같다고 추론했다.

연구자들은 아동 · 청소년기의 애착 불안정과 외현화 행동이 연관된다는 가정을 지속적이고 일관적으로 지지해 왔다(Burke, Loeber, & Birmaher, 2002; Greenberg, Speltz,DeKlyen, & Jones, 2001; Rosenstein & Horowitz, 1996; Tomasic, 2006; Van Ijzendoorn, Schuengel, & Bakermans-Kranengurg, 1999). Theule과 동료들(Theule, Germain, Cheung, Hurl, & Markel, 2016)에 따르면, 특히 아동이 혼돈형 애착 유형일 때 외현화 행동과 불안정애착 유형의 강한 관계가 있었다.

점점 더 많은 연구 결과에 따르면, 불안정애착은 정서적 기능과 정서 조절의 결핍을 통해 외현화 행동을 발생시킬 수 있다(DeKlyen & Speltz, 2001). 가족관계의 불안전은 아동과 청소년의 외현화 장애를 치료하기 위한 지표이자 진입점일 수 있다. EFFT의 가족 기반 개입 및 정서 조절 전략은 외현화 행동 문제가 가족체계를 붕괴시키는 지점을 이해하고 긍정적 변화를 촉진하기 위한 탄탄한 이론적 틀을 제공할 수 있다.

1. EFFT와 외현화 장애

EFFT에서 치료사는 '외현화 행동' 청소년과 함께하는 상담의 핵심이 부모와의 유대감을 유지하면서 자율성을 확립하는 발달적 균형을 찾도록 돕는 것임을 인식한다. 불행하게도, 외현화 장애와 관련된 부정적인 행동은 부모를 포함하여 다른 사람들과 좋은 관계를 맺기 어렵게 한다. 이러한 경우에 아동은 점점 더 고립되면서 관계가 단절되는 고통으로부터 자신을 보호하려고 한다. 외현화 장애가 있는 대부분의 아동은 높은 수준의 수치심과 자신에 대한 부정적인 견해를 갖게 되는데, 매일 '못된 아이'라는 메시지를 듣고 끊임없이 비관적인 생각을 하면서 낙심에 빠지기도 한다. 이 수치심은 아동에게 다른 사람들로부터 고립되고 단절된 느낌을 줄 뿐만 아니라, 자신의 경험과도 단절되게 만들기 때문에 매우 해롭다. 수치심은 자기연민을 차단하고 사랑받지 못한다는 메시지를 강화한다. 이 어둠 속에서 아동은 자신의 두려움을 공유하고 자신이 사랑스럽지 못함을 누군가에게 확인받는 위험을 감수하는 것을 상상하기 어렵다. 그래서 그들은 단절의 고통을 절대 치유할 수 없는 더 고통스러운 고립을 선택한다.

타인에 대한 분노와 회피는 내면의 취약한 애착 욕구를 감추면서 수치심과 단절의 고통으로부터 벗어나기 위한 효과적이고도 단기적인 두 가지 보호 전략이다. 부모는 자녀의 분노 또는 '무관심한 태도'를 보게 되는데, 이는 표면적으로는 분리를 원하는 것처럼 보이지만 실제로 자녀는 고립에 대처하기 위해 부모의 위로와 이해를 필요로 한다. 부모와 장애 아동은 서로의 정서 신호를 명확하게 읽지 못하기 때문에 그들 모두 자신의 욕구와 효과적인 반응을 전달해야 할 때 위태로워진다. 시간이 지남에 따라 이러한 부정적인 상호작용이 관계를 지배하고 불안전감을 지속시킨다.

이렇게 약해진 유대감의 결과로 문제 아동은 자신의 욕구를 충족시키기 위해 더 많은 또래와 어울릴 수 있지만, 연구에 따르면 또래관계는 정상적인 발달에 필수적이지만 아동의 애착 관련 욕구를 효과적으로 돌볼 수는 없다(Ainsworth, 1989). 또래는 상호 지지를 제공할 수 있지만, 일반적으로 아동의 취약한 애착 욕구에 최고의 관심을 기울이는 부모와 동일한 애착 역할을 할 수는 없다. 아동이 위로를 받기 위해 친구에게로 향하고 부모에게서 멀어질수록 가족 내에서는 방어와 반발적 행동이 더 강화된다. 조율이 되지 않는 패턴이 지속되고 사이가 더 멀어질수록 부모와 자녀는 모두 자신의 말을 잘 듣거나 이해해 주길 기대하지 않기 때문에 쉽게 좌절한다. 안타깝게도, 끊임없이 해결되지 못한 부정성으로 인해 이런 아동은 도움이 필요하지만 안전한 위안을 얻을 수 없는 애착체계의 만성적인 활성화에 갇히게 된다. 가장 애착이 필요한 순간에 그들은 혼자라고 인식하고, 부모가 상황을 악화시키기를 원하지 않는 자신을 발견한다. 이렇게 자포자기한 아동들은 단절 상태에서 길을 잃게 되고 살아남기 위한 유일한 선택으로 어떠한 반응이라도 얻기 위해 싸우든지, 아니면 애착 욕구를 접으려고 한다. 단절의 고통을 피하기 위한 두 가지 전략 모두 심각한 결과를 낳게 되고 '문제아'라는 꼬리표가 더 많이 붙게 된다.

특히 불안전에 뿌리를 둔 파괴적인 행동에 가족이 효과적으로 반응할 수 있으려면 자녀와 부모 사이의 유대감이 회복되어야 한다. 청소년의 자율성은 부모와의 애착관계를 희생하는 것이 아니라 청소년기 이후에도 지속될 수 있는 안전한 관계를 통해 더 쉽게 확립된다는 연구 결과가 늘고 있다(Allen & Land, 1999). 적대감 밑에 더 취약한 애착 욕구가 있다는 인식을 확산시키는 것은 내재된 애착 및 돌봄체계를 보다 명확하게 만드는 데 도움이 된다. 관계성은 고립과 '외현화' 행동의 해독제이다. 애착에 초점을 좀 더 선명하게 맞추어 역량이 강화된 가족은 청소년 자녀가 자율성을 추구함과 동시에 유대감을 유지하기 위한 정서 조절 능력을 개발하는 데 필요한 안전감을 확립할 수 있다(Allen, Porter, McFarland, McElhaney, & Marsh, 2007).

가족의 정서 분위기의 변화 촉진을 위한 중요한 단계는 문제 행동의 기능과 의미에 초점을 맞추는 것이다. EFFT의 기본 원리는 부정적인 반응을 포함한 모든 행동이 애착 맥락에서 이해할 수 있다는 것이다(제2장). 보호 행동에 내재된 부정적인 경험과 긍정적인 의도를 인정함으로써, 가족 구성원이 자신의 욕구를 충족하는 더 건강한 방법을 찾도록 격려한다. 치료사는 현재 과정을 추적하면서 가족이 이러한 예측 가능한 고통과 보호 패턴을 볼 수 있도록 지지한다. 분노와 위축은 단절의 고통으로부터 자기를 보호하는 일시적인 전략이다. 이러한 방어 전략을 인식하는 것이 중요하지만, 가족구성원이 방어 반응을 하지 않으려면 보다 효과적인 전략으로 그러한 반응을 대체할 수 있어야 한다.

자녀가 부모와 단절되어 취약한 두려움과 상처를 표현할 수 없다면 자녀는 자기 보호 전략이 필요하다. 이러한 보호 전략에 수반되는 일차 정서에 초점을 맞추어 접근하고 심화하면 새로운 대화가 오래된 대화를 대체하는 데 필요한 기초 자료와 취약한 정보를 얻을 수 있다. 우리는 단절된 대화를 연결된 대화로 바꾸려고 한다. 가족구성원들이 방어 반응을 하는 대신 서로를 향할 수 있도록 촉진하려면, 치료사가 돌봄 및 돌봄 추구와 관련된 실시간의 차단에 항상 맞설 준비가 되어 있어야 한다. EFFT의 가장 중요한 목표는 부모와 자녀를 초대하여 애정 어린 반응에서 찾을 수 있는 고유한 자원을 회복하기 위해 이러한 차단을 다룰 때, 애착과 관련된 정서에 참여하고 공유함으로써 이러한 차단을 탐색하게 하는 것이다. 다음 사례는 George Faller가 제공한 것이다.

2. 샘의 사례

"모두가 화났어요."

조이(45)와 안젤라(44)는 큰아들 샘(16)의 폭력적인 행동을 더 잘 다루기 위해 가족치료를 받기로 했다. 샘은 학교 상담심리사로부터 적대적 반항장애(ODD) 진단을 받았다. 적대적 반항장애의 진단 기준은 이성을 잃음, 어른들과 논쟁, 어른들의 규칙과 요청을 적극적으로 무시, 고의로 다른 사람을 짜증 나게 함, 예민하고 쉽게 짜증을 냄, 타인의 행동과 실수에 대해 비난, 분노, 독설과 앙심이다. 샘은 이러한 여덟 가지 기준에 모두 해당되었다.

조이와 안젤라는 샘의 악화되는 분노가 남동생 제임스(14)와 여동생 마리아(11)에게 부정적인 영향을 미쳐 가족을 오염시키고 있다고 두려워했다. 부모는 샘이 공감과 배려가 부족하다고 불평했다. 부모가 최선을 다하는 데도 불구하고, 샘은 자신의 못된 행동이 가족 전체에 미치는 부정적인 영향을 전혀 책임지려고 하지 않는다. 끊임없는 혼란과 불화로 모두를 화나게 하는 그의 재주를 보고 가족은 그를 가볍게 '슈퍼 샘'이라고 부른다. 샘의 폭력적인 행동을 교정하는 데 도움이 절실했던 부모는 가족치료를 요청했다.

1) 1기: 안정화와 단계적 약화

(1) 가족 패턴 평가하기

첫 번째 가족회기를 시작하면서 치료사는 가족관계 안에서 애착의 성공적 형성과 애착 형성으로 인한 고통을 둘러싼 역동적 패턴을 인식하고 통찰하는 데 특별히 초점을 맞추었다. 가족의 강점과 한계에 가장 쉽게 접근할 수 있는 방법은 상담실에서 나타나는 연결과 단절 및 회복의 순간을 실시간으로 추적하는 것이다. 치료사는 생생하게 벌어지는 가족 과정에 바로 개입함으로써, 가족의 상호작용을 지배하는 불화의 패턴을 조직화하고 명확화하는 데 앞장선다. 이 발췌문은 초기 가족평가의 한 예이다. 가족구성원 간의 긴장감은 치료사가 불화의 패턴을 볼 수 있게 해 주며 특정 관계에서 이 불화가 어디쯤에 위치해 있는지를 정확히 짚어 준다.

치료사: 오늘은 어떻게 도와드리면 될까요?

아버지: (웃으며) 음, 저희 가족은 싸움은 잘하는데 대화는 잘 못하는 것 같아요. 싸움과 긴장감을 좀 줄이고 싶어요.

어머니: (굳은 표정으로 고개를 가로저으며) 좀 더 구체적으로 말씀드리면요. 저희는 대부분 잘 지내지만, 샘만 유독 다른 사람과 잘 지내는 것을 어려워하죠. 이 아이는 문제가 좀 있어요…….

샘: (말을 가로막고 거칠게 목소리를 높이며) 평소에 엄마가 어떻게 했는지는 이야기하지 않네요. 내가 문제가 아니라 엄마가 문제예요. 왜 그런 말은 안 하는 거죠? 아무도 엄마의 말을 듣지 않아요. 왜 엄마가 되려고 했는지 모르겠어요. 잘 하지도 못하면서!

어머니: (주먹을 꽉 쥐며) 그래, 너는 남을 비난하고 몰아세우는 데 전문가이지. 다행인 건 '슈퍼 샘'을 전문가와 이야기하기 위해 여기로 모셔 온 것이지. 그래서 네가 꼭 괴물이 되어 가는 너의 모습을 볼 수 있길 바라. 네가 하던 행동을 바꾸지 않는다면 극단적인 일이 일어날 거야.

샘: (눈을 굴리고 비꼬듯 웃으며) 제가 몰아세우는 것을 어디서 배웠을까요? 주인한테겠죠. 엄마야말로 우리 집의 진정한 괴물이에요. 저는 우리 가족의 기차 사고에서 빨리 벗어나고 싶어요. 엄마에게 안 좋은 일이 생겼으면 좋겠어요.

아버지: (샘의 말을 가로막으려고 손을 허공에 올리며) 알았어. 우리 좀 진정하고 무례하게 굴지 말자. 엄마는 괴물이 아니야. 우리는 분노와 증오의 뜨거운 감자를 그냥 지나치지 않는 법을 배우기 위해 여기 있어.

샘: 또 시작이네요. 저를 손가락질하면서요. 엄마가 먼저 저를 괴물이라고 불러서 제 기분이 나빠졌어요. 어쨌든 상관없어요. 우리 가족은 모두 분노 문제가 있죠. 모두 집어치워요.

어머니: (울기 시작하면서) 뭐가 잘못되었는지 모르겠어. 샘, 너는 도움이 필요한데 너를 도우려는 걸 뿌리치고 있어. 네가 그렇게 버릇없이 굴도록 아빠가 너를 내버려 두어서 상황을 더 악화시켰어.

상담실의 긴장감이 증가함에 따라 여동생 마리아는 어머니의 손을 잡고, 남동생 제임스는 상황을 무시하면서 외면하려고 전화기를 들고, 아버지는 어리둥절한 표정으로 바닥을 내려다보고 있다. 회기를 시작한 지 1분 만에 치료사는 이미 가족의 고통에 대한 정보와 경험을 얻었다.

치료사: (상황의 강도에 맞춰 목소리를 높이면서) 와, 뜨거운 감자가 얼마나 빨리 지나가는지 알겠어요. 저런, 가족에겐 많은 분노와 상처가 있군요. 모두가 자신을 보호하기 위해 얼마나 빨리 돌아서는지 알겠네요. 제가 잠깐 무슨 일이 일어나고 있는지 좀 볼 수 있을까요?

치료사는 상담실에서 가장 생생한 정서인 샘의 분노로 상담을 시작한다. 치료사는 초기 촉발 요인인 "샘만 유독 다른 사람들과 잘 지내는 것이 어렵다."라고 한 어머니의 말을 반복함으로써 움직임을 추적하고, 보호 의도를 인정함으로써 각 구성원이 자신의 경험을 조직하도록 도와 빠르게 압도되는 반응을 늦추려고 한다.

부정적 메시지를 밀어내는 샘의 분노의 기능을 반영하고 어머니의 비판에 대해 부당하다고 대항하는 그의 결의를 보여 줌으로써, 치료사는 가족구성원들이 새로운 방식으로 그의 분노를 이해하고 경험할 수 있도록 돕기 시작한다. 어머니의 분노가 변화를 촉구하고 나쁜 행동을 바로잡는 기능을 한다고 인정하면서, 치료사는 다시 한번 모두가 분노를 이해하는 방식을 재구성하도록 돕는다. 가족구성원들의 분노를 정상화한 후, 치료사는 샘과 어머니가 자신들의 행동이 다른 사람들에게 어떻게 영향을 미치는지 보도록 격려했다. 치료사는 변화의 동기를 부여하려는 어머니의 시도가 어떻게 샘이 어머니를 물러나게 하려고 공격하게 하는지, 그리고 어머니가 더 무례하다고 느낄수록 더 많이 비판한다는 것을 강조한다. 어머니가 불평할수록 샘은 분노로 더 보복한다. 그들은 화가 화를 불러오는 부정적 고리에 갇혀 있다. 가족은 샘의 폭력 행동이 단지 그의 내면이 잘못되었다기보다는 관계 불안 패턴 안에 뿌리박혀 있는 행동임을 깨닫기 시작한다.

다음으로, 치료사는 가족 모두가 갈등에 대한 움직임을 추적할 수 있도록 도와줌으로써 초점을 확대하고자 한다. 방어 행동을 목격함으로써 치료사는 실시간으로 참여와 연결에 대한 차단을 명확하게 확인할 수 있다. 두 부모가 상호작용하는 것을 보면 아버지가 평화를 유지하려고 하는 동안에 어머니는 밀어붙이는 부정적 고리가 드러난다. 이러한 부모의 상이한 태도는 분명히 가족환경에 더 많은 긴장감을 일으키고 혼란을 강화한다. 가족의 역동으로 인해 샘이 분노의 이면에 있는 자신의 취약한 애착 욕구를 안전하게 공유하지 못하면, 폭력적 행동에 대한 그의 보호전략은 바뀌지 않을 것이다.

가족의 모든 패턴이 첫 회기에서 명확하게 확인될 필요는 없다. 그보다 치료사는 가족구성원의 반응은 다르지만 공통적으로 그들의 행동이 단절의 스트레스에서 살아남으려는 시도임을 가족이 볼 수 있도록 한다. 움직임과 상관없이 각 가족구성원이 자신이 생각하는 방식으로 부정적 정서를 다루려고 하지만 싸움이 끝난 후 분위기가 가라앉으면 그 상호작용은 상황을 더 악화시킬 뿐이다. 회복되지 않은 모든 싸움은 관계에서 더 많은 불신과 거리감을 느끼게 한다. 불안전의 반발 반응이 이끄는 자기 보호 패턴은 부정적 강화 패턴을 만들고 유지시킨다. 효과가 없는 움직임을 확인하는 것은 효과가 있는 움직임으로 대체하기 위한 가장 중요한 단계로 가는 첫 단추이다.

(2) 부모회기

부모회기는 부모와 동맹을 맺고 가족 변화의 주체가 되기 위한 '승인'을 얻는 데 중요하다. 가족회기가 끝난 후 조이와 안젤라는 패배감과 변화에 대한 절망감을 절실히 느끼며 부모회기에 들어갔다. 자녀의 폭력적인 행동 뒤에 숨어 있는 충족되지 않은 취약한 욕구를 부모가 바라보기 전에, 치료사는 자녀의 나쁜 행동에 좌절한 부모가 처한 바로 그 자리에 함께 있어야 한다. 부모의 관점으로 들어가서 치료사는 부모의 돌봄과 가족에 대한 걱정, 고조되는 가족의 반발성에 직면하고 도움을 받으려는 의지를 존중해야 한다.

조이와 안젤라의 좋은 의도, 헌신, 희생 그리고 양육에 기꺼이 참여하려는 의지를 반영하는 것은 가족 문제에 대한 비난을 피하는 데 매우 중요하다. 그들이 지쳐 있을 때 효과가 없는 움직임에 대한 비판보다는 새로운 반응을 찾도록 희망을 주는 격려가 필요하다. 어린 시절 원가족의 부모가 가르쳐 준 규칙대로 열심히 살았으나 샘과 헛바퀴만 돌린 격이 되어 좌절감을 느낀 부모에게 합류하는 것은 그 자리에서 버텨 내고 어려움에 맞서려는 그들의 애정 어린 시도를 강조하는 것이다. 그들은 포기하는 대신 아들을 위해 계속 싸우고 있다. 희소식은 조이와 안젤라가 가족의 역동을 변화시키고 온 가족이 다르게 소통하도록 돕는 해결책을 찾는 데 중요한 역할을 할 수 있다는 것이다.

부모에게는 자신이 무엇을 잘못했거나 다르게 할 수 있는지에 대한 판단이 아니라 정서적 반응을 개선하기 위한 도움이 필요하다. 각 가족구성원이 일관된 방식으로 스트레스를 처리하는 방식을 볼 수 있도록 부모를 돕는 것은 가족 역동을 조직하는 발판을 제공한다. 치료사는 부모가 가족의 부정적 패턴과 관련된 예측 가능한 행동을 추적하도록 지지한다. 샘의 분노는 어머니의 분노를 촉발하고 아버지, 제임스와 마리아의 위축을 촉발한다. 부모가 부정적 패턴을 인식함에 따라 가족구성원의 특정 움직임과 관계없이 한 가족구성원의 보호가 다른 가족구성원의 보호를 낳는다는 이해도 높아진다. 치료사는 그 순간의 경험에 초점을 맞춰 부모가 자녀의 욕구에 공감하고 이해하여 반응하는 데 방해가 되는 것이 무엇이든 적극적으로 탐색한다.

조이와 안젤라가 훌륭한 부모가 되기 위해 자기 자신을 많이 압박했다는 점은 첫 부모회기부터 분명하게 나타났다. 그들은 샐의 무례함을 부모로서 실패의 증거로 경험했다. 치료사는 부모의 기대를 정상화하고 충분히 훌륭한 양육에 대한 애착 프레임을 제공함으로써, 부모의 양육 책임에 대한 두려움을 처리하기 위한 자원으로서 기능한다. 부모 모두 덜 반응적 · 방어적이게 되면서 샐에게 더 집중하고 샐의 외현화 행동의 기능에 호기심을 갖게 되었다. 그들은 샐이 분노의 이면에서는 자신을 나쁘게 생각할 거라고 추측은 했지만, 부모 모두 샐의 고통을 경험하지는 못했다.

치료사는 부모의 조율된 돌봄체계의 일부로서 그들의 추측을 인정했고, 샐의 행동 이면에 있는 부정적 정서를 말하도록 돕는 것의 중요성을 이야기했다. 조이와 안젤라는 샐이 가족 내에서 자신의 반항적인 역할에 신경 쓰지 않는 것 같아 보였지만, 분노의 이면에는 부모에게 끊임없이 '문제아'로 비추어지는 것에 대한 숨겨진 고통이 있을 수 있다는 말을 듣고 안심했다. 샐의 파괴적 행동을 불안정애착의 결과물로 보고 샐의 결핍으로 덜 보게 된 인식의 변화는 부모에게 힘을 실어 주었고, 샐의 나쁜 행동을 덜 몰아붙였으며, 샐이 공유할 수 없는 고통을 돌보는 데 더 많은 관심을 기울이게 했다. 안젤라와 조이는 샐의 나쁜 행동을 다른 방식으로 다루는 데 앞장서고 싶다는 소망을 표현했고, 샐과의 관계에서 가장 중요한 것에 다가가지 못한 책임을 공유했다.

EFT 치료사는 부모양육의 강점과 한계를 지속적으로 평가한다. 치료받고자 하는 부모의 의지는 도움의 필요성을 인식하고 있고 가족 역동에 문제가 있음을 이해하고 있음을 보여 준다. 각 부모가 현재의 문제와 관련하여 어떠한 태도를 취하는지 살펴보면 돌봄체계에 대해 많은 것을 알 수 있다. 개방적이고 반응적인 돌봄의 전형적인 걸림돌은 자녀에 대한 부정적인 관점, 배우자에 대한 부정적인 관점 또는 자신에 대한 부정적인 관점의 다양한 조합이다. 부모는 자녀들과 안전한 유대관계를 형성하고 유지하기 위해 정서적 접근과 반응 및 안전을 제공할 필요가 있다. 치료사는 훈육/구조 및 위안/지지 모두를 균형 있게 제공하는 데 필요한 부모의 행동을 설명했다. 종종 부모는 한 가지 책임을 과도하게 과장하고 다른 책임은 간과한다.

부모 행동의 과잉 반응 혹은 과소 반응 여부를 확인하면 변화가 필요한 방향을 알 수 있다. 샐과의 마지막 싸움을 돌이켜 보면서, 치료사는 안젤라가 그녀의 일관된 훈육 이면에 있는 돌봄 의도를 경험할 수 있도록 도왔다. 안젤라는 훈육을 통해 샐이 긍정적인 행동을 하도록 동기부여하려는 자신의 노력이 결국 역효과를 낳았음을 보았다. 왜냐하면 그녀의 노력으로 오히려 샘이 자신을 문제아로 보는 부정적인 관점과 반응적인 분노로 자신을 보호하려고 하는 욕구를 강화했기 때문이다. 안타깝게도 샘의 분노는 그에 대한 안젤라의 부정적인 관점과 추가적인 훈육의 필요성을 강화했을 뿐이다. 부모의 의도 및 노력의 결과를 포함하여 이러한 패턴을 명확하게 확인하는 것은 목표 도달을 위해 새로운 방식을 찾으려는 부모의 동기를 증가시킨다.

부정적인 고리에 미친 자신의 영향을 살펴보려는 안젤라의 열린 태도는 조이도 똑같은 행동을 하도록 용기를 주었다. 치료사는 강력한 부모동맹의 중요성과 샘의 문제에 대처하기 위해 함께 연합하는 것이 성공 가능성을 어떻게 높이는지 강조했다. 조이는 안젤라와 샘 사이의 중개자 역할로 얼마나 무력감을 느꼈는지, 또 제대로 돕지 못한 데 대해 두 사람 모두로부터 얼마나 부당하게 비난을 받았는지 공유했다. 점점 더 커지는 그의 분노와 가뜩이나 위태로운 상황을 확대하지 않으려는 노력이 자신을 점점 더 틀에 박힌 상황에서 벗어나고 싶게 만들었다. 조이는 관심을 요구하고 변화를 일으키는 안젤라와 샘의 분노의 기능을 이해하기 시작하면서, 자신의 적절한 참여 부족으로 인해 어떻게 둘 다 버림받는 느낌을 느끼게 되는지를 깨달았다. 안젤라처럼 조이도 상황에 대한 반응을 바꾸고 싶다는 바람을 표현했다.

변화에 대한 열망을 표현하는 것이 반드시 이 패턴을 어떻게 변화시켜야 하는지를 아는 것으로 해석되지는 않는다. 취약성과 함께 부부의 일반적인 위안 수준을 평가하는 것은 치료사가 더 안전한 참여를 위해 잠재적인 강점이나 걸림돌에 초점을 맞추는 데 도움이 된다. 자신의 취약성에 접촉하지 못하는 부모는 배우자 및 치료사의 도움을 받아 연결을 촉진하기 위해 이러한 내재된 정서의 자원을 경험해야 한다. 이 사례에서 치료사는 안젤라와 조이에게 "두 분은 얼마나 자주 취약한 마음에 대해 나누시나요?"라고 물었다.

어머니: 전혀요. 계획에 대해 많이 이야기하지만 더 깊은 두려움과 불안에 대해서는 실제로 이야기하지 않죠. 우리 둘 다 어느 누구도 감정을 이야기하지 않는 가정에서 자랐어요.

아버지: (수긍하며 고개를 끄덕이면서) 맞아요. 우리는 서로를 사랑하고 지원하며 샘을 양육하는 어려움을 이야기하지만, 긍정적으로 생각하기 위해 최선을 다하는 경향이 있죠.

치료사: 네, 알 것 같아요. 깊은 두려움과 불안을 이야기하는 방법을 아는 사람은 아무도 없어요. 정당한 이유 없이 연약하지 않은 사람을 만난 적은 없죠. 특히 어렸을 때 내면에

대해 이야기하는 것에 대한 도움을 받지 못했다면, 우리는 그것을 스스로 간직하는 법을 배우죠. 취약성을 잘 나누는 사람들은 주변 사람들이 자신의 위험에 잘 반응했기 때문에 그렇게 할 수 있죠. 취약성에 대해 더 많은 작업을 하려면 우리는 취약성을 나누어야 해요. 두 분 모두 나누지 못했고, 결과적으로 자녀들도 취약성을 어떻게 나누어야 하는지 잘 모르죠. 희소식은 우리가 충분한 안전을 확보한다면 분노로 밀어내기보다는 사랑하는 사람들을 더 가까이 끌어당기는 취약성의 언어를 배울 수 있다는 것이지요.

아버지: 바로 우리 가족을 위한 거네요. (안젤라가 끄덕인다)

그 후 치료사는 부모가 다음 가족회기를 준비하게 했는데, 여기서의 초점은 자녀, 특히 샘에게 있다. 치료사는 누구의 편도 들지 않고 가족이 자신의 보호 움직임을 이해하고 탐색하며 그 이면의 취약성을 탐색할 수 있도록 공간을 여는 것이 가족회기의 목표라고 설명했다. 치료사는 다양한 대화를 위한 조이와 안젤라의 바람을 강조하고, 다음 회기의 목표는 새로운 대화에 필요한 정보와 원자재(취약성)를 수집하는 것임을 명시했다.

치료사는 샘의 취약성에 접근하면서 다가올 어려움을 예측한다. 가족 내 다른 구성원들과 마찬가지로 샘은 자신의 취약한 감정을 이야기하는 방법을 알지 못했기 때문에 고통을 처리하기 위해 분노와 회피를 사용했다. 치료사는 부모가 자녀의 현실을 목격할 때 감정적으로 자극이 되는 경우가 많아 공감하기 어려울 수 있음을 정상화했다. 이것은 실시간 조율을 가로막는 차단을 외재화하는 기회이자 샘이 악당 페르소나인 '슈퍼 샘'에서 벗어날 수 없다는 불신을 극복할 수 있는 기회로 바라보게 한다.

부모가 샘과의 상호작용 중에 자신의 경험을 탐색할 수 있는 안전감을 제공함으로써, 치료사는 단순히 새로운 개념을 가르치는 것이 아니라 다르게 행동하는 것인 EFFT의 변화 이론을 강화한다. 그들의 반발 패턴과 가족이 차단하지 않고 교류할 수 있는 새로운 방법을 이해하는 것은 치료의 목표를 알려 준다. 치료사는 부모에게 상담 목표가 달성되고 가족이 긍정적인 대화에 참여하는 것이 어떤 모습인지에 대한 비전을 제공하면서 부모회기를 끝낸다. 이 비전은 절망스러운 부정적인 고리를 긍정적인 반응 고리에 대한 희망으로 대체한다.

(3) 자녀회기

자녀회기의 목표는 동맹을 맺고 자녀들이 가족 패턴을 변화시키는 데 있어 자신의 의지를 볼 수 있도록 역량을 강화하는 것이다. 이 회기에서 자녀들은 부모의 평가 없이 가족의 반응성과 그 영향에 더 정확한 그림을 보여 줄 수 있다. 치료사는 자녀의 걱정에 집중하고, 치료에서 원하는 것이 무엇인지 탐색하고, 마지못해 치료에 참여한 마음을 인정함으로써 동맹을 강화하고자 한다. 자녀들은 가족이 방어적인 태도에 갇혀 잘 지내지 못하고 있음을 인식한다. 자녀들은 그들의 유일한 현실적인 선택이 비효율적인 보호 상태를 유지하는 것과 새로운 움직임의 위험을 감수하는 것 중의 하나임을 추측하는 데 오래 걸리지 않는다. 건강한 변화 과정에 있어서 적극적 참여의 중요성을 강조하는 것은 자녀들의 참여를 독려하는 데 필수이다. 다음의 회기는 치료사가 자녀들의 치료 과정 참여를 촉진하기 위해 애착 프레임을 사용하는 방법을 보여 준다.

치료사: 가족 모두가 함께 참여하지 않는 상황에서 부정적인 움직임을 긍정적인 움직임으로 대체하는 상담을 해 본 적은 없어. 부모님은 그런 움직임을 그들 스스로 바꿀 수 없고, 자녀들도 스스로 그것을 바꿀 수 없지. 함께하는 상담의 핵심은 소통의 수준을 가족원들을 더욱 멀어지게 하는 방어적인 대화에서 서로를 끌어당기는 대화로 바꾸는 거야. 내 경험으로 본다면 부모님과 자녀 중 누가 더 새롭고, 더 부드러우며, 더 연결 짓는 대화를 가장 잘 시작할 것 같니?

샘: (짜증을 내고 비꼬며) 분명히 부모님들이겠죠. 세상 경험이 많으니까요.

치료사: 좋은 추측이지만 사실은 아이들이야. 아이들은 취약한 대화를 더 잘 시작하는 경향이 있어. 일반적으로, 부모님은 조언을 해 주고 옳은 일을 하는 것에 익숙하기에 확실하지 않을 때나 실수를 했을 때의 기분에 대해 이야기하는 것을 좋아하지 않지. (치료사는 취약한 대화의 치료 목표에 대해 명확히 한다)

제임스: (놀라서 더 주의를 기울이고 끼어들면서) 재미있네요. 지금 우리랑 농담하는 건가요?

치료사: (미소를 지으며) 아니, 난 진지해. 가끔 농담할 때도 있겠지만! 자녀들은 종종 부모님에게 불편한 것을 이야기하는 방법을 보여 주는 데 나서야 해. 아이들이 친구들과 어울려서 힘든 이야기를 할 때, 친구들은 문제를 해결해야 한다는 압박감을 느끼지 않고 그저 서로를 이해하고 응원하려고 하지.

샘: 저는 그 점에 대해 생각해 본 적은 없지만 선생님 말이 맞아요. 저는 친구들과 별로 다투지도 않고 가족의 힘든 이야기도 잘 듣거든요.

마리아: (웃으며) 엄마가 이 이야기를 들으면 난리칠 것 같아요.

치료사: 걱정을 나눠 줘서 고마워, 마리아. 가족의 마음을 잘 아는구나. 어머니는 조언을 해

주는 데 너무 급해서 때론 다른 사람의 어려움에 반응하는 방법을 더 잘 알고 있는 너의 말을 듣는 게 충격적일 것 같아. 좋은 소식은 내가 이미 부모님께 이것을 설명했다는 거야. 부모님은 조금 놀랐지만 이제 이해하기 시작한 것 같아. 사실, 너희 부모님 모두 나에게 새로운 의사소통 방법을 찾고 싶다는 바람을 표현하셨어. 부모님은 이 어려운 대화들을 어떻게 더 잘 할 수 있는지 배우고 싶어 해.

샘: (웃으며) 네, 맞아요. 엄마는 사람들이 듣고 싶어 하는 말을 잘해요. 엄마는 일방적인 대화만 해요.

마리아: (한숨을 쉬며) 오빠, 너무 부정적으로 말하지 마.

치료사: (멈추려고 손을 들면서) 잠시만 마리아, 부모님이 변화할 수 있다고 믿어 주니 고마운 마음이 드네. 샘, 네가 겪었던 모든 싸움을 생각해 보면 충분히 의심스러울 수 있지.

치료사는 샘의 부정적인 반응이 마리아의 비판을 촉발하는 반발 순간임을 강조하기 위해 개입한다. 치료사는 자녀들의 반응을 추적하고 부정적인 자기 보호 패턴을 각 형제에게 되돌려 반영한다. 둘 다 분노를 표현하고 이면의 두려움과 상처는 나누지 않는다. 치료사는 이 부정적인 피드백 고리가 너무 빨리 발생하여 실제로 누구도 선택의 여지가 없었으며, 그리고 수년 동안 이 가족 전체에 점검되지 않고 만연해 왔다고 지적한다. 일단 그들이 그것을 보고 치료사의 지지를 경험하면, 그들은 그것을 바꾸기 시작할 기회를 갖게 된다. 치료사는 자녀들이 지금처럼 진심으로 참여함으로써, 변화를 위한 무대를 마련할 수 있기를 희망하면서 회기를 종료했다.

치료사는 가족의 변화가 한 사람의 일이 아니라 각자 자신의 행동에 책임을 져야 한다는 점을 분명히 한다. 그러나 치료사는 궁극적으로 위험을 감수하는 데 필요한 안전한 환경을 조성하는 것은 부모의 책임이라고 강조한다. EFT 치료사는 이와 관련하여, 특히 부모를 지지하고 그들이 부정적인 패턴을 작업할 때 안전기지가 되어 준다.

(4) 1기의 두 번째 가족회기

평가회기가 끝난 후, 가족 모두가 함께하는 회기를 가졌다. 치료사는 반발적인 대화를 취약성을 드러내는 대화로 대체하기 위해서 이러한 대화를 시작하려는 부모의 의지에 힘을 실어 주면서, 부모가 가족 분위기를 바꾸고 싶은 욕구를 자녀들에게 표현하도록 격려한다.

어머니: 최선을 다해 노력했음에도 분노 이외의 감정에 대해 이야기하는 걸 잘하지 못했다

는 거 알아. 우리는 그런 표현을 좀 다르게 하고 싶어.

샘: (의심스러운 듯 고개를 흔들며) 이미 너무 늦었어요. 전 2년 후면 대학에 가니까 한번 해 보세요.

어머니: (좌절하며 목소리를 높힌다) 네가 부정적인 말을 할 줄 알았어. 어쩔 수 없지.

아버지: (한숨) 샘, 엄마를 그만 좀 힘들게 해라. 엄마도 노력하고 있잖아. 너도 한번 노력해 보는 건 어때?

치료사: (샘의 반발 반응에 초점을 맞추는 것을 중단하면서) 어머님, 아버님, 샘이 노력하기 어려운 게 무엇 때문인지 호기심을 가지고 봤으면 해요. 샘, 나 좀 도와줘. 네가 2년 후에 대학에 갈 수도 있으니까 지금 다르게 해 본다는 게 말이 안 된다는 거니? 너 자신을 돌보는 방법을 알아냈고 이 집에서 벗어날 수 있는 날만 손꼽아 기다리는 거구나?

샘: 맞아요. 여기 있고 싶지 않아요. 상황은 절대 변하지 않을 거예요. 엄마는 좋은 배우지만 속으로는 나를 좋아하지 않는다는 거 알아요. (그의 목소리는 분노가 섞인 상처를 암시하고 있다)

치료사: 아, 상황은 바뀔 수 없다고 생각하고 마음속 깊이 엄마가 너를 좋아하지 않는다고 믿고 있구나. 부모님이 자기를 싫어한다고 생각하는 자녀들은 화가 나고 힘들 것 같아.

샘: 별거 아니에요. 오래전에 받아들였어요.

치료사: (동의의 뜻으로 고개를 끄덕이고 슬픈 목소리로) 맞아. 엄마가 너를 사랑하지 않는다고 생각하는 것은 지구상의 어떤 아이에게든 고통스러운 일이야. 상처에서 살아남기 위해 신경 쓰지 않는 것을 배웠고, 그것을 다루기 위해 스스로에게 의지하는 법을 배웠구나. 너는 강한 아이구나. 샘, 너의 회복탄력성에 감동했어. (치료사는 내면의 정서를 반영하고 회복탄력성에 주목한다)

아버지: (어머니가 의자에 뻣뻣하게 앉아 있는 동안, 의자에서 손을 뻗어 샘에게 손을 얹으며) 미안하다, 샘. 그렇게 느낄 줄은 몰랐어.

샘: (아버지의 손을 밀어내며) 별거 아니에요. 괜찮아요.

치료사는 부모의 노력과 샘의 정서 경험을 강조하며 이 상호작용을 요약했다. 치료사는 색다른 방식으로 취약성에 초점을 더 맞추어 대화를 시작한 어머니와 아버지에게 감사를 표했고 '무관심'이라는 보호 방식에 의존하는 법을 배운 샘을 인정해 주었다. 그다음 치료사는 제임스와 마리아에게 다가가서 취약한 대화 시도에 대한 반응을 처리하도록 도왔다.

그들은 둘 다 무슨 일이 일어나고 있는지 인식하지 못했다. 치료사는 새로운 반응을 방해하는 막는 불신이 정상이라고 인정하면서, 가족 내에 수년간 부정적인 고리가 지속되어 왔기에 감수해야 하는 위험과 의심할 수 있는 충분한 이유가 있음을 모두 수용해 주었다. 그리고 고통과 단절의 직면 상황에 있는 가족을 위해 애착 프레임을 유지했고, 계속해서 서로를 향해 다가간다면 신뢰가 커지고 거리감도 줄어들 것이라고 안심시켰다.

또한 치료사는 어머니가 취약성을 더 드러내는 대화를 하려는 의도에도 불구하고 아버지가 익숙한 중개자 역할을 고수하는 동안 회기 내내 그녀가 방어적이고 경직된 모습으로 참여하는 것을 관찰했다. 샐의 세계에 대한 부모의 호기심과 공감은 차단되었고, 샐이 분노하기 시작하자 그들의 방어적인 태도가 촉발되었다. 그 결과, 치료사는 다음 가족회기를 연기하고 두 번째 부모회기를 진행하여 어머니의 돌봄에 대한 차단을 탐색했다.

(5) 추후 부모회기

다음 부모회기에서는 이전 회기에서 보여 준 부부의 돌봄동맹과 어머니의 방어 반응에 초점을 맞췄다. 마지막 회기에서 치료사는 샐이 "엄마는 나를 좋아하지 않아요."라고 말한 순간을 되풀이하면서 부모에게 초점을 맞추었다. 치료사는 "안젤라, 당신 표정이 굳어지더군요. 샐이 엄마는 나를 좋아하지 않는다고 말했을 때 어땠나요?"라고 말했다.

어머니: 아들의 진단이 정확하다는 증거일 뿐이죠. (경멸하듯이) 제가 그 아이를 위해 모든 것을 했음에도 아이는 항상 부정적으로 되돌아가죠. 지쳤어요. 제가 왜 신경이 쓰이는지 모르겠어요.

치료사: 네, 맞아요. 샐의 부정성이 어머니의 부정성을 낳고 있네요. 물론 매일 부정적인 모습을 계속 마주치는 것은 지치는 일이에요. 하지만 지쳤음에도 어머님은 계속 노력하고 있어요. 샐이 엄마는 나를 좋아하지 않는다고 했을 때 어머님의 표정에서 긴장감을 느꼈어요. 어머니가 자기를 좋아하지 않는다는 샐의 말을 반복하면 지금 무슨 일이 일어나나요? (치료사는 어머니의 탈진을 인정하고 더 탐색할 수 있도록 초대한다)

어머니: 샐의 말이 맞기 때문에 긴장이 되죠. 더 좋은 엄마가 되고 싶고 더 잘 하겠다고 나 자신에게 약속하죠. 하지만 샐이 저에 대해 나쁜 말을 하면 저는 얼어 버려요.

치료사: 그래서 어머님에게 많은 일이 일어나네요. 어머님이 얼어붙는다면 어머니 자신의 몸이 좋은 선택은 없다고 말하는 거잖아요. 더 말씀해 주시겠어요?

어머니: (의미 없이 손을 든다) 맞아요. 전혀 효과가 없는 일이지만 아들과 싸우거나 아들 말이

맞다고 하고 절망과 슬픔의 어두운 구멍으로 빠져들어요. (섀에 대한 부정적인 견해 대신에 자신에 대한 부정적인 견해를 드러낸다)

치료사: 왜 얼어붙는지 알 것 같아요. 어느 방향으로든 움직이면 상황이 악화되니까요. 두 가지 나쁜 선택 중 하나를 선택했던 어머니의 그런 내적 투쟁을 본 사람이 있나요? 이것을 조이와 나눈 적이 있나요? (치료사는 돌봄동맹으로 초점을 옮기고 어머니의 정서 신호를 따라간다)

어머니: (울기 시작하며) 아니요. 조이를 기분 나쁘게 하고 싶지 않아서 그냥 혼자 해결하려고 해요. (울먹이는 눈으로 멀리 바라보며) 다시 외로운 어린 소녀가 된 것 같아요. 도움을 요청할 곳이 없어요. 가족 중에 제 말을 들어주는 사람은 아무도 없어요. (더 깊이 흐느끼며) 누구에게도 내 눈물을 보이고 싶지 않아요. 죄송해요. 과거는 과거죠.

치료사: 정말 슬프고 비극적이네요. 도움을 받을 곳이 없는 겁에 질린 어린 소녀는 강해지려고 스스로 살아가는 법을 배우네요. 미안해하지 않아도 돼요. 어머님의 눈물을 이해할 수 있어요. 몇 년 동안 그것들이 숨겨져 있었군요. 어머님의 이야기는 섀의 이야기와 매우 비슷하게 들리네요. 두려움과 고통을 감당하기 위해 스스로 포기하네요. 섀처럼 어머니 안의 겁먹은 어린 소녀는 누군가가 찾아와 어둠 속에서 빛을 비춰 준 적이 한 번도 없었네요. 살아남기 위해 자신에게 엄격했고 강해지기 위해 자신을 밀어붙이는 법을 배웠네요. 어머님이 왜 섀에게 같은 행동을 하는지 알 것 같아요. 그것은 두려움과 상처를 다루는 어머니의 방식이죠. 강해지는 것이 사랑하는 방법이었네요.

어머니: (팔을 감싸고 흔들기 시작하며) 전 혼자 남겨져도 될 만큼 형편없는 사람이에요. 섀이 맞아요, 전 정말 냉정해요. 괴물이죠.

아버지: (손을 뻗어 아내를 끌어 안아 주면서) 당신이 그렇게 느끼고 있는지 정말 몰랐어. 나는 당신이 화가 나서 혼자 있고 싶어 하는 줄 알았어. 정말 미안해. (조이가 울기 시작한다)

치료사: 네, 그렇죠. 아버님은 결코 알지 못했죠. 이 순간 아버님은 어머님의 고통을 보고 있네요. 그리고 바로 그것이 아버님의 마음을 움직여서 어머니를 도와주도록 하네요. 잘하셨어요. 조이, 어두운 구덩이에 있는 안젤라를 보고 당신과 함께 있고 싶다고 말해 줄래요? 왜냐하면 안젤라는 고립과 수치심이 아니라 어둠 속에서 사랑을 받을 자격이 있으니까요.

아버지: 물론이죠. 난 여기 있어. 자기야, 당신이 원하는 만큼 오래 같이 있을 수 있어. 당신이 그 거친 모습 이면에서 두려워하고 있다는 걸 알았으니 절대 당신을 혼자 두지 않을거야.

(안젤라가 조이의 가슴에 머리를 대고 쉬고 있자 조이는 안젤라의 머리카락을 쓰다듬었다)

어머니: (조이를 향해 미소 지으며) 좀 이상하긴 한데 혼자가 아니라서 기분이 좋아. 고마워, 여보.

안젤라는 조이의 반응과 지지의 힘을 경험하면서 샘과의 관계를 더 자유롭게 탐색할 수 있게 되었다. 부부관계에서 발견된 이 새로운 안전감으로 더 많은 부모 가용성이 가능해졌는데, 특히 가족 내에 있는 두려움과 고통에 직면하려는 안젤라의 의지를 높이는 측면에서의 부모 가용성을 촉진했다. 조이의 위로는 안젤라가 이전에 경험하지 못한 방식으로 그가 자신의 고통에 반응해 줄 것이라는 신뢰를 구축함으로써 돌봄동맹을 강화한다. 안젤라는 취약한 정서와 성공적으로 교감한 이 경험을 통해 자신이 샘에게 결코 제공하지 못한 것이 무엇인지 감을 잡는다. 두려움과 함께 평온함을 느끼는 새로운 경험을 통해 안젤라는 아들에게 더 많은 반응을 보이면서 다가가려는 깊은 동기를 발견한다. 어머니의 방어적인 태도가 변하고 아버지의 지원이 준비됨에 따라, 치료사는 부모와 함께 다음 회기의 계획을 수립하여 어머니가 방어적이었다는 점과 더불어 자신의 기대가 높았다는 점을 받아들이고 요구가 많았음을 사과하는 데 초점을 둔다.

(6) 가족회기

전체 가족회기에서 안젤라는 자신의 강인한 모습을 형성하는 데 영향을 준 어린 시절의 경험 중 일부를 자녀들과 공유하기 시작한다. 아버지가 어머니의 손을 잡자, 어머니는 취약함을 어떻게 다루어야 할지 몰랐던 것에 사과하고 변화하고 싶다는 바람을 드러냈다. 제임스와 마리아는 매우 수용적이고 관대했다. 그들은 어머니가 어린 시절의 어려움을 이야기할 때 관심을 가지고 많은 질문을 했고 공감을 보였다. 그러나 샘은 뒤로 물러나 함께 있지 않은 것처럼 보였다. 어느 순간 어머니가 진심으로 슬픔을 표현했을 때 샘은 지루해서 잠을 자려는 듯 눈을 감았다. 치료사는 샘의 무관심을 알아차리고 그의 관계 차단이 나타났음을 인식했다. 또한 치료사는 어머니가 "당신이 속마음을 털어놓았는데 샘이 무관심한 게 이해되나요?"라는 질문에 다른 반응을 할 수 있기를 기다렸다.

어머니: 물론이죠. 혼자 있는 것에 익숙해지면 사람들이 자신의 약점을 보는 것을 원하지 않죠. 또한 사람들의 약점도 보고 싶지 않잖아요. 왜 샘이 다른 사람들의 고통을 보고 싶어 하지 않는지 충분히 이해해요.

치료사: 이게 강인해 보이는 거네요. 혼자 남아서 일을 처리할 때, 어머니 옆에는 아무도 없

네요. 그렇죠?

어머니: 맞아요. 강인하지만 외롭죠.

치료사: 이건 엄청난 일이에요, 안젤라. 샘이 잘못하거나 나쁜 짓을 하고 있지는 않지만 실제로 그가 잘 반응하지 않은 게 이해된다고 샘에게 말해 줄 수 있나요? 그는 강인해요.

어머니: (부드러운 미소를 짓고 샘을 바라보며) 물론이죠. 네가 왜 엄마 말을 믿지 않는지 충분히 이해해. 너는 잘못한 게 없어. 네 잘못이 아니라 내 잘못이야라고 말하기까지 오랜 시간을 기다리게 해서 미안해. 넌 강인한 아이야.

샘: (조금 혼란스러워 보이지만 고개를 끄덕이며) 전 엄마가 자신을 탓할 거라곤 생각도 못했어요. 엄마가 저를 비난할 거라고 생각했죠. 그건 확실히 다른 거죠. 감사해요. (어색하게 웃으며)

샘의 무관심에 대한 안젤라의 인정과 수용은 샘에 대한 그녀의 개방적 태도를 보여 주며, 더불어 이전에 무례하다고 여겼던 점에 덜 방어적으로 반응함을 보여 준다. 어머니의 이 새로운 움직임은 그녀의 돌봄체계에 대한 몇 가지 차단을 잘 다루어 나가고 있다는 지표이다. 안젤라가 자신의 경험을 보게 되고 또 자신의 욕구를 숨기는 것으로 대처했던 방식을 볼 수 있게 됨으로써, 샘을 향한 그녀의 기대가 더 명확해지면서 샘과 자신에 대한 부정적인 관점이 줄어든다. 이러한 경험을 통해 안젤라는 샘과 그의 욕구를 더 잘 볼 수 있다. 부모가 자기 자신의 욕구를 볼 수 있을 때 자녀의 욕구를 더 소중히 여기기가 쉽다.

아버지, 제임스, 마리아는 모두 샘과 어머니 사이의 새로운 상호작용을 신중한 자세로 목격했다. 그들은 지지하는 표정을 짓고서 고개를 끄덕이며 인정해 주었다. 치료사는 새로운 반응을 반영했고 취약성을 드러내는 대화를 완수한 그들의 성공에 박수를 보냈다. 부모의 개방성에 대한 보다 안전한 기반을 바탕으로, 치료사는 다음 회기가 샘의 파괴적인 행동 이면에 숨어 있는 취약성과 불안감을 더 깊이 탐색할 수 있는 적절한 타이밍이라고 결정했다.

다음 전체 가족회기에서 치료사는 샘의 반발 행동 이면에 있는 애착 욕구를 드러내려고 시도했다. 안타깝게도 샘은 가족회기에 참여하기를 꺼려했는데, 그가 자신이 문제임에 너무 많은 초점이 맞춰져 있다고 느꼈기 때문이다. 좌절감이 커지자 샘은 갑자기 일어나서 "이 치료법은 다 엉터리야!"라고 말하며 상담실을 나갔다. 나머지 회기 동안 치료사는 가족의 부정적인 고리를 강조하고 단절의 위협을 처리하는 각 가족구성원의 보호 움직임이 어떻게 다른 구성원들에게 더 큰 반발을 일으키는지 각 구성원에게 보여 주었다. 가족들은 샘의 분노에 찬 퇴장을 급박한 순간에서 자신에 대한 나쁜 감정을 피하기 위한 '강인한 남자' 적응 전략이라는 관점에서 바라보지만, 안타깝게도 그는 계속 '외현화 행동을 하는 아이'라는 역할에 갇히게 되었다. 가족회기가 끝난 후, 치료사는 대기실에서 샘에게 말을 걸었고 형제들 앞에서 그를 몰아붙인 것을 사과했다. 다음 회기에서 샘과 개인상담을 갖고 샘이 치료가 어떻게 진행되고 있다고 생각하는지 논의하기로 하는 데 모두 동의했다.

(7) 샘의 개인회기

샘의 부모는 새로운 대화를 할 준비가 되어 있었지만, 샘이 특히 형제들 앞에서 자신의 취약점을 있는 그대로 공유하는 위험을 감수하기에는 시기상조였다. 샘과의 개인회기에서 치료사는 애착 관련 대화에 집중하여 안전감을 높임으로써 샘과의 동맹을 되찾는다. 치료사는 방어적으로 차단하고 있는 샘을 만나 감정을 피하는 대신, 정서 경험에 머물러 있도록 돕는다. 치료사는 샘이 경계심을 늦추고 싶지 않다는 합당한 이유를 존중하고, 두 사람은 샘의 보호행동의 대가, 즉 고립의 심화를 탐색한다.

샘은 마지못해 '항상 네가 문제라는 이야기를 듣는 것'이 얼마나 힘든 일인지를 인정했다. 치료사는 자기 자신에 대한 샘의 부정적인 관점을 적응하기 위한 것으로 인정하고 샘이 "난 문제예요."라고 말할 때 무엇을 느끼는지 집중하도록 지지했다. 샘은 눈물을 흘리며 자기 자신이 마음에 들지 않고 혼자라는 느낌이 든다고 말했다. 샘이 가진 문제의 뿌리가 고립에 있다면, 치료사는 샘이 자신의 취약성을 보여 주는 위험을 감수하는 순간에 그가 외로움 속에서 연결감을 경험하도록 도와주어야 한다. 샘은 자신의 취약성을 공유하는 위험을 감수하려면 성공을 경험해야 하고, 성공하지 못할 때 왜 그것을 분노로 덮는지 이해해야 한다. 치료사는 샘에게 "너의 고립을 보도록 해 줘서 감동을 받았고 우리 모두에게 슬픔을 효과적으로 다루기 위해 필요한 위로를 네가 받을 수 있도록 돕고 싶어."라고 말했다. 샘은 감사해하며 고개를 끄덕였다.

치료사는 샘이 자신의 상처를 공유하는 위험을 감수할 수 있게 하는 것은 치료사의 책임이며, 샘이 안전하지 않다고 느낀다면 언제든지 멈춰도 괜찮다고 상기시켜 주었다. 또한 치료사는 샘의 부모가 자신들의 반응을 기꺼이 변화시킬 준비가 되어 있다고 생각하며, 이제 샘이 자신이 원하는 것에 대해 솔직하게 말하고 함께 어려운 일에 직면하는 용기에 다가갈 수 있는 좋은 기회라는 점을 거듭 강조했다. 샘은 한번 해 보는 것에 동의했다. EFFT의 2기 과정으로 전환하기 위해서는 샘을 취약한 대화에 참여시키는 것이 필수였다.

2) 2기: 관계 태도 재구조화

(1) 애착 욕구와 돌봄 반응에 참여하기

가족의 반발 반응이 줄어들었다는 치료사의 평가, 샐의 외현화 행동 이면에 있는 것을 살펴보는 데 대한 샐의 동의 그리고 자녀의 드러난 취약성에 대한 부모 개방성과 접근성 및 반응성에 대한 샐의 목격은 모두 단계적 약화의 명확한 지표이며, 가족이 2기에서 더 깊은 작업을 할 준비가 되었다는 신호이다. 주된 목표는 특정한 가족관계에서 안전함을 느꼈던 새로운 관계 만남에 개입하는 데 중점을 두는 것이다. 치료사는 자녀의 취약성에 개입하고 부모 가용성을 증진하고자 한다.

샐이 개인회기에서 부모와의 관계에 대한 걱정을 혼자 해결하는 것이 안전하다고 표현한 다음, 치료사는 샐과 부모와의 관계 경험을 이해하는 데 초점을 맞춘 회기에 부모와 샐을 초대한다.

치료사는 다른 자녀들의 방해를 걱정하지 않고 부모와 샐 간의 특정 관계에 대한 역동을 탐색하기 위해 이러한 별도의 회기가 필요함을 의도적으로 설명함으로써 이 회기의 분위기를 만들어 간다. EFFT 의사결정 모델에 따라, 치료사는 부모의 반응을 촉진하기 위해 관계 차단을 경험적으로 다루어 가는 데 중점을 둔다. 치료사가 언쟁이 있을 때 샐에게 무슨 일이 일어나는지 이해하고 싶다고 거듭 언급하자 부모는 동의한다. 그런 다음, 치료사는 가장 최근의 싸움을 질문하고 악화된 언쟁으로 다시 돌아가 관계 차단을 유발하는 촉발 요인인 특정 사건에 초점을 맞춘다.

(2) 유대감회기: 부모와 샐

그 싸움에 대한 언급만으로도 화를 내는 샐의 표정에 초점을 맞춘 치료사는 그의 분노를 반영한다. 치료사는 가족 갈등을 이야기할 때 나타나는 정서를 강조하면서 현재 과정을 반영하는 데 초점을 둔다.

치료사: 이 싸움이 엄청난 좌절감을 불러일으킨다는 걸 바로 알 수 있어. 지난 회기에서 이야기했듯이, 너의 분노는 가족에서 느끼는 끊임없는 부정성으로부터 너를 보호하려는 것 같아. 어머니가 네가 무언가 잘못하고 있다는 것을 강조할 때, 그 순간 바로 화가 나고 그 화는 강력해. 네가 화를 내지 않고 비판을 밀어내지 못하면 어떻게 될지 궁금하구나. 부정적인 메시지가 쌓이기 시작하면 어떻게 될까?

샐: (혼란스러워 보이는) 그런 일이 일어나도록 그렇게 놔둘 수 없죠. 선택할 수 있는 게 없어요. (분노에 찬 목소리로) 부정적인 면이 많이 느껴지죠. (당혹스러운 표정을 지으며) 만약 제가 비판을 막지 못한다면, 모든 부정적인 것이 저를 파괴할 것이고 (바닥을 내려다보고 잠시 멈추며) 저는 굴복하게 되며 저를 못된 아이라고 말하는 모든 사람의 말에 동의하게 되는 거죠.

치료사: 오, 맙소사, 네가 그렇게 세게 밀어내는 게 당연하네. (목소리에 슬픔을 담아) 부정적인 게 느껴지면 그건 네가 못된 아이라는 증거이고, 그게 너를 파괴할 거라는 거잖아? 네가 비판을 회피하는 게 당연해. 내가 만약 화내는 것과 파괴하는 것 중 하나를 선택해야 한다면, 나도 분명히 화를 선택했을 거 같아. (치료사는 정서 조합과 심화하기에 초점을 맞춘다. 치료사의 어조는 강해져야 하는 그의 욕구뿐만 아니라 자신의 가치와 존중을 위해 혼자 싸우는 슬픔을 반영하는 것에서부터 못된 사람으로 보이고 싶지 않은 마음을 반영하는 것으로 옮겨 간다)

샐: (동의의 뜻으로 고개를 끄덕이고 슬퍼 보인다) 그렇게 생각해 본 적은 없는데, 선생님 말이 맞는 것 같아요. 힘드네요. 어떻게 화를 내지 않을 수 있는지 모르겠어요.

치료사: 당연히 힘들지. 너는 분노나 온갖 부정적인 느낌에 사로잡혀 있어. 네가 나쁘고, 문제가 있고, 원치 않는 사람이라는 생각을 떨쳐 버려야 하는…… 그렇지? 이 끊임없는 힘겨운 싸움을 보셨나요? (안젤라가 눈물을 머금고 샐의 어깨에 손을 얹으려고 손을 뻗는다)

어머니: (눈물을 흘리며) 미안하다, 샐. 네가 그렇게 많이 아픈 줄은 몰랐어. 네가 항상 우리에게 화를 내고 나를 미워한다고 생각했어.

샐: (어머니의 손을 멀리 밀어내며) 엄마는 내 곁에 있었던 적이 없었어요. (밖을 바라보며) 제가 여섯 살 때, 수영장에서 뛰다가 넘어져서 팔이 부러졌어요. (눈물을 흘리며 자신의 팔을 문지른다) 너무 아파서 집으로 달려갔는데, 엄마는 수영장에 가지 말라고 경고했는데도 갔다며 바보 같다고 소리를 질렀죠. (샐은 눈물을 닦으며 말을 멈춘다)

샐: (화를 내며) 엄마가 밉고 이제 동정하실 필요 없어요. 내가 혼자라는 거 아니까 그냥 내버려 두세요. (안젤라는 자신의 팔을 감싸고 몸을 앞으로 숙이고 앞뒤로 흔들기 시작한다)

어머니: 네 말이 맞아. 나는 나쁜 엄마였어. 나를 싫어한다고 널 비난하지 않아. 내가 너에게 그렇게 했다는 게 정말 싫어. 내가 너무 싫구나. (샐은 놀란 눈으로 엄마를 쳐다보고 조이는 손을 뻗어 안젤라를 껴안는다)

아버지: (안젤라에게) 괜찮아. 당신도 잘 몰랐잖아. 아무도 당신 곁에 없었어. 아무도 당신의 고통을 못 봤어. 최선을 다하고 있는 당신을 사랑해. 당신 자신을 미워하지 마. (조이가

안젤라를 껴안지만 그녀는 저항하고 뻣뻣하게 반응한다)

치료사: 조이, 안젤라를 안심시키려고 노력해 줘서 고마워요. 안젤라는 아무도 그녀를 위로해 주지 않기 때문에 결코 눈물을 보일 수 없죠. 드디어 변하고 있네요.

치료사: 안젤라, 당신은 살아 남기 위해 최선을 다했고 상처를 안 받으려고 자신과 다른 사람들에게 가혹하게 대하는 법을 배웠죠. 당신은 마음이 힘들 때 혼자서 힘을 내야 한다고 생각했잖아요. 하지만 드디어 당신은 수치심과 숨기는 것이 오히려 당신이 가장 필요로 하는 것으로부터 멀어지게 한다는 것을 깨닫고 있어요. 그렇죠? (안젤라는 고개를 끄덕이며 쳐다본다)

치료사: 안젤라, 그런가요? 이 순간에 조이의 포옹을 받아들이기 힘든 이유가 엄마로서 실패한 거 같고 당신이 애쓰고 있다는 것을 샘에게 보여 준다는 느낌이 들어서인가요? 수치심은 우리가 필요로 하는 사랑을 밀어내는 방패예요. 샘도 같은 걸 배웠어요. 샘의 적대적 반항장애 행동 중 대부분은 수치심을 다스리기 위한 시도이죠. 모두가 샘이 화를 내고 있다고 보지만, 그 이면에 있는 상처와 부끄러움은 아무도 보지 못하죠. 마치 마음 깊은 곳에서는 모두가 혼자 있는 것 같고, 자신이 중요하지 않거나 나쁜 사람이라는 감정으로부터 자신을 필사적으로 방어하려는 것과 같죠. 다행히도 수치심을 위한 치료법은 외로운 내면과 연결하고 공감하는 것이죠. (치료사가 팔을 벌리고 미소를 짓는다) 바로 지금, 안젤라 당신은 나와 눈을 마주쳤어요. 당신이 얼마나 새로운 방식으로 샘에게 보여 주려고 하는지 느껴져요. 지금 바로 샘이 상처와 분노를 혼자서 처리하지 않도록 거기 함께 있고 싶은 거죠? (치료사는 교감적 만남을 안무한다)

어머니: (격하게 고개를 끄덕이며) 그렇지요.

치료사: 훌륭해요! 할 수 있다고 믿어요. 샘에게 돌아서서 너 자신을 지킨 방식을 이해하고 혼자 고통 속에 있는 걸 원하지 않는다고 말해 줄 수 있나요?

어머니: (조이의 손을 잡으려고 손을 뻗으며) 샘, 나와 아빠는 네가 그 분노 아래서 얼마나 고통스러운지 전혀 몰랐어. 우리는 어떻게 해야 할지 모르지만, 네가 고통 속에 혼자 있는 것은 절대 원하지 않아. 이제 너의 힘겨운 싸움을 알게 됐으니 잘 돕겠다고 약속할게. (조이는 손을 뻗어 아들의 어깨를 문지른다)

샘: (그냥 고개만 끄덕이며 무슨 말을 해야 할지 몰랐지만 아버지의 손을 밀어내지는 않는다)

이 회기에서는 치료사가 다중의 관계 차단에 대해 준비하고 작업하는 것의 중요함을 보여 준다. 예상대로 샘의 취약성이 드러나면서 슬픔을 공유하는 것도 차단된다. 그는 일찍부터 어머니가 자신을 위로해 줄 것이라고 믿지 않는 것을 배웠다(어머니에 대한 부정적인 관점). 수영장에서 넘어졌던 그의 이야기는 어머니가 자신을 바라보지 않을 것이라는 좋은 증거이기 때문이다. 샘을 위로하려는 어머니의 시도에 대한 거절과 불신은 안젤라의 수치심(자신에 대한 부정적인 관점)과 그녀가 정말로 중요한 무언가에 실패하고 있다는 두려움을 촉발한다. 안젤라는 거절당했을 때 수치심에 빠져들고, 그 과정에서 샘의 상처에 존재하는 자신에게로 초점을 옮긴다. 수치심으로 인해 샘은 엄마가 자신을 위해 함께 있지 않을 거라고 확신한다. (어머니와 자신에 대한 샘의 부정적인 관점을 강조) 수치심에 사로잡혀 안젤라는 샘의 분노에 들어 있는 항의를 볼 수 없다. 치료사는 샘의 분노와 안젤라의 수치심을 단절의 고통으로부터 보호하기 위한 것이라고 정상화한다. 안젤라는 수치심을 느꼈지만, 조이와 치료사로부터 지지를 받았기에(자신에 대한 부정적인 관점 감소) 샘의 분노와 고통에 다시 관심을 돌릴 수 있었다. 샘의 분노를 받아들인 안젤라는 그동안 놓쳤던 '반응성'이라는 요소를 추가하기 시작하고, 샘은 어머니에 대한 부정적인 견해가 줄어든다. 치료사는 즉각 나타나는 가족의 부정적인 고리와 반발 반응을 부추기는 돌봄과 돌봄 추구에 대한 차단을 명확히 함으로써 관계 차단을 작업하는 데 중점을 둔다.

다음 회기에서 치료사는 샘을 부모와 다시 보기로 결정한다. 치료사는 수치심을 느끼지 않으면서 샘의 취약점에 반응하는 부모의 능력과 위로에 다가가기 어려운 샘의 두려움을 계속 다루는 과정에 초점을 맞춘다. 그리고 치료사는 샘이 불확실할 때 느끼는 좌절감으로부터 자신을 지키려는 방식을 안젤라와 조이가 다시 수용하도록 격려하기 시작한다. 관계 차단의 핵심은 수치심을 느끼면서도 어떻게 그들이 연결될 수 있는가 하는 것이다. 그 수치심은 다른 사람들을 멀리하기 위해 방어적 분노를 부추기고 모든 사람을 혼자 남겨 두기도 한다. 안젤라와 조이는 샘의 방어적인 태도가 자신들의 수치심을 유발해서 결국 샘의 수치심을 강화하는 대신, 샘의 분노와 불신을 인정하고 이 보호 방식이 문제아로 보이는 고통을 피하기 위한 수단임을 이해함으로써 샘과 연결되는 기회를 가진다.

치료사는 수용을 촉진하고 부모가 새롭게 교감하는 방식으로 능력을 다룰 수 있도록 돕는다. 그들은 샘을 나쁘게 보기보다는 샘이 나쁜 일을 겪고 있고 그와 함께 그런 점을 볼 수 있는 다른 사람들이 필요함을 이해하기 시작한다. 그들은 마침내 샘의 숨겨진 취약성의 일부를 발견한다. 부모는 '다루기 어려운 수치심' 게임을 멈출 기회에 뛰어들어 새롭고 덜 비난하는 방식으로 샘의 분노를 어떻게 이해하고 있는지 공유한다. 부모 모두 샘에게 부정적인 평가를 퍼부었던 것을 사과하고 다시 신뢰를 얻을 수 있는 기회를 달라고 부탁한다. 샐은 부모의 사과와 그를 다시 이해하고 싶다는 부모의 초대에 어깨가 으쓱해진다.

치료사: 샐, 네가 어깨를 으쓱했는데 부모님이 미안하다고 하고 달라지고 싶다고 말할 때 어땠니? (현재 과정을 반영하기)

샐: 잘 모르겠어요. 더 잘 이해해 주셔서 기분은 좋아요. 부모님이 진심인 것처럼 보이지만, 제가 믿으면 나쁜 일이 생길 수도 있다는 느낌도 들어요.

치료사: (끄덕이며) 샐, 복잡한 감정을 말로 표현하다니 훌륭하구나. 너의 한 부분에서는 이해받아서 기분이 좋고, 또 다른 부분에서는 부모님을 믿지 못하고 있네. 널 이해하고 싶어. 어떤 나쁜 일이 일어날 것 같니? (정서 조합에 초점을 맞추며)

샐: (주먹을 불끈 쥐며) 만약 제가 방심한다면 비난을 받을 것 같아요.

치료사: (샐 쪽으로 기울이며) 아, 네가 좋은 부분을 믿기 시작하면 너는 부정적인 것으로 허가 찔릴 수 있다는 거구나. 넌 부정적인 이야기에 너무 익숙해져 있어서 항상 경계하고 공격에 대비해야 하는구나. 나쁜 메시지로부터 항상 자신을 보호하는 것은 매우 지치는 일일거야.

샐: (샐은 시선을 돌리고 나서 고개를 저으며 조용히 말한다) 그렇죠. (심호흡을 하고 한숨을 쉬며 멍하게 생각에 잠겨 바닥을 내려다보면서)

치료사: (부드럽게) 너무 지칠거 같아. 가끔 부정적인 메시지가 너의 방어벽을 통과하기도 하니? 가끔 부정적인 메시지가 사실이고, 네가 나쁜 아이이며 사람들이 원치 않는 사람이 될까 봐 두렵니? 네가 나쁘고 원치 않는 사람인거니? (치료사는 부정적인 자기 견해를 탐색한다)

샐: (당황스럽게 반응하며) 그냥 나쁘게 굴지 않는 게 어려워요. 항상 어려워요. 우리 가족은 아무도 저를 좋아하지 않아요. 제가 문제아예요. 다들 절 참아 줬죠.

아버지: (아버지가 끼어들며 안심시키려 한다) 아니야. 너는 문제아가 아니야. 우리는 네가 똑똑하고 훌륭하다고 생각하고…….

치료사: (조이의 말을 중단하며) 아버님, 샐에게 반응해 줘서 감사해요. 당신은 샐이 자신을 부정적으로 느낄 때 돕고 안심시켜 주고 싶어 하네요. 괜찮다면 저는 샐이 절대 말하지 않고 아무도 보지 않는 그 안의 어두운 곳을 더 알고 싶어요. 샐은 마침내 분노 이면의 힘겨운 싸움 속으로 우리를 들여보내고 있죠. (치료사는 샐을 보며) 모든 사람이 너를 나

뻐다고 생각하고 너도 네 자신이 미워지는 그곳에 혼자 있는 자신을 발견하는 건 정말 힘든 일이야.

샐: 거지 같죠. 마음속으로는 제가 밉죠. 아무도 날 사랑하지 않아요. 저에게 나쁜 일이 일어나는 게 당연해요. (샐이 손을 얼굴에 얹고 울기 시작하더니 화난 말투로 변한다) 저는 모두를 실망시키는 패배자이니까 그냥 저를 좀 내버려 두세요.

치료사: (안젤라의 눈물을 바라보며) 안젤라, 아들의 눈물을 보니 어떤가요?

어머니: 마음이 아프네요. 제 자신이 미워지는 게 어떤 건지 알아요. 그냥 돕고 싶을 뿐이에요.

치료사: 맞아요. 샐의 슬픔이 느껴지니까 당신의 마음이 아픈 거네요. 샐을 보고 슬프다고 말할 수 있을까요?

어머니: (샐을 보고 샐의 눈을 맞추려고 노력하며) 너무 슬퍼. 넌 고립이 아닌 사랑을 받을 자격이 있어. 그냥 너를 안아 주고 싶을 뿐이야. (그녀가 샐을 향해 몸을 기울이지만 망설인다) 널 안아도 되니? (샐은 대답하지 않고 계속 울며 안젤라는 샐을 껴안고 어깨를 문지른다. 그러고 나서 그녀는 조이를 그들 쪽으로 끌어당기기 위해 손을 뻗는다. 조이는 안젤라 옆에 무릎을 꿇고 샐에게 손을 내민다)

조이: (부드럽게 말하면서) 이 끔찍한 곳에 널 늘 혼자 있게 해서 미안해. 이 모든 것을 말해 줘서 고맙구나. (샐은 포옹을 허락하고 반응하려고 하는 부모의 노력을 밀어내지 않는다. 샐의 몸이 부모의 사랑스런 품에 잠기면서 그는 깊이 흐느끼기 시작한다. 그의 눈물은 부모의 공감을 불러일으키고 그들의 온화하고 안정된 손길은 샐에게 더 이상 혼자가 아니라는 것을 상기시킨다)

처음으로 샐은 수치심과 고통의 어두운 장소에서 위안을 얻는다. 이전 회기들에서 어머니와 아버지는 샐에게 반응하기 위해 힘들게 애써 노력했음을 인정하고, 샐의 방어적인 태도에 반발하는 대신 인정함으로써 신뢰를 얻었다. 샐과 안젤라는 둘 다 자신에 대한 부정적인 관점(수치심)과 타인에 대한 부정적인 관점(비난)의 걸림돌을 탐색하면서, 안젤라가 어렸을 때 알았던 것과는 다른 무언가를 할 수 있게 되었다. 샐이 자신의 취약성을 드러내는 결정적인 순간, 안젤라는 공감과 반응을 보였을 뿐만 아니라 조이가 샐에게 다가갈 수 있도록 도왔다.

대체적으로 조이는 안젤라와 샐의 싸움 한가운데에 갇혀 있었기 때문에 어느 쪽도 소외시키지 않기 위해서 꼼짝도 못하고 사실상 샐을 혼자 내버려 두게 되었다. 조이의 조심스러움은 장기적으로 그를 주변으로 내몰았다. 그러나 안젤라가 적절한 시기에 잘 개입해 주어서 조이는 구속에서 벗어났고 아무 제약 없이 샐에게 다가갈 수 있었다. 조이 역시 안젤라와 샐을 고통에서 구하거나 안심시키려고 애쓰는 대신, 그들의 취약함 속에서 만나는 힘을 경험했다. 그리고 샐은 안젤라와 조이를 그들의 수치심에 혼자 내버려 두는 대신, 그들과 함께 하는 법을 배웠다. 부모가 샐의 근원적인 고통에 반응하게 되고 그의 분노를 두려움으로부터의 보호와 샐 자신의 입장에서 봐 줬으면 하는 욕구의 표현으로 받아들이면서 그들은 안전한 관계로 변화되었다. 이 교정적 정서 경험으로 샐의 취약성에 대해 그동안 놓쳤던 요소인 안전하고 조율된 반응이 포함되었고, 샐을 '문제아'로 간주하는 부정적인 낙인이 제거되기 시작하면서, 문제아라는 처방은 '아픈 아이'라는 더 정확한 관점으로 대체되었다.

(3) 샐의 요청

치료사는 부모와 샐을 위한 또 다른 회기를 갖기로 결정한다. 이는 샐의 욕구를 명확히 하여 부모에게 그 욕구에 반응할 수 있는 분명한 기회를 주기 위해 필요한 회기이다. 지난 회기에서 부모의 반응은 신뢰를 쌓기 위한 중요한 단계였다. 샐이 필요한 것을 직접 요청하고 부모의 위로를 받아들이는 것은 안전한 신뢰관계에 대한 자신감을 회복하는 데 매우 중요하다. 샐과 부모 모두 분노와 싸움이 줄었고 훨씬 더 평온한 한 주를 보냈다고 이야기했다. 세 명 중 한 명은 어떤 분노가 떠오를 때마다 "분노의 이면에는 어떤 취약성이 있다는 것을 기억하자."라고 말하곤 했다. 가족은 분노를 취약성으로 바꾸어 보았을 때 분노가 얼마나 빨리 사라질 수 있는지 놀라워했다. 회복과 반응에 대한 더 명확한 지도를 가지고 취약성이 어떻게 가족 전체에게 힘을 실어 주는지에 대한 주제를 바탕으로, 치료사는 샐의 적대적 반항장애 행동을 견딜 수 없는 상황에서 살아남으려는 아이의 절박한 시도라고 재구성했다. 치료사는 적대적 반항장애라고 언급할 때, 샐이 고통스러워서 움찔거린다는 것을 알아챘다. 이에 치료사는 그 고통을 반영하고 그것을 샐의 수치심을 다시 들여다보는 통로로 사용한다. 이번에는 치료사가 적극적으로 참여한 부모와 함께 샐이 수치심 속에 있는 자신의 열망을 표현하도록 도우려고 한다. 지금까지는 도움을 요청할 수 없었지만 이제 도움을 요청하도록 하기 위해 치료사는 지속 가능한 접근법을 채택하고 수치스러울 때 필요한 것에 대해 모호하고 몰랐던 부분에 대비해야 한다. 치료사는 샐이 욕구와 열망을 표현하도록 돕기 위해 욕구를 일으키는 고통과 수치심을 위한 공간을 개방해야 한다. 샐이 얼마나 자주 외로움을 느끼는지 공유하고 양 옆에 앉아 있는 부모가 손을 뻗어 그의 손을 잡으려고 할 때, 다음과 같이 샐의 수치심이 드러난다.

샐: 네. 음⋯⋯ (멈춤) 제 생각에는⋯⋯ 정말 절망적인 것은 그것이 정말로 바뀔 것이라고 믿지 않는다는 것이에요. 마음속으로는 제가 망가졌으며 해결할 수 없다고 생각해요. (부모로부터 떨어져 두 팔로 몸을 감싸고 울기 시작했다)

부모 모두 샐의 등을 문지르려고 손을 내밀고 눈물을 흘린다.

치료사: 와, 이건 정말 달라. (샐이 눈물을 머금고) 너는 혼자가 아니야. 샐, 부모님은 빛을 비추기 위해 어둠 속에서 사랑을 가지고 오고 계셔. 마음 깊은 곳에서 네가 망가지고 상황이 변하지 않을까 봐 두렵구나? 지금 당장 네 마음의 소리에 귀를 기울이면 좋겠어. 변하지 않을 것 같은 이 고통과 두려움을 어떻게 부모님이 도와줄 수 있을까? (치료사는 샐이 두려움에 동반되는 위로를 받고 싶은 열망을 느끼고 말로 표현하도록 격려하고 있다)

샐: (여전히 바닥을 바라보며) 저는 엄마 아빠가 제가 변할 수 있고, 언젠가는 괜찮을 것이라고 말해 주면 좋겠어요.

치료사: 맞아, 네가 절망적일 때 그들의 희망이 필요하지. 부모님에게 돌아서서 "가끔은 제가 할 수 없다고 생각되는데 제가 변할 수 있다고 믿으세요?"라고 물어볼 수 있을까? (치료사가 재연을 준비한다)

샐: (눈물을 흘리며 어머니를 올려다본 다음 아버지를 바라본다. 샐은 안심을 얻고자 노력한다) 정말로 제가 바뀔 수 있다고 생각하세요?

어머니: (샐을 안기 위해 손을 뻗는데 동시에 아버지도 샐을 안아 주려고 한다) 물론이지. 우린 함께할 수 있어. (울면서) 네가 정말 자랑스럽구나. 너는 우리 모두의 변화를 돕고 있어.

아버지: (아들 이마에 입을 맞추며) 이런 두려움을 느끼고 있는 너를 어떻게 도와야 하는지 몰라서 미안하구나. 그 길을 이끌어 주니 너는 정말 용감해. 이제 네 어둠에 대해 알았으니 빛을 가져올게. 그리고 내가 어떻게 도와야 할지 모를 땐 네가 혼자가 되지 않도록 항상 어둠 속에서 너와 함께 앉아 있을게. 넌 망가진 게 아니야. 이 고통을 이렇게 오래 참아 낼 만큼 강해. 사랑한다. 샐. (아버지는 샐의 머리를 쓰다듬어 준다)

샐: (심호흡을 하고 그들의 품에서 긴장을 푼다. 잠시 안긴 후, 샐은 미소를 지으며 위를 올려다본다) 혼자 있는 거보단 낫네요. 아빠, 엄마, 저를 위해 함께 있어 주시고 제가 할 수 있다고 믿어 주셔서 감사해요. 저는 확실히 더 진정이 되고 희망이 느껴져요. 좀 이상해요. (웃음) (아버지와 어머니는 샐과 함께 웃으며 손을 잡으려고 손을 내민다)

치료사는 샐이 두려움의 중심으로 가서 부모에게 도움을 요청하고 부모의 애정 어린 반응을 얻고 신뢰하는 것을 세 사람 모두가 경험하며 어땠는지 그 과정을 다루도록 돕는다. 새로운 취약한 반응이 왜 더 나은 건지 이해하는 것은 가족구성원이 함께하는 이러한 새로운 방식을 반복할 수 있게 해 준다. 치료사는 유대감을 형성하는 순간을 통해 치료 과정을 알 수 있게 하고 가족의 안전한 유대감이 커진 이후에 변화의 지표(예: 기쁨, 평온, 안도, 평화)로서 긍정적인 정서를 명확하게 촉진한다. 샐의 문제의 근원이 두려움과 고통으로 인한 고립이라면 해결책은 유대감이다. 치료사는 유대감을 신체적으로 새롭게 표현하는 신호를 강조하고 축하하면서 가족도 동일하게 하도록 하고, 그 과정에서 자기 보호와 고립이라는 부정적인 고리를 대체하는 유대감의 긍정적 고리를 명확히 한다.

3) 가족회기

샐과 부모의 유대감이 형성된 후, 세 사람은 제임스와 마리아와 함께 자신들이 만든 변화를 공유하고 더 깊은 취약성을 드러내는 대화를 할 수 있도록 그들을 초대하기로 결정했다. 부모와 샐의 관계에만 초점을 맞춰 가족의 방어적인 분위기를 바꾸는 것만으로는 충분하지 않다. 대신, 치료사는 부모와 샐과의 교정적 정서 경험을 다른 자녀들에게 부모 가용성을 확장하는 발판으로 사용하도록 부모를 돕는다. 그리고 다른 자녀들이 샐과 가족관계에서 일어난 변화를 볼 수 있는 공간을 마련함으로써, 부모는 다른 자녀들과 교류하고 긍정적인 상호작용을 향한 변화를 공유하고자 시도한다. 치료사는 애착 욕구 공유를 어렵게 하는 걸림돌과 이러한 욕구를 이해하고 적절히 반응하는 것을 어렵게 하는 부모의 걸림돌에 직면해 있는 다른 자녀들에게 합류하여 가족 내 새로운 차원의 신뢰를 이끌어 낸다.

다음 몇 번의 회기 동안, 제임스와 마리아는 샐과 부모의 격려를 받으며 관심을 받지 못하고 때로는 보이지 않는 것처럼 느낀 그들의 어려움을 나눈다. 제임스와 마리아는 샐의 나쁜 행동에 초점을 맞춘 가족의 부정적인 분위기에 오랫동안 갇혀 있었고, 어머니의 분노가 매우 위협적이어서 상황을 악화시키지 않고 조용히 있는 것이 최선이라고 느꼈다. 치료사는 제임스와 마리아의 위축이 그들의 두려움과 욕구를 감추기 위해 보호한 것임을 아버지와 어머니가 수용하도록 도왔다. 이전의 샐과 마찬가지로, 제임스와 마리아도 그들이 숨겨 왔던 취약한 애착 욕구에 대한 위로를 경험했다. 샐이 합류하여 그가 얼마나 형제자매를 자랑스러워하는지 공유했다. 모든 부정적인 상호작용과 마찬가지로, 방어적인 상호작용도 부정적인 고리를 강화하듯이 반응에 대한 긍정적인 고리도 안전 고리를 계속 유지하게 한다. 가족은 애착 욕구가 충족되도록 반응하는 모든 상호작용 후에 더 강하고 안전해진다.

3. 결론

가족은 어쩔 수 없는 실수를 해결하는 연습을 하면서 몇 회기 더 상담을 계속했고, 취약성을 드러내는 대화를 계속하고 애착 요구의 중요성에 신경을 쓰는 실천 방식을 의도적으로 일상생활에 적용함으로써 더 친밀감을 느꼈다. 가족은 토요일 오후에 가족 산행을 하면서 모든 구성원이 정서적으로 어떻게 지내는지 확인할 수 있는 완벽한 시간이라고 결정했다. 그들은 이것을 '취약성 휴가'라고 불렀다.

마지막 회기가 끝난 후, 자녀들은 상담을 중단하려고 했지만 조이와 안젤라는 더 깊은 상담을 원해서 부부치료에 들어갔다. 비록 분노 폭발과 무례한 행동을 하는 샐의 적대적 반항장애가 마법처럼 사라지지는 않았지만, 샐이 공식적인 적대적 반항장애 기준을 더 이상 충족하지 않았기에 그의 증상은 극적으로 개선되었다고 볼 수 있다. 가족치료를 받기 이전에 샐은 적대적 반항장애(ODD) 진단의 여덟 가지 요소를 모두 충족했지만, 지금은 분노하고 보호하는 전략이 더 이상 만성적이지 않기 때문에 기준을 모두 충족하지 않는다. 샐은 자신의 욕구가 더 효과적으로 충족되면 화를 덜 낸다고 자랑스럽게 고백했다.

샐은 치료 과정에 매우 열심히 참여했기에 치료가 끝나는 것을 원하지 않았다. 그래서 그는 다른 치료사와 개인치료를 하기로 결정했다. 샐은 분노 이면에 있는 두려움과 고통을 계속 처리해 나가면서 연민이 생기고, 공감도 하게 되고, 침착해졌다. 그리고 부모의 도움으로 샐은 수치심의 해독제가 공감임을 배웠다. 고질적으로 자신의 감정을 피하는 대신, 샐은 호기심을 가지고 자신의 정서에 기대어 실제로 취약성을 드러내는 것에 매우 능숙하다는 것을 발견했다. 갑옷 밑에는 꽤 예민한 아이가 살고 있다. 짜증스러운 '슈퍼 샐'은 인상 깊은 '슈퍼 샐'로 꾸준히 대체되었다. 부모의 도움으로 유대감이 강화된 샐은 보다 안전한 세상에서 자율성을 추구하는 것이 훨씬 안전함을 발견했다.

치료사는 이 가족이 취약성의 언어를 함께 말할 수 있도록 도왔다. 이 새로운 언어를 배우는 데 많은 걸림돌이 있었지만, 치료사는 마음속 깊이 있는 취약성을 드러내는 언어가 모든 인간의 모국어라고 믿었다. 부모 모두 자신들의 돌봄체계에 대한 걸림돌을 받아들였고, 걸림돌을 다루는 위험을 감수하면서 자녀의 어둡고 숨겨진 취약성을 사랑으로 밝게 비추는 공감을 불러일으켰다. 고립된 상태에서 도움이 필요한 자신의 갈망을 알아차린 자녀들은 부모를 밀어내는 대신에 부모에게로 향했다. 하나가 된 가족은 방어적인 가족 표어인 "모두가 화났어요."를 "우리는 모두 도움이 필요해요."라는 단순한 메시지로 바꾸었다. 안전한 애착은 삶의 모든 문제를 해결하지는 못하지만, 가족에게는 어려움 속에서도 사랑과 위안을 찾을 수 있는 최고의 장소를 제공한다.

참고문헌

Ainsworth, M. D. S. (1989). Attachments beyond infancy. *American Psychologist, 44*, 709-716.

Allen, J. P., & Land, D. (1999). Attachment in adolescence. In J. Cassidy & P. R. Shaver (Eds.), *Handbook of attachment: Theory, research, and clinical applications* (pp. 319-335). New York: Guilford Press.

Allen, J. P., Porter, M., McFarland, C., McElhaney, K. B., & Marsh, P. (2007). The relation of attachment security to adolescents' paternal and peer relationships, depression, and externalizing behavior. *Child Development, 78*, 1222-1239.

Bowlby, J. (1946). *Forty-four juvenile thieves: Their characters and home-life.* London: Baillière, Tindall & Cox.

Burke, J. D., Loeber, R., & Birmaher, B. (2002). Oppositional defiant and conduct disorder: A review of the past 10 years, part II. *Journal of the American Academy of Child and Adolescent Psychiatry, 41*, 1275-1293.

Carr, A. (2013). Thematic review of family therapy journals 2012. *Journal of Family Therapy, 35*, 407-426.

DeKlyen, M., & Speltz, M. L. (2001). Attachment and conduct disorder. In J. Hill & B. Maughan (Eds.), *Conduct disorders in childhood and adolescence* (pp. 320-345). New York: Cambridge University Press.

De Los Reyes, A., & Lee, S. (2017). The high cost of childhood disruptive behavior disorders. June 1, www.statnews.com/2017/06/01/disruptive-behavior-disorders-children/

Edwards, R. T., Ceilleachair, A., Bywater, T., Hughes, D. A., & Hutchings, J. (2007). Parenting programme for parents of children at risk for developing conduct disorder: Cost effectiveness analysis. *British Medical Journal, 334*, 682-685.

Greenberg, M. T., Speltz, M. L., DeKlyen, M., & Jones, K. (2001). Correlates of clinic referral for early conduct problems: Variable- and person-oriented approaches. *Development and Psychopathology, 13*, 255-276.

Hann, D. M. (2002). *Taking stock of risk factors for child/youth externalizing behavior problems.* Bethesda, MD: National Institute of Mental Health.

Keiley, M. K. (2002). Attachment and affect regulation: A framework for family treatment of conduct disorder. *Family Process, 41*, 477-493.

Reef, J., Diamantopoulou, S., van Meurs, I., Verhulst, F. C., & van der Ende, J. (2011). Developmental trajectories of child to adolescent externalizing behavior and adult DSM-IV disorder: Results of a 24-year longitudinal study. *Social Psychiatry and Psychiatric Epidemiology, 46,* 1233-1241.

Rosenstein, D. S., & Horowitz, H. A. (1996). Adolescent attachment and psychopathology. *Journal of Consulting and Clinical Psychology, 64,* 244-253.

Scott, S., Knapp, M., Henderson, J., & Maughan, B. (2001). Financial cost of social exclusion: Follow up study of antisocial children into adulthood. *British Medical Journal, 323*(7306), 191-194.

Tomasic, M. A. (2006). Childhood depression and conduct disorders as related to patterns of attachment (Doctoral dissertation). Retrieved from Dissertations and Theses database. (UMI No. 3252742).

Theule, J., Germain, S. M., Cheung, K., Hurl, K. E., & Markel, C. (2016). Conduct disorder/ oppositional defiant disorder and attachment: A meta-analysis. *Journal of Developmental and Life-Course Criminology, 2,* 232-255.

Van Ijzendoorn, M. H., Schuengel, C., & Bakermans-Kranengurg, M. J. (1999). Disorganized in early childhood: Meta-analysis of precursors, concomitants, and sequelae. *Development and Psychopathology, 11,* 225-249.

제11장

계부모 가족에 대한 EFFT 사례

"우린 복합 가족이 아니라 누더기 가족이에요."

샤론은 10대 딸 베키와 함께 새 남편 프랭크와 그의 자녀 사라와 조쉬가 사는 집으로 이사했다. 번화한 도시 토론토에서 퀘벡 지방에 있는 조용한 작은 마을로 이동한 것이다. 샤론에게 두 가족의 결합은 그녀의 인생에 새로운 시작을 알리는 신호였다. 이는 대도시의 외로움과 고립으로부터의 새로운 탈출이자 쓰라린 이혼의 고통으로부터의 해방이었다. 프랭크에게 자신의 집과 삶을 샤론과 공유하는 것은 두 아이를 양육하는 데 있어 동반자와 실질적인 지원을 얻을 수 있는 기회였다. 샤론과 프랭크 둘 다 인생의 동반자를 찾았다고 확신했다. 그들의 자녀들은 모두 이 새로운 삶의 모험에 낙관적이었다.

1년 후 이러한 대모험은 그들이 예상했던 것과는 완전히 달랐다. 계자녀들의 요구는 합쳐져 그 무게로 말미암아 압도적이고 불합리하게 느껴졌다. 특히 열세 살은 베키와 사라에 대해서는 더욱 그랬다. 베키와 사라는 서로 다른 학교에 다녔고 친구들과 함께 다른 세계에 사는 것처럼 보였다. 이러한 차이로 인해 그들과 가족은 서로 어울리지 않는 것처럼 느껴졌다. 두 딸의 분리된 생활은 상징적으로 가족 전체를 소외와 거리감으로 정의 내리는 것 같았다. 함께 시간을 보내는 일이 거의 없는 두 개의 분리된 캠프였다. 매일 샤론과 프랭크는 각자의 자녀들에게 별도의 시간을 내어야 했다. 그들은 따뜻하고 친밀한 가족의 꿈을 이룰 수 없을 것 같아 실망스러워서 가족치료를 받기로 결정했다. 샤론은 치료사에게 "우린 복합 가족이 아니라 누더기 가족이에요."라고 가족 상황을 요약해서 말했다.

1. 계부모 가족과 작업

미국에서는 전체 아동의 16%가 계부모 가족과 살고 있으며(Pew Research Center, 2015), 캐나다의 10명 중 1명은 계부모 가족에 속해 있다(Statistics Canada, 2017). 계부모 가족(stepfamily)이란 두 배우자가 혼인하여 이전 관계에서 출생한 자녀와 함께 살고 있는 가족을 말한다. 일반적으로 계부모 가족은 이혼이나 사별로 이전 가족이 해체되면서 형성된다. 또 다른 계부모 가족은 원래의 한부모 가정에서 형성된다. 이성애, 동성애, 결혼하여 사는 부부, 동거 부부 등 계부모 가족의 모습은 다양하지만, 이들 가족의 대부분은 두 명의 배우자가 결합하는 동시에 두 가족이 합쳐지면서 공통의 복잡성(common complexity)을 공유한다. 많은 계부모 가족은 새로운 가족 집단을 형성하면서 다가올 일들에 대한 지침이나 방향이 없기에 가족 응집성(cohesion)에 대한 희망이 무너질 때 재혼 초기 단계에서 매우 취약해진다(Papernow, 2013).

계부모 가족이 경험하는 취약성은 예상치 못한 요구, 상충적인 발달적 요구 및 복합적인 관계 배경을 다루어 갈 때 관계 위험 및 보상과 함께 희망과 꿈도 지켜야 하는 복잡성에 내재되어 있다. 재혼의 60%가 이혼으로 끝나면서 재혼은 파경에 더 취약한 것으로 나타난다(US Bureau of Statistics; Coleman, Ganon, & Fine, 2000). 재혼하는 캐나다인 5명 중 1명 이상이 평균 7.6년 이내에 두 번째 배우자를 떠난다(Statistics Canada, 2012). 재혼 가족의 자녀들은 온전한 초혼 가족의 자녀들에 비해 학업적 · 정서적 · 심리적으로 어려움을 겪을 가능성이 2배 더 높다(Wallerstein, Lewis, & Blakeslee, 2000). 새롭게 가족을 형성한 많은 부부는 결국 부부치료를 받게 되며, 북미 정신건강 클리닉에는 많은 계자녀가 상담을 받고 있다(Dunn, 2002). 계자녀는 이혼에서 재혼으로의 변화로 인한 어려움으로 행동장애나 정신장애를 겪을 수 있으며(Hetherington & Jodl, 1994), 재혼 후 처음 2년 동안은 갈등과 혼란으로 인해 많은 계부모 가족이 치료적 도움을 구한다(Visher & Visher, 1996). 이러한 어려움은 종종 그들이 계부모 가족생활의 여러 가지 시도를 하면서 함께 설 수 있는 방법을 찾아갈 때 가족관계가 회복될 수 있다는 인식보다는 계부모 가족생활이 본질적으로 문제가 있다는 인상을 준다.

부모의 이혼 후 현재 계부모 가족과 살고 있는 자녀에게 무엇이 도움이 되는지에 관한 연구는 이해력이 부족한 아동의 삶에 이혼이 미치는 부정적인 영향에 초점을 맞추었다(Marquardt, 2005; Wallerstein et al., 2000). 계부모 가족의 성공에 기여하는 요인은 무엇이며, 이러한 가족은 어떻게 자녀에게 안정감을 제공하고 회복탄력성을 증진시킬 수 있는가? 계부모 가족은 자녀에게 다양한 성인의 역할을 볼 수 있는 기회, 친밀한 관계에서 부모가 더 행복해하는 모습을 볼 수 있는 경험, 변화에 적응하고 유연해질 수 있는 방법을 배울 수 있는 기회를 제공한다. 내담자들이 인정한 성공적인 치료 접근법에는 계부모 가족의 경험 인정과 정상화, 계부모 가족 생활에 대한 심리교육, 재혼부부에 대한 지원, 무력감 완화가 있다(Visher & Visher, 1996).

1) 계부모 가족의 공통적인 어려움

계부모 가족이 직면하는 주요 걸림돌은 동거 부모와 계부모 사이의 양육 차이, 자녀의 상실감과 충성심, 자녀의 비동거 부모와의 갈등과 요구, 새롭게 형성된 파트너와의 관계에 대한 필연적인 압박감이다. 비록 이러한 걸림돌이 계부모 가족 발달에 일반적인 부분이지만, 이러한 요구들을 해결해 나가는 과정은 수년이 걸릴 수 있다. 궁극적으로 계부모 가족의 성공을 좌우하는 것은 단순히 각각의 어려움에 어떻게 맞서느냐가 아니라, 가족이 함께 이러한 어려움에 어떻게 직면하느냐이다. 가족의 비현실적인 기대, 판단하는 태도, 고립 그리고 효과적인 지원의 결핍은 불안정감을 가져오고 사기를 떨어뜨릴 수 있으며, 이는 결국 계부모 가족의 정상적인 발전 과정을 방해할 수 있다. 독특하고 복잡한 계부모 가족의 역동과 그들이 직면하는 어려움을 이해하는 것은 가족치료사에게 효과적인 치료를 촉진하는 데 중요한 방향을 제공한다(Katz & Stein, 2005).

(1) 복잡한 구조

겉으로 보기에는 계부모 가족이 여느 가족과 비슷해 보이지만 내부에서는 독특한 가족생활을 경험한다. 이는 계부모와 계자녀의 양육관계를 부모와 친자녀 또는 입양자녀의 양육관계와 비교해 보면 그 차이가 가장 분명하게 드러남을 볼 수 있다. 특히 자녀의 나이가 많을 경우 계부모가 계자녀의 부모가 된다는 것은 자동적으로 이루어지지도 않고 필요한 경우도 거의 없다(Emery, 2011). 계부모 가족의 자녀들은 종종 정반대의 가치를 가진 두 가정에 속해 있고 두 개의 가정에서 모든 행사나 생활 사건이 따로 따로 진행된다(Marquardt, 2005). Ahrons와 Rodgers(1987)는 이혼 및 재혼 가정에서 한 가구 이상의 가정으로 이동해야 하는 자녀들에게 예상되는 전형적인 방식을 강조하기 위해 '두 핵(binuclear)' 가족이라는 용어를 최초로 만들었다. 계부모 가족은 이러한 여러 가족을 탐색해야 하며 동시에 각 구성원에게 소속감을 항상 심어 주어야 한다. 더 강한 정체성을 가진 계부모 가족은 각 가정의 고유한 가치를 계속해서 인식하고 또 친부모와 계부모가 자녀의 삶에서 수행할 수 있는 다양한 역할을 인식함으로써 자녀가 두 가정 사이에서 더 원활하게 생활할 수 있게 한다(Papernow, 2013).

샤론은 베키에게 '온전한' 가족 경험을 제공해 주지 못했기 때문에 이혼하면서 어머니로서 실패자라고 느꼈다. 그래서 그녀는 자신의 가족이 '복합 가족이 아니라 누더기'인 거라고 느꼈다. 그녀는 연합과 응집을 갈망했고, 베키와 사라 사이의 거리는 그녀를 두렵게 했다. "이 결혼이 베키에게 그토록 주고 싶은 '온전한 가족'을 경험하게 할 수 있을까요?" 게다가 샤론의 전남편은 재혼했고 그는 베키에게 최소한의 개입만 할 뿐이었다. 이것은 샤론의 실패감을 증가시켰고, 샤론은 프랭크의 온화하고 개방적인 성품이 아버지의 빈자리를 채워 주기를 간절히 바랐다. 그녀는 재혼을 하면 가족의 이상적인 모습을 되찾을 수 있을 거라 믿었고, 그렇게 1년 동안 노력했음에도 불구하고 '누더기'를 보았을 때 자신이 바라던 가정을 이루기 위한 도전에 희망을 잃기 시작했다.

(2) 계부모 가족과 상실

계부모 가족의 자녀는 원가족으로부터의 변화를 중요한 상실로 경험한다. 이러한 상실에 슬퍼하는 것 못지않게, 자녀들은 친부모 또는 양부모 사이에서 느끼는 충성심 구속을 다루어 가야 하는 또 다른 어려움에 직면한다. 또한 그들은 다른 가치관과 낯선 문화를 가지고 있는 새로운 가족생활에 적응해야 한다. 계부모를 받아들이는 것은 다른 한 부모가 현재 '대체'되고 있으며 동거 중인 부모를 새로운 성인과 공유해야 한다는 신호이므로 자녀에게 위협적이고 두려울 수 있다. 많은 자녀가 계부모를 거부하는 것은 현재 같이 살고 있지 않은 어머니나 아버지에 대한 상실감과 충성심을 표현하는 유일한 방법이다. 너무나 자주 자녀들은 자신이 선택하지 않은 새로운 가족생활에 적응해야 하는 어려움에 휘말리게 되며 동시에 현재는 이혼했지만 정서적으로는 여전히 얽혀 있는 부모의 싸움에 계속 말려들게 된다.

베키는 익숙한 집, 친구들 그리고 오래된 이웃들과 멀리 떨어져 시골에서 생활하게 되었다. 그녀는 어머니의 유일한 동거인이라는 지위를 잃었고, 이 새로운 집에는 다른 규칙과 기대가 있다. 베키는 어머니와의 독점적인 관계를 잃었는데, 이는 이제 어머니의 새로운 파트너뿐만 아니라 다른 두 아이(그 중 한 아이는 베키와 동갑임)와도 어머니를 공유해야 했기 때문에 급격한 변화였다.

(3) 계부모와 계자녀 관계

계부모가 현재의 가족 집단에 들어가면 이미 형성된 가족문화에서 새로운 관계를 발전시켜야 하는 도전을 받는다. 계부모는 새 계자녀가 소속감을 느낄 수 있는 공유된 역사나 양육 유대감을 가지고 있지 않다. 또한 그들은 특별한 관심과 돌봄이 필요한 자신의 자녀가 있을 수도 있다. 한편, 계자녀는 계부모를 좋아하는 것에 자주 죄책감을 느끼는데, 이는 같이 살지 않는 부모에 대한 불충을 의미하기 때문이다. 사실, 새로운 계부모라는 존재는 원가족 부모가 재결합할 가능성이 없다는 신호일 수 있다. 부부는 또한 초혼 가족과 달리 자식에 대한 애착을 나누는 기쁨을 공유하지 않기 때문에 어려움에 직면한다. 그들 역시 자신의 친자녀가 부모의 돌봄을 필요로 하기 때문에 계자녀에게 관심을 가지고 자원을 공유하는 것에 갈등과 죄책감을 느낄 수 있다. 반대로, 많은 계부모는 친부모와 자녀 간의 유대감에서 배제되면서 투명인간 같은 느낌, 외로움, 소외감으로 어려움을 겪는다(Papernow, 2013).

새롭게 형성된 재혼부부(stepcouples)가 함께 살기 시작하면서, 그들은 이제 겨우 관계를 발전시켜 나가고 있는 누군가를 양육해야 하는 어려움에 직면한다. 그들은 새가족의 자녀들과 매우 특이한 유대감을 맺고 있다. 게다가, 당장 그들이 부모가 되어야 하는 아이들은 최초의 가족을 잃은 슬픔에 빠져 있을지도 모른다. 계부모와 계자녀 사이의 강한 유대감은 즉각 일어나지 않으며 사랑과 애정이 커질 수 있지만, 특히 초기에는 자연스럽게 계부모 가족생활의 일부에서 내적/외적인 역동이 일어난다.

샤론은 베키와 성격이 너무 다른 사라에게 짜증이 나고 좌절감을 느꼈다. 반면, 프랭크는 베키가 자신의 집으로 이사 오자마자 거리를 두는 것 같아 깜짝 놀랐고 혼란스러웠다. 프랭크는 베키와 샤론이 눈길을 주지 않는다는 느낌과 외로움과 소외감을 느꼈고, 샤론은 자신이 사랑하는 남자와 아끼는 아이 사이에 끼어 있는 느낌을 받았다. 이러한 감정들은 부부 유대감을 발전시켜 나가는 데 어려움이나 위협이 될 수 있고 양육연합을 발전시키는 방법에 부정적인 영향을 미칠 수 있다. 계부모 가족은 자식에 대한 애착을 서로 공유하지 않기 때문에, 그 결과 불균형이 일어나고 자녀와 관계를 맺는 방식에 차이가 생길 수 있다. 이로 인해 상반되는 양육 방식을 갖게 되고, 부부로서 대립하고 분열하게 되며, 또 자녀 양육 방식에 영향을 미치게 된다.

종종 계부모는 계자녀와 관계가 형성되기 전에 훈육으로 자신의 권위를 주장함으로써 표면적인 감정에 반응한다. 프랭크와 같은 사람들은 가정생활에서 위축되어 샤론이 그와 베키 중 한 명을 선택해야 한다고 느끼게 만든다. 샤론은 베키가 겪은 변화에 죄책감을 느끼기 시작했고, 이 고통을 보상하기 위해 베키와 동맹을 맺기 시작했으며 그녀와 따로 시간을 보내기 위해 이사까지 고려했다. 같이 사는 다른 부모는 배우자와 자녀 모두를 기쁘게 하려고 노력하다가 결국 둘 다 놓치게 된다. 결국, 어떤 부모는 그런 힘겨운 싸움을 피하고 부모의 역할을 배우자에게 떠넘긴다.

(4) 부모 간의 새로운 연합 형성

연구에 따르면 새로 형성된 계부모 가족이 직면하는 가장 큰 어려움은 초혼관계에서부터 계속되는 부모의 갈등이다(Hetherington, 2003). 이혼 후의 공동 양육 방식은 새로운 배우자의 도입으로 인해 방해를 받을 수 있다. 전 배우자는 새로운 배우자로부터 위협을 느낄 수 있는데, 특히 그들이 이혼을 원하지 않았을 때 그리고 조기 재결합을 고려하고 있거나 새로운 배우자를 그들에 대한 자녀의 애정에 위협이 된다고 생각하는 경우에는 그렇다(Ganong & Coleman, 2004).

프랭크의 자녀인 사라와 조쉬는 프랭크와 샤론 모두에게 대놓고 적대적 · 비판적인 그들의 어머니와 함께 시간의 절반을 보냈다. 사라와 조쉬는 어머니와 아버지 중 한 명을 선택해야 한다고 느꼈다. 이는 이혼의 가장 해로운 영향을 야기하면서 자녀들에게 엄청난 스트레스를 주는 구속이다(Emery, 2012). 자녀들은 실제 부모의 이혼이나 계부모 가족의 형성보다도 갈등에 의해 더 부정적인 영향을 받는다고 잘 알려져 있다(Afifi, 2003). 새로운 계부모 가족의 딜레마는 이혼한 부모의 관계가 변형되기는 했지만 끝나지 않는다는 것이다(Emery, 2012). 새롭게 재혼한 부부는 과거에 반응해 온 방법에 대해 상호 합의된 비전을 찾는 동시에 그들만의 안전한 유대감과 새로운 가족생활을 창조하고 발전시켜야 하는 과제를 안고 있다.

(5) 부부 유대감 강화

계부모의 부부관계는 새로운 가족의 기초가 되지만, 이 유대감은 부부가 계부모 가족 형성이라는 복잡한 과제를 해결해 가면서 여러 번의 시험을 거치게 된다. 부모자녀관계가 새로운 부부관계보다 먼저 존재했기 때문에 그것은 까다로울 수 있다. 힘겹게 싸워야 하는 것은 "내가 그렇게 소외되거나 갈등을 느낄 때 우리의 친밀한 유대감을 어떻게 유지할 것인가?" "아이들이 그렇게 많은 요구를 할 때 우리는 어떻게 시간을 낼 수 있을까?"이다. 샤론과 프랭크는 그들의 모든 관심과 시간을 자녀들과 함께하기 시작했고, 자신들의 관계에는 에너지를 거의 쏟지 않았다. 어떤 부부들은 자신들의 관계를 최우선으로 생각하지만, 그렇게 하면 아이들이 더 힘들어 질 수 있다. Papernow(2013)가 지적했듯이, "어른들이 부모자녀관계보다 재혼부부관계를 우선시하면 부모는 자녀와 멀어지고, 결과적으로 자녀들에게 매우 어려운 전환이 일어난다."(p. 52) 효과적인 치료의 방향은 하나의 체계를 선택하는 것보다 두 하위체계를 모두 지원하는 것이다. 자녀의 회복탄력성을 키우고 서로 관계를 개선하는 데 전념하는 재혼부부는 이러한 문제들을 잘 해결할 수 있다.

2. EFFT와 계부모 가족

정서중심 가족치료사는 애착 렌즈를 통해 계부모 가족의 고통을 보고 듣고 이해하며, 심각한 사건과 복잡한 춤의 단계를 상실과 불확실성에 직면하여 중요한 애착 유대감을 유지하고 보호하기 위한 각 구성원의 최선의 노력이라는 관점에서 본다. 이 접근법은 불화의 춤으로 가는 단계를 설명하고 예측할 수 있으며 계부모 가족의 삶을 크게 향상시키고 강화할 수 있다. 이 애착 기반 관점은 계부모 가족의 불화를 명확히 이해할 수 있게 하고, 재혼부부에게는 공통의 목적의식을, 자녀에게는 소속감을 갖게 함으로써 계부모 가족을 지원하는 역할을 한다.

애착이론은 계부모 가족생활의 복잡성을 이해하는 것에서부터 계부모 가족이 직면하는 문제를 완화하는 데 도움이 되는 중요한 가교 역할을 한다. 이 이론은 성인부부의 관계, 친부모 또는 양부모와 자녀의 관계 그리고 계부모와 계자녀 간 관계의 차이를 설명한다. 애착이론은 어린 시절 양육자와 아동 사이의 애착 유대감이 인간 진화의 생존 전략이라고 말한다. 애착이론의 창시자인 John Bowlby에 따르면, 애착 대상은 아동이 세계를 탐험할 수 있는 안전기지가 된다(Bowlby, 1988). 중요한 양육자와 아동 간의 유대감 단절은 아동에게 심각한 부정적인 결과를 초래할 수 있다.

Visher, Visher와 Paisley(2003)는 계부모 가족을 '상실에서 탄생한' 것으로 묘사하면서 새 계부모 가족의 모든 구성원이 상실을 경험하고 있지만, 이 상실을 인정하고 슬퍼하는 것을 어려워하거나 저항할 수 있다고 지적한다. 계부모 가족생활에 내재된 애도 과정을 억제하거나 회피하는 것은 가족들을 힘들게 하고 이 통상적인 과정에서 가족이 서로를 돕거나 지지할 수 없게 한다. 재혼부부는 처음이자 유일한 사랑의 경험을 공유하지 않는다. 또한 그들은 모든 자녀에게 공동의 애착 대상도 아니다. 자녀는 최초의 가족을 잃었고 비동거 부모와 함께하는 시간을 잃었다. 비동거 부모(또한 애착 대상)에 대한 그들의 충성심은 동거부모 또는 계부모의 지원과 사랑을 차단하는 행동과 태도를 초래할 수 있다. 초혼가정의 구성원이 될 때 느끼는 강한 정체성과 소속감이 결여되어 있다. 이는 구성원들이 안전, 사랑, 관심을 위해 경쟁할 때 계부모 가족 내에서 애착 경쟁(competing attachments)의 발판이 될 수 있다(Furrow & Palmer, 2007). 새로운 계부모 가족에게 존재하는 어렵고 혼란스러운 생각, 감정, 행동은 첫 가족생활에 대한 상실로 인한 애착 고통과 초혼가정에서 계부모 가족으로의 이행에 대한 징후라는 관점에서 이해되고 설명될 수 있다.

EFT 치료사는 애착이론의 렌즈를 사용하여 계부모 가족 형성에 존재하는 여러 현실과 딜레마를 보고 이해하고자 한다(Furrow & Palmer, 2007; 2011). EFT 치료사가 애착 관점에서 문제를 보고 그것을 정상적이고 이해할 수 있는 것으로 간주하는 것은 샤론과 프랭크의 가족에게 매우 중요했다. 치료사는 그들의 힘겨운 싸움을 정상화했으며 투쟁을 자신이나 서로의 결함을 나타내는 게 아니라 정상적인 발달 과정의 일부로 볼 수 있도록 그들을 도왔다. 치료사는 상실, 슬픔, 두려움의 감정에 대처하기 위해 구성원이 사용하는 다양한 애착 전략을 듣고 이해하면서 각 가족구성원에게 맞추어 조율해 나간다. 이러한 취약한 감정은 오히려 적대감이나 위축으로 표현될 수 있으며, 이는 계부모 가족구성원들과의 관계에서 부정적인 상호작용으로 이어질 수 있다. 애착 렌즈는 치료사가 계부모 가족의 고통을 이해하고 애착 경쟁이 계부모 가족생활의 특징이라는 것을 알도록 도와준다.

베키는 다른 가족들과의 저녁식사를 거부하고 그녀에게 다가가려는 어머니의 노력을 거절하며 새 계부모 가족에서 멀어져 갔다. 베키가 가족과 함께하는 식사를 거절한 것은 그녀 자신의 슬픔과 비통함 그리고 어머니를 영원히 잃고 결국에는 세상에 혼자 남게 될 거라는 두려움의 표현이었다. 샤론이 베키에게 말을 걸려고 하면 할수록 베키는 더 침묵했고, 샤론은 더욱 좌절하고 무력함을 느꼈다. 이러한 부정적인 상호작용 패턴은 샤론과 베키 사이의 애착 유대감을 더 불안전하게 악화시켰고, 샤론, 프랭크, 형제관계를 포함한 다른 가족관계에도 반향을 일으켰다. 애착 문제는 가족구성원들이 부정적인 행동에 초점을 맞추고 다른 구성원을 적대적이며 위험하다고 인식할 때 여러 상실에 대한 고통을 밝히고 털어놓지 못하기 때문에 발생한다. 여기서 EFT 치료사의 과제는 모든 구성원이 가족 문제를 계부모 가족이 새롭게 형성되면서 겪는 우여곡절의 결과일 뿐만 아니라 가장 의미 있고 중요한 사람들로부터의 버림이나 거절에 대한 두려움의 표현으로 인식할 수 있도록 돕는 것이다(Furrow & Palmer, 2007).

그러나 복잡성의 또 다른 면은 계부모 가족 내 부모와 친자녀 또는 입양자녀 간의 돌봄 애착과 새로운 부부관계 간의 애착 경쟁 사이에서 애착 안전을 촉진해야 한다는 것이다. 부부는 부부관계와 부모자녀관계 중 하나를 선택해야 하는 상황에 처할 수 있다. 이러한 경쟁적 요구 사이에서 균형을 찾는 것은 계부모 가족의 안정과 성장에 필수이다. 재혼 후 첫 해가 끝날 무렵, 샤론과 프랭크는 각자의 자녀들에게 집중하기 위해 그들의 관계를 사실상 간과하고 있었다. 이로 인해 이 가족은 파경에 취약해졌다. 또 다른 부부는 그들의 관계를 강화하기 위해 관심이 필요한 아이들의 요구를 무시하거나 거절하기도 하는데, 결과적으로 자녀는 항의나 절망으로 반응하게 된다(Furrow & Palmer, 2011).

EFT 치료사는 강점 기반 및 성장 지향 접근 방식을 사용한다. 이러한 방식은 새로운 가족의 다양한 애착관계를 인정하고 존중하기에, 구성원들이 환상과 절망에서 벗어나 그들만의 새로운 가족의 자리를 찾는 데 도움을 준다.

샤론과 프랭크는 치료사의 도움을 받아 계자녀에 대한 자신의 양가감정을 수용하고, 또한 개별적인 가족을 하나로 합치는 데 있어 각자가 직면한 도전을 서로 공감하기 시작했다. 두 배우자 모두 가족과 떨어져 자녀와 함께 시간을 보낼 수 있는 공간을 마련했고 샤론은 자신과 베키를 위해 모녀 나들이를 만들었다. 또한 프랭크와 샤론은 둘의 관계에 더 집중하기 시작했고, 치료사는 그들이 필요로 하는 것을 진심으로 공유하고 연약한 태도로 요청할 수 있는 회기에서 유대감이 형성되는 순간을 가질 수 있도록 조직했다. 이는 그들이 연애 초기에 소중히 여겼던 친밀감과 유대감을 다시 불붙이는 데 도움이 되었다.

EFT 치료사는 애착과 관련된 정서에 접근하여 정제하고 심화시킨 후 이 새로운 정서 경험을 서로 간의 새로운 유대감 대화로 연결함으로써 가족구성원이 변화를 향해 움직일 수 있게 한다. 정서는 애착 춤의 음악으로, 치료사가 정서에 집중하면 가족들은 치유와 통합을 촉진하는 현재의 순간에 새로운 경험을 하고 탐색하고 싶어진다. EFT 치료사는 부모자녀 이인관계에서 발생했을 수 있는 애착 손상을 회복하고 해결하기 위해 정서적인 대화를 촉진하고 구조화하는 작업을 한다. 마찬가지로, 재혼부부는 서로의 욕구를 충족시키고 연합된 부부로서 친밀감과 강점을 쌓기 위해 서로 안전하고 정서적으로 취약한 대화를 나눌 필요가 있다. 초기 회기에서 EFT 치료사는 가족구성원의 더 반발적인 표면 정서를 계부모 가족에서 자신을 보호하는 방식의 일부라고 재구성하고, 이 정서를 애착 렌즈를 통해 존중하고 이해시킨다.

베키에게 어머니의 노력에 대한 묵살과 거절은 일종의 보호 전략이었다. 그녀의 행동은 낯설고 알 수 없는 이 새로운 가족에서 필요한 방패로 재구성되었다. EFT 치료사는 호기심과 연민을 가지고 베키가 이 낯선 가정을 선택한 어머니를 어떻게 경험하는지 질문함으로써 이 정서를 더 탐색해 나간다. EFT 치료사는 2차 정서를 더욱 취약한 1차 정서로 통하는 창으로 본다. 이 경우에 베키는 상실 및 버림받음에 대한 두려움과 관련이 있다. 상담실에서 모든 가족구성원이 언어적 및 비언어적으로 표현한 정서를 따라감으로써 EFT 치료사는 가장 강력한 변화 요인을 이용할 수 있다. 이렇게 함으로써 계부모 가족은 새로운 생활에 대해 인정받고 교육받을 뿐만 아니라, 서로의 관계를 재편성하고 회복하고 복원하여 그들의 삶에 새로운 정의와 의미를 가져다주는 대화에 쉽게 참여할 수 있다.

3. EFFT 변화 과정과 계부모 가족

계부모 가족치료는 안정화와 단계적 약화, 상호작용 재구조화, 강화의 3기 과정으로 이루어진다. 3기 변화 모델 안에는 9단계가 있다. 각 회기에서 EFT 치료사는 회기를 이끄는 개입 기법으로 EFT 탱고를 사용하고, 치료 과정을 촉진하기 위해 탱고의 다섯 가지 움직임을 활용한다. 1기의 1단계인 동맹과 평가에서 EFT 치료사는 각 가족구성원과 동맹을 구축하고 문제에 대한 각 구성원의 관점을 이해하기 위해서 계부모 가족 전체를 보기 시작한다. EFT 치료사는 회기 중에 부모와 자녀 및 계부모 간에 전개되는 역동을 관찰하면서 가족구성원 간의 현재 상호작용 패턴을 추적하고 반영하기 시작한다. 상호작용 패턴을 명확하게 드러내고 새로 형성되는 계부모 가족의 맥락에서 그 패턴을 정상화시킨다. 문제가 되는 중요한 상호작용 고리의 반발 태도를 확인하여 애착 항의 또는 보호로 재구성하고 부정적인 상호작용 고리가 문제라고 외재화시킨다. 가족은 힘겨운 싸움을 개인의 문제나 결함이 있는 가족 구조의 결과가 아니라 그러한 가족 구조 속에서 꼼짝 못하게 된 통상적인 과정이라고 보기 시작한다(Furrow & Palmer, 2007).

일반적으로 전체 가족회기, 부모 및 계부모 회기, 자녀회기를 포함하는 초기 평가 기간 후에 향후 회기들은 애착 경계에 따라 구성된다. 1기 고리의 단계적 약화와 2기 상호작용 재구조화는 두 과정으로 진행된다. 부부의 유대감을 높혀 양육 연합을 강화하기 위해 부모와 계부모가 참여하는 별도의 부부회기와 부모와 자녀가 참여하는 별도의 회기를 갖는다. 각 하위체계에서 부정적인 상호작용을 재구조화하는 것은 부모와 자녀, 부모와 계부모 간의 애착 안전성을 높이는 전반적인 목표가 될 것이다. 부모자녀회기는 부모의 정서적 접근성 및 반응성을 촉진하고, 함께 아파하도록 도우며, 특히 자녀가 슬픔, 비통함, 상처 및 두려움의 감정을 직접 표현할 수 있게 하여 양육 돌봄체계를 다시 작동하게 하는 데 초점을 맞춘다. 목표는 자녀가 상실감을 확인받고, 인정받고, 공유되어 친부모 또는 양부모로부터 위안, 안심 및 지원을 받을 수 있도록 하는 것이다(Furrow & Palmer, 2007).

부부회기는 새로운 부부가 부모 및 계부모 양육 역할을 수행하는 데 필요한 것을 서로에게 직접 표현하도록 돕는 데 중점을 둔다. 특히 계부모는 외부인으로서 배우자로부터 안심, 지지 및 공감을 받아야 하며, 동거부모는 양육에 있어서 이전 배우자로부터 지원과 지지 및 격려를 받아야 한다(예: Braithwaite & Baxter, 2006; Cartwright, 2012). 두 가지 치료 흐름에서 EFT 치료사는 상호작용 고리를 추적 및 반영하고, 중요한 정서 경험에 다가가 탐색하고 재연하며, 애착 안전을 구축하고 확장하기 위해 긍정적인 상호작용을 재구조화하는 기술을 사용하면서 EFT 탱고 과정을 통해 회기를 진행해 나간다. EFFT 치료의 3기인 강화는 모든 가족구성원이 새로운 긍정적인 상호작용 고리를 통합하고 계부모 가족생활에 대한 새로운 이야기를 구성하기 시작하도록 도우면서 전체 가족회기로 끝난다. 다음 사례는 Gail Palmer가 제공한 것이다.

4. 템플 씨 가족의 사례

"우린 할 만큼 했어요."

템플 씨 가족은 부부가 자녀를 입양하려고 지원하는 과정의 필수적인 절차로서 가족치료에 의뢰되었다. 둘 다 30대 후반인 라이오넬과 트레이시는 결혼한 지 1년이 되었고, 라이오넬에게는 이번이 두 번째 결혼이다. 그에게는 키런(16)과 리암(13)이라는 두 명의 10대 청소년 자녀가 있는데, 이 아이들은 대부분 이 부부와 함께 살았다. 자녀들의 어머니는 재혼 후 지방으로 이사했으며 아이들과 간헐적이고 제한적으로 만났다. 두 배우자 모두 새로 찾은 사랑을 사랑이 필요한 아이와 나누고 싶은 마음이 간절했기 때문에 입양은 자연스러운 전개라고 표현했다. 그들은 또한 함께 자녀를 양육함으로써 결혼생활이 더욱 안정되고 새로운 가정을 견고히 하여 하나가 되기를 희망했다. 입양 신청은 가정평가 중 입양기관에 의해 보류되었고 부부는 입양 목표를 달성하기 위해 가족치료에 참여하기로 했다.

1) 평가

첫 가족회기에서 트레이시는 자신이 '완벽한 가족을 만드는' 것에 대해 얼마나 불안한지를 설명했고 라이오넬의 가족과 잘 어울리고 아이들과 가까워지기 위해 얼마나 열심히 노력해 왔는지를 이야기했다. 그녀는 의식적으로 아이들에게 비판적이거나 권위적인 태도를 보이지 않고자 노력했고, 그들의 부모가 되는 것이 자신의 역할이 아니라고 말하면서 전반적으로 '방관적인' 태도를 취했다. 그녀에게는 10대 때 자신의 삶에 들어와 논쟁적 · 적대적이었던 계부와의 관계를 다시 경험하지 않는 것이 매우 중요했다. 트레이시는 라이오넬의 아들들에게 '사악한 계모'가 된다는 생각에 저항했고 그런 역할을 하지 않기 위한 방법을 모색했다.

라이오넬은 트레이시가 가족에게 가져온 변화를 인정했고 첫 번째 결혼에서 생긴 경제적 부채를 해결하기 위해 두 직장에서 오랜 시간을 보내며 종종 일에 정신이 팔렸다고 말했다. 라이오넬이 보기에 아들들은 잘 적응했고 학교와 집에서 좋은 성장을 보였다. 키런은 학교에 가거나 친구들과 함께 있기 때문에 가족의 변화에 별 관심이 없었고 1년 후에 집을 떠날 것이기 때문에 아버지와 새어머니가 한 일에 "정말 신경 쓰지 않았어요."라고 말하면서 아버지의 말에 동의했다. 반면, 리암은 매우 조용했고 대화하는 동안 대부분 침묵을 지켰다. 가족에 대한 자신의 경험을 이야기할 때 리암은 행복하다고 말했지만 상담실에 있는 모든 사람과 눈을 마주치지 않고 몸을 돌리면서 슬픔에 잠겨 있었다. 치료사가 리암의 슬픔을 반영했을 때, 트레이시는 리암을 조용한 소년이라고 묘사했고 리암의 조용한 성향을 성격의 일부로 받아들였을 때 그가 더 가깝게 느껴졌다고 말했다. 이것이 리암에게 어떠한지 물었을 때 리암은 조용히 고개를 끄덕였고, 라이오넬은 아들이 어떤 문제에도 휘말리지 않고 종종 비디오 게임을 하면서 방에서 혼자 시간을 보내는 데 만족하는 "착한 소년"이었다고 설명했다.

회기가 계속되면서 키런의 침착한 태도는 짜증과 조바심으로 바뀌었고, 그는 끝내야 할 숙제가 있다고 화를 내며 말했다. 라이오넬은 키런의 걱정을 인정하고 그의 저항을 진정시키려고 노력했다. 그동안 그는 치료사에게 키런이 얼마나 행복해지기를 원했는지, 그렇게 되도록 얼마나 열심히 노력했는지도 설명했다. 라이오넬이 숨을 들이마시는 순간 그의 얼굴에 슬픔의 빛이 스쳤다. 치료사가 이 슬픈 표정을 언급했을 때, 라이오넬은 슬픔을 부인하면서 아들들은 행복하고 가족은 잘 지내고 있다는 트레이시의 말에 다시 초점을 옮겼다. 라이오넬은 자신의 방식이 감정에 연연하기보다는 문제 해결에 집중하는 것이라고 설명했다. 그의 말에 의하면, "우리 가족은 정말 그렇지 않아요……."

2) 사례개념화

첫 가족회기는 템플 씨 가족의 춤과 이러한 계부모 가족 구조를 구성하는 상실감과 소속감이라는 애착 주제에 가족이 어떻게 반응하고 있었는지를 보여 주었다. 치료사는 EFT 탱고를 통해 다양한 수준의 정서 표현에 접근하고 부정적인 정서가 부모의 개방성과 교류를 차단하는 것처럼 보이는 순간에 주목했다. 이것은 정서적인 접촉을 피하는 이 가족의 가장 중요한 패턴을 알려 준다. 특히 트레이시와 라이오넬은 가족을 피상적으로 서술하는 것을 더 좋아했는데, 이러한 서술에 포함된 평범한 이야기는 가족이 긍정적으로 보이기를 바라는 소망, 특히 트레이시와 라이오넬의 그런 소망에 의해 유발된 것으로 보였다.

회기 내내 분명하게 드러난 가족의 슬픔이나 좌절의 표현은 가족구성원에 의해 합리화되거나 회유되거나 축소화되었다. 두 자녀 모두 아버지와 새어머니와 대화할 때 감정을 피하거나 거두었다. 키런은 시무룩하고 조급하고 짜증이 나 보였고 종종 참여를 꺼리는 것 같았다. 리암은 눈을 마주치지 않고 조용히 있다가 수줍음을 탄다는 가족들의 설명을 받아들였다. 트레이시는 가족의 대변인으로서 이야기를 주도했으며, 거의 전적으로 자신의 관점에서 본 자녀들에 대한 견해를 이야기했다. 반면, 라이오넬은 새 아내를 기쁘게 해 주려는 것과 자녀들을 회유하고 진정시키는 것 사이에서 오락가락했다. 입양은 이 부부에게 공동 사업이 되었고, 라이오넬과 트레이시는 세미나 참석과 가정평가 면접 과정을 완료하며 입양 과정의 요건을 충족하기 위해 연합했다. 아들들은 이 과정과 회기에서 물러났지만, 가족이 아직 인정하지 않은 방식으로 분명히 영향을 받았다.

3) 1기: 안정화와 단계적 약화

첫 회기에서 치료사의 목표는 각 가족구성원과 강력한 치료적 동맹을 형성하고 각 개인의 정서 경험을 탐색하는 것이었다. 부부와의 첫 회기는 치료사에게 양육동맹에 대한 평가와 안전, 안도 및 이해에 대한 자녀의 애착 요구에 얼마나 가용성이 있는지에 대한 평가를 제공한다. 또한 부부관계를 탐색하고 각 배우자에 대한 애착력을 수집한다. 트레이시와 라이오넬은 개방적이고 치료를 잘 받아들였으며 서로에 대한 강한 사랑으로 탄탄한 가족을 만들고자 하는 공동의 열망을 가지고 있었다. 그러나 한 가족으로서 두 사람은 친아버지와 새어머니로서의 역할이 다르기 때문에 육아에 대한 상호 간의 노력이 방해를 받았다. 트레이시는 거절당하고 소속되지 못했으며, 친가족에게 받아들여지지 않는다는 두려움 때문에 라이오넬의 아들들과 자신만의 고유한 관계를 갖기보다는 다른 아이를 얻는 것에 집중하게 되었다. 반대로, 라이오넬은 아내와 아이들 사이에 끼어 있었기 때문에 이 새로운 가족의 성공과 모든 사람의 행복에 책임감을 느꼈다. 그는 다른 사람들을 기쁘게 하는 것에 집중했기 때문에 다른 구성원들에게 자신에 대해서 이야기하지 않았고 거리를 두었다. 초기 부부회기에서는 부부가 공동 양육동맹의 차이점을 다루어 갈 수 있도록 가족회기와 함께 지속적인 부부회기가 필요하다는 것이 밝혀졌다. 아버지와 새어머니로서 부부의 상호작용 춤은 아들들에게 다가가고 서로를 효과적으로 지지하는 능력을 방해했다. 트레이시의 지나친 양육 반응은 자신의 노력에 대한 아들들의 거부와 마주하게 되었다. 라이오넬은 지지와 관심을 표현해 달라는 아내의 애원에 수동적인 반응을 보였다. 공동양육에 대한 부부의 차이로 인해 부부와 낭만적인 유대감 간에 긴장감이 생겼다. 라이오넬은 트레이시의 걱정에 관심을 가지고 들어주는 동시에 자신이 원하는 자녀양육 방식에 대한 목소리를 찾아야 했다. 트레이시는 라이오넬의 회피전략으로 남편을 잃어버렸다는 상실감과 자신이 외부인처럼 느껴지는 감정에 대해 그의 지지가 필요했다.

다음 발췌문은 트레이시와 라이오넬의 1기 회기에서 발췌한 것으로, 주로 부부의 부정적인 고리에서 각 파트너의 경험과 행동에 중점을 두었다. 부부는 전형적인 추적/회피 유형에 갇혀 있었다. 트레이시는 새 남편과의 유대감 상실에 적극적으로 항의하고 라이오넬이 아이들과 일에 집중한 것을 비난했다. 라이오넬은 이를 직면했을 때 자신의 행동을 정당화하거나 아내와의 접촉을 피함으로써 자신을 방어했다. 트레이시가 더 불안해질수록 연결감을 느끼기 위해 노력을 두 배로 늘릴수록 라이오넬은 더 압도되어 물러났다. 이 부분에서 치료사는 고리를 명확하게 밝히고 이 역동을 문제로 구성하기 위해 고리의 움직임을 추적하기 시작한다. 또한 치료사는 회기에서 EFT 탱고의 다섯 가지 움직임을 사용하여 서로에 대한 사랑으로 다시 연결되는 부드러운 유대감을 형성하고 부부간에 희망을 쌓고 양육동맹을 중심으로 회복탄력성을 키울 수 있도록 돕는다.

치료사: (트레이시에게) 그럼 두 분이 함께 가족이 되는 것과 관련하여 무슨 일이 일어났는지 이해할 수 있도록 도와주시겠어요? 아들들에 대해서 두 분 사이에 어떤 일이 일어나나요? (부부의 상호작용에 초점을 맞추어 질문하면서 추적한다)

트레이시: (힘 있게) 글쎄요. 잘 모르겠어요. (라이오넬을 돌아보며) 라이오넬은 아들들에 대한 모든 것을 혼자만 알고 있어요. 제가 남편에게 물었을 때, 모든 것이 괜찮다고 말했고 아이들은 저에게 말을 전혀 걸지 않아요. 아이들은 아빠가 주변에 있을 때만 이야기하죠. 저를 따돌리고, 멀리하고, 마치 제가 실제로 존재하지 않는 것처럼 말이죠.

치료사: 남편에게 무슨 일이 일어나고 있는지 알지 못해서 힘들었겠네요. (공감적 반영, 애착 프레임)

트레이시: (분노하며) 오! 하지만 뭔가 문제가 있다는 것은 알죠. 남편이 뭔가 힘들어하고 있다는 건 알아요. 분명해요! (눈살을 찌푸리며) 그가 주변에 앉아 있으면 뭔가 압박감이 느껴져요. 그때 남편을 쿡쿡 찌르고 추궁하지만, 그는 이야기하지 않죠.

치료사: 그랬겠네요. 이해되네요. 많이 답답했을 거 같네요. (표면 정서를 인정하기)

트레이시: (팔짱을 끼고 라이오넬을 외면하며) 전 그냥 남편이 이해가 안 되네요. 아마도 남자와 여자의 차이인 것 같은데요. 집에 여자는 저밖에 없어요. 끙끙 앓는 소리와 모든 것이

괜찮다는 이야기뿐이죠.

치료사: (트레이시 쪽으로 기울이며) 라이오넬한테 어떤 일이 벌어지고 있는지도 모르겠고 아이들에 대해서도 겉으로 보이는 게 다니 얼마나 힘들었겠어요. 당신은 오직 남편을 통해서만 알 수 있군요. 남편과 마음이 잘 맞을 때는 무슨 일이 일어나는지 알 수 있는 거네요. 그래서 당신은 찌르고 쑤시고 그러네요. 집에 있는 유일한 여성이라는 것이 당신에게 어떤 느낌인가요? (인정, 애착 프레임 사용, 환기적 질문)

트레이시: (슬픈 표정을 지르며) 마치 저는 가족에 속해 있지 않는 것 같아요. (멈춤) 그리고 라이오넬이 이야기하지 않으면 우리는 함께할 시간도 없고 재미도 없고 둘 만의 시간도 없고 기쁨도 없어요.

치료사: 그렇죠. 당신은 그와 함께하지 못하는 거군요. 함께하는 것도 어려운 거네요. (치료사는 혼자 있는 것에 대한 그녀의 근원적인 슬픔에 대해 공감적 추측을 하며 확장한다)

트레이시: (좌절된 목소리로) 라이오넬은 일을 하거나 아이들을 태워다 주죠. (라이오넬에게 직접 말하면서 흥분하며) 당신도 알다시피 이제 아이들은 버스를 탈 수 있을 만큼 컸어요.

라이오엘: (트레이시를 바라보고 자신을 방어하며) 아이들에겐 내가 필요해. 아이들 엄마가 가까이에 없다는 거 당신도 알고 있잖아. 처음부터 말했잖아. 아이들은 나를 많이 의지하고 있고 많은 일을 겪었어.

치료사: (치료사가 라이오넬을 돌아보며) 그러니까 라이오넬, 당신은 자신이 어떻게 아버지로서 거기에 있어야 하는지, 아버지로서 그것이 당신에게 얼마나 중요한지 트레이시에게 알려 주고 싶은 것 같은데요. 아내가 당신과 함께 있고 싶어 한다는 말을 듣고 어땠나요? (현재 과정을 반영, 환기적 질문)

라이오넬: 저도 아내와 함께 있고 싶어요. 항상 제가 잘하는 건 아니죠. (표정은 변함없이) 돌봐야 할 일이 많고, 첫 결혼으로 인한 경제적 타격, 일을 두 가지나 하는 것…… 가끔은 너무 많아 벅찰 때가 있죠.

치료사: 당신이 많은 것을 안고 있다는 걸 알겠어요. 그건 정말 힘들죠. 트레이시가 지금 이 순간에 당신에게 무슨 일이 일어나고 있는지에 대해 이야기하고 싶다고 할 때 어땠나요? (인정, 추적하는 질문)

라이오넬: (밋밋한 어조로) 정말 그런 거에 익숙하지 않아요. 저는 거의 스스로 해결해요. 언제나 그랬어요.

치료사: 아마도 당신의 인생에서 처음으로 새 파트너인 트레이시와 공유하고, 당신 옆에서

어려움을 공유할 수 있는 누군가가 있다는 것을 경험하는 거네요. (애착 프레임을 강조하면서)

라이오넬: (더 적극적으로) 글쎄요, 아내에게 부담을 주지 않아야 한다고 생각해요. 이건 그녀의 문제가 아니잖아요. 트레이시가 아이들에 대해 모든 것을 듣고 싶어 하는지 잘 모르겠어요. 우리는 충분히 함께 있지 못했으니까요. 그걸 해결하는 건 저한테 달렸죠. (목소리가 멀어진다)

치료사: 그래서 당신은 침묵을 지키고 모든 것이 괜찮다고 말하는군요. 트레이시의 행복이 당신에게 매우 중요하기 때문에 트레이시에게 부담을 주지 않고 스스로 문제를 해결하려고 노력하는군요. 하지만 그때 트레이시, 당신은 소외감을 느끼고 소속되지 않은 것처럼 느끼게 되죠. 왜냐하면 당신은 뭔가 좋지 않다는 것을 아는데 그것에 대해서 이야기할 수 없기 때문이죠. 남편의 그런 의도에도 불구하고 어찌해야 할지 모르게 되어 버린 상황이 두 분에게는 참 힘든 일이죠. 이 고리에서는 두 분이 원하는 것을 서로에게 이야기할 수 없죠. 두 분이 정말로 가까워지고 한 편이 되는 것을 막는 게 바로 이 패턴이네요. (고리를 명확히 하고 문제를 재구성하기)

트레이시: (실망스러워하는 라이오넬을 바라보며) 음, 난 혼자 있으려고 지금까지 기다린 게 아니야.

라이오넬: (트레이시를 바라보고 애원하며) 나도 당신과 함께 있고 싶어. 이게 다 당신과 함께 있고 싶어서 그런 거야.

치료사: 두 분의 관계는 정말 중요해요. 트레이시, 당신은 혼자 있고 싶지 않고, (라이오넬을 바라보면서 몸을 내밀며) 라이오넬, 당신은 바로 지금 트레이시를 부드러운 눈으로 바라보며 "아내와 함께 있고 싶어요."라고 말하고 있네요. (EFT 탱고 움직임 1, 부부간의 현재 과정 반영하기)

라이오넬: (트레이시의 손을 잡는다.)

치료사: 아내를 보고 당신의 마음에 대해 알려 주는 것은 어떤 느낌인가요? (환기적 질문)

라이오넬: 글쎄요, 저는 그런 거 잘하지 못해요.

치료사: 하지만 지금 그것을 하고 있네요. 아내를 바라보고 있고, 그녀의 손을 잡고 "당신과 함께 있고 싶어."라고 선언하고 있잖아요. 그리고 그 말을 하고 아내의 손을 잡을 때 당신에게 무슨 일이 일어났나요? (EFT 탱고 움직임 2, 이면의 정서에 다가가기)

라이오넬: 기분이 좋아요.

치료사: 그렇죠, 그런 거 같아요. 좋은 기분에 대해 말해 줄 수 있나요? (긍정적인 정서 탐색하기)

라이오넬: 안심이 돼. 우리가 만난 건 다 이유가 있었어.

치료사: 네, 당신의 몸에서도 안심이 느껴지네요. 아내에게 끌렸던 게 뭔지 기억하시나요? (강조) (라이오넬이 끄덕인다)

치료사: 아내에게 말해 줄 수 있나요? (EFT 탱고 움직임 3, 재연을 준비하기)

라이오넬: 자기야, 사랑해. 당신을 이 모든 일에 끌어들여서 정말 미안해.

치료사: 네, 당신은 사랑과 슬픔, 이 두 가지 감정을 모두 느끼고 있네요. 왜냐하면 트레이시는 당신에게 매우 중요하기 때문이죠……. 그리고 트레이시, 당신을 위해 바로 지금, 라이오넬이 바로 여기에 지금 당신과 함께 있네요. (EFT 탱고 움직임 4, 만남을 처리하기)

트레이시: (눈이 부드러워지며) 음…… 그걸 기억하기가 힘들어져요.

치료사: 그렇죠. 서로에 대한 사랑은 지금 매우 분명하고, 두 사람 모두 지금 강하게 느끼고 있죠. 두 분이 함께하기 위해 이 큰 발걸음을 시작한 거네요. 이렇게 하기가 쉽지 않아요. 여러분과 같은 상황에 처한 부부들도 모두 힘들어해요. 그리고 상황이 어려울 때 우리는 대처할 방법을 찾아요. 트레이시는 라이오넬이 곁에 없을 때 더 열심히, 더 적극적으로 라이오넬과 관계를 맺으려고 노력하네요. 그리고 라이오넬은 트레이시와 아이들 모두에게 좋은 일을 하고 싶고요. 그리고 그렇게 하지 못하면 힘들고 멀어지게 되고, 그러다가 둘 다 서로를 사랑하는 느낌마저 잃게 되죠. 지금 여러분이 느끼고 있는 사랑 말이죠. (EFT 탱고 움직임 5, 요약하기)

회기가 끝날 때쯤, 부부는 치료사가 문제를 부부로서 친밀하고 양육 팀으로서 함께 잘 기능하는 능력을 악화시키는 고리라고 공식화하는 것에 동의했다. 이 가족을 위한 가족치료 계획에는 이 가족에게 더 강한 기반을 제공하기 위해 부부관계 강화를 목표로 가족회기와 함께 부부회기도 포함되었다.

4) 2기: 상호작용 재구조화

EFFT 2기에서 치료사는 트레이시와 라이오넬이 키런과 리암에게 정서적으로 접근하며 반응하려는 노력을 방해하는 차단에 초점을 맞추었다. 이러한 양육 차단을 다루는 작업은 자녀의 애착 관련 정서와 욕구에 초점을 맞추는 것으로 시작한다. 템플 씨 가족에서는 친부모인 라이오넬이 자녀들에게 집중하도록 돕고 두 하위체계의 애착 요구가 상충되는 특성으로 인해 부부관계를 양육관계에서 분리하는 것이 중요했다. 키런과 리암은 아버지의 전적인 관심이 필요했고 라이오넬은 자녀를 위해 온전히 함께 있는 기회가 필요했다. EFT 치료사는 아들들이 아버지에게 애착 정서를 솔직하게 표현하고 라이오넬이 아들들에게 더 쉽게 접근하고 반응할 수 있도록 돕기 위해 회기 중에 가족의 상호작용을 적극적으로 재구조화한다.

3회기는 키런과 아버지만을 위한 회기로 예정되어 있었는데, 왜냐하면 이 이인(dyads) 관계가 가장 고통스러운 관계로 보였기 때문이다. 키런은 처음 두 번의 회기에서 위축되고 시무룩한 태도를 보여 왔지만 아버지와 만나는 별도 회기에는 동의했다. 치료사는 키런이 상담에 참석한 것에 대해 장난스럽게 농담을 했고 그의 축구경기를 물어보는 데 시간을 보냈다(동맹 형성). 치료사는 라이오넬과 키런의 상호작용을 추적하는 것에 초점을 맞추면서 회기를 시작한다.

치료사: 자, 이제 집에서 두 분 사이가 어땠는지 이야기할 시간이에요. 여러분의 가족이 많이 변했다는 것을 알고 있어요. 현재 두 분 사이가 어떤 모습인지 제게 보여 줄 수 있나요? (가능한 상호작용 패턴에 초점을 맞추며)

라이오넬: 글쎄요. 일, 학교, 축구로 시간이 많지는 않았지만 기회가 되면 함께 시간을 보내려고 했어요. 키런은 제 예상대로 요즘 친구들과 매우 바쁘게 지내고 있고요. 그는 성장하고 있고 아버지와 모든 시간을 보내고 싶어 하지 않죠. 키런은 제가 아주 잘 아는 비디오 게임을 하죠. 저도 그 게임 좋아해요. 하지만 우리는 축구를 좋아하고 제가 코치를 해 주죠. 그래서 우리는 운동장에서 많은 시간을 보내요.

치료사: 여러분이 공통점이 많고 함께 축구를 즐기는 건 좋은 일인 거 같아요. 하지만 키런, 아버지는 네가 친구들과 함께 바쁘게 지내고 아빠와 함께 보낼 시간이 많지 않다고 말하는데, 너도 그렇게 생각해? (치료사는 관계와 정서적 유대감으로 초점을 이동한다)

키런: 어느 정도는요.

치료사: 그래, 축구라는 공통점이 있고, 아빠가 코치해 주시는구나? 아빠는 그것을 오랫동안 해 오셨지, 그렇지? 맞지? 그러고 나면 운동장 밖에서는 네 친구들에게 가 버리는구나? 그렇지? (반영)

키런: (분노) 전 정말 선택의 여지가 없어요. 친구들은 우리 집에서 환영받지 못해요.

라이오넬: (갑자기) 당연히 환영하지. 너는 언제든지 친구들을 데려올 수 있어.

키런: (목소리를 높이며) 지금은 그렇게 말하지만 새엄마가 여기 있었다면 전혀 다른 이야기

가 되죠. 제가 친구를 불러도 되는지 물어보면 아빠는 "그래."라고 대답하죠. 하지만 위층으로 올라가서 아빠 상사와 얘기하고 나면 완전히 얘기가 달라지잖아요.

라이오넬: (바로 방어적으로) 그건 아닌 것 같은데…….

치료사: 좀 천천히 할게요. 이거 정말 중요한 것 같아요. 키런, 이건 너에게 정말 실망스러운 일이구나. 이것이 네게 어떤 의미인지 우리가 이해하는 것이 정말 중요하단다. 라이오넬, 당신에게 이건 아주 새로운 거 같아요. 키런이 이렇게 화가 난 줄 몰랐죠? (현재 과정을 반영하면서 키런의 항의를 중심으로 의미 있는 애착 정서에 초점을 맞춘다)

라이오넬: 네, 전 키런이 친구들과 함께 있고 싶어 한다고 생각했어요.

키런: (믿을 수 없어서 목소리를 높히며) 그래요! 하지만 친구들도 가끔은 우리 집에서 편하게 있을 수 있으면 좋겠어요. 제가 늘 친구들 집에 갈 필요는 없었으면 좋겠다는 거예요. 그들이 언제든지 올 수 있었던 때가 있었죠. 하지만 지금은 아니에요! 새로운 규칙이 생겼죠! 9시까지 모든 것이 조용해져야 해요, 아니, 친구들이 와서 잠을 잔다는 것은 절대 있을 수 없는 일이죠!

치료사: (위로하는 목소리로) 키런이 정말 힘들었겠네요. 많은 변화가 있었던 것 같아요. 네가 통제할 수 없었던 많은 변화, 모든 것이 매우 불만스러운 거 같아, 그렇지? (공감적 추측, 강조하기)

키런: 여왕이 지휘하죠. (아버지를 노려보며) 아빠는 절대 여왕에게 맞설 수 없어요. 새엄마의 규칙과 새엄마의 집! 우리가 뭘 원하는지는 중요하지 않죠!

라이오넬: (간단명료하게) 절대 그런 게 아니야. 넌 정말 트레이시와 아빠 사이에 무슨 일이 일어나는지 모르는구나.

치료사: 좋아요. 여러분, 천천히 할게요. 이것을 이해해 봤으면 좋겠어요. 라이오넬, 키런이 매우 불행하다는 소리로 들리네요. 키런, 네가 이러한 변화에 대해 어떻게 생각하는지 아빠에게 알려 주려고 하는 것은 정말 잘한 일 같아. (EFT 탱고 움직임 1, 현재 과정 반영하기) 라이오넬, 키런에게 그것이 어떤 것인지 당신이 좀 더 알게 된다면 어떨까요? 아드님이 가족을 어떻게 생각하는지 알고 싶으신가요? (환기적 질문, 아버지의 교감을 지지하기)

라이오넬: 네, 물론이죠.

키런: (비꼬면서) 물론이죠, 아빠. 사장님께서 허락하실 거 같으세요?

치료사: 이 가족에게 많은 변화가 있었고 지금 키런 너는 아빠와 네 사이에 어떤 일이 일어나고 있는지 잘 모르겠나 봐. (공감적 추측)

라이오넬: 글쎄요, 키런이 트레이시를 이해하지 못하고 있는 거 같아요. 어쨌든, 그녀는 정말 열심히 노력하고 있고, 아이들을 정말 좋아하는데…….

치료사: (끼어들면서) 라이오넬, 중단해도 될까요? 트레이시의 입장을 설명하는 것도 중요하지만, 키런이 지금 어떤 상황인지에 대해 당신에게 말하려고 하는 게 중요한 것 같아요. 그냥 여기 머물러 줄 수 있나요? (환기적 반응, 아버지와 아들의 이인관계에 다시 초점을 맞추고 아버지의 참여를 지지하면서)

라이오넬: (키런에게) 물론이야.

치료사: 네, 그건 정말 중요하죠. 당신은 아들을 위해 바로 여기 있고 싶군요. 당신은 키런이 당신에게 마음을 열 수 있다고 느꼈으면 좋겠네요. 아들을 정말로 이해할 수 있도록 말이죠. (부모의 의도를 강화하면서) (천천히 그리고 부드럽게) 키런, 너무 짜증 나지. 이해해. 이건 너한테 크고 힘든 일이야. 아버지가 전혀 알 수 없는 일들이 너한테 많이 일어나고 있구나. (EFT 탱고 움직임 2, 키런의 깊은 정서를 환기시키기)

키런: (눈물 흘리며 목소리가 깨지듯이) 모든 변화, 내 인생 전부가 너무 화가 나요. 난 할 만큼 했어요.

치료사: 아빠를 받아들이는 것은 매우 중요해. 네가 얼마나 슬픈지 아빠에게 보여 주기 위해서는 많은 용기가 필요하단다. (EFT 탱고 움직임 3, 아버지에 대한 아들의 재연 강화하기, 키런의 슬픔 인정, 중요한 애착적 정서)

키런: (울면서) 이런 기분 정말 싫어요. 참을 수가 없어요. 정말 짜증 나. (아버지가 아들의 어깨를 만지려고 손을 내밀자 키런은 그를 뿌리친다)

치료사: (부드럽게) 이건 정말 고통스럽구나. 키런, 넌 예전이 그립구나. 당연히 엄마와 아빠가 함께였을 때는 상황이 달랐었지. 네가 슬픈 건 당연해. 아빠가 손을 내밀면 그걸 믿기가 힘들지? 그렇지? 아빠에게 네가 더는 중요한지 않은 것 같구나? 트레이시가 더 중요한 거 같지? (EFT 탱고 움직임 4, 아들 쪽에서 만남을 처리하기, 인정, 과정을 추적하면서 공감적 추측)

키런: (동의하여 끄덕인다)

치료사: 그건 매우 힘든 거잖아? 물론 너는 많이 컸어. 거의 집을 떠날 준비가 되었지만 그렇다고 해서 여전히 아빠가 필요하지 않다는 것은 아니지. 그렇지? 아버님은 지금 당장 아들 곁에 있어 주고 싶어 하는 거 같아요. (아버지의 비언어적 애착 반응 반영) 아드님의 슬픔을 보니까 어떤가요? (EFT 탱고 움직임 4, 만남을 처리하기)

라이오넬: (키런에게 이야기하며) 네가 상처받은 걸 보니 아빠도 너무 기분이 안 좋구나. 몰랐어. (목소리를 낮추며) 정말 미안해. (눈에 눈물이 가득차서)

치료사: 당신은 키런의 상처가 느껴지네요. 아들이 상처받는 걸 원치 않으셨잖아요. 눈물이 나시네요. (아버지의 후회와 슬픔을 강조하면서) 두 분 모두에게 가족의 이런 변화가 정말 슬프군요. 많은 변화가 있었죠. (아버지와 아들 간의 애착 유대감을 강화하기)

라이오넬: (아버지가 키런에게 자발적으로 재연) 아빠가 여기 있다는 것을 알았으면 좋겠어. 나는 너의 아빠야.

치료사: 그렇죠, 키런에게 당신이 여기 있다는 걸 알리고 싶은 거죠. 당신은 떠나지 않았죠. 그리고 키런이 이 모든 것을 어떻게 느끼는지 알려 주면 당신은 그에게 도움을 줄 수 있고 키런이 혼자가 아니라는 것을 알려 줄 수 있는 거네요. 여러분은 함께하고 있네요. (EFT 탱고 움직임 5, 요약, 중요한 애착 정서를 인정하기)

라이오넬: 아빠가 널 버리는 일은 없을 거야. 너는 평생 아빠와 같이 있을 거야.

키런: (고개를 들고 아버지를 바라보며 웃으면서) 그렇게 멀리 가지 않을 거예요!

치료사는 라이오넬이 아내를 방어하는 차단을 넘어 아들의 말을 듣도록 도왔다. 키런은 좌절감 속에 있는 고통을 표현하도록 격려받았다. 키런은 자신이 견뎌 온 상실의 슬픔에 접근할 수 있게 되자 자신의 취약성에 대해 아버지에게 분명한 정서적 메시지를 보낼 수 있게 되었다. 이는 아버지로부터 돌봄 반응을 이끌어 냈다. 라이오넬은 아들에게 무조건적이고 끝없는 지지를 제공하면서 키런의 취약성에 정서적으로 다가가서 반응해 주고 있다.

치료사는 다시 키런에게 돌아가서 '지치게 하는' 분노 속에 있는 슬픔을 공유하는 것이 어땠는지 물었다. 라이오넬은 키런이 자신의 감정을 터놓고 공유하기 위해 이 단계를 밟을 수 있었던 것이 얼마나 자랑스러운 일인지 키런에게 알려 주었다. 라이오넬은 자신이 최고의 아버지가 되는 방법을 알아내려고 노력하고 있으며, 그렇게 하기 위해서는 아들의 마음이 어떤지 알아야 한다고 말했다. 라이오넬은 스스로 감정에 대해 말하는 법을 배우고 있다는 것을 인정했고, 이것은 자신에게도 새로운 과정이며 함께 노력하고 싶다고 말했다. 키런은 아버지의 칭찬에 미소를 지으며 축구장에서 그들이 함께 보내는 시간이 얼마나 즐거웠는지 이야기했다. 키런은 회기 초기에 눈을 마주치지 않고 위축된 태도였지만 회기가 진행됨에 따라 점점 더 참여하게 되었다. 치료사가 키런에게 이 회기가 어땠는지를 물었을 때, 그는 "좋았다."라고 인정했다. 라이오넬과 키런의 장난스러운 교류는 회기가 끝나 갈수록 많아졌고, 치료사는 긍정적인 영향이 분명하게 나타나고 있음을 언급했다. 키런은 "남동생에게 이게 정말 필요하기" 때문에 그를 다음 회기에 데려오고 싶다고 말했다.

다음 가족회기는 리암과 가족 내 자신의 위치에 대한 걱정에 더 초점을 맞췄다. 두 아들 중 리암은 더 조용했고 키런은 리암도 가족의 변화로 간과해 온 욕구가 있다고 말하면서 회기를 시작했다. 치료사는 키런이 리암과 라이오넬이 직접 이야기할 수 있는 공간을 마련하면서 동생을 지원한 것을 인정해 주었다. 치료사는 아버지가 아들들이 어떻게 느끼는지 알고 싶어 한다는 것을 명확하게 밝혔고 아버지가 정서적으로 함께 있다는 것을 리암이 느낄 수 있도록 라이오넬과 리암 간의 만남을 조직했다. 키런은 다시 끼어들어 리암이 친어머니와 가장 가까웠다고 말했다. 치료사는 키런의 도움을 다시 인정해 주었고 리암과 아버지 간의 상호작용에 빠르게 초점을 맞췄다. 치료사는 리암이 어머니와 떨어져 지내는 것이 얼마나 힘든지 인정해 주었고, 아버지의 마음을 상하게 하고 싶지 않았기 때문에 자신의 감정을 말하는 것도 어려울 수 있었겠다고 추측해 주었다.

치료사는 라이오넬이 아들의 딜레마에 반응하도록 초대했다. 라이오넬은 리암에게 어떻게 느끼는지 듣고 싶고, 자신이 '견딜 수' 있기 때문에 리암 자신을 보호할 필요는 없으며, 아들을 돌보는 것이 자신의 일이라고 정확하게 분명히 말했다. 아버지가 다가가자 리암은 슬픔에 빠졌지만 "나는 괜찮아요."라며 재빨리 부인했다. 치료사는 인정과 지지를 해 주었고, 리암이 어머니에 대해 이야기하는 것이 안전하고 어머니를 얼마나 그리워하는지를 알 필요가 있었겠다고 추측해 주었다. 치료사는 친어머니에 대한 사랑과 새어머니의 존재 사이에 있는 리암의 충성심 구속을 강조했고, 상실감의 고통과 구속으로부터 자신을 보호하기 위한 방식으로 위축되고 회피할 수 밖에 없었다는 것을 이해했다. 아들의 침묵이 내부 갈등에서 비롯된다는 것을 라이오넬이 이해했을 때, 그는 리암을 더 명확하게 볼 수 있었고 열린 마음과 안도감을 갖고서 아들에게 다가갈 수 있었다. 아버지의 가용성 신호로 리암은 자신의 슬픔을 더 깊이 느꼈고, 어머니가 자신을 사랑하지 않고 아버지가 잘못해서 떠난 줄 알았다고 털어놨다. 리암은 어머니의 부재와 아들들을 사랑하지 않는 것과는 아무 관련이 없다는 설명을 들으면서 안심할 수 있었다. 라이오넬은 리암이 어머니에게 연락할 수 있도록 도와주겠다고 제안했으며 두 아들이 그녀와 관계를 맺을 수 있도록 지원하겠다고 했다. 아들들이 미소를 지으며 아버지와 함께 긴장이 풀리면서 회기는 끝이 났다. 라이오넬은 자신이 원하는 아버지와 아들들이 원하는 아버지가 되는 방법에 대해 더 많이 알게 되면서 이 대화에 대해 아들들에게 고맙다고 표현했다.

라이오넬은 아들들로부터 배운 것을 트레이시에게 알려 주었고, 부부는 아이들에 대한 새로운 통찰을 입양 계획에 통합시켰고 그들은 입양을 미루기로 결정했다. 이 부부는 가족을 위해 더 든든한 기반을 쌓고 서로를 더 많이 지지할 수 있도록 결혼생활을 강화하는 데 계속해서 집중했다.

마지막 부부회기에서 치료사는 애착 두려움과 욕구를 공유함으로써 연결감을 심화시키는 것을 목표로 서로 간의 부부 유대감에 전적으로 초점을 맞추었다. 트레이시에게 라이오넬과의 사이에서 자녀를 갖지 못한 것에 대한 슬픔과 상실감은 부부간의 더 깊은 정서적인 대화를 할 수 있게 하는 문이였다. 트레이시가 라이오넬에게 슬픔을 나누자, 라이오넬은 그녀의 고통을 위로하고 함께할 수 있었으며 그도 트레이시와 함께 자녀를 갖는 경험을 공유하고 싶었다고 반응했다. 부부가 서로의 슬픔과 상실감 속에서 서로 연결되고 함께할 수 있게 되자, 치료사는 현재 순간을 반영하고 친밀감과 유대감을 강조했다. 라이오넬은 자신의 파트너와 가까워지는 것이 어떤 느낌이었는지 자세히 설명하면서 자신의 삶에서 트레이시가 얼마나 필요한지 이야기했다. 재연에서 눈에 띄게 감동하고 정서적으로도 연약해진 라이오넬은 트레이시의 지원이 얼마나 필요한지, 또 언제 자신이 '더 나은 사람'이 되었는지 공유했다. 트레이시를 향한 라이오넬의 접근으로 그녀는 눈물을 흘렸다. 치료사가 트레이시의 정서를 탐색했을 때 그녀는 함께 자녀를 갖지 않으면 남편을 잃을지도 모른다는 두려움과 어머니가 되지 못할 수도 있다는 두려움을 나누었다. 그리고 그녀는 함께 부모가 되지 않으면 자신은 아마도 라이오넬에게 '충분히 좋은' 사람이 되지 못할 것이고, 그가 자신과의 삶에 '실망할' 것 같다고 말했다. 치료사는 트레이시가 라이오넬과 직접 공유하도록 지지했고, 그녀는 그가 자신을 얼마나 필요로 하는지 알게 되면 안심이 되고, 사랑받고 있고, 한 편이라는 느낌이 들 것이라고 표현했다. 라이오넬의 완전한 정서적 교감은 트레이시가 정말로 원하는 것이 무엇인지에 깊게 파고 들어 드러나게 해 주었다. 그것은 트레이시 자신이 라이오넬에게 중요하고 특별한 존재인지, 그리고 미래에 어떤 일이 일어나더라도 그가 자신과 함께 있고 싶어 하는지를 아는 것이다. 라이오넬은 손을 뻗어 그녀를 "나의 아름다운 여왕"이라고 부르며 가까이 다가갔다.

이 새로운 변화는 부정적인 고리와 대조되어 요약되었고, 부부가 자녀들과 관련하여 분열된다고 느꼈을 때 서로에게 의지할 수 있는 새로운 힘을 어떻게 갖게 되었는지를 강조했다. 서로의 욕구에 초점을 맞추고 서로에 대한 지지와 안심에 대한 갈망을 표현함으로써 그들은 안정감을 느낄 수 있었다. 이 새로운 느낌의 안전함은 새롭게 결혼한 부부로서뿐만 아니라 아버지와 새어머니로서 계부모 가족생활의 어려움에 함께 맞설 수 있도록 힘을 실어 주었다.

5) 3기: 강화

마지막 가족회기는 가족 내 변화와 이러한 어려움에 직면함으로써 가족이 성취한 새로운 경험과 의미에 초점을 맞췄다. 가족이 현재 어떻게 기능하는지 추적 및 반영하고, 그들이 만든 변화를 견고히 하고 통합하기 위해 온 가족이 함께하는 회기를 가졌다. 전반적으로, 가족은 계부모 가족과 관련된 문제를 계속 가지고 있었지만 가족 분위기는 확연히 바뀌었다. 가족 모두가 자유롭게 대화하게 되었고, 치료 초기 가족 특유의 위축되고 회피적인 패턴이 회복되었다는 것을 알려 주듯 정서적 어조도 가볍고 편안했다. 라이오넬은 원가족에서 자라면서 감정을 이야기하지 못했기 때문에 자신의 감정을 말하는 것을 실제로 배울 수 있음을 전혀 깨닫지 못했다고 말했다. 또한 그는 자신이 50세가 되어서야 막 습득하려고 하는 기술을 10대인 두 아들이 갖게 되었다는 것이 얼마나 자랑스러운 일인지 몰랐다고 말했다. 그는 트레이시가 얼마나 자신을 정서적으로 성장하도록 도왔는지에 대해 감사를 표했다. 아들들은 아버지의 칭찬에 긍정적인 반응을 보였고 키런은 트레이시가 아버지를 지지하는 것이 좋고 이제 아버지가 더 행복해지는 것을 볼 수 있다고 말했다. 리암은 농담을 하며, 심지어 아버지가 코치하는 축구경기에 트레이시를 오게 했다고 말했다. 치료사는 가족과 함께 승리를 강화하고 축하했으며 가족 모두가 함께 이러한 어려움에 직면한 것이 얼마나 용감한 것인지를 강화했다. 가족은 다른 도시 소재의 대학에 진학하려는 키런의 계획을 이야기하면서, 새로운 변화를 어떻게 느꼈는지에 대해 가족 모두가 "우린 할 만큼 했어요."에서 "우리는 함께 변화할 수 있어요."로 이동했다는 것에 동의했다.

5. 결론

계부모 가족생활은 이혼 후 자연스러운 변화이지만 두 번째 사랑의 기회를 맞이하는 새 부부와 새 가족을 만나는 아이들 사이의 애착 갈등으로 인해 복잡하고 힘들다. EFFT는 돌봄 애착체계를 회복하고 강화하는 동시에 두 하위체계의 욕구를 존중하여 갈등을 겪고 있는 계부모 가족의 개입에 대한 명확하고 포괄적인 지도를 제공한다. 샤론과 프랭크는 자녀들이 경험하는 상실감을 이해하고 받아들이며, 두려움과 불안 속에서 그들을 지원하기 위해 유대감을 강화함으로써 하나로 혼합되는 과정에서 잘 섞이지 못하는 어려움을 잘 다루어 갔다. 템플 씨 가족은 자녀들이 가족의 변화로 인한 고통을 표현할 수 있도록 도움을 받았으며, 아버지가 가족과 교류하면서 이러한 상실감을 도왔다. 부부는 그들의 관계에 대한 두려움과 서로의 지지와 믿음에 대한 욕구를 처리함으로써 공동 양육동맹을 강화했다. EFFT는 부모가 자녀와 다시 연결되도록 돕고 부부가 현실적인 양육연합을 구축하도록 지원함으로써, 새로운 가족정체성을 찾고 성장하기 위한 노력에 있어 아이들의 어린 시절을 되찾아 주고 새 가족 형성을 위한 자원을 제공하도록 돕는다.

참고문헌

Afifi, T. (2003). "Feeling caught" in stepfamilies: Managing boundary turbulence through appropriate communication privacy rules. *Journal of Social and Personal Relationships, 20,* 729-755.

Bowlby, J. (1988). *A secure base: Parent-hild attachment and healthy human development.* New York: Basic Books.

Braithwaite, D., & Baxter, L. (2006). You're my parent but you're not: Dialectical tensions in stepchildren's perceptions about communicating with the non-residential parent. *Journal of Applied Communication Research, 34,* 30-48.

Cartwright, C. (2012). The effects of co-parenting relationships with ex-spouses on couples in step-families. *Family Matters, 92,* 18-26.

Coleman, M., Ganong, L. H., & Fine, M. A. (2000). Reinvestigating remarriage: Another decade of progress. *Journal of Marriage and the Family, 62*, 1288-1307.

Dunn, J. (2002). The adjustment of children in stepfamilies: Lessons for community studies. *Child and Adolescent Mental Health, 7,* 154-161.

Emery, R. E. (2011). *Renegotiating family relationships: Divorce, child custody, and mediation.* New York: Guilford Press.

Furrow, J. L., & Palmer, G. (2007). EFFT and blended families: Building bonds from the inside out. *Journal of Systemic Therapies, 26*, 44-58.

Furrow, J. L., & Palmer, G. (2011). Emotionally focused therapy for remarried couples: Making new connections and facing competing attachments. In J. Furrow, S. Johnson, & B. Bradley (Eds.), *The emotionally focused casebook: New directions in treating couples* (pp. 3-30). New York: Routledge.

Ganong, L. H. and Coleman, M. (2004). *Stepfamily relationships: Development, dynamics, and intervention.* New York: Kluwer.

Hetherington, E. M., & Jodl, K. M. (1994). Stepfamilies as settings for child development. In A. Booth & J. Dunn (Eds.), *Stepfamilies: Who benefits? Who does not?* (pp. 55-79). Hillsdale, NJ: Lawrence Erlbaum.

Hetherington, E. M. (2003). Social support and the adjustment of children in divorced and re-married families. *Childhood, 10,* 217-236.

Katz, L., & Stein, S. (2012). Treating stepfamilies. In S. A. Shueman & B. B. Wolman (Eds.), *Handbook of family and marital therapy* (pp. 387-420). Berlin: Springer Science & Business Media.

Marquardt, E. (2005). *Between two worlds: The inner lives of children of divorce.* New York: Three Rivers Press.

Papernow, P. (2013). *Surviving and thriving in stepfamily relationships: What works and what doesn't.* New York: Routledge.

Pew Research Center (2015). The American Family Today (Report No. XXX). Retrieved from Pew Research Center: www.pewsocialtrends.org/2015/12/17/1-the-American-family-today/

Statistics Canada. (2017, August 2). Portrait of children's family life in 2016. Retrieved from www12.statscan.gc.ca

Visher, J., & Visher, E. (1996). *Therapy with stepfamilies.* New York: Brunner/Mazel.

Visher, E. B., Visher, J. S., & Pasley, K. (2003). *Remarriage families and stepparenting. Normal family processes: Growing diversity and complexity* (2nd ed., pp. 153-175). New York: Guildford Press.

Wallerstein, J., Lewis, J., Blakeslee, S., & McIntire, K. (2000). *The unexpected legacy of divorce: A 25 year landmark study.* New York: Hachette Books.

웹 사이트

Statistics Canada. www.statcan.gc.ca.

US Bureau of Statistics. www.census.gov.

제**12**장

외상성 상실에 대한 EFFT 사례

구급차가 사망한 남동생을 태우고 떠나는 것을 지켜보던 레일라(16)는 홀로 두려움과 고통에 맞서며 공포를 느꼈다. 몇 시간 전 그녀는 침실에서 자해로 총상을 입은 후 사망한 동생 데이빗의 시신을 발견했다. 레일라의 일상은 순식간에 뒤집혔고 가족은 이 죽음에 대한 충격, 부모의 극심한 슬픔과 부부불화로 인해 산산조각이 났다. 강렬한 정서적 단절의 패턴은 레일라가 남동생의 자살로 인한 두려움과 고통을 혼자 짊어지게 하면서 이 외상성 상실에 대한 가족의 일반적인 반응을 조직했다. 가족이 느끼는 무언의 고통은 해결되지 않은 상실과 그것이 향후 수년간 가족관계에 미칠 본능적 충격을 내포하고 있었다.

가족이 모두 함께 회피하면서 일정 수준의 항상성을 유지해 나갔지만, 레일라의 자녀들이 삼촌의 비밀스러운 죽음에 호기심을 갖는 것은 억제할 수 없었다. 레일라는 이 죽음에 대해 자녀들도 알아야 한다는 필요성과 침묵하려는 어머니의 시도 사이에서 갈등하고 있는 자신을 발견했다. 이 순간 레일라는 어린 아들들에게 그 끔찍한 이야기를 설명해 주려고 했고 자신이 이 파괴적인 상실의 영향을 다시 경험하고 있음을 알았다. 어머니는 남동생이 죽었을 때처럼 동일한 방식으로 회피하면서 철수했다. 레일라가 어머니와 한 번도 나눈 적 없는 이야기를 하려고 하자 어머니는 가족 침묵의 역사를 표현하듯 회피했고, 그로 인해 외로움과 고립감은 계속되었다. 레일라는 자녀들과의 관계에서 이 패턴을 반복하지 않으려고 애썼다.

이 장에서는 EFFT가 가족체계 안에서 해결되지 않은 외상성 상실과 관련된 관계 고통을 회복할 수 있음을 설명한다. 치료사는 외상성 상실의 영향을 받은 가족구성원을 도울 수 있는 EFFT의 원칙과 기술을 살펴본다. 레일라 가족의 사례는 몇 세대에 걸쳐 퍼져 있는 외상성 상실의 슬픔을 다시 돌아보기 시작하면서 성공적인 가족치료였음을 보여 준다. 이 사례는 이러한 상실을 다루고 가족 전체의 회복탄력성을 촉진하기 위해 가족을 참여시키는 데 중요한 통찰을 제공한다. 이 사례는 Lisa Palmer-Olsen과 George Faller가 제공했다.

1. 외상과 가족관계

외상 노출로 인한 증상은 관계 고통을 회복하고자 치료를 요청하는 가족에게서 자주 나타난다. 미국 전국아동건강조사(National Survey of Children's Health: NSCH, 2013)의 아동기 부정적 경험에 대한 조사에 따르면, 미국 아동 중 중 거의 50%(약 3,500만 명)가 적어도 한 가지 유형의 심각한 아동기 외상을 경험했다고 추정하고 있다. 또한 다른 조사 결과에 따르면, 청소년의 10%가 열다섯 가지 형태 이상의 손상 경험이 있는 것으로 나타났다(Hanson, Moreland, Orengo-Aguayo, 2018). 미국 성인 3,000명을 대상으로 한 연구에서 89.7%가 일생 동안 여러 번의 외상 사건에 노출되었음을 보여 주듯이 외상 노출은 성인기에 폭넓게 발생한다(Kilpatrick, Resnick, Milanak, Miller, Keyes, & Friedman, 2013). 안전한 유대감을 경험한 대부분의 아동과 청소년은 흔히 외상성 사건에 노출된 이후에 쉽게 회복되지만, 다중의 외상에 노출되었으나 양육자에게 정서적으로 다가가기가 어렵거나 안전하지 않았던 아동들은 심각한 장기적인 정신건강 증상이 나타날 위험이 더 크다(Goff & Schwerdtfeger, 2013).

아동은 외상에 노출되었을 때 잘 반응해 주지 않으면 외상으로 인한 상실과 역경에 부적응으로 반응할 위험이 크다. 정서적 안전감과 안도감을 위한 어떤 자원도 없는 복잡하고 고통스러운 환경에서, 아동은 예측할 수 없는 세상에 남겨져 더 큰 외상과 심리적인 고통에 빠질 위험에 놓이게 된다(Johnson, 2002). 부모 가용성이 불확실할 때 자녀는 고립과 또 다른 외상에 노출될 위험이 커진다(Crittenden & Heller, 2017). 외상으로 인한 감정을 혼자 견디도록 방치된 아동은 매달리기, 과잉 행동, 성질 부리기 같은 불안 추적형 전략이나 주의력 결핍, 해리 또는 무감각 같은 위축형 전략을 보일 수 있다. 이차 애착 전략으로 아동과 성인은 중요한 타인의 지원과 정서적 가용성의 결핍에 대한 자기보호적 반응을 하게 된다(Ainsworth, 1964; Mikulincer, Shaver, & Solomon, 2015). 예를 들어, 외상후 스트레스장애(PTSD)에 대한 취약성을 결정하는 중요한 요인 중 하나는 외상 사건 전후에 배우자의 지원이 부족하다는 인식이다(Charuvastra & Cloitre, 2008). 트라우마에 대처하는 데 관계 자원이 중요하기에 일부 학자들은 PTSD 자체가 사회적 유대감의 위기라고 결론지었다(Figley & Figley, 2009; James & MacKinnon, 2012).

어떤 사람들은 압도되는 부정적 정서에 대처하기 위해 자신의 경험에 무감각해지고 타인에게서 물러나지만, 지지적인 타인에게 다가가는 것은 외상 노출과 관련된 적응적이고 도움이 되는 결과임이 밝혀졌다(Olff, 2012). 스트레스는 우리가 혼자서 직면하는지, 그리고 다른 사람과 공유하는지에 따라 질적으로 다르게 경험된다(Johnson, 2002). 타인과의 생생한 유대감을 경험하고 다양한 사회적 연결망을 가지고 있으며, 외상 사건 후에 사회적 지원을 받고 있다고 인식할수록 PTSD가 발생할 위험이 낮아진다(Dworkin, Ojoalhto, Dedard-Gilligan, Cadigan, & Kaysen, 2018; Ozer, Best, & Lipsey, 2003). 따라서 회복 과정에서 외상 생존자들이 외상 노출로 인한 잠재적 손상을 완충하기 위해 '중요한 타인과 안전한 정서적 유대감을 형성'(Greenman & Johnson, 2012, p. 2)을 할 수 있도록 도와야 한다.

1) EFT와 외상 사건

정서중심치료는 외상 관련 증상을 다루고 관계적 지지의 전반적인 질을 향상시키기 위해 중요한 관계 자원을 제공한다. 많은 연구에서는 외상 관련 경험 및 외상 노출과 관련된 대인관계 어려움에 EFT가 영향을 미칠 수 있음을 강조한다. 예를 들어, 두 연구에서는 부부 중 한 배우자가 PTSD 진단을 받은 경우에 EFT가 부부관계 회복에 긍정적인 영향을 주었다고 보고 했다(MacIntosh and Johnson, 2008; Weissman et al., 2017). 다른 연구들은 우울증이 있는 부부의 관계 적응을 위한 EFT의 긍정적 효과(Denton, Wittenborn, & Golden; 2012; Dessaulles, Johnson, & Denton, 2003)와 생명을 위협하는 건강 상태에 놓였을 때 배우자 지원의 촉진에 대한 EFT 치료의 긍정적인 효과를 조사했다(Couture-Lalande, Greenman, Naaman, & Johnson, 2007). 또 다른 연구에서는 만성질환을 앓고 있는 자녀를 양육하는 부모의 관계 적응에 EFT가 효과적임을 보고했다(Clothier, Manion, Gordon-Walker, &

Johnson, 2002; Gordon-Walker, Manion, & Clothier, 1998). 이러한 연구 중 어떤 연구도 EFT가 가족관계에 미치는 영향을 조사하지 않았지만, 이러한 연구는 외상 노출과 관련된 심리적 고통과 기타 관계적 스트레스 요인에 직면했을 때 EFT가 관계 적응을 위한 자원 역할을 한다고 지적한다.

EFT에서 볼 때 부정적인 상호작용 패턴은 중요한 관계에서 경험하는 분리 고통과 관련된 부정적 정서를 반영한다. 외상사건이 있을 때 EFT 치료사는 이러한 사건을 관계 패턴의 시각에서 이해한다. 가족관계에서 불안전한 패턴에 갇힌 가족구성원들은 예측 가능한 방법(예: 회피, 불안 반응)으로 고통에 대처하고, 외상 노출은 이러한 관계 전략을 강화하거나 뒤집음으로써 기존 전략에 영향을 미칠 수 있다. 가족 반응은 외상의 속성과 노출 정도에 따라 다를 수 있고, 이러한 차이는 가족 내 소외와 고립의 패턴에 영향을 미친다(Saltzman, Babayon, Lester, Beardslee, & Pynoos, 2008). EFFT에서 치료사는 부정적인 패턴을 변화시키고 가족의 회복탄력성을 위한 자원으로서 안전을 회복하는 데 집중한다. 이러한 부정적인 상호작용은 특히 외상 사건의 정서적 영향에 직면하여 서로를 지원하고 자원을 제공하는 가족의 능력을 차단한다.

(1) EFFT 변화 과정과 외상 경험

외상을 다루는 EFFT 1기의 치료 목표는 가족이 부정적인 패턴에서 각 구성원의 태도에 외상이 어떤 영향을 미치는지 이해하고, 애착 및 돌봄에 대한 차단을 인식하고 처리하도록 돕는 것이다. 치료사는 1기에서 외상 노출로 인해 영향을 받는 구성원들을 지지하기 위해 가족 내의 유효한 자원을 존중하면서 안전과 안정성 구축에 우선순위를 둔다. 외상 경험의 영향을 인식하고 가족의 부정적인 상호작용 패턴의 맥락 내에서 이차 애착 전략을 파악한다. EFT 치료사는 외상의 심리적 영향과 그것이 관계에 미치는 영향에 대해 가족을 교육할 수 있다(Johnson & Faller, 2011). 가족이 처음 몇 번의 회기에 걸쳐 부정적인 패턴에 맞서 단합함으로써 반발 행동이 약화됨에 따라 반응성이 증가하고, 이를 통해 EFFT의 2기에서 외상을 직접적으로 다루는 데 필요한 안전감이 형성될 수 있다. 치료사는 외상 증상을 악화시키는 관계 차단을 밝혀 다루기 시작하고, 2기에서 관계 차단에 의해 형성된 부정적인 패턴을 긍정적인 패턴으로 대체하여 회복을 촉진하는 데 초점을 맞춘다.

재구조화 단계인 2기에서 자녀는 취약한 정서에 접근하여 표현하고, 부모는 명확한 정서 신호에 반응하여 위안과 돌봄을 제공할 수 있다. 2기의 변화 과정의 일부로, 이전에 개입하지 않던 양육자가 다가가서 반응함으로써 자녀의 자기와 타인에 대한 작동 모델이 긍정적으로 교정된다. 돌봄과 돌봄을 받는 것을 차단했던 외상의 영향도 그에 따라 유사하게 약화된다.

EFFT의 2기 목표는 가족의 애착과 양육 과정을 재구조화하는 것이다. 2기에서는 표현되지 않은 애착 관련 정서와 충족되지 않은 애착 욕구에 초점을 맞추고 이러한 욕구에 적극적인 수용과 교감적 반응을 촉진한다. 일반적으로 2기는 자녀의 애착 관련 정서와 갈망을 심화하는 것에 집중한다. 이 과정은 치료사가 자녀의 정서 경험을 확장함으로써, 자녀가 정서적으로 위험을 감수하고 잠재적으로 교정 및 회복 경험을 할 수 있을 만큼 충분히 안전하고 잘 반응하는 가족 상황에서 진행한다. 이 과정은 외상을 경험한 상황에서 자주 발견되는 공감 실패와 관계 불화에 대한 정서 탐색과 처리의 균형을 유지한다. 방향감각을 잃을 수 있는 외상 관련 반응(예: 해리, 수치심 등)에 더 주의를 기울인다.

EFT 치료사는 그 순간에 존재하는 안전 자원에 각 구성원을 재조직하고 재조정하기 위한 지지와 안심을 제공한다(Johnson, 2002). 부인된 정서와 자기상과의 접촉을 통해 EFT 치료사는 자녀의 자아감을 확장시키고 이를 부모와의 새로운 대화로 통합한다. 부모가 더욱 명확한 신호를 포함하고 있는 자녀의 일관된 이야기를 듣고 반응할 때, 치료사는 적극적으로 조율하고 위로와 응원을 담은 돌봄 태도로 반응하는 부모의 능력을 지지한다. EET 치료사는 더 깊은 수준에서 애착 두려움과 갈망을 처리하고 자녀와 부모 사이의 만남을 재정의하고 안무하면서 EFT 탱고의 다섯 가지 움직임을 따라간다. EFFT의 마지막 기에서는 가족이 보다 안전한 유대감으로 나아가는 단계들을 밟아가며 만든 변화를 강화하는 데 집중한다. 가족은 새로운 관계 자원을 가지고 과거 문제를 다시 다룰 수 있는데, 이는 접근과 반응 및 정서적 교감으로 정의되는 가족 유대감이라는 긍정적 고리를 유지하는 데 초점을 둔다(Johnson, 2019).

(2) 안정화: 안전감과 예측 가능성을 촉진하기

외상을 경험한 가족과 작업하는 EFT 치료사의 주요 목표는 가족구성원을 치료에 참여시킬 때 어느 정도의 안전감과 예측 가능성을 확립하는 것이다. 각 가족구성원과 동맹을 형성할 때 치료사는 가족의 고통을 조직하는 예측 가능한 패턴과 이러한 패턴에서 외상사건이 수행하는 역할에 특별한 주의를 기울인다. 동맹을 구축하고 평가하는 이 초기 단계에서 가족구성원은 특정 외상 사건에 대한 각자의 관점과 경험 그리고 이 사건이 가족에게 미치는 영향에 대한 각자의 생각을 공유한다. 치료사는 가족구성원들이 외상 사건에 대처한 방식과 고통의 순간에 도움받기 위해 서로에게 의지할 수 있는 정도를 추적한다. 고통에 대한 반응으로 성공했던 시도와 실패했던 시도를 탐색하고 이러한 시도를 외상 사건에 대한 가족의 전반적인 반응을 보여 주는 대처 패턴과 관련지어 본다.

가족 응집성과 유연성의 주요 걸림돌인 외상 사건에 초점을 두어 가족을 살펴본다. EFT 치료사는 외상 사건이 있었던 과거에만 초점을 맞추기보다는 지금 여기에서 가족 유대감의 위기에 대한 이해와 인식을 촉진하면서 가족의 관점을 확장해야 한다. 특히 가족의 강점과 각 구성원이 이 특정한 사건에 대처해 온 방식에 집중한다. 외상 사건에 대한 각 가족구성원의 경험 및 관련 반응을 지지하고, 지각과 경험의 차이가 가족의 안정을 위협하고 가족으로서 대처하려는 현재의 노력을 방해할 수 있음을 인식한다. 치료사는 힘겨운 싸움을 하고 있는 상황의 한가운데 놓여 있는 가족의 회복탄력성을 강조하면서 각 가족구성원의 보호 반응에 동기를 부여하는 긍정적인 의도를 명확히 한다.

또한 EFT 치료사는 가족의 불안전 고리에서 외상 사건의 역할에 특히 집중한다. 외상 경험의 영향을 받는 관계 경험을 탐색하고 그 경험에 개입하는 맥락에서 안전을 추적 관찰하고 촉진하는 데 더 많은 주의를 기울인다. EFT 치료사는 치료 과정에서 안정감과 예측 가능성을 제공하여 보다 취약한 정서 경험을 공유하고 처리하도록 촉진한다. 이렇게 외상에 세심하게 초점을 기울이는 측면은 다음에서 설명하고 있다. 이 사례는 외상성 상실이 관계와 각 구성원의 안녕에 미치는 영향을 다루면서 EFFT 적용을 설명하기 위해 사용되었다.

(3) 안전과 외상력 평가하기

안전을 확보하는 것은 외상 작업에서 중요하다. 따라서 안전감 부족은 외상을 다루는 작업, 특히 가족치료를 위한 EFT 모델에서 작업할 때 금기사항이다. EFFT의 시작과 평가 단계에서 EFFT 치료사는 약물남용과 폭력을 즉시 평가해야 한다. 심각한 유기 및 언어 폭력을 포함한 모든 종류의 학대는 하나의 가족체계로서 외상에 직면하고 회복하는 데 필요한 안전을 빼앗는다. 치료사는 자녀가 위험하다고 판단되면 자녀를 보호하기 위한 조치를 취해야 한다. 치료사가 그 과정에서 가족이 개방적으로 개입하는 데 필요한 최소한의 정서적 · 신체적 안전을 구축하도록 도울 수 없다면 외상을 탐색하는 위험을 감수하는 것은 안전하지 않다. 이 경우 가족구성원 사이에서 취약성의 증가는 역효과를 초래하고 계속 치료에 참여하는 것은 외상의 영향을 악화시킬 것이다.

치료 초기에 포함해야 하는 또 다른 요소는 각 가족구성원의 외상력과 합동치료에 대한 각 구성원의 준비 상태에 대한 종합적 · 포괄적인 평가를 시행하는 것이다. 외상에 노출된 횟수(아동기 부정적 경험 점수, Adverse Childhood Experiences Score)(Dube, Anda, Felitti, Chapman, Williamson, & Giles, 2001), 사건 기간, 사건에 노출된 연령, 사건 근접성 및 가능한 회복탄력성 요인들과 같은 변수는 각 가족구성원의 경험을 이해하고 치료를 안내하는 것과 모두 관련이 있다(Johnson & Rheem, 2012). 현재와 과거의 외상사건으로 인한 잠재적인 강점과 한계를 철저히 평가하는 데 충분한 시간을 가짐으로써, 치료사는 내담자의 경험에 조율할 가능성을 높일 수 있다.

(4) 경험 처리와 예측 가능성 촉진하기

치료사는 EFT 개입의 속도를 조정하는 것을 포함하여 가족구성원들과의 동맹을 적극적으로 모니터하고 유지한다. 외상 반응은 종종 정서의 롤러코스터처럼 느껴질 수 있다. 반영과 인정 및 정상화와 같은 개입은 가족구성원들이 자신의 경험에 머물러 인식하여 의미를 만들 수 있게 할 뿐만 아니라 감정을 조절하는 데도 도움을 준다. 주의 깊은 조율과 추적을 통해 치료사는 외상 경험 공유를 견딜 수 있는 가족구성원의 능력을 가늠할 수 있다. 치료사는 회기 중에 감정의 홍수(과각성) 또는 회피(해리)의 신호를 지속적으로 찾는다. 이는 내담자가 안전하게 현재에 머물고 현재 순간으로 돌아가기 위해 도움이 필요할 수 있음을 나타낸다. 이것은 각 가족구성원의 정서 조절 상태와 '내성의 창(window of tolerance)' (Siegel, 1999, p. 253)에 주목하게 했다. 가족구성원이 정서 조절을 실패했을 때 억누르는 것을 막기 위한 신속한 조치는 고립보다 지지적인 타인과 함께 외상을 다룰 수 있는 내성을 높이기 위해 필요한 안전을 확보하는 것이 필수적이다.

가족이 외상의 안전한 탐색을 하는 것에 지나치게 방어적이라면, 외상 생존자를 위한 별도의 개인치료를 권장한다. 가족회기에서 관계 차단이 나타나기 때문에 외상 생존자는 치료사와 자신의 외상 관련 경험을 처리하고 욕구와 감정을 소통할 수 있는 공간을 따로 갖는 것이 도움이 된다. 이상적으로 볼 때, 외상 생존자는 조절된 방식으로 외상과 관련된 정서와 경험에 대해 이름을 짓고 느끼고 말할 수 있다. 가족회기에 들어가기 전에도 동일하게 하도록 요청받지만, 가족구성원들이 있는 자리에서 해야 한다. 가족치료와 개인치료 모두 치료에 필요한 안전을 만드는 최선의 방법을 찾기 위해 조정될 수 있다.

외상 증상은 예측할 수 없고 조절이 잘 되지 않는 것처럼 보일 수 있기에 내담자가 자신의 경험을 이해하도록 돕는 치료사의 능력은 초기 단계와 외상 작업 전반에 걸쳐 도움이 될 수 있다(Allen, 2001). 그러므로 외상성 스트레스와 그것이 관계에 미치는 영향에 대한 교육은 안전을 만드는 데 도움이 되는 또 다른 도구이다. EFFT에서 교육은 가족의 생생한 경험과 동떨어진 순전히 가르치는 방식으로 이루어지지 않는다. 가족구성원들이 경험을 공유하는 상황에서 외상 증상 및 회복에 대한 정보를 주고받는다. 이러한 방식으로 제공되는 교육은 하나의 개입이 되어 가족구성원이 지금 여기에 머물도록 돕고, 경험을 통합하고 이해할 수 있게 한다. 외상 후에 가족구성원들이 자신의 행동을 정상적이고 예측 가능하다는 것을 이해하기 시작하면, 그들은 외상 사건으로부터 어느 정도의 안전한 거리와 더 큰 안정성을 확보하여 준비가 될 때 그 사건을 다시 돌아보기 시작한다.

EFT 치료사는 가족구성원이 정서적으로 괴로운 경험을 다루어 갈 때 경험을 반영하고 요약한다. 이 요약은 가족에 대한 의미 만들기와 외상 경험을 그들의 공유된 관계 경험에 통합하는 데 필요한 이야기를 지지하는 내용이다.

이러한 진술은 가족이 문제의 내용에 초점을 두는 것 이상으로 서로 어떻게 상호작용하는지에 대한 과정을 탐색하도록 초대하는 데 도움이 된다. 또한 과정 요약 진술은 가족이 왜 그렇게 상호작용하는지와 연결된다. 임상 요약은 효과적으로 사용하면 치료사가 현재 문제를 외재화할 때 유용한 도구가 될 수 있다. EFT 탱고를 따라 치료사는 개인과 가족의 경험 사이를 오가면서 가족구성원들이 다른 구성원의 경험을 목격할 때마다 정서적 영향과 의미를 평가한다. 이러한 애착 관련 반영은 종종 가족구성원들이 반발적인 부정적 상호작용을 늦추고 방어적인 패턴 이면에 숨어 있는 취약한 감정을 탐색할 수 있는 공간을 만드는 데 도움이 된다. 의미 만들기는 외상 생존자들이 어떻게 여기까지 견뎌 왔는지 이해할 수 있게 힘을 주고, 부정적인 가족 패턴에 무기력한 희생자로 남는 대신 외상 경험을 통제할 수 있게 해 준다.

2. 사이먼의 사례

"아무도 그의 이름을 말하지 않아요."

두 아들을 둔 34세 어머니인 레일라는 남동생의 자살과 관련된 해결되지 않은 문제로 원가족과 함께 가족치료를 받고자 했다. 그녀는 처음에 학령기 자녀들에게 남동생의 자살을 설명하려고 할 때 경험했던 고통으로 인해 개인치료를 원했다. 레일라는 이러한 사건을 이야기하면서 공황 삽화와 침투적 사고로 상실을 재경험하기 시작했다. 이는 손자의 질문과 걱정을 잠재우려는 친정어머니로 인해 더 복잡해졌다. 레일라는 아들이 감정이입을 하며 걱정을 하는 것에 대해 어머니가 바로 정서적인 거절을 하고 있고 이 외상성 상실에 대한 이야기를 피하기 위해 지금까지 해 오던 방식을 반복한다고 느꼈다.

어머니의 개입은 남동생이 자살한 그 당시에 정서적으로 고립된 레일라의 가족 경험을 촉발시켰다. 레일라는 남동생의 시신을 발견했고, 어머니 앨리스는 바로 뒤에 있었다. 앨리스는 아들을 본 순간 고통스러워하며 비명을 질렀고 그에게 다가갈 수 없었다. 엘리스는 레일라만을 남겨 두고 경찰과 구급대원들과 함께 병원으로 급히 출발했다. 친정아버지와 오빠는 그곳에 없었기 때문에 그들의 도움을 받을 수 없었다. 성인이 된 레일라가 이 순간을 돌아보니 자신을 보호하고 정서적으로 안정을 유지하기 위해 자신의 감정을 무시하고 있음을 알게 되었다. 레일라는 의지할 수 있는 사람이 없었으며, 무너지는 것은 자신이나 어머니에게 도움이 되지 않았을 것이다. 레일라는 이러한 정서적 고립과 지지의 부재가 상실을 처리하는 가족의 해결 방식이 될 거라고는 생각도 못했다. 가족구성원들은 자신의 감정을 숨겼고 남동생을 잃은 것에 대한 언급을 피했으며 그의 이름도 말할 수 없었다. 가족의 회피 패턴은 몇 년 동안 각자의 고통과 외상에 어떠한 감정도 느끼지 못하게 만들었다. 레일라는 이 고통을 아들들에게 물려주고 싶지 않았고, 개인치료사의 추천에 따라 가족치료에 합류하도록 가족을 초대했다. 그녀의 부모인 커트와 앨리스는 이혼한 지 10년이 되었고, 오빠 제이콥은 함께 참석하기로 동의했다. 수년간의 갈등 끝에 레일라는 치료가 가족의 경직된 단절 패턴을 깰 수 있기를 희망했다.

1) 1기: 안정화와 단계적 약화

첫 가족회기에서 치료사는 각 가족구성원이 치료에 대해 서로 다른 기대를 가질 수 있음을 이해하고 안전을 느낄 수 있도록 도우면서, 각 구성원이 어떻게 해서 이 치료에 오게 되었는지 질문했다. 부모는 술을 남용하는 아들 제이콥의 건강과 레일라와의 소원한 관계가 걱정된다고 털어놨다. 부모는 모두 몇 년 동안 서로 말을 하지 않았다고 인정했지만, 무엇보다도 현재 레일라와 제이콥이 걱정되어 함께 오게 되었다고 했다. EFT 치료사는 둘 사이의 거리감을 견뎌 내면서까지 성인 자녀를 돕기 위해 치료에 온 부모의 명확한 보살핌의 의도를 강조했다. 그리고 가족을 초청해 관계 갈등과 아들이자 남동생의 죽음을 둘러싼 가족으로서의 경험을 공유했다.

치료사는 가족이 전형적으로 회피하는 대화에 들어갈 때 현재 과정을 반영하고 가족의 반응을 추적하는 데 중점을 둔다. 제이콥은 가족의 일반적인 문제 접근 방식에 대한 자신의 경험을 다음과 같이 요약해서 말했다. "우리는 어떤 문제도 다루지 않아요. 시간이 치유해 줄 거라고 생각하고 모든 것을 모래 속으로 깊이 묻어 버려요." 레일라는 이에 동의하며 고개를 끄덕였고 이로 인해 결코 다루거나 해결되지 못한 상처로 단절되었다고 덧붙였다. 회기 내내 부모는 서로의 시선과 직접적인 대화를 피하면서 폐쇄적인 모습을 보이며 소통하지 않았다. 레일라와 제이콥은 서로 상담실의 반대편에 앉아 단절하고 있는 부모를 물리적으로 반영했다. 각 가족구성원이 가족에 대한 걱정을 표현하자 정서적 분위기는 긴장되어 갔다. 가족구성원들이 자신의 이야기를 공유함에 따라, 치료사는 대화 중에 드러나는 관계 차단이 명확해지는 것에 초점을 맞추고 현재 순간을 반영하고 경험을 인정함으로써 가족의 딜레마를 요약했다.

치료사: 우리가 함께 앉아 있으면서 저는 여러분 모두가 얼마나 말을 삼갔는지, 각자의 감정의 목소리를 내는 것이 얼마나 어려웠는지 알게 되었어요. 제이콥, 당신은 방금 우리 가족에게 일어나는 일은 다 묻혀 버린다고 했어요. 그리고 레일라, 이 가족의 지하에 많은 고통이 있다고 계속 말하고 있고, 항상 그런 식이었다는 거군요. 어머님과 아버님은 침묵을 하고 계시는데 아무 말도 하지 않는 그럴만한 중요한 이유가 있는 것 같아요. 그게 가장 안전한 방법이라고 생각하시나 봐요? (부모 둘 다 고개를 숙이고 끄덕인다). 도와주시겠어요, 커트? 가족의 단절과 외로움에 대한 자녀들의 이야기를 들을 때 당신의 마음속에서는 무슨 일이 일어났나요? (환기적 질문)

아버지: 무슨 말을 해야 할지 모르겠어요. 저는 지금 혼자이고 정말로 늘 그랬어요.

치료사: 제이콥이 가족의 모든 것이 묻혀 버린다고 말했을 때, 당신이 어땠는지 궁금하네요. 아버님은 처음에 그를 걱정하고 있고 아버지로서 아들을 돕고 싶다고 했으니까요. (부모의 돌봄 의도를 반영하면서 환기적 질문)

아버지: 물론이죠. 하지만 제이콥을 통제할 수 없다는 걸 알아요. 제이콥은 너무 고집이 세서 저는 저 자신밖에 통제를 못해요. 그들 둘이 싸울 때마다 저는 항상 중간에 끼어 있었고, 우리는 최근까지 말을 하지 않았기 때문에 제이콥이 엄마와 싸우기라도 하면 제가 뭘 어떻게 할 수가 없죠.

치료사: 맞아요. 그렇죠. 그리고 한동안 혼자서 그걸 해야만 했죠. 그렇죠? 스스로 책임을 져야 했고 결국 무력감을 느꼈겠네요?

아버지: 저는 지금 10년 동안 술을 마시지 않았지만, 여전히 매일 하루하루 넘기며 살아요. 난장판 된 가족에서 제 역할에 책임을 졌고, 아들이 자살한 후 모든 사람으로부터 회피한 것을 전처와 아이들에게 수없이 사과했어요. 고통 또는 죄책감을 감당할 수 없었고 앨리스가 여전히 모든 것을 내 탓으로 여긴다는 것을 알았기에 그녀를 마주할 수가 없었죠.

치료사: 지난 몇 주 동안 그런 노력을 하면서 가족을 만난 것은 큰 진전이네요. 가족을 위해 그런 큰일을 한 거네요. 이 또한 제이콥에게 전하고자 하는 메시지인거죠? 가족에게도요? 가장 큰 두려움에 직면함으로써 가족을 위해 더 좋은 상황을 만들고 싶은 거네요? (인정, 부모의 의도 강화)

아버지: 네, 그런 것 같아요. 하지만 (잠시 말을 멈추었다가 울면서) 아들이 제 총을 가지고 자살했다는 걸 생각하면 좀 너무 늦은, 10년이나 늦은 거죠. (상담실 안은 조용해지고 제이콥이 아버지에게 다가가자 앨리스는 레일라와 함께 울기 시작한다)

치료사: 아들과 아들의 죽음에 대해 이야기하는 건 정말 어려운 일이에요. 아버님은 가만히 있다가 울기 시작하네요. 앨리스, 당신은 아들이 언급되고 그가 어떻게 자살했는지에 대한 이야기를 듣자 바로 눈물이 나네요.

어머니: (울면서) 커트와 저는 지난 10년 동안 서로를 없는 사람처럼 대했어요. 데이빗이 죽은 후 그와 교류하는 것이 너무 고통스러웠죠. 그가 우리를 위해 노력한다는 것을 듣는 것은 좋지만 아들을 잃은 고통과 공포를 덮을 수는 없어요. 저 또한 그날부터 엄청난 죄책감을 느꼈고, 모든 것을 어떻게 감당해 왔는지 모르겠어요. 그날 이후로 유일한 두

아이가 저와 싸우거나 화를 낼 때 저는 죽을 것 같았어요. 저는 아이들 중 한 아이와의 갈등이 어떻게 저를 공포에 완전히 몰아넣는지 이제 막 보기 시작했어요. (그녀가 더 울기 시작하고 심호흡을 한 다음, 레일라를 올려다 본다) 그날 상점에 가기 전에 아들과 싸웠어요. 제가 그를 집에 두고 나오기 직전까지 싸움을 멈추지 않고 상황을 바로잡지 못한 데 엄청난 죄책감을 느껴요. 이제 어떤 싸움이 시작되면 저는 미쳐버릴 것만 같아요. 그래서 10년 동안 커트를 멀리했고 다시는 어떤 싸움도 할 수 없었기에 그가 사라지게 놔둔 거예요.

치료사: 앨리스, 고통은 사라지지 않고 죄책감도 그대로 남아 있다는 얘기네요. 그렇게 비극적으로 아들을 잃은 고통은 아무리 많은 시간이 지나도 사라지지 않죠. 그건 당신과 커트가 영원히 나눠야 하는 거네요. 지금 이 상담실에도 그 고통이 살아 있네요. (인정, 강조, 현재 순간에 초점) 최근까지 당신과 커트가 함께 치료받는 동안 이런 이야기는 나누지 못한 것 같아요. 지난주 이전에는 사실 아무도 아들에게 일어난 일에 대해 말할 만큼 충분히 안전하다고 느낀 적이 없었죠. 이 상실로 여러분 모두 너무 외로웠어요. 자살로 아들을 잃은 건 너무 충격적이었죠. 그런데 제가 듣기에는 가족이 이 외상을 겪는 동안 서로를 잃었다고 하는 거 같아요. 데이빗이 죽은 뒤 아무도 서로 이야기하거나 나누지 않았죠. 데이빗의 죽음으로 가족의 모든 관계는 무너져 버린 것 같았고, 모두가 절망에 빠져있었기 때문에 더는 누구에게도 의지할 수 없었네요.

어머니: (숨을 크게 들이마시며) 음, 남편과 저는 할 수 있는 최선의 방법으로 대처했고 결국 이혼을 했죠. 이제 제이콥과 레일라에게 집중해야 해요. 아이들이 괜찮지 않으면 커트와 저는 1년도 못 버틸 테니까요. 누구와도 싸움으로 인한 스트레스를 감당할 수 없어요. 커트가 점점 더 참여해 준다면 조금 더 쉬워질지도 모르지만, 그래도 두려워요. (숨을 참느라 애쓰는 그녀의 얼굴에서 눈물이 흘러내린다)

치료사: 어머니로서 당신은 자녀들의 감정을 잊고 싶지 않죠. 데이빗이 죽은 후에 자녀들을 위해 함께 있어 주지 못했기에 지금은 당신과 커트가 그들을 위해 있는지 확인하고 싶은 거죠. 이게 당신에게 얼마나 중요한 건지 눈에서 알 수 있어요. 레일라와 제이콥이 데이빗의 자살 후에 얼마나 외로웠는지 아는 것은 당신의 고통 중에 가장 아픈 부분이네요. 그래서 오늘 이 자리에 오신 거죠? (부모의 의도를 반영하면서) 이 자리에 중요한 발걸음을 내디뎠네요. 큰 용기를 내어 이전에 아무도 말하지 않았던 것을 말하고 있는 거네요. 질문 하나 해도 될까요? 제이콥과 레일라, 데이빗이 죽은 후에 부모님이 가족 안

에서 있었던 일을 이야기하는 걸 들으면서 어땠나요?

레일라: (비꼬고 경멸적으로) 아무도 데이빗의 이름을 말하지 않았어요. 어느 누구도 10년 동안 이름을 말하지 않았잖아요! 그래서 두 분이 여기 앉아 대화하며 데이빗의 이름을 이야기하는 걸 들으니 조금 낯설게 느껴져요. 두 분이 서로를 인정하는 모습이 새로운 건 말할 것도 없고요. 부모님은 이혼 후 말 그대로 서로를 만나거나 대화를 나눈 적이 없었죠. 저는 데이빗이 죽은 후부터를 말하는 거예요. 우리가 남동생을 잃은 것은 충분히 안타까운 일이고 우리 모두가 그것에 죄책감을 느끼고 있다는 건 알지만, 한꺼번에 모든 사람을 잃는 것은 상황을 더 악화시켰죠. 우리가 데이빗의 죽음을 잘 다루지 않은 건 너무나 고통스러울 정도로 명백한 사실이죠. 서로 이야기하거나 들을 기회가 있을 때 우리는 상처로 인해 고통스러운 상태였고 그냥 차단시켰어요. 아무도 그 상자를 열고 싶어 하지 않았죠.

"아무도 그의 이름을 말하지 않아요."는 이 외상성 상실이 가족에게 미친 영향과 말할 수 없는 상실과 슬픔에 대처하기 위한 그들의 고독한 노력을 상징한다. 그날의 충격은 가족을 무너뜨렸고 지난 20년 동안 서로 상호작용했던 방식을 무너뜨렸다. 각 가족구성원은 이해할 수 없는 상실의 고통, 자살, 가족 전체에 조용히 울려 퍼지는 무력감과 공포감으로부터 자신을 지키려는 자기보호 전략을 통해 정서적 안정을 찾으려고 했다. Johnson이 언급했듯이, 외상의 여파는 "내면에 흠뻑 빠져들어 그 상태에서 세상과 관계를 맺으며 얼마 후에 그러한 방식에 의해 모든 것이 암흑, 무력감, 절망감에 빠지고 어떤 것도 빠져 나올 수 없게 되는 것"과 같다(p. 21). 이 회기는 가족의 회피 패턴에서 나타나는 관계 차단을 강조했다. 회피로 인한 마비는 새로운 정보와 성장을 가로막고 이 가족의 정서적 참여를 방해하면서 부적응을 유발한다.

다음 회기에서 치료사는 '침묵의 코드'라는 문구를 사용하여 여러 가지 방법으로 가족을 지배했던 회피 패턴을 외재화하면서 부정적인 패턴을 재구성했다. 첫째, 레일라는 자신의 고통에 대한 인식이 높아지면서 가족을 치료로 이끌 수 있었다. 그녀의 태도는 가족에게 이전에 모두 저항했던 정서의 바다로 걸어 들어가기를 요청하는 것으로 재구성되었다. 제이콥의 음주는 무섭고 참을 수 없게 느껴지는 것들을 무감각하게 만드는 방법으로 재구성되었다. 이는 또한 제이콥을 불안으로 가득 채웠고 고통을 다스리기 위해 어쩔 수 없이 술을 마시게 했다. 치료사는 커트와 앨리스가 직접 만나면 서로의 눈에 자신의 고통이 비치기 때문에 개인적 고통을 완화하는 방법으로 서로를 피했다고 묘사했다.

외상, 특히 자살의 영향에 대한 심리교육은 가족의 현재 기능을 정상화하고 인정하는 것을 돕는 방법이며 그들이 느끼는 수치심에 대한 해독제이다. 마침내, 이 가족에게 희망이 찾아왔고, 그들의 용기와 힘 그리고 함께 이야기하려고 하는 개방성과 의지를 인정받았다. 치료사는 이 가족이 모두에게 안전한 항구가 되고 앞으로 구성원들의 대화는 그들을 그 안식처로 인도할 것이라는 이미지를 그리면서 회기를 마쳤다.

첫 가족회기 후에 부모회기와 레일라와 제이콥의 자녀회기를 진행하기로 했다. 일반적으로 EFFT에서는 가족 전체 회기가 끝난 후 양육동맹, 외상 경험 그리고 둘 사이의 유대감에 대한 일관된 이야기를 만들어 가는 평가회기가 이어진다. 형제 하위체계에서도 같은 과정이 진행된다. 부모와 자녀를 분리시켜서 상담하면 두 집단이 어려운 문제를 더 자유롭게 말할 수 있고, 치료사가 각 그룹과 함께 애착 두려움과 갈망을 탐색할 수 있는 상황에서 대화할 수 있다. 또한 더 집중된 회기는 치료적 동맹을 심화시키며, 안전성을 평가하고 기존의 강점을 기반으로 추후 가족회기를 위한 장을 마련하기 위한 더 많은 기회를 제공한다.

부모회기는 커트와 앨리스가 10년 이상 직접적으로 대화를 하지 않았기 때문에 매우 어려웠다. 첫 번째 회기에서 치료사는 자녀, 특히 제이콥에 대한 그들의 걱정을 들었다. 그들은 음주에 대한 무력감을 말했고, 회기 중 어느 시점에서 앨리스는 "그것은 집안 내력이에요."라고 소리를 질렀고, 이에 커트는 침묵하고 외면했다. 치료사는 이 순간을 반영했고, 그들이 지금 함께 앉아 있는 것이 어떠냐고 물었다. 앨리스는 치료사에게 짜증을 냈고, 그들의 관계는 "오래전에 끝났기 때문에" 과거에 대해 말하기 위해 상담실에 있는 것이 아니라 제이콥과 레일라를 도울 수 있는 방법을 이야기하기 위해 왔다고 말했다. 앨리스는 오랫동안 불행한 결혼생활에 머물러 나약하게 굴었던 자신을 비난했다. 치료사는 자신의 과실을 사과했고, 둘 사이의 불화를 제쳐두고 자녀들을 위해 그곳에 있으려는 부모의 강점을 강화했다. 이번 회기에서는 앨리스와 커트와 동맹을 맺고 이혼에 대한 수치심과 그들의 관계가 자녀에게 미치는 영향에 세심하게 반응하는 것이 중요했다. 치료사는 의뢰와 관련하여 제이콥을 위한 구체적인 도움을 주었고 두 사람 모두 치료사가 도움을 주는 데에 감사를 표했다. EFFT 치료사는 제이콥과 레일라를 위해 그들의 참여가 매우 중요하고 무엇으로도 대체할 수 없는 존재임을 강조했다. 성인이 되어서도 제이콥과 레일라는 여전히 부모가 필요하기에 치료사는 그들이 함께 대화하고 '침묵의 코드'를 푸는 데 도움이 되기를 바랐다. 앨리스와 커트는 이 치료 계획에 동의했고 다른 회기의 일정을 잡았다.

앨리스는 커트에 초점을 맞추고 또 제이콥과 레일라에 대한 커트의 '알코올 중독 및 정서적 유기'에 초점을 맞추면서 다음 회기를 시작했다. 치료사는 자녀들에 대해 걱정하는 앨리스를 지지하고 그녀의 좌절감을 반영하였으며, 커트의 부재가 공동 부모로서 그녀에게 특히 힘든 것이었음을 이해했다. 엘리스는 데이빗의 죽음 이후 자신의 경험에 대해 더 많은 것을 털어놓으며 다음과 같이 말했다.

> "데이빗이 커트의 총으로 자살했을 때 커트는 사냥을 마치고 집으로 돌아와 데이빗이 자살하는 데 사용한 것을 포함해 모든 무기를 쐈어요. 그리고 다시는 우리 중 누구와도 말하지 않았죠. 그는 우리가 이혼할 때까지 10년 동안 밖에서 정원을 가꾸며 술에 취해 있었어요."

치료사는 앨리스가 가장 취약하고 황폐해졌을 때 얼마나 외로웠고 힘들었는지 계속 인정해 주었다. 앨리스는 순화되기 시작했고 눈에 눈물이 가득 찬 상태로 조용히 말했다. "커트는 이혼과 데이빗의 죽음에 대해 자신을 비난했고 저도 마찬가지였죠. 우리는 그것을 극복하지 못했고 그런 시도조차 하지 않았어요." 앨리스가 말하는 동안 커트는 침묵을 지켰지만 그의 얼굴은 붉어졌고 의자에 불편하게 앉아 있었다. 치료사는 그가 데이빗이 죽은 후 몇 년 동안 앨리스의 이야기를 듣는 것이 얼마나 힘든 일이었는지 인정하면서 이 시간이 그에게 어땠는지 이야기하도록 초대했다. 커트는 그 당시에 대해 많이 기억하지 못했지만 앨리스가 이혼하면서 늘 원했던 것을 얻었다고 말했다.

EFFT 치료사는 커트의 정서를 따라갔고, 커트가 "제가 어떻게 아들을 죽였는지 생각하지 않으면 하루가 지나가지 않아요."라고 하면서 자신에 대한 분노를 더 직접적으로 표현하게 하는 분노를 인정했다. 치료사는 커트의 끔찍한 수치심과 죄책감을 수용했고, 그 고통의 수준을 생각하면 그가 술에 취하지 않고 있을 수 있다는 것이 얼마나 놀라운 일인지 인정해 주었다. 커트는 흐느껴 울기 시작했고, 그 모습에 앨리스도 눈물을 흘렸으며 머리를 잡고 울었다. 부모가 서로를 지지할 수 없었기에 치료사는 그들이 슬퍼할 수 있게 허용해 주었고 그들을 지지해 주었다. 치료사는 많은 결혼 생활을 파경에 취약하게 만드는 그들의 엄청난 슬픔에 직면하여 종종 경험하는 고통과 무력감을 이해했다. 자신의 고통을 처리하기 위해 회피 전략을 사용하는 커트의 좋은 의도를 명확히 드러냄으로써, 치료사는 커트가 나머지 가족들을 홀로 직면하게 한 회피의 대가를 볼 수 있도록 도와주었다. 부정적인 패턴을 인식한 커트는 결국 반응을 달리할 동기를 갖게 되었다.

앨리스와 커트가 함께 나누었던 슬픔과 수치심에 대한 표현을 더 깊이 있게 다루고, 두 사람이 경험한 외상의 영향이 자녀들에게 어떻게 반향을 일으키는지 더 깊이 이해하기 위해 추후 회기가 마련되었다. 커트는 자신이 경험한 취약성에 놀라고 당황했으며, 그들 사이에서 일어난 일의 의미에 혼란스러워했다. 그것은 아버지로서의 그의 역할과 관련되어 있기 때문에 치료사는 자신에 대한 커트의 새로운 정의를 반영했다. "당신은 아들 데이빗에 대해 간직한 슬픔을 아주 분명하게 드러낼 수 있네요. 이건 엄청난 용기와 힘이 필요한 일인데 당신은 그 기회를 잡았네요." 앨리스는 커트와 그들 사이에 무슨 일이 일어났는지 더 잘 이해할 수 있었다고 말하면서 그의 개방을 지지해 주었다. 그녀는 데이빗이 죽은 후 어떻게 "바빠졌는지"에 대해 이야기할 수 있었고, 가족을 경제적으로 부양해야 했으며 강해져야 했다고 말했다. 그녀는 종종 "거기 가지 않으려고" 노력하면서 "누구와도 자신의 진실한 감정을 깊게 나눌 수 없었다."라고 슬퍼하며 털어놓았다.

치료사가 앨리스를 부드럽게 탐색하고 안아 주자 그녀는 자신이 데이빗을 실망시킨 것처럼 남은 아이들을 실망시킬 수 없고 "저는 정말 슬퍼할 자격이 없죠."라고 말했다. 다시 치료사는 앨리스의 후회, 죄책감, 수치심을 이해하고 인정했으며, 그녀가 가족과 상호작용하는 방식의 맥락에 놓고 "과도하게 기능하고 모든 것을 없애고 더 긍정적이려고 노력하면서" 아이들과 함께 있으려고 한 전략이 의도치 않게 레일라와 제이콥을 정서적으로 홀로 남겨두었다는 것을 볼 수 있도록 도왔다. 이 회기가 끝날 무렵 부모는 이 비극적인 상실에 대한 엄청난 고통과 죄책감에서 살아남으려는 자신들의 시도가 레일라와 제이콥에게 정서적으로 접근하고 도움을 줄 수 있는 능력을 어떻게 차단했는지 볼 수 있었다. 치료사는 지금 이 기회를 이용해서 다른 방식으로 자녀와 함께 있을 수 있도록 격려해 주었다. 이는 그들이 '침묵의 코드'를 풀기 위한 능력을 보여 주었기에 가능했던 것이다.

자녀회기는 제이콥과 레일라 사이의 관계를 강화하는 데 초점을 맞추었다. 그들은 가치관과 생활 방식이 다르기 때문에 "친하지 않았어요."라고 말했으며, 제이콥은 "별로 관계가 없었어요."라고 했다. 치료사는 가족의 상호작용 패턴을 추적했고 각각의 관점에서 그들 사이의 거리감이 어떻게 시작되었는지 질문했다. 제이콥은 "데이빗이 자살했을 때, 우리 가족은 모두 사라졌어요. 우린 그냥 동생만 잃은 게 아니라 모든 사람이 살해된 것 같았고 어느 누구도 그것을 이야기하지 않았죠."라고 말했다. 레일라는 오빠가 이런 말을 하자 눈에 띄게 슬퍼졌고, 치료사가 감정을 탐색하자 데이빗이 죽은 날 집에 들어온 순간부터 "혼자"였다고 말했다.

제이콥과 레일라는 "부모와의 단절 및 데이빗이 죽었을 때 단지 그 동생뿐 아니라 모두를 잃었다는 것"에 대해 비슷하게 부정적인 경험을 했다. 치료사가 데이빗의 죽음이라는 외상으로 가족이 단절되었다는 것을 이해하자, 레일라는 가족 '사례관리자'로서의 역할에서 벗어나 그날의 사건들을 오빠와 공유하기 시작했다. 제이콥은 무슨 일이 일어났는지 알지 못했으나 레일라에게 괜찮은지 묻지 않았던 것과 그날의 사실들을 전혀 알지 못한 것에 대해 사과했다. 치료사는 레일라와 제이콥이 한 작업을 요약하면서 그들이 나눈 유대감 있는 대화를 지지했다.

치료사: 두 사람은 정말 공통점이 많아요. 다른 방식으로 대처하면서 혼자 짊어지고 있었던 것, 슬픔을 나눴어요. 하지만 바로 여기, 바로 지금, 두 사람은 뭔가 다른 것을 하고 있고 항상 닫혀 있던 이 공간에 서로를 들여보내고 있어요. 데이빗을 잃었을 때, 두 사람은 또한 서로와 부모님을 잃었어요. 온 가족이 무너지는 기분이었죠. 동생의 죽음에 대한 감정을 홀로 견디며 살아남으려 하면서 이것이 가족에게는 가장 큰 상처가 된 것으로 지정하는 것은 매우 중요한 것 같아요. 일단 상담실에 모두 모인다면, 가족으로 시작하기에 상담실이 좋은 장소인 것 같아요. 레일라, 만약 우리가 부모님을 이 회기에 초대한다면 부모님과 다른 방식으로 대화를 시작할 의향이 있나요?

레일라: 그 생각이 절 두렵게 해요! 우리는 이런 식으로 대화한 지 너무 오래됐어요. 엄마가 제 말문을 막지 않고 제이콥이 제 옆에 있는 한, 우리는 그렇게 할 수 있을 것 같아요.

이러한 가족 및 하위체계 회기가 끝난 후 치료사는 가족이 단계적 약화가 되었고 2기의 더 깊은 작업을 위한 준비가 완료되었다고 결정했다. 부모 모두 참여를 가로막는 몇 가지 요인을 인정하면서 자녀에게 더 정서적으로 접근하고 반응했으며 욕구를 표현했다. 모든 가족구성원은 상호 간에 회피하는 고리를 더 잘 이해하게 되었고, 데이빗의 죽음으로 인한 영향이 여전히 가족 내의 안전감과 안도감의 결핍을 어떻게 이끌고 있는지 더 알게 되었다. 가족은 처음으로 그들의 단절 패턴을 바꾸기 위해 연합했다.

2) 2기: 상호작용 재구조화

다음 가족회기에는 부모와 성인 자녀가 모두 참여했고, 치료사는 부모회기와 자녀회기 및 이전의 가족회기에서 보여 준 가족의 노력을 요약했다. 치료사는 가족이 직면했던 투쟁을 가족구성원들이 슬픔 속에서 경험한 외로움과 상실을 공유하는 것을 차단하는 '침묵의 코드'를 극복하기 위한 것으로 재구성했다. 레일라는 가족들이 '진정한 대화'를 할 수 없다는 것이 삼촌의 죽음을 이해하고자 하는 어린 자녀들에게까지 영향을 미친다며 울음을 터뜨렸다. 레일라의 강렬한 반응에 반발하면서, 앨리스는 가족이 취한 좋은 시도와 레일라가 아이들에게 좋은 엄마가 되어 온 방식에 그녀의 관심을 돌리려고 했다. 어머니가 딸의 취약성을 나누기 위한 공간을 만들기보다는 딸의 고통과 저항을 진정시키는 이러한 상호작용에서 어머니와 딸 사이의 관계 차단이 분명히 나타나고 있다. EFT 치료사는 부모의 노력을 반영하고 인정하면서 현재 과정으로 초점을 이동하고 데이빗의 죽음의 중요성에 다시 초점을 맞춘다.

치료사: (앨리스에게) 앨리스, 당신이 지금 레일라에게 더 좋은 엄마가 되려고 노력하고 있다는 거 알아요. 당신이 그녀에게 다가가는 걸 보면 알 수 있지요. 하지만 저는 조금 다르게 듣고 있어요. 도움을 드려도 될까요? (레일라에게) 레일라, 제가 지금 듣고 있는 건, 당신이 정말로 간절히 바라는 건 그냥 동생에 대한 외상을 겪은 어린 소녀로서 당신의 경험을 이야기하고 싶은 거 같아요. 이걸 혼자 오랫동안 짊어지고 다니면서 어땠나요?

레일라는 어머니가 정말로 자신의 말을 듣고 싶어 하는지 의구심이 든다고 이야기했고, 해야 할 말이 너무 많아서 자신도 감당하기가 어려운데 가족 중 어느 누구라도 고통을 받게 될까 봐 두렵다고 표현했다. 그녀는 어머니가 쓰러지고 아버지가 다시 예전으로 돌아갈까 봐 두려웠고, 오빠도 힘들어한다는 것을 알았다. 치료사는 레일라의 두려움을 반영했고, 그녀의 경험을 어머니의 돌봄 의도에 참여하고 어머니와 아버지가 레일라의 걱정에 반응할 수 있는 새로운 기회를 탐색하기 위한 초대로 재구성했다. 치료사가 부모에 대한 레일라의 두려움을 반영하자 부모는 딸의 두려움에 다가가 위로해 주었다. 그래서 결국 치료사는 부모를 초대하여 레일라와 직접 공유할 수 있도록 했다. 앨리스는 긍정적인 방향으로 전환하려는 자신의 경향을 인정하며 반응했지만, 이 순간 그녀는 자신이 새로운 방식으로 현재의 순간에 함께 있어 주는 것이 얼마나 중요한지 깨달았다. 앨리스가 과거에 할 수 없었던 일이었다. 커트는 자신이 함께하지 못했다는 것을 알았고 레일라를 어떻게 실망시켰는지 보는 것은 "끔찍했다."라고 말하면서 이 메시지를 자발적으로 강조했다. 커트는 레일라에게 직접 말하면서 그녀가 나누고자 하는 것을 부모로서 자신들이 감당할 수 있을 거라고 안심시켜 주었다.

치료사: (레일라에게) 어머니가 알고 싶다고 하시고, 아버지도 여기에 함께 있다고 하시는데, 부모님이 전에 하지 않던 방식으로 당신을 위해 있고 싶어 하는 걸 들으니까 어떤가요? (EFT 탱고 움직임 1, 현재 과정 반영하기)

레일라: 혼란스럽고 불편해요. 부모님의 말을 믿어야할지 잘 모르겠어요.

치료사: 네, 맞아요. 이해할 수 있어요. 좋다는 건가요, 아니면 어떻게 해야 할지 모르겠다는 건가요?

레일라: 네, 맞아요. 예전에는 이런 적이 없었죠. 아버지는 날 거의 안아 주지 않으셨죠.

치료사: (부드럽게, 천천히) 맞아요. 당신은 그런 경험을 하지 못했죠. 20년 전에는 이런 일이 일어나지 않았죠. 그때 당신은 혼자였잖아요? (레일라의 얼굴은 겁에 질려 있고, 눈은 크게 뜨고 있다)

치료사: 너무 힘들고 무섭죠. 당신은 정말 용감해요. 그리고 어머니와 아버지는 여기 있어요. 보이나요? (레일라가 부모를 바라보며 조용히 "네."라고 말할 때, 그녀에게 이곳에 있는 것이 안전하다는 것을 상기시킨다)

치료사: 당신은 지금 혼자가 아니네요. 하지만 20년 전에는 아주 두렵고 끔찍한 일이 일어났죠. 어린 소녀로서 감당하기 너무 벅차고 힘들었을 거예요. 당신은 겨우 열여섯 살이었잖아요. (EFT 탱고 움직임 2, 정서 조합과 심화하기)

레일라: 너무 무서웠어요. 어떻게 할 수가 없었어요. (울고, 손으로 얼굴을 가리고 떨기 시작한다)

치료사: 맞아요. 당연하죠. 보기가 너무 어려웠죠. 그리고 지금 당신은 그것이 얼마나 무서웠는지 우리에게 말하고 있어요. 당신이 얼마나 버거웠는지, 물론 누구라도 그랬을 거예요. 지금 이 순간에 그 기억을 함께 나눈 것이 정말 용감하네요. 지금 기분은 어떠세요?

레일라: 속이 울렁거려요. 저는 아직도 데이빗의 시신이 거기에 누워 있는 것이 보여요. 문으로 걸어 들어갔을 때 여기저기서 피가 보여서 무서웠어요. 그가 기절한 줄 알았어요. 정말로 누군가가 우리 집을 털다가 제 동생을 다치게 했다고 생각했어요. 그게 첫 번째 생각이었고 그것이 사실이길 바랐어요. (흐느끼며) 동생을 보려고 달려갔을 때 그의 손에 있는 총을 보았고 그를 알아볼 수 없었어요. 정말 아버지의 총을 사용하여 머리에 쏜 거예요. 사방에 피가 흘렀어요……. 동생에게 침대 시트를 던지려고 했는데 무서워서 그냥 엄마를 부르기 위해 비명을 지르기 시작했어요. 우리는 식료품점에 갈 때 그를 혼자 남겨 두었어요. 그가 우리를 도와주지 않아서 짜증을 내며 나왔거든요. (레일라는 자리에 주저앉아 더 깊게 흐느끼기 시작한다)

치료사: (그녀의 목소리에 들어 있는 슬픔을 반영하며) 네, 지금 당신의 눈에서 고통과 공포를 볼 수 있어요. 당신이 본 것과 겪은 일을 공유하는 것이 얼마나 힘든 일인지 이해할 수 있어요. 제가 바로 여기에 당신과 함께 있다는 것을 알아줬으면 좋겠어요. (레일라는 치료사를 올려다보고 그녀가 치료사와 함께 연습했던 것처럼 호흡하기 시작한다. 레일라는 이전에는 할 수 없었던 그날 있었던 일을 천천히 이야기하기 시작했다) 남동생이 스스로 총을 쏜 것을 봤을 때 정말 무섭고 공포스러웠을 거예요. 동생의 얼굴을 보려고 그에게 다가갔는데, 총상이라는 외상을 보게 되었네요. 정말 끔찍했겠어요? 처음으로 이 외상을 혼자서 마주하는 건 감당하기 어려웠을 거 같아요. 열여섯 살 소녀가 감당하고 안고 가기에는 너무 버거운 일이에요. 이건 당신이 지난 몇 년 동안 혼자 간직해 온 모습, 당신이 본 것에 대한 고통이네요. 어머니는 당신이 본 것을 결코 보지 못했고, 어머니가 뛰어들어 왔을 때 시트가 남동생을 덮고 있었어요. 데이빗이 자살하기로 결정했을 때 그것은 당신의 모든 세계를 파괴했고 다른 사람들과 함께하는 세계에서 당신의 안전을 빼앗아 갔네요. 이 매우 충격적인 장면과 왜 남동생이 스스로 목숨을 끊으려 했는지 이해하기 위해, 자신의 감정을 처리하기 위해 혼자 노력해야 했네요. 남동생을 잃는 것도 감당하기 어려운데, 이런 식으로 그를 잃고 혼자 견뎌야하는 느낌은 너무 버겁고 엄청나게 두려웠을 거 같아요. (치료사는 강렬한 정서를 조직할 수 있도록 요약하면서 그녀의 경험을 반영하고 인정한다)

레일라: (평정을 되찾고 눈물을 멈추려고 머리를 흔들며) 엄마는 제가 개 때문에 소리를 지르는 줄 알고 바로 들어오셨어요. 그래서 엄마가 동생 방에 들어왔을 때, 동생 머리 위에 있는 피와 시트를 보았어요. 엄마는 비명을 지르며 무릎을 꿇었죠. 어쨌든, 엄마는 총을 보고 무슨 일이 일어났는지 알았어요. 저는 엄마에게 다가가야 했고, 엄마는 정신을 잃고 있었어요. 저는 엄마에게 말을 걸려고 했지만, 엄마는 계속해서 "119에 전화해, 119에 전화해."라고 말했어요. 경찰이 몇 분 만에 왔고, 그들은 엄마를 진정시킬 수 없었기 때문에 병원으로 데려갔어요. 전 그냥 스스로에게 "이건 나 때문이 아니야, 난 엄마를 보호해야 해."라고 계속 말했어요. 저 때문도 아니고, 제 잘못도 아니었어요. 두려웠고 충격을 받았어요. 그리고…… 제가 침착하지 않으면 엄마마저 잃을 것 같아서 조용히 있다가 남동생 방을 청소하고 식료품을 치우기 시작했어요. 지금 돌이켜보면, 충격을 받은 것 같아요. (레일라는 마치 그날 충격을 받았다고 말하려는 듯 가족들을 올려다본다. 레일라는 아버지가 자기와 함께 있는지 확인하기라도 하듯 아버지의 눈을 계속 쳐다보았다. 그녀는 어머니가 눈을 마주치지 않는 것을 알아차리고 재빨리 아버지를 돌아보았다)

치료사: 맞아요. 지금도 그들이 당신과 함께 있는지 확인하기 위해 보고 있다는 것이 이해가 되네요. 그날은 당신의 기분이 어땠는지 무시했지만, 오늘은 다르게 느껴지네요. 그 당시 당신이 들어와서 무슨 일이 일어났는지 봤을 때…… 그 모든 감정을 차단해야만 했잖아요. 당신을 도와줄 사람이 아무도 없었는데 어머니가 오셨죠. 하지만 그녀는 압도되어 정신을 잃었구요. 당신은 그녀를 보호하고 도움을 청해야 한다는 걸 알았죠. 119에 전화해서 남동생과 어머니를 위해 도움을 받아야 했어요. 집에 살아 있는 남동생을 남겨 두고 나갔는데 들어와서 보니 그가 죽었다는 사실을 알게 된 고통과 두려움에 쓰러져서 소리를 지를 수 없었지요. 그 순간 의지할 사람이 아무도 없었네요.

레일라: (어머니와 눈을 마주치며) 네, 남동생의 자살과 그날에 대해 이야기한 건 그때가 마지막이었어요. 그가 죽은 지 20년이 지났고 오늘이 그의 머리 위에 시트를 씌운 사람이 저라는 걸 부모님에게 처음으로 말한 날이에요. 전 부모님에게 이 사실을 말한 적이 없어요. 부모님은 모두 데이빗이 부모님을 보호하기 위해 그렇게 했다고 생각했지만, 그건 저였어요. 제가 그랬어요. 그 끔찍함으로부터 엄마를 지켰지만, 20년 동안 이 외상과 나 자신에 대해 침묵하려고 한 건 아니었어요. (레일라의 목소리는 높아지고, 그녀는 더 자세하게 떠올릴수록 화가 난다)

치료사: 그래요, 레일라. 20년 동안 당신이 느끼고 본 모든 것을 닫으려고 한 건 아니잖아요. 당신은 그걸 혼자 짊어져야 했고, 남동생의 시신에 대한 기억 속에 혼자 있다는 것은 너무 고통스러웠어요. 하지만 당신은 지금 그것에 대해 이야기하고 있고 당신이 믿을 수 없을 정도로 용감하다는 거예요. 그날 실제로 무슨 일이 있었는지 지금 어머니한테 말할 수 있나요? 당신은 열여섯 살 소녀였고 세상이 완전 엉망이 되어 버렸죠. 당신도 보살핌을 받아야 했지만 자신의 감정을 통제하고 어머니에게 말하지 못했어요. 어머니는 이미 너무 충격을 받은 상태였고, 당신은 어머니에게 당신이 본 것을 말할 수 없었지요. 왜냐하면 그녀는 이미 당신에게서 멀어지고 있었기 때문이죠. 마음속으로 당신은 통제력을 유지해야 했고, 그 순간 아무도 당신에게 정서적으로 다가오지 않았네요. (EFT 탱고 움직임 3, 교감적 만남)

레일라: (앨리스를 보면서) 엄마가 너무 안쓰러웠어. 엄마의 고통이 나보다 더 크다는 걸 알았어. 우리가 식료품 사러 밖에 나가기 전에 데이빗과 싸웠고 데이빗을 "골칫덩어리"라고 불렀잖아. 난 엄마가 예전과는 결코 같을 수 없다는 거 알았고, 그리고 데이빗이 시트로 엄마를 보호하려 했다는 걸 믿고 싶어 한다면 말하지 않으려고 했어. 그게 도움이

된다면 말이야.

치료사: (레일라에게 가까이 다가가 무릎을 만지고 부드럽게 말하면서) 그날의 고통에 대해 뭐라도 좀 말해 줄 수 있나요? 우리가 오늘 그것을 나누는 것은 중요한 것 같네요.

레일라: (흐느끼며) 나도 너무 죄책감이 들었어. 데이빗이 힘들다고 말했지만 자살할 거라고는 생각도 못했어. 너무 끔찍해. 내가 내 아들들에게 하듯이 데이빗한테 좀 더 가까이 다가갔더라면 좋았을텐데. 난 아이들을 두고 밖에 나갈 때 항상 공황상태에 빠지고 한 가지라도 잘못된 행동을 할 것 같은 두려움이 매일 나를 괴롭혔어. 집 안을 서성이며 끊임없이 걱정을 해. 마치 무슨 일이 일어나고 있다고 내 몸이 알아채는 것만 같아. 특히 학교 가기 전 그날 아침에 뭐가 잘못되면 끊임없이 걱정을 해.

레일라가 어머니 쪽으로 고개를 돌리자 부모 모두 딸을 위로하기 위해 손을 내밀었다. 앨리스는 레일라가 겪고 있는 고통을 보지 못한 것에 대한 후회와 죄책감을 말했다. 부모는 말과 접촉으로 그녀를 안심시키면서 이 고통을 공유해 준 그녀의 힘과 용기를 인정하고, 이 일을 혼자 직면하도록 내버려 두지 않겠다는 의지를 거듭 강조했다. 레일라는 가족이 경험을 함께 공유하고 모든 이야기를 혼자 감당하지 않아도 된다는 것이 얼마나 색다른지 이야기했다. 치료사는 위안과 안심을 원하는 그녀의 욕구에 대한 부모의 조율된 반응이 그녀의 두려움과 고통에 미친 영향을 재연하면서 레일라의 경험을 처리했다. 제이콥은 부모와 함께 여동생을 위로해 주었다. 그는 여동생의 손을 잡으려고 가까이 가면서 그녀가 자랑스럽다고 표현했다. 그들의 접촉과 공유된 경험을 통해 가족은 각자 자신의 슬픔과 그런 끔찍한 상실을 어떻게 견뎌왔는지 직접 이야기하면서 수치심과 죄책감의 장막이 걷히기 시작하는 것을 경험하기 시작했다. 레일라는 가족 모두가 자신과 같은 감정을 느끼고 있으며, 이제 그녀는 모든 이야기의 경험을 혼자 감당하지 않아도 된다는 사실이 자신에게 큰 변화를 가져왔다고 말했다. 치료사는 재연 경험을 처리하고 그 영향력을 확장하면서 EFT 탱고를 따라갔다.

회기를 마무리하면서 치료사는 가족이 회기에서 함께한 일에 의미를 부여하는 데 초점을 맞췄다. 치료사는 데이빗의 죽음에 대한 수치심으로 가득 찬 반응과 그들 사이에서 일어났던 침묵을 포함하여 그들을 단절시킨 괴로운 정서와의 관계 속에서 가족구성원이 만든 변화에 대해 반영했다. 가족구성원은 가족과 연결되고 가족에게 관심을 받고 싶은 욕구가 있었음에도 불구하고, 그들의 고립은 그 가족을 거리감과 단절의 패턴으로 몰아넣었다. 그들의 참여에 대한 긍정적인 영향을 통합하고 인정하는 데 초점을 두는 것은 EFT 탱고의 다섯 번째이자 마지막 움직임이다. 가족구성원들이 상담실 안을 돌며 두 사람씩 돌아가며 포옹을 하게 되자 레일라는 "댐이 열렸다고 믿었고 그것을 천천히 흘려보낼 힘이 있는지 걱정했어요……. 우리가 한 걸음 더 나아간 것 같고 이제 이 문제에 대해 이야기할 수 있을 것 같아요."라고 말했다. 그리고 마침내 남동생의 죽음에 대한 괴로움은 그녀 혼자만 부담하는 것이 아니라 팀으로 공유될 수 있었다. 레일라는 아버지가 자신의 말을 듣고 몸을 구부려 자신을 다시 안아 주는 것을 느끼며 부드럽게 미소 지었다. 그녀는 그 시트에 대한 감정과 경험에서 벗어났고, 비로소 부모가 더는 차단하지 않았고 그녀를 향해 달려갈 수 있었다.

가족은 레일라가 직접 부모에게 위로와 지지를 요청할 수 있는 추가적인 가족회기를 통해 새로운 회복의 대화로 빠르게 움직였다. 또한 이 회기들은 제이콥이 자신의 욕구를 비슷하게 해결하려고 했던 것에 초점을 맞췄다. 제이콥은 자신의 상처를 씻어내기 위해 음주를 포함한 자신의 대처 방식을 이야기했고, 비탄에 빠진 부모와 고통을 나누는 것에 대한 두려움을 드러냈다. 그의 회피 패턴은 학대, 의존 그리고 부모에게 실망감을 안겨 주었다는 감정으로 이어졌다. 이 회기에서 제이콥은 자신을 포함하여 가족 모두가 자신을 '패배자'로 본다는 믿음을 공유했다. 제이콥의 취약성은 부모와 여동생이 그에 대한 사랑에 대해 그를 안심시키면서 반응할 수 있는 새로운 기회를 제공했다. 제이콥은 이제 접근 가능하고 안전한 가족 내에서 더 많은 두려움과 자신에 대한 부정적인 견해를 처리하게 되었다.

3) 3기: 강화

치료의 3기인 강화에서는 일반적으로 가족 분위기의 변화가 나타나며, 가족은 이제 자신과 가족에 대한 새로운 이야기를 통합할 수 있다. 또한 가족은 새로운 해결책을 가지고 오래된 문제들을 다시 돌아보며 외상에 더 자신있게 직면할 수 있다. EFFT의 목표는 가족의 정서적 결합을 강화하고 건강한 정서 조절과 가족 회복탄력성을 촉진하기 위해 취약성을 공유하는 유대감의 경험으로 구성원들을 단절시키는 부정적인 상호작용 패턴을 대체하는 것이다. 치료 초기에서 EFFT 치료사는 외상의 메아리, 그것이 가족 구성원의 관계불화에 미치는 영향과 그들 자신의 정서 경험을 조절하고 정보를 명확하게 처리하는 각 개인의 능력을 평가한다. 2기에서 가족은 함께 외상에 직면할 수 있고, 그 과정에서 외상의 메아리가 가족구성원들을 분리시킬 수 없음을 알게 되고 실제로 하나가 되게 한다는 것을 발견한다. 3기에서 가족은 이러한 새로운 반응과 변화가 일상에서도 일어나기를 기대한다.

몇 달 후, 가족과 함께 마지막 추후 회기가 실시되었다. 가족은 데이빗 사망 20주년을 함께하기 위해 어떻게 모였는지 이야기했고, 레일라는 데이빗의 죽음에 대한 고통과 외상이 줄어들었지만, 동생과 가족에 대한 기억은 결코 완전히 사라지지 않았으며, "적어도 지금은 저 자신이나 제 감정을 숨기고 있지는 않아요."라고 말했다. 레일라는 부모 앞에서 자녀들에게 데이빗에 대해 이야기했고, 자녀들이 얼마나 쉽게 자신들의 두려움 속에서 위안을 얻고 신뢰하게 되는지 목격했다고 자랑스럽게 설명했다. 가족구성원들 사이에 편안함과 개방성이 생겼고, 앨리스와 커트 사이의 유연성으로 자녀들이 서로 즐길 수 있게 되면서 가족의 정서적 분위기가 바뀌었다.

치료사는 가족의 개방적이고 긍정적인 상호작용을 통해 그들이 현재 이전과는 다른 공간에 있게 된 그 방식을 통합하도록 도왔다. 가족은 또한 그들 사이에 갈등이 일어났을 때 서로에게 소리를 지르거나 몇 달 동안 말을 하지 않고 지내기보다는 그것을 다루려고 하는 경향이 더 많아졌다고 보고했다. 그들은 함께 데이빗의 죽음을 둘러싼 감정과 정서적인 기억에 발을 들여놓기 시작했다. 그들은 서로 결코 공유하지 않았던 이야기의 부분을 탐색했으며, 데이빗이 사망한 후 가족 안에서 무슨 일이 일어났는지 더 핵심적으로 이해하고 느끼게 되었다. 이러한 새로운 상호작용은 베풀고 위로해 주고 싶은 마음을 가지게 했고 가족에 새로운 힘을 실어 주는 이야기를 만들어 냈다. 이 가족은 이제 두려움에 함께 직면하고 데이빗의 인생이라는 유산을 존중해 나갔으며, 정서적 고립의 위험성에 대해 이야기함으로써 10대들의 자살예방 임무를 위한 활동을 열심히 수행하고 있었다. 레일라는 남동생의 죽음 직후 홀로 남겨졌던 이야기의 한 부분을 말하면서 익숙한 감정으로 빠져들지 않으려고 하는 의지를 느낄 수 있었다. 이 가족은 마침내 아들과 남동생의 죽음에 대한 고통을 함께 감당할 수 있게 되었고 더 깊은 수준의 유대감을 느끼게 되었다.

3. 결론

이 사례와 애착이론에 대해 많은 문헌에서 알 수 있듯이, EFFT는 외상치료에 있어 유망한 치료법이다. 과각성, 불안정, 플래시백, 집중력 저하, 회피, 해리 및 고립과 같은 외상의 부작용은 모두 정서 조절의 어려움이라는 공통된 특성을 가지고 있다. 외상 생존자들은 교감 신경계의 과민반응 또는 부교감 신경계의 무감각 사이에 갇혀서 요동치는 자신을 발견한다. 생존자들이 자신의 생리적인 각성을 진정시키고 정서 상태를 조절하는 것을 배우도록 돕는 것은 치유와 성장에 필수적이다.

가족 유대감에 대한 사회적 지지는 건강한 정서 조절을 위한 환경을 보장해 준다. 중요한 타인과의 친밀한 유대감은 개인이 외상에 대한 회복탄력성을 키우는 데 중요한 역할을 한다. 이는 외상 사건이 일어나기 전에 외상의 영향으로부터 더 보호받고, 외상 사건에 노출된 후에는 더 빨리 회복된다는 것을 의미한다. 양육자가 정서적으로 잘 반응하는 가족 구성원은 외상의 두려움, 고통, 무력감에 직면하고 그 과정에서 더 큰 진정성, 의미, 유대감을 발견할 수 있는 좋은 위치에 있는 것이다.

참고문헌

2011/12 National Survey of Children's Health. Child and Adolescent Health Measurement Initiative (CAHMI), "2011-012 NSCH: Child Health Indicator and Subgroups SAS Codebook, Version 1.0" 2013, Data Resource Center for Child and Adolescent Health, sponsored by the Maternal and Child Health Bureau. www.childhealthdata.org.

Ainsworth, M. D. (1964). Patterns of attachment behavior shown by the infant in interaction with his mother. *Merrill-Palmer Quarterly, 10,* 51-58.

Allen, J. (2001). *Traumatic relationships and serious mental disorders.* Chichester, England: John Wiley.

Charuvastra, A., & Cloitre, M. (2008). Social bonds and posttraumatic stress disorder. *Annual Review of Psychology, 59,* 301-328.

Clothier, P., Manion, I., Gordon-Walker, J., & Johnson, S. M. (2002). Emotionally focused interventions for couples with chronically ill children: A two year follow-up. *Journal of Marital and Family Therapy, 28*, 391-398.

Couture-Lalande, M. E., Greenman, P. S., Naaman, S., & Johnson, S. M. (2007). Emotionally focused therapy (EFT) for couples with a female partner who suffers from breast cancer: an exploratory study. *Psycho-Oncologie, 1,* 257-264.

Crittenden, P. M. K., & Heller, M. B. (2017). The roots of chronic posttraumatic stress disorder: Childhood trauma, information processing, and self-protective strategies. *Chronic Stress, 1.*

https://doi.org/10.1177/2470547016682965.

Denton, W. H., Wittenborn, A. K., & Golden, R. N. (2012). Augmenting antidepressant medication treatment of depressed women with emotionally focused therapy for couples: A randomized pilot study. *Journal of Marital and Family Therapy, 38,* 23-38.

Dessaulles, A., Johnson, S. M., & Denton, W. H. (2003). Emotion-focused therapy for couples in the treatment of depression: A pilot study. *The American Journal of Family Therapy, 31,* 345-353.

Dube, S. R., Anda, R. F., Felitti, V. J., Chapman, D. P., Williamson, D. F., & Giles, W. H. (2001). Childhood abuse, household dysfunction, and the risk of attempted suicide throughout the life span: Findings from the Adverse Childhood Experiences Study. *Journal of the American Medical Association, 286,* 3089-3096.

Dworkin, E. R., Ojalehto, H., Bedard-Gilligan, M. A., Cadigan, J. M., & Kaysen, D. (2018). Social support predicts reductions in PTSD symptoms when substances are not used to cope: A longitudinal study of sexual assault survivors. *Journal of Affective Disorders, 229,* 135-140.

Figley, C. R., & Figley, K. R. (2009). Stemming the tide of trauma systemically: The role of family therapy. *Australian & New Zealand Journal of Family Therapy, 30,* 173-183.

Goff, B. N., & Schwerdtfeger, K. L. (2013). The systemic impact of traumatized children. In D. R. Catherall (Ed.), *Handbook of stress, trauma, and the family* (pp. 179-202). New York, NY: Routledge.

Gordon-Walker, J., Manion, I., & Clothier, P. (1998). Emotionally focused intervention for couples with chronically ill children. A two-year follow-up. *Journal of Marital and Family Therapy, 28,* 391-399.

Greenman, P. S., & Johnson, S. M. (2012). United we stand: Emotionally focused therapy for couples in the treatment of posttraumatic stress disorder. *Journal of Clinical Psychology, 68*, 5, 561-569.

Hanson, R. F., Moreland, A. D., & Orengo-Aguayo, R. E. (2018). Treatment of trauma in children and adolescents. In *APA handbook of psychopathology: Child and adolescent psychopathology, Vol. 2* (pp. 511-534). Washington, DC: American Psychological Association.

James, K., & MacKinnon, L. (2012). Integrating a trauma lens into a family therapy framework: Ten principles for family therapists. *Australian & New Zealand Journal of Family Therapy, 33*, 189-209.

Johnson, S. M. (2002). *Emotionally focused couple therapy with trauma survivors: Strengthening attachment bonds*. New York: Guilford Press.

Johnson, S. M. (2019). *Attachment theory in practice: Emotionally focused therapy with individuals, couples, and families.* New York: Guilford Press.

Johnson, S. M., & Faller, G. (2011). Dancing with the dragon of trauma: EFT with couples who stand in harm's way. *The emotionally focused casebook: New directions in treating couples* (pp. 165-92). New York: Routledge.

Johnson, S. M. & Rheem, K. (2012). Surviving trauma: Strengthening couples through Emotionally Focused Therapy. In P. Noller & G. Karantzas (Eds.), *The Wiley-Blackwell handbook of couple and family relationships: A Guide to contemporary research, theory, practice and policy* (pp. 333-343). Chichester: Blackwell.

Kilpatrick, D. G., Resnick, H. S., Milanak, M. E., Miller, M. W., Keyes, K. M., & Friedman, M. J. (2013). National estimates of exposure to traumatic events and PTSD prevalence using DSM-IV and DSM-5 criteria. *Journal of Traumatic Stress, 26,* 537-547.

MacIntosh, H. B., & Johnson, S. (2008). Emotionally focused therapy for couples and childhood sexual abuse survivors. *Journal of Marital and Family Therapy, 34,* 3, 298-315.

Mikulincer, M., Shaver, P. R., & Solomon, Z. (2015). An attachment perspective on traumatic and posttraumatic reactions. In M. P. Safir, H. S. Wallach, & A. "S." Rizzo (Eds.), *Future directions in post-traumatic stress disorder: Prevention, diagnosis, and treatment* (pp. 79-96). New York: Springer.

Olff, M. (2012). Bonding after trauma: On the role of social support and the oxytocin system in traumatic stress. *European Journal of Psychotraumatology, 3,* DOI: 10.3402/ejpt.v3i0.18597

Ozer, E. J., Best, S. R., Lipsey, T. L., & Weiss, D. S. (2003). Predictors of posttraumatic stress disorder and symptoms in adults: A meta-analysis. *Psychological Bulletin, 129,* 52-73.

Platt, J., Keyes, K., & Koenen, K. (2014). Size of the social network versus quality of social support: Which is more protective against PTSD? *Social Psychiatry & Psychiatric Epidemiology, 49,* 1279-1286.

Saltzman, W. R., Babayan, T., Lester, P., Beardslee, W. R., & Pynoos, R. (2008). Family-based treatment for child traumatic stress. In D. Brom, R. Pat-Horenczyk, & J. D. Ford (Eds.), *Treating traumatized children* (pp. 240-254). New York: Routledge.

Siegel, D. (1999). *The developing mind.* New York: Guilford Press.

Weissman, N., Batten, S. V., Rheem, K. D., Wiebe, S. A., Pasillas, R. M., Potts, W., …… & Dixon, L. B. (2018). The effectiveness of emotionally focused couples therapy with veterans with PTSD: A pilot study. *Journal of Couple & Relationship Therapy, 17,* 25-41.

맺음말

지난 20년 동안 우리는 일반적으로 간단한 질문에 답하는 데 중점을 두고 협력했다. 가족치료에서 EFT는 어떤 모습인가? 중요한 것은 경험적으로 검증된 개입 방법으로서 정서중심치료의 임상 과정이 불화부부의 회복을 촉진하는 데 성공적이었다고 본다면 가족관계에도 유사한 이점이 있을 수 있다는 점이다. 부모와 자녀의 관계에서 애착이론의 주요 역할을 인식한다면 더욱 중요하다.

이 기간 동안 수많은 학자는 Susan Johnson이 초기에 개념화(예: Johnson, 1996, 2004; Johnson, Maddeaux, & Blouin, 1998; Johnson & Lee, 2000)한 것을 시작으로 가족치료의 EFT 적용을 연구했다. 우리의 목표는 가족치료의 또 다른 모델이나 정서중심치료의 다른 버전을 개발하는 것이 아니었다. 대신 EFT를 가족에게 적용하면서 수년간 임상에서 배운 교훈을 체계적으로 설명하려고 했다. 따라서 이 본문의 내용은 대부분 임상 현장에서 얻었으며, EFT 혁명의 원동력이 된 이론적이고 경험적인 토대를 기반으로 한다. 이 본문은 치료사와 연구자에게 가족에 대한 EFT 실천의 더욱 명확한 지침을 제공한다. 이 작업을 통해 EFT를 가족치료에 적용하는 다음의 발달 단계가 진행될 수 있기에 지속적인 성장과 발전을 위해 독자들을 초대한다.

경험으로 얻은 교훈

우리의 노력을 요약해 보면, 우리가 가족과 함께 EFT를 실천하면서 경험한 교훈은 다음과 같다.

1. EFFT는 정서 작업 시 다양한 기술을 요하는 세 가지 수준의 개입을 가정한다

가족 수준. EFT 치료사는 부정적인 상호작용 패턴과 그것이 애착 및 돌봄 과정에 미치는 파괴적인 영향을 추적하면서 가족에 합류한다. EFFT는 가족의 정서 분위기와 그 가족 체계의 불안을 유발하는 정서 현실에 접근하고 처리함으로써 개입한다. 이러한 정서 경험을 명확히 하고 그 경험에 개입한다. 가족 경험에 스며든 부정적인 정서의 힘은 가족의 정서 균형을 부정적인 가족 정체성을 암시하는 경직되고 융통성 없는 패턴으로 전환할 수 있다. 치료사는 가족체계 전반에 걸쳐 상호작용을 추적하고 정서 경험에 개입할 수 있어야 한다. EFFT는 각 구성원 및 가족 전체와 동맹을 맺어야 한다.

대인관계 수준. EFCT에서와 같이 EFT 치료사는 개인이 중요한 순간에 반응하는 경직된 태도를 통해 애착의 중요성과 분리 고통을 깊이 이해할 수 있게 하는 이인 간의 상호작용에 우선적으로 초점을 둔다. EFFT에서 치료사는 애착 대상으로부터 돌봄과 유대감을 찾으려는 가족구성원의 능력을 방해하거나 이러한 욕구에 대한 돌봄 반응을 왜곡하는 관계 차단을 탐색한다. 부부 및 가족 치료사는 부부 또는 가족 전체에 대한 개인의 불안전한 경험을 조직하는 이러한 관계 차단과 힘에 초점을 맞추어야 한다. 이러한 차단을 다루려면 새로운 관계 패턴에 개입하기 위한 기초로서 애착 관련 정서와 의미에 개입해야 한다. 회기에서 이러한 관계 차단에 개입하기 위해 EFT 치료사는 환기적 개입과 과정 기법을 사용한다. 이러한 관계 차단은 회기 중에 생생하게 나타나며, 치료사는 이를 새로운 경험에 대한 장애 요인이 아니라 기회로 보고 이 순간에 개입할 수 있어야 한다. 치료사는 감정이 충만한 재연을 통해 만남을 안무하고 개입함으로써 이러한 기회가 관계 회복을 위해 필요하다는 더 깊은 인식을 촉진한다.

개인 내적 수준. EFT는 부모와 자녀가 가족체계 내 다른 구성원들의 가용성과 지지에 대해 갖는 기대치를 탐색한다. 가족 내에서 다른 구성원 또는 자신에 대한 관점은 가족구성원이 가족 안에서 경험하는 위협, 어려움 또는 도전에 대한 반응을 알려 준다. 고통 또는 단절의 특징이 있는 가족에서 개인의 반응은 부부 또는 가족 체계 내의 불안전감을 종종 강화하는 방식으로 상호작용을 조성하는 특정 애착 관련 전략(예: 회피, 불안)을 통해 알 수 있다. 가족 내 이러한 관계 차단은 교정적 정서 경험을 통해 변화되는데, 여기서 각 구성원의 자기와 타인에 대한 모델은 안전감을 더 깊게 느끼는 경험을 통해 살펴볼 수 있다. 가족이 더 안전해지면서 애착 욕구와 돌봄 반응에 더 명확하고 일관성 있게 의사소통하는 상호작용이 증가한다. 정서적으로 깊이 개입하는 EFT 치료사의 능력은 가족구성원들에게 그들 자신과 다른 구성원들에 대한 새로운 경험을 제공하여 가족이 가족 내의 가용성과 안전에 대해 가지고 있는 전제를 알게 해 준다. 치료사가 정서를 조합하고 애착 관련 정서를 심화시키는 것은 보다 안전한 가족 상호작용에 대한 동기 부여, 개입 및 통합을 촉진하는 데 필수적이다.

2. EFFT에서 치료사는 가족체계의 다양한 수준에 유연하게 참여해야 한다

EFFT 임상 적용에 대한 체계적 기술에 있어 도전 중 하나는 가족이 제시하는 호소 문제만큼 가족의 구성도 다양하기 때문에, 가족을 치료하는 데 유연성이 필요하다는 것을 설명하는 것이다. EFFT에서 치료사는 일반적으로 가족불화의 주요 원인으로 알려진 돌봄의 관계 차단에 초점을 맞추면서 체계 및 하위체계 수준의 가족 과정에 초점을 둔다. EFFT 치료사는 치료를 계획하기 위해 가장 고통받는 이인관계에 권한을 부여한다.

치료사는 가족 내에서 하나 이상의 관계 차단을 만날 수 있다. 이것은 치료사가 가족 내 가장 고통스러운 이인 상호작용에 초점을 맞추는 것과 상관없이 다양한 하위체계(예: 부모자녀, 부부)에서 발생할 수 있다. 그러나 가족을 일련의 쌍으로 나눌 필요는 없으며, 오히려 이 초점은 가족회기에서 치료사의 작업을 이끌어준다. 예를 들어, 두 부모 가정에서 치료사는 배우자의 지지를 통해 부모 가용성을 높이는 동시에 이러한 가용성이 차단된 특정 부모자녀관계에 초점을 맞출 수 있다. EFFT 의사결정 프레임은 치료사가 치료를 계획할 때 택해야 하는 선택지를 예측하게 함으로써 방향을 제공한다. EFFT는 가족의 역동과 구성요소 그리고 호소 문제에 따라 변화하고 전환할 수 있는 치료를 조직하는 데 치료사의 유연성을 요구한다.

3. EFFT는 단계적 약화라는 변화를 위해 부모의 개방성을 요구한다

단계적 약화는 EFT 과정 중 1기의 완결을 결정짓는 중요한 변화 사건이다. EFFT에서 단계적 약화는 일반적으로 호소 문제와 관련된 부정적 상호작용 패턴의 반발성이 감소되면서 실현된다. 이 패턴을 가족구성원들에게 명확하게 인식시킴으로써 치료사는 또한 그 패턴이 가족에게 미치는 부정적인 영향을 인정하고, 호소 문제로부터 가족의 고통을 증폭시키는 부정적인 패턴으로 초점을 옮기기 위해 관계 재구성을 사용한다. EFFT에서 우리는 그 패턴이 가족에 따라 다르게 경험되고, 그 패턴을 부채질하는 부정적인 감정과 분리 고통을 야기한 관계 차단에서 가장 강렬하게 경험된다고 인식한다. EFT 치료사는 가족구성원들이 부인되거나 내재된 애착 및 돌봄 관련 반응을 인식하도록 경험을 확장하고 접근함으로써 그들이 반응할 때의 이러한 경직된 태도와 걸림돌을 밝힌다. 이 작업을 통해 치료사는 가족 내 분리 고통을 강조하고 이러한 절실한 욕구에 다가가는 위험을 감수하려는 자녀의 노력을 강조한다.

부모 개방성은 새로운 태도의 재연을 촉진하기 위해 자녀의 취약성에 접근하고 확장하고 개입하는 EFFT 모델의 2기로 나아가는 데 있어 필수적이다. 부모 개방성에 대한 치료사의 초점은 치료 목표에 대해 부모와 동맹을 맺는 것에서부터 시작된다. 우리는 이러한 동맹 구축의 측면을 완곡하게 표현하여 부모의 '승인'를 획득하는 것이라고 말한다. 많은 부모는 자녀의 특정한 문제를 위한 가족치료 제안과 관련하여 암묵적으로 비난을 받아 왔다. 부모의 수치심은 종종 자녀들의 행동이나 정서적 어려움에 직면할 때 나타나는 부작용이며, 가족치료를 받으라는 권유는 이러한 민감성을 악화시킬 수 있다.

가족과 부모 회기에서 EFT 치료사는 가족의 다양한 경험과 '현실'을 위한 공간을 만든다. 역설적으로 자녀의 고통이나 취약성을 존중하는 것은 특히 자녀의 고통에 부모가 수치심으로 반응할 때 부모의 비난을 유발할 수 있다. 따라서 치료사는 자녀의 문제를 신속하게 해결하는 동시에 이 특정한 문제에 수반되는 관계불화를 해결하려는 부모의 의도에 합류한다. 1기를 통해 부모 자신의 관계 차단에 대한 부정적인 경험을 밝히고 인정하면서 부모의 양육 의도에 접근하여 심화시킨다. 이러한 차단과 부모의 의도를 탐색하면서 흔히 부모의 양육력과 원가족 경험에 주목한다. 부모는 이러한 세대 간 경험과 자신의 어린 시절 양육 경험과의 연관성에 접근함으로써 돌봄 시 공감 능력을 높힐 수 있다.

4. 관계 차단은 기본적인 가족 자원이 붕괴되었다는 증거이다

효과적인 애착과 돌봄 반응의 붕괴는 가족의 필수적인 욕구가 충족되지 않고 실패한 체계를 교정하려는 시도가 돌봄 반응과 애착 의사소통의 왜곡을 유발하여 가족 내 부정성을 부채질한다. 부모자녀관계와 부부관계에서 돌봄은 탐색과 성장을 위해 필수이다. EFFT에서 부모자녀관계의 목표는 성인 애착의 상호 친밀감 목표와는 다르다. EFFT 치료사는 안전과 안도에 대한 자녀의 욕구에 반응하는 데 있어 부모의 고유한 책임감을 존중한다.

EFFT 과정은 자녀의 애착 관련 정서와 욕구를 심화시키는 데로 초점을 옮기기 전에 부모가 관계 차단을 탐색할 수 있도록 개방성을 확인함으로써 돌봄 책임감을 갖도록 한다. 다른 애착 관련 가족치료에서 흔히 볼 수 있는 것처럼, 부모양육에 대한 걸림돌은 자녀의 애착 욕구의 재연 전에 다루어진다. 부모는 가족체계 내 안전 건축가이다. 부모의 이러한 고유한 책임은 부부와의 EFT에서 작업하는 애착관계의 상호적 회복보다 우선한다. 부부의 애착 돌봄 반응에 접근하여 회복하는 것은 효과적인 EFT 치료를 위해 필수적이지만, 부모의 초점은 주로 양육에 있으며 치료사가 부모 양육동맹에 초점을 맞출 때 상호적으로 더 많은 관심을 가질 수 있다.

돌봄에 대한 부모의 차단은 종종 관계 및 세대 간 경험을 반영한다. 앞에서 언급한 바와 같이, 부모 가용성은 그 부모의 애착력을 통해 알 수 있다. 자녀에 대한 아버지나 어머니의 기대와 가치 및 인식은 부모가 되는 초기 경험에 영향을 줄 수 있다. 또는 자녀의 부정적인 행동과 관련된 결과가 특히 그 행동이 다른 사람을 위협하거나 도덕적 가치를 위반하거나 통제권을 위협하게 될 때 자녀에 대한 부모의 공감이 상실될 수도 있다(Norris & Cacioppo, 2007). EFT에서 관계 패턴은 흔히 공통 딜레마인 불안전에 대처하기 위해 서로 다른 전략을 사용하는 두 배우자에 의해 상호적으로 결정된다. EFFT에서 우리는 불안을 부추기는 부모자녀 상호작용과 부정적인 정서의 상호 영향도 있지만, 돌봄을 차단하는 다른 불안 요소가 있을 수도 있음을 인정해야 한다. 이러한 차단을 다루면서, 치료사는 돌봄을 위한 자원으로서 성인 지원의 필수적인 역할을 인식한다. Kobak과 Mandelbaum(2003)이 제안했듯이, "가족의 변화는 양육자가 또 다른 성인의 가용성에 더 큰 확신을 가질 때 양육자와 함께 일어날 가능성이 가장 높다"(p. 158). EFT 모델은 더 많은 접근과 반응 및 정서적 교감을 통해 부모의 동반자로서 자원을 강화할 수 있는 많은 기반을 제공한다(Johnson, 2019). 양육동맹을 통해 지지를 강화하는 것은 부부관계에서 더 큰 안전감을 느끼게 하여 개방성과 탐색을 더 촉진한다. 치료사는 또한 부모에게, 특히 다른 양육자가 신체적으로나 정서적으로 부재할 때 중요한 자원이 된다. EFFT에서 우리는 또한 양육동맹이 친족 간의 유대감 형태로 맺어질 수 있다는 것을 인식하며, 일부 가정의 경우 이 양육 유대감이 두 부모 가족에게만 국한되지 않는다는 것도 알고 있다.

5. 재연은 회복이다

'재연이 곧 회복'이라는 것은 아마도 EFFT에서 가장 명백할 뿐만 아니라 가장 깊은 교훈일 것이다. 취약한 위치에서 자녀가 애착 관련 정서와 욕구를 재연하고 부모가 조율되고 효과적인 반응을 함으로써 관계 차단이 교정될 수 있다. 돌봄과 애착 의사소통이 가능해진 방향으로 가족이 변화하면 부모와 자녀가 안전한 고리를 유지하는 데 필요한 안전감과 자신감을 느낄 수 있다는 것이다(Kobak, Zajac, Herres, & Krauthamer Ewing, 2015). EFFT는 치료 전반에 걸쳐 가족관계에 초점을 맞추고 가족구성원과의 회복적 재연을 촉진하여 가족구성원 간의 유대감을 강화시킨다. 보다 더 안전한 유대감과 관련된 긍정적인 정서가 가족 내에서 새로운 탐색을 하게 하고 자신의 취약성을 드러낼 수 있게 하기 때문에 치료사는 더 깊은 탐색을 촉진한다. 한 관계에서 교정적 경험의 힘은 가족이 자신감과 정서 균형을 회복함에 따라 다른 관계에도 영향을 미친다. 가족은 상호 강화되는 자기 보호 전략이라는 부정적인 상태에 직면하기보다는 불안전감에서 벗어남으로써, 안전감을 강화하고 탐색을 촉진하는 매우 긍정적인 상호작용을 맺으며 자녀를 더 잘 독립시킬 수 있고 삶의 역경에서 유연하고 탄력적으로 연결감을 더 잘 유지할 수 있다. 자녀의 긍정적인 발달은 유대감과 성장의 역동적인 균형이 있는 가족 안에서 잘 이루어진다(Johnson, Maddeaux, & Blouin, 1998).

결론

EFT 치료사에게 있어서 애착과 돌봄 반응의 재구조화는 의사소통 훈련 이상의 것 그리고 자녀의 요구에 대한 부모의 정서적 인식과 수용만이 아니라 그 이상의 것을 필요로 한다. 이것들은 효과적인 양육에 중요한 자원이지만, 각각은 정서적 유대감이 관계 회복에 제공하는 필수적인 접착제가 부족하다. EFFT 치료사는 애착과 돌봄의 상호작용에서 발견되는 더 깊은 정서적 자원으로 가족을 인도한다. EFT는 애착기반 접근 방식으로서 개인 내 경험과 사회적 상호작용의 호혜적인 영향에 초점을 맞춘다(Bowlby, 1977). EFT 치료사는 부모자녀 간의 의사소통을 개선할 뿐만 아니라 가족이 애착 관련 정서의 적응적 자원에 깊게 개입할 수 있도록 촉진한다. 이러한 더 취약한 경험 안으로 충분히 들어갔을 때 가족은 유대감과 신뢰 및 자신감에 대한 더 깊은 정서적 채널을 찾을 수 있다. 우리가 취약함을 어떻게 마주하느냐가 궁극적으로 우리의 삶에 중요하다. Jack Kornfield는 이 중요한 질문에 다음과 같이 요약했다.

> 시인 릴케는 "궁극적으로 우리는 취약해질 때 의존하게 된다."라고 말한다. 우리는 유아일 때 타인에게 의존한다. 그때 우리는 녹색 신호등에 건너고 빨간 신호등에 멈추는 것을 타인에게 의존한다. 여러 면에서 우리는 서로 얽혀 있고, 취약하다. 문제는 우리의 취약성을 어떻게 견디느냐이다. 우리는 어떻게 삶을 이루는 눈물의 바다와 참을 수 없는 아름다움을 향해할 수 있을까? 우리는 어떻게 칭찬과 비난, 득과 실, 탄생과 죽음, 기쁨과 슬픔을 견딜 수 있을까?(Kornfield, 2018)

가족생활을 정의하는 애정 어린 유대는 불확실한 시기에 안전을 위한 자원이자 성장과 발전을 이끄는 데 견고한 기반이 되는 안전하고 깊은 연결감을 제공한다. 역설적으로, 다른 사람에게 효과적으로 의존하는 능력은 우리의 안녕을 보장할 뿐만 아니라 자율성과 최적의 기능을 촉진한다(Feney, 2007). EFFT에서 치료사는 취약성을 강점으로, 두려움을 안심으로, 고립을 연결로 전환하는 교정적 경험을 하도록 가족을 인도한다. EFT의 과정과 임상 실제에 따라 치료사는 새로운 자원을 찾는 데 걸림돌이 되는 요인을 잘 해결하도록 인도하여 결국 중요한 관계를 회복하도록 돕는다. 가족이 된다는 것의 가장 소중한 점은 소속감과 동시에 개인으로서의 존재감을 갖게 한다는 것이다.

참고문헌

Feeney, B. C. (2007). The dependency paradox in close relationships: Accepting dependence promotes independence. *Journal of Personality and Social Psychology, 92*, 268-285.

Johnson, S. M. (1996). *The practice of emotionally focused therapy: Creating connection*. New York: Brunner/Routledge.

Johnson, S. M. (2004). *The practice of emotionally focused therapy: Creating connection,* 2nd Ed. New York: Brunner/Routledge.

Johnson, S. M. (2009). Attachment theory and emotionally focused therapy for individuals and couples: Perfect partners. In J. H. Obegi & E. Berant (Eds.), *Attachment theory and research in clinical work with adults* (pp. 410-433). New York: Guilford Press.

Johnson, S. M. (2019). *Attachment theory in practice: Emotionally focused therapy with individuals, couples, and families.* New York: Guilford Press.

Johnson, S. M., & Lee, A. (2000). Emotionally focused family therapy: Restructuring attachment. In C. E. Bailey (Ed.), *Children in therapy: Using the family as resource* (pp. 112–136). New York: Guilford Press.

Johnson, S. M., Maddeaux, C., & Blouin, J. (1998). Emotionally focused family therapy for bulimia: Changing attachment patterns. *Psychotherapy, 25,* 238–247.

Kobak, R., & Mandelbaum, T. (2003). Caring for the caregiver: An attachment approach to assessment and treatment of child problems. In S. M. Johnson and V. E. Whiffen (Eds.), *Attachment processes in couple and family therapy* (pp. 144–164). New York: Guilford Press.

Kobak, R., Zajac, K., Herres, J., & Krauthamer Ewing, E. S. (2015). Attachment based treatments for adolescents: The secure cycle as a framework for assessment, treatment and evaluation. *Attachment & Human Development, 17,* 220–239.

Kornfield, J. (2018). What really heals and awakens. *Psychotherapy Networker, May/June.*

Norris, C. J., & Cacioppo, J. T. (2007). I know how you feel: Social and emotional information processing in the brain. *Social neuroscience: Integrating biological and psychological explanations of social behavior,* 84–105.

부록

가족치료에 EFT 과정 적용하기

1기. 단계적 약화와 부모 개입

EFFT 1기는 호소 문제와 가족의 관계 자원을 강화하고 제한하는 부정적인 상호작용 패턴의 관계를 탐색하기 위하여 안전한 공간을 가족에게 제공하는 데 초점을 둔다. 부정적인 패턴과 상호작용 태도 이면에 있는 정서에 접근하고 처리함으로써 가족의 불화와 반발 반응이 약화된다. 단계적 약화는 부모의 개방성과 양육 반응의 유연성에서도 분명히 나타난다.

1단계. 동맹 형성과 가족 평가하기

첫 번째 단계에서 치료사는 가족구성원이 치료에 대한 의견을 이야기할 수 있도록 하고 가족구성원 개인의 가족 경험을 인정함으로써 가족과 동맹을 형성한다. 동맹의 초점에는 치료를 위한 양육 의도와 목표를 확인하고 우선순위를 정하는 것도 포함된다. 관련이 있는 가족 하위체계(예: 부모, 부부, 자녀, 환자로 지목된 사람)를 포함하여 가족 기능을 평가한다. 치료 과정은 안전감 및 문제에 대한 가족관계의 우선순위에 기초하여 정의된다.

2단계. 불안정애착을 지속시키는 부정적 상호작용 패턴을 파악하기

치료사는 문제에 대한 가족의 경험을 보여 주는 상호작용 패턴을 추적함으로써 호소 문제와 관련된 가족불화를 탐색한다. 문제 중심 패턴에 직접적인 영향을 주는 다양한 가족구성원의 행동, 인식 및 경험을 밝히는 데 초점을 두고 추적한다. 명확한 관계 차단이 밝혀지고 특정 이인관계의 문제와 관련된 불화의 수준이 설명된다.

3단계. 상호작용 태도/관계 차단을 알려 주는 내재된 정서에 접근하기

부모 가용성과 자녀 취약성에 대한 관계 차단을 밝히고 이러한 차단과 관련된 정서 경험에 접근하고 확장한다. 치료사는 부모 돌봄 역할과 관련하여 내재된 정서를 이끌어 내고 접근과 반응 및 정서적 교감을 막는 양육 차단을 처리하는 데 중점을 둔다. 동시에 치료사는 관계 차단과 관련된 이면의 정서에 접근하면서 관계 차단에 대한 자녀의 경험을 이끌어 내고 확장한다. 애착 반응 실패의 영향과 자녀가 애착 대상에게 위안이나 지원을 구하기 꺼려하는 것에 초점을 맞춘다. 부모회기는 양육동맹의 걸림돌에 접근하고 부부불화가 부모 가용성에 미치는 영향에 중점을 둔다.

4단계. 관계 차단과 부정적 상호작용 패턴에 비추어서 문제를 재정의하기

내재된 정서에 접근하고 처리한 후에 가족 문제는 부정적인 상호작용 패턴의 관점에서 재구성된다. 이러한 패턴과 관련된 경직된 태도는 내재된 정서의 관점에서 이해되고, 관계 차단은 애착 욕구 및 돌봄 반응의 효과적인 의사소통의 걸림돌 관점에서 바라본다.

2기. 가족 패턴과 상호작용 태도의 재구조화

EFFT 2기는 애착 욕구에 개입하고 효과적인 양육 반응을 하는 안전한 교류 패턴에 적극적으로 개입하는 것에 중점을 둔다. 치료사는 애착 욕구와 양육 반응을 통해 알 수 있는 자기와 타인의 부인된 측면에 대한 인식을 강조한다. 치료사는 가족 내에서 보다 안전한 반응을 촉진하면서 가족구성원들의 중요성에 대한 명확한 지지와 이러한 경험의 수용을 격려한다. 치료사는 조율된 양육 반응으로 애착 욕구를 공유함으로써 안전한 반응의 새로운 태도를 촉진한다.

5단계. 자녀의 부인된 자기의 측면과 애착 욕구에 접근하고 심화하기

자녀의 부인된 애착 욕구와 부모에 대한 자녀의 의존을 차단하는 부정적인 관점에 접근하고 확장하는 것으로 초점이 옮겨진다. 자녀의 취약성을 심화하면서 일반적으로 실패한 양육 반응 또는 관계 손상에서 비롯된 자녀의 애착 관련 정서에 접근하고 인식하도록 촉진한다. 치료사의 초점은 이러한 정서를 확장시켜 애착 욕구를 밝히고 표현하는 기회를 만드는 데 있다.

6단계. 자녀의 새로운 경험과 애착 관련 욕구의 수용을 지지하기

이 단계에서 치료사는 자녀의 취약성에 대한 부모의 접근과 반응 및 정서적 교감을 촉진한다. 치료사는 부모의 양육 의도에 개입하고 필요할 때 양육동맹의 지지를 요청함으로써 가용성의 걸림돌을 다룰 수 있도록 부모를 돕는다. 치료사는 부모의 반응을 처리함으로써 자녀의 애착 정서와 욕구에 대한 부모의 반응을 조직하는 데 도움을 준다.

7단계. 애착 욕구의 공유와 지지적 돌봄 반응에 초점을 둔 가족 상호작용을 재구조화하기

자녀의 내재된 애착 욕구를 확인하고 부모의 수용을 확인하고 나서 치료사는 부모와 자녀가 이러한 욕구와 양육 반응을 재연하도록 한다. 치료사는 자녀의 욕구에 반응하고 재연할 때 공유되는 취약성의 정서 경험에 초점을 맞추면서 새로운 상호작용을 하도록 이끈다. 자녀와 부모가 이러한 순간에 나타나는 새로운 경험과 의미를 강조하면서 재연의 영향을 처리한다. 치료사는 이러한 변화가 가족에게 미치는 영향을 탐색하고 남아 있을 수 있는 또 다른 관계 차단을 다루기 위해 2기를 다시 시작한다.

3기. 강화

EFFT 3기에서 치료사의 초점은 가족의 새로운 안전한 상호작용 패턴을 강화하는 것으로 옮겨진다. 가족이 안전과 안도의 새로운 맥락에서 이러한 문제를 탐색하며 찾은 새로운 해결책으로 과거 문제를 다룰 수 있도록 돕는다. 가족은 그들이 만든 변화와 이러한 유대감 및 돌봄의 새로운 패턴을 유지하기 위한 걸음을 통합하는 새로운 성장과 유대감 이야기를 표현할 수 있다.

8단계. 안전한 태도로 과거 문제에 대한 새로운 해결책 탐색하기

치료사는 재구조화된 관계 패턴의 긍정적인 경험을 사용하여 안전에 대한 가족의 자신감을 향상시킨다. 이것을 기반으로 치료사는 새롭게 안전한 태도로 남아 있는 과거 문제를 탐색하도록 가족을 이끈다. 치료사는 양육 및 가족 기능과 관련된 실질적인 문제를 해결하기 위해 가족이 이룬 유연성과 정서 균형에 개입한다.

9단계. 새로운 태도의 통합과 긍정적 패턴을 강화하기

EFFT 마지막 단계는 의미를 만들고 가족이 함께 찾은 새로운 안전 패턴을 강화하는 데 중점을 둔다. 치료사는 특히 과거 문제와 부정적인 경험이 촉발될 때 가족이 새로운 안전 패턴에 참여할 수 있는 방식을 강조한다. 회기는 가족이 과거 패턴을 새로운 상호작용 및 경험과 대조해 보도록 돕는 데 초점을 둔다. 이를 통해 가족은 미래의 성장과 예상되는 도전을 위한 안전기지로서 가족 이야기를 새롭게 할 수 있다.

찾아보기

저자 소개

James L. Furrow (Ph.D.)

『정서중심 부부치료 워크북(EFT Therapist: The Workbook)』과 『더미를 위한 정서중심 부부치료(Emotionally Focused Couple Therapy for Dummies)』의 공동 저자이며, 『정서중심 부부치료 사례집: 부부치료의 새로운 방향(The EFT Casebook: New Directions in Couple Treatment)』의 공동 편집자이다. 그는 캘리포니아주 파사데나 소재 Fuller 대학교 심리학 대학원 결혼가족치료 교수이자 학과장을 역임했다.

Gail Palmer (MSW, RMFT)

지난 30년간 정서중심치료 전문가이며, 국제정서중심치료협회(ICEEFT) 공인 EFT 슈퍼바이저와 훈련가로서 국제 워크숍을 진행했고, ICEEFT 교육분과 위원장이다. 그녀는 캐나다의 오타와와 빅토리아에서 상담소를 운영하고 있다.

Susan M. Johnson (Ed.D.)

정서중심치료(EFT)의 주요 개발자이고, 캐나다 Ottawa 대학교 임상심리학과 명예교수이자 미국 샌디에이고 소재 Alliant 대학교 부부가족치료 프로그램의 석좌교수이며, ICEEFT 소장이다. (www.drsuejohnson.com)

George Faller (LMFT)

뉴욕시의 소방관으로 은퇴했고, 뉴욕 EFT 센터 소장이다. Ackerman 가족센터에서 EFT를 강의하고 있으며, 코네티컷주 그리니치 소재 '희망과 갱신 센터'의 훈련소장이다. 그는『신성한 스트레스: 긍정적 변화를 위한 새로운 접근 방법(Sacred Stress: A Radically Different Approach to Using Life's Challenges for Positive Change)』의 공동저자이다. (www.georgefaller.com)

Lisa Palmer-Olsen (Psy.D., LMFT)

ICEEFT 공인 EFT 훈련가이며, Alliant 대학교 정서중심 부부치료 훈련 및 연구소의 공동소장이다. 그녀는 캘리포니아주 샌디에이고 소재 Alliant 부부가족상담소의 창설자이며 임상 소장이다.

역자 소개

박성덕(Park SungDeok)

현 한국정서중심치료센터 센터장 및 연리지가족부부연구소 소장

고려대학교 의과대학 졸업

정신건강의학과 전문의

국제정서중심치료협회(ICEEFT) 공인 정서중심부부치료사/슈퍼바이저

주요 저 · 역서: 당신, 힘들었겠다(21세기 북스, 2017), 애착이론과 상담(공역, 학지사, 2021)

정혜정(Hyejeong Chung)

현 전북대학교 아동학과 교수

미국 Texas Tech University 인간발달 · 가족학과 박사(Ph.D)

한국가족치료학회 부부가족상담 슈퍼바이저

국제정서중심치료협회(ICEEFT) 공인 정서중심부부치료사

주요 저 · 역서: 가족치료의 이해(3판, 공저, 학지사, 2018), 가족치료 사례개념화(학지사, 2016)

정지연(Jung Jiyeoun)

현 연리지가족부부연구소 상담실장

연세대학교 생활환경대학원 가족상담 석사

정신건강사회복지사

국제정서중심치료협회(ICEEFT) 공인 정서중심부부치료사

정서중심 가족치료

Emotionally Focused Family Therapy
-Restoring Connection and Promoting Resilience-

2023년 6월 10일 1판 1쇄 인쇄
2023년 6월 20일 1판 1쇄 발행

지은이 • James L. Furrow · Gail Palmer · Susan M. Johnson
George Faller · Lisa Palmer-Olsen
옮긴이 • 박성덕 · 정혜정 · 정지연
펴낸이 • 김진환
펴낸곳 • (주)학지사
04031 서울특별시 마포구 양화로 15길 20 마인드월드빌딩
대표전화 • 02-330-5114 팩스 • 02-324-2345
등록번호 • 제313-2006-000265호

홈페이지 • http://www.hakjisa.co.kr
인스타그램 • https://www.instagram.com/hakjisabook/

ISBN 978-89-997-2922-5 93180

정가 26,000원

역자와의 협약으로 인지는 생략합니다.
파본은 구입처에서 교환해 드립니다.